SAP® R/3® — Personalwirtschaft

Weitere Bücher in der Reihe SAP®ANWENDEREDITION

SAP R/3 – Einführung
1. Auflage, 1999, 456 S., geb., CD
ISBN 3 8273 1467 4

SAP R/3 – Finanzwesen
1. Auflage, 1999, ca. 425 S., geb., CD
ISBN 3 8273 1465 8

SAP R/3 – Basissystem
1. Auflage, 1999, 450 S., geb., CD
ISBN 3 8273 1463 1

SAP R/3 – Gemeinkosten-Controlling
1. Auflage, 1999, ca. 480 S., geb., CD
ISBN 3 8273 1464 x

SAP R/3 – Materialwirtschaft
1. Auflage, 1999, 425 S., geb., CD
ISBN 3 8273 1466 6

CDI (Hrsg.)

SAP® R/3® – Personalwirtschaft

 ADDISON-WESLEY

An imprint of Pearson Education

München • Reading, Massachusetts • Menlo Park, California
New York • Harlow, England • Don Mills, Ontario
Sydney • Mexico City • Madrid • Amsterdam

Die Deutsche Bibliothek – CIP-Einheitsaufnahme

SAP R/3 – Personalwirtschaft / CDI. –
München : Addison-Wesley-Longman, 1999
(SAP-Anwenderedition)
ISBN 3-8273-1462-3

Buch GB
CD

»SAP« und »R/3« sind eingetragene Warenzeichen der SAP Aktiengesellschaft Systeme, Anwendungen, Produkte in der Datenverarbeitung, Neurottstraße 16, D-69190 Walldorf. Der Verlag bedankt sich für die freundliche Genehmigung der SAP AG, die Warenzeichen im Namen des vorliegenden Titels zu verwenden. Die SAP AG ist jedoch nicht Herausgeberin des vorliegenden Titels oder sonst dafür presserechtlich verantwortlich.

Sämtliche in diesem Buch abgedruckten Bildschirmabzüge unterliegen dem Urheberrecht © der SAP AG, Walldorf.

SAP©, R/2©, R/3©, ABAP©, SAPoffice©, SAP Business Workflow©, SAP EarlyWatch©, SAP ArchiveLink©, ASAP© sind eingetragene Warenzeichen der SAP AG.

Andere Produktnamen werden nur zur Identifikation der Produkte verwendet und können eingetragene Marken der entsprechenden Hersteller sein.

© 1999 Addison Wesley Longman Verlag GmbH
A Pearson Education Company
1. Auflage 1999

Lektorat Dorothee Wich, München **Korrektorat** Friederike Daenecke, Zülpich **Satz** Reemers EDV-Satz, Krefeld **Produktion** TYPisch Müller, Gräfelfing **Druck und Bindung** Bercker Graphischer Betrieb, Kevelaer **Umschlaggestaltung** Barbara Thoben, Köln **Titelbild** Pictor International Bildagentur

Das verwendete Papier ist aus chlorfrei gebleichten Rohstoffen hergestellt und alterungsbeständig. Die Produktion erfolgt mit Hilfe umweltschonender Technologien und unter strengsten Auflagen in einem geschlossenen Wasserkreislauf unter Wiederverwertung unbedruckter, zurückgeführter Papiere.

Text, Abbildungen und Programme wurden mit größter Sorgfalt erarbeitet. Verlag, Übersetzer und Autoren können jedoch für eventuell verbliebene fehlerhafte Angaben und deren Folgen weder eine juristische Verantwortung noch irgendeine Haftung übernehmen.

Die vorliegende Publikation ist urheberrechtlich geschützt. Alle Rechte vorbehalten. Kein Teil dieses Buches darf ohne schriftliche Genehmigung des Verlages in irgendeiner Form durch Fotokopie, Mikrofilm oder andere Verfahren reproduziert oder in eine für Maschinen, insbesondere Datenverarbeitungsanlagen, verwendbare Sprache übertragen werden. Auch die Rechte der Wiedergabe durch Vortrag, Funk und Fernsehen sind vorbehalten.

Die in diesem Buch erwähnten Software- und Hardwarebezeichnungen sind in den meisten Fällen auch eingetragene Marken und unterliegen als solche den gesetzlichen Bestimmungen.

Inhalt

		Vorwort	**13**
		Der Herausgeber	13
		Einleitung	**15**
I		**Einführung in R/3®**	**17**
1.1		Grundlagen	19
	1.1.1	SAP – Unternehmen und Produkt	20
	1.1.2	R/3-Anwendungsbereiche	24
	1.1.3	Systemumgebung	27
1.2		Grundlagen der Bedienoberfläche	28
	1.2.1	R/3-Anmeldung	28
	1.2.2	Aus R/3 abmelden	31
	1.2.3	Kennwort ändern	32
	1.2.4	Fensterarten und Fensterelemente	34
1.3		Menüstruktur	36
1.4		Menübedienung	38
	1.4.1	Programmbedienung mit Maus, Tastatur, Symbolen	40
	1.4.2	Daten in Felder eingeben oder korrigieren	43
1.5		Meldungen	45
1.6		Anwendung mehrerer R/3-Fenster (Modi)	47
1.7		Daten eingeben oder ändern (Formularanwendungen)	50
	1.7.1	Bezeichnung von Anwendungen und Transaktionscodes	51
	1.7.2	Grundsätzlicher Ablauf von Formularanwendungen	51
	1.7.3	Anwendung mit Menü starten	53
	1.7.4	Anwendung mit Transaktionscode starten	54
	1.7.5	Anwendung mit dynamischem Menü suchen und starten	57

Inhalt

	1.7.6	Grundsätzlicher Ablauf von Formularanwendungen	60
	1.7.7	Navigation in Formularen	62
	1.7.8	Dateneingabe bzw. -änderung in Formularanwendungen	64
	1.7.9	In Formularen mehrfach gleiche Daten eingeben	66
	1.7.10	Benutzerparameter als Eingabehilfe definieren	67
	1.7.11	Bildschirmfarben für Formulare einstellen	69
1.8		Mit Matchcode oder Werteliste Eingabedaten suchen	70
1.9		Wertelisten	72
1.10		Anwendung von Matchcodes	75
	1.10.1	Mit Matchcodes und Maske suchen	76
	1.10.2	Suchmaske wechseln	77
	1.10.3	Suche mit Jokern und Selektionsoptionen	79
	1.10.4	Matchcodeaufbau, Suchen mit Direkteingabe	80
	1.10.5	Listen (Berichte) erstellen	82
1.11		Reports aus dem Arbeitsgebietsmenü starten	83
1.12		Reports mit dem Informationssystem suchen und starten	84
1.13		Drucken	87
1.14		Online-Hilfe	89
	1.14.1	R/3-interne Schnellhilfe	89
	1.14.2	Online-Dokumentation auf CD-ROM	90
	1.14.3	R/3-Glossar	91
1.15		Aufgaben	93
1.16		Lösungen	95
2		**Überblick**	**99**
2.1		Organisationseinheiten: Unternehmens- und Personalstruktur	102
2.2		Personaladministration	104
2.3		Zeitwirtschaft	105
2.4		Personalabrechnung	108
2.5		Personalplanung und -entwicklung	109
	2.5.1	Objektorientierung	111
	2.5.2	Planungshilfen	112
	2.5.3	Organisationsmanagement	113
	2.5.4	Personalentwicklung	120
	2.5.5	Veranstaltungsmanagement	123
2.6		Integration in das SAP R/3-System	125
2.7		Fragen	127
2.8		Lösungen	129

Inhalt

3	Unternehmens-, Personal- und Organisationsstruktur	131
3.1	Die Unternehmensstruktur	135
3.1.1	Mandant	138
3.1.2	Buchungskreis	139
3.1.3	Personalbereiche	140
3.1.4	Personalteilbereich	142
3.1.5	Funktionen der Unternehmensstruktur	143
3.2	Personalstruktur	145
3.2.1	Mitarbeitergruppe	145
3.2.2	Mitarbeiterkreis	146
3.2.3	Funktionen der Personalstruktur	148
3.3	Organisationsschlüssel	150
3.4	Organisationsstruktur	151
3.5	Aufgaben	165
3.6	Lösungen	169

4	Personalbeschaffung	173
4.1	Personalwerbung	175
4.1.1	Personalbedarf	176
4.1.2	Ausschreibung	178
4.2	Bewerberstammsatz	181
4.2.1	Infotypen des Bewerberstammsatzes	181
4.2.2	Strukturierung von Bewerbern	183
4.2.3	Bewerberstammsatz anlegen	186
4.2.4	Bewerberstammsatzpflege	189
4.3	Auswahlprozeß	194
4.3.1	Abbildung der Bewerberstatus	195
4.3.2	Bewerbervorgänge	195
4.3.3	Vorgänge pflegen	199
4.4	Übernahme der Bewerberstammdaten	204
4.5	Informationssystem	204
4.6	Aus der Praxis	210
4.7	Aufgaben	217
4.8	Lösungen	219

5	Personalstammdatenverwaltung	221
5.1	Informationstypen (Infotypen)	224
5.2	Historienfähigkeit – Gültigkeitszeitraum und Zeitbindung	226
5.2.1	Zeitbindung 1	227
5.2.2	Zeitbindung 2	228

Inhalt

5.2.3	Zeitbindung 3	229
5.2.4	Zeitbindung A	229
5.2.5	Zeitbindung B	229
5.2.6	Zeitbindung T	229
5.2.7	Zeitbindung eines Infotyps anzeigen	230
5.3	Informationssubtypen (Subtypen)	233
5.4	Personalmaßnahme	234
5.4.1	Auslassen von Infotypen bei der Durchführung einer Maßnahme	247
5.4.2	Wiederaufnahme einer abgebrochenen Maßnahme	247
5.4.3	Schnellerfassung von Maßnahmen	248
5.5	Wichtige Infotypen der Personalstammdatenverwaltung	250
5.5.1	Infotyp 0000 »Maßnahmen«	250
5.5.2	Infotyp 0001 »Organisatorische Zuordnung«	253
5.5.3	Infotyp 0002 »Daten zur Person«	254
5.5.4	Infotyp 0006 »Anschriften«	256
5.6	Auswahl von Infotypen	257
5.6.1	Auswahl von Infotypen über die direkte Eingabe	257
5.6.2	Auswahl von Infotypen über statische Infotypmenüs	258
5.6.3	Auswahl von Infotypen über dynamische Infotypmenüs	259
5.6.4	Personalstammdaten im List- und im Einzelbild anzeigen	260
5.7	Personalstammdatenpflege	263
5.7.1	Das Anlegen von Personalstammdaten	263
5.7.2	Ändern von Personalstammdaten	265
5.7.3	Das Kopieren von Personalstammdaten	266
5.7.4	Das Löschen von Personalstammdaten	268
5.8	Personalakte	269
5.9	Schnellerfassung von Infotypen	270
5.9.1	Auflistung der Personalnummern außerhalb des Schnellerfassungsbilds	272
5.9.2	Auflistung der Personalnummern innerhalb des Schnellerfassungsbilds	274
5.9.3	Auflistung der Personalnummern mit Hilfe eines Reports	275
5.9.4	Auflistung der Personalnummern mit Hilfe der Ad-hoc-Query	277
5.9.5	Erzeugen von Vorschlagswerten beim Anlegen von mehreren Infotypsätzen	277
5.10	Auswertungen im Standard	279
5.10.1	Der Berichtsbaum	280
5.10.2	Flexible Mitarbeiterdaten	283

5.10.3	Datenexport in Tabellenkalkulation oder Textverarbeitung	286
5.10.4	ABAP/4®-Query und Ad-hoc-Query	288
5.11	Aufgaben	294
5.12	Lösungen	298

6 Zeitwirtschaft 303

6.1	Arbeitszeitplan (Schichtplan)	308
6.1.1	Feiertagskalender pflegen	308
6.1.2	Arbeitszeitpläne definieren	312
6.1.3	Tagesarbeitszeitplan	314
6.1.4	Arbeitspausenplan pflegen	314
6.1.5	Tagesarbeitszeitplan pflegen	315
6.1.6	Periodenarbeitszeitplan (Zeitmodell)	317
6.1.7	Arbeitszeitpläne pflegen	318
6.1.8	Tagestypen definieren	319
6.1.9	Monatsarbeitszeitplan pflegen	322
6.2	Stammdaten der Zeitwirtschaft	326
6.2.1	Urlaubsanspruch	327
6.2.2	Urlaubsabgeltung pflegen	331
6.2.3	Sollarbeitszeit	332
6.2.4	Zeiterfassungsinformation	335
6.3	Bewegungsdaten der Zeitwirtschaft	336
6.3.1	Ab- und Anwesenheiten	337
6.3.2	Vertretungen	352
6.3.3	Mehrarbeiten pflegen	356
6.3.4	Ab- und Anwesenheitskontingente	360
6.3.5	Entgeltbelege	361
6.3.6	Abweichende Bezahlung	363
6.3.7	Zusatzdaten	366
6.3.8	Kollisionsprüfung	370
6.4	Auswertungen zur Zeitwirtschaft	373
6.4.1	Report »Persönlicher Arbeitszeitplan« ausführen	374
6.4.2	Report »Graphische Abwesenheitsübersicht« ausführen	375
6.5	Positiverfassung	377
6.5.1	Zeitereignisse	377
6.5.2	Arbeitsvorrat	379
6.5.3	Zeitumbuchungsvorgaben pflegen	390
6.6	Internet und Intranet	391
6.6.1	Employee Self Service	391
6.6.2	WEB-Reporting	393

Inhalt

6.6.3	BAPI	394
6.7	Aus der Praxis	394
6.8	Aufgaben	396
6.9	Lösungen	397

7 Personalabrechnung — 399

7.1	Grundlagen der Personalabrechnung	401
7.1.1	Ermittlung der Bruttobezüge	402
7.1.2	Ermittlung der Nettobezüge	402
7.1.3	Ermittlung der persönlichen Be- und Abzüge	403
7.1.4	Ermittlung des Auszahlungsbetrags	403
7.1.5	Überweisungen	403
7.1.6	Zusammenfassung	404
7.2	Abrechnungsrelevante Daten für die Personalabrechnung	404
7.2.1	Übersicht über abrechnungsrelevante Infotypen	405
7.3	Übersicht der Infotypen zur Personalabrechnung	405
7.3.1	Bedeutung der Personalstammdaten in der Verarbeitung	406
7.3.2	Bedeutung der Zeitdaten in der Verarbeitung	422
7.3.3	Bedeutung der Bewegungsdaten in der Verarbeitung	423
7.3.4	Änderungen in vorangegangenen Abrechnungszeiträumen	427
7.4	Bestandteile der Personalabrechnung	427
7.4.1	Lohnarten als Steuerungsfaktoren	427
7.4.2	Funktionen der Lohnarten	427
7.4.3	Lohnartenstruktur	429
7.4.4	Dateien	429
7.5	Personalabrechnung	430
7.5.1	Voraussetzungen für die Durchführung	430
7.5.2	Durchführung der Personalabrechnung	433
7.6	Bearbeitungsschritte nach Durchführung der Personalabrechnung	441
7.6.1	Ausdruck der Entgeltnachweise	442
7.6.2	Überweisungen	445
7.6.3	Beitragsnachweis	447
7.6.4	Lohnkonto	448
7.7	Aufgaben	451
7.8	Lösungen	452

8 Personalplanung und -entwicklung — 453

8.1	Organisationsstruktur und -management	457
8.1.1	Aufbauorganisation	458
8.2	Kostenplanung	467

8.2.1	Planungsgrundlagen und Varianten der Personalkostenplanung	468
8.2.2	Kostenplanung erstellen	473
8.2.3	Kostenplanung vergleichen	477
8.2.4	Übergabe der Kostendaten an das SAP Controlling	480
8.3	Personalentwicklung	481
8.3.1	Qualifikationen und Anforderungen	482
8.3.2	Qualifikations- und Anforderungskatalog	483
8.3.3	Anforderungsprofile	493
8.3.4	Qualifikationsprofile	497
8.3.5	Profilvergleich	501
8.3.6	Suche nach Personen	504
8.3.7	Weiterbildungsbedarf	506
8.4	Veranstaltungsmanagement	508
8.4.1	Veranstaltungsumfeld	510
8.4.2	Veranstaltungsangebot	525
8.4.3	Teilnehmeradministration und Tagesgeschäft	530
8.5	Aus der Praxis	539
8.5.1	Ausgangssituation	539
8.5.2	Projektablauf	542
8.5.3	Ergebnisse und Implementierungsstand	545
8.5.4	Auswirkungen auf die Personalarbeit	547
8.6	Aufgaben	548
8.7	Lösungen	550
A	**Komponenten der Personalwirtschaft**	**553**
A.1	PA – Personalmanagement	555
A.2	PE – Veranstaltungsmanagement	556
A.3	PE – Personalzeitwirtschaft	557
A.4	PY – Personalabrechnung	558
B	**Symbole in R/3®**	**559**
C	**Infotypen**	**577**
	Stichwortverzeichnis	**589**

Vorwort

Die Reihe »SAP®-Anwenderedition« gibt Antworten auf Fragen, die sich in der beruflichen Praxis von SAP R/3®-Endanwendern häufig stellen. Modular aufgebaut, vermittelt sie schrittweise grundlegendes Überblickswissen und Lösungsverfahren für Standardsituationen. Klar strukturierte Informationseinheiten und thematisch in sich geschlossene Kapitel gewährleisten dabei einen schnellen Zugriff auf die gesuchte Fragestellung und machen den Leser handlungsorientiert und Schritt für Schritt nachvollziehbar mit erprobten Lösungsstrategien vertraut.

Fälle aus der Praxis, die in vielen Kapiteln enthalten sind, stellen realitätsnahe Problemszenarien vor und beschreiben exemplarische Lösungen. Dank vieler aussagekräftiger Abbildungen, die die vorgestellten Verfahren illustrieren, werden Sie auch ohne unmittelbaren Zugang zu einem R/3-System von der Lektüre profitieren. Das Buch wurde auf der Grundlage des *R/3-Releases 4.0* geschrieben.

Der Herausgeber

Der Herausgeber der Reihe, die CDI GmbH in München, hat als Bildungsträger eine mehr als 25jährige Erfahrung in der Entwicklung und Gestaltung berufsbezogener und qualitativ hochwertiger Aus- und Weiterbildungsprogramme in den Bereichen EDV, Wirtschaft, Technik und Schlüsselqualifikationen. Während dieser Zeit entwickelte CDI circa 500 Unterrichtshandbücher, die sich gemäß der Unternehmensphilosophie durch konsequenten Praxisbezug und Ausrichtung auf die aktuellen Erfordernisse des Arbeitsmarktes auszeichnen. Über 100.000 Teilnehmer haben sich mit deren Hilfe neue berufliche Perspektiven eröffnet. CDI gehörte bundesweit zu den ersten Unternehmen, die Weiterbildungsmaßnahmen für SAP-Endanwender anboten, und ist seit 1997 »Lizenzierter ATS-Schulungspartner der SAP AG im öffentlich-rechtlichen Bereich«. Des weiteren führt CDI kundenindividuelle SAP-Seminarprojekte zur Endanwenderschulung durch.

Vorwort

Diese Erfahrungen und Konzepte, die auch der SAP-Anwenderedition zugrunde liegen, stellt CDI seit einigen Jahren auch in Buchform zur Verfügung.

Die Autoren

Sabine Greiff-Kempa ist Personalfachkauffrau und arbeitet seit 1995 im Vertrieb der SAP AG für Personalwirtschaftssysteme für die Branchengruppe Chemie, Pharma, Handel, Öl, Textil sowie Nahrungs- und Genußmittel. Praktische Erfahrung sammelte sie in ihrer über siebenjährigen Tätigkeit als Personalreferentin sowie in ihrer über zweieinhalbjährigen Beratungsfunktion für SAP®-Projekte im Bereich Personalplanung und -entwicklung. Seit 1999 ist sie bei der LYNX CONSULTING GROUP als Geschäftsstellenleiterin in Walldorf tätig. Frau Greiff-Kempa erstellte die Kapitel 3.4 »Organisationsstruktur«, 4 »Personalbeschaffung« sowie 8 »Personalplanung und -entwicklung«.

Ruth Kessler ist als Beraterin bei der Firma Delta Unternehmensberatung für integrierte Anwendungssysteme GmbH tätig und betreut dort Kundenprojekte im HR-Bereich. Ihre Fachkenntnisse als Personalfachkauffrau und ihre über neunjährigen SAP-Erfahrung brachte sie in das Kapitel 7 »Personalabrechnung« ein.

Christina Wanzek arbeitet als Beraterin und Referentin bei BKC Braun, Kastner & Partner Consulting GmbH. Sie erstellte die Kapitel 3.1 »Unternehmensstruktur« und 3.2 »Personalstruktur« sowie Kapitel 5 »Personalstammdaten«.

Andreas Fritz, Diplom-Volkswirt, trat 1988 in die SAP AG ein. Er entwickelte maßgeblich die HR-Zeitwirtschaft und den Bruttoteil der Abrechnung mit. Für dieses Buch erstellte er das Kapitel 6 »Zeitwirtschaft«. Von 1993 bis 1997 war er verantwortlicher HR-Vertriebsgruppenleiter bei der SAP AG für den Privatsektor. Heute ist er Prokurist der BKC GmbH und zeichnet für den HR-Produktbereich verantwortlich.

Die BKC ist ein unabhängiges Beratungsunternehmen mit Sitz in Heidelberg, das sich auf den Bereich der DV-gestützten Personalwirtschaft spezialisiert hat. Ihr Leistungsspektrum umfaßt neben der Organisationsberatung sowie der Einführung und Betreuung von Personalwirtschaftssystemen die Entwicklung R/3-spezifischer Erweiterungen und ein Seminarangebot rund um die SAP-Personalwirtschaft.

Vielen Dank auch an Dorothee Wich (Addison-Wesley), Anne Seibold und Karsten Petri (CDI) für die Unterstützung.

Einleitung

Alle Kapitel des vorliegenden Bandes der »SAP®-Anwenderedition« sind inhaltlich weitgehend voneinander unabhängig und können daher in beliebiger Reihenfolge bearbeitet werden. Lediglich die ersten zwei Kapitel sollten Sie auf jeden Fall lesen, denn sie vermitteln Ihnen wichtige Grundlagen, die in den nachfolgenden Kapiteln vorausgesetzt werden.

Dieses Buch wendet sich keineswegs nur an den SAP-Spezialisten, es wurde vielmehr für den R/3®-Einsteiger mit betriebswirtschaftlichen Vorkenntnissen konzipiert. Auch der R/®-Umsteiger, der sich noch nicht zu tief in sein bisheriges System eingearbeitet hat, wird von diesem Buch profitieren. Wir haben Wert darauf gelegt, die Informationen in diesem Buch so verständlich zu halten, daß interessierte Anwender und Mitarbeiter in Fachabteilungen eine verständliche und strukturierte Einführung in die umfassende Funktionalität der Personalwirtschaft in R/3 bekommen.

Grundlagen und Handhabung
Das erste Kapitel liefert – wie oben erwähnt – eine Einführung, die zum Verständnis aller weiteren Kapitel empfohlen wird. Darüber hinaus vermittelt Ihnen dieses Kapitel Verfahrenstechniken und Kenntnisse, die Sie beim täglichen Umgang mit den Funktionen der R/3-Personalwirtschaft benötigen. Diese reichen von der Handhabung der Bedienoberfläche über das Drucken bis hin zur Online-Hilfe.

Personalwirtschaft
Die folgenden Kapitel sollen Ihnen neben einem fundierten und verständlichen Überblick über wesentliche Funktionen der R/3-Personalwirtschaft die Funktionen und Abläufe sowie deren wechselseitige Integration aufzeigen. Dazu werden die Verfahren zur Ausführung der betriebswirtschaftlichen Anwendungen detailliert beschrieben.

Einleitung

Anhänge

Anhang A enthält eine ausführliche Liste der R/3-Komponenten für die R/3-Module der Personalwirtschaft. Als R/3-Komponenten werden Teilbereiche von Modulen bezeichnet. Anhang B enthält eine Liste der Symbole, die in R/3 Version 4.0 verwendet werden. Eine Übersicht über die Infotypen erhalten Sie in Anhang C.

Abweichungen von Bildern und Abläufen

Falls Sie dieses Buch am Arbeitsplatz verwenden, beachten Sie bitte, daß R/3 grundsätzlich den Gegebenheiten und Anforderungen des jeweiligen Unternehmens angepaßt ist. Es ist daher möglich, daß manche Menüs, Bildschirme oder Felder in Ihrer R/3-Umgebung gar nicht angezeigt werden bzw. anders aussehen.

Üblich und für die Ablaufsicherheit notwendig ist es, daß Berechtigungen nur zum Ausführen derjenigen Anwendungen erteilt werden, die Sie speziell für Ihre Arbeit benötigen. Deshalb kann es vorkommen, daß Sie einige Beispiele aus diesem Buch an Ihrem System nicht nachvollziehen können, weil Ihr Systemverwalter Ihnen die Berechtigung zur Durchführung eines bestimmten Ablaufs nicht eingerichtet hat.

Ein weiterer Grund für Abweichungen bei Menüs, Bildschirmen oder Feldern kann eine andere R/3-Version an Ihrem Arbeitsplatz sein. Diesem Buch liegt die Version 4.0B zugrunde.

Kapitel 1
Einführung in R/3®

1.1	**Grundlagen**	19
1.1.1	SAP – Unternehmen und Produkt	20
1.1.2	R/3-Anwendungsbereiche	24
1.1.3	Systemumgebung	27
1.2	**Grundlagen der Bedienoberfläche**	28
1.2.1	R/3-Anmeldung	28
1.2.2	Aus R/3 abmelden	31
1.2.3	Kennwort ändern	32
1.2.4	Fensterarten und Fensterelemente	34
1.3	**Menüstruktur**	36
1.4	**Menübedienung**	38
1.4.1	Programmbedienung mit Maus, Tastatur, Symbolen	40
1.4.2	Daten in Felder eingeben oder korrigieren	43
1.5	**Meldungen**	45
1.6	**Anwendung mehrerer R/3-Fenster (Modi)**	47
1.7	**Daten eingeben oder ändern (Formularanwendungen)**	50
1.7.1	Bezeichnung von Anwendungen und Transaktionscodes	51
1.7.2	Grundsätzlicher Ablauf von Formularanwendungen	51
1.7.3	Anwendung mit Menü starten	53
1.7.4	Anwendung mit Transaktionscode starten	54
1.7.5	Anwendung mit dynamischem Menü suchen und starten	57

Einführung in R/3

1.7.6	Grundsätzlicher Ablauf von Formularanwendungen	60
1.7.7	Navigation in Formularen	62
1.7.8	Dateneingabe bzw. -änderung in Formularanwendungen	64
1.7.9	In Formularen mehrfach gleiche Daten eingeben	66
1.7.10	Benutzerparameter als Eingabehilfe definieren	67
1.7.11	Bildschirmfarben für Formulare einstellen	69
1.8	**Mit Matchcode oder Werteliste Eingabedaten suchen**	**70**
1.9	**Wertelisten**	**72**
1.10	**Anwendung von Matchcodes**	**75**
1.10.1	Mit Matchcodes und Maske suchen	76
1.10.2	Suchmaske wechseln	77
1.10.3	Suche mit Jokern und Selektionsoptionen	79
1.10.4	Matchcodeaufbau, Suchen mit Direkteingabe	80
1.10.5	Listen (Berichte) erstellen	82
1.11	**Reports aus dem Arbeitsgebietsmenü starten**	**83**
1.12	**Reports mit dem Informationssystem suchen und starten**	**84**
1.13	**Drucken**	**87**
1.14	**Online-Hilfe**	**89**
1.14.1	R/3-interne Schnellhilfe	89
1.14.2	Online-Dokumentation auf CD-ROM	90
1.14.3	R/3-Glossar	91
1.15	**Aufgaben**	**93**
1.16	**Lösungen**	**95**

Einführung in R/3®

In diesem Kapitel vermitteln wir Ihnen das Grundwissen zur R/3®-Software:

- Das Unternehmen SAP®, seine Produktlinien R/2® und R/3 und deren Leistungsmerkmale werden vorgestellt.
- Die für R/3 erforderliche Systemumgebung und Infrastruktur (Hardware, Betriebssysteme, Präsentationssoftware und Datenbanken) werden beschrieben.
- Ein knapper Überblick über die R/3-Module und -Komponenten macht Sie mit möglichen Anwendungsbereichen vertraut.
- Die wichtigsten Bedienfunktionen werden erläutert.

All diese Themen werden ausführlich in dem bereits erschienenen Band »SAP Anwenderedition – Einführung« behandelt. Dessen Lektüre ist für das Verständnis des vorliegenden Buchs hilfreich, aber keine Voraussetzung. Der Schwerpunkt des vorliegenden Bandes liegt auf betriebswirtschaftlichen Anwendungen.

1.1 Grundlagen

In diesem Abschnitt erfahren Sie,

- welches Unternehmen und welches Produkt sich hinter den drei Buchstaben »SAP« verbergen
- welche betrieblichen Funktionsbereiche von der SAP-Standardsoftware R/3 unterstützt werden
- auf welchen Computern und Betriebssystemen diese Standardsoftware eingesetzt werden kann

Einführung in R/3

1.1.1 SAP – Unternehmen und Produkt

»SAP« ist sowohl eine Bezeichnung für ein Unternehmen als auch für dessen erfolgreiches Softwareprodukt.

Das Unternehmen

Das Softwarehaus SAP – »Systeme, Anwendungen und Produkte in der Datenverarbeitung« – mit Sitz in Walldorf bei Heidelberg wurde 1972 von fünf ehemaligen IBM-Mitarbeitern gegründet. Die Gesellschaft hatte bereits nach acht Jahren 50 der 100 größten deutschen Industrieunternehmen als Kunden; inzwischen sind es 95. Die Mitarbeiterzahl des Unternehmens verdreifachte sich innerhalb nur weniger Jahre von ca. 3.500 (Ende 1993) auf ca. 20.000 (Ende 1998). Seit 1988 ist die SAP eine börsennotierte Aktiengesellschaft, die 1995 in den deutschen Aktienindex (DAX) aufgenommen wurde.

Die SAP AG als Muttergesellschaft der SAP-Gruppe steigerte 1998 den Umsatz im Vorjahresvergleich um 41 % auf 8,5 Mrd. DM und ist damit das mit Abstand größte deutsche Softwareunternehmen. Damit kletterte sie weltweit unter den unabhängigen Softwarehäusern auf Platz vier – unmittelbar nach Microsoft, Computer Associates und Oracle.

Die in diesem Kapitel genannten Unternehmensdaten entsprechen – soweit nicht anders angegeben – dem Stand von Ende 1998. Bei der derzeitigen dynamischen Entwicklung der Gesellschaft sind solche Informationen zum Zeitpunkt der Drucklegung möglicherweise schon wieder überholt.

Das Produkt

SAP bietet eine integrierte, branchenneutrale Standardsoftware, die in allen denkbaren kaufmännischen Bereichen eingesetzt werden kann und alle betriebswirtschaftlichen Anwendungsgebiete abdeckt, integriert und verbindet:

- *Rechnungswesen* mit Buchhaltung, Kostenstellenrechnung, Kalkulation und Controlling
- *Logistik* mit Materialwirtschaft (Einkauf), Produktionsplanung und -steuerung, Instandhaltung, Produktdatenmanagement, Qualitätsmanagement, Vertrieb (Verkauf, Versand, Rechnungsschreibung)
- *Personalwirtschaft* mit Personalverwaltung, Lohn- und Gehaltsabrechnung, Personalplanung, -entwicklung und Reisekostenabrechnung

Außerdem wird eine eigene Entwicklungsumgebung (Workbench) auf der Basis der SAP-eigenen Programmiersprache ABAP/4® bereitgestellt, mit der Sie für Ihren individuellen Bedarf Berichte und Auswertungen oder zusätzliche Anwendungen erstellen können.

Besondere Merkmale der SAP-Software sind die konsequente Integration und die umfangreichen Parametrisierungsmöglichkeiten, die eine flexible Anpassung an firmenspezifische Anforderungen ermöglichen.

Einführung in R/3

Das »R« in R/2 und R/3 bedeutet »Realtime«. Es betont die sofortige Verbuchung und Aktualisierung von Daten, die im Rahmen der Integration dadurch sofort und aktuell allen beteiligten Abteilungen zugänglich sind.

Das Produkt steht in den beiden Systemen R/2 und R/3 zur Verfügung, die jeweils beide die oben beschriebenen Anwendungsbereiche abdecken und somit einen ähnlichen Funktionsumfang haben.

System R/2

Das System R/2 existiert bereits seit 1979 und wird von zahlreichen Großunternehmen und Konzernen eingesetzt. Mittelfristig werden die meisten R/2-Anwender auf R/3 umsteigen, sofern dies nicht schon erfolgt ist.

Der Support für R/2 wird in jedem Fall noch bis zum Jahr 2004 garantiert. R/2 ist ein zuverlässiges und bewährtes System, dem trotz der Markteinführung von R/3 noch eine längere Lebensdauer vorausgesagt wird.

System R/3

R/3 ist nur mittelfristig, nicht jedoch kurzfristig, als R/2-Nachfolger zu betrachten. Aus Umfragen unter SAP-Kunden geht hervor, daß fast alle R/2-Anwender einen Wechsel zu R/3 planen bzw. bereits begonnen haben – zum größeren Teil jedoch in Koexistenz mit R/2.

In die Entwicklung von R/3, die im Jahr 1988 ihren Anfang nahm, investierte die SAP nach eigenen Angaben mehrere Milliarden DM. Die Bedeutung, die R/3 für SAP hat, belegt auch die Prognose, daß weltweit mindestens 40.000 R/3-Installationen geplant sind.

R/3 wird seit dem Sommer 1992 ausgeliefert. Es übertrifft inzwischen mit seinen Versionen 3.0 und 4.0 den Leistungsumfang von R/2.

	R/2	R/3
Zielgruppe	Konzerne, Großunternehmen	Konzerne sowie deren Niederlassungen und Tochtergesellschaften, Unternehmen mittlerer Größe (20 bis 1000 Mitarbeiter)
Hardware (Auswahl)	Großrechner	MDT von SNI, HP, DEC, SUN, IBM oder Bull. Seit 1994: PCs wie Compaq, Sequent oder NCR
Systemsoftware (Auswahl)	MVS, BS2000	Unix, Windows NT, OS/400

Tabelle 1.1 Zielgruppen und Systemvoraussetzungen für R/2 und R/3

Einführung in R/3

R/2 im Verbund mit R/3

Viele der bisherigen R/2-Anwender planen, vorerst beide Systeme gemeinsam einzusetzen. Die R/2-Anwender wollen zwar nicht auf eine bewährte Technik verzichten, aber doch schon von neuen Funktionen profitieren. Durch eine frühzeitige R/3-Installation läßt sich in Unternehmen systematisch Know-how aufbauen.

Leistungsmerkmale

Die elementaren Leistungsmerkmale der R/3-Software sind:

- Branchenneutral und an verschiedenste Unternehmensstrukturen anpaßbar
- Bei Großkonzernen ebenso einsetzbar wie bei mittelständischen Unternehmen
- International – nicht nur in der Sprache, sondern auch in der Funktionalität, denn eine Lohn- und Gehaltsabrechnung kann in Frankreich nicht nach dem gleichen Verfahren wie in den USA oder Österreich erstellt werden.
- Erfolgreich, denn welche in ihrer Funktionalität halbwegs vergleichbare Software konnte in so kurzer Zeit nach ihrer Einführung so viele Installationen und Arbeitsplätze aufweisen?

Inzwischen berichtet die SAP von über 2 Millionen Arbeitsplätzen, die mit R/3 ausgestattet sind. Das sollte Grund genug sein, sich einmal mit den Erfolgsfaktoren und Leistungsmerkmalen des aktuellen Produkts des größten deutschen Software-Herstellers zu beschäftigen.

Internationalität

International tätige Unternehmungen und multinationale Konzerne führen mit derselben Software betriebliche Abläufe verschiedenster nationaler Gesellschaften durch und wickeln somit auch länderübergreifende Vorgänge mit einem einzigen Softwaresystem ab.

Die folgende Auflistung zeigt einige der Anforderungen und Möglichkeiten des internationalen Einsatzes:

- Verschiedene Sprachen und landesspezifische Datumsformate
- Unterstützung verschiedener Kontenpläne innerhalb eines Mandanten (Konzerns)
- Länderspezifische Abwicklung der Lohn- und Gehaltsabrechnung in der Personalwirtschaft
- Berücksichtigung nationaler Steuergegebenheiten und des gesetzlich vorgeschriebenen Berichtwesens im Rechnungswesen
- Steuerliche Besonderheiten für die Rechnungsprüfung sowie nationale Rechtsvorschriften, beispielsweise für Gefahrgut in der Logistik
- Weltweite Planung und Abwicklung von Geschäften

Einführung in R/3

Branchenneutralität und Branchenanpassung

Die Branchenunabhängigkeit wird durch die folgende unvollständige, aber sicherlich eindrucksvolle Benutzerliste aus den unterschiedlichsten Branchen belegt:

- Chemische Industrie
- Kraftfahrzeugindustrie
- Elektroindustrie
- Textilindustrie
- Baugewerbe
- Fernsehanstalten
- Versicherungs- und Bankgewerbe
- Krankenhäuser etc.

Die Anpassung des R/3-Systems an branchenspezifische Besonderheiten und Anforderungen erfolgt mit Hilfe des im folgenden erwähnten und erläuterten »Customizings«.

Sogenannte »Industry Solutions«, auch »Branchenlösungen« genannt, sind Lösungen, die auf die Bedürfnisse der wichtigsten Branchen zugeschnitten sind, zum Beispiel auf die Automobilhersteller, deren Zulieferindustrie, den Anlagenbau, auf Handel, Banken, Krankenhäuser und auf den öffentlichen Sektor. Die Lösungen basieren auf dem branchenneutralen R/3 und bieten zusätzliche branchenspezifische Funktionen. Diese Verfahren sind für die jeweiligen Branchen bereits weitgehend vormodelliert.

Funktionalität

Die umfassende Funktionalität, die für SAP-Systeme in mehr als 25 Jahren entwickelt wurde, ist nahezu unerreicht und kann in diesem Buch verständlicherweise nicht erschöpfend behandelt werden.

Folgende große Anwendungsbereiche werden abgedeckt:

- Rechnungswesen
- Logistik mit PPS, Vertrieb und Materialwirtschaft
- Personalwirtschaft

Bedienoberfläche

Die Bedienoberfläche ist insbesondere durch den Bildschirmaufbau mit seinen Fenstern, Menüs oder Farben sowie durch die Bedienregeln (wie Tastenbelegung und Mausaktionen) definiert. An nahezu jeder Stelle des Systems gelten für die Bedienoberfläche einheitliche Regeln, so daß beispielsweise der innerbetriebliche Wechsel eines Mitarbeiters in eine andere Abteilung keinen erneuten Schulungsaufwand oder eine nochmalige Einarbeitung in eine andere Benutzeroberfläche verursacht.

Einführung in R/3

Durch die Verbreitung der Windows-Oberfläche auf PCs wurde auch der Wunsch der Anwender nach augenfreundlichen Bildschirmdarstellungen verstärkt. Spätestens seit Einführung der R/3-Version 2.1 wird SAP diesen Wünschen gerecht, denn mit diesem Release hat die Bildschirmergonomie große Fortschritte gemacht. Die Version 4.0 bietet weitere Verbesserungen, die die Arbeit am PC-Bildschirm durch eingängige Symbole (manchmal auch Icons oder Ikonen genannt) erleichtern.

Integration

Ein entscheidender Vorteil integrierter Software liegt in der konsistenten Organisation der Informationsflüsse. Die konsequent realisierte einmalige Speicherung von Daten macht Schnittstellen überflüssig, die sich bei der Verknüpfung von Softwareprodukten unterschiedlicher Hersteller ergeben und die gewartet werden müßten. Mehrere Systeme unterschiedlicher Hersteller würden dagegen Mehrfachspeicherungen verursachen. Dies birgt für Anwenderunternehmen die Gefahr potentiell unabgestimmter und nicht aktueller Datenbestände.

Um wettbewerbsfähig zu bleiben, muß ein Unternehmen schnell und kundennah agieren und reagieren können. Voraussetzung hierfür sind aktuelle und aussagekräftige Daten. Dies gewährleistet das R/3-System durch einmalige und redundanzfreie Speicherung von Daten, die für jede Art von Auswertung (ob Statistik, Bericht, Bilanz etc.) in jedem Unternehmensbereich nach Bedarf abgerufen werden können.

Flexibilität durch Customizing

Die Notwendigkeit, mit informationstechnischen Mitteln schnell auf Marktveränderungen reagieren zu können, erfordert Systeme, die sich schnell an veränderte Abläufe oder Organisationsstrukturen anpassen lassen. Wo betriebs- und branchenspezifischer Anpassungsbedarf entsteht, kommen die sogenannten Customizing-Methoden zum Einsatz. Sie ermöglichen die Integration der Anwendungen in die Unternehmensabläufe und die Anpassung an spezifische betriebliche Anforderungen und Besonderheiten.

Customizing heißt somit, die Standardsoftware an betriebsspezifische Vorgaben, Standards und Verarbeitungsregeln anzupassen. Sollen beispielsweise im Mahnverfahren firmenspezifische Vorgaben über Verzugstage, Mahntexte oder die Kalkulation von Verzugs- und Fälligkeitszinsen softwaretechnisch umgesetzt werden, so wird dieser Vorgang als Customizing bezeichnet.

1.1.2 R/3-Anwendungsbereiche

R/3-Anwendungen ermöglichen mit ihrer ganzheitlichen Abwicklung von abteilungs- und bereichsübergreifenden Abläufen und Vorgängen die softwaregestützte organisatorische Zusammenfassung der folgenden betriebswirtschaftlichen Anwendungsbereiche:

- Logistik
- Rechnungswesen
- Personalwirtschaft

Module

Das R/3-System ist in einzelne Module unterteilt, die in Tabelle 1.2 dargestellt sind. Jedes Modul hat ein Kurzzeichen, das auf der englischen Bezeichnung des Sach- oder Funktionsbereichs basiert.

Anwendungsbereich	R/3-Modul	deutsche Bezeichnung	englische Bezeichnung
Basis	BC	Basis-System	Basic Components
Übergreifend	CA	Anwendungsübergreifende Funktionen	Cross Applications
Rechnungswesen	FI	Finanzwesen	Financial Accounting
Rechnungswesen	FI-AA	Anlagenwirtschaft	Assets Management
Rechnungswesen	TR	Treasury	Treasury
Rechnungswesen	IM	Investitionsmanagement	Capital Investment Management
Rechnungswesen	CO	Controlling	Controlling
Rechnungswesen	EC	Unternehmenscontrolling	Enterprise Controlling
Personal	PA	Personalmanagement	Personnel Management
Personal	PE	Veranstaltungsmanagement	Training and Event Management
Personal	PT	Personalzeitwirtschaft	Personnel Time Management
Personal	PY	Personalabrechnung	Payroll Accounting
Logistik	MM	Materialwirtschaft	Materials Management
Logistik	SD	Vertrieb	Sales and Distribution
Logistik	PP	Produktionsplanung und -steuerung	Production Planning and Control
Logistik	PM	Instandhaltung	Plant Maintenance

Tabelle 1.2 Gebräuchliche Module und ihre Bezeichnung

Einführung in R/3

Anwendungs-bereich	R/3-Modul	deutsche Bezeichnung	englische Bezeichnung
Logistik	QM	Qualitätsmanagement	Quality Management
Logistik	PS	Projekt-System	Project System

Tabelle 1.2 Gebräuchliche Module und ihre Bezeichnung

Komponenten

Ein Modul besteht wiederum aus Komponenten und Teilkomponenten. Diese Module können modular, das heißt unabhängig voneinander, implementiert werden. Es sind allerdings Abhängigkeiten zwischen einzelnen Modulen und Komponenten zu beachten. In der Produktionsplanung zum Beispiel setzt die Einplanung der Mitarbeiter nach Personalnummer und Qualifikation das Modul »Personalplanung und -entwicklung« mit seinem im Organisationsmanagement verankerten Stellenplan voraus.

Je mehr Module benutzt werden, desto größer ist der Nutzen

- durch die Mehrfachverwendung der Daten
- durch die Verringerung der Anzahl von Schnittstellen

Anhang A enthält eine detaillierte Liste aller Komponenten. Einige Beispiele für Komponenten aus der R/3-Personalwirtschaft finden Sie in Tabelle 1.3:

Komponente	deutsche Bezeichnung	Egnlische Bezeichnung
PA-OS	Aufbauorganisation	Organizational Structure
PA-PA	Personaladministration	Personnel Administration
PA-PD	Personalentwicklung	Personnel Development
PA-RC	Personalbeschaffung	Recruitment
PY-CH	Personalabrechnung Schweiz	Switzerland
PY-DE	Personalabrechnung Deutschland	Germany

Tabelle 1.3 Komponenten aus der R/3-Personalwirtschaft

Exkurs über Sprachgepflogenheiten

In der Fachterminologie, die Ihnen an Ihrem SAP-Arbeitsplatz, in der Literatur oder in Dokumentationen begegnet, werden Komponenten bisweilen als »Module« oder gar als »Systeme« bezeichnet. Interpretieren Sie deshalb Fachvokabular, spezielle Begriffe oder auch Inhalte nicht als zu starres System, sondern versuchen Sie, diese Begrifflichkeiten aus ihrem jeweiligen Zusammenhang heraus zu verstehen.

Einführung in R/3

Dies ist zugegebenermaßen gerade im SAP-Umfeld aufgrund der großen Anzahl neuer Begriffe nicht immer einfach. Erschwerend kommt hinzu, daß hier gängige Begriffe aus der EDV oder der Betriebswirtschaft manchmal eine neue Bedeutung bekommen. Ein Buchhalter dürfte sich beispielsweise damit schwertun, daß die ihm vertraute »Umsatzsteuer« im R/3-Finanzwesen nun als »Ausgangssteuer« bezeichnet wird oder daß der Begriff »Bankschlüssel« als Ersatz für »Bankleitzahl« dient.

1.1.3 Systemumgebung

»Client/Server«, »Dezentralisierung«, »Aufteilung in kleinere Business Units«, »skalierbare Software« sind nur einige der Schlagworte aus der heutigen Datenverarbeitungs- und Organisationswelt.

Um mit dem letzten Schlagwort zu beginnen: »Skalierbarkeit« bedeutet die Einsatzmöglichkeit von Software in verschiedensten betrieblichen Größenordnungen, von kleinen Individualsystemen bis hin zu solchen mit mehreren tausend Benutzern.

In einer Zeit, in der große Konzerne ihre Organisationsstrukturen in kleine marktnahe und selbständige Einheiten (Units) bzw. Divisions mit eigener Ergebnisverantwortung aufgliedern und dezentrale Führungsstrukturen favorisieren, werden auch neue Anforderungen an die DV gestellt. Die neuen selbstverantwortlichen Business Units brauchen natürlich im Unternehmensverbund, beispielsweise zur Konsolidierung von Betriebsdaten, eine einheitliche Software.

Andererseits muß die verwendete Software auf verschiedensten Rechnern einsetzbar sein, weil die Units unterschiedlich groß sind. Diese Eigenschaft wird als Skalierbarkeit bezeichnet und von SAP geboten: ein identisches Softwaresystem auf Hardwareplattformen unterschiedlicher Größe, vom PC bis zum Großrechner (Mainframe).

Hardware

Das SAP-System R/3 unterstützt zur Zeit folgende aus RISC-Servern und Workstations bestehenden Hardwareplattformen wie beispielsweise (in alphabetischer Reihenfolge):

- Bull
- Digital Equipment
- Hewlett-Packard
- IBM
- Siemens-Nixdorf
- SUN

Betriebssysteme

Als Betriebssysteme stehen unterschiedliche Unix-Varianten wie AIX, HP-UX oder Solaris sowie Windows NT zur Verfügung.

1.1 Grundlagen

Einführung in R/3

Datenbanken

Betriebswirtschaftliche Daten wie Kundeninformationen, Aufträge, Lieferanten- oder Materialienangaben werden in mehreren tausend Tabellen gespeichert, die mit R/3 geliefert und untereinander nach Bedarf verbunden werden.

Der R/3-Kunde wählt zwischen Oracle, Adabas oder Informix als Datenbank. Eine weitere Option unter Windows NT ist der SQL-Server von Microsoft. Eine eigene Linie bildet die Kombination der IBM-Hardware AS/400 mit dem Betriebssystem OS/400 und der IBM-Datenbank DB2/400.

Präsentationssoftware

Der Benutzer arbeitet üblicherweise an einem leistungsstarken PC unter der Präsentationssoftware MS-Windows. Möglich ist auch der Einsatz von Windows NT oder der Präsentationssoftware von Apple. Unix-Endgeräte verwenden als Benutzeroberfläche die von MOTIF.

Diese Offenheit bezüglich verschiedenster Hardware, Datenbanken und Betriebssysteme macht den R/3-Anwender in seinen systemtechnischen Entscheidungen weitgehend unabhängig.

1.2 Grundlagen der Bedienoberfläche

Der Schwerpunkt dieses Kapitels liegt auf den Bedienungsregeln für das Programm (wie z.B. Funktionstastenbelegung) und auf der Gestaltung des Bildschirms (z.B. Farbverwendung). Die Beschreibung der Bedienoberfläche erfolgt auf der Basis von Windows 95. Die meisten R/3-Arbeitsplätze sind auf PCs unter der Bedienoberfläche Windows installiert, der derzeitigen Standardoberfläche für PCs.

1.2.1 R/3-Anmeldung

Nach dem Start von R/3 erscheint das sogenannte Anmeldebild. Hier verlangt das Programm folgende Eingaben, die sich auf die gesamte Benutzersitzung auswirken:

Mandant

Ein Unternehmen wird in R/3 grundsätzlich als »Mandant« bezeichnet und hat jeweils eine eigene Mandantennummer. Mit einem R/3-System lassen sich bis zu 999 Unternehmen weitgehend getrennt voneinander verwalten. Diese Option ist vor allem bei großen Konzernen (mit Filialen, Tochtergesellschaften etc.) oder in Rechenzentren unabdingbar. Die Mandantennummer bewirkt, daß ausschließlich auf die Daten des ausgewählten Mandanten zugegriffen wird.

Da ein Benutzer üblicherweise nur mit Daten *einer* Unternehmung arbeitet, wird die Mandantennummer, mit der er arbeitet, meist vom Systemverwalter voreingetragen.

Einführung in R/3

Benutzer

Auch der Benutzer (Benutzername) wird vom Systemverwalter festgelegt. Die Angabe dieses Benutzernamens (z.B. der Mitarbeiterin Frau Müller) läßt benutzerspezifische Voreinstellungen für eine R/3-Sitzung wirksam werden, beispielsweise Zugriffs- oder Änderungsberechtigungen für bestimmte Daten.

Kennwort

Das Kennwort (Paßwort) dient zum Schutz der Daten vor unberechtigtem Zugriff. Wenn sich ein Benutzer zum ersten Mal in R/3 anmeldet, erhält er – vertraulich – das erste Kennwort vom Systemverwalter. Der Benutzer muß unmittelbar nach seiner ersten Anmeldung das ihm zugeteilte Kennwort ändern; er selbst kann jederzeit oder auf regelmäßige Anforderung des Systemverwalters das Kennwort ändern.

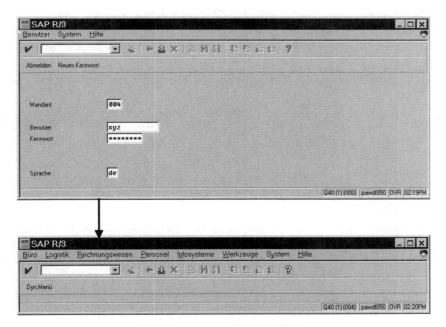

Abbildung 1.1 R/3-Anmeldebild und R/3-Startbild (© SAP AG)

Sprache

R/3 ist eine internationale Software. Die Standardtexte für Menüs oder Feldnamen in Bildschirmmasken stehen in mehreren Sprachen zur Verfügung.

Mit dem Sprachkennzeichen »DE« wird die deutsche Sprachversion ausgewählt. Mit »EN« werden zum Beispiel englische Ausgabetexte aktiviert.

Einführung in R/3

Erstanmeldung

Bei seiner ersten Anmeldung in R/3 erhält ein Benutzer vom Systemverwalter

- die Mandantennummer
- den Benutzernamen
- das erste Kennwort (Initialkennwort)

Bei der Eingabe wird nicht zwischen Groß- und Kleinschreibung unterschieden.

Anmelden

Eine erfolgreiche, vom System zugelassene Anmeldung ist Voraussetzung für das Arbeiten in R/3. Abbildung 1.1 zeigt Ihnen den Ablauf:

Ausgangspunkt R/3-Anmeldebild

1. Tippen Sie – wenn notwendig – in das Feld »Mandant« die entsprechende dreistellige Nummer ein, und drücken Sie ⇥.
2. Tippen Sie in das Feld »Benutzer« Ihren Benutzernamen ein, und drücken Sie ⇥.
3. Tippen Sie in das Feld »Kennwort« Ihr Kennwort ein, und drücken Sie ⇥.
   → Die Eingabe erscheint aus Sicherheitsgründen nicht auf dem Bildschirm. In dem von Ihnen bearbeiteten Feld »Kennwort« werden lediglich Sternchen sichtbar, anhand derer Sie die Cursorbewegung verfolgen können.
4. Tippen Sie – wenn Sie nicht in der deutschen Sprache arbeiten wollen – in das Feld »Sprache« das gewünschte Sprachkennzeichen ein.
5. Drücken Sie die Taste ↵.
6. Wenn Sie sich mit Ihrem Benutzernamen zum ersten Mal in R/3 anmelden, geben Sie in ein dafür bestimmtes Fenster nun ein neues Kennwort ein. Drücken Sie die Taste ⇥, tippen Sie das neue Kennwort nochmals ein, und drücken Sie die Taste ↵.
   → Der Copyright-Hinweis mit Datum und Uhrzeit der letzten Anmeldung erscheint. Ihre Anmeldung ist damit erfolgreich abgeschlossen.
7. Drücken Sie die Taste ↵.
   → Das R/3-Einstiegsmenü (Menü der SAP-Ebene) erscheint.

Erfolglose Anmeldeversuche

Wenn eine Anmeldung nicht erfolgreich war, erscheint nach Schritt 5 bzw. 6 kein Copyrightfenster. Sie sehen vielmehr in der untersten Fensterzeile oder in einem eigenen Fenster eine Meldung, die Sie auf die mögliche Fehlerursache aufmerksam macht.

Einführung in R/3

Um zu verhindern, daß eine unbefugte Person mit Ihrem Benutzernamen durch Ausprobieren von Kennwörtern in das R/3-System eindringt, stehen folgende Sperrmechanismen zur Verfügung:

- Drei erfolglose Anmeldeversuche mit einem Benutzernamen führen standardmäßig dazu, daß R/3 das Anmeldebild schließt. Das System bringt Sie an den Ausgangspunkt des R/3-Aufrufs zurück, zum Beispiel zum Programm-Manager in Windows. Sie können R/3 in diesem Fall erneut starten.
- Zwölf erfolglose Anmeldeversuche mit dem gleichen Benutzernamen führen standardmäßig dazu, daß der entsprechende Benutzername gänzlich gesperrt wird. Auch eine spätere Anmeldung mit richtigem Kennwort ist nicht mehr möglich. In diesem Fall muß der Systemverwalter selbst die Sperrung im R/3-System wieder rückgängig machen und Ihnen ein neues Initialkennwort zuteilen.

Der Systemverwalter kann die Zahl der möglichen Anmeldeversuche für beide genannten Fälle auf 1 bis 99 beschränken.

1.2.2 Aus R/3 abmelden

Mit der sogenannten Abmeldung beenden Sie eine Sitzung am R/3-System. Sie sollten sich immer aus R/3 abmelden, wenn Sie Ihren Arbeitsplatz verlassen – besonders dann, wenn Sie Zugriff auf Daten haben, die nicht jedermann zugänglich sein sollen.

Im Anmeldebild abmelden

Im Anmeldebild bewirkt ein Klicken auf die Drucktaste ABMELDEN die sofortige Abmeldung und eine Rückkehr zum Ausgangspunkt des R/3-Aufrufs.

Über das Menü SYSTEM abmelden

An jeder Stelle innerhalb von R/3 können Sie folgendes Abmeldeverfahren benutzen (vgl. Abb. 1.2):

Ausgangspunkt Ein beliebiges Bild

1. Sichern Sie noch nicht gespeicherte Daten.
2. Wählen Sie die Menüfunktion SYSTEM | ABMELDEN.
    → Ein Dialogfenster wird angezeigt, in dem die Abmeldung bestätigt werden soll.

    Hinweis Klicken Sie auf die Drucktaste JA.

    → Alle R/3-Fenster werden geschlossen. Sie kehren auf die Systemebene, zum Beispiel zu Windows, zurück. Ein Klick auf die Drucktaste NEIN brächte Sie in das vorherige R/3-Fenster zurück.

Einführung in R/3

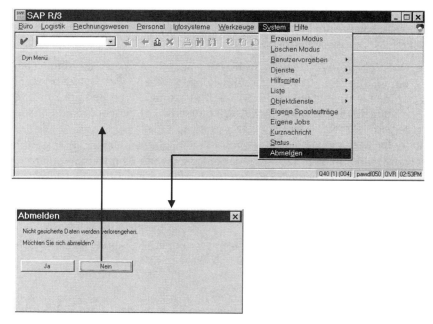

Abbildung 1.2 R/3-Ebene mit Menü SYSTEM, Dialogfenster »Abmelden« (© SAP AG)

Die nach dem zweiten Schritt angezeigte Meldung »Nicht gesicherte Daten können verlorengehen. Möchten Sie sich abmelden?« erscheint immer, auch in den Fällen, in denen keine Daten zu sichern sind.

Weitere Möglichkeiten der Abmeldung

Alle folgenden Aktionen führen grundsätzlich in das Dialogfenster »Abmelden«:

- Doppelklicken Sie auf das Fenstermenü (Systemmenü) in der linken oberen Fensterecke.
- Klicken Sie auf das Fenstermenü und auf den Befehl »SCHLIESSEN«.
- Drücken Sie die Tastenkombination [Alt] [F4].

Diese weiteren Möglichkeiten gelten jedoch nur, wenn lediglich ein R/3-Fenster geöffnet ist. Wie Sie parallel mit mehreren R/3-Fenstern arbeiten, wird an späterer Stelle beschrieben.

1.2.3 Kennwort ändern

Der Systemverwalter kann aus Sicherheitsgründen festlegen, daß der Anwender beispielsweise nach spätestens 14 Tagen sein Kennwort ändern muß. In einem solchen Fall verwehrt R/3 dem Benutzer am 15. Tag so lange die Anmeldung, bis er sein Kennwort geändert hat.

Einführung in R/3

Unabhängig davon kann jeder Benutzer sein Kennwort auch in kürzeren Zeitabständen ändern. Jedoch erlaubt R/3 nur eine Kennwortänderung pro Tag.

Regeln für die Verwendung von Kennwörtern

R/3 prüft Kennwörter auf folgende Gültigkeitsregeln:

- Kennwortlänge zwischen drei und acht Zeichen; die Mindestlänge kann der Systemverwalter auf bis zu acht Zeichen erhöhen.
- Zwischen Groß- und Kleinschreibung wird nicht unterschieden.
- Als erstes Zeichen darf kein Ausrufezeichen (!), Fragezeichen (?) oder Leerzeichen ( ) verwendet werden.
- Drei aufeinanderfolgende Zeichen, die im Benutzernamen in derselben Reihenfolge enthalten sind, sind als Kennwort ebenfalls nicht zulässig. So kann Frau Schwarm nicht »Arm« als Kennwort verwenden.
- Drei aufeinanderfolgende identische Zeichen am Paßwortbeginn sind verboten (beispielsweise »RRRUMS«).
- Die Zeichenfolge »pass« ist für einen anderen Zweck reserviert und kann somit nicht als Kennwort verwendet werden.
- Keines der fünf zuletzt verwendeten Kennwörter ist zulässig.

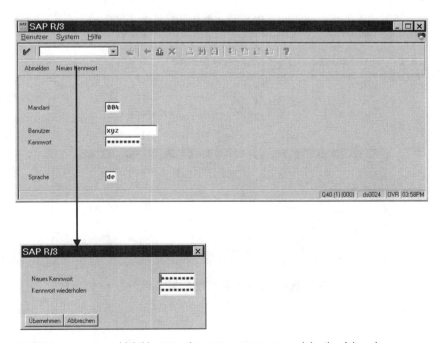

Abbildung 1.3 Anmeldebild mit Drucktaste NEUES KENNWORT und das ihm folgende Dialogfenster zur Kennworteingabe (© SAP AG)

Einführung in R/3

Kennwort ändern

Ausgangspunkt R/3-Anmeldebild

1. Geben Sie den Mandanten- und den Benutzernamen sowie das bisher gültige Kennwort ein.
2. Klicken Sie auf die Drucktaste NEUES KENNWORT.
   → Ein Dialogfenster erscheint, wie in Abbildung 1.3 dargestellt.
3. Tippen Sie in das Feld »Neues Kennwort« das neue Kennwort ein, und drücken Sie auf die Taste ⇥.
   → Die eingegebenen Zeichen können Sie nicht auf dem Bildschirm sehen. Der Cursor springt in das Feld »Kennwort wiederholen«.
4. Tippen Sie das gleiche Kennwort nochmals in das Feld »Kennwort wiederholen« ein.
5. Klicken Sie auf die Drucktaste ÜBERNEHMEN.
   → Der Copyright-Hinweis erscheint.

Kennwort vergessen?

Sie sollten sich Ihr Kennwort auf jeden Fall merken. Falls Sie Ihr Kennwort einmal vergessen haben, kann nur Ihr Systemverwalter Ihrem Benutzernamen ein neues Kennwort zuordnen, mit dem Sie sich wieder anmelden können. Auch der Systemverwalter kann Ihr altes Kennwort nicht mehr sichtbar machen.

1.2.4 Fensterarten und Fensterelemente

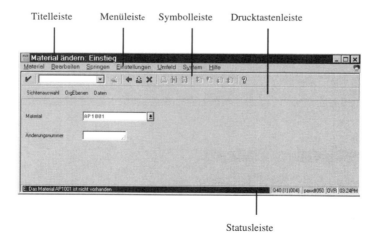

Abbildung 1.4 Fenster »Material ändern« (© SAP AG)

Einführung in R/3

Fenster

Ein Fenster ist ein Bildschirmbereich, der von einem rechteckigen Rahmen begrenzt ist. Wie auf einer Schreibtischoberfläche lassen sich auch auf einem Bildschirm mehrere Dokumente (»Fenster«) parallel bearbeiten, ändern oder ablegen.

Das Fenster, in dem gearbeitet wird, wird als *aktives* Fenster bezeichnet.

Fensterbestandteile

- Der Fensterrand (Fensterrahmen) ist die optische Begrenzung des Fensters.
- Die Titelleiste enthält die Bezeichnung für die Stelle, an der Sie sich momentan in R/3 befinden.
- Die Menüleiste enthält Menünamen, die sich ändern, wenn Sie in einen anderen Menübereich von R/3 wechseln. Ein Menü (Aktionsmenü) besteht aus dem Menünamen, der in der Menüleiste angezeigt wird, und den Menüeinträgen.
- In der Symbolleiste können Sie mit Hilfe von Symbolen häufig benötigte Funktionen, wie SICHERN oder ABBRECHEN, auslösen. R/3 zeigt die hier plazierten Symbole in jeder Anwendung an.
- Die Drucktastenleiste zeigt zusätzliche Drucktasten und Symbole. Die gezeigten Drucktasten ändern sich, wenn Sie in einen anderen R/3-Bereich wechseln.
- Der Arbeitsbereich dient zur Dateneingabe, -änderung oder -anzeige.
- Die Statusleiste zeigt Meldungen an, wie zum Beispiel Hinweise auf falsche Eingaben.

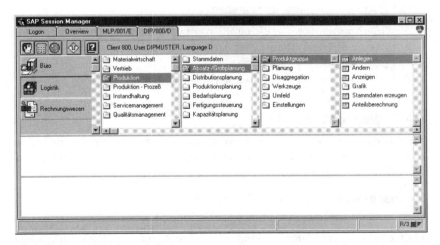

Abbildung 1.5 Blätterleisten für den Session Manager (© SAP AG)

Blätterleiste (Bildlaufzeile)

Eine Blätterleiste erscheint nur, wenn Informationen nicht vollständig in ein Fenster passen (vgl. Abb. 1.5).

- Blätterpfeile (Bildlaufpfeile) dienen zum zeilenweisen »Rollen« (Scrollen) des Fensterinhalts.
- Die Blättermarke zeigt, an welcher Stelle Sie sich im Text befinden.

Funktionstaste	Maus	Funktion (Ergebnis)
`Strg` `Bild↑` oder `F21`	Ziehen der Blättermarke an den Anfang der Blätterleiste	Erste Seite oben
`Bild↑` oder `F22`	Klicken oberhalb der Blättermarke in die Blätterleiste	Vorherige Seite
`Bild↓` oder `F23`	Klicken unterhalb der Blättermarke in die Blätterleiste	Nächste Seite
`Strg` `Bild↓` oder `F24`	Ziehen der Blättermarke an das Ende der Blätterleiste	Letzte Seite unten
KEINE	Klicken auf den Blätterpfeil	Vorherige / nächste Zeile

Tabelle 1.4 Funktionstasten und Mausaktionen zum Blättern in einem Fenster

Dialogfenster

Ein Dialogfenster ist ein spezielles Fenster, in dem R/3 eine zusätzliche Information von Ihnen anfordert. Sie können Ihre Arbeit nur fortsetzen, wenn Sie die benötigten Informationen eingeben.

- Ein Dialogfenster kann in der Größe nicht verändert werden. Daher hat es auch keine Fenstersystem-Schaltfläche zur Vergrößerung oder Verkleinerung auf Windows-Symbolgröße.
- Es enthält weder eine Symbol- noch eine Menüleiste.

1.3 Menüstruktur

Über Menüs werden die R/3-Anwendungen (Transaktionen) aufgerufen. Eine Anwendung besteht beispielsweise aus der Eingabe eines neuen Kunden oder einer Bestellung.

Standardmenüs in der Menüleiste

Drei Standardmenüs stehen immer zur Verfügung:

- Das Menü HILFE bietet Anwendungen zum Abruf von Hilfsinformationen (vgl. Abb. 1.6).

Einführung in R/3

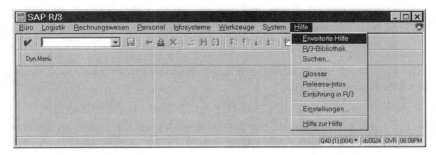

Abbildung 1.6 Menü HILFE (© SAP AG)

- Das Menü SYSTEM erlaubt beispielsweise den Einblick in systemspezifische Informationen, die Abmeldung vom R/3-System und die Einstellung von Systemparametern, die später ausführlich behandelt werden (vgl. Abb. 1.7).

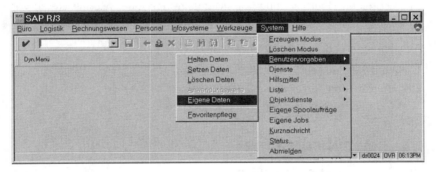

Abbildung 1.7 Menü SYSTEM mit dem Untermenü EIGENE DATEN (© SAP AG)

- Das Menü BILDSCHIRMEINSTELLUNGEN befindet sich am rechten Ende der Menüleiste und wird durch einen Klick auf ein Farbpalettensymbol geöffnet. Es unterstützt die individuelle Bildschirmgestaltung wie beispielsweise Bildschirmfarben (vgl. Abb. 1.8).

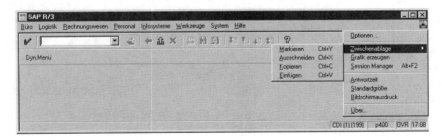

Abbildung 1.8 Menü BILDSCHIRMEINSTELLUNGEN mit dem Untermenü CLIPBOARD (© SAP AG)

1.3 Menüstruktur

Einführung in R/3

Wenn die erforderlichen Menünamen nicht in eine Zeile passen, vergrößert R/3 die Menüleiste automatisch auf zwei Zeilen.

Menüeinträge

Nachdem Sie das Menü durch Anklicken des Menünamens geöffnet haben, erscheinen die Menüeinträge.

- Ein nach rechts weisendes Dreieck zeigt, daß ein Untermenü folgt.
- Ein abgedunkelter (ausgeblendeter) Menüeintrag kann nicht aufgerufen werden, weil für die Anwendung (noch) die entsprechenden Voraussetzungen fehlen.
- Ein Menüeintrag ohne besondere Kennzeichnung löst eine Anwendung aus.
- Drei dem Menüeintrag folgende Punkte, wie bei SYSTEM | STATUS ..., zeigen, daß ein Dialogfenster folgt.

Tip für das Durchsuchen der Menüleiste

Um sich einen Überblick über alle Menüeinträge einer Menüleiste zu verschaffen, können Sie unter Windows folgendes Verfahren anwenden:

Ausgangspunkt Bei angezeigter Menüleiste

1. Halten Sie die Maustaste gedrückt.
2. Ziehen Sie den Zeiger über alle Menünamen.
   → Sämtliche Menüeinträge werden angezeigt.

1.4 Menübedienung

Funktionen aus Menüs wählen

Die gewünschten Menünamen und Menüeinträge können Sie mit der Maus einfach anklicken. Die Abbildungen 1.9 und 1.10 zeigen geöffnete Menüs.

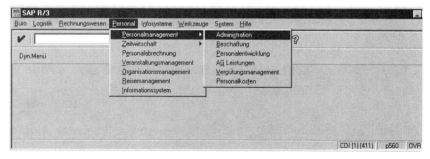

Abbildung 1.9 SAP-Ebene mit geöffnetem Menü PERSONALWESEN und Untermenü PERSONALMANAGEMENT (© SAP AG)

Einführung in R/3

Abbildung 1.10 Arbeitsgebiet »Personalabrechnung« mit geöffnetem Menü ABRECHNUNG
(© SAP AG)

Für die Benutzung der Tastatur gilt folgendes Verfahren:

Ausgangspunkt SAP-Ebene

1. Drücken Sie die Taste [F10].
   → Der Cursor wechselt in die Menüleiste.
2. Wählen Sie die Menüfunktionen, indem Sie die unterstrichenen Buchstaben der gewünschten Menüeinträge eintippen oder indem Sie sich mit den Pfeiltasten auf die betreffende Menüfunktion bewegen. Drücken Sie dann die Taste [↵].

Menüs schließen

Um geöffnete Menüs zu schließen, klicken Sie mit der Maus auf eine beliebige Stelle des Arbeitsbereichs.

Sie können Menüs auch mit der Taste [Esc] schließen; sie schließt jeweils nur ein Menü. Wenn Sie auch ein Untermenü geöffnet haben, wird das darüberliegende Menü nicht geschlossen.

Menüstruktur: SAP-Ebene, Arbeitsgebietsebene

Nach der Anmeldung werden Sie mit Menüs, Untermenüs und den dazugehörigen Anwendungen arbeiten. Hierbei liegt grundsätzlich folgende Menüstruktur zugrunde:

1. Nach der Anmeldung erscheint die SAP-Ebene (R/3-Hauptmenü).
2. Ausgehend von der SAP-Ebene wird das entsprechende Arbeitsgebiet geöffnet.
   → Die Arbeitsgebietsebene enthält eine neue Menüleiste. Die bereits geöffneten Untermenüs verschwinden vom Bildschirm.

Einführung in R/3

Hinweis Über die Menüs und die eventuell folgenden Untermenüs der Arbeitsgebietsebenen werden die gewünschten Anwendungen (Transaktionen) ausgewählt. Der Aufruf von Anwendungen wird an späterer Stelle erläutert.

3. In den Arbeitsgebieten finden Sie in der Regel im jeweils äußersten linken Menü den Befehl BEENDEN.
   → Die Wahl dieses Befehls bringt Sie wieder zur R/3-Ebene zurück.

   Hinweis Anstelle des Menübefehls BEENDEN können Sie auch folgende Funktionen wählen:

   - Symbol ← der die Taste [F3]
   - Symbol ⬆ der die Taste [F15]

1.4.1 Programmbedienung mit Maus, Tastatur, Symbolen

Tabelle 1.5 gibt Ihnen einen Überblick über die Symbole, die Sie mit der Maus anklicken oder über die Tastatur aufrufen können.

Symbol	Taste(n)	Symbolbezeichnung	Funktion
✔	⏎	ENTER	Bestätigung von Eingaben
	F11	SICHERN	Sichern, Festhalten der gemachten Eingaben
←	F3	ZURÜCK	Zurück zum vorhergehenden Fenster
	F12	ABBRECHEN	Abbrechen, ohne zu speichern
⬆	F15	BEENDEN	Beenden einer Anwendung
🖨	Strg P	DRUCKEN	Drucken einer Liste
🔍	Strg F	SUCHEN	Suche innerhalb einer Liste
	Strg G	WEITERSUCHEN	Weitersuchen bei mehreren Treffern
	F21, Strg Bild↑	ERSTE SEITE	Anfang der Information, erste Seite
	F22, Bild↑	VORIGE SEITE	Vorhergehende Bildschirmseite

Tabelle 1.5 Standardbelegung der Symbolleiste mit Funktionstasten

Einführung in R/3

Symbol	Taste(n)	Symbolbezeichnung	Funktion
🗎⬇	`F23`, `Bild↓`	NÄCHSTE SEITE	Nachfolgende Bildschirmseite
🗎⬇	`F24`, `Strg`+`Bild↓`	LETZTE SEITE	Ende der Information, letzte Seite
❓	`F1`	HILFE	Hilfe zu der momentanen Cursorposition

Tabelle 1.5 Standardbelegung der Symbolleiste mit Funktionstasten

Mauszeiger

Es existieren zwei Arten von Zeigern, von denen jeweils eine immer sichtbar ist:

- Der Mauszeiger in Form eines Pfeils ist außerhalb von Textbereichen zu sehen.
- Der in den Textbereich gesetzte Mauszeiger heißt Cursor und wird jeweils auf die Stelle im Text plaziert, an der gearbeitet wird.

Symbole

R/3 verwendet eine Vielzahl von Symbolen. In Anhang B sehen Sie alle Symbole aus der Standardsymbolleiste und deren Bedeutung. Diese Symbolleiste ist an fast jeder Stelle innerhalb von R/3 gleich. Doch nicht alle Symbole können an allen Stellen genutzt werden. Die an der jeweiligen Stelle nicht verfügbaren Symbole erscheinen dann abgeblendet.

Die Bedeutung eines Symbols in R/3 wird in einem kleinen Informationskästchen sichtbar gemacht, wenn Sie mit dem Mauszeiger für einen Moment auf dem Symbol stehenbleiben. Zusätzliche Symbole erscheinen an anderen Stellen von R/3. Sie werden später behandelt.

Tastatur

R/3 kann mit verschiedenen Tastaturen bedient werden. So kann sowohl die Tastatur eines Host-Terminals als auch die eines PCs angeschlossen werden.

Unterschiedliche Tastenbezeichnungen für identische Tastenfunktionen können Sie Tabelle 1.6 entnehmen.

In diesem Buch	Andere Bezeichnungen	Funktion/Ergebnis
`↑`, `↓`, `→`, `←`	–	Cursorbewegung

Tabelle 1.6 Die Tasten zur Cursorpositionierung, Dateneingabe und Fehlerkorrektur

1.4 Menübedienung

Einführung in R/3

In diesem Buch	Andere Bezeichnungen	Funktion/Ergebnis
`⇥`	TABULATOR-TASTE	Nächstes Feld
`Pos1`	HOME	Anfang eines Eingabefeldes
`Bild↑`	SEITE↑, PGUP, PREV	Vorhergehende Bildschirmseite
`Bild↓`	SEITE↓, PGDN, NEXT	Nachfolgende Bildschirmseite
`Ende`	END	Ende eines Eingabefeldes
`Einfg`	INS, INSERT CHAR	Wechsel zwischen Einfügen und Überschreiben von Zeichen
`↵`	RETURN	Bestätigung von Eingaben
`⇧` / `Strg`	SHIFT / CTRL	Jeweils nur mit anderen Tasten
`Alt`	-	Wechsel in die Menüleiste
`Esc`	-	Menü ausblenden

Tabelle 1.6 Die Tasten zur Cursorpositionierung, Dateneingabe und Fehlerkorrektur

Funktionstasten

In R/3 sind 24 Funktionstasten (F-Tasten, programmierbare Funktionstasten) belegt. Eine normale PC-Tastatur hat in der Regel jedoch nur zwölf Funktionstasten.

Um die Funktionen von `F13` bis `F24` auf einer PC-Tastatur auszulösen, wird bei diesen zwölf Funktionstasten zusätzlich die Taste `⇧` verwendet:

- `F13` entspricht der Tastenkombination `⇧` `F1`
- `F14` entspricht der Tastenkombination `⇧` `F2`
- ... usw.
- `F24` entspricht der Tastenkombination `⇧` `F12`

Eine Übersicht über alle Funktionstasten an der jeweils aktuellen Stelle im Programm erhalten Sie durch folgendes Verfahren (vgl. Abb. 1.11):

Ausgangspunkt Beliebige Stelle

1. Klicken Sie mit der rechten Maustaste in den Arbeitsbereich.
   → Es erscheint das sogenannte Funktionstastenmenü.
2. Klicken Sie an eine andere Stelle, um die Übersicht wieder auszublenden.

Die Funktionen der Drucktasten aus der Drucktastenleiste sind normalerweise auch mit Funktionstasten abrufbar. Deshalb werden mit diesem Verfahren auch die Funktionstasten angezeigt, die für die Drucktasten gelten.

Einführung in R/3

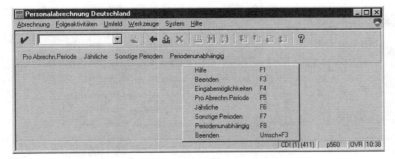

Abbildung 1.11 Funktionstastenmenü in der Personalabrechnung (© SAP AG)

1.4.2 Daten in Felder eingeben oder korrigieren

Zur Eingabe und Pflege von Daten in Feldern stehen Ihnen die in Tabelle 1.6 aufgeführten Tastenfunktionen zur Verfügung.

Feldarten

- *Mußfeld*
  Manche Felder enthalten ein Fragezeichen (»?«). Diese Felder *müssen* Sie mit Eingaben versehen. Falls Sie versuchen, ein Fenster abzuspeichern, ohne das Mußfeld ausgefüllt zu haben, so reagiert R/3 mit einer Fehlermeldung und fordert Sie zur Eingabe auf. Das Feld »Benutzer« im Anmeldebild ist zum Beispiel ein Mußfeld.
- *Kannfeld*
  Diese Felder enthalten kein Fragezeichen. Sie müssen nicht mit einer Eingabe versehen werden. Das Feld »Sprache« im Anmeldebild ist ein Kannfeld.
- *Anzeigefeld*
  Manche Felder dienen nur zur Information. Bei einer Standardfarbeinstellung haben diese Felder dieselbe Farbe wie der Hintergrund.

Wertelisten

Manche Felder enthalten Wertelisten als Eingabehilfen (vgl. Abb. 1.12). Eine Werteliste enthält verschiedene Optionen für Feldeingaben. Zum Beispiel können im Feld »Länderschlüssel« alle in R/3 vordefinierten Länderschlüssel aufgeführt werden. Sie übernehmen dann den gewünschten Schlüssel aus der Werteliste direkt in das Eingabefeld.

Ausgangspunkt Fenster mit einem Feld, das eine Werteliste enthält

1. Klicken Sie mit dem Cursor in ein Feld, das eine Werteliste enthält.
   → Neben dem Feld erscheint das Pfeilsymbol.
2. Drücken Sie die Taste [F4], und klicken Sie auf das Symbol ▼ rechts neben dem Eingabefeld.
   → Es erscheint die Werteliste.

1.4 Menübedienung **43**

Einführung in R/3

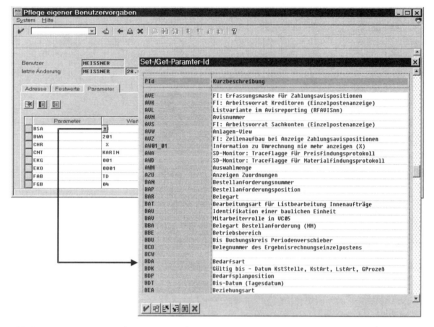

Abbildung 1.12 Fenster der Benutzeradresse mit Werteliste für das Feld »Sprache« (© SAP AG)

3. Doppelklicken Sie auf den gewünschten »Wert«.

→ Die Werteliste wird ausgeblendet. Die Information wird in das Eingabefeld übernommen.

Die in einer Werteliste zusätzlich verfügbaren Funktionen werden an späterer Stelle ausführlich erläutert.

Feldhilfe nutzen

In jedem Feld können Sie eine sogenannte Feldhilfe aktivieren, die Ihnen – falls vorhanden – weitere Informationen zum jeweiligen Feld anzeigt.

Ausgangspunkt Fenster mit Eingabe- oder Anzeigefeld

1. Klicken Sie in das Feld, zu dem Sie nähere Informationen sehen wollen.
2. Drücken Sie die Taste [F1], oder klicken Sie auf das Symbol ?.

   → Es erscheint ein Hilfefenster.
3. Klicken Sie auf ✔.

   → Es erscheint wieder der Startpunkt des Aufrufs.

Einführung in R/3

1.5 Meldungen

R/3 weist den Benutzer mit diversen Meldungen auf Fehleingaben hin. Meldungen dieser Art erscheinen entweder in der Statusleiste (vgl. Abb. 1.13) oder in einem speziellen Dialogfenster (vgl. Abb. 1.14).

Abbildung 1.13 Meldung bei fehlender Organisationseinheit im Dialogfenster (© SAP AG)

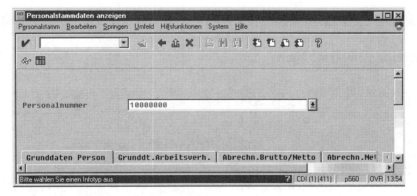

Abbildung 1.14 Meldung bei fehlender Infotypangabe in der Statusleiste (© SAP AG)

R/3 unterscheidet verschiedene Meldungstypen, die in der folgenden Tabelle stichwortartig erläutert werden:

Symbol	Beschreibung
- keines - Anzeige nur in Statusleiste ohne Symbol	Meldungstyp »S« (Success) Mit diesem Meldungstyp teilt R/3 dem Benutzer jeweils in der Statusleiste mit, daß eine bestimmte Funktion erfolgreich durchgeführt wurde. Beispiel: Erfolgreiche Buchung einer Rechnung.

Tabelle 1.7 Meldungstypen in R/3

Einführung in R/3

Symbol	Beschreibung
🛈	Meldungstyp »I« (Information) Im Gegensatz zum Meldungstyp »Success« erscheint hier für besonders wichtige Informationen ein Dialogfenster, das der Benutzer erst bestätigen muß, um die zuvor gewählte Funktion auszuführen.
❗	Meldungstyp »W« (Warning) Der Meldungstyp »W« warnt den Benutzer vor einer möglichen Fehleingabe. Jedoch kann der Benutzer die Eingabe, auf die sich die Meldung bezieht, speichern.
⚠	Meldungstyp »E« (Error) Im Gegensatz zum Meldungstyp »Warning« kann der Benutzer nach dieser Meldung gemachte Eingaben nicht speichern, da es sich um eine fehlerhafte bzw. unzulässige Eingabe handelt (Beispiel: Falsches Kennwort im Anmeldebild).
🛑	Meldungstyp »A« (Abortion) Meldungen mit dem Meldungstyp »A« bedeuten einen schweren Fehler und sind sehr selten. Wenn eine solche Meldung erscheint, so wird nach Bestätigung der Kenntnisnahme (OK) die laufende Anwendung durch R/3 geschlossen; es folgt ein übergeordnetes Menü. Beispiel: Fehlerhafte Eingaben bei der Anmeldung; die Anmeldung wird abgebrochen.

Tabelle 1.7 Meldungstypen in R/3

Anzeige von Meldungen

Abbildung 1.15 Meldung bei fehlender Infotypangabe im Dialogfenster (© SAP AG)

Mit Hilfe des Menüsymbols 🎨 as sich am rechten Ende der Menüleiste befindet und durch Klicken auf ein Farbpalettensymbol geöffnet wird, können Sie folgende Voreinstellungen mit Auswirkungen auf die Meldungsanzeige wählen:

Einführung in R/3

- Die Anzeige der Statusleiste kann an- oder ausgeschaltet werden. Wenn die Anzeige der Statusleiste ausgeschaltet ist, werden Meldungen grundsätzlich in einem eigenen Dialogfenster angezeigt.
- Für Meldungen vom Typ »E« und vom Typ »A« können Sie wählen, ob diese Meldungen in der Statusleiste oder in einem speziellen Dialogfenster erscheinen. Hierzu aktivieren Sie den Befehl OPTIONEN und das Register »Allgemein«.

1.6 Anwendung mehrerer R/3-Fenster (Modi)

Ein R/3-Fenster, in dem Sie arbeiten, wird als Modus bezeichnet. Nach der Anmeldung befinden Sie sich im sogenannten Normalmodus: Zum Arbeiten steht Ihnen genau ein Fenster zur Verfügung.

Zusätzliche Alternativmodi (weitere Fenster) lassen sich generell an jeder Stelle und von jedem Bildschirmbild aus öffnen.

- Jeder Modus ist eine separate Windows-Anwendung und wird in einem speziellen Fenster durchgeführt (vgl. Abb. 1.16).
- Der Systemverwalter stellt die mögliche Anzahl der Modi ein.

Einsatzbereiche von Modi

Mit Modi können in den jeweiligen Fenstern verschiedene Anwendungen parallel bearbeitet werden. Modi werden in folgenden Fällen eingesetzt:

- Manche R/3-Anwendungen verlangen die Bearbeitung zahlreicher Bildschirmbilder. Wenn Nachfragen sofort beantwortet werden müssen, können Sie diese in einem zusätzlichen Modus bearbeiten, ohne daß Sie die Arbeit in der laufenden Anwendung abbrechen müssen.
- Wartezeiten, beispielsweise bei einer Erstellung eines komplexen Reports, können durch eine zweite Anwendung überbrückt werden.
- Sie können in einem Modus eine Anwendung ausführen, mit der Sie noch nicht vertraut sind, während Sie in einem anderen Modus die Hilfefunktion nutzen.

Beispiel für eine Modus-Anwendung

Sie bekommen den Auftrag, telefonisch umgehend über einen bestimmten Lagerbestand Auskunft zu geben. Sie arbeiten gerade an der Anlage eines neuen Kreditors (Lieferanten). Wenn Sie nur mit einem einzigen Modus arbeiten könnten, müßten Sie – um die Auskunft über den Lagerbestand zu suchen und zu erteilen – die Anlage des Kreditorenkontos abbrechen. Sie würden somit die bis dahin eingegebenen Daten verlieren. Durch die Öffnung eines zweiten Modus können Sie jedoch den Lagerbestand ermitteln, ohne die Kreditorenanlage abzubrechen. Nach der Lagerbestandsermittlung wechseln Sie wieder in den ursprünglichen Modus zurück, um die Kreditorenanlage zu beenden.

Einführung in R/3

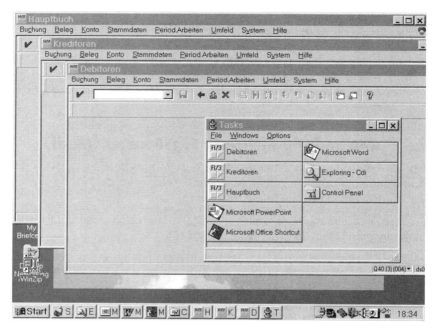

Abbildung 1.16 Modi als übereinandergelegte Fenster und im Task-Manager von Windows (© SAP AG)

Hinweis Öffnen Sie nur so viele Modi, wie Sie unbedingt benötigen.

Sie sollten jeden nicht mehr benötigten Modus sofort schließen, denn durch geöffnete Alternativmodi entstehen folgende Nachteile:

- Zusätzliche Modi verlangsamen das System und somit die Antwortzeiten.
- Aufgerufene Daten werden für andere Benutzer gesperrt. Für Kollegen, die dieselben Daten mit einer Änderungstransaktion bearbeiten wollen, entstehen Wartezeiten.
- Es besteht die Gefahr, daß Sie den Überblick über die Arbeiten und Anwendungen verlieren, die Sie gleichzeitig durchführen.

Deshalb wird in der Praxis sehr oft die Anzahl der erlaubten Modi pro Benutzer begrenzt.

Zusätzliche Modi öffnen

Ausgangspunkt Beliebige Stelle

1. Wählen Sie die Menüfunktion SYSTEM | ERZEUGEN MODUS (vgl. Abb. 1.17).
   → Der neue Modus wird geöffnet. Ein zusätzliches Fenster mit der SAP-Ebene erscheint. Es legt sich über bereits geöffnete Fenster und wird damit zum »aktiven Fenster«.

Einführung in R/3

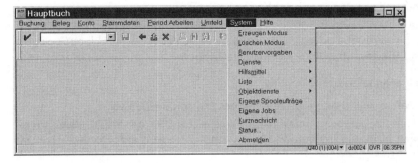

Abbildung 1.17 Menü SYSTEM (© SAP AG)

Mit der Tastatur öffnen Sie einen zusätzlichen Modus wie folgt:

Ausgangspunkt Beliebiges Bild

1. Geben Sie in das Befehlsfeld in der Symbolleiste /O und den Transaktionscode der Anwendung ein, die Sie zusätzlich starten wollen.
2. Drücken Sie die Taste [↵].
   → Der neue Modus wird geöffnet.

Die Statuszeile zeigt in beiden Fällen zur besseren Orientierung eine Modusnummer an.

Zwischen Modi wechseln

Um den Modus und damit die Anwendung zu wechseln, klicken Sie auf eine beliebige Stelle eines anderen Fensters, sofern es sichtbar ist (vgl. Abb. 1.16).

Eine weitere Möglichkeit bietet der Task-Manager von Windows 95:

Ausgangspunkt Beliebige Stelle, wenn mindestens zwei Modi vorhanden sind

1. Drücken Sie die Tastenkombination [Strg] [Esc].
   → Der Task-Manager erscheint mit einer Task-Liste. Hier werden die Modi jeweils mit dem Namen der aktuellen Anwendung angezeigt.
2. Klicken Sie auf den gewünschten Modus.
   → Das Fenster des Modus wird angezeigt.

Eine weitere Möglichkeit unter Windows 95 ist die Tastenkombination [Alt] [↹]. Dadurch erreichen Sie, daß die Windows-Tasks (also auch die Modi) der Reihe nach durchgeblättert werden.

Modus als Symbol

Über die Drucktaste MINIMIEREN (oben im Fenster, zweite Drucktaste von rechts) kann eine Anwendung auf Windows-Symbolgröße verkleinert werden. Beispielsweise läuft ein Report (Bericht) auch dann weiter, wenn Sie sein Fenster auf Windows-Symbolgröße verkleinern.

Einführung in R/3

Modus über das Menü schließen

Wie bereits erwähnt, sollten Sie nicht mehr benötigte Modi sofort schließen, um die Systembelastung so gering wie möglich zu halten und Ihren Kollegen den Datenzugriff nicht unnötig zu erschweren.

Ausgangspunkt Beliebiges Bild

1. Wechseln Sie in den Modus, der geschlossen werden soll.
2. Falls Sie Daten verändert haben, so speichern Sie diese jetzt. Beim Schließen eines Modus werden Sie nämlich nicht eigens aufgefordert, Ihre Daten zu sichern.
3. Wählen Sie die Menüfunktion SYSTEM | LÖSCHEN MODUS.
   → Das Fenster wird geschlossen. Nicht gespeicherte Daten gehen verloren.

Im Falle einer Abmeldung vom System werden alle offenen Modi automatisch geschlossen.

Weitere Möglichkeiten zum Schließen eines Modus

Andere Möglichkeiten an Stelle von Schritt 3 des obigen Verfahrens sind:

- Doppelklicken Sie auf das Fenstermenü (Systemmenü) in der linken oberen Fensterecke.
- Klicken Sie auf das Fenstermenü und auf den Befehl SCHLIESSEN.
- Benutzen Sie die Tastenkombination [Alt] [F4].

Wenn Sie in nur noch einem R/3-Modus arbeiten, bedeutet das Schließen des Modus gleichzeitig die Abmeldung aus dem R/3-System selbst. In diesem Fall werden Sie von R/3 aufgefordert, noch nicht gesicherte Daten zu speichern.

1.7 Daten eingeben oder ändern (Formularanwendungen)

Egal, ob Sie Daten in Formulare eingeben bzw. Daten ändern oder sich Listen anzeigen lassen: In R/3 führen Sie alle Arbeiten mit sogenannten *Anwendungen* durch. Dieser Begriff ist gleichbedeutend mit *Transaktionen*. Als eine Transaktion bezeichnet man einen betriebswirtschaftlich abgeschlossenen Vorgang.

Je nach Einsatzzweck können grundsätzlich drei Arten von Anwendungen unterschieden werden:

- Formularanwendungen, insbesondere zur Datenpflege, wie beispielsweise:
  - Eingabeanwendungen zur Neueingabe von Daten
  - Änderungsanwendungen zur Aktualisierung bereits eingegebener Daten

Einführung in R/3

- Anzeigeanwendungen zur Information über Daten in Bildschirmformularen

Diese Anwendungen werden in diesem Kapitel besprochen.

- Listanwendungen für die Information über Daten in Tabellenform und zum Ausdruck solcher Listen werden im folgenden Kapitel behandelt.
- Systemanwendungen zum Einstellen und Anzeigen von Systemvorgaben, zum Beispiel Berechtigungen oder Datumsformaten (wie unter SYSTEM | BENUTZERVORGABEN), haben – im Gegensatz zu List- und Formularanwendungen – sehr unterschiedliche Abläufe und werden teilweise im übernächsten Kapitel besprochen.

1.7.1 Bezeichnung von Anwendungen und Transaktionscodes

Jeder Anwendung ist neben einer Bezeichnung ein sogenannter Transaktionscode, ein vierstelliges Kürzel, zugeordnet, dessen erste zwei Zeichen in der Regel für das Arbeitsgebiet stehen, auf das sie sich beziehen. In Tabelle 1.8 sehen Sie dafür einige Beispiele.

Code	Bezeichnung der Anwendung / Zweck
PA20	Personalstammdaten anzeigen: Anzeige von einzelnen Daten bereits eingestellter Personen, z.B. Anschrift oder Bankverbindung
PP72	Personaleinsatzplanung: dient der Erstellung von einzelnen Einsatzplänen nach variablen Kriterien
PB10	Personalbeschaffung, Ersterfassung Grunddaten: Aufnahme der wichtigsten Personaldaten eines Bewerbers
PC00	Einstiegsbild Personalabrechnung: Abrechnung aller Mitarbeiter eines Abrechnungskreises
SU3	Benutzer pflegen, Adresse: Eingabe von Daten des Benutzers mit Adresse, Kostenstelle usw.
S000	Rückkehr zur SAP-Ebene (Hauptmenü, Einstiegsmenü wie nach Anmeldung)

Tabelle 1.8 Bezeichnungen für Transaktionscodes

1.7.2 Grundsätzlicher Ablauf von Formularanwendungen

Die Anwendungen sind jeweils sogenannten Arbeitsbereichen oder -gebieten zugeordnet. Solche Arbeitsgebiete umfassen in der Regel diejenigen betrieblichen Abteilungen, in denen Anwendungen durchgeführt werden können. Hierzu Beispiele aus der Personalwirtschaft:

- Im Arbeitsgebiet »Personalbeschaffung« Erstbewerber aufnehmen oder Bewerber analysieren
- Im Arbeitsgebiet »Personalabrechnung« Mitarbeiter abrechnen und Folgeaktivitäten durchführen

Einführung in R/3

Für jedes Arbeitsgebiet gibt es eine eigene Menüleiste. Arbeitsgebiete erscheinen insbesondere nach dem Aufruf von Menüfunktionen aus den Menüs LOGISTIK, RECHNUNGSWESEN und PERSONAL der SAP-Ebene (SAP-Hauptmenü).

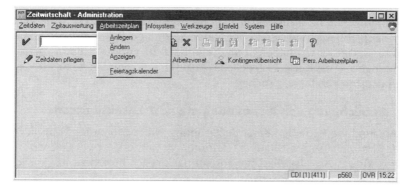

Abbildung 1.18 Anwendungen in Menüs des Arbeitsgebiets »Zeitwirtschaft« (© SAP AG)

Aufruf von Anwendungen

Für den Aufruf einer Anwendung gibt es drei Möglichkeiten:

- Üblicherweise werden Anwendungen über Menüs aufgerufen.
- Die Eingabe des Transaktionscodes führt direkt in das Einstiegsbild der Anwendung.
- Falls Sie eine gewünschte Anwendung nicht in den Menüs finden und Ihnen gleichzeitig der Transaktionscode unbekannt ist, kann Ihnen das dynamische Menü helfen. Es zeigt die Bezeichnung der Anwendungen zusammen mit den Transaktionscodes und erlaubt es zusätzlich, die Anwendung mit Hilfe von Suchbegriffen (wie beispielsweise »Debitoren«), zu suchen.

Einstiegsbild

R/3-typische Anwendungen zur Datenpflege sind das Anlegen, Ändern und Anzeigen von Daten in Bildschirmformularen. Diese Formulare werden auch als *Dynpros* bezeichnet. All diese Formularanwendungen setzen sich in der Regel aus einer Folge von Bildschirmbildern zusammen. Das erste Fenster einer R/3-typischen Anwendung ist das sogenannte Einstiegsbild (Selektionsbild).

Hier bestimmen Sie,

- welche Daten Sie zu der jeweiligen Transaktion in einem Bildschirmformular anzeigen oder ändern wollen
- welche Daten Sie als Liste ausdrucken oder auf dem Bildschirm anzeigen möchten

Einführung in R/3

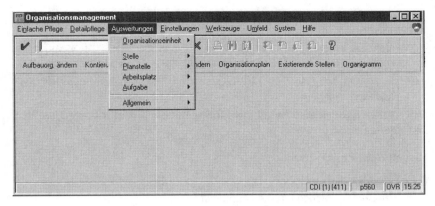

Abbildung 1.19 Anwendungen in Menüs des Arbeitsgebiets »Organisationsmanagement« (© SAP AG)

Der Aufruf einer Anwendung führt normalerweise direkt in das Einstiegsbild. Daraufhin erscheinen die eigentlichen Bildschirmformulare (Detailbilder) zur Bearbeitung oder Anzeige der Daten.

Für Systemanwendungen, wie zum Beispiel SYSTEM | BENUTZERVORGABEN, gibt es – im Gegensatz zu List- und Formularanwendungen – meist kein spezielles Einstiegsbild.

1.7.3 Anwendung mit Menü starten

Ausgangspunkt SAP-Ebene

1. Wählen Sie eine Menüfunktion, wie zum Beispiel PERSONALWIRTSCHAFT | ORGANISATIONSMANAGEMENT | EINFACHE PFLEGE, zum Öffnen des Arbeitsgebiets (vgl. Abb. 1.20).

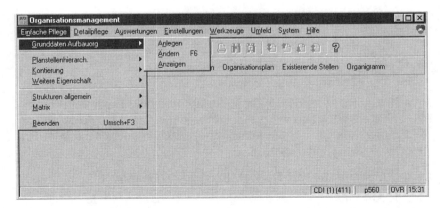

Abbildung 1.20 Menüaufruf der einfachen Pflege der Grunddaten in der Aufbauorganisation (© SAP AG)

> → In der Regel erscheint eine neue Menüleiste des gewählten Arbeitsgebiets.

2. Wählen Sie eine Menüfunktion, zum Beispiel ORGANISATIONSMANAGEMENT | EINFACHE PFLEGE | GRUNDDATEN AUFBAUORGANISATION.

> → Die Anwendung wird gestartet; der erste Bildschirm der gewählten Anwendung erscheint.

Wollen Sie hingegen eine Menüanwendung mit der Tastatur starten, wählen Sie folgendes Vorgehen:

Ausgangspunkt SAP-Ebene

1. Drücken Sie die Taste [F10].

   → Der Cursor wechselt in die Menüleiste.

2. Wählen Sie die Menü- und Untermenüfunktionen, indem Sie die unterstrichenen Buchstaben der Menüeinträge eintippen oder indem Sie mit den Pfeiltasten auf die gewünschte Menüfunktion gehen und die Taste [↵] drücken.

Anwendung im Einstiegsbild beenden

Im Einstiegsbild stehen Ihnen die in Tabelle 1.9 gezeigten Möglichkeiten zur Beendigung einer Anwendung und zur Rückkehr in das Arbeitsgebiet zur Verfügung.

Symbol	Taste	Symbolbezeichnung	Funktion
←	[F3]	ZURÜCK	Zurück zum vorhergehenden Fenster
✗	[F12]	ABBRECHEN	Abbrechen, ohne zu speichern
⇧	[⇧][F3]	BEENDEN	Beenden einer Anwendung

Tabelle 1.9 Möglichkeiten zur Beendigung einer Anwendung

Im äußersten linken Menü des Einstiegsbildes finden Sie in der Regel zusätzlich den Befehl BEENDEN, der Sie ebenfalls wieder in das Menü des Arbeitsgebiets zurückbringt. In der Wirkungsweise bestehen, ausgehend vom Einstiegsbild, keine Unterschiede.

1.7.4 Anwendung mit Transaktionscode starten

Für jede Anwendung gibt es einen speziellen Transaktionscode. Mit diesem Code gelangen Sie direkt und ohne Umwege über Menühierarchien in die Anwendungen. Diese Methode wird besonders bei häufig gebrauchten Anwendungen benutzt.

Einführung in R/3

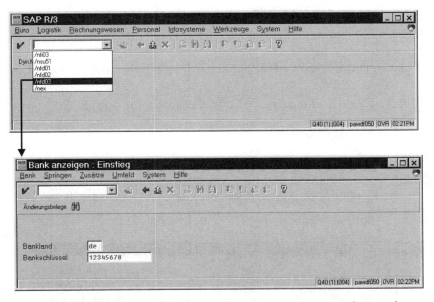

Abbildung 1.21 Aufruf der Anzeige von Bankdaten mittels Transaktionscode (© SAP AG)

Ausgangspunkt Beliebige Stelle

1. Sichern Sie gegebenenfalls die Daten der aktiven Anwendung. Das Öffnen einer neuen Transaktion beendet nämlich die aktuelle Transaktion, ohne daß auf einen möglichen Datenverlust hingewiesen wird.
2. Klicken Sie in das Befehlsfeld in der Symbolleiste, oder drücken Sie die Tastenkombination [Strg] [⇆].
   → Der Cursor steht nun im Befehlsfeld.
3. Geben Sie in das Befehlsfeld in der Symbolleiste /N ein.

Hinweis Damit teilen Sie R/3 mit, daß die vier folgenden Zeichen ein Transaktionscode für eine neue Anwendung sind, durch die die jeweils aktive Anwendung ersetzt werden soll.

4. Tippen Sie hinter /n den vierstelligen Transaktionscode ein (vgl. Abb. 1.21).
5. Drücken Sie die Taste [↵], oder klicken Sie auf das Symbol ✔.
   → Das erste Fenster der neuen Anwendung (Einstiegsbild) erscheint; die bisherige Anwendung wird nun geschlossen.

Zuletzt benutzte Anwendung erneut starten

In einer sogenannten »Historienliste« merkt sich R/3 die Transaktionscodes der zuletzt durchgeführten Anwendungen. Wenn Sie eine dieser Anwendungen erneut starten wollen, können Sie die Historienliste aufrufen und dort auf den gewünschten Transaktionscode klicken.

Einführung in R/3

Ausgangspunkt Beliebige Stelle

1. Sichern Sie gegebenenfalls die Daten der aktiven Anwendung.
2. Klicken Sie auf das Symbol ▼.
   → Eine Liste mit den Transaktionscodes der zuletzt benutzten Anwendungen erscheint.
3. Klicken Sie in der Liste auf den Code, dessen Anwendung Sie starten wollen.
   → Die Anwendung wird gestartet.

Transaktionscode der aktuellen Anwendung

Wenn Sie sich für den Code einer Transaktion interessieren, können Sie sich mit der Menüfunktion SYSTEM | STATUS... den Code anzeigen lassen (vgl. Abb. 1.22).

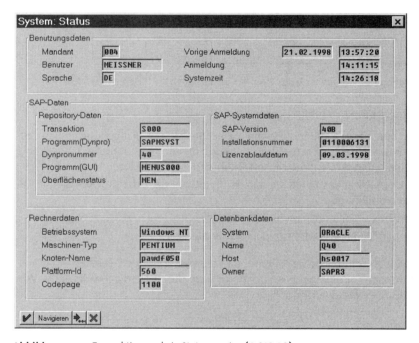

Abbildung 1.22 Transaktionscode in Statusanzeige (© SAP AG)

Ausgangspunkt Beliebige Stelle

1. Wählen Sie die Menüfunktion für die Anwendung, deren Transaktionscode Sie ermitteln wollen.
2. Wählen Sie die Menüfunktion SYSTEM | STATUS...
   → Im Feld »Transaktion« können Sie den betreffenden Transaktionscode ablesen.

Sie ermitteln mit diesem Verfahren nur Transaktionscodes von aktiven Anwendungen. Der folgende Abschnitt über das dynamische Menü zeigt, wie Sie sich Übersichten über Codes mehrerer Anwendungen zeigen lassen können.

1.7.5 Anwendung mit dynamischem Menü suchen und starten

In R/3 finden Sie eine sehr große Anzahl von Anwendungen, die über oft weitverzweigte Menüs aufgerufen werden. Das dynamische Menü zeigt diese Anwendungen übersichtlich in einer »Baumstruktur«, die in ihrer Hierarchie den entsprechenden Untermenüs und Arbeitsgebieten entspricht.

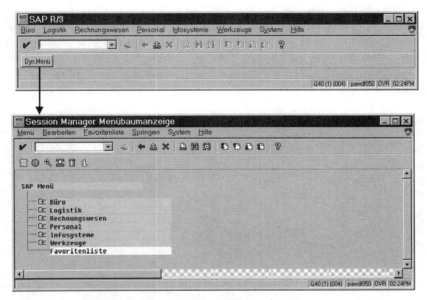

Abbildung 1.23 Aufruf des dynamischen Menüs (© SAP AG)

Das dynamische Menü kann Ihnen also helfen,

- wenn Sie den Weg über die normalen Menüs nicht kennen
- wenn Sie sich einen Überblick über die Anwendungen eines größeren Arbeitsgebiets verschaffen wollen

Anwendungen in der Baumstruktur anzeigen und starten

Ausgangspunkt SAP-Ebene

1. Klicken Sie auf die Drucktaste DYN. MENÜ.
   → Das dynamische Menü erscheint im Fenster. Es enthält jedoch nur die Menünamen aus der SAP-Ebene oder ein vordefiniertes Unternehmensmenü (vgl. Abb. 1.23).

Einführung in R/3

2. Doppelklicken Sie auf die Zeile, zu deren Menüeintrag Sie Untermenüs sehen wollen.
   → Es erscheint die nächste Menüebene mit den jeweiligen Menüeinträgen und den dazugehörigen Anwendungen.

Im dynamischen Menü finden Sie folgende Informationen (vgl. Abb. 1.24):

- Eine vorangestellte Aktenmappe mit Pluszeichen ⊞ bedeutet, daß zu dieser Position ein Untermenü existiert. Dieses Untermenü öffnen Sie durch einen Doppelklick auf die entsprechende Zeile.
- Eine vorangestellte Aktenmappe mit Minuszeichen ⊟ bedeutet, daß das Untermenü dieser Position bereits angezeigt wird. Sie können es durch Doppelklicken schließen.
- Ein Eintrag in einer Liste ohne vorangestellte Aktenmappe mit Plus- oder Minuszeichen ist eine Anwendung. Hinter der Anwendung können Sie den Transaktionscode ablesen, falls Sie im Menü BEARBEITEN das Untermenü TECHNISCHE NAMEN EIN ausgewählt oder auf das Symbol ⌧ geklickt haben.

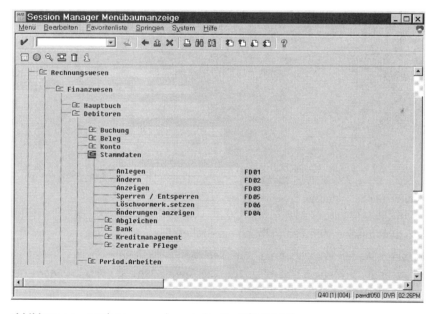

Abbildung 1.24 »Aufgerissenes« dynamisches Menü (© SAP AG)

Anwendung mit dynamischem Menü starten

Um eine Anwendung aus dem dynamischen Menü zu starten, doppelklicken Sie auf den entsprechenden Eintrag in der Menüstruktur.

Einführung in R/3

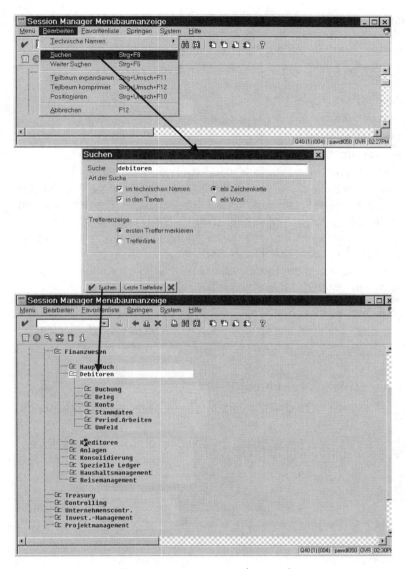

Abbildung 1.25 Suchablauf im dynamischen Menü (© SAP AG)

Arbeitsgebietsübergreifende Anwendungen suchen

Zusätzlich zur Anzeige der Baumstruktur kann Ihnen das dynamische Menü eine Übersicht über die Anwendungen eines Arbeitsvorgangs, wie beispielsweise »Gutschrift«, »Einkauf« oder »Kostenstelle«, geben. Informationen für diese Übersicht werden aus allen Arbeitsgebieten – sozusagen »übergreifend« – zusammengestellt; das heißt, alle Menüs von R/3 werden durchsucht.

Einführung in R/3

Anwendungen zur Bearbeitung von Kreditorendaten (Lieferantendaten) finden sich in verschiedenen Arbeitsgebieten, wie zum Beispiel in den Bereichen Finanzwesen oder Einkauf des Bereichs Materialwirtschaft.

Ausgangspunkt SAP-Ebene

1. Klicken Sie auf DYN. MENÜ.
   → Das dynamische Menü erscheint im Fenster.
2. Klicken Sie auf das Symbol 🔍.
3. Tippen Sie Ihren Suchbegriff ein.
4. Klicken Sie auf die Drucktaste ✔ (SUCHEN) (vgl. Abb. 1.25).
   → Das dynamische Menü erscheint mit allen Anwendungen und den darüberliegenden Hierarchiestufen auf dem Bildschirm. Eventuell erscheint die Meldung »Suchvorgang: ## gelesene Menüs unterbrochen«.
5. Klicken Sie auf das Symbol 🔍, wenn die Meldung »SUCHVORGANG: ## GELESENE MENÜS UNTERBROCHEN« erscheint.
   → Die Baumstruktur des dynamischen Menüs wird um weitere Zweige ergänzt, in denen der vorgegebene Suchbegriff existiert.

Dynamisches Menü schließen

Zum Schließen des dynamischen Menüs gibt es folgende Möglichkeiten:

Symbol	Taste	Symbol-bezeichnung	Funktion
⬅	F3	ZURÜCK	Zurück zum vorhergehenden Fenster
✖	F12	ABBRECHEN	Abbrechen, ohne zu speichern
⬆	⇧ F3	BEENDEN	Beenden einer Anwendung und Rückkehr in das Arbeitsgebiet

Tabelle 1.10 Möglichkeiten, dynamische Menüs zu schließen

Sie können auch den Befehl MENÜ | BEENDEN verwenden, der Sie auch in das Menü des Arbeitsgebiets zurückbringt. Der Effekt der genannten Möglichkeiten ist derselbe.

Am Ende befinden Sie sich in allen Fällen wieder in der R/3-Ebene.

1.7.6 Grundsätzlicher Ablauf von Formularanwendungen

Der Ablauf von Formularanwendungen ist generell immer der gleiche. Beispiele für solche Anwendungen sind die Anzeige, Änderung oder Eingabe neuer Bankverbindungen, Kunden, Lieferanten, Aufträge, Mitarbeiter, Materialien usw. in Bildschirmformularen (Dynpros). Prägen Sie sich folgenden Musterablauf ein, damit Sie als R/3-Einsteiger die Übersicht über die vielen R/3-Fenster behalten.

Der Musterablauf entspricht einer Formularanwendung zur Datenänderung. Er gilt sowohl bei einer Formularanwendung zur Anzeige als auch zur Eingabe von Daten.

Ausgangspunkt Beliebige Stelle

1. Starten Sie die gewünschte Anwendung.
   → Das erste Bild – normalerweise das sogenannte »Einstiegsbild« – erscheint.
2. Geben Sie Ihre Vorgaben in die Felder des Einstiegsbilds ein.

   Hinweis Mit den Eingaben ins Einstiegsbild werden die Daten ausgewählt, die im Formular angezeigt oder geändert werden sollen, wie zum Beispiel eine Kreditorennummer (Nummer eines Lieferanten).
3. Drücken Sie die Taste ⏎.
   → Das nächste Bild der Anwendung – das erste Detailbild – erscheint.

   Hinweis Im Detailbild werden die Detailinformationen gemäß der Vorgabe angezeigt. Für den ausgewählten Kreditor wird zum Beispiel die Adresse angezeigt.
4. Ändern Sie nach Bedarf die Inhalte in den jeweiligen Feldern des ersten Detailbilds (z. B. die Lieferantenadresse).
5. Drücken Sie die Taste ⏎.
   → Normalerweise erscheint ein weiteres Detailbild, denn die meisten Formularanwendungen bestehen aus mehreren Detailbildern.
6. Wiederholen Sie die beiden vorhergehenden Schritte, bis Sie alle Detailbilder bearbeitet haben.
   → Drücken Sie die Taste ⏎ im letzten Detailbild. Ein Dialogfenster erscheint, in dem Sie die endgültige Datensicherung vornehmen können.
7. Klicken Sie im Dialogfenster, das nach dem Drücken der ⏎-TASTE im letzten Formular erscheint, auf die Drucktaste JA.
   → R/3 prüft die eingegebenen Daten und speichert sie im Datenbanksystem. Wieder erscheint das erste Bild der gleichen Anwendung (Einstiegsbild).

   Hinweis Sie können im Einstiegsbild andere Daten – in unserem Beispiel einen anderen Kreditor – zur Bearbeitung auswählen oder die Anwendung verlassen.

Einführung in R/3

Hinweis Sie können auch auf das Symbol ⬅︎klicken oder die Taste [F15] drücken, um zum Einstiegsbild zurückzukehren.

8. Klicken Sie auf das Symbol 🔼, oder drücken Sie die Taste [F15], wenn Sie die Anwendung verlassen wollen.

→ Die Menüleiste des Arbeitsgebiets erscheint wieder.

1.7.7 Navigation in Formularen

Die Navigationsfunktionen dienen zum beliebigen Wechseln zwischen verschiedenen Bildern innerhalb einer Anwendung. Sie können mit den Navigationsfunktionen bei mehrseitigen Formularen wahlweise zu einer schon bearbeiteten Formularseite zurückspringen oder nicht benötigte Formularseiten überspringen.

Symbol	Taste(n)	Symbolbezeichnung	Funktion
✓	[↵]	ENTER	Bestätigung eines Einstiegs- oder Detailbilds mit Wechsel zum folgenden Bild
←	[F3]	ZURÜCK	im Einstiegsbild: zurück zum Menü des Arbeitsgebiets im Detailbild: zurück zum Einstiegsbild
✗	[F12]	ABBRECHEN	im Einstiegsbild: zurück zum Menü des Arbeitsgebiets im Detailbild: zurück zum Einstiegsbild
🔼	[⇧][F3]	BEENDEN	sowohl im Einstiegsbild als auch im Detailbild: zurück zum Menü des Arbeitsgebiets
⬅📄	[F7]	VORIGES BILD	nur im Detailbild eines mehrseitigen Formulars: vorhergehende Formularseite
📄➡	[F8]	NÄCHSTES BILD	nur im Detailbild eines mehrseitigen Formulars: nächste Formularseite
✏️	[F5]	ANZEIGEN - ÄNDERN	nur im Detailbild einer Anzeigeanwendung: Wechsel in den Änderungsmodus, um Korrekturen an Feldern durchführen zu können

Tabelle 1.11 Navigationssymbole in Einstiegs- bzw. Detailbildern (Symbole, Tasten)

Standardmenüs zum Navigieren in Formularen

Einige Menüs mit Befehlen zum Navigieren stehen Ihnen standardmäßig in den meisten Formularanwendungen zur Verfügung:

Standardmenü SPRINGEN

Mit dem Standardmenü SPRINGEN können Sie direkt auf die einzelnen Bilder einer mehrseitigen Anwendung springen, ohne die Bilder einzeln »durchzublättern«. Jedes Detailbild der Anwendung wird hier mit seiner Bezeichnung einzeln aufgeführt.

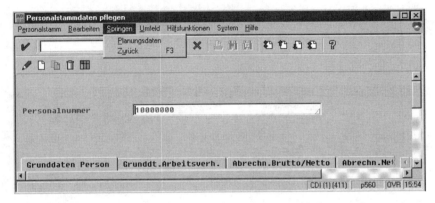

Abbildung 1.26 Menü SPRINGEN mit Übersicht über verfügbare Bilder (© SAP AG)

Standardmenü ZUSÄTZE

Manche Informationen werden nur sehr selten eingegeben oder geändert. Im Menü ZUSÄTZE können Sie zu solchen aus der Formularfolge »ausgelagerten Zusatzinformationen« gelangen und diese, je nach Wunsch, anzeigen oder pflegen. Diese Informationen sind Bestandteil der jeweiligen Anwendung. Der Menübefehl VERWALTUNGSDATEN... zeigt Ihnen beispielsweise den ursprünglichen Erfasser sowie das erste Eingabedatum.

Standardmenü UMFELD

Das Menü UMFELD enthält andere Anwendungen, die mit der konkret durchgeführten Anwendung inhaltlich zusammenhängen. Über UMFELD können Sie in diese »verwandten« Anwendungen wechseln, die auch aus anderen Arbeitsgebieten stammen können. Hier finden Sie auch standardmäßig Befehle mit Bezeichnungen wie FELDÄNDERUNGEN oder ÄNDERUNGSBELEGE, aus denen Sie zum Beispiel entnehmen, wer wann welche Änderungen im vorliegenden Formular vorgenommen hat.

Einführung in R/3

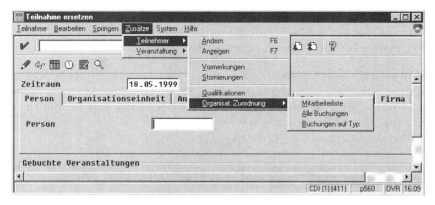

Abbildung 1.27 Menü ZUSÄTZE mit Aufrufmöglichkeit von Zusatzinformationen (© SAP AG)

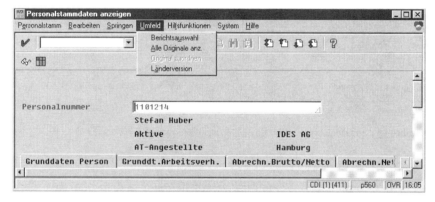

Abbildung 1.28 Menü UMFELD mit Aufrufmöglichkeit von Anwendungen (© SAP AG)

1.7.8 Dateneingabe bzw. -änderung in Formularanwendungen

Formulardaten sichern

Folgende Funktionen stehen Ihnen zur Verfügung, um während des Ablaufs einer Anwendung zur Datenänderung oder -eingabe die Daten zu sichern:

- Funktionstaste [F11]
- Symbol 🖫 der Symbolleiste
- Menübefehl SICHERN im linken Menü, das für jedes Arbeitsgebiet einen anderen Begriff zeigt

Wenn Sie die letzte Bildschirmseite einer Anwendung erreicht haben und die TASTE [↵] drücken, erscheint ein Dialogfenster mit der Frage, ob die geänderten bzw. eingegebenen Daten gesichert werden sollen.

- JA sichert die Daten und kehrt zum Einstiegsbild zurück.
- NEIN kehrt ohne Datensicherung zum Einstiegsbild zurück.
- ABBRECHEN führt Sie in das Bildschirmformular zurück, in dem Sie dann weitere Änderungen oder Eingaben vornehmen können.

Bearbeitung von Formulardaten mit Standardmenüs

Die Menüs in den Arbeitsgebieten weisen identische Strukturen auf. Sie verringern Ihren Arbeits- und Zeitaufwand bei der Suche nach Funktionen, wenn Sie folgende Grundregeln zum Menüaufbau berücksichtigen:

Je nach Arbeitsgebiet hat das links in der Menüleiste plazierte Standardmenü unterschiedliche Namen. Der Menüname ganz links zeigt Funktionen, die sich auf das jeweilige Informationsobjekt beziehen, zum Beispiel auf die Personaladministration. Im Personaladministrationsmenü des Arbeitsgebiets »Personalstamm« können Sie

- mit dem Menübefehl PFLEGEN über das Einstiegsbild einen anderen Mitarbeiter aufrufen und damit den bislang bearbeiteten Mitarbeiter verlassen
- mit dem Menübefehl ANZEIGEN die Formularseiten zum Anzeigen freigeben
- mit dem Menübefehl BEENDEN die Anwendung schließen

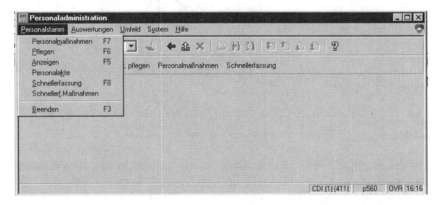

Abbildung 1.29 Anwendung »Personaladministration« mit geöffnetem Menü PERSONALSTAMM (© SAP AG)

Standardmenü bearbeiten

Mit dem zweiten Menü, BEARBEITEN, können Sie Teile des Informationsobjekts bearbeiten. In der Anwendung BEWERBERSTAMM ANZEIGEN kann für das Informationsobjekt »Bewerber« zum Beispiel mit einer Aktion eine Liste aller Bewerber zu einem bestimmten Zeitpunkt angezeigt werden.

Einführung in R/3

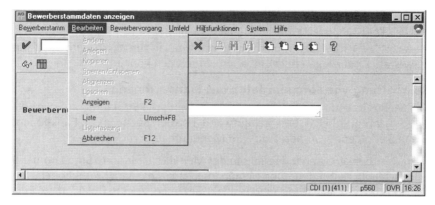

Abbildung 1.30 Anwendung Bewerberstamm anzeigen mit Menü BEARBEITEN (© SAP AG)

1.7.9 In Formularen mehrfach gleiche Daten eingeben

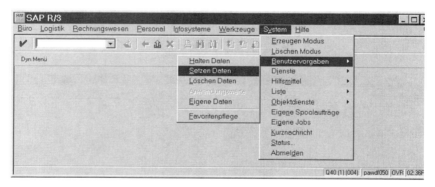

Abbildung 1.31 Menübefehle zur wiederholten Dateneingabe (© SAP AG)

Wenn Sie beispielsweise 15 Kunden aus dem gleichen Ort eingeben müssen, wiederholen sich bei jeder Eingabe der Ortsname, das Land und die Sprache. Damit Sie dieselben Informationen nicht bei jeder Kundeneingabe wiederholen müssen, bietet R/3 im Menü SYSTEM | BENUTZERVORGABEN Möglichkeiten an, um Informationen als sogenannte *Vorschlagswerte* (wiederkehrende, typische, konstante Daten) vorzugeben:

- HALTEN DATEN definiert Eingaben als Vorschlagswerte, die jederzeit überschrieben werden können. Der Cursor springt weiterhin bei der Dateneingabe in diese Felder.
- SETZEN DATEN verwenden Sie, wenn Sie sich sicher sind, daß in den jeweiligen Feldern immer die gleichen Daten einzugeben sind. Diese Menüfunktion macht die Daten quasi zu Festwerten in dem Bild der Anwen-

dung. Diese Festwerte lassen sich später nicht überschreiben. Der Cursor springt bei einer Eingabe nicht in diese Felder, da hier keine Änderungsmöglichkeit besteht. Das erlaubt eine schnellere Dateneingabe.
- LÖSCHEN DATEN hebt die Vorschlagswerte bzw. Vorgaben wieder auf, die durch die beiden vorgenannten Menüfunktionen bestimmt wurden.

Eingaben als Vorschlagswerte definieren (HALTEN DATEN)
1. Starten Sie die gewünschte Anwendung.
    → Das erste Bild der Anwendung erscheint.
2. Tippen Sie die gewünschten Daten in die Felder, in denen Sie Vorschlagswerte spezifizieren wollen.
3. Wählen Sie die Menüfunktion SYSTEM | BENUTZERVORGABEN | HALTEN DATEN.
    → Bei jeder Durchführung der Anwendung erscheinen ab jetzt die in Schritt 2 eingegebenen Daten als Vorschlagswerte.

Eingaben als Festwerte definieren (SETZEN DATEN)
1. Starten Sie die gewünschte Anwendung.
2. Tippen Sie in die Felder die Daten ein, die Sie als Festwerte verwenden wollen.
3. Wählen Sie die Menüfunktion SYSTEM | BENUTZERVORGABEN | SETZEN DATEN.

Vorschlags- und Festwerte zurücknehmen (LÖSCHEN DATEN)
Die mit den beiden oben erläuterten Verfahren festgelegten Daten (Vorschlagswerte) werden aufgehoben bzw. gelöscht, sobald Sie R/3 verlassen. Trotz Eingabe eines Vorschlags- oder Festwertes steht es Ihnen jedoch frei, diese Information in den entsprechenden Feldern einzeln für jedes Bild der laufenden Anwendung zu löschen:
1. Starten Sie die gewünschte Anwendung, und wechseln Sie in das Bild, in dem die Vorschläge oder Festwerte bestimmt wurden.
2. Wählen Sie die Menüfunktion SYSTEM | BENUTZERVORGABEN | LÖSCHEN DATEN.

1.7.10 Benutzerparameter als Eingabehilfe definieren

Benutzerparameter (vgl. Abb. 1.32) sind speziell auf einen Benutzer zugeschnittene Vorschlagswerte für bestimmte Felder. Die überlegte Nutzung dieser Funktion spart nicht nur Zeit, sondern verringert auch die Zahl der Fehleingaben. Vorschlagswerte können für viele Arbeitsgebiete bestimmt werden. Die Palette reicht von Kundenauftragsnummern oder Kontenschlüsseln über Bankleitzahlen, Schecknummern, Versandstellen oder Versandeinheiten bis hin zu Lagerort- und Gebäudenummern.

Einführung in R/3

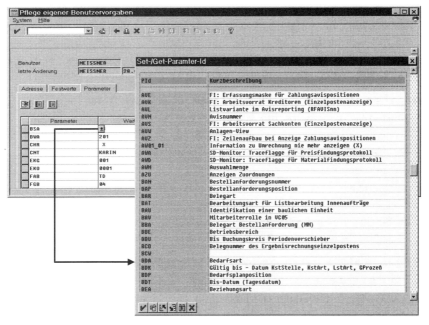

Abbildung 1.32 Fenster »Pflege eigener Benutzervorgaben«, Objektliste der Parameter
(© SAP AG)

Ein Vorteil gegenüber der Festschreibung durch die zuvor beschriebene Menüfunktion SYSTEM | BENUTZERVORGABEN | HALTEN DATEN bzw. SETZEN DATEN besteht darin, daß diese festgeschriebenen Vorschlagswerte permanent sind und auch nach einer Abmeldung aus dem System nicht verlorengehen.

Benutzerparameter festlegen

Ausgangspunkt Bei Anzeige einer beliebigen Menüleiste

1. Wählen Sie die Menüfunktion SYSTEM | BENUTZERVORGABEN.
   → Das Fenster »Pflege eigener Benutzervorgaben« wird angezeigt.
2. Wählen Sie das Register »Parameter«.
   → Das Register zur Parameterpflege wird angezeigt.
3. Klicken Sie in das Feld »Parameter«, drücken Sie die Taste [F4], oder klicken Sie auf das Symbol ▼.
   → Es erscheint eine Liste mit Parameter-IDs.
4. Doppelklicken Sie in der Liste auf den gewünschten Eintrag.
   → Der Parameter erscheint im Feld »Parameter«.
5. Tippen Sie in der Spalte »Parameterwert« den jeweiligen Vorschlagswert ein.

6. Klicken Sie auf das Symbol ⚙achdem Sie alle Parameterwerte festgelegt haben.

→ Ihre Festwerte werden gespeichert.

Benutzerparameter anwenden

Benutzerparameter sind keine dauerhaften Vorschlagswerte, die nach der Eingabe beliebig wieder überschrieben werden können.

Ausgangspunkt Bei Anzeige einer beliebigen Menüleiste

1. Wählen Sie eine Anwendung, für die Sie einen Benutzerparameter festgelegt haben.

→ Der Benutzerparameter ist als Vorschlagswert eingetragen.

2. Bestätigen Sie im jeweiligen Feld den Benutzerparameter, oder überschreiben Sie ihn.

1.7.11 Bildschirmfarben für Formulare einstellen

Bildschirmfarben werden an zwei Stellen definiert:

- Unter Windows wählen Sie aus einer Farbpalette eine Kombination von Farben, die in allen Windows-Anwendungen gültig sein soll.
- In R/3 können Sie Feineinstellungen an den gewählten Farben für Dynpros (Bildschirmbilder) und Listen (Reports) vornehmen.

Farbpalette unter Windows 95 definieren

Die unter Windows 95 definierte Farbpalette gilt für alle Windows-Anwendungen, einschließlich des R/3-Programms SAPGUI®, das die R/3-Bedienoberfläche zur Verfügung stellt und auf Ihrem PC installiert ist.

Farben für Formulare (Dynpros) in R/3 einstellen

Farben werden in R/3 im Menü BILDSCHIRMEINSTELLUNGEN eingestellt. Dieses Menü wird durch einen Klick auf das Symbol ⚙ eöffnet, das sich ganz rechts am Ende fast jeder Menüleiste befindet.

Ausgangspunkt Beliebige Stelle in R/3

1. Rufen Sie im Menü ⚙e Menüfunktion   OPTIONEN auf.

→ Das Dialogfenster »Optionen« wird mit sechs Registern angezeigt (vgl. Abb. 1.33).

2. Klicken Sie auf das Register »Farben in Formularen«.
3. Wählen Sie im Listenfeld »Farbpaletten« eine Farbpalette.
4. Bestätigen Sie mit OK.

→ Die Farben werden geändert.

Einführung in R/3

Hinweis Wenn Sie speziell im Feld »FARBEINSTELLUNG DER FELDER« wesentlich von den Standardfarbeinstellungen abweichen, kann es vorkommen, daß manche Bildschirmelemente an bestimmten Stellen des Programms aufgrund ungünstiger Farbkombinationen oder Kontraste nur schwer erkennbar sind.

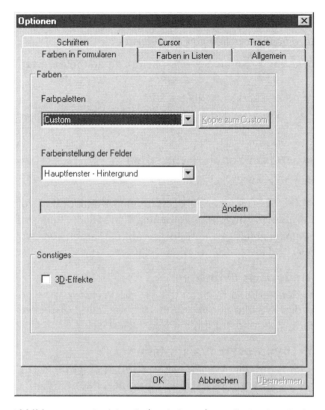

Abbildung 1.33 Register »Farben in Formularen« im Fenster »Optionen« (© SAP AG)

Hinweis Das Fenster in Abbildung 1.33 kann in Abhängigkeit von der jeweiligen R/3-Installation unterschiedliche Einträge aufweisen und somit an Ihrem PC bzw. Terminal von dieser Darstellung abweichen.

1.8 Mit Matchcode oder Werteliste Eingabedaten suchen

R/3 reagiert mit einer der folgenden drei Möglichkeiten, sobald Sie den Cursor in ein Eingabefeld setzen und die Taste F4 drücken oder auf das Symbol ▼ klicken.

Einführung in R/3

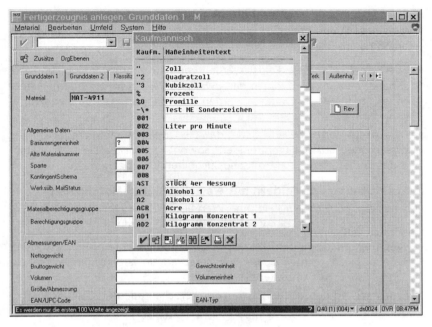

Abbildung 1.34 Werteliste mit Mengeneinheiten (© SAP AG)

- Mögliche Eingabewerte aus einer Werteliste (vgl. Abb. 1.34) erscheinen in einem dafür bestimmten Auswahlfenster und können daraus in das Eingabefeld übernommen werden.
- Ein Suchfenster erscheint, in dem Sie einen sogenannten »Matchcode« eingeben können (vgl. Abb. 1.35). Mögliche Eingabewerte erhalten Sie erst nach Abschluß des Suchvorgangs. Hierzu geben Sie Suchkriterien vor, zum Beispiel eine Postleitzahl für die Suche nach Kunden in einem gewissen geographischen Gebiet.
- R/3 meldet, daß keine Eingabemöglichkeiten zur Verfügung stehen.

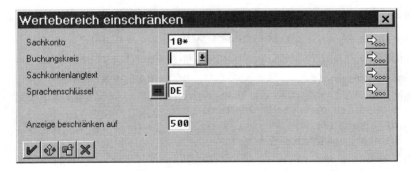

Abbildung 1.35 Suchfenster eines Matchcodes für Kontonummern (© SAP AG)

1.8 Mit Matchcode oder Werteliste Eingabedaten suchen

Nutzen von Wertelisten und Matchcodes

Felder, in die Wertelisten und Matchcodes eingegeben werden, haben zwei wesentliche Vorteile:

- Ihre Eingaben in diese Felder werden von R/3 geprüft. Erlaubt sind hier generell nur Eingaben, die in der jeweiligen Werteliste oder dem Matchcode enthalten sind. Dadurch werden Tippfehler und Falscheingaben minimiert.
- Der zweite Vorteil besteht darin, daß Sie Eingabewerte nicht auswendig wissen oder nachschlagen müssen. Sowohl Wertelisten als auch Matchcodes sind effiziente elektronische Suchhilfen für Eingabewerte.

Kennzeichnung von Feldern mit Wertelisten und Matchcodes

Um zu erkennen, ob ein Feld eine Werteliste oder einen Matchcode aufweist, müssen Sie zuerst den Cursor in dieses Feld setzen.

- Wenn rechts neben dem Feld ein nach unten gerichteter Pfeil erscheint, Sie aber in der rechten oberen Fensterecke *kein* farbiges Dreieck sehen, dann existiert hier eine Werteliste.
- Ein Dreieck in der rechten oberen Fensterecke bedeutet, daß ein Matchcode vorhanden ist.

1.9 Wertelisten

Matchcodes helfen, in sehr umfangreichen Datenbeständen – wie Kunden, Lieferanten oder Materialien – einen ganz konkreten Eingabewert zu suchen. Datenbestände unterliegen durch Neueingaben, Änderungen oder Löschungen einem ständigen Wandel.

Wertelisten zeigen im Gegensatz dazu Daten an, die sehr selten verändert werden. Außerdem verwendet man Wertelisten meist im Zusammenhang mit kleineren Datenbeständen. Beispiele für Felder mit Wertelisten finden Sie in Tabelle 1.12.

Feldname	Menüfunktion
Ausgabegeräte	SYSTEM	BENUTZERVORGABEN	EIGENE DATEN	FESTWERTE
Sprache	SYSTEM	BENUTZERVORGABEN	EIGENE DATEN	FESTWERTE
Länderschlüssel	SYSTEM	BENUTZERVORGABEN	EIGENE DATEN	ADRESSE
Bankland	STAMMDATEN	BANK	ANZEIGEN	RECHNUNGSWESEN	FINANZWESEN	DEBITOREN
Währung/Kurs	BUCHUNG	RECHNUNG	RECHNUNGSWESEN	FINANZWESEN	DEBITOREN

Tabelle 1.12 Felder mit Wertelisten

Einführung in R/3

Feldname	Menüfunktion
Buchungskreis	STAMMDATEN	ANZEIGEN |RECHNUNG	RECHNUNGSWESEN	FINANZWESEN	KREDITOREN

Tabelle 1.12 Felder mit Wertelisten

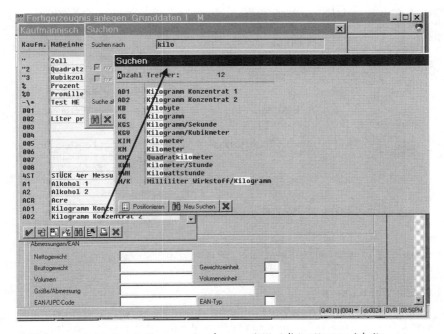

Abbildung 1.36 Fenster »Fertigerzeugnis anlegen« mit Werteliste »Mengeneinheit« (© SAP AG)

Daten aus Werteliste übernehmen

Ausgangspunkt Feld, das über eine Werteliste verfügt

1. Drücken Sie die Taste [F4], oder klicken Sie auf das Symbol.
   → Es erscheint eine Werteliste in einem hierfür vorgesehenen Fenster (vgl. Abb. 1.34).
2. Doppelklicken Sie auf den gewünschten Eintrag in der Werteliste.
   → R/3 schließt die Werteliste nach Übernahme des Inhalts in das Eingabefeld.

Einführung in R/3

Funktionen in der Werteliste

Symbol	Taste(n)	Symbolbezeichnung	Funktion
✔	F2	AUSWÄHLEN	Übernahme eines Wertes in das Eingabefeld
✘	F12	ABBRECHEN	Ausblenden der Werteliste
🔍	⇧ F4	SUCHEN	Suchfenster zum Suchen nach Werten
	F9	SORTIEREN AUF FELD	Sortierung einer »angeklickten« Spalte
🖨	⇧ F1	DRUCKEN	Ausdruck der Werteliste
	⇧ F2	PERSÖNLICHE HILFE	Aufruf eines Fensters mit Möglichkeit zum dauerhaften Ausblenden von nicht benötigten Spalten und Werten
	⇧ F5	WEITERE WERTEAUSWAHL	Einblenden der gesamten Werteliste

Tabelle 1.13 Symbole und Tastenfunktionen, die in Wertelisten zur Verfügung stehen

Große Wertelisten

Sehr umfangreiche Wertelisten mit einer dreistelligen Anzahl von Einträgen sind keine Seltenheit. Zur besseren Übersicht empfiehlt es sich manchmal, sie auszudrucken, nach beliebigen Spalten zu sortieren oder gezielt nach speziellen Werten zu durchsuchen.

Werteliste drucken

Ausgangspunkt Werteliste

1. Klicken Sie auf das Symbol 🖨.
   → Es erscheint ein Fenster, in dem Sie die Vorgaben für den Ausdruck eingeben.
2. Klicken Sie auf das Symbol 🖨.
   → Der Druckvorgang wird gestartet.

Werteliste sortieren

Ausgangspunkt Werteliste

1. Klicken Sie in die Spalte, nach deren Inhalt Sie die Werteliste sortieren wollen.

2. Klicken Sie auf das Symbol ▯.
   → Die Einträge werden gemäß der zuvor ausgewählten Spalte umsortiert.
In einer Werteliste können Sie meistens nur aufsteigend sortieren.

Werteliste durchsuchen

Ausgangspunkt Werteliste

1. Klicken Sie auf das Symbol ▯.
   → Es erscheint das Dialogfenster »Suchen«, in dem die Vorgaben für den Ausdruck eingetragen werden.
2. Geben Sie Ihren Suchbegriff in das Feld »Suchen nach« ein.
3. Klicken Sie auf die Drucktaste ▯.
   → Es erscheint das Dialogfenster »Suchen« mit der Liste von »Treffern«, die Ihrem Suchbegriff entsprechen.
4. Doppelklicken Sie auf den gesuchten Eintrag (vgl. Abb. 1.36).
   → Die Trefferliste wird ausgeblendet. Sie befinden sich wieder in der Werteliste, wobei der Cursor auf dem ausgewählten Eintrag steht.

1.10 Anwendung von Matchcodes

Der Matchcode ist ein spezielles Suchverfahren, das sehr häufig in Einstiegsbildern von R/3-Anwendungen angeboten wird. Es hilft Ihnen, in großen Datenbeständen nach Eingaben wie beispielsweise Kontonummern in der Buchhaltung, Kunden-, Material- oder Lieferantennummern zu suchen.

Beispiel Auftragseingabe

Wenn Sie Aufträge eingeben, müssen Sie natürlich auch die erforderlichen Angaben über den Kunden machen, der zum Beispiel die Auftragsbestätigung oder Rechnung erhalten soll.

Schwierig wird es in R/3, wenn sehr umfangreiche Kundendaten gespeichert sind, aber die Daten eines speziellen Kunden nicht genau bekannt sind. In diesen Fällen erleichtern Matchcodes die Suche nach diesem Kunden. Ein Matchcode ist also ein Hilfsmittel, um mögliche Feldeinträge aus bereits eingegebenen Datenbeständen herauszusuchen – in unserem Fall aus den Kundenstammdaten.

Matchcode: Weitere Beispiele

- Im Arbeitsgebiet »Hauptbuchhaltung« des Moduls »FINANZWESEN« kann für die Saldenanzeige eines Kontos im Kontenplan nach einem speziellen Konto gesucht werden.
- Im Arbeitsgebiet »Kreditoren« des Moduls »Finanzwesen« kann nach dem Aufruf der Menüfunktion KONTO | SALDEN ANZEIGEN über einen Matchcode der gewünschte Kreditor gesucht werden.

Einführung in R/3

- In der Materialwirtschaft können im Arbeitsgebiet »Einkauf« Informationen über Lieferanten oder Materialien gesucht werden.

1.10.1 Mit Matchcodes und Maske suchen

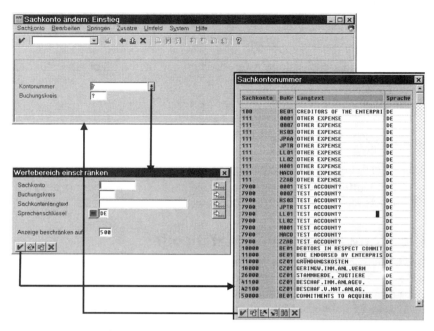

Abbildung 1.37 Matchcodefenster und Trefferliste bei der Suche nach »Sachkontonummer« (© SAP AG)

Es gibt zwei unterschiedliche Methoden, um mit Matchcodes Eingabewerte zu suchen: Die einfachere davon ist die Suche mit Hilfe einer Maske. Die zweite Methode (Direkteingabe) ist schwieriger, aber schneller. Dabei geben Sie eine verschlüsselte Zeichenkette in das Eingabefeld ein.

Matchcode über Maske suchen

Dieses Verfahren empfiehlt sich, wenn Sie noch unsicher sind und zum erstenmal mit Matchcodes arbeiten oder wenn Sie nicht wissen, welche verschlüsselten Matchcodes angeboten werden. Dazu gehen Sie wie folgt vor:

Ausgangspunkt Eingabefeld, für das ein Matchcode existiert

1. Drücken Sie die Taste [F4], oder klicken Sie auf das Symbol MATCHCODE.
   → Das Fenster »Auswahl der Suchhilfe« wird angezeigt.
2. Doppelklicken Sie auf den gewünschten Hotkey (Tastaturkürzel).
   → Das Fenster »Wertebereich einschränken« erscheint.

3. Geben Sie Ihre Suchbegriffe ein, und drücken Sie die Taste ⏎.
   → Die den Suchbegriffen entsprechenden Werte erscheinen in einer Liste.
4. Doppelklicken Sie in der »Trefferliste« auf den gewünschten Wert.
   → Sie gelangen wieder zum Startpunkt. Der Wert wird in das Eingabefeld übernommen, und das Fenster mit der Trefferliste wird ausgeblendet.

Probleme bei langen Trefferlisten

Die in Schritt 4 des obigen Verfahrens erwähnte Trefferliste kann manchmal sehr lang werden, so daß eine Suche nicht schnell genug konkrete Ergebnisse bringt. Ursachen hierfür können sein:

- Die Suchbegriffe waren zu ungenau.
- Sie haben keine Suchmaske eingegeben; deshalb erscheinen alle Datensätze der hinterlegten Tabelle.

Mit Hilfe des Symbols 🗇 können Sie in diesem Fall in das Fenster »Wertebereich« zurückwechseln, um genauere Suchbegriffe einzugeben.

1.10.2 Suchmaske wechseln

Für die Suche nach Feldeinträgen gibt es oft mehrere Suchverfahren mit jeweils unterschiedlichen Suchmasken. Die Suchmasken unterscheiden sich aufgrund der verschiedenen angebotenen Suchfelder.

Im Arbeitsgebiet »Debitoren« stehen Ihnen zum Beispiel zur Suche nach Kundennamen folgende Matchcodes zur Verfügung:

- Debitoren allgemein
- Debitoren nach Klasse
- Debitoren nach Buchungskreis
- Debitoren nach Land/Buchungskreis
- Debitoren nach Kontengruppe
- Debitoren je Verkäufergruppe
- Debitoren mit Werksbezug
- Debitoren Zentrale, Filiale

Anderes Suchverfahren wählen

Ausgangspunkt Matchcodefenster »Wertebereich einschränken« (vgl. Abb. 1.38)

1. Klicken Sie auf das Symbol 🗇.
   → Das Fenster »Auswahl der Suchhilfe« wird mit einer Liste der vorhandenen Suchverfahren angezeigt.
2. Doppelklicken Sie auf das von Ihnen gewünschte Suchverfahren.
   → Es erscheint das Matchcodefenster »Wertebereich einschränken«, jedoch mit anderen Feldern zur Vorgabe von Suchwerten.

Einführung in R/3

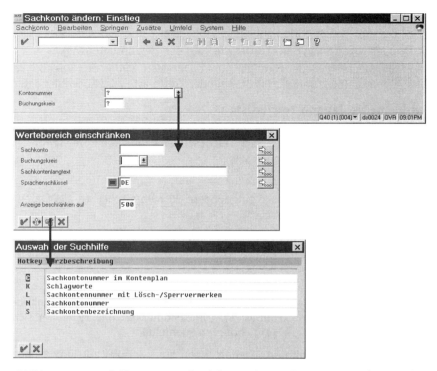

Abbildung 1.38 Möglichkeiten im Matchcodefenster, den Matchcode zu ändern (© SAP AG)

Funktionen im Matchcodefenster »Wertebereich einschränken«

Symbol	Taste(n)	Symbolbezeichnung	Funktion
⇨₀₀₀		MEHRFACHSE-LEKTION	Anzeigen eines Fensters zur Vorgabe differenzierterer Suchbedingungen
✓	⏎	AUSWÄHLEN	Übernahme eines Wertes in das Eingabefeld
♦	F2	SELEKTIONS-OPTIONEN	Mathematische Bedingungen festlegen
	⇧ F5	ANDERE SUCHHILFE	Anzeigen eines Fensters zur Wahl eines anderen Suchverfahrens
✗	F12	ABBRECHEN	Schließen des Matchcodefensters

Tabelle 1.14 Symbol- und Tastenfunktionen, die im Matchcodefenster »Wertebereiche einschränken« zur Verfügung stehen

1.10.3 Suche mit Jokern und Selektionsoptionen

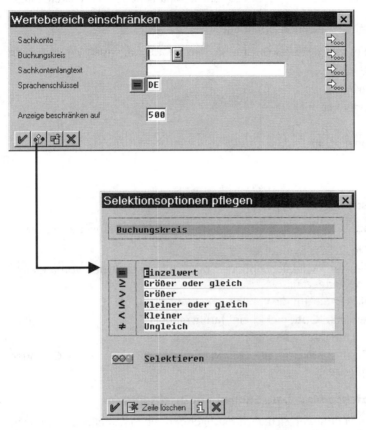

Abbildung 1.39 Matchcodemaske und Fenster »Selektionsoptionen« (© SAP AG)

Suchbegriffe mit Jokern (generische Suche)

Wenn Sie – zum Beispiel – einmal nicht wissen, ob sich ein gesuchter Kunde »Maier, Mayer, Meier, Meyer« oder auch »Bayer« schreibt, können Sie zur Suche sogenannte Joker (Platzhalter, Ersatzzeichen) verwenden.

- Der Joker »+« ersetzt in einer Zeichenkette genau ein unbekanntes Zeichen. Der Suchbegriff »Ma+er« repräsentiert also die Namen Ma*i*er und Mayer. Mit »M+yer« erhalten Sie als Ergebnis Mayer und Meyer.
- Der Joker »*« ersetzt in einer Zeichenkette beliebig viele weitere Zeichen. »Ma*« liefert Maier, Mayer, aber auch andere Namen, die mit »Ma« beginnen, wie zum Beispiel Matschkoder. Aber auch nach Zeichen innerhalb eines Wortes können Sie suchen: »*ay*« erbringt als Suchergebnis zum Beispiel Mayer, Bayer.

Selektionsoptionen

Über die oben erläuterte generische Suche hinaus haben Sie weitere Möglichkeiten, um gezielt Suchbedingungen für einzelne Suchfelder vorzugeben: die sogenannten Selektionsoptionen.

Hierzu gibt es ein spezielles Fenster, in dem Sie aus folgenden Werten einen auswählen können:

- Einzelwert
- Größer oder gleich
- Größer
- Kleiner oder gleich
- Kleiner
- Ungleich

Selektionsoptionen vorgeben

Ausgangspunkt Matchcodefenster »Wertebereich einschränken«

1. Klicken Sie auf das Symbol ❖.
   → Das Fenster »Selektionsoptionen pflegen« wird mit den vorhandenen Optionen angezeigt.
2. Doppelklicken Sie auf die von Ihnen gewünschte Option.
   → Die gewählte Option erscheint farbig markiert.
3. Klicken Sie auf das Symbol ✔.
   → Das Fenster »WERTE EINSCHRÄNKEN« mit den selektierten Optionen wird angezeigt.

1.10.4 Matchcodeaufbau, Suchen mit Direkteingabe

Da Sie in Anwendungen sicherlich häufiger denselben Matchcode benutzen werden, lohnt es sich, nicht über die Matchcode-Masken, sondern mit einer verschlüsselten Folge von Zeichen zu suchen. Diese Matchcode-Zeichenkette geben Sie direkt in das Eingabefeld ein. Damit können Sie effizienter Daten suchen. Zu diesem Zweck sollten Sie jedoch den Aufbau von Matchcodes kennen.

Grundlegender Aufbau eines Matchcodes

Ein Matchcode hat folgende Bestandteile:

- ein Gleichheitszeichen (=)
- eine Bezeichnung, die aus einem Buchstaben besteht
- einen Punkt zur Abtrennung der Matchcode-Kennung vom ersten Suchbegriff
- den ersten Suchbegriff, wie beispielsweise einen Kundennamen
- den zweiten Suchbegriff, wie beispielsweise eine Postleitzahl usw.

Die Reihenfolge der Suchbegriffe ist fest vorgeschrieben.

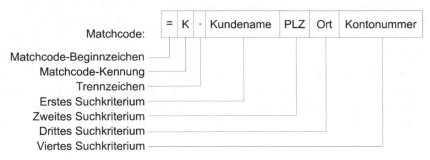

Abbildung 1.40 Ein in seine Bestandteile zerlegter einfacher Matchcode

Matchcode mit Auslassung von Suchbegriffen

In einem Matchcode müssen nicht alle Suchbegriffe vorgegeben werden. Oft sind nur ein oder zwei Suchbegriffe bekannt oder notwendig.

Ein Matchcode enthält immer einen Punkt

- als Trennpunkt nach der Matchcode-Kennung
- als Platzhalter zum Auslassen von unbekannten bzw. nicht erforderlichen Suchbegriffen

Nicht gewünschte Suchbegriffe am Ende des Matchcodes können Sie einfach weglassen.

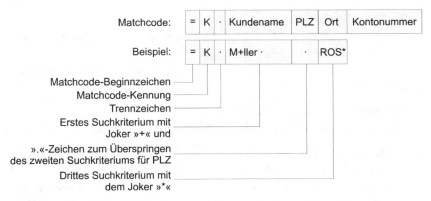

Abbildung 1.41 Ein in seine Bestandteile zerlegter Matchcode mit Joker und weggelassenem Suchbegriff

Joker

Die Joker »*« und »+« zur generischen Suche können in diesem Zusammenhang ebenfalls verwendet werden.

1.10.5 Listen (Berichte) erstellen

Während in den vorangegangenen Abschnitten Formularanwendungen im Vordergrund standen, geht es nun um Listanwendungen. Der Unterschied zwischen diesen Anwendungsarten liegt besonders in der Darstellungsform der Daten:

- In Formularen werden Daten detailliert dargestellt und auch geändert.
- Mit Listanwendungen werden Daten meist in Form von Listen bzw. Tabellen angezeigt und lassen sich in dieser Darstellungsform normalerweise nicht ändern.

Report, Liste

Ein *Report* ist ein R/3-Programm, das Ihnen als Ergebnis auf dem Bildschirm oder auf dem Drucker eine Liste liefert. Diese Liste enthält spezifische Teile des Datenbestandes Ihrer Datenbank. Im Auslieferungszustand von SAP R/3 sind bereits einige tausend vordefinierter und -strukturierter Reports verfügbar. Außerdem kann sich jeder R/3-Benutzer zum Beispiel mit der Programmiersprache ABAP/4 weitere eigene Reports erstellen. Die von R/3 mitgelieferten vorgegebenen Reports wurden ebenfalls mit ABAP/4 erstellt.

Selektionskriterien

Normalerweise begrenzen Sie die Menge der auszudruckenden Informationen. Selektionskriterien dienen dazu, die unnötig umfangreiche Darstellung oder den unnötigen Ausdruck von Informationen einzuschränken oder zu verhindern.

Sie bestimmen sogenannte *Selektionskriterien*, die Sie in ein Selektionsbild eingeben, zum Beispiel:

- In der Buchhaltung wird für eine Kontenübersicht der Kontenplan zum Beispiel auf »GKR« eingegrenzt.
- Für eine Kundenübersicht im Vertrieb werden alle Kunden in einer bestimmten Region ausgewählt.

Möglichkeiten zur Reportausführung

Für das Erstellen eines Reports bietet R/3 normalerweise zwei Möglichkeiten:

- Im jeweiligen Arbeitsgebiet stehen Ihnen in Menüs Funktionen zum Aufruf von vordefinierten und -strukturierten Reports zur Verfügung.
- Über das Menü INFOSYSTEME gelangen Sie in das »Informationssystem«. Hier können Sie, getrennt nach Modulen und Arbeitsgebieten und unterstützt durch eine systematische Menüführung, einen Report suchen, vervollständigen und ausführen.

Der klassische Reportaufruf mit der Menüfunktion SYSTEM | DIENSTE | REPORTING steht an jeder Stelle zur Verfügung. Viele vordefinierte Reports erreichen Sie nur über diesen Weg. Oft ist dieser Weg – ausgehend von der SAP-Ebene – auch der schnellere im Vergleich zum langen Weg über das Arbeitsgebietsmenü.

1.11 Reports aus dem Arbeitsgebietsmenü starten

Reports rufen Sie normalerweise aus dem Menü eines Arbeitsgebiets, zum Beispiel PERSONALWIRTSCHAFT | PERSONALADMINISTRATION | AUSWERTUNGEN, auf. Manche Reports können nur im Arbeitsgebiet ausgeführt werden.

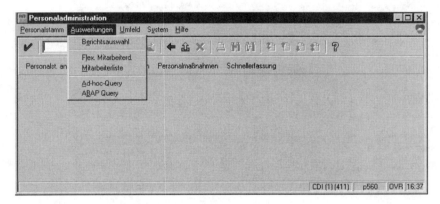

Abbildung 1.42 Fenster »Auswertungen Berichtsauswahl« (© SAP AG)

Report im Arbeitsgebiet starten

Ausgangspunkt Fenster »Personaladministration« (vgl. Abb. 1.42)

1. Wählen Sie die Menüfunktion AUSWERTUNGEN | BERICHTSAUSWAHL, um einen Report aufzurufen.
   → Es erscheint ein Berichtsbaum.
2. Öffnen Sie den Berichtsbaum durch Doppelklicken so weit, bis Sie den Report Ihrer Wahl erreicht haben, und klicken Sie darauf.
   → Es erscheint das Auswahlbild.
3. Geben Sie die gewünschten Selektionskriterien ein, und klicken Sie auf
   → Sie erhalten die Liste mit den selektierten Daten aus Ihrer Datenbank.
4. Klicken Sie auf das Symbol.
   → Das Menü des Arbeitsgebiets erscheint wieder. Die Ausführung des Reports ist damit beendet.

Einführung in R/3

1.12 Reports mit dem Informationssystem suchen und starten

R/3 bietet eine Vielzahl von vordefinierten und vorstrukturierten Reports an. In Release 4.0 unterstützt Sie das Informationssystem (im Menü INFOSYSTEME) bei der Suche. Über dieses Menü erreichen Sie alle Informationsdaten des R/3-Systems zentral (anwendungsübergreifend). Die im vorangegangenen Abschnitt »Reportaufruf im Arbeitsgebiet« beschriebene Vorgehensweise verzweigt ebenfalls auf das R/3-Informationssystem, allerdings hier gezielt zu den Informationsdaten des jeweiligen Arbeitsgebiets.

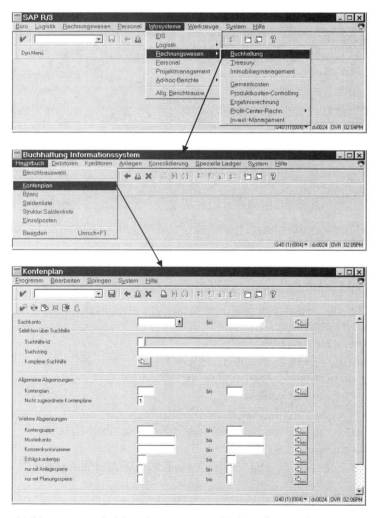

Abbildung 1.43 Aufruf des Infosystems zur Buchhaltung (© SAP AG)

Infosystem aufrufen

Ausgangspunkt SAP-Ebene

1. Wählen Sie im Menü INFOSYSTEME den gewünschten Anwendungsbereich und das jeweilige Modul, z.B. INFOSYSTEM | RECHNUNGSWESEN | BUCHHALTUNG. Es erscheint eine neue Menüleiste.

→ Sie befinden sich im Infosystem des jeweiligen Arbeitsgebiets.

Menüs im Infosystem

Jedes Modul beinhaltet auch ein eigenes Infosystem mit einer eigenen Menüleiste, in der die jeweils wesentlichen Arbeitsgebiete des Moduls vorkommen.

Wenn Sie diese Menüs aufklappen, erkennen Sie deren einheitlichen Aufbau:

1. Der erste Menüeintrag heißt BERICHTSAUSWAHL und zeigt Ihnen die vordefinierten Reports des jeweiligen Arbeitsgebiets in Form einer hierarchischen Baumstruktur. Dies wird im nächsten Abschnitt näher behandelt.
2. Es folgen weitere Menüeinträge, mit denen Sie die wichtigsten Reports des Arbeitsgebiets sofort starten können. Nach Auswahl dieser Menüpunkte erscheint in der Regel das Selektionsbild des jeweiligen Reports.
3. Der Menüpunkt WEITERE BERICHTE führt Sie in das Reportverzeichnis, in dem eine größere Auswahl an Reports bereitsteht.

Berichtsauswahl

Die Berichtsauswahl zeigt Ihnen die verschiedensten Reports übersichtlich und nach Verwendungszweck untergliedert in Form einer hierarchischen Baumstruktur.

Die Berichtsauswahlmöglichkeiten unterstützen Sie in folgenden Fällen:

- wenn der Weg zu einem bestimmten Report nicht bekannt ist
- wenn Sie sich einen Überblick über die Reports eines Arbeitsgebietes verschaffen wollen

Reports in der Baumstruktur anzeigen (Berichtsauswahl)

Sie haben zwei Möglichkeiten, die Berichtsauswahl aufzurufen:

- Ausgehend von Ihrem Arbeitsgebiet wählen Sie das Menü, über das die Reports aktiviert werden. In den Arbeitsgebieten des Moduls »Finanzwesen« ist dies in der Regel das Menü PERIOD. ARBEITEN. In diesem Menü wählen Sie INFOSYSTEM | BERICHTSAUSWAHL.
- Ausgehend von der SAP-Ebene wählen Sie im Menü INFOSYSTEM den Anwendungsbereich und das jeweilige Modul. Danach erscheint eine neue Menüleiste mit den Arbeitsgebieten. Sobald Sie ein Menü für ein Arbeitsgebiet aufklappen, sehen Sie dort auch den Menüpunkt BERICHTSAUSWAHL.

Einführung in R/3

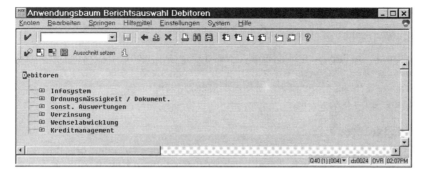

Abbildung 1.44 Standardfenster »Berichtsauswahl Debitoren« (© SAP AG)

Einträge in der Berichtsauswahl

Nach dem Aufruf der Berichtsauswahl sehen Sie standardmäßig nur die oberste Hierarchieebene der Baumstruktur mit den Themengebieten (vgl. Abb. 1.44).

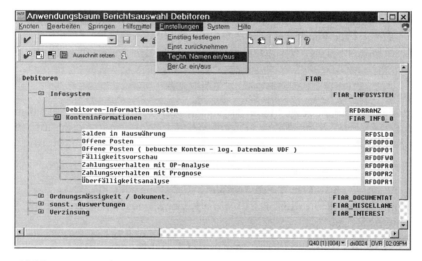

Abbildung 1.45 »Aufgerissener« Berichtsbaum in der Berichtsauswahl »Debitoren« mit technischen Namen (© SAP AG)

1. Eine vorangestellte Aktenmappe mit Pluszeichen ⊞ bedeutet, daß zu dieser Position weitere Hierarchieebenen oder Reporteinträge existieren. Sie öffnen diese Äste, indem Sie auf die entsprechende Zeile doppelklicken.
2. Reportbezeichnungen erscheinen oft erst, wenn Sie per Doppelklick aus der zweiten in die dritte Hierarchieebene verzweigen. Einen Reporteintrag erkennen Sie daran, daß hier keine Aktenmappe mit Pluszeichen vorangestellt ist und die Zeilenfarbe von derjenigen der Gruppenzeilen abweicht.

Einführung in R/3

3. Wenn Sie sich für die technischen Namen der Reports interessieren, wählen Sie den Menübefehl EINSTELLUNGEN | TECHN. NAMEN EIN/AUS. R/3 zeigt daraufhin die Reportnamen (zum Start dieser Anwendung) rechts neben den Reportbezeichnungen an (vgl. Abb. 1.45).

Report in der Berichtsauswahl starten

Zum Start eines Reports über die Berichtsauswahl doppelklicken Sie auf den entsprechenden Berichtseintrag in der Baumstruktur. Es erscheint das erste Bild des Reports, in der Regel das Selektionsbild zur Eingrenzung der auszugebenden Daten.

1.13 Drucken

Sobald Sie einen Befehl zum Drucken geben, erscheint ein Fenster, in das Sie Voreinstellungen für einen Druckauftrag eingeben können (vgl. Abb. 1.46).

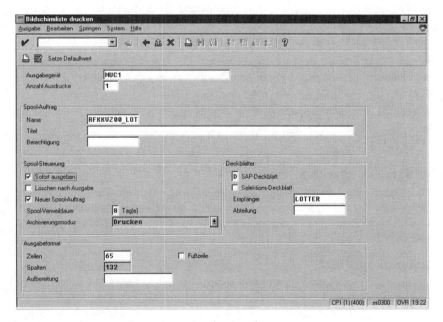

Abbildung 1.46 Fenster für Druckvorgaben (© SAP AG)

Wichtige allgemeine Einstellungen

- Feld »Ausgabegerät«
  Hier wird der von Ihnen verwendete Drucker definiert.

- Feld »Anzahl Ausdrucke«
  Hier geben Sie die Zahl der zu druckenden Exemplare vor.

- Feld »Sofort ausgeben«

  Hier bestimmen Sie den Zeitpunkt des Druckvorgangs. Durch Ankreuzen dieses Feldes erfolgt der Ausdruck automatisch zum frühestmöglichen Zeitpunkt.

Feldgruppe »Ausgabeformat«

Den Drucklisten sind in R/3 sogenannte »Ausgabeformate« zugeordnet. Ausgabeformate enthalten Vorgaben wie die Papiergröße und die Festlegung auf Hoch- oder Querformat.

- Felder »Zeilen« und »Spalten«

  In diesen Anzeigefeldern sehen Sie die Werte, die für die Druckliste erforderlich sind. Die Werte sollten mit denen des Feldes »Aufbereitung« übereinstimmen.

- Feld »Aufbereitung«

  Hier wird das erforderliche Ausgabeformat für den jeweiligen Druckvorgang eingestellt. Das Ausgabeformat X_65_80 bewirkt beispielsweise eine Formatierung von »65 Zeilen und 80 Spalten je Seite«.

Wenn die Werte im Feld »Ausgabeformat« kleiner sind als die Angaben in den Feldern »Zeilen« und »Spalten«, kann dies folgende Probleme verursachen:

- Zeilen werden abgeschnitten und unvollständig gedruckt.
- Seitenumbrüche werden an Stellen vorgenommen, an denen sie nicht erwünscht sind.

Feldgruppe »Deckblätter«

Das Deckblatt ist die erste Seite Ihres Ausdrucks. Wenn mehrere Mitarbeiter denselben Drucker verwenden, können Sie diese Feldgruppe dazu nutzen, um die erste Seite Ihres Ausdrucks zum Beispiel mit Ihrem Namen zu kennzeichnen.

Späterer Ausdruck

Wenn das Feld »Sofort ausgeben« nicht aktiviert ist, wird ein sogenannter Spoolauftrag erzeugt, jedoch zunächst nicht ausgeführt. Der Ausdruck erfolgt erst später mit einer anderen Funktion. Diese Vorgehensweise empfiehlt sich in folgenden Fällen:

- Sehr umfangreiche Listen werden meist nach Geschäftsschluß – zum Beispiel abends – gedruckt, damit ein gemeinsam genutzter Drucker während der normalen Arbeitszeit nicht zu lange belegt ist.
- Sammlung von Druckarbeiten auf besonderen Vordrucken: Statt mehrere Male am Tag das Papier für verschiedene Ausdrucke zu wechseln (z.B. Vordrucke, Formulare, bestimmte Formate), ist es rationeller, die entsprechenden Druckaufträge für einen späteren gemeinsamen Ausdruck zu sammeln und zu koordinieren.

Einführung in R/3

Wichtige Felder für einen späteren Ausdruck

- Feld »Name«

  Über diese Bezeichnung kann ein vorbereiterer Druckauftrag für eine spätere Ausgabe gesucht und freigegeben werden.

- Feld »Sofort ausgeben«

  Dieses Feld darf natürlich bei einem später vorgesehenen Ausdruck nicht angekreuzt sein.

1.14 Online-Hilfe

Für eine Online-Hilfe (Bildschirmhilfe) stehen zwei Quellen zur Verfügung:

- Eine im R/3-System gespeicherte Dokumentation wird als Schnellhilfe bei Eingaben in Felder oder bei Fehlermeldungen genutzt.
- Die sehr umfangreiche R/3-Komplettdokumentation zu den einzelnen R/3-Funktionen und Komponenten wird Benutzern auf CD-ROM zur Verfügung gestellt. Der Aufruf der CD-ROM-Dokumentation (der »Hilferuf« also) kann entweder aus Windows oder aus R/3 erfolgen. Es steht ein ausführliches Glossar (Begriffslexikon) zur Verfügung, um Erläuterungen zu SAP- und R/3-spezifischen Fachbegriffen abzurufen.

1.14.1 R/3-interne Schnellhilfe

Zu folgenden Bildschirmelementen können Sie elektronische Hilfsinformationen (Online-Hilfe) abrufen:

- Felder
- Fehlermeldungen

Bildschirmhilfen zu Feldern abrufen

Ausgangspunkt Jedes beliebige Bild, das Eingabefelder enthält

1. Klicken Sie in das Feld, zu dem Sie Informationen abrufen wollen.
2. Drücken Sie die Taste [F1].
   → Das Hilfefenster erscheint.
3. Klicken Sie auf das Symbol ✔, wenn Sie das Hilfefenster nicht mehr benötigen.
   → Sie befinden sich nun wieder am Ausgangspunkt des Aufrufs.

Bildschirmhilfen zu Fehlermeldungen abrufen

Ausgangspunkt Ein Fenster, das eine Fehlermeldung enthält

1. Doppelklicken Sie auf die in der Statusleiste gezeigte Fehlermeldung.
   → Es erscheint ein Hilfefenster, das die Fehlermeldung interpretiert.

Einführung in R/3

1.14.2 Online-Dokumentation auf CD-ROM

Die Nutzung einer elektronisch extern gespeicherten Dokumentation erfreut sich zunehmender Beliebtheit. Zu den Vorteilen der CD-ROM-Dokumentation zählt ihre flexible Einsatzmöglichkeit: Sie können sie überallhin mitnehmen und auch dann mit ihr arbeiten, wenn Ihr PC nicht an R/3 angeschlossen ist.

Starten der CD-ROM-Hilfe (Bibliothek)

Sie können die Hilfstexte sowohl aus R/3 als auch aus Windows heraus aufrufen:

- SAP R/3: Wählen Sie den Befehl HILFE | R/3-BIBLIOTHEK.
- Windows: START | PROGRAMME | SAP ONLINE HILFE 4.0 ... | BIBLIOTHEK.

Es erscheint das Startbild der R/3-Bibliothek als zentraler Einstieg in die externe Online-Hilfe (vgl. Abb. 1.47).

Abbildung 1.47 R/3-Bibliothek – zentraler Einstieg der CD-ROM-Hilfe (© SAP AG)

Teilbereiche der Online-Dokumentation

Die Online-Hilfe gliedert sich in verschiedene Bereiche:

- Bibliothek: Anwendungskomponentenübergreifender Zugang zur Online-Hilfe
- Einführung: Anleitung zum Kennenlernen und Einüben der grundlegenden Verfahren von R/3
- Einführungsleitfaden: Informationen zu den projektunterstützenden Einführungstools

Einführung in R/3

- Glossar: Erklärung der R/3-Terminologie
- Releaseinformationen: Detaillierte Informationen über die Änderungen und Neuerungen im aktuellen Release

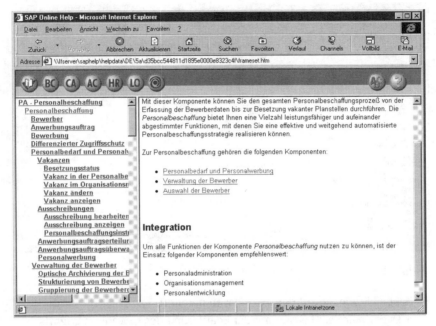

Abbildung 1.48 Einstieg in die Beschreibung über das Arbeiten mit dem R/3-System (© SAP AG)

1.14.3 R/3-Glossar

SAP hat über die Jahre eine eigene, typische Fachsprache entwickelt, die auch in den Bildschirmen von R/3 verwendet wird. Ein ausführliches Glossar (Begriffslexikon) steht zur Verfügung, um Erläuterungen zu Fachbegriffen zu geben.

Glossar aufrufen

Ausgangspunkt Beliebiges Fenster mit einer Menüleiste, jedoch nicht auf der SAP-Ebene

1. Wählen Sie die Menüfunktion HILFE | GLOSSAR.
   → Es erscheint eine alphabetisch sortierte Liste mit Stichwörtern.
2. Blättern Sie mit der vertikalen Blätterleiste, bis der gewünschte Begriff angezeigt wird. Bei längeren Glossaren kommen Sie schneller zum gesuchten Begriff, wenn Sie die Blättermarke in der Blätterleiste ziehen.

Einführung in R/3

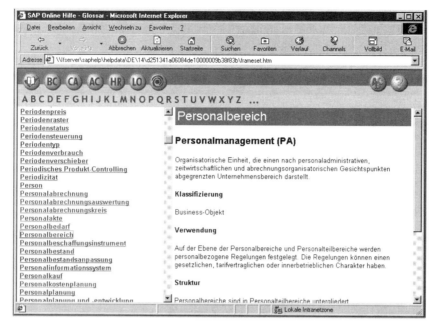

Abbildung 1.49 Hilfe zu R/3-Begriffen abrufen (Glossar) (© SAP AG)

3. Doppelklicken Sie auf den gewünschten Begriff.
   → Es erscheint ein Fenster mit der Erläuterung des gewählten Begriffs.

CD-ROM-Hilfe beenden

Um die CD-ROM-Hilfe-Funktion zu verlassen, haben Sie mehrere Optionen:

- Klicken Sie auf die Drucktaste SCHLIESSEN.
- Doppelklicken Sie auf das Symbol des Systemmenüs in der linken oberen Bildschirmecke des Fensters.
- Wählen Sie DATEI | BEENDEN.
- Drücken Sie [Alt] [F4].

1.15 Aufgaben

1. Erläutern Sie den Unterschied zwischen »Komponente« und »Modul«.

2. R/3 deckt mit seinem Leistungsumfang grundsätzlich alle betriebswirtschaftlichen Anwendungsbereiche ab. Nennen Sie die Dreiteilung, die hier von SAP vorgenommen wird, und ordnen Sie die Module diesen drei Bereichen zu.

3. Das R/3-System wird in den unterschiedlichsten Branchen eingesetzt – angefangen von Industrieunternehmen (wie chemische Industrie oder KFZ-Industrie) über Handelsunternehmen bis hin zu Dienstleistern (wie Versicherungen, Banken oder Reiseveranstaltern). Welche Eigenschaften von SAP ermöglichen diese branchenübergreifende Verwendung?

4. Bei der Anmeldung in R/3 geben Sie eine Mandantennummer an. Was bedeutet der Begriff »Mandant«, und welche Auswirkung hat die Eingabe der Mandantennummer?

5. Nennen Sie die verschiedenen Möglichkeiten zur Abmeldung vom System R/3 sowie deren Unterschiede.

6. Sie vertreten einen Kollegen, der ebenfalls wie Sie mit SAP arbeitet und zwei Wochen im Urlaub ist. Während Sie für die Debitorenbuchhaltung (Kunden) zuständig sind, bearbeitet Ihr Kollege die Kreditorenbuchhaltung. Diese Arbeitsteilung gilt auch für die Berechtigungen: Sie haben lediglich die Berechtigung für Anwendungen im Arbeitsgebiet »Debitoren«. Der Kollege hat Ihnen jedoch für die Zeit seiner Abwesenheit sein Kennwort und seinen Benutzernamen mitgeteilt. Nun muß während der Abwesenheit Ihres Kollegen eine Lieferantenrechnung bezahlt werden, da bereits ein Mahnbescheid droht. Beschreiben Sie an diesem Beispiel die Funktion des Benutzernamens.

7. In welchen Fällen ist ein Endanwender gezwungen, sein Kennwort zu ändern?

8. Welche Standardmenüs stehen in R/3 grundsätzlich immer zur Verfügung?

9. Welche Feldarten gibt es in R/3-Fenstern, und worin bestehen die Unterschiede?

10. Wo können Meldungen von R/3 erscheinen?

11. Grundsätzlich sind bis zu neun Modi möglich, die ein paralleles und effizientes Bearbeiten mehrerer Anwendungen erlauben. Ihr Systemverwalter hat jedoch Ihre maximale Anzahl an Modi auf zwei eingeschränkt. Warum?

12. Welche Arten von Anwendungen können unterschieden werden?

13. Nennen Sie den Unterschied zwischen Einstiegsbild und Detailbild.

Einführung in R/3

14. Skizzieren Sie den groben Ablauf einer Formularanwendung zum Ändern von Daten.

15. Wenn Sie Eingabewerte für ein Feld suchen, so können Sie sich mit der Taste [F4] helfen lassen. Welche drei möglichen Programmreaktionen können Sie nach Betätigung der Taste [F4] bzw. des Symbols MATC-CODE erwarten?

16. Welche Vorteile besitzen Matchcodes und Wertelisten?

17. Wodurch unterscheidet sich der Begriff »Liste« vom Begriff »Report"?

18. In welchen Fällen bestimmen Sie, daß ein Druckauftrag nicht sofort ausgegeben wird?

19. Bei Ihrem Papierausdruck stellen Sie fest, daß der Drucker Seitenwechsel viel zu früh durchführt und somit lauter halbleere Seiten produziert hat. Wie können Sie dies richtigstellen?

20. Sie lesen in einer bisher unbekannten Anwendung einen Feldnamen, dessen Bedeutung Sie nicht kennen. Wie rufen Sie eine Hilfe zur Interpretation des Feldnamens auf?

21. Mit Hilfe welcher Verfahren können Sie sich Begriffsdefinitionen anzeigen lassen?

1.16 Lösungen

1. Erläutern Sie den Unterschied zwischen »Komponente« und »Modul«.
   Ein Modul besteht grundsätzlich aus mehreren Komponenten. So enthält beispielsweise das Modul »Personalabrechnung« Komponenten wie »Personalabrechnung Deutschland« oder »Personalabrechnung Großbritannien«.

2. R/3 deckt mit seinem Leistungsumfang grundsätzlich alle betriebswirtschaftlichen Anwendungsbereiche ab. Nennen Sie die Dreiteilung, die hier von SAP vorgenommen wird, und ordnen Sie die Module diesen drei Bereichen zu.
   Zum Bereich Rechnungswesen gehören die Module »Finanzwesen«, »Treasury«, »Investitionsmanagement«, »Controlling« und »Unternehmenscontrolling«.
   Der Bereich Logistik enthält die Module »Vertrieb«, »Produktionsplanung und -steuerung«, »Materialwirtschaft«, »Qualitätsmanagement« und »Instandhaltung«.
   Der Bereich Personalwirtschaft besteht aus den Modulen »Personaladministration und -abrechnung« sowie »Personalplanung und -entwicklung«.

3. Das R/3-System wird in den unterschiedlichsten Branchen eingesetzt – angefangen von Industrieunternehmen (wie chemische Industrie oder KFZ-Industrie) über Handelsunternehmen bis hin zu Dienstleistern (wie Versicherungen, Banken oder Reiseveranstaltern). Welche Eigenschaften von SAP ermöglichen diese branchenübergreifende Verwendung?
   Customizing-Methoden ermöglichen betriebs- und branchenspezifische Vorgaben und Verarbeitungsregeln in Tabellen. Vom R/3-Standard abweichende Abläufe lassen sich mit der SAP-eigenen Programmiersprache ABAP/4 und der Entwicklungsumgebung realisieren. Die große Anzahl der angebotenen Standardfunktionen deckt die meisten Anforderungen ab.

4. Bei der Anmeldung an R/3 geben Sie eine Mandantennummer an. Was bedeutet der Begriff »Mandant«, und welche Auswirkung hat die Eingabe der Mandantennummer?
   Eine Unternehmung wird in SAP als Mandant bezeichnet und besitzt jeweils eine eigene Mandantennummer. Mit der Mandantennummer wird der ausschließliche Zugriff auf die Daten des ausgewählten Mandanten gesteuert. Ein Benutzer arbeitet üblicherweise mit Daten von lediglich einer Unternehmung.

5. Nennen Sie die verschiedenen Möglichkeiten zur Abmeldung vom System R/3 sowie deren Unterschiede.
   Der Weg über den Menübefehl SYSTEM | ABMELDEN funktioniert immer. Folgende Möglichkeiten gelten nur, wenn lediglich ein R/3-Fenster geöffnet ist:

Einführung in R/3

- Doppelklick auf das Fenstermenü (Systemmenü) in der linken oberen Fensterecke
- Klick auf das Fenstermenü und auf den Befehl SCHLIESSEN
- Tastenkombination [Alt] [F4]

6. Sie vertreten einen Kollegen, der ebenfalls wie Sie mit SAP arbeitet und zwei Wochen im Urlaub ist. Während Sie für die Debitorenbuchhaltung (Kunden) zuständig sind, bearbeitet Ihr Kollege die Kreditorenbuchhaltung. Diese Arbeitsteilung gilt auch für die Berechtigungen: Sie haben lediglich die Berechtigung für Anwendungen im Arbeitsgebiet »Debitoren«. Der Kollege hat Ihnen jedoch für die Zeit seiner Abwesenheit sein Kennwort und seinen Benutzernamen mitgeteilt. Nun muß während der Abwesenheit Ihres Kollegen eine Lieferantenrechnung bezahlt werden, da bereits ein Mahnbescheid droht. Beschreiben Sie an diesem Beispiel die Funktion des Benutzernamens.
Mit Ihrem eigenen Benutzernamen können Sie die Lieferantenrechnung nicht bearbeiten, da Ihrem Benutzernamen hierzu keine Berechtigung zugeordnet ist. Sie müssen sich deshalb mit dem Benutzernamen Ihres Kollegen anmelden.

7. In welchen Fällen ist ein Endanwender gezwungen, sein Kennwort zu ändern?
   - bei der ersten Anmeldung
   - bei Ablauf der Gültigkeitsdauer, die vom Systembetreuer gesetzt werden kann

8. Welche Standardmenüs stehen in R/3 grundsätzlich immer zur Verfügung?
   - SYSTEM
   - HILFE
   - ♥

9. Welche Feldarten gibt es in R/3-Fenstern, und worin bestehen die Unterschiede?
   - Muß-Felder (Eingabepflicht)
   - Kann-Felder (Eingabe möglich, jedoch keine Eingabepflicht)
   - Anzeigefelder (keine Eingabe möglich)

10. Wo können Meldungen von R/3 erscheinen?
    - in der Statusleiste (letzte Fensterzeile)
    - in einem eigenen Dialogfenster

11. Grundsätzlich sind bis zu neun Modi möglich, die ein paralleles und effizientes Bearbeiten mehrerer Anwendungen erlauben. Ihr Systemverwalter hat jedoch Ihre maximale Anzahl an Modi auf zwei eingeschränkt. Warum?

Einführung in R/3

- Verlangsamung des R/3-Systems und der Antwortzeiten
- Gefahr der Sperrung von aufgerufenen Daten für andere Benutzer

12. Welche Arten von Anwendungen können unterschieden werden?
    - Formularanwendungen
    - Listanwendungen
    - Systemanwendungen

13. Nennen Sie den Unterschied zwischen Einstiegsbild und Detailbild.
    Das Einstiegsbild dient zur Auswahl der Daten, die im Formular (Detailbild) angezeigt werden sollen.

14. Skizzieren Sie den groben Ablauf einer Formularanwendung zum Ändern von Daten.
    - Start der Anwendung
    - Datenauswahl im Einstiegsbild
    - Datenanzeige, -änderung in einem oder mehreren Detailbildern
    - Speicherung der Änderungen ausgehend von einem Detailbild und Rückkehr in das Einstiegsbild

15. Wenn Sie Eingabewerte für ein Feld suchen, so können Sie sich mit der Taste (F4) helfen lassen. Welche drei möglichen Programmreaktionen können Sie nach Betätigung der Taste (F4) bzw. des Symbols MATC-CODE erwarten?
    - Meldung, daß keine Hilfe zur Eingabe verfügbar ist
    - Werteliste
    - Matchcodefenster

16. Welche Vorteile besitzen Matchcodes und Wertelisten?
    - Eingabeprüfung zur Vermeidung von Tippfehlern und Falscheingaben
    - Suchhilfe für Eingabewerte

17. Wodurch unterscheidet sich der Begriff »Liste« vom Begriff »Report"?
    Der »Report« ist das Programm, das als Programmergebnis eine »Liste« erstellt.

18. In welchen Fällen bestimmen Sie, daß ein Druckauftrag nicht sofort ausgegeben wird?
    - bei langen Listen
    - beim Ausdruck auf spezielle Vordrucke

19. Bei Ihrem Papierausdruck stellen Sie fest, daß der Drucker Seitenwechsel viel zu früh durchgeführt und somit lauter halbleere Seiten produziert hat. Wie können sie dies richtigstellen?
    Ausgabeformat zuordnen, das gleich viele bzw. mehr Zeilen besitzt, als der Report in dem Anzeigefeld »Zeilen« verlangt.

Einführung in R/3

20. Sie lesen in einer bisher unbekannten Anwendung (Transaktion) einen Feldnamen, dessen Bedeutung Sie nicht kennen. Wie rufen Sie eine Hilfe zur Interpretation des Feldnamens auf?
    Mit der Taste F1 oder dem Symbol ❓.

21. Mit Hilfe welcher Verfahren können Sie sich Begriffsdefinitionen anzeigen lassen?
    - in R/3: HILFE | GLOSSAR
    - in Windows: START | PROGRAMME | SAP ONLINE HILFE 4.0 ... | BIBLIOTHEK

Kapitel 2
Überblick

2.1	Organisationseinheiten: Unternehmens- und Personalstruktur	102
2.2	Personaladministration	104
2.3	Zeitwirtschaft	105
2.4	Personalabrechnung	108
2.5	**Personalplanung und -entwicklung**	109
2.5.1	Objektorientierung	111
2.5.2	Planungshilfen	112
2.5.3	Organisationsmanagement	113
2.5.4	Personalentwicklung	120
2.5.5	Veranstaltungsmanagement	123
2.6	Integration in das SAP R/3-System	125
2.7	Fragen	127
2.8	Lösungen	129

Überblick

Dieses Kapitel gibt Ihnen einen Überblick über die vielfältigen Funktionen der Applikation »Personalwirtschaft« (englisch: Human Resources, HR), über deren Einsatzmöglichkeiten und Integration in das Gesamtsystem.

Um den unterschiedlichen Anforderungen aus dem Personalbereich gerecht zu werden, bietet die R/3®-Personalwirtschaft ein breites Anwendungsspektrum.

Die Personalwirtschaft untergliedert sich in folgende Hauptkomponenten:

- Personalmanagement (HR-PA) mit Beschaffung, Administration, Aufbauorganisation oder Personalentwicklung)
- Personalzeitwirtschaft (HR-PT) mit Zeitdatenerfassung, Personaleinsatzplanung oder Zeitauswertung)
- Personalabrechnung (HR-PY) mit einer Vielzahl von länderspezifischen Varianten
- Veranstaltungsmanagement (HR-PE)

Diese Funktionen ermöglichen eine umfassende Planung und Steuerung der personalwirtschaftlichen Tätigkeiten von der Organisations- und Kostenplanung über die Personalentwicklung bis hin zur Personaleinsatzplanung. Dabei wird in diesen Komponenten immer auch auf die Mitarbeiterdaten aus der Personaladministration zugegriffen und Ihnen so eine integrierte Bearbeitung der personalwirtschaftlichen Aufgaben ermöglicht.

Zum besseren Verständnis wollen wir die personalwirtschaftlichen Funktionen zunächst an einem vereinfachten Musterprozeß betrachten. Bei dieser Betrachtung handelt es sich um eine vereinfachte Darstellung der personalwirtschaftlichen Funktionen und Prozesse in einem Unternehmen, aber die Prozeßsicht verdeutlicht die Verknüpfung der einzelnen Komponenten.

2 Überblick

Das Organisationsmanagement dient zur Abbildung des Unternehmens mit siener Organisations- und Berichtsstruktur.

Mit den in R/3 zur Verfügung stehenden Auswertungen kann anschließend der aktuelle Personalbedarf durch die Identifizierung der vakanten Positionen im Unternehmen ermittelt werden. Dieser Personalbedarf löst den Beschaffungsprozeß innerhalb der Komponente »Personalbeschaffung« aus.

Im Rahmen der Personalbeschaffung können dann die entsprechenden Beschaffungsmaßnahmen geplant und verwaltet werden, beispielsweise das Schalten von internen und externen Stellenanzeigen, die Administration der eingehenden Bewerbungen sowie die Bewerbervorauswahl. Nach Abschluß der Vorstellungsrunden wird dem geeigneten Kandidaten ein Vertragsangebot unterbreitet, und nach erfolgter Vertragsunterschrift können die Stammdaten des Bewerbers in die Personaladministration übernommen werden. Zu diesem Zeitpunkt wird auch erstmals die Personalnummer vergeben. Anschließend werden die persönlichen Daten des neuen Mitarbeiters ergänzt.

Nach Abschluß der Personalstammdatenerfassung stehen die Mitarbeiterdaten in allen personalwirtschaftlichen Komponenten zur Verfügung.

Um die Daten komfortabel auszuwerten, sind in der Personaladministration zahlreiche Auswertungsmöglichkeiten verfügbar.

Es können nun die Zeitdaten des Mitarbeiters erfaßt und bewertet sowie die Lohn- und Gehaltsabrechnung durchgeführt werden, es sei denn, der Mitarbeiter geht auf Dienstreisen und rechnet die entstandenen Reisekosten mit Hilfe von R/3 selbst ab. Außerdem können seine Abrechnungsergebnisse aus der erfolgten Lohn- und Gehaltsabrechnung als Grundlage für die Kosten- und Budgetplanung des nächsten Jahres herangezogen werden.

Die notwendigen Einführungsveranstaltungen und Seminare zur Einarbeitung des neuen Mitarbeiters können mit Hilfe des Veranstaltungsmanagements geplant und durchgeführt werden.

2.1 Organisationseinheiten: Unternehmens- und Personalstruktur

Durch den Einsatz der Komponente »Personaladministration« können Sie Arbeitnehmerdaten verwalten und auswerten. Voraussetzung hierfür ist jedoch die systemseitige Definition der Unternehmens- und Personalstruktur.

Bei der Abbildung der Unternehmensstruktur legen Sie den generellen Aufbau Ihres Unternehmens fest. Zur Strukturierung eines Unternehmens oder einer Unternehmensgruppe stehen Ihnen die Elemente *Mandant*, *Buchungskreis*, *Personalbereich* und *Personalteilbereich* zur Verfügung. Während der Mandant und der Buchungskreis auch in anderen Applikationen verfügbar sind, werden der Personalbereich und der Personalteilbereich ausschließlich in der Applikation »Personalwirtschaft« (HR) verwendet. Bei der Definition dieser beiden Elemente muß demnach keine Abstimmung mit anderen Applikationen erfolgen.

Überblick

Mandant und Buchungskreis

Der Mandant steht stellvertretend für die Unternehmensgruppe oder das einzelne Unternehmen. In den Buchungskreisen werden die selbständigen Firmen der Unternehmensgruppe dargestellt. Die Personalbereiche untergliedern den Buchungskreis in die verschiedenen Unternehmensbereiche. In den Personalbereichen werden in der Regel die verschiedenen Standorte des Unternehmens abgebildet.

Beispiel Die IDES-Gruppe als Mandant ist in die Buchungskreise IDES AG, IDES UK und IDES US Inc. unterteilt. Der Buchungskreis der IDES AG wird wiederum in die Personalbereiche Frankfurt, Hamburg und Dresden untergliedert. Der Personalbereich Frankfurt wird in die Personalteilbereiche Zentrale und Produktion aufgeteilt.

Beim Unternehmen ONLY sind Mandant und Buchungskreis identisch. Dieser Buchungskreis wird in die Personalbereiche Farben, Lösungsmittel und Kosmetik unterteilt. Dem Personalbereich Kosmetik sind wiederum die Personalteilbereiche Frankfurt und Stuttgart zugeordnet.

Mitarbeitergruppe und Mitarbeiterkreis

Bei der Abbildung der Personalstruktur definieren Sie die möglichen Arbeitgeber/Arbeitnehmer-Verhältnisse in Ihrem Unternehmen. Die hierfür zur Verfügung stehenden Strukturierungselemente sind die Mitarbeitergruppe und der Mitarbeiterkreis. In der Mitarbeitergruppe nehmen Sie zunächst eine grobe Einteilung der Mitarbeiter vor. Diese Grobunterteilung der Mitarbeiter wird mit Hilfe des Mitarbeiterkreises verfeinert.

Beispiel Ein Unternehmen kann die Mitarbeitergruppen Aktive, Rentner, Vorruheständler und Externe unterscheiden. Zu der Mitarbeitergruppe der Aktiven zählen unter anderem die Mitarbeiterkreise der leitenden Angestellten, der Angestellten und der Gewerblichen.

Auswirkungen von Unternehmens- und Personalstruktur

Die Strukturierungselemente der Personalwirtschaft dienen unter anderem zur Berechtigungsprüfung. Sie sind Selektions- und Auswertungskriterien und ermöglichen die Generierung von Vorschlagswerten. Sie enthalten darüber hinaus wichtige Steuerungsinformationen für die weitere Verarbeitung von Mitarbeiterdaten. Dies gilt insbesondere für die Personalteilbereiche und die Mitarbeiterkreise.

Beim Unternehmen ONLY existieren an den verschiedenen Standorten unterschiedliche Arbeitszeitpläne. Diese wurden bei den jeweiligen Personalteilbereichen entsprechend hinterlegt.

Das Unternehmen ONLY beschäftigt unter anderem leitende Angestellte, Angestellte und Auszubildende. Sie werden alle auf monatlicher Basis bezahlt. Um die monatliche Abrechnung systemseitig zu steuern, wurden diese Mitarbeiterkreise gruppiert und die entsprechende Abrechnungsregel zugeordnet.

2.2 Personaladministration

Sobald Sie die Unternehmens- und Personalstruktur definiert und im System hinterlegt haben, kann die Arbeit auf Anwenderseite beginnen.

Datenersterfassung, Infotypen

Haben Sie sich für die Einstellung eines Mitarbeiters entschieden, müssen zunächst einmal seine Daten im System erfaßt werden. Zur Datenerfassung werden Ihnen sogenannte Infotypen zur Verfügung gestellt. *Infotypen* sind Bildschirmmasken, die inhaltlich ähnliche Daten zusammenfassen. Da Sie hierdurch bei einer Ersterfassung sehr viele Infotypen pflegen müssen, werden alle notwendigen Infotypen gruppiert und nacheinander zur Pflege angeboten. Man spricht bei einer solchen Gruppierung auch von *Maßnahmen*. Die im Rahmen einer Maßnahme angebotenen Infotypen werden im Customizing definiert.

Um die Ersterfassung von Daten zu beschleunigen, haben Sie darüber hinaus die Möglichkeit der Maßnahmen-Schnellerfassung. Es werden auf einer einzigen Bildschirmmaske ausschließlich die Mußfelder der benötigten Infotypen zur Pflege angeboten.

Mitarbeiterdaten verändern sich. Sie können deshalb auf alle Infotypen eines Mitarbeiters einzeln zugreifen und die verschiedenen Pflegefunktionen ausüben. Hierzu zählen das Anlegen, das Kopieren, das Ändern und das Löschen von Infotypsätzen.

Historienfähigkeit

Beim Anlegen neuer Infotypen bleiben vergangenheitsbezogene Daten im System erhalten. Bedingt ist diese sogenannte Historienfähigkeit durch die zeitabhängige Speicherung der Daten. Für jeden neuen Infotypsatz erfassen Sie einen spezifischen Gültigkeitszeitraum im System. Unterstützt wird die Historienfähigkeit durch die sogenannte *Zeitbindung* von Infotypen. Je nach zugeordneter Zeitbindung endet bei der Neuanlage eines Infotypsatzes der vormals gültige Infotypsatz automatisch am Gültigkeitsbeginn des neuen.

Um sich über Daten einzelner Mitarbeiter zu informieren, können Sie sich alle Infotypsätze aufgelistet oder einzeln anzeigen lassen. Darüber hinaus steht Ihnen die Funktion der Personalakte zur Verfügung, mit der Sie sich alle zu einem Mitarbeiter vorhandenen Infotypsätze aller angelegten Infotypen anschauen können.

Ergeben sich Änderungen bei Mitarbeiterdaten, die mehrere Mitarbeiter gleichzeitig betreffen, bietet Ihnen das System die Möglichkeit der Infotyp-Schnellerfassung. Mit deren Hilfe können Sie auf einer Bildschirmmaske bestimmte Daten für mehrere Mitarbeiter gleichzeitig pflegen.

Auswertungsmöglichkeiten

Es existieren zahlreiche Auswertungen mit festgelegtem oder variablem Layout.

Darüber hinaus gibt es frei definierbare Auswertungen, die sogenannten *Queries*. Bei zahlreichen Auswertungen haben Sie die Möglichkeit, die Ergebnisse aus R/3 in ein Tabellenkalkulations- oder Textverarbeitungsprogramm zu übernehmen.

Archivierung

In R/3 ist eine zertifizierte Schnittstelle zum Einsatz optischer Archivierungssysteme verfügbar. Hierdurch können Sie Originalunterlagen von Mitarbeitern, wie Verträge oder sonstige Dokumente, im System hinterlegen.

Zur individuellen Gestaltung der Komponente »Personaladministration« können Sie mit der SAP®-Entwicklungsumgebung eigene Tabellen, Felder und Infotypen in Ihr System aufnehmen. Das gleiche gilt für Auswertungen und Dialogerweiterungen.

2.3 Zeitwirtschaft

Zeitdatenerfassung und -verwaltung

Die Komponente »Zeitwirtschaft« untergliedert sich in die Teile Stamm- und Bewegungsdaten (Negativerfassung) und Zeitauswertung (Positiverfassung).

- Die Negativerfassung umfaßt im großen und ganzen den Feiertagskalender, den Arbeitszeitplan (Schichtplan) und die Erfassung von Bewegungsdaten. Dabei werden nur die Abweichungen von einem vordefinierten Arbeitszeitplan erfaßt.
- Die Positiverfassung bewertet die erfaßten Arbeitszeiten (Kommt/Geht-Zeiten) anhand der Vorgaben des Schichtplans und ermittelt Zeitkonten.

Bewertung bedeutet die Gegenüberstellung der geplanten und tatsächlichen Arbeitszeiten und die Errechnung der Abweichungen in Form von Mehrarbeiten bzw. Gleitzeitguthaben. Die Positiverfassung ergänzt somit die Negativerfassung um Kommt/Geht-Zeiten.

Einsatzplanung

Die Komponente »Einsatzplanung« gliedert sich in die zwei Bereiche »Personaleinsatzplanung« und »Personalkapazitätsplanung«.

Personaleinsatzplanung

Mit der »Personaleinsatzplanung« können Sie die Arbeitszeiten Ihrer Mitarbeiter bedarfsorientiert planen. Den für einen bestimmten Zeitraum gültigen Bedarf können Sie mit den folgenden Eigenschaften ausstatten:

2 Überblick

- den Tagesdefinitionen, beispielsweise dem Bedarf an Werktagen, Samstagen oder Feiertagen
- den Einsätzen (Tagesarbeitszeitplan), beispielsweise Früh- oder Spätschicht, oder mit frei definierbaren Uhrzeitintervallen (unabhängig von den Einsätzen), beispielsweise von 06:30 – 15:30 Uhr
- der Anzahl der benötigten Mitarbeiter
- deren Funktion (Stelle), beispielsweise Gruppenleiter oder Facharbeiter
- deren benötigter Qualifikation, beispielsweise Führerschein Klasse 2

Auf der Grundlage dieses von Ihnen definierten Personalbedarfs und der Mitarbeiter-Schichtpläne in der Zeitwirtschaft wird für die von Ihnen ausgewählten Organisationseinheiten ein Sollplan erstellt. In diesem Sollplan können Sie unter Berücksichtigung der Arbeitszeitwünsche und der urlaubs- oder krankheitsbedingten Abwesenheit Ihrer Mitarbeiter die Einsätze planen. Zu jedem Zeitpunkt der Planung werden Sie in einem grafischen Bedarfsabgleich über eine Personalüber- oder -unterdeckung informiert. Wenn Sie nach der Erstellung Ihrer Personaleinsatzplanung die Sollplanung abschließen, wird aus dem Sollplan automatisch ein Istplan erzeugt.

In diesen Istplan können Sie dann alle kurzfristigen Veränderungen Ihrer Einsatzplanung, beispielsweise krankheitsbedingte Abwesenheiten oder Arztbesuche, eingeben. Alle Informationen der Einsatzplanung werden direkt an die Zeitwirtschaft weitergeleitet, da die Zeitinformationen Ihrer Mitarbeiter zentral in der Komponente »Zeitwirtschaft« von R/3 verwaltet werden. Damit entfällt jede weitere Zeiterfassung.

Darüber hinaus unterstützt die Einsatzplanung Sie auch bei der Abordnung Ihrer Mitarbeiter an andere Organisationseinheiten des Unternehmens. Dabei wird neben der Veränderung in der Einsatzplanung auch der vorübergehende Kostenstellenwechsel berücksichtigt.

Durch die Integration in die »Zeitwirtschaft« können Sie im Rahmen der Einsatzplanung jederzeit eine simulative Auswertung der Zeitdaten durchführen. Dies kann Ihren Planungsprozeß enorm unterstützen, beispielsweise wenn es um die Beantwortung der Frage geht, welcher Mitarbeiter seine Sollstunden bereits erfüllt bzw. noch nicht erfüllt hat oder welche Mitarbeiter bereits Mehrarbeit geleistet bzw. nicht geleistet haben.

Außerdem haben Sie in der »Personaleinsatzplanung« die Möglichkeit, Ihre Pläne jederzeit in Excel anzuzeigen und auszudrucken.

Personalkapazitätsplanung

Bei der Kapazitätsplanung handelt es sich um eine auftragsbezogene Einsatzplanung. Das heißt, für die Erledigung eines Auftrags werden die verfügbaren Mitarbeiter mit den entsprechenden Qualifikationen gesucht. Diese auftragsbezogene Personaleinsatzplanung hat weiterreichende Ziele als die arbeitszeitbezogene Einsatzplanung.

Überblick

Der entscheidende Unterschied ist:

- In der Personaleinsatzplanung können Sie Ihr zur Verfügung stehendes Personal zeitlich optimal einplanen.
- In der auftragsbezogenen Einsatzplanung können Sie darüber hinaus auch noch planen, welche Arbeit Ihre Mitarbeiter wann verrichten sollen.

Diese zu verrichtende Arbeit können Sie in R/3 mit Hilfe von Aufträgen definieren. Hierfür stehen Ihnen im Rahmen der Logistik folgende Möglichkeiten zur Verfügung:

- der Netzplan aus dem Projektsystem
- der PP-Auftrag aus der Produktionsplanung
- der PM-Auftrag aus der Instandhaltung

In allen Logistikaufträgen ist die Eingabe eines Arbeitsplatzes erforderlich. Dieser bestimmt, wo die Arbeit verrichtet wird und welche Ressourcen zur Verfügung stehen.

Nachdem Sie die Netzpläne bzw. Aufträge in R/3 angelegt haben, können Sie die Mitarbeiter bedarfsorientiert einplanen. Bei der Einplanung des Mitarbeiters (Kapazitätsbedarfszuordnung) für die zu verrichtenden Arbeiten sehen Sie alle Personen, die direkt oder indirekt an dem Logistik-Arbeitsplatz arbeiten können.

Voraussetzung hierfür ist die Vernetzung der Logistik-Arbeitsplätze mit dem Organisationsmanagement und die dort erfolgte Zuordnung von Mitarbeitern zu den Planstellen, die an dem jeweiligen Arbeitsplatz arbeiten können.

Im Rahmen der Kapazitätsplanung greifen Sie sowohl auf die Qualifikationen der Mitarbeiter aus der Personalentwicklung als auch auf die Zeitinformationen des persönlichen Schichtplans aus der Zeitwirtschaft zu. Damit sehen Sie auf einen Blick, ob und wann die Person (Einzelkapazität) verfügbar ist.

Bei Bedarf erhalten Sie mit der Funktion HITLISTE eine Übersicht über die Eignung der verfügbaren Mitarbeiter. Dabei werden die Qualifikationen der Person mit den Anforderungen des Arbeitsplatzes bzw. des Vorgangs verglichen sowie ein Eignungswert ermittelt. Die Einplanung Ihrer Mitarbeiter erfolgt in der Kapazitätsplanung mit Hilfe einer grafischen oder tabellarischen Plantafel.

Nach Abschluß der geleisteten Arbeit können Sie in der Applikation »Logistik« entsprechende Rückmeldungen erfassen. Im Rahmen des Leistungslohns können Sie die Rückmeldungen aus der Logistik übernehmen. Durch die Übernahme der Rückmeldungen werden Lohnscheine in der Abrechnung und auch Anwesenheiten in der Zeitwirtschaft angelegt.

2.4 Personalabrechnung

In der Komponente »Personalabrechnung« sind die gesetzlichen und unternehmensspezifischen Bearbeitungsschritte für die Brutto- und Nettoberechnung der Löhne und Gehälter, persönliche Be- und Abzüge sowie die Auszahlung des Nettoentgelts enthalten.

Unter gesetzlichen Bearbeitungsschritten versteht man beispielsweise die Berechnung der abzuführenden Lohnsteuer, Kirchensteuer und des zur Zeit noch gültigen Solidaritätszuschlags, die Berechnung der Arbeitgeber- und Arbeitnehmeranteile für die Kranken-, Pflege-, Renten- und Arbeitslosenversicherung sowie die Pauschalversteuerung.

In der R/3-Personalwirtschaft sind alle gesetzlichen Regelungen für die Steuer und Sozialversicherung in der Verarbeitung bereits vorhanden. Dies bedeutet, daß Sie im Customizing nicht die gesetzlichen Parameter, wie z.B. die Lohnsteuerberechnung, einstellen müssen.

Unter unternehmensspezifischen Bearbeitungsschritten versteht man beispielsweise eine automatische Berechnung von Provisionen, Auslösungen sowie die Berechnung von Prämienlohn, also sämtliche tarifvertraglichen Regelungen, Betriebsvereinbarungen und einzelvertraglichen Vereinbarungen, die es zwischen Ihrem Unternehmen und Ihren Mitarbeitern gibt.

Ermittlung der Bruttobezüge

Zur Ermittlung der Bruttobezüge werden die Personalstammdaten, Bewegungsdaten, Zeitdaten der Mitarbeiter und das letzte Abrechnungsergebnis benötigt:

- *Personalstammdaten* sind alle Daten zum Mitarbeiter und zu dem Beschäftigungsverhältnis, wie Name, Anschrift, Bankverbindung, monatliche Bezüge, Einsatzort, Kostenstelle usw.
- *Bewegungsdaten* sind alle Daten, die mit dem Beschäftigungsverhältnis entstehen können, der monatliche Fahrgeldzuschuß, die jährliche Weihnachtsgratifikation, Urlaubsentgelt, zusätzliches Urlaubsgeld, Mehrarbeitsvergütung usw.
- *Zeitdaten* umfassen die Abwesenheit des Mitarbeiters, wie beispielsweise Urlaub, Krankheit, Sonderurlaub, Freistellung, unbezahlte Zeiten, die Mehrarbeit, die Vertretung und die Bereitschaft, die für die Personalabrechnung in Form einer Bezahlung bewertet werden sollen.

Ermittlung der Nettobezüge

Die Ermittlung der Nettobezüge umfaßt die Berechnung der Lohn- und Kirchensteuer, des Solidaritätszuschlags und gegebenenfalls einer durch den Mitarbeiter zu tragenden Pauschalsteuer sowie die Ermittlung der Sozialversicherungsbeiträge (wie Kranken-, Pflege-, Renten- und Arbeitslosenversicherung).

Ermittlung der persönlichen Be- und Abzüge

Als persönliche Be- und Abzüge eines Mitarbeiters nach der Ermittlung der Nettobezüge kommen in Frage:

- Abzug pfändbarer Betrag
- Abzug Telefongeld
- Abzug Essensgeld
- Abzug abzuführende Vermögensbildung
- Zuschuß zum Kindergarten (netto)
- Abzug Überweisungsbetrag für Direktversicherung
- Abzug Vorschuß
- Abzug Abschlagszahlung

Ermittlung des Auszahlungsbetrags

Nach der Nettoberechnung und der Ermittlung der persönlichen Be- und Abzüge erhalten Sie den Betrag, den der Mitarbeiter als Überweisung erhält.

Bearbeitungsschritte nach der Durchführung der Personalabrechnung

Die R/3-Personalwirtschaft bietet Ihnen auf der Programmoberfläche alle Bearbeitungsschritte an, die Sie nach der Durchführung der Personalabrechnung noch zu erledigen haben.

Die wesentlichen Schritte, die Sie nach Abschluß der Personalabrechnung der aktuellen Abrechnungsperiode durchführen, sind

- das Erstellen des Buchungsbelegs für die Finanzbuchhaltung
- das Überleiten der Daten zur Finanzbuchhaltung
- das Ausdrucken der Lohnsteuervoranmeldung
- das Erstellen des Datenträgers für die Überweisungen der Nettobezüge
- das Ausdrucken der Entgeltnachweise
- das Ausdrucken der Beitragsnachweise
- das Erstellen des Datenträgers für die Sozialversicherungsbeiträge
- das Ausdrucken des Lohnjournals

2.5 Personalplanung und -entwicklung

Die Personalplanung und -entwicklung ist in R/3 in die Applikation »Personalwirtschaft« eingebunden. Sie umfaßt folgende Aufgabenbereiche:

- *Organisationsmanagement* als Grundlage für den Business Workflow und das Personalinformationssystem, *Personalkostenplanung* sowie *Vergütungsmanagement*

- *Personalentwicklung* durch die Definition von Qualifikationen und Anforderungen sowie der darauf aufbauenden Laufbahn- und Nachfolgeplanung
- *Personaleinsatzplanung* und *Personalkapazitätsplanung*

Organisationsmanagement

Die Basis für einige Aufgabenbereiche des Personalmanagements sowie der Personalplanung und -entwicklung bildet die in der Komponente »Organisationsmanagement« hinterlegte Aufbauorganisation des Unternehmens. Diese enthält neben der Abbildung der Organisationsstruktur die Möglichkeit, auch Arbeitsplatz- und Stellenbeschreibungen zu hinterlegen.

Die im Rahmen des Organisationsmanagements definierten Aufgabenzuordnungen bilden auch die Grundlage für die modulübergreifenden Funktionen des SAP-Business Workflows, mit dessen Hilfe Sie den Ablauf Ihrer Geschäftsprozesse Schritt für Schritt koordinieren und überwachen können.

Des weiteren ist die Abbildung der Organisationsstruktur die Voraussetzung für die Nutzung des Personalinformationssystems, das Ihnen sämtliche Auswertungen der R/3-Personalwirtschaft entlang der grafisch aufbereiteten Unternehmensstruktur ermöglicht.

Ebenfalls aufbauend auf die Organisationsstruktur können Sie mit der Komponente »Personalkostenplanung« die derzeitigen Personalkosten ermitteln und die zukünftigen Personalkosten vorausschauend planen.

Als Grundlage im Rahmen des Vergütungsmanagements sorgt das Organisationsmanagement dafür, Ihre Entgeltpolitik bereichs- und abteilungsorientiert zu planen und zu verwalten.

Personalentwicklung

In der »Personalentwicklung« werden Sie von den Komponenten »Qualifikationen und Anforderungen« sowie »Laufbahn- und Nachfolgeplanung« unterstützt. Dabei bilden die Anforderungs- und Qualifikationsprofile die Grundlage für die Komponente »Laufbahn- und Nachfolgeplanung«, die Sie beispielsweise bei der Suche nach geeigneten Nachfolgern für aktuell und/oder zukünftig vakante Positionen unterstützt.

Veranstaltungsmanagement

Ergänzt wird die Personalentwicklung durch die Komponente »Veranstaltungsmanagement«, mit der Sie sowohl die Seminare für die interne Weiterbildung als auch die Organisation und Durchführung von Veranstaltungen für externe Teilnehmer planen und verwalten können.

In das Veranstaltungsmanagement integriert, aber auch einzeln einsetzbar, ist die Komponente »Raumbelegungsplanung«, mit deren Funktionen sich die Auslastung und Belegung Ihrer Besprechungs-, Konferenz- und Schulungsräume optimal planen und verwalten lassen.

Überblick

Personaleinsatzplanung und Personalkapazitätsplanung

Mit der Komponente »Personaleinsatzplanung« können Sie auf der Grundlage des definierten Personalbedarfs die Arbeits- und Dienstzeit Ihrer Mitarbeiter planen. Dabei werden urlaubs- oder krankheitsbedingte Abwesenheiten genauso berücksichtigt wie besondere Arbeitszeitwünsche Ihrer Mitarbeiter.

Die Komponente »Personalkapazitätsplanung« ermöglicht eine auftragsbezogene Einsatzplanung Ihrer Mitarbeiter auf der Grundlage des persönlichen Schichtplans und unter Berücksichtigung der benötigten Qualifikationen und Anforderungen.

2.5.1 Objektorientierung

In R/3 wird zur Abbildung der Strukturen in der Personalplanung und -entwicklung ein objektorientiertes Programmdesign verwendet.

Planungsobjekte

Für die im vorigen Abschnitt beschriebenen Funktionen werden in R/3 unterschiedliche Planungsobjekte zur Verfügung gestellt. Planungsobjekte sind beispielsweise:

- Organisationseinheiten zur Abbildung Ihrer Unternehmensstruktur in Bereiche, Abteilungen und Gruppen
- Planstellen zur Abbildung der vorhandenen Positionen Ihres Unternehmens
- Qualifikationen zur Abbildung der Qualifikationsprofile Ihrer Mitarbeiter
- Veranstaltungen zur Abbildung der Seminare und Kurse, die Ihre Mitarbeiter im Rahmen der Aus- und Weiterbildung besuchen können

Diese Planungsobjekte können durch unterschiedliche Zusatzinformationen beschrieben werden. Das heißt, Sie können die in R/3 standardmäßig verfügbaren Informationstypen (*Infotypen*) Ihren Objekten frei zuordnen. So können Sie beispielsweise

- der Organisationseinheit »Personalabteilung« mit dem Infotyp »Verknüpfung« die Kostenstelle »4713« zuweisen
- die Planstelle »Sekretärin Einkauf« mit dem Infotyp »Arbeitszeit« als eine Teilzeitstelle mit einer wöchentlichen Arbeitszeit von 19,00 Stunden kennzeichnen
- die Qualifikation »Ersthelfer« mit dem Infotyp »Halbwertszeit« mit einem Verfallsdatum von 1 Jahr und 3 Monate ausstatten
- zur Veranstaltung »Englisch I« mit dem Infotyp »verbale Beschreibung« die Seminarinhalte beschreiben

2 Überblick

Vorteile der Objektorientierung

Die in der Hauptkomponente »Personalplanung und -entwicklung« realisierte Objektorientierung bietet Ihnen aufgrund von einheitlichen »Formalismen« außer einer effizienten Bearbeitungstechnik sowie einer flexiblen Steuerung der Auswertungen folgende Vorteile:

- Freiraum für die Beibehaltung und Weiterentwicklung firmenspezifischer Denkansätze, denn auch sehr spezielle, nicht standardmäßige Strukturen und Informationen können ohne Programmierkenntnisse eingebracht werden. Die SAP-Tools ermöglichen es Ihnen, die Anwendungen über das Customizing hinaus zu erweitern oder zu straffen
- eine flexible Nutzung und Steuerung der Auswertungen durch die Definition verschiedener (freier) Auswertungssichten (Auswertungswege)
- die Möglichkeit zur schrittweisen Einführung und Erweiterung der Aufgabenbereiche der Personalplanung und -entwicklung
- die Nutzung aller in R/3 standardmäßig zur Verfügung gestellten Infotypen
- völliger Verzicht auf »sprechende Schlüssel«, beispielsweise bei der Abbildung von Organisationsplänen und Organigrammen
- einfache und flexible Anpassung von Informationen an die unternehmensspezifischen Wünsche zum Installationszeitpunkt, aber auch im nachfolgenden Echteinsatz

2.5.2 Planungshilfen

In der Personalplanung und -entwicklung können Sie zur Unterstützung Ihrer Planungsaktivitäten mit »Planvarianten« und mit »Statusmerkmalen« arbeiten.

Planvarianten

Häufig werden im Rahmen der Planung unterschiedliche Szenarien benötigt, um Simulationen nach dem Prinzip »Was wäre, wenn ...« durchzuführen. Diese Form der Simulation wird durch die Abbildung von Planvarianten ermöglicht. In diesen voneinander unabhängigen Planvarianten können Sie eine unbegrenzte Anzahl von unterschiedlichen Plänen und Szenarien zeitgleich, aber auch zeitüberschneidend im System ablegen.

Jedoch gibt es aufgrund der Integration in die Personaladministration immer nur eine Planvariante, in der die aktuelle Unternehmensstruktur abgebildet ist. Alle anderen Planvarianten dienen zur Simulation und zu Testzwecken.

Statusmerkmale

Die Planungsobjekte werden durch einen Status charakterisiert. Hierfür werden die folgenden Status zur Verfügung gestellt:

- aktiv
- geplant
- beantragt
- genehmigt
- abgelehnt

Die meisten Planungsobjekte, die Ihre aktuelle Unternehmensstruktur abbilden, haben den Status »aktiv«. Jedoch können die Planungsdaten auch verschiedene Status durchlaufen. Zum Beispiel kann die Genehmigung einer neuen Planstelle durch den Abteilungsleiter »geplant«, durch die Personalabteilung »beantragt« und durch die Geschäftsleitung »genehmigt« oder »abgelehnt« werden.

2.5.3 Organisationsmanagement

Im Organisationsmanagement wird die Aufbauorganisation Ihres Unternehmens abgebildet und gepflegt. Diese Organisationsstruktur ist die Basis für viele weitere Funktionen des Personalmanagements und der Personalplanung und -entwicklung.

Planungsobjekte

Zur Anlage, Modellierung und Pflege Ihrer Unternehmensstruktur steht Ihnen in R/3 eine Reihe von Planungsobjekten zur Verfügung, beispielsweise

- »Organisationseinheiten« zur Abbildung der Abteilungen und Bereiche Ihres Unternehmens
- »Planstellen« zur Abbildung der entsprechenden Positionen

Ergänzend zu der Grundinformation (Infotyp 1000, »Objekt«) werden auch die Beziehungen der Planungsobjekte zueinander in Form von »Verknüpfungen« (Infotyp 1001, »Verknüpfung«) in R/3 hinterlegt.

Die Vernetzung zwischen den verschiedenen Komponenten ermöglicht den Zugriff auf Informationen aus anderen R/3-Komponenten, beispielsweise auf Informationen aus der »Kostenstelle« der Hauptkomponente Controlling (CO).

Zusatzinformationen zu Planungsobjekten

Zusätzlich zu diesen Grundinformationen können Sie die Planungsobjekte von R/3 mit weiteren Informationen versehen. Die Grund- und die Zusatzinformationen der Planungsobjekte werden – wie im Aufgabenbereich der Personalstammdaten – in den Informationstypen (Infotypen) hinterlegt.

2 Überblick

In der Tabelle 2.1 sind die Grund- und einige der Zusatzinfotypen aufgelistet und in einem Anwendungsbeispiel kurz beschrieben:

Infotyp	Anwendungsbeispiele
Objekt	Kürzel- und Langtextbezeichnung sowie Sprachkennzeichnung aller Planungsobjekte. Dies ist die Basis für jedes Objekt innerhalb der Personalplanung und -entwicklung.
Verknüpfung	Mit der Verknüpfung werden Beziehungen der Objekte untereinander dargestellt, beispielsweise von Organisationseinheit zu Organisationseinheiten zur Abbildung der Hierarchie • Organisationseinheit und Planstelle zu Kostenstelle zur Abbildung der Kostenstellenzuordnung • Planstellen zu Personen zur Abbildung der Besetzung • Aufgaben zu Stellen und Planstellen zur Abbildung der Stellenbeschreibung
verbale Beschreibung	freier Text zur zusätzlichen Beschreibung der Planungsobjekte
Abteilung/Stab	Kennzeichnung der Organisationseinheit als Abteilung. Entsprechende Organisationseinheiten und Planstellen werden als Stabsstellen gekennzeichnet. Eine Stabskennzeichnung gibt an, daß die Organisationseinheit oder die Planstelle abweichend von der Linienstruktur berichtet, beispielsweise direkt an den Vorstand. Dies wird auch bei der grafischen Darstellung berücksichtigt.
Sollbezahlung	Verwaltung von Entlohnungsinformationen aufgrund von Tarifeingruppierungen oder mit direkten Beträgen oder betraglichen Bandbreiten. Die Informationen über die Sollbezahlung können solo oder im Vergleich zur tatsächlichen Entlohnung ausgewertet werden.
Vakanz	Kennzeichnung einer Planstelle als ganz oder teilweise »wiederbesetzbar«. Die Abbildung der Vakanz dient außer zu Personalplanungszwecken auch zur Unterstützung der Auswahlprozesse im Rahmen der Laufbahn- und Nachfolgeplanung sowie als Auslöser für die Personalbeschaffungsaktivitäten.
Arbeitszeit	Definition einer Sollarbeitszeit für bestimmte Organisationseinheiten, Planstellen und Arbeitsplätze, die von der grundsätzlichen regelmäßigen Arbeitszeit für das ganze Unternehmen abweicht. Diese Soll-Arbeitszeit-Informationen können im Rahmen des Besetzungsplans mit der Ist-Arbeitszeit der Mitarbeiter verglichen werden.

Tabelle 2.1 Infotypen

Überblick

Infotyp	Anwendungsbeispiele
Obsolet	Kennzeichnung der Planstellen als »obsolet«, die nicht wieder besetzt werden sollen. Die gekennzeichneten Planstellen werden im Rahmen der Karriereplanung nicht mehr als »Karriereziel« angeboten, und die Inhaber einer obsoleten Planstelle können in der Nachfolgeplanung bevorzugt berücksichtigt werden.
Kostenplanung	Zuordnung der Lohn- und Gehaltsbestandteile zu Organisationseinheiten, Stellen, Planstellen und Arbeitsplätzen als Grundlage für die Kostenplanung.
Standardprofile	Zuordnung der Standardberechtigungsprofile zu Organisationseinheiten, Stellen, Planstellen und Aufgaben. Die Berechtigungsprofile steuern, welcher Benutzer bestimmte Benutzeraktivitäten ausführen darf.
PD-Profile	Zuordnung der strukturellen PD-Berechtigungsprofile zu Organisationseinheiten, Stellen, Planstellen und Aufgaben. Die PD-Berechtigungsprofile steuern, welcher Benutzer bestimmte oder alle Objekte in der Hauptkomponente »Personalplanung und -entwicklung« (PD) anzeigen sowie welche Arten von Aktivitäten der Benutzer ausführen darf.

Tabelle 2.1 Infotypen

Auswertungen

Ihre mit dem Organisationsmanagement in R/3 hinterlegte Unternehmensstruktur können Sie in Form von Organisationsplänen, Organigrammen und Stellenplänen auswerten. Wenn die in dieser Unternehmensstruktur abgebildeten Planstellen mit den entsprechenden Mitarbeitern aus den Personalstammdaten verknüpft werden, können Sie für Ihre Organisation auch Planstellenbesetzungspläne mit Besetzungsprozentsätzen und Arbeitsstunden erzeugen (vgl. Abb. 2.1).

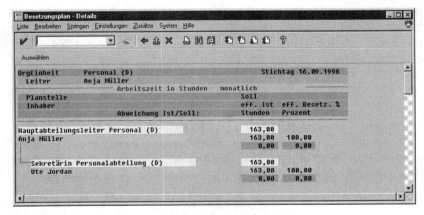

Abbildung 2.1 Planstellenbesetzungsplan (© SAP AG)

SAP-Präsentationsgrafik

Mit der SAP-Präsentationsgrafik können Sie nicht nur Visualisierungen in Form von Organisationsplänen und Organigrammen erstellen, sondern auch komplexe Planungsstrukturen grafisch bearbeiten. So können Sie durch Hinzufügen, Ändern oder Umhängen der Planungsobjekte Ihre Unternehmensstruktur aufgrund der grafischen Umgebung einfach modellieren (vgl. Abb. 2.2).

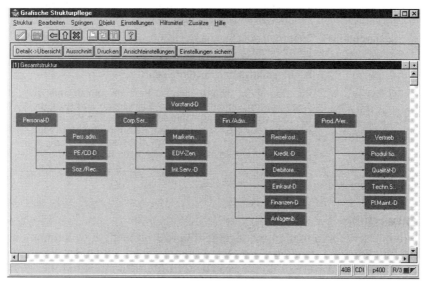

Abbildung 2.2 Grafische Darstellung der Unternehmensstruktur (© SAP AG)

Organisationsmanagement als Basis für den Business Workflow

Die Kernaufgabe eines Workflow-Systems steht unter dem Motto »Bringe die Arbeit zu den Menschen«. Das heißt, die im Rahmen von Geschäftsprozessen anfallenden Aufgaben werden automatisch zur richtigen Zeit an den richtigen Bearbeiter weitergeleitet. Der Anwender findet die von ihm zu erledigenden Aufgaben in seinem Eingangskorb des R/3-Mail-Systems vor. Nach getaner Arbeit stößt das Business-Workflow-System den nächsten vorabdefinierten Arbeitsschritt an und versendet auch die entsprechenden Nachrichten.

Die Geschäftsprozesse können durch unterschiedliche »Geschäftsobjekte«, beispielsweise Kunden, Mitarbeiter, Bewerber oder Belege, initiiert werden. In der Personalbeschaffung löst beispielsweise die optische Archivierung der Bewerberdaten eine entsprechende Mail an den Personalreferenten aus.

Überblick

Ein besonderes Leistungsmerkmal von R/3 ist die Unterstützung des Business Workflow® durch ein aktives Organisationsmodell. Dieses Zusammenspiel von Organisationsmanagement und Business Workflow gibt Ihnen die Möglichkeit, Aufgaben mit den organisatorisch zur Verfügung stehenden Bearbeitern zu verknüpfen. Diese Verknüpfung dient dazu, die richtigen Bearbeiter zu finden, und ermöglicht die aktive Zuweisung der Aufgaben durch das Workflow-Management-System. Die Arbeitsschritte können exakt definiert und die Abläufe dynamisch automatisiert werden. Im Vordergrund steht dabei die Koordination der beteiligten Personen, der anfallenden Arbeitsschritte und der zu bearbeitenden Daten.

Veränderungen von Mitarbeitern und der Aufbauorganisation des Unternehmens, beispielsweise Umstrukturierung, Vertretungen, Versetzungen oder auch das Ausscheiden eines Mitarbeiters, erfordern keine Änderung der Workflow-Definition. Die bisherige Planstelle des Mitarbeiters wird mit dem neuen Mitarbeiter besetzt; der neue Mitarbeiter hat damit alle Aufgaben des bisherigen Mitarbeiters übernommen und sieht sofort die Liste der zu erledigenden Arbeiten in seinem Eingangskorb des R/3-Mail-Systems.

Die Nutzung des SAP Business Workflow mit der Integration des Organisationsmanagements hat folgende Vorteile:

- Geschäftsprozesse und Verantwortlichkeiten werden transparent und in der zeitlichen Historie nachvollziehbar.
- Eskalationspfade für Ausnahmesituationen können festgelegt werden.
- Engpässe lassen sich vermeiden.
- Die Ermittlung des »richtigen« Bearbeiters erfolgt aktiv zur Laufzeit des Workflow anhand des aktuell gültigen Organisationsmodells.
- Das Organisationsmanagement gilt unternehmensweit und modulübergreifend. Die entsprechenden Informationen müssen nur an einer einzigen Stelle gepflegt werden.

Organisationsmanagement als Basis für das Personalinformationssystem

Mit dem Personalinformationssystem (englisch: Human Resources Information System, HIS) haben Sie ein Instrument, um alle benötigten Auswertungen aus den Hauptkomponenten »Personaladministration und -abrechnung« (PA) sowie »Personalplanung und -entwicklung« (PD) auszuwählen und zu starten. Es basiert auf den Darstellungen der Organisationsstrukturen in der SAP-Strukturgrafik und ermöglicht Ihnen die Nutzung der Standardauswertungen aus allen in R/3 vorhandenen personalwirtschaftlichen Anwendungen einschließlich Ihrer benutzerdefinierten Berichte. Die Selektion der ausgewählten Bereiche und Mitarbeiter nehmen Sie entlang der grafisch aufbereiteten Unternehmensstruktur vor (vgl. Abb. 2.3).

2 Überblick

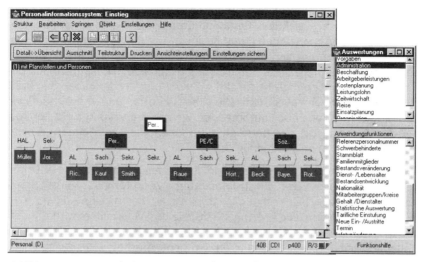

Abbildung 2.3 Personalinformationssystem (© SAP AG)

Personalkostenplanung

Die Komponente »Kostenplanung« ermöglicht Ihnen eine Hochrechnung von Lohn- und Gehaltsbestandteilen, sowohl von Ist- als auch von Solldaten. Die jeweilige Variante der Kostenplanung bestimmen Sie über die Auswahl der Planungsgrundlage. Als Planungsgrundlage stehen Ihnen in R/3 die drei folgenden Varianten zur Verfügung:

- Sollbezüge aufgrund von Lohn- und Gehaltsbestandteilen der Organisationsstruktur
- Basisbezüge aufgrund von Lohnarten der Stammdaten der Mitarbeiter
- Abrechnungsergebnisse aufgrund von Lohnarten der Lohn- und Gehaltsabrechnung der Mitarbeiter

Als Parameter für die Hochrechnung können Sie beispielsweise verwenden:

- einen möglichen Tarifabschluß
- eine in Aussicht stehende Steuer- und Abgabenänderung
- die Veränderungen der Arbeitszeiten
- die organisatorische Veränderung der Aufbauorganisation Ihres Unternehmens, beispielsweise verursacht durch Umstrukturierungsmaßnahmen oder die Auslagerung einzelner Unternehmensbereiche (Outsourcing)

Die möglichen Varianten zukünftiger Veränderungen können Sie in jeweils separaten Simulationen planen und verwalten. Zu Analyse- und Vergleichszwecken können Sie jedoch auch die Planungsversionen miteinander vergleichen, beispielsweise

Überblick

- die jetzigen Istdaten aufgrund von Abrechnungsergebnissen der Lohn- und Gehaltsabrechnung
- mit den geplanten Solldaten aufgrund der Lohn- und Gehaltsbestandteile der Organisationsstruktur

Dabei können Sie die Planungszeiträume frei wählen, beispielsweise zur kurz-, mittel- oder langfristigen Planung Ihrer Personalkosten.

Zur besseren Übersicht und auch zum Vergleich der Planungsergebnisse lassen sich die Daten grafisch aufbereiten oder an die Tabellenkalkulation Excel übergeben.

Nach Abschluß Ihrer Budgetplanung können Sie die Kostenplanungsdaten an die R/3-Hauptkomponente »Controlling« (CO) weiterleiten, damit die Personalkosten in die Gesamtplanung des Unternehmens einfließen.

Vergütungsmanagement

Mit der Komponente »Vergütungsmanagement« haben Sie die Möglichkeit, die Vergütung Ihrer Mitarbeiter zu planen, zu steuern und zu verwalten. Dabei unterstützt Sie das System im gesamten Prozeß, das heißt von der Erstellung und Bearbeitung der Gehaltsbudgets über die *Planung und Verwaltung* bis hin zur *monetären Stellenbewertung*, die Sie mit internen und externen Ergebnissen aus Stellenbewertungsverfahren und Daten aus Marktumfragen versorgt.

- *Budgetierung*

  Im Rahmen der Budgetierung können Sie Ihre Gehaltsbudgets erstellen und bearbeiten. Dabei bildet die im Organisationsmanagement hinterlegte Aufbauorganisation die Grundlage, da Sie die einzelnen Budgets mit den entsprechenden organisatorischen Einheiten Ihres Unternehmens (Bereiche, Abteilungen oder Gruppen) verknüpfen können. Je nach gewünschtem Detaillierungsgrad können Sie so eine sehr grobe oder eine sehr feine Budgethierarchie abbilden.

  Im Rahmen des Planungsprozesses werden die bereits verplanten Vergütungskosten aufsummiert und dem zur Verfügung stehenden Budget gegenübergestellt. Bei Abweichungen, beispielsweise einer Überschreitung des Budgets, werden Sie automatisch von R/3 informiert. Darüber hinaus können Sie die vorhandenen Budgets korrigieren, beispielsweise wenn nachträglich das Gesamtbudget von der Geschäftsleitung nur in reduzierter Form genehmigt wurde.

  Nachdem Sie Ihr Gesamtbudget entsprechend verteilt haben, erfolgt die Freigabe für die Vergütungsplanung. Dieser Prozeß wird in R/3 mit Hilfe des Business Workflow Managements unterstützt.

- *Planung und Verwaltung*

  Im Rahmen der Vergütungsverwaltung beschäftigen Sie sich unter anderem mit den verschiedenen Vergütungsplänen oder -richtlinien. Sie können so ganz flexibel definieren und anwenden, welche Mitarbeiter (alle

AT-Mitarbeiter) ab wann (01.01. des Folgejahrs) eine entsprechende Gehaltserhöhung (3 %) erhalten sollen. Anschließend können Sie abweichend von diesen Richtlinien Mitarbeitern auch individuell andere Vergütungsbestandteile zuteilen, indem Sie die ermittelten Beträge manuell überschreiben.

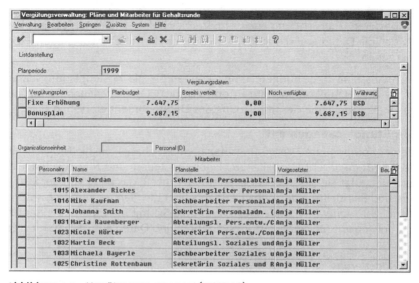

Abbildung 2.4 Vergütungsmanagement (© SAP AG)

- *Monetäre Stellenbewertung*

  Häufig stellt sich die Frage nach der »gerechten« Vergütung, das heißt, ob ein Mitarbeiter, der eine vergleichbare Position im Unternehmen oder bei einem Wettbewerber ausführt, auch ein vergleichbares Gehalt bezieht. Diese Informationen sind sehr wichtig, um Mitarbeiter im Unternehmen zu halten und potentielle Kandidaten für das Unternehmen zu gewinnen. Die benötigten Vergleichsdaten erhalten Sie durch interne und externe Stellenbewertungsverfahren und Ergebnisse aus Marktumfragen. Auf der Grundlage dieser Ergebnisse können Sie Gehaltsstrukturen im Vergütungsmanagement aufbauen und den Positionen in Ihrem Unternehmen zuordnen (vgl. Abb. 2.4).

2.5.4 Personalentwicklung

Die Laufbahn- und Nachfolgeplanung erfolgt über den Vergleich von

- Qualifikationsprofilen von Mitarbeitern und
- Anforderungsprofilen von Planstellen.

Die hierzu notwendigen Profile definieren Sie in der Komponente »Qualifikationen und Anforderungen«.

Überblick

Qualifikationen und Anforderungen

Die Basis für die Aufgabenbereiche der Personalentwicklung bildet die Komponente »Qualifikationen und Anforderungen«, mit der Sie sowohl Anforderungsprofile für Ihre Positionen (Planstellen) als auch Qualifikationsprofile für Ihre Mitarbeiter in R/3 hinterlegen können.

Das SAP R/3-System ermöglicht Ihnen einen DV-gestützten Profilvergleich zwischen den gestellten Anforderungen und den vorhandenen Qualifikationen. Damit in dieser Gegenüberstellung nicht Äpfel mit Birnen verglichen werden, sind diese Anforderungen und Qualifikationen gleichartig und strukturiert im Qualifikations- und Anforderungskatalog von R/3 hinterlegt (vgl. Abb. 2.5).

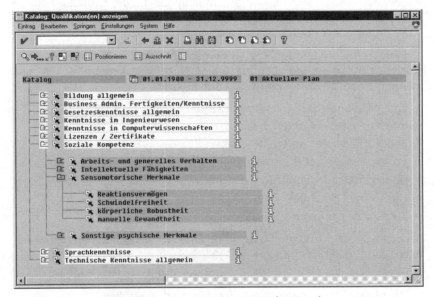

Abbildung 2.5 Qualifikations- und Anforderungskatalog (© SAP AG)

Auf der Grundlage der Anforderungs- und Qualifikationsprofile ist die Suche möglich nach

- Personen (Mitarbeiter, Bewerber) mit vorgegebenen Qualifikationen
- Positionen (Stellen, Planstellen, Arbeitsplätze) mit definierten Anforderungen

Laufbahn- und Nachfolgeplanung

Die Komponente »Laufbahn- und Nachfolgeplanung« kann Sie im Rahmen der Personalentwicklung sowohl bei der Planung von Karrieren für Mitarbeiter und Bewerber als auch bei der Nachfolgeplanung für in Zukunft vakante Planstellen (Positionen) unterstützen. Dabei greift die Laufbahn- und Nach-

2 Überblick

folgeplanung in erster Linie auf die in der Komponente »Qualifikationen und Anforderungen« bereits definierten Qualifikationsprofile von Mitarbeitern und Bewerbern sowie auf Anforderungsprofile von Planstellen zu.

Ergänzend zu diesen Qualifikations- und Anforderungsprofilen können personenunabhängige Laufbahnmodelle in R/3 hinterlegt werden. Diese Laufbahnen bilden die Basis für die Selektionen im Rahmen der Laufbahn- und Nachfolgeplanung und werden durch die Verknüpfung der entsprechenden Stellen und Planstellen definiert.

- Bei der Karriereplanung zeigen die Laufbahnen die grundlegenden Karriere- und Entwicklungsziele (Linie, Spezialist), die Mitarbeiter und Bewerber, ausgehend von ihrer aktuellen Position, erreichen können.
- Bei der Nachfolgeplanung sind Laufbahnmodelle die Grundlage für die Suche nach geeigneten Personen (Mitarbeiter, Bewerber), die für die Nachfolge einer Position in Frage kommen.

Um eine effiziente und gezielte Suche nach geeigneten Personen zu unterstützen, können Sie die »Laufbahn- und Nachfolgeplanung« auf Wunsch mit den folgenden Planungskriterien durchführen:

- Qualifikationen der Person(en) beachten
- Interessen der Person(en) beachten
- Potentiale der Person(en) beachten
- Vormerkungen auf Planstellen beachten
- Abneigungen der Person(en) beachten
- Laufbahnen beachten
- Zusätzliche Laufbahn auswählen

Benutzerspezifisch können Sie auch folgende Selektionskriterien berücksichtigen:

- Die Ersatzqualifikationen sollen beachtet werden.
- Die Mußanforderungen an die Planstelle sind zu erfüllen.
- Die Halbwertszeiten der Qualifikationen sollen nicht beachtet werden.
- Der Einstieg des Benutzers soll immer in seinem Zuständigkeitsbereich (Angabe der Organisationsstruktur) erfolgen.
- Im Rahmen der Laufbahnplanung sollen nur die als vakant gekennzeichneten Planstellen angezeigt werden.

Anschließend können Sie im Rahmen der Feinselektion weitere Einschränkungen vornehmen, beispielsweise zu Buchungskreis, Region (z.B. Bundesland), Personalbereich, Mitarbeitergruppe, Mitarbeiterkreis, Nationalität, Familienstand und Behinderungen.

Wenn die in der Laufbahn- und Nachfolgeplanung ausgewählten Personen im Rahmen des Profilvergleichs (vgl. Abb. 2.6) Qualifikationsdefizite aufweisen, können Sie den Weiterbildungsbedarf ermitteln. Hierzu werden die

Überblick 2

Qualifikationen der Person mit dem Anforderungsprofil der zukünftigen Planstelle verglichen und das Qualifikationsdefizit ermittelt. Dabei werden automatisch die entsprechenden Seminare und Veranstaltungen vorgeschlagen, die das ermittelte Qualifikationsdefizit beheben können. Voraussetzung hierfür ist die Definition der Bildungsveranstaltungen innerhalb der Komponente »Veranstaltungsmanagement«.

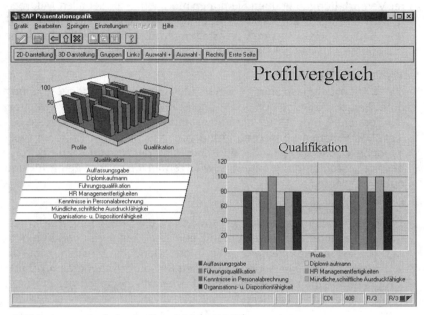

Abbildung 2.6 Grafischer Profilvergleich (© SAP AG)

2.5.5 Veranstaltungsmanagement

Die Komponente »Veranstaltungsmanagement« ermöglicht Ihnen eine umfassende Planung und Verwaltung der Aktivitäten zur Durchführung von internen und externen Seminaren, Schulungen und Veranstaltungen. Dies ermöglicht den Einsatz des Veranstaltungsmanagements

- sowohl firmenintern zur Unterstützung im Bereich der Personalentwicklung sowie der Aus- und Weiterbildung
- als auch in Unternehmen, deren Hauptbetätigungsfeld das Durchführen von Veranstaltungen, Tagungen, Seminaren und Kongressen ist.

Je nach Bedarf kann das Veranstaltungsmanagement Sie ausgehend von den Funktionen Veranstaltungsmarketing, Veranstaltungsplanung und -verwaltung über die Teilnehmerverwaltung bis hin zur Abrechnung und Verrechnung der Leistungen unterstützen. Abschließend können Sie die Veranstaltungs-, Ressourcen- und Teilnehmerdaten im Rahmen des Auskunftssystems auswerten. Welche der folgenden Teilbereiche von R/3 Sie zur Abwicklung Ihrer Seminare und Veranstaltungen verwenden, ist von den Anforderungen Ihres Unternehmens abhängig:

- *Veranstaltungsmarketing*

  Das »Veranstaltungsmarketing« wird durch die Kundenverwaltung der Hauptkomponente »Vertrieb« (SD) unterstützt. Zur Veröffentlichung Ihrer Veranstaltungen können Sie firmenintern einigen oder allen Mitarbeitern einen Zugriff auf das Veranstaltungsmanagement einrichten. Darüber hinaus können Sie Ihre Veranstaltungen auch über das firmeninterne Intranet oder das globale Kommunikationsnetz Internet veröffentlichen.

- *Veranstaltungsplanung*

  Die »Veranstaltungsplanung« unterstützt eine ortsgebundene Planung unter Berücksichtigung von Sonn- und Feiertagen. Außerdem werden bei der Terminplanung alle für die Veranstaltung benötigten Ressourcen belegt. Des weiteren können aufgrund von verschiedenen Faktoren (vorhandene Vormerkungen oder Fortschreibung der Vorjahreszahlen) Kursbedarfe automatisch ermittelt sowie Terminvorschläge gemacht und optimiert werden.

- *Veranstaltungsverwaltung*

  Die »Veranstaltungsverwaltung« ermöglicht die Verwaltung von unterschiedlichen internen und externen Seminaren, Tagungen und Kongressen. Die Veranstaltungen enthalten Informationen zu Inhalten, zum Ablauf, zur Kapazität und zu den benötigten Ressourcen. Außerdem können Informationen über die verursachten Kosten abgelegt und der Preis pro Teilnehmer ermittelt werden.

- *Teilnehmerverwaltung*

  Die »Teilnehmerverwaltung« ermöglicht das Buchen, Umbuchen und Stornieren von internen und externen Teilnehmern. Dabei kann das Veranstaltungsmanagement bei externen Personen auf die in der Hauptkomponente »Vertrieb« (SD) angelegten Kundenstammsätze zurückgreifen. Bei »Überbuchung« einer Veranstaltung werden die Personen automatisch auf eine Warteliste gesetzt. Die Teilnehmerkorrespondenz, beispielsweise Einladungen und Teilnahmebestätigungen, kann ebenfalls über R/3 abgewickelt werden. Nach Abschluß der Veranstaltungen können Teilnehmerbeurteilungen in R/3 hinterlegt und ausgewertet werden. Somit erhalten Sie auch ein Feedback über den Erfolg Ihrer Veranstaltungen.

- *Abrechnung und Verrechnung*

  Die »Abrechnung und Verrechnung« kann sowohl für interne Personen (Mitarbeiter) als auch für externe Personen (Kunden, Geschäftspartner) erfolgen. Dabei werden die internen Leistungen über die Leistungsverrechnung mit der Hauptkomponente »Controlling« von »Kostenstelle zu Kostenstelle« verrechnet und die externen Leistungen über die Hauptkomponente »Vertrieb« (SD) mit Hilfe einer Rechnung fakturiert.

Überblick

- *Auskunftssystem*

  Das »Auskunftssystem« ermöglicht umfassende Auswertungen zu den Themengebieten »Teilnahme«, beispielsweise zur Ausbildungshistorie eines Teilnehmers, zu »Ressourcen«, beispielsweise zur Belegung der Räume im nächsten Monat, und zu »Veranstaltungen«, beispielsweise zur Veranstaltungsbroschüre für das nächste Jahr.

Raumbelegungsplanung

Von der Komponente »Raumbelegungsplanung« werden Sie bei der Verwaltung und Belegungsplanung Ihrer Besprechungs- und Schulungsräume sowie bei der Versorgung durch eine Bewirtungseinrichtung optimal unterstützt. Dazu erhalten Sie für jeden Raum Auskunft über die Ausstattung, Größe und Verfügbarkeit. Mit Hilfe von R/3 können Sie jederzeit Räume mit bestimmten Ausstattungskriterien suchen, reservieren, belegen und tauschen. Gleichzeitig mit der Belegung können Sie die Namen der Teilnehmer eingeben. Anhand dieser Eingabe können auf Wunsch bei externen Personen Namensschilder gedruckt werden. Zudem erhält Ihre Telefonzentrale eine sofortige Übersicht, in welchen Räumen Kunden und Mitarbeiter gerade erreichbar sind.

R/3 enthält alle Informationen, die es Ihnen ermöglichen, sich einen genauen Überblick darüber zu verschaffen, zu welchen Zeiten Sie mit Engpässen rechnen müssen, welche Raumausstattung besonders gefragt ist oder welche Veranstaltung zu welchem Zeitpunkt den größten Raumbedarf hatte. Für die Bestückung der Räume mit Getränken oder für die Planung des Mittagessens werden eigene Auswertungen zur Verfügung gestellt, die Ihrem Casinopersonal die erforderlichen Informationen über Zeiten und Anzahl der zu bewirtenden Personen liefern.

2.6 Integration in das SAP R/3-System

Personaladministration und -abrechnung

- Die Personalplanung und -entwicklung greift auf die Mitarbeiterdaten der Personaladministration zurück.
- Die in der Personalplanung als vakant gekennzeichneten Planstellen lösen in der Personalbeschaffung die Beschaffungsaktivitäten aus.
- Die Personalkostenplanung kann auf die Abrechnungsergebnisse der Personalabrechnung zugreifen.
- Für Mitarbeiter, die im Rahmen des Veranstaltungsmanagements als Teilnehmer gebucht oder als Referent verplant werden, können An- und Abwesenheiten in der Zeitwirtschaft abgelegt und auf ihre Verträglichkeit mit Teilnahmen oder der Referententätigkeit geprüft werden.
- Die Personaleinsatzplanung greift auf die Mitarbeiter-Schichtpläne der Zeitwirtschaft zurück, und die geplanten Einsätze werden wieder an die Zeitwirtschaft weitergeleitet.

Überblick

Rechnungswesen
- Nach Abschluß der Personalkostenplanung können die Werte für die Budgetplanung in die Hauptkomponente »Controlling« übernommen werden.
- Im Rahmen des Veranstaltungsmanagements können Veranstaltungskosten in die Kostenrechnung umgebucht und die anfallenden Gebühren für Seminar- und Veranstaltungsteilnahmen über die interne Leistungsverrechnung (von Kostenstelle zu Kostenstelle) verrechnet werden.

Logistik
- Die in den Personalstammdaten geführten Mitarbeiter können für die Erledigung der Logistikaufträge eingeplant werden. Dabei wird außer auf die Stammdaten der Mitarbeiter auch auf die Zeit- und die Qualifikationsdaten zugegriffen.
- Die in der Hauptkomponente »Vertrieb« (SD) verwalteten Kunden und deren Mitarbeiter (Ansprechpartner) können im Rahmen des Veranstaltungsmanagements als Teilnehmer an Seminaren, Tagungen und Kongressen gebucht werden. Über die Fakturaschnittstelle kann man in der Hauptkomponente »Vertrieb« (SD) die Faktura durchführen.

Alle SAP-Anwendungen
Die definierten Strukturen des Organisationsmanagements gelten unternehmensweit und applikationsübergreifend.

2.7 Fragen

1. Welche der folgenden Aussagen zur Personaladministration ist/sind richtig?
   a) Eine Maßnahme entspricht einer Gruppierung von Infotypen.
   b) Bei der Schnellerfassung müssen alle Felder der benötigten Infotypen ausgefüllt werden.
   c) Bei der Schnellerfassung werden nur Muß-Felder der benötigten Infotypen ausgefüllt.
   d) Beim Anlegen neuer Infotypen werden vergangenheitsbezogene Daten im System gelöscht.

2. Welche Bedeutung hat die im Organisationsmanagement hinterlegte Organisationsstruktur?
   a) Die Organisationsstruktur ist die Basis für weitere Aufgabenbereiche des Personalmanagements und der Personalplanung und -entwicklung.
   b) Die Organisationsstruktur ist die Grundlage für die automatische Bearbeitersuche im Rahmen des Business Workflow.
   c) Die Organisationsstruktur ist die Voraussetzung für die Nutzung des grafischen Personalinformationssystems.
   d) Die Organisationsstruktur ist die Voraussetzung für die Abwicklung der Zeiterfassung.

3. Welche der folgenden Aussagen zur SAP R/3 Personalplanung und -entwicklung sind richtig?
   a) Die Abbildung der Personalplanungs- und -entwicklungsdaten erfolgt mit Hilfe von Planungsobjekten.
   b) Die in der Personalplanung als vakant gekennzeichneten Planstellen lösen in der Personalbeschaffung die Beschaffungsaktivitäten aus.
   c) Die Objekte der Personalplanung und -entwicklung können nur mit Grundinformationen (Objektbezeichnung/Verknüpfung) beschrieben werden. Weitere Zusatzinformationen können nicht im SAP R/3-System hinterlegt werden.
   d) Die Personalplanung und -entwicklung verfügt über keine Integration zu den Mitarbeiterdaten der Personaladministration.

4. Welche der folgenden Objekte sind die Basisobjekttypen des Organisationsmanagements?
   a) Organisationseinheiten
   b) Stellen
   c) Planstellen
   d) Qualifikationen

5. Welche der folgenden Komponenten des SAP R/3-Systems können Sie im Rahmen der Personalentwicklung unterstützen?
   a) Die Komponente »Qualifikationen und Anforderungen« zur Abbildung der Qualifikations- und Anforderungsprofile.

b) Die Komponente »Laufbahn- und Nachfolgeplanung« zur Planung von Karrieren für Mitarbeiter und Bewerber sowie zur Nachfolgeplanung für Positionen.
c) Die Komponente »Veranstaltungsmanagement« zur Planung und Verwaltung der benötigten Seminare und Kurse.
d) Die Komponente »Reisekosten« zur Abrechnung der entstandenen Reisespesen.

6. Welche der folgenden Einsatzbereiche kann die Komponente »Veranstaltungsmanagement« unterstützen?
   a) Die Planung und Administration von Seminaren für interne Mitarbeiter.
   b) Die Planung und Administration von Seminaren für externe Kunden.
   c) Die Planung und Administration von Kongressen für externe Kunden und Partner.
   d) Die Planung und Administration von sonstigen Veranstaltungen für interne Mitarbeiter, externe Kunden und Partner.

7. Welche der folgenden Aussagen zur Personaleinsatzplanung sind RICHTIG?
   a) Für die Einplanung Ihrer Mitarbeiter steht Ihnen im SAP R/3-System die arbeitszeitbezogene Personaleinsatzplanung zur Verfügung.
   b) Für die Einplanung Ihrer Mitarbeiter steht Ihnen im SAP R/3-System die auftragsbezogene Einsatzplanung (Personalkapazitätsplanung) zur Verfügung.
   c) Alle Informationen der Einsatzplanung werden direkt an die Zeitwirtschaft weitergeleitet, da die Zeitinformationen Ihrer Mitarbeiter zentral in der Komponente Zeitwirtschaft des SAP R/3-Systems verwaltet werden.
   d) Die bei Ihren Mitarbeitern hinterlegten Qualifikationen können im Rahmen der Personaleinsatzplanung nicht berücksichtigt werden.

2.8 Lösungen

1. Welche der folgenden Aussagen zur Personaladministration ist/sind richtig?
   a) **Richtig** Eine Maßnahme entspricht einer Gruppierung von Infotypen.
   b) **Falsch** Bei der Schnellerfassung müssen alle Felder der benötigten Infotypen ausgefüllt werden.
   c) **Richtig** Bei der Schnellerfassung werden nur Muß-Felder der benötigten Infotypen ausgefüllt.
   d) **Falsch** Beim Anlegen neuer Infotypen werden vergangenheitsbezogene Daten im System gelöscht.

2. Welche Bedeutung hat die im Organisationsmanagement hinterlegte Organisationsstruktur?
   a) **Richtig** Die Organisationsstruktur ist die Basis für alle weiteren Aufgabenbereiche des Personalmanagements und der Personalplanung und -entwicklung.
   b) **Richtig** Die Organisationsstruktur ist die Grundlage für die automatische Bearbeitersuche im Rahmen des Business Workflows.
   c) **Richtig** Die Organisationsstruktur ist die Voraussetzung für die Nutzung des grafischen Personalinformationssystems.
   d) **Falsch** Die Organisationsstruktur ist die Voraussetzung für die Abwicklung der Zeiterfassung.

3. Welche der folgenden Aussagen zur SAP R/3-Personalplanung und -entwicklung sind RICHTIG?
   a) **Richtig** Die Abbildung der Personalplanungs- und -entwicklungsdaten erfolgt mit Hilfe von Planungsobjekten.
   b) **Richtig** Die in der Personalplanung als vakant gekennzeichneten Planstellen lösen in der Personalbeschaffung die Beschaffungsaktivitäten aus.
   c) **Falsch** Die Objekte der Personalplanung und -entwicklung können nur mit Grundinformationen (Objektbezeichnung/Verknüpfung) beschrieben werden. Weitere Zusatzinformationen können nicht im SAP R/3-System hinterlegt werden.
   d) **Falsch** Die Personalplanung und -entwicklung verfügt über keine Verbindung zu den Mitarbeiterdaten der Personaladministration.

4. Welche der folgenden Objekte sind die Basisobjekttypen des Organisationsmanagements?
   a) **Richtig** Organisationseinheiten
   b) **Richtig** Stellen
   c) **Richtig** Planstellen
   d) **Falsch** Qualifikationen

Überblick

5. Welche der folgenden Komponenten des SAP R/3-Systems kann Sie im Rahmen der Personalentwicklung unterstützen?
   a) **Richtig** Die Komponente »Qualifikationen und Anforderungen« zur Abbildung der Qualifikations- und Anforderungsprofile.
   b) **Richtig** Die Komponente »Laufbahn- und Nachfolgeplanung« zur Planung von Karrieren für Mitarbeiter und Bewerber sowie zur Nachfolgeplanung für Positionen.
   c) **Richtig** Die Komponente »Veranstaltungsmanagement« zur Planung und Verwaltung der benötigten Seminare und Kurse.
   d) **Falsch** Die Komponente »Reisekosten« zur Abrechnung der entstandenen Reisespesen.

6. Welche der folgenden Einsatzbereiche kann die Komponente »Veranstaltungsmanagement« unterstützen?
   a) **Richtig** Die Planung und Administration von Seminaren für interne Mitarbeiter.
   b) **Richtig** Die Planung und Administration von Seminaren für externe Kunden.
   c) **Richtig** Die Planung und Administration von Kongressen für externe Kunden und Partner.
   d) **Richtig** Die Planung und Administration von sonstigen Veranstaltungen für interne Mitarbeiter, externe Kunden und Partner.

7. Welche der folgenden Aussagen zur Personaleinsatzplanung sind rICHTIG?
   a) **Richtig** Für die Einplanung Ihrer Mitarbeiter steht Ihnen im SAP R/3-System die arbeitszeitbezogene Personaleinsatzplanung zur Verfügung.
   b) **Richtig** Für die Einplanung Ihrer Mitarbeiter steht Ihnen im SAP R/3-System die auftragsbezogene Einsatzplanung (Personalkapazitätsplanung) zur Verfügung.
   c) **Richtig** Alle Informationen der Einsatzplanung werden direkt an die Zeitwirtschaft weitergeleitet, da die Zeitinformationen Ihrer Mitarbeiter zentral in der Komponente Zeitwirtschaft des SAP R/3-Systems verwaltet werden.
   d) **Falsch** Die bei Ihren Mitarbeitern hinterlegten Qualifikationen können im Rahmen der Personaleinsatzplanung nicht berücksichtigt werden.

Kapitel 3
Unternehmens-, Personal- und Organisationsstruktur

3.1	**Die Unternehmensstruktur**	135
3.1.1	Mandant	138
3.1.2	Buchungskreis	139
3.1.3	Personalbereiche	140
3.1.4	Personalteilbereich	142
3.1.5	Funktionen der Unternehmensstruktur	143
3.2	**Personalstruktur**	**145**
3.2.1	Mitarbeitergruppe	145
3.2.2	Mitarbeiterkreis	146
3.2.3	Funktionen der Personalstruktur	148
3.3	**Organisationsschlüssel**	**150**
3.4	**Organisationsstruktur**	**151**
3.5	**Aufgaben**	**165**
3.6	**Lösungen**	**169**

Unternehmens-, Personal- und Organisationsstruktur **3**

Unternehmens-, Personal- und Organisationsstruktur

Im Mittelpunkt eines Personalwirtschaftssystems steht das Unternehmen selbst und die darin beschäftigten Mitarbeiter. Um die Mitarbeiter den einzelnen Bereichen des Unternehmens zuordnen zu können, müssen zunächst die organisatorischen Strukturen im System hinterlegt werden. Um dies zu ermöglichen, existieren im R/3®-System drei voneinander unabhängige Strukturen:

- die Unternehmensstruktur
- die Personalstruktur
- die Organisationsstruktur

Unternehmens- und Personalstruktur

In der Unternehmensstruktur erfolgt die Abbildung der gesamten Unternehmensorganisation vom Konzern über die zugehörigen selbständigen Firmen bis hin zu deren einzelnen Betriebsteilen und Geschäftsbereichen. Ein Teil der hierbei hinterlegten Daten wie Mandanten oder Buchungskreise steht auch anderen R/3-Modulen zur Verfügung.

Die Personalstruktur findet im Gegensatz zur Unternehmensstruktur ausschließlich in der R/3-Personalwirtschaft Verwendung. In der Personalstruktur werden die verschiedenen Arten von Anstellungsverhältnissen definiert und im System hinterlegt.

Die Abbildung der Unternehmens- und Personalstruktur erfolgt durch das Customizing spezifischer Tabellen, deren Aufruf über den sogenannten Einführungsleitfaden ermöglicht wird (vgl. Abb. 3.1). Die eigentliche Zuordnung des Mitarbeiters zur Unternehmens- und Personalstruktur führen Sie in der Komponente »Personaladministration« durch. Dort stehen Ihnen die zuvor im Customizing definierten Felder zur Verfügung.

3 Unternehmens-, Personal- und Organisationsstruktur

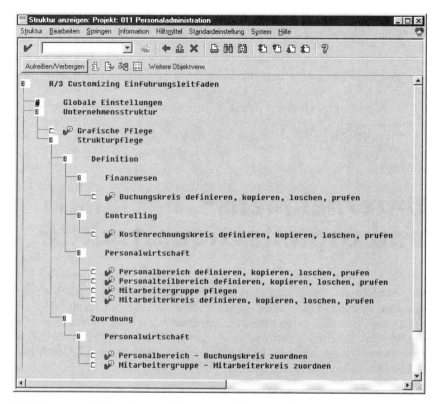

Abbildung 3.1 Notwendige Einstellungen im Einführungsleitfaden zur Einrichtung der Unternehmens- und Personalstruktur (© SAP AG)

Organisationsstruktur

Im Gegensatz zur Unternehmens- und Personalstruktur kann die Abbildung der Organisationsstruktur (Ressorts, Bereiche, Abteilungen, Teams etc.) auf zwei Arten geschehen.

Möchten Sie Ihren Mitarbeiter lediglich einer Stammkostenstelle oder einem Abteilungsbegriff zuordnen, so hinterlegen Sie die benötigten Daten in den entsprechenden Tabellen im Customizing. Hierdurch stehen diese Informationen auf der Anwendungsseite der Personaladministration als Ordnungskriterien zur Verfügung.

Der Einsatz der Komponente »Organisationsmanagement« zur Abbildung der Organisationsstruktur bietet Ihnen allerdings wesentlich mehr Funktionalitäten. Die Organisationsstruktur stellt die Aufbauorganisation des Unternehmens dar, von den einzelnen Abteilungen (vgl. Abb. 3.2) über die verschiedenen Tätigkeitsbereiche hin zu den konkreten Positionen.

Unternehmens-, Personal- und Organisationsstruktur

Vorteilhaft hierbei ist die Möglichkeit

- der Beschreibung der einzelnen Objekte
- der Verknüpfung der Mitarbeiter mit den hierarchischen Strukturen
- der zeitlichen Auswertung aufgrund der Historienfähigkeit der einzelnen Objekte
- des Entwurfs verschiedener Planungsszenarien
- Darüber hinaus haben Sie durch die Definition der Organisationsstruktur im Organisationsmanagement bereits die Grundlage für den betrieblichen Workflow geschaffen.

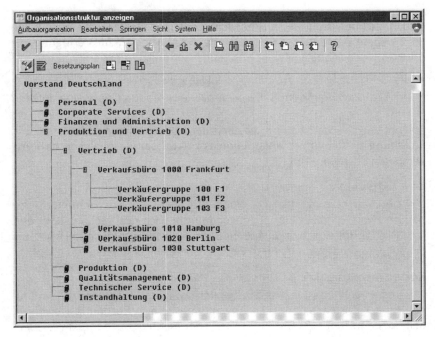

Abbildung 3.2 Darstellung der Organisationsstruktur im Organisationsmanagement am Beispiel der IDES AG (© SAP AG)

Nachfolgend werden die obengenannten Strukturen, deren Hintergründe und Zusammenhänge detailliert beschrieben.

3.1 Die Unternehmensstruktur

Jedes Unternehmen verfügt über einen individuellen organisatorischen Aufbau. Dieser ist bei der Einführung einer betriebswirtschaftlichen Software entsprechend zu definieren und abzubilden. Aus diesem Grund ist eine der ersten Aufgaben bei der Einführung der R/3-Software die systemseitige Abbildung Ihrer Unternehmensorganisation.

3 Unternehmens-, Personal- und Organisationsstruktur

Zur Darstellung der Unternehmensstruktur im HR stehen Ihnen vier voneinander abhängige Elemente zur Verfügung:

- der Mandant
- der Buchungskreis
- der Personalbereich
- der Personalteilbereich

Beim Buchungskreis, Personalbereich und Personalteilbereich handelt es sich um wesentliche, direkt in der R/3-Personalwirtschaft benötigte Elemente. Sie ermöglichen die Eingliederung Ihres Mitarbeiters in die Unternehmensstruktur.

Neben Buchungskreis, Personalbereich und Personalteilbereich stehen Ihnen zwei weitere Elemente zur Eingliederung der Mitarbeiter zur Verfügung, die originär in den Modulen Finanzwesen und Controlling Verwendung finden:

- der Geschäftsbereich aus dem Modul Finanzwesen
- der Kostenrechnungskreis, der innerhalb des Moduls Controlling definiert wird

Sowohl der Geschäftsbereich als auch der Kostenrechnungskreis stehen in Beziehung zu dem in der Unternehmensstruktur der Personalwirtschaft verwendeten Buchungskreis.

Geschäftsbereich

Der Geschäftsbereich entspricht einem klar abgegrenzten Verantwortungsbereich oder Tätigkeitsfeld im Anwendungsbereich des Rechnungswesens. Ein Geschäftsbereich kann mehreren Buchungskreisen zugeordnet sein, und ein Buchungskreis kann mehrere Geschäftsbereiche enthalten.

Kostenrechnungskreis

Der Kostenrechnungskreis ist das hierarchisch höchste Element zur Strukturierung der Kostenrechnung im Anwendungsbereich Rechnungswesen. Jedem Kostenrechnungskreis können ein oder mehrere Buchungskreise zugeordnet sein. Hierdurch bewirkt die (indirekte) Zuordnung des Mitarbeiters zu einem Buchungskreis automatisch die Zuordnung zu einem bestimmten Kostenrechnungskreis.

IDES

Nachfolgend werden die einzelnen Elemente der Unternehmensstruktur im HR detailliert erläutert. Dabei nehmen wir immer wieder Bezug auf die Unternehmensstruktur des IDES-Mandanten (vgl. Tabelle 3.1 und Abb. 3.3). Bei diesem Mandanten handelt es sich um das »International Demonstration and Education System« IDES, eine durch die SAP® gepflegte Musterfirma für Demonstrations- und Schulungszwecke. Das IDES-System ist für alle R/3-Kunden erhältlich.

Unternehmens-, Personal- und Organisationsstruktur

R/3-Begriff	Federführend definiert in Modul	Zuordnung zu	Umgangssprachlich verwendete Begriffe
Kostenrechnungskreis	CO		Konzern
Buchungskreis	FI	Kostenrechnungskreis	Firma
Personalbereich	HR	Buchungskreis	Firma, Standort
Personalteilbereich	HR	Personalbereich	Standort, Bereich
Geschäftsbereich	FI	Kostenrechnungskreis	Geschäftsbereich, Geschäftsfeld, Sektor, Division

Tabelle 3.1 Begriffe der Unternehmensstruktur und ihre Abhängigkeiten

Die IDES-Gruppe ist ein internationaler Konzern mit Tochtergesellschaften in verschiedenen Ländern und unterschiedlichen Organisationsformen. Bei diesen Tochtergesellschaften handelt es sich um eigenständig operierende Unternehmenseinheiten, auch im Außenverhältnis. Eine dieser Tochtergesellschaften ist die IDES AG Deutschland, die an den Standorten Hamburg, Berlin, Dresden, Stuttgart und Frankfurt vertreten ist. Zentrale und Produktion der IDES AG befinden sich in Frankfurt.

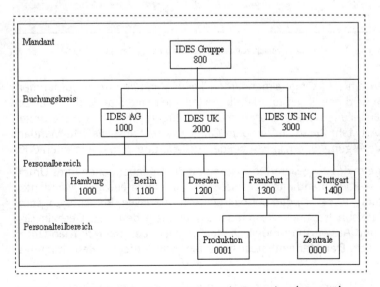

Abbildung 3.3 Teilausschnitt der IDES-Unternehmensstruktur (© SAP AG)

3.1 Die Unternehmensstruktur

3 Unternehmens-, Personal- und Organisationsstruktur

3.1.1 Mandant

Das erste und hierarchisch höchste Element zur Strukturierung Ihres Unternehmens ist der Mandant. Der Mandant ist eine systemtechnische Einheit und stellt die Unternehmung als solche dar, unabhängig davon, ob es sich um ein einzelnes Unternehmen oder eine Unternehmensgruppe handelt.

Innerhalb eines R/3-Systems können verschiedenen Mandanten gleichzeitig existieren. Jeder einzelne wird dabei durch eine dreistellige alphanumerische Zeichenfolge identifiziert.

Das R/3-Originalsystem ist durch die Mandantennummer 000 gekennzeichnet. Das »International Demonstration and Education System« IDES wird im Standard durch den Mandanten 800 kenntlich gemacht (vgl. Abb. 3.4).

Abbildung 3.4 Übersicht über verschiedene Mandanten eines Systems (© SAP AG)

Sie sollten am R/3-Originalmandanten keine Veränderungen vornehmen. Hierdurch wird gewährleistet, daß Ihnen jederzeit eine Standard-Kopiervorlage zur Erstellung neuer Mandanten zur Verfügung steht. Für Änderungen jeglicher Art steht Ihnen der mit dem Originalsystem ausgelieferte Mandant 001 zur Verfügung. Er entspricht bei der Auslieferung dem Mandanten 000.

Anpassungen des ausgelieferten Systems an die Gegebenheiten Ihres Unternehmens werden mandantenspezifisch, d.h. in einem einzigen Mandanten durchgeführt. Dabei werden beispielsweise Tariftabellen, Berechtigungsprofile oder Personalstammsätze mandantenabhängig definiert. Deshalb sind Zugriffs- und Auswertungsmöglichkeiten parallel über mehrere Mandanten nicht möglich. Der Mandant stellt somit die erste Stufe des Berechtigungsschutzes dar.

Typischerweise wird ein Rechenzentrum, das mehrere unabhängige Firmen abrechnet, für jede Firma einen eigenen Mandanten vergeben.

Unternehmens-, Personal- und Organisationsstruktur

Darüber hinaus ist zu beachten, daß zwischen den einzelnen Mandanten kein Datenaustausch erfolgt. Dies hat zur Folge, daß der Wechsel eines Mitarbeiters von einem Mandanten zum anderen die Neuanlage eines Personalstammsatzes bedeutet.

Führen Sie beispielsweise zwei verschiedene Firmen in einem Mandanten, so ist der Wechsel eines Mitarbeiters zwischen diesen beiden Firmen durch die Änderung der organisatorischen Zuordnung des Mitarbeiters sehr einfach zu gestalten. Halten Sie dagegen diese beiden Firmen in getrennten Mandanten, so muß der Mitarbeiterstamm im ersten Mandanten abgeschlossen werden (Austritt). Im neuen Mandanten müssen sämtliche Mitarbeiterdaten vollständig neu erfaßt werden (Einstellung).

Dennoch finden wir neben den mandantenspezifischen auch mandantenunabhängige Elemente im System. Mandantenunabhängige Objekte werden in allen Mandanten gemeinsam genutzt.

Beispiele mandantenunabhängiger Objekte:
- Feiertags- bzw. Fabrikkalender
- Matchcodes
- Dokumentation

3.1.2 Buchungskreis

Das zweite Element, das Ihnen zur Strukturierung Ihres Unternehmens in der R/3-Personalwirtschaft zur Verfügung steht, ist der sogenannte Buchungskreis. Unter Buchungskreisen versteht SAP rechtlich selbständige Firmen mit abgeschlossener Buchhaltung, eigener Bilanz sowie Gewinn- und Verlustrechnung.

Handelt es sich beim Mandanten beispielsweise um einen Konzern, so stellen die in den Mandanten definierten Buchungskreise die zur Unternehmensgruppe gehörenden selbständigen Firmen dar. Handelt es sich beim Mandanten um ein einzelnes Unternehmen, sind Mandant und Buchungskreis identisch.

Während die Anlage des Mandanten auf Systemebene und technisch über alle R/3-Komponenten erfolgt, werden die Buchungskreise im Anwendungsbereich Rechnungswesen definiert. Insofern ist der Buchungskreis kein Objekt der Personalwirtschaft und damit nicht ohne Abstimmung mit dem Rechnungswesen zu vergeben. Jeder einzelne Buchungskreis wird dabei durch eine vierstellige alphanumerische Zeichenfolge identifiziert (vgl. Abb. 3.5).

Sie definieren die für Ihr Unternehmen benötigten Buchungskreise im Einführungsleitfaden im Arbeitsschritt »Buchungskreis definieren, kopieren, löschen, prüfen«.

3 Unternehmens-, Personal- und Organisationsstruktur

Abbildung 3.5 Übersicht über verschiedene Buchungskreise eines Mandanten (© SAP AG)

Über die Definition der Buchungskreise wird beispielsweise die Hauswährung bestimmt. Für die Übergangsphase der Euro-Umstellung kann dabei aber der Lohn- und Gehaltsabrechnung eine eigene Währung zugeordnet werden. Hierdurch ist es möglich, die Abrechnung in DM und die Buchhaltung in Euro durchzuführen.

Kostenrechnungskreis und Buchungskreis

Hierarchisch über dem Buchungskreis steht der Kostenrechnungskreis. Einem Kostenrechnungskreis können ein oder mehrere Buchungskreise zugeordnet sein, jedoch kann ein Buchungskreis immer nur einem Kostenrechnungskreis angehören. Hierdurch kann innerhalb eines Konzerns ein konzernweit gemeinsames Controlling betrieben werden.

3.1.3 Personalbereiche

Ein weiteres Element zur Strukturierung Ihres Unternehmens ist der sogenannte Personalbereich. Personalbereiche werden ausschließlich im Modul Personalabrechnung verwendet. Dabei wird jeder einzelne Personalbereich durch eine vierstellige alphanumerische Zeichenfolge identifiziert (vgl. Abb. 3.6).

Die Bildung von Personalbereichen ermöglicht eine weitere Untergliederung des Buchungskreises in Untereinheiten. In der Praxis wird sehr häufig eine 1:1-Übernahme gewählt. Grund ist die einfachere Verständigung zwischen den Sachbearbeitern des Personalwesens mit denen des Rechnungswesens.

Sie definieren die für Ihr Unternehmen benötigten Personalbereiche im Einführungsleitfaden im Arbeitsschritt »Personalbereich definieren, kopieren, löschen, prüfen«.

Unternehmens-, Personal- und Organisationsstruktur

Abbildung 3.6 Übersicht über verschiedene Personalbereiche (© SAP AG)

Sie können einem Buchungskreis mehrere Personalbereiche zuordnen (vgl. Abb. 3.7). Ein Personalbereich kann jedoch nur einem Buchungskreis zugeordnet werden. Hierdurch wird gewährleistet, daß beispielsweise bei der Einstellung eines neuen Mitarbeiters durch dessen Zuordnung zu einem Personalbereich automatisch auch eine eindeutige Zuordnung zu einem Buchungskreis erfolgt.

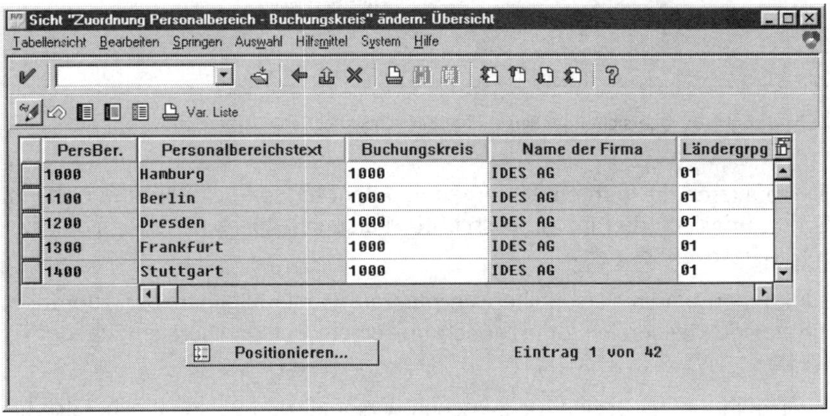

Abbildung 3.7 Übersicht über verschiedene Personalbereiche eines Buchungskreises (© SAP AG)

Sie definieren die Beziehung zwischen Personalbereich und Buchungskreis im Einführungsleitfaden im Arbeitsschritt »Personalbereich – Buchungskreis zuordnen«.

3.1.4 Personalteilbereich

Das hierarchisch tiefste Element, das Sie zur Strukturierung Ihres Unternehmens benötigen, ist der Personalteilbereich. Personalteilbereiche werden durch eine vierstellige alphanumerische Zeichenfolge identifiziert (vgl. Abb. 3.8). Die Bildung von Personalteilbereichen ermöglicht eine weitere Untergliederung des Personalbereichs in Untereinheiten.

Beim Personalteilbereich werden im Customizing standortbezogene Kennzeichen hinterlegt. Insofern ist auf dieser Ebene der Standort des Unternehmens zu definieren. Sofern Sie die Standorte Ihres Unternehmens bereits im Personalbereich hinterlegt haben, kann hier eine weitere Untergliederung erfolgen.

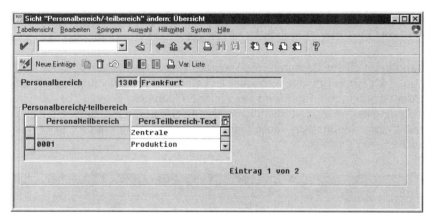

Abbildung 3.8 Übersicht über Personalteilbereiche eines Personalbereichs (© SAP AG)

Sie definieren die in Ihrem Unternehmen benötigten Personalteilbereiche im Einführungsleitfaden im Arbeitsschritt »Personalteilbereiche definieren, kopieren, löschen, prüfen«.

Sie können einem Personalbereich mehrere Personalteilbereiche zuordnen; ein Personalteilbereich kann jedoch nur einem Personalbereich zugeordnet werden.

Die Definition der Beziehung zwischen Personal- und Personalteilbereich erfolgt ebenfalls im Arbeitsschritt »Personalteilbereiche definieren, kopieren, löschen, prüfen«.

Beim Personalteilbereich wird eine Vielzahl von Steuerungsparametern hinterlegt. Mit Hilfe dieser Steuerungsparameter wird unter Berücksichtigung des zugeordneten Personalteilbereichs bestimmt, welche Folgeeinstellungen bzw. -eingaben zulässig sind. Dies gilt insbesondere für die Tarif- und Lohnartenstruktur sowie die Zeitwirtschaft. Die Folge hiervon sind Prüfungen bei der Stammdatenpflege zur Gewährleistung eines plausiblen Datenbestands.

Unternehmens-, Personal- und Organisationsstruktur

Aus Sicht der Personalabrechnung sind hier die Kennzeichnungen für die Sozialversicherung nach alten und neuen Bundesländern erfaßt sowie das Feiertagsgebiet oder die Betriebsnummer des Standortes hinterlegt.

3.1.5 Funktionen der Unternehmensstruktur

Buchungskreise, Personalbereiche und Personalteilbereiche dienen als

- *Selektions- und Sortierkriterien für Auswertungen*
  Sie können hierdurch gezielt auf die von Ihnen benötigten Informationen zugreifen und diese nach Ihren Wünschen aufbereiten. So möchten Sie beispielsweise eine Auflistung aller Mitarbeiter der IDES AG vom Standort Frankfurt. Oder Sie benötigen eine Telefonliste aller Mitarbeiter der IDES AG, wobei eine Sortierung nach Standorten erfolgen soll.

- *Prüfung von Berechtigungen*
  Sie können beispielsweise im Rahmen der Berechtigungsprüfung festlegen, daß Daten eines Personalbereichs oder Buchungskreises nur für eine bestimmte Gruppe von Sachbearbeitern zugänglich sind.

Buchungskreise und Personalbereiche dienen der

- Steuerung der Abläufe zum Beispiel durch die Generierung von Vorschlagswerten bei der Dateneingabe oder das Deaktivieren von Feldern und Bildschirmmasken.
- So können Sie beispielsweise in Abhängigkeit vom Buchungskreis oder Personalbereich festlegen, welcher Abrechnungskreis einem Mitarbeiter zugeordnet werden soll. Dieser legt unter anderem fest, zu welchem Zeitpunkt die Abrechnung eines Mitarbeiters läuft.

An den Personalteilbereich werden bestimmte Werte oder Gruppierungen geknüpft, die den weiteren Verlauf der Be- und Verarbeitung der Mitarbeiterdaten steuern. Unter Gruppierung versteht man die Zusammenfassung von Personalteilbereichen unter einem speziellen Gesichtspunkt. Diese Zusammenfassung bewirkt, daß in den Folgetabellen Personalteilbereiche, die einer einheitlichen Behandlung unterliegen, nicht einzeln, sondern als Gruppe aufgeführt werden können.

Personalteilbereiche erhalten Steuerungsparameter für folgende wesentliche Gruppierungen (vgl. Abb. 3.9):

- *gültige Feiertagskalender*
  In verschiedenen Bundesländern existieren unterschiedliche Feiertagsregelungen. Mit der Zuordnung eines Feiertagskalenders zu einem Personalteilbereich legen Sie die Feiertagsregelungen des jeweiligen Standortes fest.

Unternehmens-, Personal- und Organisationsstruktur

- *gültige Tarifgebiete und Tarifarten*
  Standorte können unterschiedlichen Tarifvertragsgebieten und Tarifvertragsarten unterliegen. Dies wirkt sich ggf. auf die Basisbezüge der Mitarbeiter aus. Mit der Zuordnung des Tarifvertragsgebiets und der Tarifvertragsart zu den Personalteilbereichen hinterlegen Sie die unterschiedlichen Tarifzugehörigkeiten.

- *gültige Arbeitszeitpläne*
  Verschiedene Standorte oder Funktionsbereiche können völlig unterschiedlich geregelte Arbeitszeiten haben. Diese unterschiedlichen Pläne können Sie durch die entsprechende Zuordnung zum Personalteilbereich in gewünschter Form differenzieren.

- *gültige An- und Abwesenheitsarten*
  Je nach Standort können völlig unterschiedliche An- und Abwesenheitsarten existieren. Am Personalteilbereich können Sie die jeweils zulässigen An- und Abwesenheitsarten in Form dieser Gruppierung hinterlegen.

- *gültige Urlaubsarten*
  Auch die zulässigen Urlaubsarten können zwischen verschiedenen Standorten eines Unternehmens differieren. Diese werden gruppiert und entsprechend ihrer Zugehörigkeit bei den verschiedenen Personalteilbereichen hinterlegt.

- *gültige Prämien*
  Durch die Zuordnung der entsprechenden Prämiengruppe zu einem Personalteilbereich wird gewährleistet, daß alle diesem Personalteilbereich zugehörigen Mitarbeitern einer einheitlichen Prämienbehandlung unterliegen.

- *gültige Primärlohnarten*
  Es existieren im Unternehmen unterschiedliche Primärlohnarten. Zu ihnen zählen Lohnarten, die direkt erfaßt werden. Im Gegensatz dazu existieren die abgeleiteten Lohnarten, die während der Bewertung gebildet werden. Nicht alle Primärlohnarten finden an sämtlichen Standorten des Unternehmens Verwendung. Mit der Zuordnung von Primärlohnartengruppen zu den Personalteilbereichen definieren Sie, welche Primärlohnarten an welchen Standorten gültig sind.

- *gültige Beurteilungskriterien*
  An den verschiedenen Standorten eines Unternehmens werden Beurteilungen durchgeführt, die unterschiedliche Beurteilungskriterien enthalten. Durch die Gruppierung von Beurteilungskriterien und deren Zuordnung zu den unterschiedlichen Personalteilbereichen ist diese Differenzierung möglich.

Unternehmens-, Personal- und Organisationsstruktur

- *gültige juristische Personen*
  Einzelne Firmen bzw. Bereiche müssen ggf. aus Gründen der Personalabrechnung in juristischer Sicht differenziert werden. Hierfür kann jedem Personalteilbereich eine juristische Person zugeordnet werden.

PBer	PBText	TeilBer.	PTBText	Prämien	PrimLohn	Beurtlg	Urlaubsart	ZtKontTyp	ArbZtPlan	Ftgkal-Id	AbAnwArt
1000	Hamburg			01	01	01	01	01	01	02	01
1100	Berlin			01	01	01	01	01	01	11	01
1200	Dresden			01	01	01	01	01	01	16	01
1300	Frankfurt		Zentrale	01	01	01	01	01	01	06	01
1300	Frankfurt	0001	Produktion	01	01	01	01	01	01	06	01
1400	Stuttgart			01	01	01	01	01	01	08	01

Abbildung 3.9 Steuerungsparameter der Personalteilbereiche aus dem IDES-System (© SAP AG)

3.2 Personalstruktur

Nachdem Sie Ihre Unternehmensstruktur im R/3-System hinterlegt haben, erfolgt im zweiten Schritt die Definition der Personalstruktur Ihres Unternehmens.

Zur Abbildung der Personalstruktur stehen Ihnen zwei voneinander abhängige Elemente zur Verfügung:

- die Mitarbeitergruppe
- der Mitarbeiterkreis

SAP hat hier bewußt zwei verschiedene Elemente gewählt, um eine übersichtliche Gruppierung Ihrer Mitarbeiter zu ermöglichen.

3.2.1 Mitarbeitergruppe

Mit Hilfe der Mitarbeitergruppe definieren Sie die Beziehung zwischen Ihrem Unternehmen und der im System verwalteten Personen in einer ersten groben Einteilung. Der R/3-Standard unterscheidet bei dieser Grobeinteilung zwischen Aktiven, Externen, Rentnern und Vorruheständlern. Die Mitarbeitergruppe wird im Customizing durch eine einstellige numerische Ziffernfolge identifiziert.

Soweit erforderlich, können Sie im Einführungsleitfaden im Arbeitsschritt »Mitarbeitergruppe pflegen« den Katalog beliebig erweitern (vgl. Abb. 3.10).

3 Unternehmens-, Personal- und Organisationsstruktur

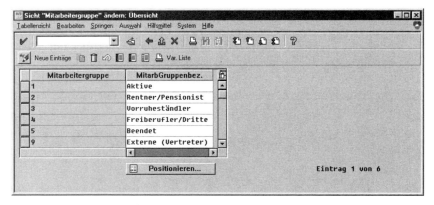

Abbildung 3.10 Übersicht der erweiterten Mitarbeitergruppen im IDES (© SAP AG)

3.2.2 Mitarbeiterkreis

Damit Sie die in Ihrem System vorhandenen Mitarbeitergruppen präziser untergliedern können, stehen Ihnen sogenannte Mitarbeiterkreise zur Verfügung. Der Mitarbeiterkreis ermöglicht Ihnen, die Stellung eines Mitarbeiters innerhalb der Mitarbeitergruppe zu definieren.

So unterscheidet SAP im Standard beispielsweise innerhalb der Mitarbeitergruppe »Aktive« zwischen den Mitarbeiterkreisen der

- Gewerblichen
- Tarifangestellten
- außertariflichen Angestellten

Die Mitarbeiterkreise werden im Customizing durch eine zweistellige alphanumerische Ziffernfolge identifiziert (vgl. Abb. 3.11).

Die erste Stelle der im R/3-Standard verwendeten Muster-Mitarbeiterkreise entspricht immer der Länderkategorisierung. So steht ein *D* für Muster-Mitarbeiterkreise Deutschlands, *C* für die der Schweiz und *A* für Österreich.

Die in Ihrem Unternehmen benötigten Mitarbeiterkreise können Sie im Einführungsleitfaden im Arbeitsschritt »Mitarbeiterkreis definieren, kopieren, löschen, pflegen« im System hinterlegen. Die Beziehung zwischen Mitarbeitergruppe und Mitarbeiterkreis definieren Sie im Arbeitsschritt »Mitarbeitergruppe – Mitarbeiterkreis zuordnen« (vgl. Abb. 3.12).

Erst in der Kombination wird der Sinn der Zweiteilung der Personalstruktur in Mitarbeitergruppen und Mitarbeiterkreise ersichtlich. So können Sie beispielsweise auch noch nach dem Ausscheiden eines Mitarbeiters in den Vorruhestand auswerten, ob es sich um einen ehemaligen Stundenlöhner, Monatslöhner oder Angestellten handelt.

Unternehmens-, Personal- und Organisationsstruktur

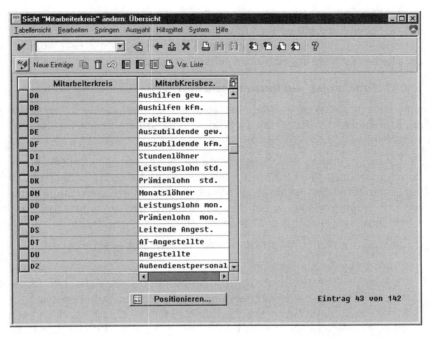

Abbildung 3.11 Übersicht unterschiedlicher Mitarbeiterkreise am Beispiel von IDES (© SAP AG)

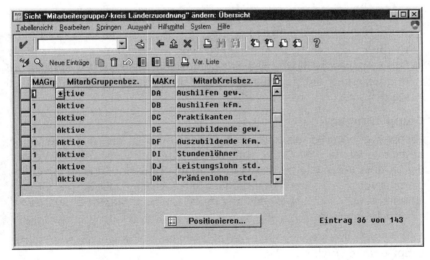

Abbildung 3.12 Zuordnung verschiedener Mitarbeitergruppen und -kreise am Beispiel von IDES (© SAP AG)

Die kundenspezifische Einrichtung der Personalstruktur erfolgt insbesondere auf der Ebene der Mitarbeiterkreise. Der im Standard vorliegende Katalog mit den jeweiligen Steuerungsmerkmalen kann jederzeit mit Hilfe kundenspezifischer Einträge angepaßt bzw. erweitert werden.

3.2.3 Funktionen der Personalstruktur

Mitarbeitergruppen und Mitarbeiterkreise dienen ebenso wie die Elemente der Unternehmensstruktur als Selektions- und Sortierkriterien für Auswertungen.

Sie können hierdurch gezielt die von Ihnen benötigten Mitarbeiterinformationen auswählen. Sie möchten beispielsweise eine Tarifgruppenübersicht aller Tarifangestellten sortiert nach Mitarbeiterkreisen erstellen. Sie arbeiten mit der Terminverfolgung bei den kaufmännischen Auszubildenden und möchten sich alle Termine der laufenden Woche anzeigen lassen.

Darüber hinaus dienen Mitarbeitergruppe und Mitarbeiterkreis der

- *Prüfung von Berechtigungen*
  Sie können im Rahmen der Berechtigungsprüfung unter anderem festlegen, daß Daten einer Mitarbeitergruppe oder eines Mitarbeiterkreises nur für eine bestimmte Gruppe von Sachbearbeitern zugänglich sind. So kann ein bestimmter Sachbearbeiter beispielsweise nur auf Daten tariflicher Angestellter zugreifen, nicht jedoch auf Informationen von außertariflichen Angestellten.

- *Steuerung der Abläufe beispielsweise durch Generierung von Vorschlagswerten bei der Dateneingabe*
  Hierdurch können Sie in Abhängigkeit von Mitarbeitergruppe oder -kreis festlegen, welche Basisbezüge wie Stundenlohn, Monatsentgelt nach Tarifgruppierung oder außertarifliches Gehalt einem Mitarbeiter zugeordnet werden sollen.

Gruppierungen

Ebenso wie beim Personalteilbereich werden auch an die Mitarbeiterkreise bestimmte Werte oder Gruppierungen geknüpft, die den weiteren Verlauf der Be- und Verarbeitung der Mitarbeiterdaten steuern. Mit Hilfe der Gruppierung von Mitarbeiterkreisen können diese in Folgetabellen als Gruppe aufgeführt werden. Die aufwendige Angabe einzelner Mitarbeiterkreise wird hierdurch vermieden.

Mitarbeiterkreise erhalten Steuerungsparameter für folgende wesentliche Gruppierungen (vgl. Abb. 3.13):

- *gültige Abrechnungsregeln*
  Mit dieser Gruppierung bestimmen Sie, ob die Mitarbeiter auf der Basis Stundenlohn, Monatslohn oder Gehalt abgerechnet werden. Dies ist eine grundsätzliche Steuerung, die an vielen Stellen in der Abrechnung, vor allem im Bruttoteil, verwendet wird.

Unternehmens-, Personal- und Organisationsstruktur

- *gültige Tarifgruppen*
  Tarifverträge beinhalten in der Regel verschiedene Tarifregelungen für Angestelle, Gewerbliche und Auszubildende oder für kaufmännische und technische Angestellte. Mittels der Zuordnung der Mitarbeiterkreise zu den jeweiligen Tarifgruppen erfolgt die entsprechende Differenzierung.

- *gültige Primärlohnarten*
  Nicht alle Primärlohnarten dürfen bei sämtlichen Mitarbeitern erfaßt werden. Mit der Zuordnung von Primärlohnarten zu den jeweiligen Mitarbeiterkreisen definieren Sie deren Zulässigkeit.

- *gültige Aktivitäts-, Anstellungs- und Ausbildungsstati*
  Diese drei Status werden insbesondere zur Verprobung von Sozialversicherungs- und DÜVO-Daten der Mitarbeiter verwendet.

- *gültiger Angestelltentyp*
  Die Festlegung des Angestelltentyps ist unter anderem für die gesetzlich vorgeschriebenen Auswertungen an das statistische Landesamt von Bedeutung.

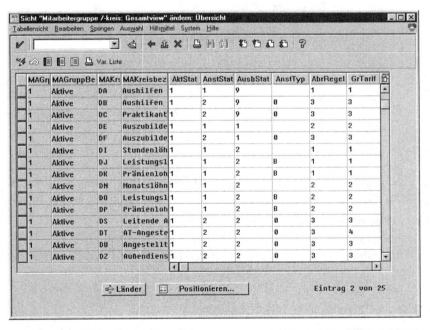

Abbildung 3.13 Übersicht der zehn Steuerungsparameter der Mitarbeiterkreise (1) (© SAP AG)

3 Unternehmens-, Personal- und Organisationsstruktur

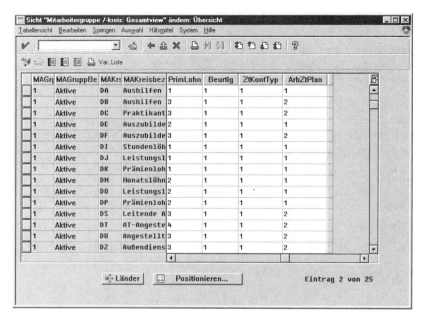

Abbildung 3.14 Übersicht der zehn Steuerungsparameter der Mitarbeiterkreise (2) (© SAP AG)

- *gültige Beurteilungskriterien*
  Angestellte und Gewerbliche erhalten aufgrund anderer Anforderungen unterschiedliche Beurteilungen. Durch die gruppierte Zuordnung von Mitarbeiterkreisen und den jeweiligen Beurteilungskriterien ist diese Differenzierung möglich.

- *gültige Zeitkontingenttypen*
  Die Urlaubsführung kann für einzelne Mitarbeiterkreise sowohl in Tagen als auch in Stunden geregelt sein. Hierfür erfolgt eine entsprechende Gruppierung und Zuordnung.

- *gültige Arbeitszeitpläne*
  Arbeitszeitpläne werden innerhalb der Zeiterfassung benötigt und ermöglichen Ihnen beispielsweise, die Arbeitszeiten im Sinne von flexiblen oder festen Arbeitszeiten für Angestellte und Gewerbliche zu differenzieren.

3.3 Organisationsschlüssel

Die Praxis zeigt, daß bei einer Systemeinführung häufig ein weiteres Feld, unabhängig oder ergänzend zur Unternehmens-, Personal- oder Organisationsstruktur, pro Mitarbeiter benötigt wird. R/3 stellt Ihnen hierfür den Organisationsschlüssel, ein 14stelliges alphanumerisches Feld zur Verfügung. Wird er Ihrerseits benötigt, steht er Ihnen dann für folgende Aufgaben zur Verfügung:

- Berechtigungen
- Sortierungen
- Selektionen
- Ablauf- oder Bewertungsregeln

Durch Strukturierungs- und Aufbauregeln können Sie dabei firmenindividuell ein automatisches Füllen dieses Feldes steuern. Häufig besteht der Organisationsschlüssel aus einer Kombination der Unternehmens-, Personal- und Organisationsstruktur mit Hierarchiewerten. Auch eine Prüfung auf gültige Einträge bei manueller Erfassung ist möglich.

Beispiel Sie müssen für Sortierungen von Auswertungen und für Folgesysteme einen Abteilungsbegriff ablegen, der sich hierarchisch aufbaut. Dabei stehen die einzelnen Stellen des Schlüssels für bestimmte Hierarchiestufen. Obwohl Sie in R/3 solche Begriffe durch das Organisationsmanagement dynamisch wesentlich eleganter steuern können, kann ein Festhalten an solchen Begriffen nötig sein. Diesen Abteilungsbegriff können Sie im Organisationsschlüssel ablegen.

3.4 Organisationsstruktur

Eine zentrale Aufgabe bei der R/3-Einführung ist es, außer der Unternehmens- und Personalstruktur auch die Organisationsstruktur des Unternehmens im R/3-System abzubilden.

In diesem Abschnitt werden folgende Themen behandelt:

- Bedeutung der Organisationsstruktur für das Personalmanagement
- Bedeutung der Organisationsstruktur für den SAP Business Workflow®
- Definition der benötigten Objekte
- Anlage dieser Objekte mit der Funktion EINFACHE PFLEGE

Verwendung

Die Organisationsstruktur kann im R/3-System auf zwei Weisen abgebildet werden:

- Definition der Begriffe (Organisationseinheit, Stelle, Planstelle) im Customizing durch Eingabe in eine Tabelle
- Definition der Begriffe (Organisationseinheit, Stelle, Planstelle) und Strukturen (Hierarchie, Berichtslinien etc.) im Organisationsmanagement durch die Anlage von Objekten

Welche der beiden Varianten Sie wählen, hängt davon ab, welche unternehmensspezifischen Anforderungen z.B. bei der Zuordnung und Auswertung von Mitarbeiter- und Organisationsdaten vorliegen und welche weiteren Funktionen des R/3-Systems Sie einsetzen wollen. Falls Sie ausschließlich mit den »klassischen« Personalfunktionen Stammdatenadministration, Zeitwirtschaft, Lohn- und Gehaltsabrechnung arbeiten wollen und Ihre Mitarbeiter

3 Unternehmens-, Personal- und Organisationsstruktur

lediglich einer Abteilung oder Position zugeordnet werden sollen, reicht es aus, dies über die Tabelleneinträge im Customizing zu definieren. Falls jedoch eine umfassendere Nutzung der Organisationsstruktur für Ihr Unternehmen erforderlich ist (z.B. die Darstellung von Organisationsplänen und Organigrammen) und Sie außer den klassischen Personalfunktionen die Funktionen auch im Personalmanagement, in der Personalplanung und -entwicklung sowie dem anwendungsübergreifenden Business Workflow einsetzen wollen, müssen Sie die Aufbauorganisation im Organisationsmanagement definieren.

Hinweis Da die Organisationsstruktur im Rahmen des Organisationsmanagements sehr viel weitgehender und auch sehr viel detaillierter als die Struktur in der Personaladministration ist, ist die Abbildung der Organisationsstruktur über das Organisationsmanagement empfehlenswert.

Welche Möglichkeiten Sie im Rahmen des Organisationsmanagements haben und welche Verbindungen zu anderen Funktionen des R/3-Systems es gibt, wird im folgenden erläutert.

Funktionen

Wenn Sie das Organisationsmanagement verwenden, haben Sie die Möglichkeit, die Strukturen eines Unternehmens wie in einem Organisationshandbuch zu beschreiben.

Wenn Sie den Business Workflow einsetzen, wird das Organisationshandbuch automatisch erstellt. Dabei werden die organisatorischen Regeln definiert, die Regeln bei der Ausführung beachtet und somit deren Einhaltung sichergestellt. Darüber hinaus ist ein Informationssystem verfügbar.

Im Rahmen der Organisationsstruktur eines Unternehmens gibt es verschiedene Abteilungen und Bereiche (Organisationseinheiten), denen verschiedene Positionen (Planstellen) zugeordnet sind.

Positionen oder Planstellen beschreiben Aufgaben und Tätigkeiten an einem Schreibtisch, einer Maschine oder einem anderen Arbeitsplatz. Den Positionen oder Planstellen werden wiederum die Mitarbeiter des Unternehmens (Personalstammsatz) zugeordnet, die diese Aufgaben, Arbeiten oder Tätigkeiten verrichten.

Als R/3-Datenmodell sieht die Organisationsstruktur wie in Abbildung 3.15 dargestellt aus.

In Abbildung 3.16 sehen Sie die verschiedenen Organisationsobjekte. Jedes dieser Objekte kann individuell angelegt und gepflegt werden (Infotyp 1000, mit Kürzel, Langtext und Objekt-ID). Außerdem können die einzelnen Objekte im Rahmen der Personalplanung und -entwicklung mit verschiedenen Zusatzinformationen versehen werden.

Unternehmens-, Personal- und Organisationsstruktur

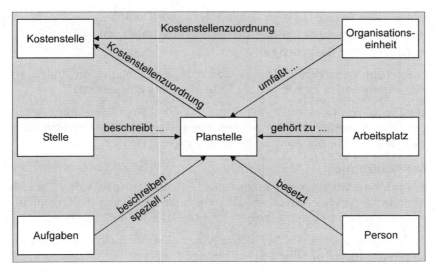

Abbildung 3.15 Datenmodell »Organisationsmanagement«

Verknüpfungen

Die Beziehungen der Objekte zueinander werden im R/3-System in Form von Verknüpfungen abgebildet. Die Beziehung zwischen Planstellen und Organisationseinheiten sieht wie folgt aus:

- Planstelle gehört zur Organisationseinheit
- Organisationseinheit umfaßt Planstelle

Das hat den Vorteil, daß Sie die Objekte jederzeit flexibel unter den verschiedensten Aspekten auswerten können, z.B. mit den Fragestellungen:

- Wie viele Planstellen gehören zu der Organisationseinheit »Personal"?
- Zu welcher Organisationseinheit gehört die Planstelle »Sekretärin Personal"?

Bei der Anlage und Pflege der Organisationsstruktur in R/3 werden diese Verknüpfungen in vielen Fällen automatisch vorgeschlagen oder, wie weiter unten im Abschnitt »Einfache Pflege« näher erläutert wird, automatisch im Hintergrund angelegt.

Aufbau der Organisationsstruktur

In den nachfolgenden Abschnitten wird der Aufbau einer Organisationsstruktur im R/3-System beschrieben. Die einzelnen Schritte hierbei sind:

- Organisationseinheiten definieren und anlegen
- Stellen definieren und anlegen

Unternehmens-, Personal- und Organisationsstruktur

- Planstellen aus der entsprechenden Stelle generieren
- Inhaber (Person) der entsprechenden Planstelle zuordnen
- Kostenstellen-Zuordnung anlegen

Die genannten Schritte sind bei der Abbildung der Organisationsstruktur eines Unternehmens im Rahmen der R/3-Einführung obligatorisch.

Darüber hinaus kann Ihre Aufbauorganisation mit einer Reihe von zusätzlichen Informationen versehen werden. Einen Überblick hierzu erhalten Sie in Kapitel 8, »Personalplanung und -entwicklung«.

Soll-Konzeption

Bevor Sie die Organisationsstruktur im R/3-System anlegen, sollten Sie eine umfassende Soll-Konzeption erstellen. Denn die Einführung des Organisationsmanagements ist weniger eine technische als eine fachliche Frage.

In der Praxis beginnt eine Soll-Konzeption meistens mit einer umfassenden Untersuchung der Ist-Situation. Anschließend werden:

- die Aufgaben und Ziele für das Organisationsmanagement definiert
- die Integrationsaspekte und die Bedeutung der Organisationsstruktur für andere Anwendungen untersucht, z.B. Personalmanagement und Business Workflow
- der Detaillierungsgrad der Organisationsstruktur festgelegt, z.B. eine Darstellung bis zur Abteilungs- oder Gruppenebene
- die organisatorischen Objekte definiert, z.B. die Kürzel von Organisationseinheiten, Stellen, Planstellen usw. vereinheitlicht
- die Einsatzformen definiert, z.B. dezentrale oder zentrale Anwendung
  (Zentrale Anwendung bedeutet die ausschließliche Pflege durch eine Zentralfunktion wie z.B. eine Organisations- oder Personalabteilung. Bei einer dezentralen Anwendung kann z.B. jeder Vorgesetzte für seinen Verantwortungsbereich die Organisationsstruktur aktualisieren.)
- die Anforderungen an Auswertungen bestimmt
- Verantwortlichkeiten im Projektteam festgelegt

Danach können Sie die Organisationsstruktur im R/3-System anlegen. Zur Anlage der Organisationsstruktur rufen Sie die Funktion EINFACHE PFLEGE auf, die für den raschen Aufbau einer rudimentären Organisationsstruktur konzipiert wurde. Alle weiteren Informationen werden mit der Funktion DETAILPFLEGE angelegt und gepflegt.

Einfache Pflege

Die Funktion EINFACHE PFLEGE des R/3-Systems ermöglicht Ihnen den Aufbau und die Pflege der Organisationsstruktur Ihres Unternehmens. Sie wurde ursprünglich entwickelt, um Workflow-Anwender, die selten die gesamte Funktionalität der Personalplanung und -entwicklung benötigen, bei der Erstellung und Bearbeitung ihrer Aufbauorganisation effizient zu unter-

Unternehmens-, Personal- und Organisationsstruktur

stützen. Wegen der praktischen, schnellen und einfachen Einsatzmöglichkeiten beim Auf- und Ausbau der Organisationsstruktur wird die Funktion EINFACHE PFLEGE auch von Anwendern des Moduls Personalplanung und -entwicklung gern eingesetzt.

Dabei wird eine Baumstruktur verwendet, mit der Sie unter anderem folgende Funktionen ausführen können:

- die für die Aufbauorganisation notwendigen Organisationseinheiten, Stellen und Planstellen anlegen und pflegen
- die für die Planstellenbesetzung notwendigen Verknüpfungen zu Personen anlegen
- die Aufgabenprofile für die Stellen, Planstellen und Organisationseinheiten erstellen
- die entsprechenden Kostenstellen-Zuordnungen anlegen und pflegen
- die Berichtswege über die Hierarchie der Planstellen untereinander darstellen
- die Planstellenleiter für die Organisationseinheiten definieren
- die Zusatzinformationen zur Organisationsstruktur anlegen und pflegen, z.B. eine Abteilung als Stabsstelle kennzeichnen oder eine abweichende Soll-Arbeitszeit für die Organisationseinheiten und Planstellen festlegen
- die grafische Aufbereitung auswählen

Organisationseinheiten

Organisationseinheiten sind betriebswirtschaftliche Einheiten eines Unternehmens. Sie werden benötigt, um die Aufbauorganisation eines Unternehmens im R/3-System abzubilden. Organisationseinheiten sind beliebige organisatorische Gebilde, z.B. Geschäftsbereiche, Filialen oder Geschäftsstellen. Aber auch eine Hauptabteilung, eine Abteilung oder Teams können im R/3-System in diesem Sinne Organisationseinheiten sein. Der Stellenwert einer Organisationseinheit ergibt sich aus deren Bezeichnung und deren Position innerhalb der Unternehmenshierarchie. Deshalb werden Organisationseinheiten nicht nur im R/3-System abgelegt, sondern auch mit Über- und Unterstellungen verknüpft.

In Abbildung 3.16 sehen Sie am Beispiel einer Personalabteilung deren mögliche Untergliederung in verschiedene Teilbereiche. Diese Teilbereiche können wiederum in Gruppen aufgeteilt werden, z.B. gliedert sich der Teilbereich »Personalabrechnung« in die Gruppen »Abrechnung Lohn« und »Abrechnung Gehalt«.

Wie detailliert Sie Ihre Organisationsstruktur im R/3-System anlegen, hängt von bestimmten betrieblichen Gegebenheiten ab sowie vom gewünschten Detaillierungsgrad, z.B. bei Auswertungen und Statistiken.

3 Unternehmens-, Personal- und Organisationsstruktur

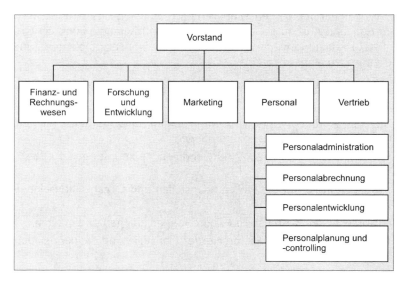

Abbildung 3.16 Beispielhafte Organisationsstruktur

Bei der Anlage der Organisationseinheiten sollten Sie von »oben nach unten« vorgehen. Das heißt, Sie beginnen mit der obersten Organisationseinheit, z. B. der Geschäftsleitung oder dem Vorstand, und legen dann die in der Hierarchie nachgeordneten Organisationseinheiten an.

Hinweis In der Praxis ist es oft sinnvoll, eine übergeordnete, in Wirklichkeit nicht vorhandene Organisationseinheit anzulegen, um z. B. verschiedene Unternehmensteilbereiche in einer Auswertung zusammenzufassen.

Organisationseinheit anlegen

Um im R/3-System mit der Funktion EINFACHE PFLEGE eine Organisationseinheit anzulegen, gehen Sie wie folgt vor:

Ausgangspunkt SAP R/3-Hauptmenü

1. Rufen Sie die Menüfunktion PERSONAL | ORGANISATIONSMANAGEMENT auf.
   → Das Fenster »Organisationsmanagement« wird angezeigt.
2. Rufen Sie die Menüfunktion EINFACHE PFLEGE | GRUNDDATEN AUFBAUORGANISATION | ANLEGEN auf.
   → Das Fenster »Organisationseinheit anlegen« wird angezeigt (vgl. Abb. 3.17).
3. Geben Sie in das Feld »Kürzel« die Kurzbezeichnung und in das Feld »Bezeichnung« den Langtext zur Beschreibung der ersten Organisationseinheit ein. Geben Sie den gewünschten Gültigkeitszeitraum an, und wählen Sie unter »Darstellung« die personalwirtschaftliche Sicht.

Unternehmens-, Personal- und Organisationsstruktur

4. Klicken Sie auf das Symbol 🗋.
   → Das Fenster »Organisationsstruktur ändern« wird angezeigt (vgl. Abb. 3.18).
5. Klicken Sie nochmals auf das Symbol 🗋.
   → Das Fenster »Organisationseinheiten anlegen« wird angezeigt (vgl. Abb. 3.19).
6. Geben Sie in die Felder »Kürzel« die Kurzbezeichnung und in die Felder »Bezeichnung« die Langtexte zur Beschreibung der Organisationseinheiten ein, die an die erste Organisationseinheit berichten.

   Hinweis Wenn Sie den Gültigkeitszeitraum für Ihre Organisationseinheiten und deren Verknüpfungen ändern wollen, klicken Sie auf die Drucktaste ZEITRAUM.

7. Klicken Sie auf das Symbol 🖫.
   → Das Fenster »Organisationsstruktur ändern« wird mit der erstellten, geänderten Organisationsstruktur angezeigt (vgl. Abb. 3.20).

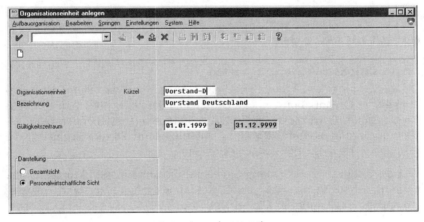

Abbildung 3.17 Organisationseinheit anlegen (© SAP AG)

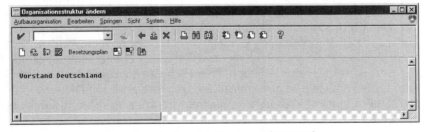

Abbildung 3.18 Ergebnis »Organisationseinheit anlegen« (© SAP AG)

3 Unternehmens-, Personal- und Organisationsstruktur

Abbildung 3.19 Weitere Organisationseinheiten anlegen (© SAP AG)

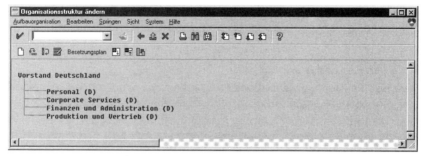

Abbildung 3.20 Ergebnis (© SAP AG)

Organisationseinheiten auswerten

Die Auswertung der Organisationseinheiten mit einer Darstellung der Beziehungen der Organisationseinheiten untereinander bezeichnet man als *Organisationsplan*. Er ist die grafische Darstellung einer bestehenden oder geplanten Organisationsstruktur eines Unternehmens. Er veranschaulicht die Aufgabenverteilung und Hierarchieebenen.

Wie die bisher in dieser Übung angelegte Organisationsstruktur als Grafik aussieht, sehen Sie, wenn Sie die Organisationseinheit »Vorstand« markieren und auf das Symbol klicken (vgl. Abb. 3.21).

Stelle

Eine Stelle ist im SAP R/3-System eine mehr oder weniger detaillierte Tätigkeitsbeschreibung zu einer Berufsbezeichnung, wie beispielsweise »Sekretärin« oder »Vertriebsbeauftragter«. Eine Stelle kann mit Aufgaben (Objekttyp »T«) oder mit Anforderungen (Objekttyp »Q«) beschrieben werden. Dies hängt jeweils von der zu beschreibenden Stelle ab. Bei einer Stelle »Sekretärin« werden Sie z.B. eher eine aufgabenbeschreibende Stelle führen als bei einer Stelle »Assistent/in des Vorstands«, die einer gewissen Diskretion bedarf. Stellen können wiederum in mehrere konkrete Planstellen aufgeteilt werden (siehe unten).

Unternehmens-, Personal- und Organisationsstruktur 3

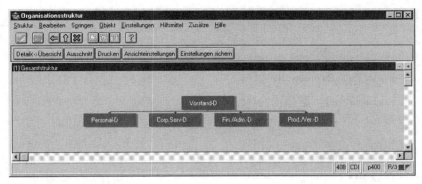

Abbildung 3.21 Grafische Darstellung (© SAP AG)

Wie detailliert Sie die in Ihrem Unternehmen vorhandenen Stellen definieren, hängt von verschiedenen Faktoren ab, z.B. ob es in Ihrem Unternehmen schon Funktionsbeschreibungen gibt oder wie detailliert Sie zukünftig die Stellenbezeichnungen führen wollen. Grundsätzlich gilt, daß die Stellen nicht zu grob (Verhältnis von Stelle zu Planstelle = 1 zu 2000), aber auch nicht zu detailliert (Verhältnis von Stelle zu Planstelle = 1 zu 2) beschrieben werden sollen. Darüber hinaus ist zu beachten, daß es bei dieser Definition kein »richtig« oder »falsch« gibt. Denn was für ein Unternehmen mit 100.000 Mitarbeitern eine sinnvolle Beschreibung sein kann, muß für ein Unternehmen mit 1.500 Mitarbeitern nicht gut sein. Bei der Definition der Stellen sollten Sie auch die Aspekte der Personalentwicklung, z.B. gemeinsame Anforderungsprofile, berücksichtigen.

Stelle anlegen

Um eine Stelle im R/3-System anzulegen, gehen Sie wie folgt vor:

Ausgangspunkt Fenster »Einfache Pflege – Aufbauorganisation ändern«

1. Klicken Sie auf die Drucktaste BESETZUNGSPLAN.
   → Das Fenster »Besetzungsplan ändern« wird angezeigt (vgl. Abb. 3.22).
2. Klicken Sie auf die Drucktaste ⬜ (STELLEN).
   → Das Fenster »Stellen anlegen« wird angezeigt (vgl. Abb. 3.23).
   → Im unteren Teil werden die vorhandenen Stellen alphabetisch geordnet aufgelistet.
3. Geben Sie in das Feld »Kürzel« den Kurztext und in das Feld »Bezeichnung« den Langtext zur Beschreibung der Stelle(n) ein.
4. Klicken Sie auf das Symbol ⬜.
   → Das Fenster »Besetzungsplan ändern« wird angezeigt.

3.4 Organisationsstruktur

3 Unternehmens-, Personal- und Organisationsstruktur

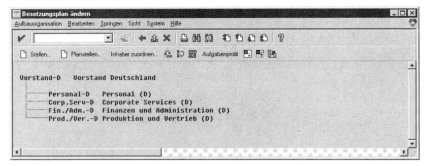

Abbildung 3.22 Besetzungsplan ändern (© SAP AG)

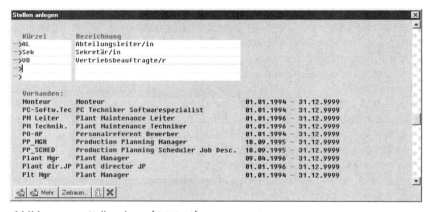

Abbildung 3.23 Stelle anlegen (© SAP AG)

Planstelle

Eine Planstelle wird durch die ihr übergeordnete Stelle beschrieben. Das heißt, in einer Art »Vererbung« werden die für eine Stelle definierten Aufgaben- und Anforderungsprofile auch für eine Planstelle gültig. Im Gegensatz zu den Stellen geben Planstellen jedoch eine differenziertere Beschreibung zu einer Stelle, die in mehrere konkrete Positionen münden kann. Dazu einige Beispiele:

- Aus einer Stelle mit der Beschreibung »Sekretär/in« werden zwei Planstellen »Sekretärin Personal«.
- Aus einer Stelle mit der Beschreibung »Vertriebsbeauftragte/r« werden fünf Planstellen »Vertriebsbeauftragte-Süd«.
- Aus einer Stelle mit der Beschreibung »Monteur« werden 200 Planstellen im »Monteur-Bauteam II«.

Unternehmens-, Personal- und Organisationsstruktur

Im R/3-System entstehen also die Planstellen aus Stellen. Nach dem Anlegen einer Stelle können Sie in einem weiteren Arbeitsschritt zwei, fünf, 200 oder mehr Planstellen auf einmal anlegen. Dies bedeutet in der Praxis eine erhebliche Reduzierung des Anlage- und Pflegeaufwands.

Planstelle anlegen

Um im R/3-System eine Planstelle anzulegen, gehen Sie wie folgt vor:

Ausgangspunkt Fenster »Einfache Pflege – Organisationsstruktur ändern«

1. Klicken Sie auf die Drucktaste BESETZUNGSPLAN.
    → Das Fenster »Besetzungsplan ändern« wird angezeigt.
2. Markieren Sie die Organisationseinheit, in der Sie die Planstelle/n anlegen wollen, und klicken Sie auf die Drucktaste PLANSTELLEN.
    → Das Fenster »Planstellen anlegen« wird angezeigt (vgl. Abb. 3.24).
3. Geben Sie in das Feld das beschreibende Kürzel für die Stelle ein, oder suchen Sie die Stelle über einen Matchcode.
    → Die Bezeichnung der Stelle wird als Vorschlagswert für die Planstelle übernommen.
4. Geben Sie in die Felder »Kürzel« und »Bezeichnung« bei Bedarf eine abweichende Planstellenbezeichnung ein.

    Hinweis Im Feld »Anzahl der gewünschten Planstellen« können Sie die Menge der gewünschten Planstellen bestimmen.

5. Klicken Sie auf das Symbol.
    → Das Fenster »Besetzungsplan ändern« wird angezeigt (vgl. Abb. 3.25).

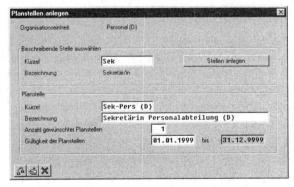

Abbildung 3.24 Planstelle anlegen (© SAP AG)

3 Unternehmens-, Personal- und Organisationsstruktur

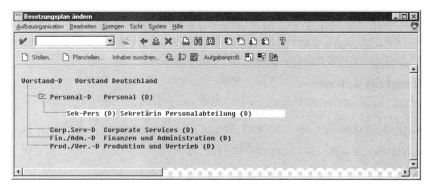

Abbildung 3.25 Ergebnis Planstelle anlegen (© SAP AG)

Personen verknüpfen

Über die Zuordnung der Mitarbeiter (Personalstammsatz) zu den Planstellen werden die Organisationsstruktur und die Mitarbeiter zueinander in Beziehung gebracht. Damit ist die Verbindung zwischen Personaladministration und Personalplanung, also Ist und Soll, hergestellt.

Je nach Bedarf und Kapazität können Mitarbeiter einzelnen oder mehreren Planstellen ganz oder teilweise zugeordnet werden.

- Eine Person mit einer Kapazität von 38 Stunden pro Woche belegt z.B. zu 50 % ihrer Kapazität die Planstelle »Sekretärin Personal« und mit den restlichen 50 % die Planstelle »Sachbearbeiterin Personal«.
- Oder eine Person mit einer Kapazität von 19 Stunden pro Woche belegt zu 100 % eine Teilzeitposition mit 19 Stunden pro Woche. Die Darstellung dieser Besetzung erfolgt im R/3-System über den Besetzungsprozentsatz, der bei der Zuordnung mit angegeben wird.

Hinweis Die Beziehung zwischen der Kapazität der Planstelle und der Person kann zu einer Unterdeckung (die tatsächliche Arbeitszeit der Person liegt unter der Sollarbeitszeit), zu einer Überdeckung (die tatsächliche Arbeitszeit der Person liegt über der Sollarbeitszeit) oder zu einer Übereinstimmung (die Arbeitszeit der Person stimmt mit der Sollarbeitszeit der Planstelle überein) führen.

Das Ergebnis dieses Vergleichs zwischen Soll = Organisationsstruktur und Ist = Personal können Sie sich im R/3-System durch den Planstellenbesetzungsplan anzeigen lassen. Der Planstellenbesetzungsplan wird in Kapitel 8, »Personalplanung und -entwicklung«, dieses Buches beschrieben.

Unternehmens-, Personal- und Organisationsstruktur

Planstelle mit Personen verknüpfen

Um im R/3-System eine Planstelle mit einer Person zu verknüpfen, gehen Sie wie folgt vor:

Ausgangspunkt Fenster »Einfache Pflege – Organisationsstruktur ändern«

1. Klicken Sie auf die Drucktaste BESETZUNGSPLAN.
   → Das Fenster »Besetzungsplan ändern« wird angezeigt.
2. Markieren Sie die entsprechende Planstelle, und klicken Sie auf die Drucktaste INHABER ZUORDNEN.
3. Das Fenster »Inhaber zuordnen« wird angezeigt (vgl. Abb. 3.26).

Abbildung 3.26 Inhaber zuordnen (© SAP AG)

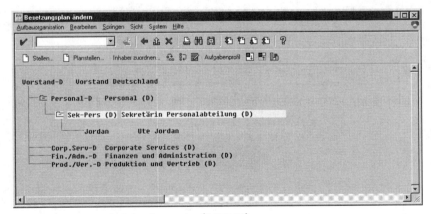

Abbildung 3.27 Ergebnis Besetzungsplan (© SAP AG)

4. Geben Sie im Feld »Typ« ein »P« für Personalstammsatz und die Personalnummer ein, oder suchen Sie den betreffenden Mitarbeiter über Matchcode.

Unternehmens-, Personal- und Organisationsstruktur

5. Klicken Sie auf das Symbol.
6. Das Fenster »Besetzungsplan ändern« wird mit der Bestätigung der Eingabe angezeigt (vgl. Abb. 3.27).

Organisationseinheit mit Kostenstellen verknüpfen

Wichtig ist auch die Verknüpfung einer Organisationseinheit mit einer Kostenstelle, die im R/3-System mit dem Modul CO (Controlling) angelegt, verwaltet und gepflegt wird. Eine Kostenstelle kann Organisationseinheiten oder, falls es innerhalb der Organisationseinheiten verschiedene Kostenstellen gibt, auch Planstellen zugeordnet werden. Wenn Sie eine Kostenstelle mit Planstellen verknüpfen, bedeutet dies mehr Aufwand, da Sie in der Regel mehr Planstellen als Organisationseinheiten verwalten.

Hinweis In der Praxis wird die Kostenstellenstruktur oft mit der Organisationsstruktur eines Unternehmens gleichgesetzt. Begründet wird dies damit, daß die Kostenstelle einen wichtigen Kontrollfaktor für Auswertungen darstellt. Im R/3-System können Sie sich von diesem »Grundgedanken« lösen und die Organisationsstruktur unabhängig von der Kostenstellenstruktur darstellen. Denn je nach Bedarf kann sowohl die Kostenstelle als auch die Organisationseinheit als Auswertungskriterium verwendet werden.

Die Kostenstellen können Sie über die Funktion EINFACHE PFLEGE, KONTIERUNG ÄNDERN des Organisationsmanagements zuordnen (vgl. Abb. 3.28).

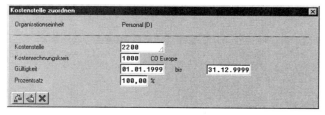

Abbildung 3.28 Organisationseinheiten zu Kostenstellen zuordnen (© SAP AG)

3.5 Aufgaben

1. Welche Aussagen im Hinblick auf die organisatorischen Strukturen im R/3-System sind richtig?
   a) In der Unternehmensstruktur erfolgt die Abbildung der gesamten Unternehmensorganisation vom Konzern über die zugehörigen selbständigen Firmen bis hin zu deren einzelnen Betriebsteilen und Geschäftsbereichen.
   b) Die Personalstruktur steht auch anderen Modulen des R/3-Systems zur Verfügung.
   c) In der Personalstruktur werden die verschiedenen Arten von Anstellungsverhältnissen definiert und im System hinterlegt.
   d) Die Abbildung der Unternehmens- und Personalstruktur erfolgt durch das Customizing spezifischer Tabellen. Die eigentliche Zuordnung des Mitarbeiters zur Unternehmens- und Personalstruktur führen Sie in der Komponente Personaladministration durch.

2. Zur Darstellung der Unternehmensstruktur im HR stehen Ihnen vier voneinander abhängige Elemente zur Verfügung. Dies sind
   a) der Mandant, der Buchungskreis, der Personalbereich, der Personalteilbereich
   b) der Personalbereich, der Personalteilbereich, die Mitarbeitergruppe, der Mitarbeiterkreis
   c) der Mandant, der Buchungskreis, die Mitarbeitergruppe, der Mitarbeiterkreis
   d) der Mandant, der Buchungskreis, der Personalbereich, die Mitarbeitergruppe

3. Welche Aussagen zur Unternehmensstruktur sind richtig?
   a) Der Buchungskreis, Personalbereich und Personalteilbereich ermöglichen die Eingliederung des Mitarbeiters in die Unternehmensstruktur.
   b) Es stehen zwei weitere Elemente zur Eingliederung der Mitarbeiter ins Unternehmen zur Verfügung. Der Geschäftsbereich aus dem Modul Finanzwesen und der Kostenrechnungskreis, der innerhalb des Moduls Controlling definiert wird.
   c) Sowohl der Geschäftsbereich als auch der Kostenrechnungskreis stehen in Beziehung zu dem in der Unternehmensstruktur der Personalwirtschaft verwendeten Personalbereich.
   d) Die Festlegung der Unternehmensstruktur ist unkritisch, da Sie jederzeit im laufenden Betrieb angepaßt werden kann.

4. Welche Aussagen zu Mandanten sind richtig?
   a) Innerhalb eines R/3-Systems kann immer nur ein Mandant existieren.
   b) Am R/3-Originalmandanten können jederzeit bedenkenlos Veränderungen vorgenommen werden.
   c) Zugriffs- und Auswertungsmöglichkeiten parallel über mehrere Mandanten sind möglich.

3 Unternehmens-, Personal- und Organisationsstruktur

   d) Zwischen den einzelnen Mandanten kann kein Datenaustausch erfolgen. Folge davon ist, daß der Wechsel eines Mitarbeiters von einem Mandanten zum anderen die Neuanlage eines Personalstammsatzes bedeutet.

5. Welche Aussagen zum Buchungskreis sind richtig?
   a) Das hierarchisch höchste Element, das Ihnen zur Strukturierung Ihres Unternehmens in der R/3-Personalwirtschaft zur Verfügung steht, ist der Buchungskreis.
   b) Unter Buchungskreisen versteht SAP rechtlich selbständige Firmen mit abgeschlossener Buchhaltung, eigener Bilanz sowie Gewinn- und Verlustrechnung.
   c) Handelt es sich beim Mandanten beispielsweise um einen Konzern, so stellen die in den Mandanten definierten Buchungskreise die zur Unternehmensgruppe gehörenden selbständigen Firmen dar. Handelt es sich beim Mandanten um ein einzelnes Unternehmen, sind Mandant und Buchungskreis identisch.
   d) Der Buchungskreis ist ein Objekt der Personalwirtschaft und kann damit ohne Abstimmung mit anderen Anwendungsbereichen vergeben werden.

6. Welche Aussagen zum Personalbereich und zum Personalteilbereich sind richtig?
   a) Personalbereiche und Personalteilbereiche finden ausschließlich im HR-Modul Verwendung.
   b) Der Personalbereich kann mehreren Buchungskreisen zugeordnet werden; ein Buchungskreis kann jedoch nur einem Personalbereich zugeordnet werden.
   c) Beim Personalbereich werden im Customizing standortbezogene Kennzeichen hinterlegt.
   d) Beim Personalteilbereich werden eine Vielzahl von Steuerungsparametern hinterlegt, beispielsweise für die Tarif- und Lohnartenstruktur sowie die Zeitwirtschaft.

7. Unter dem Begriff der Personalstruktur faßt SAP folgende voneinander abhängige Elemente zusammen:
   a) Mitarbeitergruppe, Mitarbeiterkreis
   b) Personalbereich, Personalteilbereich
   c) Personalbereich, Personalteilbereich, Mitarbeitergruppe, Mitarbeiterkreis
   d) Mandant, Buchungskreis, Mitarbeitergruppe, Mitarbeiterkreis

8. Welche Aussagen zur Mitarbeitergruppe und zum Mitarbeiterkreis sind richtig?
   a) Mit Hilfe der Mitarbeitergruppe definieren Sie die Beziehung zwischen Ihrem Unternehmen und den im System verwalteten Personen (Anstellungsverhältnis) in einer ersten groben Einteilung.

Unternehmens-, Personal- und Organisationsstruktur

  b) Um im System vorhandene Mitarbeiterkreise präziser untergliedern zu können, stehen Ihnen sogenannte Mitarbeitergruppen zur Verfügung.
  c) Die kundenspezifische Einrichtung der Personalstruktur erfolgt insbesondere auf der Ebene der Mitarbeiterkreise.
  d) Mittels der Zweiteilung der Personalstruktur in Mitarbeitergruppen und Mitarbeiterkreise kann differenzierter ausgewertet werden, beispielsweise ist auch noch nach dem Ausscheiden eines Mitarbeiters in den Ruhestand ersichtlich, ob es sich um einen ehemaligen Stundenlöhner, Monatslöhner oder Angestellten handelt.

9. Unternehmensstruktur und Personalstruktur haben folgende Funktionen:
   a) Buchungskreise, Personalbereiche und Personalteilbereiche dienen als Selektions- und Sortierkriterien für Auswertungen, Mitarbeitergruppen und Mitarbeiterkreise jedoch nicht.
   b) Buchungskreise, Personalbereiche und Personalteilbereiche dienen ebenso wie Mitarbeitergruppe und Mitarbeiterkreis zur Prüfung von Berechtigungen.
   c) Buchungskreise und Personalbereiche dienen der Steuerung der Abläufe beispielsweise durch Generierung von Vorschlagswerten bei der Dateneingabe.
   d) An den Personalteilbereich und an den Mitarbeiterkreis werden bestimmte Werte oder Gruppierungen geknüpft, die den weiteren Verlauf der Be- und Verarbeitung der Mitarbeiterdaten steuern.

10. Welche Aussagen zum Organisationsschlüssel sind richtig?
    a) Der Organisationsschlüssel ist ein Element der Unternehmensstruktur.
    b) Der Organisationsschlüssel steht ausschließlich als Sortier- und Selektionskriterium zur Verfügung, zur Berechtigungsprüfung kann er nicht herangezogen werden.
    c) Häufig besteht der Organisationsschlüssel aus einer Kombination der Unternehmens-, Personal- und Organisationsstruktur mit Hierarchiewerten.
    d) Bei manueller Erfassung des Organisationsschlüssels ist eine systemseitige Prüfung auf gültige Einträge möglich.

11. Welcher der folgenden Schritte ist der erste grundlegende Schritt des Aufbaus der Organisationsstruktur?
    a) Definition und Anlage der Organisationseinheiten
    b) Definition und Anlage der Stellen
    c) Generierung der Planstellen aus der entsprechenden Stelle
    d) Zuordnung des Inhabers (Person) zu der entsprechenden Planstelle

12. Welche der folgenden Positionen sind Organisationseinheiten im Rahmen des SAP R/3-Organisationsmanagements?
    a) Filialen oder Geschäftsstellen
    b) Hauptabteilungen

3 Unternehmens-, Personal- und Organisationsstruktur

   c) Stelle »Sachbearbeiter Personal«
   d) Abteilungen

13. Wie erfolgt die Einordnung eines Mitarbeiters in die Organisationsstruktur?
    a) über die Zuordnung des Mitarbeiters (Personalstammsatz) zur Planstelle
    b) über die Zuordnung des Mitarbeiters (Personalstammsatz) zur Stelle
    c) über die Zuordnung des Mitarbeiters (Personalstammsatz) zur Organisationseinheit
    d) über die Zuordnung des Mitarbeiters (Personalstammsatz) zur Aufgabe

Unternehmens-, Personal- und Organisationsstruktur

3.6 Lösungen

1. Welche Aussagen im Hinblick auf die organisatorischen Strukturen im R/3-System sind richtig?
   - **a) Richtig** In der Unternehmensstruktur erfolgt die Abbildung der gesamten Unternehmensorganisation vom Konzern über die zugehörigen selbständigen Firmen bis hin zu deren einzelnen Betriebsteilen und Geschäftsbereichen.
   - **b) Falsch** Die Personalstruktur steht auch anderen Modulen des R/3-Systems zur Verfügung.
   - **c) Richtig** In der Personalstruktur werden die verschiedenen Arten von Anstellungsverhältnissen definiert und im System hinterlegt.
   - **d) Richtig** Die Abbildung der Unternehmens- und Personalstruktur erfolgt durch das Customizing spezifischer Tabellen. Die eigentliche Zuordnung des Mitarbeiters zur Unternehmens- und Personalstruktur führen Sie in der Komponente Personaladministration durch.

2. Zur Darstellung der Unternehmensstruktur im HR stehen Ihnen vier voneinander abhängige Elemente zur Verfügung. Dies sind
   - **a) Richtig** der Mandant, der Buchungskreis, der Personalbereich, der Personalteilbereich
   - **b) Falsch** der Personalbereich, der Personalteilbereich, die Mitarbeitergruppe, der Mitarbeiterkreis
   - **c) Falsch** der Mandant, der Buchungskreis, die Mitarbeitergruppe, der Mitarbeiterkreis
   - **d) Falsch** der Mandant, der Buchungskreis, der Personalbereich, die Mitarbeitergruppe

3. Welche Aussagen zur Unternehmensstruktur sind richtig?
   - **a) Richtig** Der Buchungskreis, Personalbereich und Personalteilbereich ermöglichen die Eingliederung des Mitarbeiters in die Unternehmensstruktur.
   - **b) Richtig** Es stehen zwei weitere Elemente zur Eingliederung der Mitarbeiter ins Unternehmen zur Verfügung. Der Geschäftsbereich aus dem Modul Finanzwesen und der Kostenrechnungskreis, der innerhalb des Moduls Controlling definiert wird.
   - **c) Falsch** Sowohl der Geschäftsbereich als auch der Kostenrechnungskreis stehen in Beziehung zu dem in der Unternehmensstruktur der Personalwirtschaft verwendeten Personalbereich.
   - **d) Falsch** Die Festlegung der Unternehmensstruktur ist unkritisch, da Sie jederzeit im laufenden Betrieb angepaßt werden kann.

4. Welche Aussagen zu Mandanten sind richtig?
   - **a) Falsch** Innerhalb eines R/3-Systems kann immer nur ein Mandant existieren.
   - **b) Falsch** Am R/3-Originalmandanten können jederzeit bedenkenlos Veränderungen vorgenommen werden.

3 Unternehmens-, Personal- und Organisationsstruktur

    c) **Falsch** Zugriffs- und Auswertungsmöglichkeiten parallel über mehrere Mandanten sind möglich.

    d) **Richtig** Zwischen den einzelnen Mandanten kann kein Datenaustausch erfolgen. Folge davon ist, daß der Wechsel eines Mitarbeiters von einem Mandanten zum anderen, die Neuanlage eines Personalstammsatzes bedeutet.

5. Welche Aussagen zum Buchungskreis sind richtig?
   a) **Falsch** Das hierarchisch höchste Element, das Ihnen zur Strukturierung Ihres Unternehmens in der R/3-Personalwirtschaft zur Verfügung steht, ist der Buchungskreis.
   b) **Richtig** Unter Buchungskreisen versteht SAP rechtlich selbständige Firmen mit abgeschlossener Buchhaltung, eigener Bilanz sowie Gewinn- und Verlustrechnung.
   c) **Richtig** Handelt es sich beim Mandanten beispielsweise um einen Konzern, so stellen die in den Mandanten definierten Buchungskreise die zur Unternehmensgruppe gehörenden selbständigen Firmen dar. Handelt es sich beim Mandanten um ein einzelnes Unternehmen, sind Mandant und Buchungskreis identisch.
   d) **Falsch** Der Buchungskreis ist ein Objekt der Personalwirtschaft und kann damit ohne Abstimmung mit anderen Anwendungsbereichen vergeben werden.

6. Welche Aussagen zum Personalbereich und zum Personalteilbereich sind richtig?
   a) **Richtig** Personalbereiche und Personalteilbereiche finden ausschließlich im HR-Modul Verwendung.
   b) **Falsch** Der Personalbereich kann mehreren Buchungskreisen zugeordnet werden; ein Buchungskreis kann jedoch nur einem Personalbereich zugeordnet werden.
   c) **Falsch** Beim Personalbereich werden im Customizing standortbezogene Kennzeichen hinterlegt.
   d) **Richtig** Beim Personalteilbereich werden eine Vielzahl von Steuerungsparametern hinterlegt, beispielsweise für die Tarif- und Lohnartenstruktur sowie die Zeitwirtschaft.

7. Unter dem Begriff der Personalstruktur faßt SAP folgende voneinander abhängige Elemente zusammen:
   a) **Richtig** Mitarbeitergruppe, Mitarbeiterkreis
   b) **Falsch** Personalbereich, Personalteilbereich
   c) **Falsch** Personalbereich, Personalteilbereich, Mitarbeitergruppe, Mitarbeiterkreis
   d) **Falsch** Mandant, Buchungskreis, Mitarbeitergruppe, Mitarbeiterkreis

Unternehmens-, Personal- und Organisationsstruktur

8. Welche Aussagen zur Mitarbeitergruppe und zum Mitarbeiterkreis sind richtig?
   a) **Richtig** Mit Hilfe der Mitarbeitergruppe definieren Sie die Beziehung zwischen Ihrem Unternehmen und den im System verwalteten Personen (Anstellungsverhältnis) in einer ersten groben Einteilung.
   b) **Falsch** Um im System vorhandene Mitarbeiterkreise präziser untergliedern zu können, stehen Ihnen sogenannte Mitarbeitergruppen zur Verfügung.
   c) **Richtig** Die kundenspezifische Einrichtung der Personalstruktur erfolgt insbesondere auf der Ebene der Mitarbeiterkreise.
   d) **Richtig** Mittels der Zweiteilung der Personalstruktur in Mitarbeitergruppen und Mitarbeiterkreise kann differenzierter ausgewertet werden, beispielsweise ist auch noch nach dem Ausscheiden eines Mitarbeiters in den Ruhestand ersichtlich, ob es sich um einen ehemaligen Stundenlöhner, Monatslöhner oder Angestellten handelt.

9. Unternehmensstruktur und Personalstruktur haben folgende Funktionen:
   a) **Falsch** Buchungskreise, Personalbereiche und Personalteilbereiche dienen als Selektions- und Sortierkriterien für Auswertungen, Mitarbeitergruppen und Mitarbeiterkreise jedoch nicht.
   b) **Richtig** Buchungskreise, Personalbereiche und Personalteilbereiche dienen ebenso wie Mitarbeitergruppe und Mitarbeiterkreis zur Prüfung von Berechtigungen.
   c) **Falsch** Buchungskreise und Personalbereiche dienen der Steuerung der Abläufe beispielsweise durch Generierung von Vorschlagswerten bei der Dateneingabe.
   d) **Richtig** An den Personalteilbereich und an den Mitarbeiterkreis werden bestimmte Werte oder Gruppierungen geknüpft, die den weiteren Verlauf der Be- und Verarbeitung der Mitarbeiterdaten steuern.

10. Welche Aussagen zum Organisationsschlüssel sind richtig?
    a) **Falsch** Der Organisationsschlüssel ist ein Element der Unternehmensstruktur.
    b) **Falsch** Der Organisationsschlüssel steht ausschließlich als Sortier- und Selektionskriterium zur Verfügung, zur Berechtigungsprüfung kann er nicht herangezogen werden.
    c) **Richtig** Häufig besteht der Organisationsschlüssel aus einer Kombination der Unternehmens-, Personal- und Organisationsstruktur mit Hierarchiewerten.
    d) **Richtig** Bei manueller Erfassung des Organisationsschlüssels ist eine systemseitige Prüfung auf gültige Einträge möglich.

11. Welcher der folgenden Schritte ist der erste grundlegende Schritt des Aufbaus der Organisationsstruktur?
    a) **Richtig** Definition und Anlage der Organisationseinheiten
    b) **Falsch** Definition und Anlage der Stellen

- c) **Falsch** Generierung der Planstellen aus der entsprechenden Stelle
- d) **Falsch** Zuordnung des Inhabers (Person) zu der entsprechenden Planstelle

12. Welche der folgenden Positionen sind Organisationseinheiten im Rahmen des SAP R/3-Organisationsmanagements?
    - a) **Richtig** Filialen oder Geschäftsstellen
    - b) **Richtig** Hauptabteilungen
    - c) **Falsch** Stelle »Sachbearbeiter Personal«
    - d) **Richtig** Abteilungen

13. Wie erfolgt die Einordnung eines Mitarbeiters in die Organisationsstruktur?
    - a) **Richtig** über die Zuordnung des Mitarbeiters (Personalstammsatz) zur Planstelle
    - b) **Falsch** über die Zuordnung des Mitarbeiters (Personalstammsatz) zur Stelle
    - c) **Falsch** über die Zuordnung des Mitarbeiters (Personalstammsatz) zur Organisationseinheit
    - d) **Falsch** über die Zuordnung des Mitarbeiters (Personalstammsatz) zur Aufgabe

Kapitel 4
Personalbeschaffung

4.1	**Personalwerbung**	175
4.1.1	Personalbedarf	176
4.1.2	Ausschreibung	178
4.2	**Bewerberstammsatz**	**181**
4.2.1	Infotypen des Bewerberstammsatzes	181
4.2.2	Strukturierung von Bewerbern	183
4.2.3	Bewerberstammsatz anlegen	186
4.2.4	Bewerberstammsatzpflege	189
4.3	**Auswahlprozeß**	**194**
4.3.1	Abbildung der Bewerberstatus	195
4.3.2	Bewerbervorgänge	195
4.3.3	Vorgänge pflegen	199
4.4	**Übernahme der Bewerberstammdaten**	**204**
4.5	**Informationssystem**	**204**
4.6	**Aus der Praxis**	**210**
4.7	**Aufgaben**	**217**
4.8	**Lösungen**	**219**

Personalbeschaffung

Die Komponente Personalbeschaffung ist vollständig in das SAP® R/3®-Personalwirtschaftssystem integriert. Damit ist jederzeit ein reibungsloser Datenaustausch mit anderen Komponenten der Personalwirtschaft, z.B. dem Organisationsmanagement, der Personalentwicklung oder der Personaladministration, sichergestellt.

Der Prozeß der Personalbeschaffung kann von der Bekanntgabe des jeweiligen Personalbedarfs über die Abwicklung der Bewerberadministration und die Bewerbervorauswahl bis hin zur Übernahme der Bewerberdaten in die Mitarbeiterstammdaten abgebildet werden.

Um eine effiziente Erfolgskontrolle durchzuführen, stehen im R/3-System zahlreiche Standardreports zur Verfügung.

In diesem Kapitel werden folgende Themen behandelt:

- Personalwerbung
- Erfassung der Bewerberstammdaten
- Auswahlprozeß mit der Bearbeitung von Vorgängen einschließlich der Abwicklung des Schriftverkehrs
- Übernahme der Daten der erfolgreichen Bewerber in die Mitarbeiterstammdaten
- Informationssystem

4.1 Personalwerbung

Die Personalwerbung übernimmt im Rahmen der Personalbeschaffung die Aufgabe, den ermittelten aktuellen Personalbedarf zu veröffentlichen.

Dabei sollten folgende Fragen beantwortet werden:

- WO? – Auf welchem Markt soll die Personalwerbung erfolgen?
- WIE? – Durch welche Maßnahme soll die Personalwerbung erfolgen?

4 Personalbeschaffung

- WANN? – Zu welchem Zeitpunkt soll die Personalwerbung erfolgen?

Die Auswahl der richtigen Maßnahme hängt von vielen Faktoren ab, z. B. von der Situation auf dem Arbeitsmarkt, der Art und Dringlichkeit des Personalbedarfs und letztendlich auch vom zur Verfügung stehenden Beschaffungsbudget.

Um Sie bei den Aufgaben der Personalwerbung zu unterstützen, erhalten Sie zunächst im Arbeitsgebiet »Personalwerbung« des R/3-Systems die Informationen zum Personalbedarf. Danach können Sie alle erforderlichen Maßnahmen zur Personalbeschaffung durchführen, verwalten und auswerten, so z. B. interne Ausschreibungen am Schwarzen Brett oder im Intranet sowie externe Ausschreibungen in Zeitungen und Fachzeitschriften, im Internet, beim Arbeitsamt oder über Personalagenturen.

4.1.1 Personalbedarf

Bei der Personalbedarfsplanung lautet die zentrale Frage: Wie viele Mitarbeiter mit welchen Qualifikationen werden wann und wo benötigt? Denn ohne Kenntnis des quantitativen und qualitativen Personalbedarfs ist keine Beschaffungsplanung möglich. Die Bedarfsplanung kann mit unterschiedlichen Methoden durchgeführt werden, z. B. mit dem Schätzverfahren, der Kennzahlenmethode oder der Stellenplanmethode.

Im R/3-System wird der Personalbedarf unter anderem auf der Grundlage der Stellenplanmethode über die Art und Anzahl der »Vakanzen« ermittelt. Bei einer Vakanz handelt es sich um den Personalbedarf für eine Planstelle (Position), z. B. eine »Planstelle Personalreferent/in mit einer Regelarbeitszeit von 38 Stunden pro Woche« (vgl. auch Kapitel 8, »Personalplanung und -entwicklung«).

Zu Beginn des Personalbeschaffungsprozesses wird im Arbeitsgebiet »Organisationsmanagement« des Moduls »Personalplanung und -entwicklung« eine neu zu besetzende Planstelle als vakant deklariert.

Informationen zur Vakanz

Die in Tabelle 4.1 aufgelisteten Informationen zur Vakanz können dabei angegeben werden.

Bezeichnung der vakanten Planstelle	Positionsbezeichnung
Beginn- und Endedatum	Besetzungs- bzw. Wiederbesetzungszeitraum
Verantwortlicher Personalreferent	Mitarbeiter der Personalabteilung, der für die Abwicklung des Bewerbungsablaufs und für die Besetzung der Vakanz im Rahmen der Zuständigkeit der Personalabteilung verantwortlich ist.

Tabelle 4.1 Einzugebende Informationen zur VakanzE nzugebende Informationen zur Vakanz

Personalbeschaffung

Bezeichnung der vakanten Planstelle	Positionsbezeichnung
Fachverantwortlicher	Mitarbeiter der Fachabteilung, der für die Besetzung der Vakanz im Rahmen der Zuständigkeit der Fachabteilung verantwortlich ist und über die fachliche Eignung des Bewerbers entscheidet.
Genehmigungsprozentsatz	Gibt an, zu wieviel Prozent die Besetzung der Planstelle genehmigt ist.
Reservierungsprozentsatz	Gibt an, zu wieviel Prozent eine Vakanz für eine oder mehrere Personen reserviert ist.
Besetzungsprozentsatz	Gibt an, zu wieviel Prozent eine Vakanz von einem oder mehreren Bewerbern besetzt ist.
Besetzungsstatus	Gibt an, ob eine Planstelle bereits ganz oder teilweise besetzt oder reserviert ist. Der Status wird vom R/3-System automatisch aus dem Genehmigungs-, Reservierungs- und Besetzungsprozentsatz ermittelt.

Tabelle 4.1 Einzugebende Informationen zur VakanzEinzugebende Informationen zur Vakanz

Darüber hinaus stehen Ihnen jederzeit zusätzliche für die Personalbeschaffung relevante Informationen über die Planstelle zur Verfügung – z. B. die organisatorische Zuordnung, die Stellenbeschreibung und das Anforderungsprofil. Die Pflege dieser Informationen erfolgt im Arbeitsgebiet »Organisationsmanagement« und wird im Kapitel 8 »Personalplanung und -entwicklung« im Abschnitt »Infotyp Vakanz anlegen« ausführlich erläutert.

Wenn Sie die Komponente »Personalbeschaffung« ohne die Komponente »Organisationsmanagement« nutzen wollen, können Sie die Grunddaten der Vakanzen manuell in der Personalbeschaffung pflegen.

Vakanzen auswerten

Um die vorhandenen Vakanzen im R/3-System auszuwerten, gehen Sie wie folgt vor:

Ausgangspunkt SAP R/3-Hauptmenü

1. Rufen Sie die Menüfunktion PERSONAL | PERSONALMANAGEMENT | BESCHAFFUNG auf.
    → Das Arbeitsgebiet »Personalbeschaffung« wird angezeigt.
2. Rufen Sie die Menüfunktion PERSONALWERBUNG | VAKANZ | AUSWERTEN auf.
    → Das Selektionsbild zum Report RPAPL010 wird angezeigt.
3. Definieren Sie die Selektionskriterien (Datenauswahlzeitraum, Vakanz, Personalreferent, Fachverantwortlicher, Besetzungsstatus).

4 Personalbeschaffung

4. Starten Sie den Report durch einen Klick auf das Symbol 🔧.
   → Das Übersichtsbild der selektierten Vakanzen wird mit Informationen über Beginn, Ende und Verantwortlichkeiten angezeigt (vgl. Abb 4.1).
5. Wenn Sie zusätzliche Informationen zu einer Vakanz anzeigen wollen, doppelklicken Sie auf die entsprechende Zeile des Übersichtsbilds.
   → Das Detailbild »Vakanz anzeigen« wird angezeigt (vgl. Abb. 4.2).

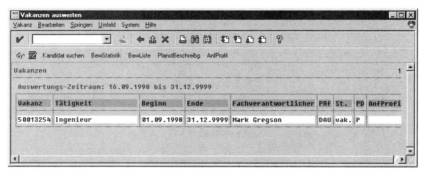

Abbildung 4.1 Liste der Vakanzen (© SAP AG)

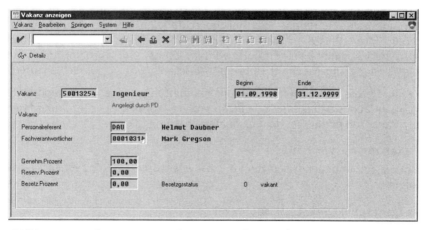

Abbildung 4.2 Informationen zur Vakanz anzeigen (© SAP AG)

4.1.2 Ausschreibung

Um geeignete Mitarbeiter für das Unternehmen zu finden, wird der Personalbedarf in der Regel durch eine Ausschreibung veröffentlicht. Dadurch nimmt das Unternehmen mit dem betriebsinternen und/oder externen Beschaffungsmarkt Kontakt auf. Eine solche Ausschreibung enthält normalerweise die in Tabelle 4.2 aufgeführten Informationen.

Wer wirbt um neue Mitarbeiter?	das Unternehmen
Welche Position ist zu besetzen?	die vakante Planstelle
Was geschieht an der Position, und welche Bedeutung hat sie?	die Stellenbeschreibung
Welche Qualifikationen sollte der neue Mitarbeiter mitbringen?	das Anforderungsprofil
Was hat das Unternehmen zu bieten?	die Arbeits- und Vertragsbedingungen
Was ist zur Kontaktaufnahme erforderlich?	der Bewerbungsvorgang

Tabelle 4.2 Informationen zur Ausschreibung

Sowohl die internen als auch die externen Personalausschreibungen können im R/3-System mit Zusatzinformationen versehen werden. Dazu zählen z.B. Informationen über das Beschaffungsinstrument, das Publikationsdatum, die Publikationskosten, die publizierten Vakanzen sowie der Ausschreibungstext selbst.

Medien

Das Beschaffungsinstrument wird durch das eingesetzte Medium definiert.

Das Medium ist der Kommunikationsweg eines Unternehmens zum Arbeitsmarkt. Solche Kommunikationswege sind z.B.:

- interne und/oder externe Publikationen bzw. die Presse
- Intranet/Internet
- Arbeitsamt
- Personalagentur(en)

Beschaffungsinstrumente

Die Medien werden durch die vom Unternehmen eingesetzten Beschaffungsinstrumente konkretisiert.

Beschaffungsinstrumente können z.B. sein:

- regionale oder überregionale Zeitungen
- Branchen-Fachzeitschriften
- elektronische Stellenbörsen im Internet
- örtliche Arbeitsämter
- gute Personalagenturen

Hinweis Durch die Zuordnung der eingehenden Bewerbungen zu einer Ausschreibung können Sie eine effiziente Erfolgskontrolle durchführen, z.B. über den Erfolg oder Mißerfolg eines Inserats in der örtlichen Tageszeitung an ei-

4 Personalbeschaffung

nem bestimmten Publikationsdatum. Je genauer die Kontrolle hinsichtlich der Beschaffungs- und Personalmarketinginstrumente sein soll, desto mehr sollten Sie nach den eingesetzten Medien differenzieren.

Die Auswertungen hierzu rufen Sie über das Infosystem auf.

Ausschreibung anlegen

Um im R/3-System eine neue Personalausschreibung anzulegen, gehen Sie wie folgt vor:

Ausgangspunkt Arbeitsgebiet »Personalbeschaffung«

1. Rufen Sie die Menüfunktion PERSONALWERBUNG | AUSSCHREIBUNG | PFLEGEN auf.
   → Das Selektionsbild zum Report RPAPL006 wird angezeigt.
2. Starten Sie den Report durch einen Klick auf das Symbol 🔧.
   → Das Übersichtsbild der vorhandenen Ausschreibungen wird angezeigt. Hier können Sie entweder eine bereits existierende Ausschreibung kopieren oder eine neue Ausschreibung anlegen.
3. Wenn Sie eine bestehende Ausschreibung kopieren wollen, markieren Sie die betreffende Zeile, und klicken Sie auf die Drucktaste 📋 (AUSSCHR).
4. Zu einer Neuanlage klicken Sie auf die Drucktaste 📄 (AUSSCHR).
   → Das Erfassungsbild für die Anlage einer neuen Ausschreibung wird angezeigt (vgl. Abb. 4.3).

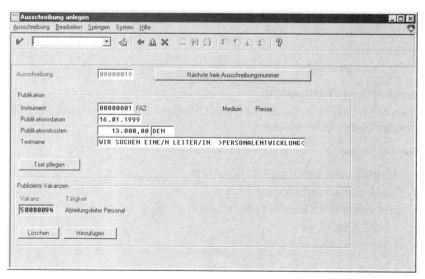

Abbildung 4.3 Ausschreibung anlegen (© SAP AG)

5. Geben Sie die aktuellen Ausschreibungsdaten unter Berücksichtigung folgender Anmerkungen in das Einstiegsbild ein:

Hinweis Durch einen Klick auf die Drucktaste NÄCHSTE FREIE AUSSCHREIBUNGSNUMMER wird im Feld »Ausschreibung« die nächsthöhere, noch nicht vergebene Ausschreibungsnummer vorgeschlagen.

Hinweis Die Pflege der Felder »Ausschreibung«, »Instrument« und »Publikationsdatum« ist obligatorisch. Der jeweilige Text kann bei Bedarf geändert werden.

Hinweis Wenn Sie der Ausschreibung eine oder mehrere publizierte Vakanzen zuordnen wollen, klicken Sie auf die Drucktaste HINZUFÜGEN, und übernehmen Sie aus der Liste »Auswahl Vakanzen« die entsprechende Planstelle.

4.2 Bewerberstammsatz

Die Daten der Bewerber werden im R/3-System in Form des Bewerberstammsatzes hinterlegt. Der Bewerberstammsatz besteht aus verschiedenen Infotypen und enthält alle zur Bewerbungsadministration erforderlichen Informationen. Hierzu gehören z.B. die persönlichen Daten zur Person (Name, Familienstand, Anschrift usw.) sowie Informationen zur Bewerbung (Ausschreibung, Position usw.). Bei Bedarf können Sie zu dem Bewerberstammsatz auch Zusatzinformationen erfassen, wie z.B. Ausbildung oder Qualifikationen des Bewerbers.

4.2.1 Infotypen des Bewerberstammsatzes

Die in der Personalbeschaffung hinterlegten Informationen über die Bewerber müssen so geordnet sein, daß man jederzeit leicht und gezielt auf diese Daten zugreifen kann, um sie einzusehen und eventuell pflegen zu können.

Im R/3-System werden die Bewerberstammdaten in einzelnen Infotypen (Informationstypen) abgelegt, die die einzelnen Bewerberstammdaten zu sinnvollen Themenkreisen zusammenfassen. Der Infotyp »Daten zur Person« enthält z B. Vornamen, Nachnamen, Geburtsdatum, Familienstand und Konfession eines Bewerbers.

Hinweis Der Begriff Infotyp wird in Kapitel 5, »Personalstammdatenverwaltung«, ausführlich beschrieben.

In der Personalbeschaffung werden für den Bewerberstammsatz sowohl die Infotypen der Personaladministration als auch die der Personalbeschaffung verwendet.

4 Personalbeschaffung

Infotypen aus der Personaladministration
Aus der Personaladministration werden die in Tabelle 4.3 dargestellten Infotypen eingesetzt.

Organisatorische Zuordnung	Unternehmensstruktur, Bewerberstruktur, Personalreferent
Daten zur Person	Name, Geburtsdatum, Familienstand, Konfession
Anschrift	Straße, Ort, Land, Telefon, ständiger oder Zweitwohnsitz
Ausbildung	Art, Dauer, Bezeichnung
Andere/frühere Arbeitgeber	Zeitraum, Arbeitgeber, Branche, Ort
Qualifikation	Qualifikationen mit Ausprägung
Bankverbindung	Geldinstitut, Kontonummer, Verwendungszweck

Tabelle 4.3 Infotypen aus der Personaladministration

Bei Bedarf können Sie auch weitere Infotypen der Personaladministration für den Bewerberstammsatz nutzen. Die Infotypen der Personaladministration werden ausführlich in Kapitel 5, »Personalstammdatenverwaltung«, beschrieben.

Spezielle Infotypen für Bewerber
Außer den Infotypen der Personaladministration werden in der Personalbeschaffung die in Tabelle 4.4 aufgeführten Infotypen ausschließlich für Bewerber verwendet.

Obligatorische Daten
Die Infotypen zu einem Bewerberstammsatz können in obligatorische und optionale Daten untergliedert werden.

Folgende Daten müssen im R/3-System für jeden Bewerber erfaßt werden, da sie für die Abwicklung der Bewerberkorrespondenz und statistische Auswertungen benötigt werden.

- Daten zur Person
- Anschrift
- Organisatorische Zuordnung
- Bewerbungen
- Maßnahmen im Rahmen der Bewerbung

Bewerbermaßnahme	Status des Bewerbers (der Bewerber hat zu jedem Zeitpunkt im Auswahlprozeß einen Gesamtstatus) Statusgrund durchgeführte Maßnahmen
Bewerbungen	Ausschreibung Spontanbewerbergruppe
Vakanzzuordnung	Zuordnung des Bewerbers zu einer oder mehreren vakanten Planstelle/n Die Zuordnung wird festgehalten, um nachzuweisen, daß ein Bewerber am Auswahlprozeß für eine Vakanz teilnimmt. Ein Bewerber kann gleichzeitig mehreren Vakanzen zugeordnet werden. In einem solchen Fall muß für jede Vakanz eine Priorität vergeben werden.
Status Bewerbervorgang	Zusatzinformationen zu den Vorgängen
Personalnummer	Sie dient für interne Bewerber und externe Mitarbeiter als Schnittstelle zu den Personalstammdaten.

Tabelle 4.4 Bewerberspezifische Infotypen

Optionale Daten

Die optionalen Daten werden nur für solche Bewerber erfaßt, die für das Unternehmen von weiterem Interesse sind.

- Vakanzzuordnung
- Ausbildung
- Andere/frühere Arbeitgeber
- Qualifikation
- Potentiale
- Interessen
- Abneigungen
- Bankverbindung

4.2.2 Strukturierung von Bewerbern

Bei der Erfassung der eingehenden Bewerbungen werden vom R/3-System bestimmte Informationen über die Bewerber abgefragt:

- Ist die Person ein interner oder externer Bewerber?
- Bewirbt sich die Person zum Beispiel um eine Position als Auszubildender oder um eine Position im Kreis der leitenden Angestellten?
- Möchte die Person für einen bestimmten Bereich des Unternehmens tätig werden?
- Bezieht sich die Person auf eine bestimmte Ausschreibung oder bewirbt sie sich generell oder spontan bei dem Unternehmen?

4 Personalbeschaffung

Um diese typischen Fragestellungen im R/3-System darzustellen, werden die Bewerberstammsätze nach folgenden Kriterien strukturiert:

- interner/externer Bewerber
- Bewerbergruppe
- Bewerberkreis
- Personalbereich/Teilbereich
- Spontanbewerber/Bewerber mit Bezug auf eine Ausschreibung

Interner Bewerber
Bei den internen Bewerbern handelt es sich um Personen, die zum Zeitpunkt der Bewerbung Mitarbeiter Ihres Unternehmens sind.

Externer Bewerber
Bei der Mehrzahl von Bewerbungen handelt es sich um externe Bewerber. Das sind Personen, die zum Zeitpunkt der Bewerbung nicht in Ihrem Unternehmen tätig sind. Zu diesem Kreis der externen Bewerber gehören auch frühere Mitarbeiter Ihres Unternehmens.

Bewerbergruppe
- Mit Bewerbergruppen können Sie Bewerber nach der Art des angestrebten Beschäftigungsverhältnisses gliedern, z. B. in:
- Mitarbeiter mit befristetem Vertrag
- Mitarbeiter mit unbefristetem Vertrag
- freie Mitarbeiter

Die *Bewerberklasse* spezifiziert eine Eigenschaft der Bewerbergruppe und kennzeichnet, ob es sich um einen internen Bewerber (Bewerberklasse P) oder einen externen (Bewerberklasse AP) handelt.

Bewerberkreis
Mit dem Bewerberkreis steht Ihnen im R/3-System ein weiteres frei wählbares Kriterium zur Strukturierung eingehender Bewerbungen zur Verfügung.

Je nach Bedarf erfolgt hier eine Klassifizierung nach hierarchischen oder funktionalen Kriterien.

- Eine hierarchische Klassifizierung liegt vor, wenn Sie die Bewerber z. B. in Auszubildende, Angestellte, Fachkräfte oder leitende Angestellte unterteilen.
- Eine funktionale Klassifizierung liegt vor, wenn Sie die Bewerber bestimmten Bereichen wie z. B. Personal, Finanzwesen oder Produktion zuordnen.

Personalbereich und Teilbereich
Mit der Zuordnung des Bewerberstammsatzes zu einem Personalbereich bzw. Teilbereich können Sie die Bewerber zusätzlich nach Gesichtspunkten der Unternehmensstruktur gliedern.

Personalbeschaffung 4

- Der Personalbereich ist ein nach personalwirtschaftlichen Aspekten abgegrenzter Unternehmensbereich.
- Der Teilbereich stellt eine mögliche Aufgliederung des Personalbereichs dar, z.B. in den Personalbereich »Frankfurt« mit den »Personalteilbereichen« »Verwaltung« oder »Produktion«.

Die Definition der Unternehmensstruktur erfolgt im Rahmen der Personaladministration (vgl. Kapitel 3, »Unternehmens-, Personal- und Organisationsstruktur).

Spontanbewerber

Das Anlegen von Spontanbewerbergruppen dient zur Strukturierung von Bewerbern, die sich spontan, das heißt ohne Bezug auf eine spezielle Ausschreibung, bei Ihrem Unternehmen bewerben. Möglich ist eine Zusammenfassung bzw. Aufgliederung nach der angestrebten Position im Unternehmen, wie z.B. »Sachbearbeiter/in im Personalwesen«, »Assistent/in Marketing« oder »Leiter/in Vertrieb«.

Bewerber auf eine Ausschreibung

Personen, die sich auf eine spezielle Ausschreibung beziehen, bewerben sich um eine bestimmte vakante Position im Unternehmen, die im Rahmen der Personalwerbung veröffentlicht wurde. In der Regel können sich sowohl interne als auch externe Personen auf eine Ausschreibung bewerben.

Vorteile der Strukturierung

Eine Strukturierung von Bewerbern im R/3-System hat für den Selektionsprozeß folgende Vorteile:

- *Unterschiedliche Abläufe für verschiedene Bewerbungen*

    Für Auszubildende oder leitende Angestellte kann es verschiedene Auswahlvorgänge geben. Zum Beispiel wird Ihnen für einen Auszubildenden nach der Eingangsbestätigung als Folgeschritt eine Einladung zur Azubi-Prüfung vorgeschlagen oder für einen Bewerber um eine Position als leitender Angestellter eine Einladung zum »Assessment-Center« oder zu einem Vorstellungsgespräch. Diese Vorschläge erhalten Sie in der Vorgangsvorschlagsliste des R/3-Systems.

    Darüber hinaus können Sie die Bewerberkorrespondenz dem Bewerberkreis anpassen, beispielsweise unterschiedliche Absageschreiben für Auszubildende oder Angestellte erstellen.

- *Statistiken/ Auswertungen/ Selektion*

    Im Bewerberpool kann gezielt nach bestimmten Bewerbereigenschaften gesucht werden. Die Kriterien werden auch für detaillierte Statistiken und Auswertungen genutzt, z.B. für die Statistik über die Bewerbungseingänge.

4 Personalbeschaffung

- *Berechtigungsprüfung*
  Die Zugriffsberechtigung der Benutzer des R/3-Systems kann je nach Bewerbertyp gesteuert werden. Der Benutzer »Müller« darf z. B. alle Bewerberstammsätze anzeigen und pflegen, der Mitarbeiter »Schneider« kann jedoch nur die Auszubildenden anzeigen und pflegen.

4.2.3 Bewerberstammsatz anlegen

Wenn die im Rahmen der Personalwerbung durchgeführten Personalbeschaffungsmaßnahmen erfolgreich waren, geht meist innerhalb kurzer Zeit eine Vielzahl an Bewerbungen in der Personalabteilung ein, die alle möglichst umgehend bearbeitet werden sollen. Jeder Bewerber, der seine Unterlagen einreicht, bringt dem Unternehmen damit sein Interesse und Vertrauen entgegen. Er legt seinen persönlichen und beruflichen Lebenslauf offen und hat somit Anspruch auf absolute Diskretion, rasche Bearbeitung und gegebenenfalls Rückgabe seiner Unterlagen. Um diese Anforderungen zu erfüllen und eine ordnungsgemäße Abwicklung zu gewährleisten, benötigt der Personalreferent geeignete Unterstützung bei der Erfassung und Selektion der Bewerber.

Die Erfassung der Bewerberdaten erfolgt im R/3-Arbeitsgebiet »Personalbeschaffung« mit der Funktion ERSTERFASSUNG. Dabei hängt der Umfang der Dateneingabe davon ab, ob es sich um einen externen oder einen internen Bewerber handelt.

- Bei der Erfassung eines externen Bewerbers geben Sie die Daten anhand der Bewerbungsunterlagen manuell in das R/3-System ein.
- Bei internen Bewerbern werden nach Eingabe der entsprechenden Personalnummer die vorhandenen Stammdaten der bereits angestellten Person als Vorschlagswerte in die Bewerberstammdaten übernommen. Diese Daten können bei Bedarf überschrieben werden. Diese Funktion setzt den Einsatz der R/3-Komponente »Personalstammdaten« voraus.

Ersterfassung

Die Ersterfassung von Bewerberdaten erfolgt im R/3-System in zwei Stufen.

- In Stufe 1 werden die für die weitere Korrespondenz und die Statistik benötigten obligatorischen Grunddaten von sämtlichen Bewerbern per Schnellerfassung aufgenommen.
- In Stufe 2 werden zusätzliche Informationen (optionale Daten), wie Schulbildung, Qualifikationen, frühere Arbeitgeber usw., von solchen Bewerbern eingegeben, die für das Unternehmen von weiterem Interesse sind.

Vorteile des Zwei-Stufen-Konzepts

Das Zwei-Stufen-Konzept des R/3-Systems hat folgende Vorteile:

- Bei Bewerbern, die für das Unternehmen langfristig uninteressant sind, ist der Erfassungsaufwand minimal.

Personalbeschaffung 4

- Mit der Schnellerfassung der Grunddaten ist eine rasche Bearbeitung möglich, auch wenn eine Vielzahl von Bewerberstammsätzen im R/3-System angelegt werden soll.
- Die Informationen aus den eingehenden Bewerbungen können von mehreren Mitarbeitern erfaßt werden.

Folgender Ablauf ist denkbar:

1. Ein Mitarbeiter der Personalabteilung erfaßt lediglich die obligatorischen Grunddaten aller eingehenden Bewerbungen.
2. Danach werden die Bewerbungsunterlagen an die zuständigen Personalreferenten weitergeleitet.
3. Diese entscheiden über die weitere Vorgehensweise. Zum Beispiel werden einigen Bewerbern Absagen erteilt, einige Bewerbungsunterlagen werden an die betroffenen Fachvorgesetzten weitergereicht, manche Bewerber werden zu einem Vorstellungsgespräch eingeladen.
4. Für die interessanten Kandidaten können die Bewerbungsdaten jederzeit mit den entsprechenden Zusatzinformationen versehen werden.

1. Stufe – Obligatorische Daten erfassen

Um die Grunddaten (Stufe 1) für einen Bewerberstammsatz im R/3-System zu erfassen, gehen Sie wie folgt vor:

Ausgangspunkt SAP R/3-Hauptmenü

1. Rufen Sie die Menüfunktion PERSONAL | PERSONALMANAGEMENT | BESCHAFFUNG auf.
   → Das Arbeitsgebiet »Personalbeschaffung« wird angezeigt.
2. Klicken Sie auf die Drucktaste ERSTERFASSUNG.
   → Das Einstiegsbild wird angezeigt (vgl. Abb. 4.4).
3. Geben Sie unter Berücksichtigung folgender Anmerkungen die entsprechenden Bewerberdaten in das Einstiegsbild ein:
   - Nur bei externer Nummernvergabe wird im Feld »Bewerbernummer« eine Bewerbernummer eingegeben.
   - Bei internen Bewerbern geben Sie im Feld »Personalnummer« die im System vorhandene Personalnummer der Mitarbeiterin bzw. des Mitarbeiters ein.
   - Eine »Referenz« liegt vor, wenn ein Bewerber von einem Mitarbeiter Ihres Unternehmens empfohlen wurde.
   - Die organisatorische Zuordnung der Bewerbung ist obligatorisch.
   - Die Eingaben zur Bewerbung (Zuordnung zu einer Ausschreibung oder einer Spontanbewerbergruppe) sind ebenfalls obligatorisch.

Personalbeschaffung

- Durch Aktivieren der Felder »Weitere Daten« wechseln Sie in das Einzelbild des entsprechenden Infotyps. Sie können dann zusätzliche Informationen zu einem Bewerber hinterlegen, z.B. die Zeile »c/o ...« bei der Anschrift eines Bewerbers.

4. Klicken Sie auf das Symbol 🖫.
   → Die Meldung »Maßnahme Ersterfassung Grunddaten für Bewerber durchgeführt« wird ausgegeben.

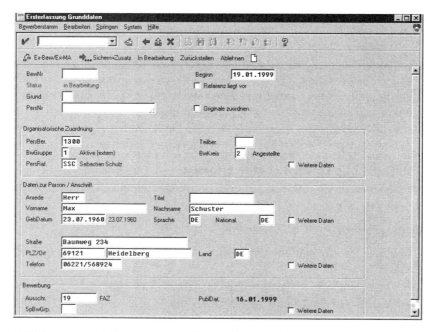

Abbildung 4.4 Ersterfassung der Bewerberdaten (© SAP AG)

Mehrfachbewerber und frühere Mitarbeiter erkennen

Bei der Ersteingabe wird vom R/3-System automatisch überprüft, ob sich die erfaßte Person schon einmal bei dem Unternehmen beworben hat oder zum Kreis der früheren Mitarbeiter gehört. Diese Prüfung erfolgt mit den Informationen in den Feldern »Vornamen«, »Namen« und »Geburtsdatum«.

Wenn identische persönliche Daten gefunden werden, wird automatisch der zugehörige Bewerberstammsatz eingeblendet. Das Fenster »Wiedererkennung von Mehrfachbewerbern und ausgetretenen Mitarbeitern« wird angezeigt.

Personalbeschaffung   4

Abbildung 4.5 Wiedererkennung von Mehrfachbewerbern und ausgetretenen Mitarbeitern (© SAP AG)

Ausgangspunkt Fenster »Wiedererkennung von Mehrfachbewerbern und ausgetretenen Mitarbeitern« (vgl. Abb. 4.5)

1. Klicken Sie auf die Drucktaste (PERSON).
   → Der Bewerberstammsatz wird angezeigt.
2. Klicken Sie auf die Drucktaste PERSON WIEDERERKANNT, falls es sich um dieselbe Person handelt.
   → Die Daten werden in die Erfassungsmaske übernommen und können weiterbearbeitet werden.

4.2.4 Bewerberstammsatzpflege

Nachdem der Bewerberstammsatz mit der »Ersterfassung« angelegt ist, haben Sie zur Ergänzung und weiteren Pflege der Bewerberdaten die beiden folgenden Möglichkeiten:

- *Bewerbermaßnahmen*
  Die Bewerbermaßnahmen verwenden Sie, wenn Sie für einen Bewerber Zusatzdaten erfassen oder diesen einstellen wollen.

- *Pflege einzelner Infotypen*
  Die Pflege einzelner Infotypsätze verwenden Sie, wenn Sie z. B. für einen oder mehrere Bewerber eine Bankverbindung eingeben wollen. Auch die Änderung einer bestimmten Information, z. B. die Korrektur einer Eingabe, können Sie auf diese Weise vornehmen.

4 Personalbeschaffung

Zu den beiden Möglichkeiten der Bewerberstammsatzpflege im folgenden zwei Anwendungsbeispiele:

Beispiel 1 – Bewerbermaßnahmen

Die Bearbeitung von Arbeitsabläufen der Personalbeschaffung, wie beispielsweise die Erfassung von Zusatzdaten oder die Vorbereitung einer Einstellung, läßt sich mit Hilfe der sogenannten *Maßnahmen* vereinfachen. In den Maßnahmen werden logisch zusammenhängende Infotypen zu einer Infogruppe zusammengefaßt und in einem Arbeitsschritt bzw. Arbeitsprozeß bearbeitet. Die Maßnahmen können jederzeit den individuellen Anforderungen eines Unternehmens angepaßt werden. Wenn Sie z.B. bei der Maßnahme »Zusatzdaten erfassen« keine Informationen über andere bzw. frühere Arbeitgeber pflegen wollen, entfernen Sie diesen Infotyp aus der entsprechenden Infogruppe (vgl. Kapitel 5, »Personalstammdatenverwaltung«).

Für zwei typische Maßnahmen der Personalbeschaffung, »Ersterfassung Grunddaten« und »Zusatzdaten erfassen«, wurden Drucktasten in die Menüs des R/3-Systems aufgenommen. Das heißt, die Zusatzdaten können sowohl bei der Ersterfassung in einem Arbeitsvorgang als auch zu einem anderen Zeitpunkt über die Maßnahme »Zusatzdaten erfassen« im R/3-System angelegt werden. Da die Anwendung der Drucktaste bereits bei der Ersterfassung vorgestellt wurde, werden die Zusatzdaten über die Maßnahme »Zusatzdaten erfassen« gepflegt.

Die Maßnahme umfaßt in der Standardeinstellung des R/3-Systems folgende Infotypen:

- Vakanzzuordnung
- Ausbildung
- Andere/frühere Arbeitgeber

Des weiteren können Sie über die Drucktaste QUALIFIKATIONSPROFIL PFLEGEN folgende Informationen zur Person anlegen:

- Qualifikationen
- Potentiale
- Interessen
- Abneigungen

Die obengenannten Zusatzinformationen über interessante Kandidaten können Sie jederzeit zur Unterstützung des Auswahlprozesses ganz oder teilweise erfassen.

Personalbeschaffung 4

2. Stufe – Zusatzdaten anlegen

Um im R/3-System Zusatzdaten für einen Bewerber anzulegen, gehen Sie wie folgt vor:

Ausgangspunkt Arbeitsgebiet »Personalbeschaffung«

1. Klicken Sie auf die Drucktaste BEWERBERMASSNAHMEN.
2. Das Fenster »Bewerbermaßnahmen« wird mit einer Übersicht über die im R/3-System vorhandenen Bewerbermaßnahmen angezeigt.
3. Geben Sie in das Feld »Bewerbernummer« die Nummer des Bewerbers ein, oder suchen Sie den gewünschten Bewerber über einen Matchcode.
   → Es wird ein Beginndatum für die Maßnahme vorgeschlagen. Sie können es bei Bedarf überschreiben.
4. Markieren Sie durch Anklicken die Maßnahmenart ZUSATZDATEN ERFASSEN, und klicken Sie auf das Symbol ✔.
   → Das Fenster »Zusatzdaten erfassen« wird angezeigt (vgl. Abb. 4.6).
5. Geben Sie die entsprechenden Bewerberdaten unter Berücksichtigung folgender Anmerkungen ein:
   - Bei Bewerbungen auf eine Ausschreibung erhalten Sie durch einen Klick auf die Drucktaste VORSCHLAG VAKANZ die Vakanzen der publizierten Ausschreibung.
   - Die Informationen zur Ausbildung (Schulart und Abschluß) eines Bewerbers pflegen Sie mit der Suchfunktion (Matchcode).

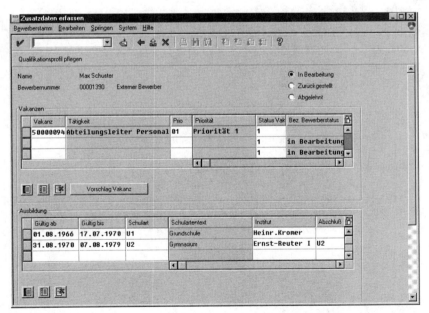

Abbildung 4.6 Ausschnitt – Zusatzdaten für Bewerber erfassen (© SAP AG)

Personalbeschaffung

6. Wenn Sie zusätzlich Informationen zu Qualifikationen, Potentialen, Interessen und Abneigungen erfassen wollen, klicken Sie auf die Drucktaste QUALIFIKATIONSPROFIL PFLEGEN.

   → Das Fenster »Bewerber: Profil ändern« wird angezeigt (vgl. Abb. 4.7).

   Hinweis Welche Möglichkeiten Sie bei der Anlage und Pflege eines Qualifikationsprofils für eine Person haben, wird im Kapitel 8, »Personalentwicklung«, ausführlich beschrieben.

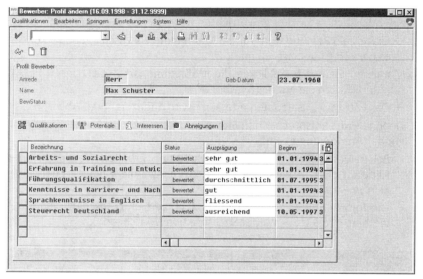

Abbildung 4.7 Qualifikationsprofil für Bewerber pflegen (© SAP AG)

7. Klicken Sie auf das Symbol.

   → Das Fenster »Zusatzdaten erfassen« wird angezeigt.

8. Klicken Sie auf das Symbol.

   → Das Fenster »Bewerbermaßnahmen« wird angezeigt.

Beispiel 2 – Bewerberinfotypen pflegen

Über die Funktion BEWERBERSTAMMSATZ PFLEGEN können Sie einzelne Informationen einer Bewerbung einfach und gezielt anlegen. Eingabefehler, z. B. ein falsches Geburtsdatum oder eine falsche Adresse, können ebenfalls mit dieser Funktion korrigiert werden.

Personalbeschaffung 4

Um beispielsweise eine Bankverbindung für einen Bewerber anzulegen, gehen Sie wie folgt vor:

Ausgangspunkt Arbeitsgebiet »Personalbeschaffung«

1. Klicken Sie auf die Drucktaste BEWERBSTAMM PFLEGEN.
   → Das Fenster »Bewerberstammdaten pflegen« wird mit einer Übersicht über die im R/3-System vorhandenen Infotypen zum Bewerberstamm angezeigt (vgl. Abb. 4.8).
2. Geben Sie in das Feld »Bewerbernummer« die Nummer des Bewerbers ein, oder suchen Sie den gewünschten Bewerber über einen Matchcode.
3. Markieren Sie durch Anklicken den Infotyp »Bankverbindung«, und klicken Sie auf das Symbol 🗋.
   → Das Fenster »Bankverbindung anlegen« wird angezeigt (vgl. Abb. 4.9).
4. Geben Sie die Informationen zur Bankverbindung des Bewerbers unter Berücksichtigung folgender Anmerkungen ein:

   Hinweis Das vom R/3-System vorgeschlagene Beginndatum entspricht dem Datum der Ersterfassung. Es kann bei Bedarf überschrieben werden.

   Hinweis Der Bankschlüssel des jeweiligen Kreditinstituts kann über einen Matchcode gesucht werden.

5. Klicken Sie auf das Symbol 🖫.
   → Die Meldung »Satz wurde hinzugefügt« wird ausgegeben.

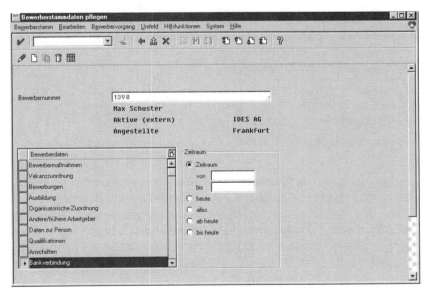

Abbildung 4.8 Bewerberstammdaten pflegen (© SAP AG)

4 Personalbeschaffung

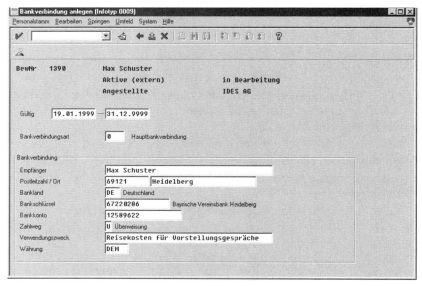

Abbildung 4.9 Bankverbindung pflegen (© SAP AG)

4.3 Auswahlprozeß

Das Ziel einer erfolgreichen Personalbeschaffung ist es, die richtigen Mitarbeiter mit den richtigen Qualifikationen zum richtigen Zeitpunkt am richtigen Ort zu marktgerechten Preisen für das Unternehmen zu gewinnen. Um dieses Ziel zu erreichen und die persönlichen und fachlichen Qualifikationsmerkmale der Bewerber zu ermitteln, bedarf es eines strukturierten Auswahlprozesses. Dieser beginnt mit der Durchsicht und Analyse der eingegangenen Bewerbungen und führt über die Vorstellungsgespräche schließlich zur Entscheidung über die Einstellung.

Ziel des Auswahlprozesses ist es, ein möglichst lückenloses Bild von den Fähigkeiten der Bewerber zu gewinnen, um deren Eignung entsprechend den Anforderungen der zu besetzenden Position zu ermitteln.

Der Auswahlprozeß wird im R/3-System durch folgende Funktionen unterstützt:

- Hinterlegung von umfassenden Informationen über Bewerber im Bewerberstammsatz (siehe Abschnitt 4.2.3, »Bewerberstammsatz anlegen«.)
- Durchführung der Bewerbervorauswahl mit der Möglichkeit, Bewerberqualifikationen zu hinterlegen und mit bestehenden Anforderungsprofilen von Positionen (Planstellen) zu vergleichen (siehe Kapitel 8, »Personalplanung und -entwicklung«)
- Abbildung der Bewerberstatus

Personalbeschaffung

- Darstellung der administrativen Schritte durch Bewerbervorgänge (siehe unten)
- Erledigung der Bewerberkorrespondenz
- Übernahme der Bewerberstammdaten in die Mitarbeiterstammdaten

4.3.1 Abbildung der Bewerberstatus

Der Stand eines Bewerbers im Auswahlprozeß wird im R/3-System durch den Bewerberstatus angezeigt. Der Bewerberstatus kann sich auf die beiden folgenden Auswahlprozesse beziehen:

- den »globalen« Auswahlprozeß
- den Auswahlprozeß für eine Vakanz

Globaler Auswahlprozeß

Am globalen Auswahlprozeß nimmt jeder erfaßte Bewerber automatisch teil. Dabei wird entschieden, ob der Bewerber zur gegebenen Zeit von Interesse für das Unternehmen ist.

Auswahlprozeß einer Vakanz

Der Bewerber kann an einem oder mehreren Auswahlprozessen für eine Vakanz teilnehmen. Zum Beispiel kann ein Bewerber sowohl an dem Auswahlprozeß für die Position »Sachbearbeiter/in Personal« als auch für die ausgeschriebene Position »Assistent/in Personal« teilnehmen.

Im Verlauf des Auswahlprozesses kann sich der Bewerberstatus jederzeit ändern. Wird beispielsweise die Position »Assistent/in Personal« besetzt, so erhält der Bewerber für diese Vakanz den Status »abgelehnt«, für die Position »Sachbearbeiter/in Personal« ist er jedoch weiterhin im Selektionsprozeß. Das heißt, der Status für diese Vakanz sowie der Status für den globalen Auswahlprozeß ist »in Bearbeitung«.

Bewerberstatus

Beispiele für den Bewerberstatus sind:

- in Bearbeitung
- zurückgestellt
- eingeladen
- Vertrag angeboten
- einzustellen
- abgelehnt

4.3.2 Bewerbervorgänge

Die beim Auswahlprozeß erforderlichen Aktivitäten können Sie innerhalb der Komponente »Personalbeschaffung« in Form von Vorgängen planen, erfassen und protokollieren. Bei diesen Vorgängen handelt es sich um administrative Schritte, die den einzelnen Bewerbern zugeordnet werden können.

4 Personalbeschaffung

Beispiele für Bewerbervorgänge sind:

- Eingangsbestätigung
- Aktenübergabe an die Fachabteilung
- Aktenrückgabe
- Schriftliche oder telefonische Einladung zum Interview
- Abgabe einer Beurteilung
- Ausgang eines Zwischenbescheids
- Ausgang eines Ablehnungsschreibens
- Ausgang eines Vertrags
- Einstellung

Mit diesen Vorgängen läßt sich der für ein Unternehmen typische Bewerbungsdurchlauf abbilden. Im R/3-Standard steht Ihnen hierfür eine Vielzahl von Vorgängen zur Verfügung. Sie können jedoch bei Bedarf für Ihr Unternehmen weitere, benutzerdefinierte Bewerbungsvorgänge erstellen.

Eigenschaften von Bewerbervorgängen

Ein Bewerbungsvorgang ist im R/3-System durch folgende Eigenschaften charakterisiert:

- *Vorgangsart*
  Aktivität, die für einen Bewerber durchzuführen ist, z.B. »Eingangsbestätigung«, »Einladung zum Interview« oder »Absageschreiben«.

- *Vorgangsstatus*
  Gibt an, ob die Aktivität bereits durchgeführt wurde (Status: erledigt) oder ob sie noch durchzuführen ist (Status: geplant).

- *Ausführungstermin*
  Gibt an, an welchem Tag bzw. bis zu welchem Tag, gegebenenfalls um eine Uhrzeit ergänzt, der Vorgang ausgeführt werden soll.

- *Vorgangsverantwortlicher*
  Gibt an, wer für die Erledigung des betreffenden Vorgangs zum angegebenen Termin zuständig ist. Bei Einsatz der Komponente »Personalstammdaten« können Sie bei der Zuordnung des Verantwortlichen mit Matchcode auf die Mitarbeiterstammdaten zugreifen.

- Bei Bedarf können Sie zu jedem Bewerbungsvorgang zusätzliche individuelle Notizen ablegen.

- Die Daten der Bewerbervorgänge sind jederzeit über die logische Datenbank auswertbar.

Verknüpfung des Bewerbungsvorgangs mit Funktionen

Zusätzlich zu den beschriebenen Systemeigenschaften können Sie zur Optimierung des Bewerbungsdurchlaufs die Bewerbungsvorgänge mit bestimmten Funktionen des R/3-Systems verknüpfen, beispielsweise

- den Vorgang »Ausgang Einladung Interview« mit der Textvorlage »Einladung-Interview« und der Funktion BRIEF DRUCKEN, BRIEF FAXEN oder BRIEF MAILEN (per E-Mail versenden)
- den Vorgang »Feedback Interview« mit der Funktion E-MAIL SENDEN
- den Vorgang »Bewerber einstellen« mit der Funktion BATCH-INPUT-MAPPE erzeugen

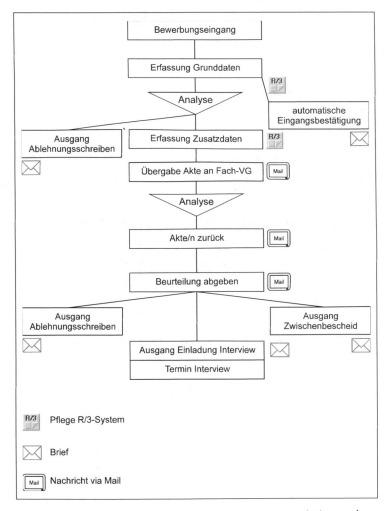

Abbildung 4.10 Vorgänge mit und ohne Verknüpfung zu Systemfunktionen (© SAP AG)

Personalbeschaffung

Diese Systemfunktionen werden beim Verarbeiten der Vorgänge entweder im Dialog mit »Bewerbervorgänge pflegen« oder in der Massenverarbeitung über »Wiederkehrende Arbeiten« ausgelöst.

Abbildung 4.10 zeigt an einem Ausschnitt aus einem typischen Bewerbungsablauf, wie Vorgänge mit und ohne Verknüpfung zu Systemfunktionen sinnvoll eingesetzt werden können.

Vorteile der Anlage von Bewerbungsvorgängen

Wenn Sie die Bewerbungsvorgänge im R/3-System anlegen und pflegen, haben Sie folgende Vorteile:

- Sie können jederzeit feststellen, welchen Status ein Bewerber im Auswahlprozeß hat, z.B. wenn Sie dessen Unterlagen an einen Vorgesetzten in Ihrem Hause weitergeleitet haben.
- Sie können jederzeit einem Bewerber Auskunft über den Stand der Bewerbung geben, z.B. wenn der Bewerber um eine telefonische Vorabauskunft bittet.
- Sie können jederzeit Nachrichten an Bewerber und Mitarbeiter verfassen und versenden, z.B. Einladungsschreiben an Bewerber verfassen und damit verbunden eine hausinterne E-Mail-Notiz an den betroffenen Fachvorgesetzten senden.
- Sie können jederzeit Auswertungen vornehmen, z.B. die Anzahl der Bewerbungen auf eine bestimmte Vakanz und den Bearbeitungsstatus der einzelnen Bewerbungen ermitteln.

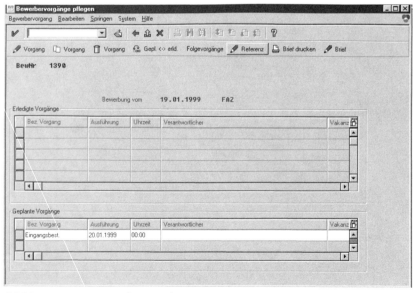

Abbildung 4.11 Vorgänge (© SAP AG)

Personalbeschaffung 4

Automatisches Erzeugen von Vorgängen

Im Rahmen der Personalbeschaffung werden Sie vom R/3-System bei einem großen Teil der Routinearbeiten unterstützt. Ein praktisches Beispiel hierfür ist die automatische Erzeugung von Bewerbungsvorgängen. Diese Möglichkeit wird häufig beim Vorgang »Eingangsbestätigung« genutzt. Durch die Erfassung der Bewerberdaten mit der Funktion ERSTERFASSUNG wird z. B. automatisch der Vorgang »Eingangsbestätigung« erzeugt.

4.3.3 Vorgänge pflegen

Außer der automatischen Erzeugung von Bewerbungsvorgängen können Sie jederzeit die erforderlichen Vorgänge auch manuell anlegen und bearbeiten.

Wenn für eine bestimmte Bewerbung bereits ein oder mehrere Vorgänge existieren, haben Sie die Möglichkeit, weitere Vorgänge vereinfacht anzulegen. Nach Auswahl eines bestehenden Vorgangs und einem Klick auf die Drucktaste FOLGEVORGÄNGE werden für den aktuellen Vorgang vom System weitere mögliche Schritte vorgeschlagen (vgl. Abb. 4.12).

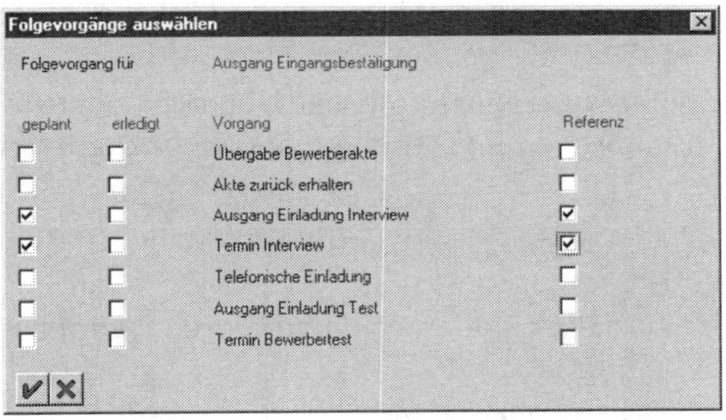

Abbildung 4.12 Folgevorgänge auswählen (© SAP AG)

Diese Folgevorgänge können – wenn dies mit dem Bewerbungsablauf vereinbar ist – als weitere Vorgänge für die betreffende Bewerbung übernommen werden. Zum Beispiel können Sie nach der Eingangsbestätigung den Vorgang »Übergabe Bewerberakte« oder »Ausgang Einladung Interview« als Folgevorgang auswählen.

Im nachfolgenden Beispiel soll für einen Bewerber im Anschluß an die Eingangsbestätigung die Einladung zum Vorstellungsgespräch veranlaßt werden. Hierzu sind die Vorgänge »Ausgang Einladung Interview« und »Termin Interview«, die mit dem Referenzkennzeichen verbunden werden, erforderlich.

- Der Vorgang »Termin Interview« enthält z. B. Detailinformationen über den Verantwortlichen, das Zimmer und das Gebäude, in dem das Interview stattfinden soll.
- Der Vorgang »Ausgang Einladung Interview« ist zur Ausgabe des Einladungsschreibens bestimmt.

4 Personalbeschaffung

Wie Sie das Einladungsschreiben und auch andere Bewerbungskorrespondenz verfassen, bearbeiten und ausdrucken können, wird in den weiter unten folgenden Abschnitten »Bewerberkorrespondenz« und »Brief ‚Einladung zum Interview' bearbeiten« gezeigt.

Vorgang »Einladung zum Interview« anlegen

Um den Vorgang »Einladung zum Interview« im R/3-System anzulegen, gehen Sie wie folgt vor:

Ausgangspunkt Arbeitsgebiet »Personalbeschaffung«

1. Klicken Sie auf die Drucktaste VORGÄNGE PFLEGEN.
    → Das Fenster »Bewerbervorgänge pflegen« wird angezeigt.
2. Geben Sie in das Feld »Bewerbernummer« die Nummer des Bewerbers ein, oder suchen Sie den Bewerber über einen Matchcode.
3. Klicken Sie auf das Symbol .
    → Das Fenster »Bewerbervorgänge pflegen« mit der Übersicht über bereits erledigte und geplante Bewerbervorgänge wird angezeigt.
4. Markieren Sie den Vorgang »Eingangsbestätigung«, und klicken Sie auf die Drucktaste FOLGEVORGÄNGE.
    → Das Fenster »Folgevorgänge auswählen« mit der Übersicht über die Folgevorgänge für »Ausgang Eingangsbestätigung« wird angezeigt (vgl. Abb. 4.12).
5. Markieren Sie die Vorgänge »Ausgang Einladung Interview« und »Termin Interview« im Status »geplant«.
6. Kennzeichnen Sie zusätzlich die Felder »Referenz«, und klicken Sie auf das Symbol .
    → Das Fenster »Geplanten Vorgang übernehmen« wird angezeigt.
    → Die Felder »Vorgangsart« und »Textvorlage« enthalten bereits Vorschlagswerte.
7. Ergänzen Sie das gewünschte Ausführungsdatum, und klicken Sie auf das Symbol .
    → Das Fenster »Geplanten Vorgang anlegen« wird angezeigt (Abb. 4.13 bzw. Abb. 4.14).
8. Ergänzen Sie die Informationen in den Feldern »Verantwortlich«, »Zimmer«, »Geb.Nr.:«, und klicken Sie auf das Symbol .
    → Das Fenster »Bewerbervorgänge pflegen« wird angezeigt.
9. Klicken Sie auf das Symbol .
    → Das Einstiegsfenster »Bewerbervorgänge pflegen« wird angezeigt.

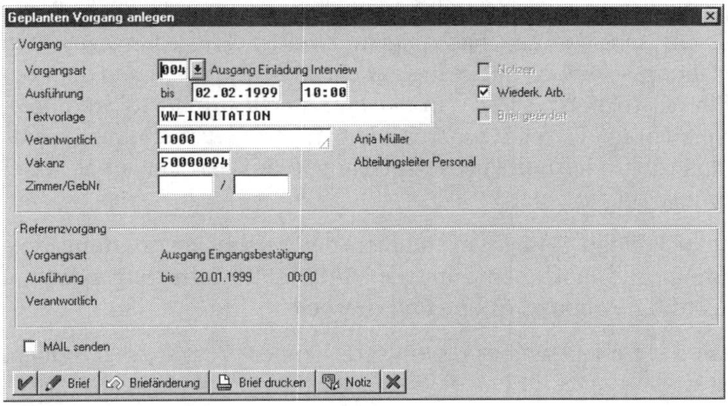

Personalbeschaffung 4

Abbildung 4.13 Vorgang »Einladung Interview« (© SAP AG)

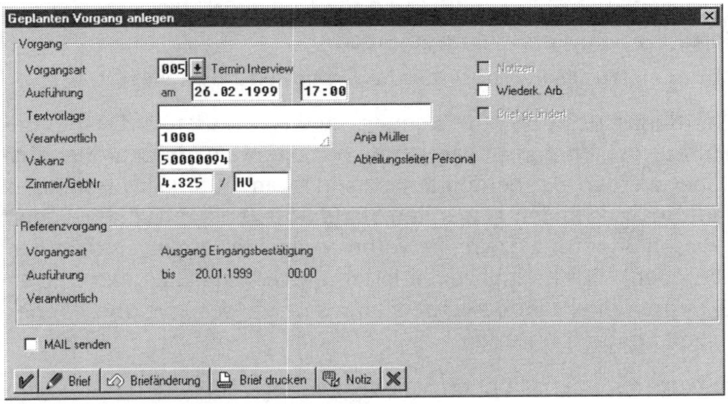

Abbildung 4.14 Vorgang »Termin Interview« (© SAP AG)

Bewerberkorrespondenz

Bei der Personalbeschaffung kommt der Korrespondenz mit einem Bewerber besondere Bedeutung zu, da der Bewerber dadurch einen ersten Eindruck von dem Unternehmen erhält. Das erfordert zum einen eine ansprechende Form (»Image«), zum andern eine zügige Reaktion – vor allem, wenn sehr viele Bewerbungen eingehen.

Den Großteil der Korrespondenz können Sie mit Standardschreiben abwikkeln, z.B. mit vordefinierten Eingangsbestätigungen oder Einladungen zum Vorstellungsgespräch. Da man diesen Schreiben nicht unbedingt ansieht, daß es sich um Standardformulierungen handelt, vermitteln sie trotz schneller und rationeller Abwicklung dem Bewerber das Gefühl, persönlich und fair behandelt worden zu sein.

4 Personalbeschaffung

Für einige besondere Bewerber sind jedoch vielleicht auch individuelle Briefe erforderlich, z.B. eine Absage nach einem zweiten Vorstellungsgespräch oder ein Einladungsschreiben mit Bezug auf ein zwischen Ihnen und dem Bewerber geführtes Telefongespräch. In der Praxis erstellt man solche Briefe, indem man ein vordefiniertes Standardschreiben verwendet und dieses entsprechend abändert oder um eine entsprechende auf den Bewerber abgestimmte Formulierung ergänzt.

Im R/3-System können Sie alle im Rahmen der Personalbeschaffung notwendigen Briefe und Dokumente mit der SAP-Textverarbeitung oder mit Microsoft Word für Windows öffnen und bearbeiten.

Dazu müssen Sie dem Bewerber die entsprechenden Vorgänge zuordnen, beispielsweise:

- den Vorgang »Eingangsbestätigung« für den Brief »Eingangsbestätigung«
- die Vorgänge »Einladung zum Interview« und »Termin Interview« für den Brief »Einladung zum Vorstellungsgespräch«
- den Vorgang »Vertragsangebot« für das Dokument »Arbeitsvertrag«

Nach der Zuordnung des Vorgangs können Sie das Schriftstück für den Bewerber direkt aus der Vorgangsbearbeitung anzeigen, bearbeiten oder ausdrucken. Dabei werden die benötigten persönlichen Daten des jeweiligen Bewerbers automatisch in den gewählten Standardtext eingefügt. Bei Bedarf können Sie diesen Brief für einzelne Bewerber individuell ergänzen oder verändern (siehe oben). Solche individualisierten Bewerbungsdokumente werden im R/3-System direkt im Bewerberstammsatz gespeichert und können danach jederzeit angezeigt werden.

Die Bewerberkorrespondenz können Sie entweder einzeln über den zugehörigen Vorgang oder zusammen mit anderen Briefen über die Massenverarbeitung ausdrucken. Ein Brief wird bei der Massenverarbeitung berücksichtigt, wenn Sie im Vorgang das Kennzeichen für »Wiederkehrende Arbeiten« gesetzt haben. Wenn Sie den Brief nicht über den herkömmlichen Postweg versenden wollen, haben Sie im R/3-System auch die Möglichkeit, ihn direkt aus der Anwendung der Personalbeschaffung heraus zu faxen oder per E-Mail zu versenden.

Vorteile der automatisierten Bewerberkorrespondenz

Eine automatisierte Abwicklung der Bewerberkorrespondenz im R/3-System hat folgende Vorteile:

- Standardbriefe für Bewerber müssen nicht einzeln (v)erfaßt werden, sondern werden lediglich über Vorgänge zugeordnet und ausgedruckt.
- Individuelle Briefe und Dokumente für Bewerber müssen nicht immer wieder komplett neu erstellt werden, sondern es wird lediglich der gewählte Standardbrief entsprechend abgeändert und ergänzt.

Personalbeschaffung

- Die Korrespondenz mit dem Bewerber ist jederzeit online abrufbar. Das heißt, eine herkömmliche Ablage der Bewerberkorrespondenz in einer traditionellen Akte kann entfallen.
- Für einzelne Bewerber kann die Korrespondenz sofort über den jeweiligen Vorgang ausgedruckt werden.
- Für den Druck von zahlreichen Briefen steht Ihnen im R/3-System die Massenverarbeitung in Form der »Wiederkehrenden Arbeiten« zur Verfügung.

Brief »Einladung zum Interview« bearbeiten

Um im R/3-System eine Einladung zu einem Vorstellungstermin zu erstellen, gehen Sie wie folgt vor:

Ausgangspunkt Fenster »Bewerbervorgänge pflegen« für den zuvor bearbeiteten Bewerber oder Fenster »Geplanten Vorgang anlegen« (vgl. Abb. 4.15)

1. Klicken Sie auf die entsprechende Drucktaste.
    → Das Winword-Fenster für den Brief »Einladung zum Interview« wird angezeigt. Die persönlichen Daten des Bewerbers werden automatisch in den Standardbrief übernommen und sind grau unterlegt.
2. Fügen Sie in den Text, falls erforderlich, eine individuelle Ergänzung ein.

    Hinweis Bei Bedarf können Sie auch ein Seriendruckfeld einfügen.

3. Rufen Sie die Menüfunktion DATEI | BEENDEN auf.
    → Das Fenster »Bewerbervorgänge pflegen« wird angezeigt.

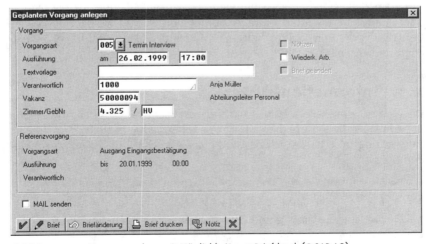

Abbildung 4.15 Vorgangsanlage mit Möglichkeit zum Briefdruck (© SAP AG)

4. Markieren Sie erneut den Vorgang »Einladung Int.«, und klicken Sie auf die Drucktaste BRIEF DRUCKEN.

    → Das Fenster »Drucken« wird angezeigt.

5. Geben Sie in das Feld »Ausgabegerät« die Bezeichnung des Druckers ein, und klicken Sie auf die Drucktaste DRUCKEN.

4.4 Übernahme der Bewerberstammdaten

Nach der Durchführung zahlreicher Analysen von Bewerbungsunterlagen, Vorstellungsgesprächen und eventuellen Assessment-Centern bildet die Einstellung des neuen Mitarbeiters den Abschluß der Personalbeschaffungsaktion: Sie schließen den Vakanzauswahlprozeß ab, und der Bewerber erhält den Gesamtstatus »einzustellen« sowie jeweils einen Bewerbervorgang »Einstellungstermin« und einen darauf bezogenen Bewerbervorgang »Übernahme Bewerberdaten«.

Damit die Personaladministration alles weitere ordnungsgemäß abwickeln kann, müssen die Bewerberstammdaten in die Personalstammdaten überführt werden. Bei der Datenübernahme übertragen Sie die Daten des Bewerbers direkt von der Bewerberdatenbank auf die Mitarbeiterdatenbank. Der neue Mitarbeiter erhält eine Personalnummer. Die Datenübernahme lösen Sie in der Regel in der Personaladministration aus. Sie führen dazu die Personalmaßnahme »Bewerber einstellen« durch. Anschließend können Sie die Steuer- und Arbeitsplatzdaten eingeben, z. B. die Sollarbeitszeit, die Basisbezüge sowie die Steuer- und Sozialversicherungsdaten des neuen Mitarbeiters.

Wenn Sie die Personalbeschaffungsfunktion nicht integriert nutzen, aber trotzdem die Bewerberdaten übernehmen wollen, können Sie die Datenübernahme mit einem Datenträger vornehmen. Hierzu werden die Bewerberdaten in der Personalbeschaffung auf einen lokalen Datenträger gespeichert und anschließend in der Personaladministration eingelesen.

4.5 Informationssystem

Die Komponente »Personalbeschaffung« ist nicht nur bei der Abwicklung der administrativen Aufgaben eine große Hilfe, sie hat auch ihre Vorzüge im Auswertungsbereich, da sich bei der Personalbeschaffung viele Fragen wiederholen, so z. B.:

- Wie viele Bewerbungen sind auf eine Ausschreibung eingegangen?
- Wie hoch sind die dadurch verursachten Kosten?
- Über welche Ausbildung und Qualifikationen verfügen die Bewerber?
- Welche Personen sind im Bewerberpool?

Personalbeschaffung

Um diese und andere Fragen schnell und präzise beantworten zu können, stehen in der Komponente Personalbeschaffung des R/3-Systems unter dem Menüpunkt AUSWERTUNGEN folgende Werkzeuge und Möglichkeiten zur Verfügung:

- Berichtauswahl
- Variable Bewerberliste
- Ad-hoc-Query
- ABAP-Query

Berichtauswahl

Im Rahmen der Berichtauswahl sind im R/3-System zahlreiche übersichtlich strukturierte Standardreports (Standardauswertungen, vgl. Abb. 4.16) zu den folgenden Bereichen verfügbar:

- Bewerber
- Vakanz
- Ausschreibung

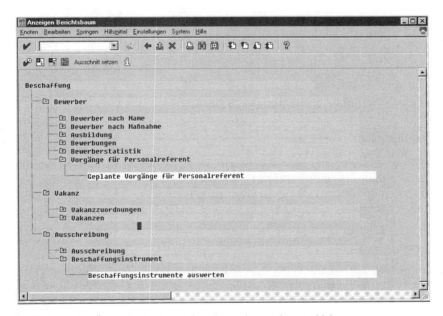

Abbildung 4.16 Übersicht der Reports im Rahmen der Berichtauswahl der Personalbeschaffung (© SAP AG)

Durch einen Klick auf die entsprechende Bezeichnung wählen Sie den gewünschten Report aus. Im Selektionsbild (vgl. Abb. 4.17) grenzen Sie dann die Menge der Daten, die bei der Auswertung (vgl. Abb. 4.18) berücksichtigt werden soll, ein.

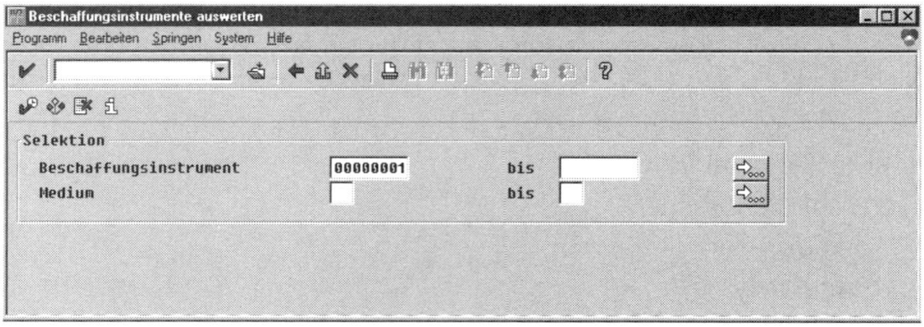

Personalbeschaffung

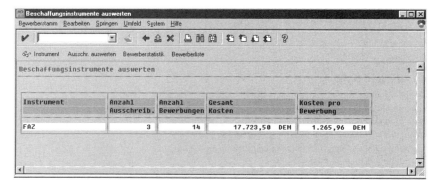

Abbildung 4.17 Selektion (© SAP AG)

Abbildung 4.18 Ergebnis der Auswertung (© SAP AG)

Variable Bewerberliste

Mit der variablen Bewerberliste haben Sie die Möglichkeit, eine Reihe von Feldern über die Feldauswahl zu selektieren, um nach einer anschließenden Selektion der Bewerber eine Auswertung in Form von »Table Control« zu erhalten. Diese Auswertung können Sie per E-Mail versenden oder in MS-Excel oder MS-Word weiterbearbeiten (vgl. Abb. 4.19, 4.20).

Ad-hoc-Query

Mit der Ad-hoc-Query können Sie alle bei der Personalbeschaffung relevanten Felder, z.B. Informationen zu Bewerbern und Vorgängen, auf einfache Weise individuell auswerten, ohne daß Sie über Programmierkenntnisse verfügen müssen. Auch hier haben Sie die Möglichkeit, die erstellte Auswertung per E-Mail zu versenden oder in MS-Excel bzw. MS-Word weiterzubearbeiten (vgl. Abb. 4.20, 4.21, 4.22).

Personalbeschaffung 4

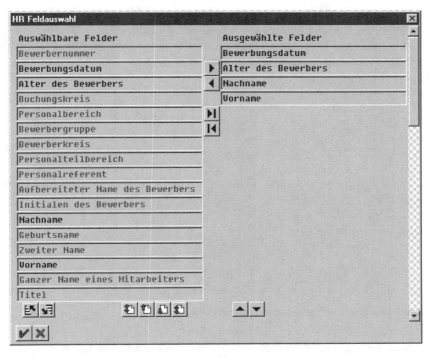

Abbildung 4.19 Selektion der Felder (© SAP AG)

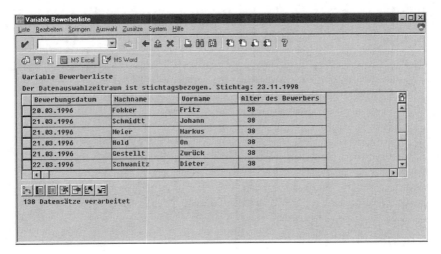

Abbildung 4.20 Ergebnis »Bewerberliste« (© SAP AG)

4 Personalbeschaffung

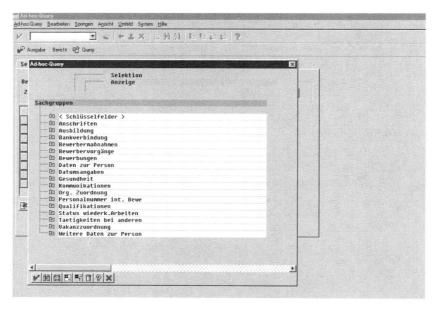

Abbildung 4.21 Selektionsbild »Ad-hoc-Query« (© SAP AG)

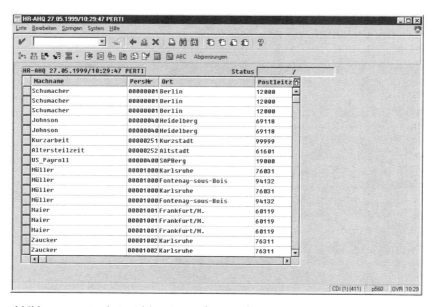

Abbildung 4.22 Ergebnis »Ad-hoc-Query« (© SAP AG)

Personalbeschaffung

ABAP-Query

Ein weitere Möglichkeit, Daten des Personalbeschaffungsprozesses auszuwerten, ist die ABAP-Query. Auch mit diesem Werkzeug können Sie ohne jegliche ABAP-Programmierkenntnisse eigene Auswertungen erstellen.

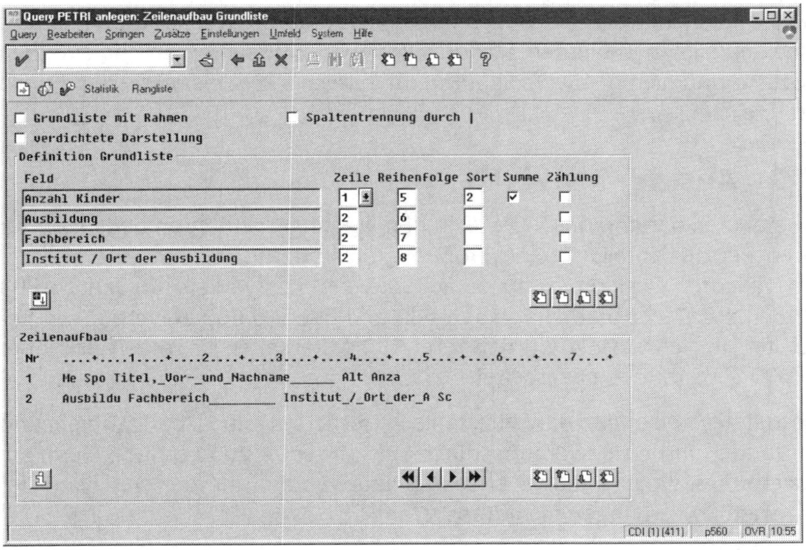

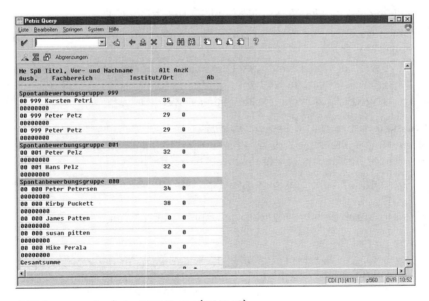

Abbildung 4.23 Gestaltung »ABAP-Query« (© SAP AG)

Abbildung 4.24 Ergebnis »ABAP-Query« (© SAP AG)

4.5 Informationssystem

4 Personalbeschaffung

Jedoch können mit der ABAP-Query im Unterschied zur Ad-Hoc-Query die Auswertungen detaillierter gestaltet werden. Das heißt, Sie können die Überschriftengestaltung sowie die Listdarstellung selbst definieren (Abbildungen 4.23, 4.24).

Mit den oben beschriebenen leistungsstarken Werkzeugen und Hilfsmitteln kann der Personalbeschaffungsprozeß nach quantitativen und qualitativen Aspekten analysiert werden. Dadurch können Sie Ihre internen und externen Prozesse optimieren sowie zukünftig im Bereich »Personalmarketing« noch erfolgreicher sein.

4.6 Aus der Praxis

Die starke Expansion der SAP AG in den vergangenen Jahren bedeutete für deren Personalabteilung eine große Herausforderung. Denn eine Vielzahl von vakanten Positionen mußte adäquat besetzt werden. Im Jahre 1993 wurden z.B. 295 Mitarbeiter eingestellt und über 10.600 Bewerbungen bearbeitet. Im Jahre 1994 wurden rund 530 Mitarbeiter eingestellt und über 16.000 Bewerbungen bearbeitet.

Diese stetig steigenden Bewerberzahlen erforderten neue Überlegungen und Konzepte, um den Bewerbungsdurchlauf effizienter zu gestalten. Denn die Bewerbungsadministration war sehr zeitaufwendig, und der Durchlauf der einzelnen Bewerbungen nicht transparent.

Diese Erkenntnisse führten im Jahre 1994 zu der Entscheidung, das R/3-System für die Verwaltung und Bearbeitung von Bewerbungsdaten einzusetzen.

Folgende Ziele standen im Vordergrund der Überlegungen:

- Durch gezielte Maßnahmen sollten die Mitarbeiter im Personalbereich entlastet werden.
- Für Bewerber und Fachvorgesetzte sollten permanente Auskunftsmöglichkeiten sichergestellt werden.
- Der Bewerbungsdurchlauf sollte optimiert werden.

Projektdefinition und Projektablauf

Nach der Definition der Ziele und der entsprechenden Entscheidung lief das interne SAP-Projekt an. Es wurden zwei Phasen definiert:

- Phase 1 bis zum ProduktivAusgangspunkt: 30. Mai 1994 bis 17. August 1994
- Phase 2 nach dem ProduktivAusgangspunkt: ab 17. August 1994

Phase 1

Phase 1 begann mit der Festlegung der Mitarbeiter für die Projektgruppe. Das Projektteam setzte sich aus je einem Mitarbeiter der Abteilung »Personal« und »Software-Entwicklung« sowie zwei Mitarbeitern aus dem Bereich »Interne Systeme« zusammen.

Personalbeschaffung 4

Nach der Bestimmung der Projektgruppe wurden am 30.05.1994 folgende Ziele beschlossen:

- Vereinfachung der administrativen Abläufe
- Möglichkeit für die Personalabteilung, jederzeit Auskunft über den Status der Bewerbung zu geben
- Baldige Einbindung der jeweils betroffenen Fachabteilung in die Nutzung des Bewerbungsverwaltungssystems

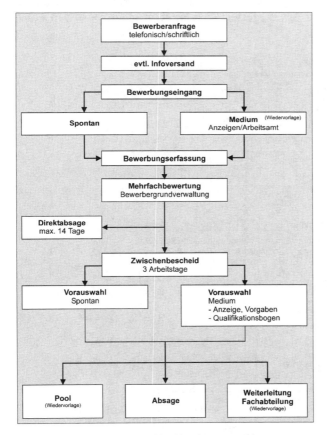

Abbildung 4.25 Bewerbungsablauf bei der SAP AG (1) © SAP AG

- Optimierung des zeitlichen Durchlaufs von Bewerbungen:
  - Erstellung eines Zwischenbescheids möglichst nicht später als am dritten Tag nach Eingang der Bewerbung
  - Bis zum achten Tag nach Eingang der Bewerbung sollte eine Vorauswahl bzw. Festlegung, an welche Fachabteilung die Bewerbung weitergeleitet wird, durchgeführt sein

4 Personalbeschaffung

- Versand eines Einladungs- oder eines Absageschreibens spätestens vier Wochen nach Eingang der Bewerbung
- Erteilung eines endgültigen Bescheids (Vertrag, Absage, Pool) spätestens acht Wochen nach Eingang der Bewerbung
- Festlegung der kompletten Bewerbungskorrespondenz
- Festlegung der gewünschten Auswertungen

Im Rahmen der Analyse wurde der Personalbeschaffungsprozeß vom Zeitpunkt der Bewerberanfrage über die Einladung und Einstellung bis zum Beginn des ersten Arbeitstags dargestellt. Das Ergebnis sehen Sie in den Abbildungen 4.25 und 4.26.

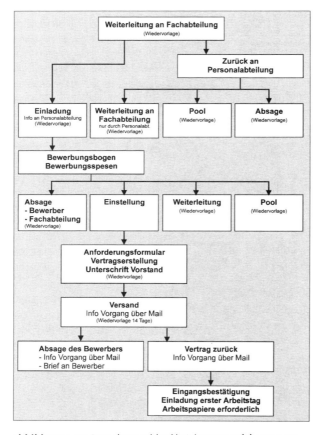

Abbildung 4.26 Bewerbungsablauf bei der SAP AG (2).© SAP AG

Da die SAP AG über keinen Betriebsrat verfügt, entfällt die Zustimmung des Betriebsrats vor der Einstellung eines neuen Mitarbeiters.

Personalbeschaffung 4

Nachdem Ende Juli 1994 das R/3-System (Release-Stand 2.2) für die Personalabteilung bereitgestellt wurde, konnte ab dem 1. August 1994 die Projektarbeit am System beginnen. Die folgenden vierzehn Tage wurden für das Customizing benötigt.

Dazu gehörten zum Beispiel:

- die Definition der Aufgaben von Personalreferenten, Personalsachbearbeitern
- die Definition von Bewerbergruppen, Bewerberkreisen und Spontanbewerbergruppen
- die Gestaltung der gesamten Standardbewerberkorrespondenz

Am 15.08.1994 wurde die erste Bewerbung in das R/3-System eingegeben.

Die Schulung der Anwender wurde vorbereitet und am 17. August 1994 vormittags durchgeführt, so daß am selben Tag um 14.00 Uhr der Produktivstart erfolgen konnte. Am Ende dieses Tages waren bereits 40 »echte« Bewerbungen im System.

Phase 2

Nun begann die Phase 2 »nach dem Produktivstart« mit Ergänzungen und Verbesserungen zur Abwicklung und Verwaltung der Bewerbungen. Innerhalb der folgenden vier bis sechs Wochen wurden alle bestehenden Arbeitsverträge in das R/3-System eingegeben, um die Erstellung ebenfalls über das neue System abzuwickeln. Darüber hinaus wurden den Fachabteilungen zur schnelleren und gründlicheren Abwicklung des Informationsflusses zum jeweiligen Stand der Bewerbungsvorgänge die modernsten Kommunikationsmöglichkeiten (einschließlich E-Mail-Option) angeboten und eingerichtet. Dies vereinfachte und beschleunigte die Erstellung sowie die Aus- und Rücksendung von Arbeitsverträgen. Außerdem wurden die vorhandenen Standardreports und -statistiken den Anforderungen der SAP-Personalabteilung angepaßt.

Nutzen

Seitdem werden folgende Funktionen der Komponente Personalbeschaffung bei der SAP AG genutzt:

- Verwaltung der Bewerberstammdaten
- Verwaltung des Bewerbungsablaufs (Historie)
- Terminverfolgung
- automatische Info per R/Mail an die am Prozeß beteiligten Personen
- Abwicklung des Schriftverkehrs
- Erstellung von Reports und Statistiken
- Erstellung der Arbeitsverträge sowie Überwachung des weiteren Ablaufs
- Übernahme der Daten nach der Einstellung des Bewerbers in die Gehaltsabrechnung

4 Personalbeschaffung

Im Jahre 1994 bearbeitete die Personalabteilung der SAP AG bereits 4.000, 1995 schon über 16.000 und 1998 über 25.000 Bewerbungen mit dem R/3-System.

Dabei handelte es sich sowohl um Bewerbungen aufgrund von Stellenanzeigen als auch um einen großen Anteil von Initiativbewerbungen (Spontanbewerbungen). Nicht nur Bewerber, die sich um eine feste Anstellung bemühen, werden im R/3-System erfaßt, sondern auch Praktikanten, Diplomanden oder Aushilfskräfte.

Einer der großen Vorteile des R/3-Systems ist die Möglichkeit, Mehrfachbewerber zu erkennen. Denn im Rahmen der Personalbeschaffung wurde festgestellt, daß sich sehr häufig Personen gleichzeitig mehrfach im Hause SAP bewerben oder es nach einer erfolgten Absage erneut versuchen. Da das R/3-System diese Bewerber bereits bei der Eingabe des entsprechenden Bewerberstammsatzes im R/3-System erkennt, werden eine doppelte Eingabe sowie ein nochmaliges Durchlaufen des Selektionsprozesses vermieden.

Außerdem wurde zum R/3-System ein »optisches Archiv« hinzugefügt und in der Personalabteilung ein »Scan«-Arbeitsplatz eingerichtet. Dort wird seitdem beispielsweise bei der Absage das Anschreiben des Bewerbers elektronisch eingelesen und im Bewerberstammsatz abgelegt. Da sich die vorausgegangene Bewerbungskorrespondenz ebenfalls im R/3-System befindet und damit jederzeit abrufbar ist, wurde die herkömmliche Ablage des Schriftverkehrs überflüssig. Dieses Vorgehen erspart der SAP allein etwa einhundert Ablageordner pro Jahr.

Release 4.0

Als eine der ersten Anwendungen bei der SAP AG wurde zum 2. Februar 1998 die Personalbeschaffung auf das Release 4.0 transferiert. Damit war die Firma SAP selbst mit der praktischen Anwendung der Personalbeschaffung auf Release 4.0 ihr erster »Kunde«. Diese recht frühe Umstellung hatte unter anderem die beiden folgenden Gründe:

- Sammeln eigener Erfahrungen mit dem »neuen« Release im Produktivbetrieb
- Nutzen neuer Funktionalitäten, z.B. Bewerberbriefe als Fax oder E-Mail über SAPconnect versenden und direktes Telefonieren mit einem Bewerber über SAPphone.

Elektronische Bewerbung über das Internet

Eine relativ neue, zeitgemäße Form der Kontaktaufnahme von Bewerbern zur SAP AG ist die elektronische Bewerbung über das Internet. Denn mit der Präsenz der SAP im weltweiten Netz der Netze gewährleistet sie Bewerbern aus aller Welt den Zugriff auf unternehmensspezifische Informationen. Interessierte Personen können sich dadurch jederzeit über Leistungen oder vakante Positionen der SAP informieren. 1997 haben ca. 16.000 Benutzer im Monat auf den Bereich »Jobs« bei der SAP zugegriffen. Dabei nutzt die SAP

Personalbeschaffung 4

nicht nur die Möglichkeit, ihre Vakanzen auf der eigenen Homepage zu veröffentlichen, sondern sie tut dies auch in elektronischen Stellenmärkten von externen Anbietern. Neben diesem reinen Informationskanal ermöglicht das Internet die weltweite Kommunikation per E-Mail.

Über diesen Weg erhielt die SAP im Jahre 1996 etwa 2.500 Anfragen und im Jahre 1998 bereits etwa 5.000 Anfragen in Hinblick auf Beschäftigungsmöglichkeiten bzw. Bewerbungen. Die stetig steigende Anzahl an Bewerbungen über das Internet erforderte auch hier eine rasche Lösung der damit gestellten Anforderungen.

Mit dem Release 3.1G wurde das R/3-System als erste betriebswirtschaftliche Anwendungssoftware internetfähig: Das heißt, neben der herkömmlichen Information und Kommunikation kann jetzt auch eine elektronische Bewerbung über das Internet direkt in das R/3-System der Firma SAP erfolgen.

Der Bewerber kann selbst im Internet online einen Bewerbungsbogen aufrufen, ausfüllen und an die SAP zurückschicken. Dort wird die Bewerbung automatisch in das R/3-System weitergeleitet. Eine Bewerbernummer sowie ein Bewerberstammsatz werden angelegt. Die Bewerbernummer und ein individuelles Paßwort werden dem Bewerber per E-Mail mitgeteilt, damit er sich jederzeit über den aktuellen Stand seiner Bewerbung informieren kann.

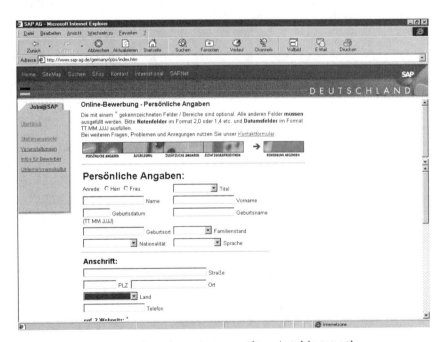

Abbildung 4.27 SAP-Bewerbungsbogen im Internet (Ausschnitt) (© SAP AG)

4.6 Aus der Praxis

4 Personalbeschaffung

Mit dem neuen Release 4.0 wurde die Kommunikation weiter verbessert. Nun kann neben der reinen Bekanntgabe des Bewerberstatus auch die Korrespondenz mit Standardschreiben – z.B. Zwischenbescheide oder Einladungen zu Vorstellungsgesprächen – ohne »Medienbrüche« über das Internet erfolgen.

Die Nutzung des Internets für die Personalbeschaffung hat folgende Vorteile:

- Entlastung der Personalabteilung aufgrund der Dateneingabe (Name, Adresse, Qualifikationen usw.) durch den Bewerber
- automatischer Zwischenbescheid
- weitere Entlastung durch Erledigung des Standard-Schriftverkehrs mit den Bewerbern über das Internet
- schnellere Reaktionsmöglichkeiten
- bessere und schnellere Information des Bewerbers
- weltweite Internet-Präsenz des Unternehmens bzw. Veröffentlichung offener Positionen
- in der Regel kostengünstiger als informativ ähnliche oder gleiche Anzeigen in herkömmlichen Printmedien
- Erschließung von neuen Bewerbergruppen sowie Ausbau des Bewerber-Interessentenpools

4.7 Aufgaben

1. Welche Informationen können zu einer Ausschreibung im R/3-System hinterlegt werden?
   a) Beschaffungsinstrument
   b) Publikationsdatum
   c) Vakanz/en
   d) Ausschreibungstext

2. Welche Vorteile hat das Zwei-Stufen-Konzept zur Erfassung von Bewerberstammsätzen?
   a) Informationen aus Bewerbungen können von mehreren Personen erfaßt werden.
   b) Die Schnellerfassung der Grunddaten unterstützt eine zügige Bearbeitung.
   c) Der Aufwand zur Erfassung von Bewerberdaten, die für das Unternehmen langfristig uninteressant sind, ist minimal.
   d) Für alle Bewerbungen müssen beide Stufen der Erfassung durchgeführt werden.

3. Bei der Ersterfassung von Bewerbungen wird vom R/3-System überprüft, ob sich die Person schon früher im Unternehmen beworben hat. Welche persönlichen Daten werden zu dieser Prüfung herangezogen?
   a) Vorname
   b) Name
   c) Geburtsdatum
   d) Anschrift

4. Welche der folgenden Aussagen ist richtig?
   a) Die Standardbriefe für/an Bewerber müssen nicht einzeln erfaßt werden, sondern lediglich über Vorgänge zugeordnet und ausgedruckt werden.
   b) Individuelle Briefe und Dokumente für Bewerber müssen komplett neu erstellt werden.
   c) Die Korrespondenz mit Bewerbern ist jederzeit nachvollziehbar; das heißt, eine herkömmliche Ablage dieser Bewerbungskorrespondenz kann entfallen.
   d) Für den Druck von vielen Briefen steht Ihnen im R/3-System keine Möglichkeit der Massenverarbeitung zur Verfügung.

5. Welche Gründe sprechen für eine Verwaltung und Pflege der Bewerbungsvorgänge?
   a) Sie können feststellen, wo ein Bewerber im Auswahlprozeß steht.
   b) Sie können einem Bewerber Auskunft über den Stand seiner Bewerbung geben.
   c) Sie können Briefe an Bewerber erzeugen und ausgeben.
   d) Sie können Auswertungen vornehmen.

Personalbeschaffung

6. Welche der folgenden Aussagen mit Bezug auf die Nutzung des Internets in der Personalbeschaffung ist richtig?
   a) Eine bessere und schnellere Information des Bewerbers wird nicht gewährleistet.
   b) Die Nutzung des Internets ermöglicht eine weltweite Präsenz des Unternehmens bzw. Veröffentlichung offener Positionen.
   c) Die Veröffentlichung einer Vakanz im Internet ist in der Regel kostengünstiger als informativ gleiche Anzeigen in herkömmlichen Printmedien.
   d) Mit dem Internet können Unternehmen neue Bewerbergruppen erschließen sowie ihren Bewerber-Interessentenpool ausbauen.

4.8 Lösungen

1. Welche Informationen können zu einer Ausschreibung im R/3-System hinterlegt werden?
   a) **Richtig** Beschaffungsinstrument
   b) **Richtig** Publikationsdatum
   c) **Richtig** Vakanz/en
   d) **Richtig** Ausschreibungstext

2. Welche Vorteile hat das Zwei-Stufen-Konzept zur Erfassung von Bewerberstammsätzen?
   a) **Richtig** Informationen aus Bewerbungen können von mehreren Personen erfaßt werden.
   b) **Richtig** Die Schnellerfassung der Grunddaten unterstützt eine zügige Bearbeitung.
   c) **Richtig** Der Aufwand zur Erfassung von Bewerberdaten, die für das Unternehmen langfristig uninteressant sind, ist minimal.
   d) **Falsch** Für alle Bewerbungen müssen beide Stufen der Erfassung durchgeführt werden.

3. Bei der Ersterfassung von Bewerbungen wird vom R/3-System überprüft, ob sich die Person schon früher im Unternehmen beworben hat. Welche persönlichen Daten werden zu dieser Prüfung herangezogen?
   a) **Richtig** Vorname
   b) **Richtig** Name
   c) **Richtig** Geburtsdatum
   d) **Falsch** Anschrift

4. Welche der folgenden Aussagen ist richtig?
   a) **Richtig** Die Standardbriefe für/an Bewerber müssen nicht einzeln erfaßt werden, sondern lediglich über Vorgänge zugeordnet und ausgedruckt werden.
   b) **Falsch** Individuelle Briefe und Dokumente für Bewerber müssen komplett neu erstellt werden.
   c) **Richtig** Die Korrespondenz mit Bewerbern ist jederzeit nachvollziehbar; das heißt, eine herkömmliche Ablage dieser Bewerbungskorrespondenz kann entfallen.
   d) **Falsch** Für den Druck von vielen Briefen steht Ihnen im R/3-System keine Möglichkeit der Massenverarbeitung zur Verfügung.

5. Welche Gründe sprechen für eine Verwaltung und Pflege der Bewerbungsvorgänge?
   a) **Richtig** Sie können feststellen, wo ein Bewerber im Auswahlprozeß steht.
   b) **Richtig** Sie können einem Bewerber Auskunft über den Stand seiner Bewerbung geben.

Personalbeschaffung

    c) Richtig Sie können Briefe an Bewerber erzeugen und ausgeben.
    d) Richtig Sie können Auswertungen vornehmen.

6. Welche der folgenden Aussagen mit Bezug auf die Nutzung des Internets in der Personalbeschaffung ist richtig?
   - **a) Falsch** Eine bessere und schnellere Information des Bewerbers wird nicht gewährleistet.
   - **b) Richtig** Die Nutzung des Internets ermöglicht eine weltweite Präsenz des Unternehmens bzw. Veröffentlichung offener Positionen.
   - **c) Richtig** Die Veröffentlichung einer Vakanz im Internet ist in der Regel kostengünstiger als informativ gleiche Anzeigen in herkömmlichen Printmedien.
   - **d) Richtig** Mit dem Internet können Unternehmen neue Bewerbergruppen erschließen sowie ihren Bewerber-Interessentenpool ausbauen.

Kapitel 5
Personalstammdaten-verwaltung

5.1	**Informationstypen (Infotypen)**	224
5.2	**Historienfähigkeit – Gültigkeitszeitraum und Zeitbindung**	226
5.2.1	Zeitbindung 1	227
5.2.2	Zeitbindung 2	228
5.2.3	Zeitbindung 3	229
5.2.4	Zeitbindung A	229
5.2.5	Zeitbindung B	229
5.2.6	Zeitbindung T	229
5.2.7	Zeitbindung eines Infotyps anzeigen	230
5.3	**Informationssubtypen (Subtypen)**	233
5.4	**Personalmaßnahme**	234
5.4.1	Auslassen von Infotypen bei der Durchführung einer Maßnahme	247
5.4.2	Wiederaufnahme einer abgebrochenen Maßnahme	247
5.4.3	Schnellerfassung von Maßnahmen	248
5.5	**Wichtige Infotypen der Personalstammdatenverwaltung**	250
5.5.1	Infotyp 0000 »Maßnahmen«	250
5.5.2	Infotyp 0001 »Organisatorische Zuordnung«	253
5.5.3	Infotyp 0002 »Daten zur Person«	254
5.5.4	Infotyp 0006 »Anschriften«	256

5 Personalstammdatenverwaltung

5.6	**Auswahl von Infotypen**	**257**
5.6.1	Auswahl von Infotypen über die direkte Eingabe	257
5.6.2	Auswahl von Infotypen über statische Infotypmenüs	258
5.6.3	Auswahl von Infotypen über dynamische Infotypmenüs	259
5.6.4	Personalstammdaten im List- und im Einzelbild anzeigen	260
5.7	**Personalstammdatenpflege**	**263**
5.7.1	Das Anlegen von Personalstammdaten	263
5.7.2	Ändern von Personalstammdaten	265
5.7.3	Das Kopieren von Personalstammdaten	266
5.7.4	Das Löschen von Personalstammdaten	268
5.8	**Personalakte**	**269**
5.9	**Schnellerfassung von Infotypen**	**270**
5.9.1	Auflistung der Personalnummern außerhalb des Schnellerfassungsbilds	272
5.9.2	Auflistung der Personalnummern innerhalb des Schnellerfassungsbilds	274
5.9.3	Auflistung der Personalnummern mit Hilfe eines Reports	275
5.9.4	Auflistung der Personalnummern mit Hilfe der Ad-hoc-Query	277
5.9.5	Erzeugen von Vorschlagswerten beim Anlegen von mehreren Infotypsätzen	277
5.10	**Auswertungen im Standard**	**279**
5.10.1	Der Berichtsbaum	280
5.10.2	Flexible Mitarbeiterdaten	283
5.10.3	Datenexport in Tabellenkalkulation oder Textverarbeitung	286
5.10.4	ABAP/4®-Query und Ad-hoc-Query	288
5.11	**Aufgaben**	**294**
5.12	**Lösungen**	**298**

Personalstammdatenverwaltung

Die Aufgaben eines Personalwirtschaftssystems sind vorrangig die Verwaltung und Auswertung von Mitarbeiterdaten. Hierfür steht im SAP® R/3®-System die Komponente Personaladministration zur Verfügung.

Mit dieser Komponente haben Sie die Möglichkeit, sämtliche Personalvorgänge im System zu dokumentieren – von der Einstellung über die Versetzung und Umgruppierung bis zum Austritt oder zur Pensionierung eines Mitarbeiters. Für eine effiziente Pflege der Stammdaten stehen Ihnen zahlreiche Funktionalitäten zur Auswahl. Ihre täglichen Arbeiten in der Komponente Personalwirtschaft werden Ihnen durch eine Vielzahl von Standardauswertungen sowie durch die Möglichkeit der Terminverfolgung erleichtert.

In den folgenden Abschnitten werden die Strukturen und wichtigsten Funktionalitäten der Personalstammdatenverwaltung detailliert beschrieben.

Um im R/3-System in die Komponente Personaladministration zu wechseln, gehen Sie wie folgt vor:

Ausgangspunkt Fenster »SAP R/3«

1. Rufen Sie die Menüfunktion PERSONAL | PERSONALMANAGEMENT | PERSONALADMINISTRATION auf.
    → Das Fenster »Personaladministration« wird angezeigt (vgl. Abb. 5.1).

Beachten Sie bitte, daß der Begriff *Stammdaten* im R/3-System weiter gefaßt ist als in der Fachliteratur. So werden z.B. ergänzende Zahlungen wie Prämien, Provisionen usw. für die Entgeltabrechnung im Bereich der Personalstammdaten erfaßt. Im eigentlichen Sinne handelt es sich hierbei jedoch um Bewegungsdaten.

5 Personalstammdatenverwaltung

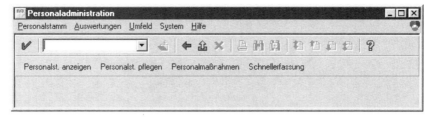

Abbildung 5.1 Hauptmenü Personaladministration (© SAP AG)

5.1 Informationstypen (Infotypen)

Die Effizienz eines Informationssystems zeichnet sich vor allem durch einen möglichst einfachen und gezielten Datenzugriff aus, um die Daten gegebenenfalls pflegen zu können. Um dies zu gewährleisten, stehen im R/3-System die sogenannten *Informationstypen* zur Verfügung.

Für einen Mitarbeiter fällt im Betrieb und somit auch in der Administration eine Vielzahl unterschiedlicher Daten wie Name, Geburtsdatum, Anschrift, Bezüge oder Urlaubsanspruch an. All diese Daten sind im System in einzelnen Datenfeldern hinterlegt. Diese Datenfelder sind, jeweils nach Themengebieten geordnet, auf verschiedenen Bildschirmmasken zusammengefaßt. Diese inhaltlich zusammengehörenden Datenfelder auf einer Bildschirmmaske nennt man Informationstyp oder Infotyp.

Beispiele für die Verwendung von Infotypen:

- Die Zuordnung eines Mitarbeiters zu den organisatorischen Strukturen eines Unternehmens dokumentieren Sie im Infotyp »Organisatorische Zuordnung«. Dieser Infotyp enthält alle zur Unternehmens-, Personal- und Organisationsstruktur gehörenden Datenfelder, wie z.B. »Personalbereich«, »Personalteilbereich«, »Mitarbeitergruppe«, »Mitarbeiterkreis«, »Organisationseinheit« und »Planstelle«.
- Alle persönlichen Daten eines Mitarbeiters speichern Sie im Infotyp »Daten zur Person«. In diesem Infotyp werden sämtliche Informationen zu Namen, Geburtsdaten, Familienstand und Konfession eines Arbeitnehmers hinterlegt.

Eine solche Zusammenfassung gewährleistet die Übersichtlichkeit beim Zugriff und bei der Pflege von Mitarbeiterdaten.

Infotypen werden außer durch ihre Bezeichnung durch einen vierstelligen numerischen Schlüssel identifiziert (vgl. Abb. 5.2). Der Infotyp »Organisatorische Zuordnung« hat z.B. den Schlüssel »0001«, der Infotyp »Daten zur Person« den Schlüssel »0002«.

Personalstammdatenverwaltung 5

Anhang C enthält eine komplette Übersicht.

Abbildung 5.2 Übersicht über die Infotypen (© SAP AG)

Die SAP AG bietet Benutzern des R/3-Systems als Standard zahlreiche praktische Infotypen an. Im Rahmen des Einführungsprojekts wird es eine Ihrer ersten Aufgaben sein, anhand eines bestehenden Datenkatalogs sowie der künftig gewünschten Stammdatenfelder die dafür benötigten und passenden SAP-Infotypen auszuwählen. Vorhandene, aber nicht benötigte Infotypen und Datenfelder werden im Rahmen des Customizings deaktiviert.

Infotypen werden aus den statischen Menüs oder aus den dynamischen Maßnahmen entfernt, indem sie im Customizing aus der Anzeige bzw. Ablauffolge herausgenommen werden. Um die nicht benötigten Infotypen auch nicht mehr in der Infotypenübersicht (Tabelle) zu sehen, müßten diese aus der Tabelle gelöscht werden, was allerdings nicht zu empfehlen ist.

5.1 Informationstypen (Infotypen)   **225**

Personalstammdatenverwaltung

Gruppierungen von Infotypen

Generell können wir im Anwendungsbereich HR fünf verschiedene Gruppierungen von Infotypen unterscheiden. Anhand der zugeordneten Nummernkreise erkennen Sie die Zugehörigkeit der Infotypen zu den einzelnen Komponenten bzw. Modulen:

- Stammdaten   0000 – 0999
- Planungsdaten   1000 – 1999
- Daten der Zeitwirtschaft   2000 – 2999
- Daten der Materialwirtschaft 3000 – 3999
- Bewerberdaten   4000 – 4999

Darüber hinaus ist den kundeneigenen Infotypen, d.h. Infotypen, die im Standard nicht vorhanden sind, der Nummernkreis 9000 bis 9999 vorbehalten.

5.2 Historienfähigkeit – Gültigkeitszeitraum und Zeitbindung

Da es sich bei den Daten der Personaladministration um Informationen handelt, die sich im Laufe der Zeit ändern, werden die Mitarbeiterdaten immer wieder aktualisiert. Damit Sie jederzeit auch früher gültige Daten abfragen oder auswerten können, ist es wichtig, daß die vergangenheitsbezogenen Daten im System erhalten bleiben. Dies nennt man im Fachjargon *Historienfähigkeit* der Daten.

Ermöglicht wird die Historienfähigkeit durch eine zeitabhängige Speicherung von Infotypen. Für jeden neuen Infotypsatz (d.h. Datensatz eines Infotyps) erfassen Sie im System einen spezifischen Gültigkeitszeitraum. Zu verschiedenen Infotypen eines Mitarbeiters können mehrere Infotypsätze mit unterschiedlichen Gültigkeitszeiträumen existieren.

Beispiel Namensänderung
Fräulein Müller, eine Mitarbeiterin Ihres Unternehmens, ist am 14.03.1965 geboren. Sie hat am 24.06.1998 geheiratet. Ihr neuer Nachname lautet Schmitt. Bei der Eingabe dieser Information legen Sie einen neuen Infotypsatz 0002 »Daten zur Person« mit dem Gültigkeitszeitraum 24.06.1998 bis 31.12.9999 an. Sie erfassen dabei auch den neuen Familiennamen, den neuen Familienstand sowie das Hochzeitsdatum. Der alte Infotypsatz 0002, der den alten Familiennamen und die Information »ledig« enthält, bleibt für den alten Gültigkeitszeitraum vom 14.03.1965 bis 23.06.1998 erhalten.

Darüber hinaus werden den einzelnen Infotypen sogenannte *Zeitbindungen* zugeordnet. Über die Zeitbindung wird festgelegt, wie mehrere Sätze eines Infotyps zeitlich aufeinander reagieren. Im System existieren drei generelle Arten von Zeitbindungen:

- Zeitbindung 1
- Zeitbindung 2
- Zeitbindung 3

Darüber hinaus gibt es drei weitere Zeitbindungsarten, die mehr aus technischen Gründen benötigt werden:

- Zeitbindung A
- Zeitbindung B
- Zeitbindung T

Der logische Grund für die Historienfähigkeit und die Zeitbindung liegt in der Notwendigkeit eines konsistenten und plausiblen Datenbestands für jeden einzelnen Mitarbeiter eines Unternehmens.

In den folgenden Abschnitten werden die Eigenschaften der unterschiedlichen Zeitbindungen erläutert.

5.2.1 Zeitbindung 1

Infotypen mit der Zeitbindung(sart) 1 enthalten die wesentlichen Informationen über einen Mitarbeiter, so daß zu jedem Zeitpunkt seiner Betriebszugehörigkeit genau ein gültiger Satz im System vorhanden sein muß.

Beispiel Bei einer Einstellung müssen für den neuen Mitarbeiter unbedingt die Infotypen 0001 »Organisatorische Zuordnung« und 0002 »Daten zur Person« angelegt werden. Der Grund hierfür ist, daß ohne die Zuordnung des Mitarbeiters zu den Unternehmensstrukturen und ohne die Namensangaben keine konstruktive Be- und Verarbeitung der Mitarbeiterdaten möglich ist.

Aufgrund der oben genannten Bedingung darf es auch keine Lücken zwischen den einzelnen Infotypsätzen geben. Um die Eindeutigkeit der Datensätze zu gewährleisten, sind auch keine Überschneidungen von Gültigkeitszeiträumen zulässig. Wenn Sie einen neuen Infotypsatz anlegen, wird der bisherige Satz automatisch am Ende mit einem Datum begrenzt. Seine zeitliche Gültigkeit endet mit dem Anfangsdatum des neuen Satzes. Man spricht hier vom sogenannten *Abgrenzen*.

Beispiel Änderung der organisatorischen Zuordnung
Im Rahmen eines organisatorischen Wechsels eines Mitarbeiters zum 01.07.1998 wird der Gültigkeitszeitraum des alten Infotypsatzes zum 30.06.1998 begrenzt und ein neuer Infotypsatz mit Beginndatum 01.07.1998 und Endedatum 31.12.9999 angelegt.

Oder ein bisheriger Auszubildender wird am 15.07.1998 vom Ausbildungs- ins Angestelltenverhältnis übernommen. Auch dieser organisatorische Wechsel wird im System mit den entsprechenden Gültigkeitszeiträumen dokumentiert.

5 Personalstammdatenverwaltung

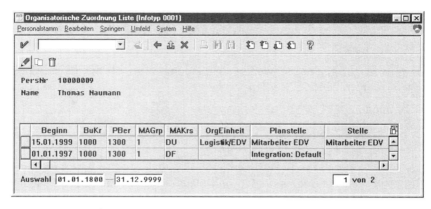

Abbildung 5.3 Dokumentation des organisatorischen Wechsels eines Mitarbeiters (© SAP AG)

5.2.2 Zeitbindung 2

Infotypen mit Zeitbindung 2 enthalten Daten, deren Vorhandensein nicht zwingend erforderlich ist. Deshalb besteht keine Notwendigkeit, daß zu jedem Zeitpunkt der Betriebszugehörigkeit des Arbeitnehmers ein gültiger Satz von nicht erforderlichen Informationen im System vorhanden sein muß.

Beispiel Ehepartner
Im Infotyp 0021 »Familie/Bezugsperson« hinterlegen Sie bei allen verheirateten Mitarbeitern Informationen über den jeweiligen Ehepartner. Wenn ein Mitarbeiter nicht verheiratet ist, existiert im System auch kein Infotypsatz über dessen Ehepartner.

Beispiel Beurteilung
In Ihrem Unternehmen wird jeder Mitarbeiter erstmals nach einer halbjährigen Betriebszugehörigkeit beurteilt. Zur Speicherung der Leistungsmerkmale legen Sie einen Datensatz zum Infotyp 0025 »Beurteilungen« an.

Wenn Sie Datensätze zu Infotypen mit Zeitbindung 2 im System hinterlegen, dürfen auch hier keine zeitlichen Überschneidungen von Gültigkeitszeiträumen auftreten. Es darf also innerhalb eines spezifischen Gültigkeitszeitraums nur *ein* Infotypsatz existieren.

> Bezogen auf die genannten Beispiele bedeutet das:
>
> Ein Mitarbeiter aus unserem Kulturkreis kann innerhalb eines spezifischen Gültigkeitszeitraums nur mit einer Person verheiratet sein, da bei uns die Polygamie verboten ist. Deshalb kann nur *ein* gültiger Infotypsatz für den entsprechenden Gültigkeitszeitraum existieren.
>
> Für einen bestimmten Gültigkeitszeitraum existiert *eine* Leistungsbeurteilung des Mitarbeiters im System. Durch eine neu eingegebene Beurteilung wird beim Hinzufügen des entsprechenden Infotypsatzes der Vorgängersatz am Ende zeitlich begrenzt.

Die systemseitige zeitliche Abgrenzung von Vorgängersätzen bei Zeitbindung 1 und 2 wird durch die Meldung »Der Vorgängersatz wird zum ‚xx.xx.xxxx' am Ende begrenzt« angezeigt.

5.2.3 Zeitbindung 3

Allen Infotypen, für die zu irgendeinem Zeitraum sowohl beliebig viele als auch gar keine Infotypsätze vorhanden sein können, ist die Zeitbindung 3 zugeordnet. Da sowohl Lücken als auch zeitliche Überschneidungen zwischen diesen Infotypsätzen zulässig sind, gibt es keine zeitlichen Reaktionen der einzelnen Sätze aufeinander.

Beispiel Kinder
Sie können Daten zu Kindern eines Mitarbeiters im Infotyp 0021 »Familie/Bezugsperson« hinterlegen. Wenn ein Mitarbeiter mehr als ein Kind hat, sind zeitliche Überschneidungen zwischen den einzelnen Infotypsätzen die Folge.

Beispiel Qualifikation
Ein Mitarbeiter kann mehrere Qualifikationen gleichzeitig vorweisen. Dabei wird jede einzelne Qualifikation mit der entsprechenden Ausprägung als einzelner Infotypsatz mit dem Infotyp 0024 »Qualifikationen« gespeichert. Auch hierdurch können sich zeitliche Überschneidungen der verschiedenen Infotypsätze ergeben, da dieser Mitarbeiter gleichzeitig über mehr als eine Qualifikation verfügen kann.

5.2.4 Zeitbindung A

Infotypen, von denen lediglich ein einziger Datensatz pro Mitarbeiter vorhanden sein darf, sind durch die Zeitbindung A gekennzeichnet. Dem Infotypsatz wird systemseitig ein fiktiver Gültigkeitszeitraum vom »01.01.1800« bis »31.12.9999« zugeordnet. Dieser Infotypsatz kann nicht gelöscht werden. Die Zeitbindung A wird nur solchen Infotypen zugeordnet, die für die Verarbeitung von Mitarbeiterdaten absolut notwendig sind.

Beispiel Infotyp 0003 »Abrechnungsstatus«

5.2.5 Zeitbindung B

Die Zeitbindung B entspricht weitgehend der Zeitbindung A. Ein bedeutender Unterschied besteht jedoch darin, daß Sie Infotypen mit der Zeitbindung B löschen können.

Beispiel Infotyp 0031 »Referenzpersonalnummer«

5.2.6 Zeitbindung T

Bei Infotypen mit der Zeitbindung T wird der zeitliche Ablauf von Infotypsätzen durch die Zeitbindungen der zugeordneten Subtypen geregelt.

5 Personalstammdatenverwaltung

Beispiel Infotyp 0006 »Anschriften«
Je nach Subtyp bzw. Anschriftenart ergeben sich unterschiedliche Zeitbindungen. So ist der Information über die Hauptanschrift eines Mitarbeiters z. B. die Zeitbindung 1 zugeordnet, der Information über dessen Zweitwohnsitz dagegen die Zeitbindung 3.

5.2.7 Zeitbindung eines Infotyps anzeigen

Möchten Sie nachsehen, welche Zeitbindungen den einzelnen Infotypen der Personaladministration zugeordnet sind, gehen Sie wie folgt vor:

Ausgangspunkt Fenster »SAP R/3«

1. Wählen Sie WERKZEUGE | BUSINESS ENGINEER | CUSTOMIZING.
   → Es erscheint das Fenster »Customizing«.
2. Wählen Sie EINFÜHRUNGSPROJEKTE | SAP REFER.-IMG ANZ.
   → Es erscheint das Fenster »Struktur anzeigen: SAP Referenz-IMG«.
3. Wählen Sie BEARBEITEN | SUCHEN.
   → Es erscheint das Fenster »Suchen in den Kapiteltiteln« (vgl. Abb. 5.4).

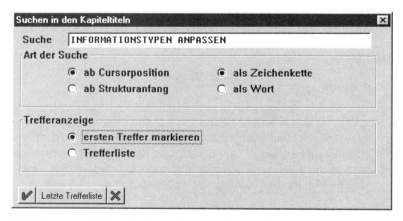

Abbildung 5.4 Suche nach Informationstypen (© SAP AG)

4. Geben Sie in das Feld »Suche« den Text »Informationstypen anpassen« ein.
5. Klicken Sie auf das Symbol ✔ (WEITER).
   → Der Arbeitsschritt »Informationstypen anpassen« wird im Einführungsleitfaden markiert (vgl. Abb. 5.5).
6. Klicken Sie auf das Symbol links neben dem Textfeld »Informationstypen anpassen«.
   → Es erscheint das Fenster »Aktion auswählen« (vgl. Abb. 5.6).
   → Das Feld »Infotyp« ist markiert.

Personalstammdatenverwaltung

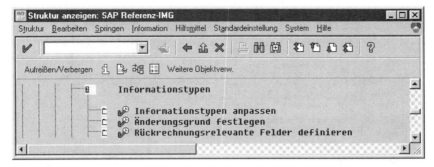

Abbildung 5.5 Markieren des gesuchten Arbeitsschritts im Einführungsleitfaden (© SAP AG)

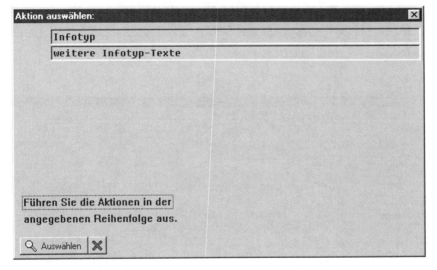

Abbildung 5.6 Bearbeitungsschritte zum IMG-Unterknoten »Infotypen anpassen« (© SAP AG)

7. Klicken Sie auf die Schaltfläche ⊂ (AUSWÄHLEN).
   → Es erscheint das Fenster »Sicht »Infotyp« ändern: Übersicht« (vgl. Abb. 5.7).
8. Markieren Sie den Infotyp, dessen Zeitbindung Sie sehen möchten.
9. Klicken Sie auf das Symbol ⊂ (DETAIL).
   → Es erscheint das Fenster »Sicht »Infotyp« ändern: Detail« des zuvor markierten Infotyps (vgl. Abb. 5.8).
   → Sie sehen im Feld »Zeitbindung« die dem Infotyp zugeordnete Zeitbindung. Darüber hinaus werden Ihnen weitere Eigenschaften des Infotyps angezeigt.

5 Personalstammdatenverwaltung

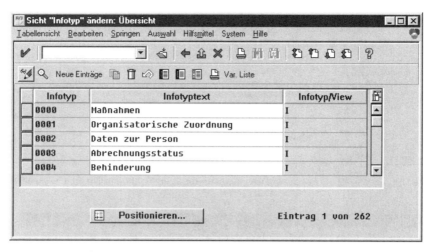

Abbildung 5.7 Übersicht der im Modul PA standardmäßig vorhandenen Infotypen (© SAP AG)

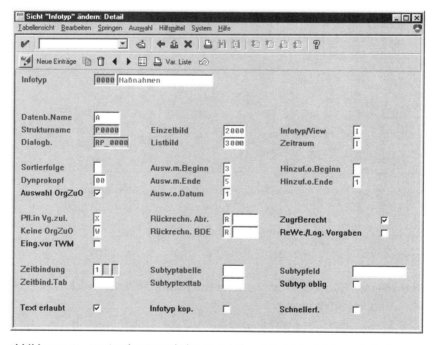

Abbildung 5.8 Anzeige der Eigenschaften im Detail am Beispiel des Infotyps »Maßnahmen (0000)« (© SAP AG)

5.3 Informationssubtypen (Subtypen)

Bei einigen Infotypen besteht die Möglichkeit, die zugehörigen Infotypsätze nochmals zu Gruppen zusammenzufassen. SAP bezeichnet diese Gruppierungen als *Informationssubtypen* oder kurz: *Subtypen*.

Beispiel Anschriften
Ein Mitarbeiter hat außer seinem ständigen Wohnsitz einen Zweitwohnsitz. Um beide Anschrift(sart)en im System zu erfassen, legen Sie für diesen Mitarbeiter den Infotyp (0006) »Anschrift« mit den Subtypen »Ständiger Wohnsitz« und »Zweitwohnsitz« an.

Außer dem Infotyp 0006 »Anschriften« haben unter anderem die Infotypen 0008 »Basisbezüge«, 0014 »Wiederkehrende Be- und Abzüge«, 0015 »Ergänzende Zahlungen« oder 0021 »Familie/Bezugsperson« ebenfalls Subtypen.

Im folgenden werden die Gründe für eine solche Untergliederung am Beispiel des Infotyps 0006 »Anschriften« erläutert:

- *Gewährleistung der Übersichtlichkeit*
  Für jede Anschriftenart, die für einen Mitarbeiter hinterlegt wird, existiert eine eigene Bildschirmmaske. Neben der beabsichtigten Übersichtlichkeit gibt es durch die mögliche Erfassung von Auslandsanschriften einen weiteren Grund für diese Trennung: Auslandsanschriften können Angaben für Datenfelder erforderlich machen, die im inländischen Infotyp gewöhnlich nicht benötigt werden.

- *Einhaltung der Grundsätze der Historienbildung*
  Die Zweitanschrift eines Mitarbeiters kann sich ändern, die Anschrift des ständigen Wohnsitzes jedoch gleichbleiben.

- *Einhaltung der Prinzipien der Zeitbindung*
  Da unterschiedliche Wohnsitze eines Mitarbeiters möglicherweise gleichzeitig, jedoch nicht lückenlos existieren müssen, müßte dem Infotyp »Anschrift« die Zeitbindung 3 zugeordnet sein. Andererseits handelt es sich beim ständigen Wohnsitz eines Mitarbeiters um eine wesentliche Information, so daß in diesem Zusammenhang die Zeitbindung 1 erforderlich wird. Allerdings ist die aktenkundige Information einer Zweitanschrift weder unbedingt erforderlich, noch hat jeder Mitarbeiter eine zweite Adresse. Falls eine vorhanden ist, existiert sie jedoch innerhalb eines Gültigkeitszeitraums nur einmal, so daß Sie hierfür die Zeitbindung 2 benötigen.

5.4 Personalmaßnahme

Bei der Einstellung, beim Ausscheiden oder bei einer Versetzung eines Mitarbeiters muß eine Reihe personenbezogener Daten neu erfaßt oder geändert werden. All diese Daten werden in unterschiedlichen Infotypen gespeichert und gepflegt.

Damit Sie nicht für jede Detailinformation einen Infotyp anlegen müssen, stehen Ihnen in der Personalstammdatenverwaltung die sogenannten *Personalmaßnahmen* zur Verfügung. Innerhalb einer solchen Personalmaßnahme sind alle für den entsprechenden Personalvorgang zu bearbeitenden Infotypen zu Infotypgruppen zusammengefaßt. Hierbei werden Ihnen bei jeder Personalmaßnahme exakt die Infotypen nacheinander zur Pflege angeboten, für die Daten erfaßt oder geändert werden müssen.

Im SAP-Standard stehen Ihnen unter anderem folgende Personalmaßnahmen zur Auswahl:

- »Einstellung«
  Wenn Sie einen neu eingestellten Mitarbeiter im System erfassen wollen.

- »Organisatorischer Wechsel«
  Wenn Sie die organisatorische Zuordnung eines Mitarbeiters zur Unternehmens-, Personal- und/oder Organisationsstruktur ändern wollen.

- »Änderung der Bezüge«
  Wenn Sie das Entgelt eines Mitarbeiters ändern wollen.

- »Vorruhestand/Pensionierung«
  Wenn Sie das Erreichen des Vorruhestands oder der Pensionierung eines Mitarbeiters im System dokumentieren wollen.

- »Austritt«
  Wenn Sie das Ausscheiden eines Mitarbeiters aus Ihrem Unternehmen im System dokumentieren wollen.

- »Wiedereintritt«
  Wenn Sie die Daten eines früher aus Ihrem Unternehmen ausgeschiedenen Mitarbeiters neu erfassen wollen.

Infotyp 0000 »Maßnahme«

Zur Dokumentation der Personalmaßnahmen existiert innerhalb der Stammdatenverwaltung der gleichnamige Infotyp 0000 »Maßnahme«. Dieser Infotyp gibt Ihnen einen Überblick über die für einen Mitarbeiter durchgeführten Personalmaßnahmen.

Bei der Durchführung einer Maßnahme wird in der Regel automatisch ein neuer Satz im Infotyp »Maßnahmen« angelegt. Dies gilt insbesondere für die Einstellung eines Mitarbeiters. Ein Mitarbeiter gilt »organisationsjuristisch« erst dann als eingestellt, wenn mindestens ein Satz, nämlich die Maßnahme »Einstellung«, in diesem Infotyp vorhanden ist. Auch hier gelten wieder die Grundsätze der Zeitbindung.

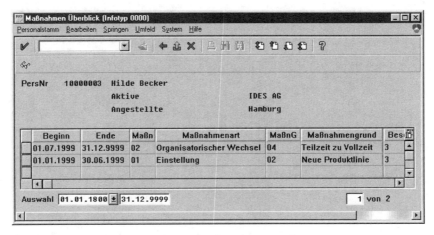

Abbildung 5.9 Listbild Infotyp Maßnahmen (0000) (© SAP AG)

Im folgenden wird Ihnen die Vorgehensweise bei der Durchführung einer Personalmaßnahme am Beispiel der Einstellung eines Mitarbeiters detailliert erläutert. Die dabei dargestellte Abfolge der Infotypen entspricht der des Mandanten IDES.

Neuen Mitarbeiter anlegen

Um im R/3-System einen neuen Mitarbeiter anzulegen, gehen Sie wie folgt vor:

Ausgangspunkt Fenster »Personaladministration«

1. Rufen Sie die Menüfunktion PERSONALSTAMM | PERSONALMASSNAHMEN auf, oder klicken Sie auf die Drucktaste PERSONALMASSNAHMEN.
   → Das Fenster »Personalmaßnahmen« wird angezeigt (vgl. Abb. 5.10).
2. Geben Sie in das Feld »Personalnummer« die Personalnummer des neuen Mitarbeiters ein, wenn Sie mit der externen Nummernvergabe arbeiten (siehe folgenden Hinweis). Lassen Sie dieses Feld frei, wenn Sie mit der internen Nummernvergabe arbeiten.

   Hinweis Um Mitarbeiter eindeutig identifizieren zu können, wird jedem im System neu erfaßten Mitarbeiter eine Personalnummer zugeordnet. Dies kann automatisch erfolgen, indem vom System die nächste freie Personalnummer vergeben wird. Man spricht dann von einer *internen* Nummernvergabe. Eine Nummer kann aber auch vom Anwender selbst vergeben werden. Dies wird als *externe* Nummernvergabe bezeichnet.

Personalstammdatenverwaltung

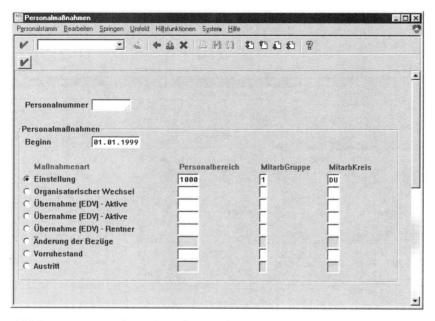

Abbildung 5.10 Personalmaßnahmen (© SAP AG)

Welche Art der Nummernvergabe anzuwenden ist, legen Sie im Customizing fest, wobei die interne Nummernvergabe die Regel ist.

Hinweis Wenn es sich bei einer beliebigen Maßnahme um einen bereits eingestellten Mitarbeiter handelt, ist die Eingabe der Personalnummer zwingend erforderlich. Das kann entweder direkt oder über Matchcode-Suche geschehen.

3. Geben Sie in das Feld »Datum« das Beginndatum ein, von dem ab die Maßnahme gültig sein soll. Bei Neueintritt eines Mitarbeiters ist dies das Einstellungsdatum.
4. Markieren Sie die gewünschte Maßnahmenart »Einstellung«.
5. Geben Sie in das Feld »Personalbereich« die beabsichtigte Zugehörigkeit des Mitarbeiters ein. Verfahren Sie bei den Feldern »Mitarbeitergruppe« und »Mitarbeiterkreis« analog.

Hinweis Da bei einzelnen Personalbereichen oder Mitarbeiterkreisen möglicherweise unterschiedliche Bildfolgen und Bilder angezeigt werden, werden diese organisatorischen Felder bereits auf dem Auswahlbild erfaßt. Begründet wird dies mit der Fülle der benötigten Daten. Sie benötigen z.B. bei der Einstellung einer Aushilfskraft wesentlich weniger Daten als bei der eines Mitarbeiters mit einem festen unbefristeten Arbeitsverhältnis.

Personalstammdatenverwaltung 5

6. Klicken Sie auf die Drucktaste ✔ (AUSWÄHLEN).
   → Das Fenster »Maßnahmen anlegen (Infotyp 0000)« wird angezeigt (vgl. Abb. 5.11).

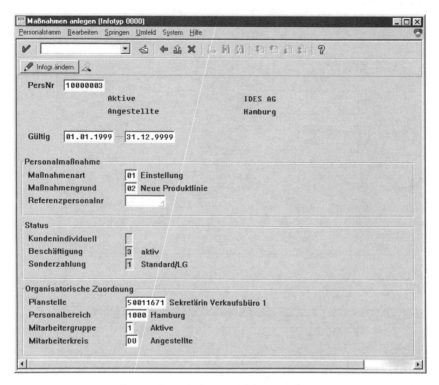

Abbildung 5.11 Maßnahmen anlegen (Infotyp 0000) (© SAP AG)

7. Pflegen Sie die angebotenen Felder wie »Maßnahmengrund«, »Planstelle« usw. je nach aktuellem Erfordernis.
8. Klicken Sie auf die Drucktaste 💾 (SICHERN).
   → Das Fenster »Daten zur Person anlegen (Infotyp 0002)« wird angezeigt (vgl. Abb. 5.12).
9. Pflegen Sie die angebotenen Felder wie »Name«, »Vorname«, »Geburtsdatum« usw. je nach aktuellem Erfordernis.
10. Klicken Sie auf die Drucktaste 💾 (SICHERN).
    → Das Fenster »Familie/Bezugsperson anlegen (Infotyp 0021)« wird angezeigt (vgl. Abb. 5.13).

   Hinweis Dieses Fenster wird nur angezeigt, wenn Sie im Infotyp 0002 »Daten zur Person« im Feld »Anzahl Kinder« eine entsprechende Angabe gemacht haben.

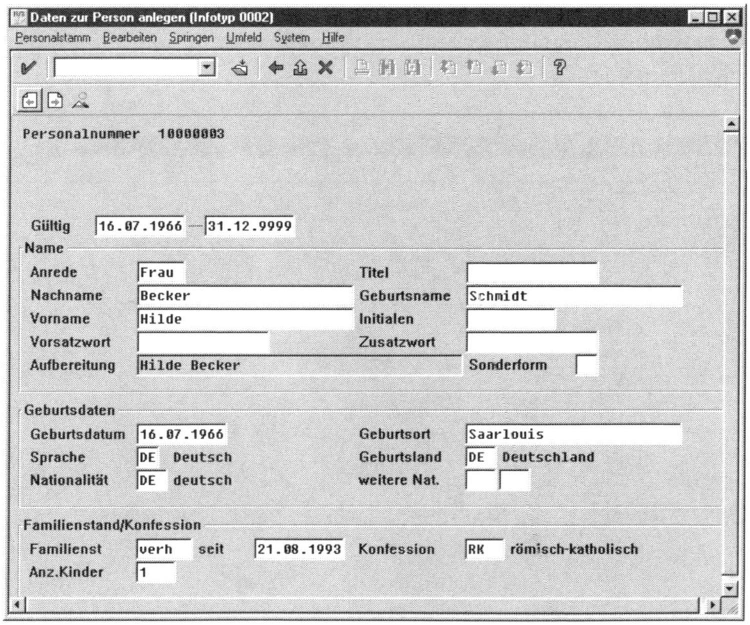

5 Personalstammdatenverwaltung

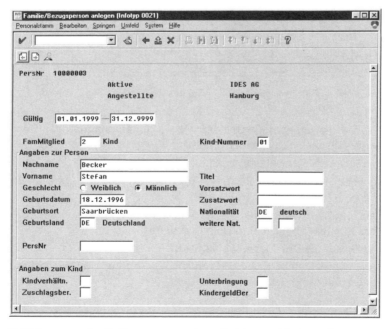

Abbildung 5.12 Daten zur Person anlegen (Infotyp 0002) (© SAP AG)

Abbildung 5.13 Familie/Bezugsperson anlegen (Infotyp 0021) (© SAP AG)

Personalstammdatenverwaltung

11. Pflegen Sie die angebotenen Felder wie »Name«, »Geburtsdatum« des Familienangehörigen usw. je nach aktuellem Erfordernis.
12. Klicken Sie auf die Drucktaste (SICHERN).
    → Das Fenster »Organisatorische Zuordnung anlegen (Infotyp 0001)« wird angezeigt (vgl. Abb. 5.14).

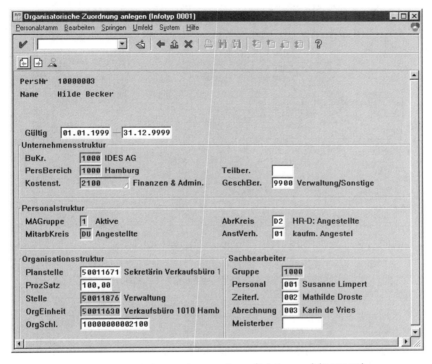

Abbildung 5.14 Organisatorische Zuordnung anlegen (Infotyp 0001) (© SAP AG)

13. Pflegen Sie die angebotenen Felder wie »Personalteilbereich«, »Anstellungsverhältnis«, »Sachbearbeitergruppe« usw. je nach aktuellem Erfordernis.
14. Klicken Sie auf die Drucktaste (SICHERN).
    → Das Fenster »Anschriften anlegen (Infotyp 0006)« wird angezeigt (vgl. Abb. 5.15).
15. Pflegen Sie die angebotenen Felder wie »Straße«, »Wohnort«, »Telefonnummer« usw. je nach aktuellem Erfordernis.
16. Klicken Sie auf die Drucktaste *(Sichern)*.
    → Das Fenster »Sollarbeitszeit anlegen (Infotyp 0007)« wird angezeigt (vgl. Abb. 5.16).

5 Personalstammdatenverwaltung

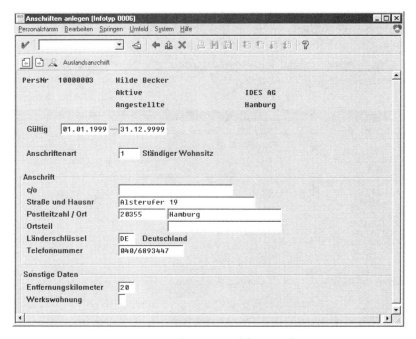

Abbildung 5.15 Anschriften anlegen (Infotyp 0006) (© SAP AG)

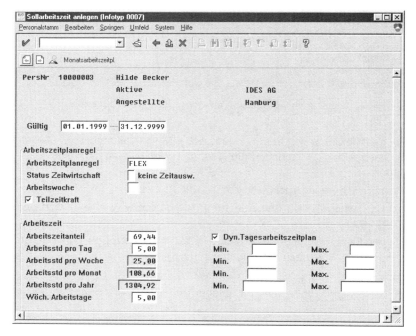

Abbildung 5.16 Sollarbeitszeit anlegen (Infotyp 0007) (© SAP AG)

Personalstammdatenverwaltung 5

17. Pflegen Sie die angebotenen Felder wie »Teilzeitkraft«, »Arbeitsstunden pro Tag« usw. je nach aktuellem Erfordernis.
18. Klicken Sie auf die Drucktaste (SICHERN).
    → Das Fenster »Basisbezüge anlegen (Infotyp 0008)« wird angezeigt (vgl. Abb. 5.17).

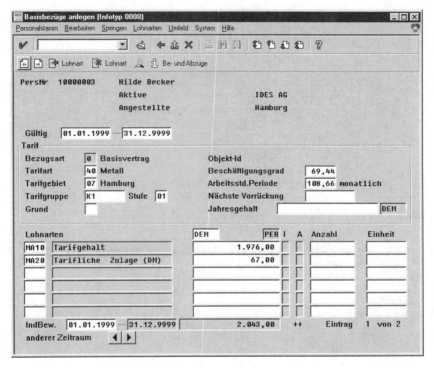

Abbildung 5.17 Basisbezüge anlegen (Infotyp 0008) (© SAP AG)

19. Pflegen Sie die angebotenen Felder wie »Tarifgruppe«, »Tariflohn« usw. je nach aktuellem Erfordernis.
20. Klicken Sie auf die Drucktaste (SICHERN).
    → Das Fenster »Bankverbindung anlegen (Infotyp 0009)« wird angezeigt (vgl. Abb. 5.18).
21. Pflegen Sie die angebotenen Felder wie »Kontonummer«, »Bankleitzahl«, »Verwendungszweck« usw. je nach aktuellem Erfordernis.
22. Klicken Sie auf die Drucktaste (SICHERN).
    → Das Fenster »Vermögensbildung anlegen (Infotyp 0010)« wird angezeigt (vgl. Abb. 5.19).

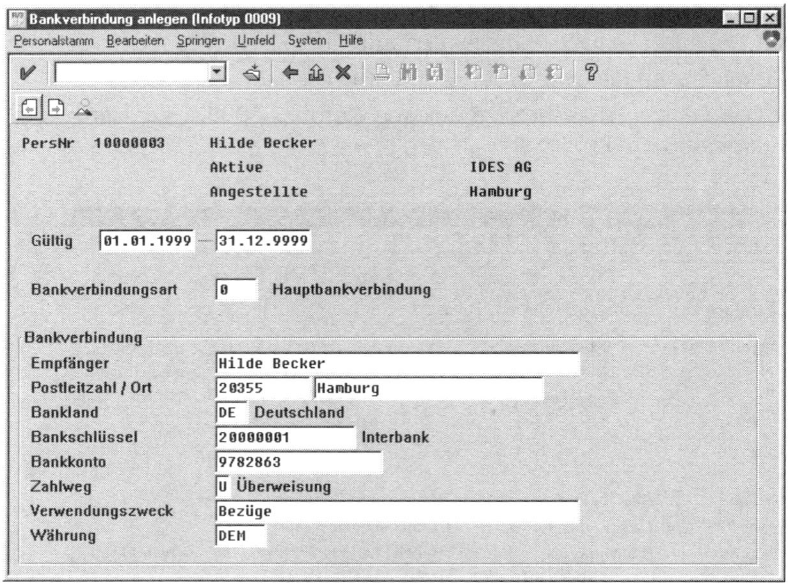

5 Personalstammdatenverwaltung

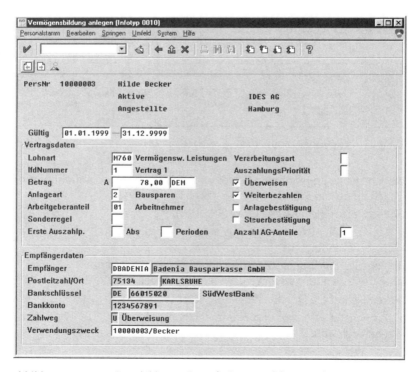

Abbildung 5.18 Bankverbindung anlegen (Infotyp 0009) (© SAP AG)

Abbildung 5.19 Vermögensbildung anlegen (Infotyp 0010) (© SAP AG)

23. Pflegen Sie die angebotenen Felder wie »Anlageart«, »Betrag«, »Empfängerkonto« usw. je nach aktuellem Erfordernis.
24. Klicken Sie auf die Drucktaste (SICHERN).
    → Das Fenster »Steuerdaten D anlegen (Infotyp 0012)« wird angezeigt (vgl. Abb. 5.20).

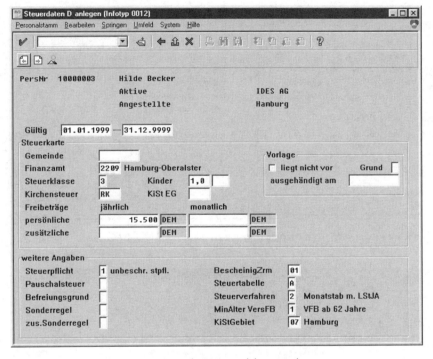

Abbildung 5.20 Steuerdaten D anlegen (Infotyp 0012) (© SAP AG)

25. Pflegen Sie die angebotenen Felder wie »Finanzamt«, »Steuerklasse«, »Anzahl der Kinder«, »Religionszugehörigkeit« usw. je nach aktuellem Erfordernis.
26. Klicken Sie auf die Drucktaste (SICHERN).
    → Das Fenster »Sozialversicherung D anlegen (Infotyp 0013)« wird angezeigt (vgl. Abb. 5.21).
27. Pflegen Sie die angebotenen Felder wie »Rentenversicherungsnummer«, »Krankenkasse« usw. je nach aktuellem Erfordernis.
28. Klicken Sie auf die Drucktaste (SICHERN).
    → Das Fenster »DUEVO anlegen (Infotyp 0020)« wird angezeigt (vgl. Abb. 5.22).

5 Personalstammdatenverwaltung

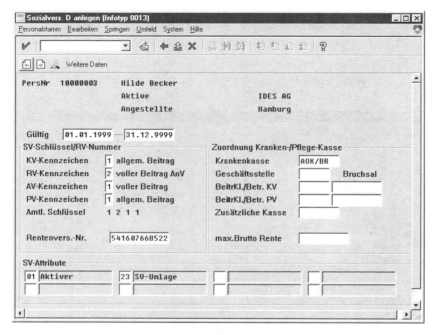

Abbildung 5.21 Sozialversicherung D anlegen (Infotyp 0013) (© SAP AG)

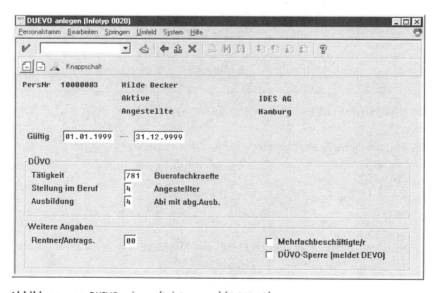

Abbildung 5.22 DUEVO anlegen (Infotyp 0020) (© SAP AG)

29. Pflegen Sie die angebotenen Felder wie »Tätigkeit«, »Stellung im Beruf«, »Ausbildung« usw. je nach aktuellem Erfordernis.
30. Klicken Sie auf die Drucktaste (SICHERN).
    → Das Fenster »Vertragsbestandteile anlegen (Infotyp 0016)« wird angezeigt (vgl. Abb. 5.23).

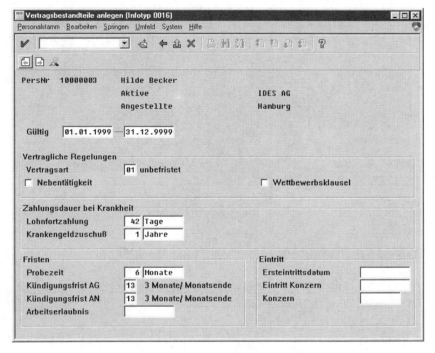

Abbildung 5.23 Vertragsbestandteile anlegen (Infotyp 0016) (© SAP AG)

31. Pflegen Sie die angebotenen Felder wie »Probezeit«, »Kündigungsfrist«, »Lohnfortzahlung« usw. je nach aktuellem Erfordernis.
32. Klicken Sie auf die Drucktaste (SICHERN).
    → Das Fenster »Terminverfolgung anlegen (Infotyp 0019)« wird angezeigt (vgl. Abb. 5.24).
33. Pflegen Sie die angebotenen Felder »Terminart«, »Erinnerungsdatum« usw. je nach aktuellem Erfordernis.
34. Klicken Sie auf die Drucktaste (SICHERN).
    → Das Fenster »Urlaubsanspruch anlegen (Infotyp 0005)« wird angezeigt (vgl. Abb. 5.25).

5 Personalstammdatenverwaltung

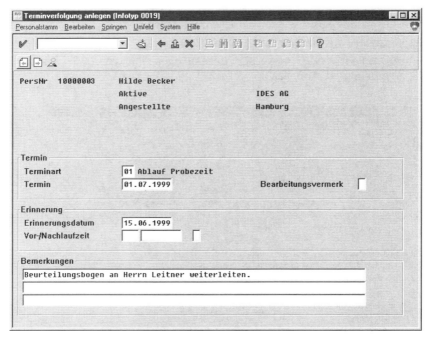

Abbildung 5.24 Terminverfolgung anlegen (Infotyp 0019) (© SAP AG)

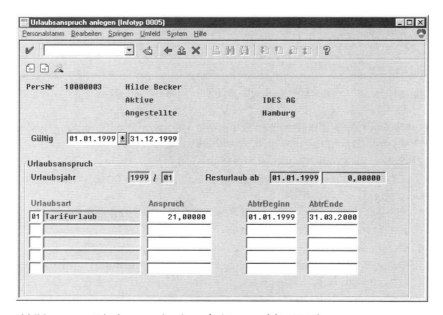

Abbildung 5.25 Urlaubsanspruch anlegen (Infotyp 0005) (© SAP AG)

35. Pflegen Sie die angebotenen Felder »Urlaubsart«, »Urlaubsanspruch« usw. je nach aktuellem Erfordernis.
36. Klicken Sie auf die Drucktaste ⛃ (SICHERN).
   → Das Fenster »Personalmaßnahmen« wird angezeigt.
   → Der neue Mitarbeiter ist angelegt.

5.4.1 Auslassen von Infotypen bei der Durchführung einer Maßnahme

Falls Ihnen nicht alle benötigten Daten zur Durchführung einer Maßnahme vorliegen, haben Sie die Möglichkeit, einzelne Infotypen von der Bearbeitung auszuschließen. Das Auslassen einzelner Infotypen beeinträchtigt die Durchführung der beabsichtigten Maßnahme nicht.

Um im R/3-System Infotypen bei der Durchführung einer Maßnahme auszulassen, gehen Sie wie folgt vor:

Ausgangspunkt Fenster »Erfassungsbild eines Infotyps im Rahmen einer Personalmaßnahme«

1. Klicken Sie auf die Drucktaste ▶ (NÄCHSTER SATZ), wenn Sie das Erfassungsbild des Infotyps sehen, den Sie auslassen wollen.
   → Ein Dialogfenster wird mit dem Hinweis angezeigt, daß nicht gesicherte Daten verlorengehen. Sie werden gefragt, ob Sie das aktuelle Bild trotzdem verlassen wollen.
2. Klicken Sie auf die Drucktaste JA.
   → Der nächste zu pflegende Infotyp der Maßnahme wird angezeigt.

5.4.2 Wiederaufnahme einer abgebrochenen Maßnahme

Nicht immer kann eine einmal begonnene Maßnahme in einem Arbeitsgang beendet werden. Wenn Sie die Maßnahme unterbrechen müssen, ist dies problemlos möglich. Trotz des Abbruchs bleiben die Daten der bereits erfaßten und gespeicherten Infotypen erhalten. Abgebrochene Maßnahmen können jederzeit wieder aufgenommen werden. Dabei werden Ihnen noch einmal alle im Rahmen der Maßnahme zu bearbeitenden Infotypen der Reihe nach angezeigt und zur Pflege angeboten.

Um eine abgebrochene Maßnahme im R/3-System wieder aufzunehmen, gehen Sie wie folgt vor:

Ausgangspunkt Fenster »Personaladministration«

1. Rufen Sie die Menüfunktion PERSONALSTAMM | PERSONALMASSNAHMEN auf, oder klicken Sie auf die Drucktaste PERSONALMASSNAHMEN.
   → Das Fenster »Personalmaßnahmen« wird angezeigt.
2. Geben Sie in das Feld »Personalnummer« die Personalnummer des Mitarbeiters ein, für den Sie die Maßnahme bereits begonnen hatten.

Personalstammdatenverwaltung

3. Geben Sie in das Feld »Datum« das Beginndatum ein, von dem ab die Maßnahme gültig sein soll.

   Hinweis Die Angabe eines Datums ist nur erforderlich, wenn bereits mehrere Maßnahmen zu dem ausgewählten Mitarbeiter existieren. Wenn das der Fall ist und kein Datum angegeben wird, wird automatisch auf die zuletzt im System hinterlegte Maßnahme zugegriffen.

4. Markieren Sie die Maßnahmenart, die Sie abgebrochen haben.
5. Klicken Sie auf die Drucktaste ✔ (AUSWÄHLEN).
   → Das Fenster »Maßnahmen ändern (Infotyp 0000)« wird angezeigt.
6. Klicken Sie auf die Drucktaste INFOGRUPPE AUSFÜHREN.
   → Der erste Infotyp der Infogruppe, die der jeweiligen Maßnahme zugeordnet ist, wird angezeigt.
7. Klicken Sie auf die Drucktaste 🠒 (NÄCHSTER SATZ), bis Sie den Infotyp sehen, bei dem Sie die Maßnahme abgebrochen haben.
8. Pflegen Sie die angebotenen Felder je nach aktuellem Erfordernis.
9. Klicken Sie auf die Drucktaste 💾 (SICHERN).
   → Der nächste Infotyp wird zur Pflege angeboten.
   → Nach dem Sichern des letzten Infotyps der Infotypgruppe wird das Fenster »Personalmaßnahmen« angezeigt.

5.4.3 Schnellerfassung von Maßnahmen

Wie Sie gesehen haben, werden Ihnen bei der Durchführung einer Maßnahme zahlreiche Infotypen zur Verwendung angeboten. Um die Arbeitszeit bei der Erfassung zu verkürzen und eine größere Übersichtlichkeit zu erzielen, gibt es im R/3-System die Maßnahmen-Schnellerfassung.

Der Unterschied zwischen der Schnellerfassung und der zuvor erläuterten Maßnahmendurchführung ist, daß Ihnen bei der Schnellerfassung nur die Mußfelder der einzelnen Infotypen einer Maßnahme zur Pflege angeboten werden. Damit können alle Felder, die im Zuge der beabsichtigten Maßnahme gepflegt werden müssen, auf einer Bildschirmmaske bearbeitet werden. Alle übrigen Felder bleiben bei der Maßnahmen-Schnellerfassung unberücksichtigt.

In der Komponente Personaladministration stehen Ihnen im SAP R/3-Standard zwei häufiger erforderliche Arten von Maßnahmen für die Schnellerfassung zur Verfügung:

- Einstellung
- Organisatorischer Wechsel

Personalstammdatenverwaltung

Um im R/3-System eine Maßnahmen-Schnellerfassung zur Einstellung eines Mitarbeiters durchzuführen, gehen Sie wie folgt vor:

Ausgangspunkt Fenster »Administration«

1. Rufen Sie die Menüfunktion PERSONALSTAMM | SCHNELLERFASSUNG MASS-NAHMEN auf.

   → Das Fenster »Schnellerfassung Maßnahmen« wird angezeigt (vgl. Abb. 5.26).

Abbildung 5.26 Maßnahmen-Schnellerfassung (© SAP AG)

2. Geben Sie in das Feld »Beginn«, den Gültigkeitsbeginn der Maßnahme ein, in unserem Beispiel das Einstellungsdatum des Mitarbeiters.
3. Wählen Sie die gewünschte Maßnahmenart, in unserem Beispiel »Einstellung«.
4. Füllen Sie die Felder »Personalbereich«, »Mitarbeitergruppe« und »Mitarbeiterkreis« entsprechend aus.
5. Klicken Sie auf die Drucktaste ✔ (AUSWÄHLEN).

   → Das Fenster »Schnellerfassung Maßnahme Einstellung« wird angezeigt (vgl. Abb. 5.27).

6. Geben Sie in das Feld »Personalnummer« eine noch nicht vergebene Personalnummer ein, wenn Sie mit der externen Nummernvergabe arbeiten. Lassen Sie dieses Feld leer, wenn Sie mit der internen (automatischen) Nummernvergabe arbeiten.
7. Geben Sie in alle übrigen Felder die entsprechenden Daten des neuen Mitarbeiters ein.
8. Klicken Sie auf die Drucktaste 💾 (SICHERN).

   → Es wird die Meldung ausgegeben, daß die Maßnahme Einstellung durchgeführt wurde.

5 Personalstammdatenverwaltung

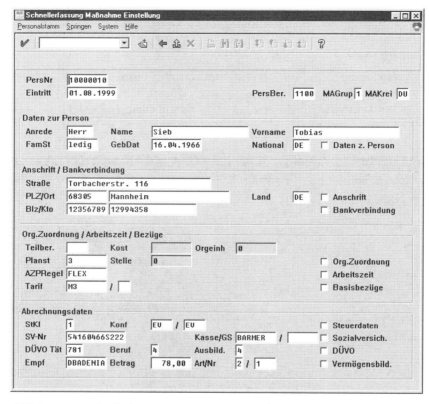

Abbildung 5.27 Schnellerfassung Maßnahme Einstellung (© SAP AG)

5.5 Wichtige Infotypen der Personalstammdatenverwaltung

Innerhalb der SAP-Personalwirtschaft existiert eine Vielzahl verschiedener Infotypen. Die wichtigsten werden entsprechend Ihrer Zugehörigkeit in den jeweiligen Kapiteln dieses Buches ausführlich erläutert. Im Bereich der Personalstammdatenverwaltung sind dies:

- 0000 »Maßnahmen«
- 0001 »Organisatorische Zuordnung«
- 0002 »Daten zur Person«
- 0006 »Anschriften«

5.5.1 Infotyp 0000 »Maßnahmen«

Im Infotyp 0000 »Maßnahmen« werden alle für einen Mitarbeiter durchgeführten Personalmaßnahmen, wie Einstellung, Versetzung oder Kündigung, in einzelnen Infotypsätzen dokumentiert.

Personalstammdatenverwaltung 5

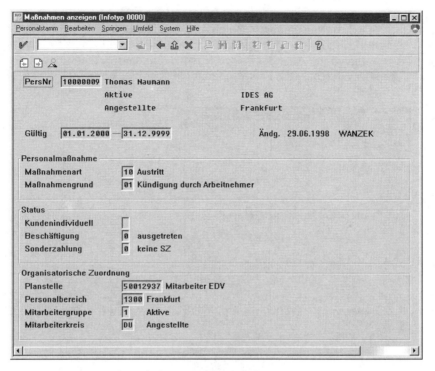

Abbildung 5.28 Maßnahmen (Infotyp 0000) (© SAP AG)

Im Infotyp 0000 »Maßnahmen« stehen folgende Datenfelder zur Verfügung (vgl. Abb. 5.28):

- »Maßnahmenart« und »Maßnahmengrund«

    Durch Eingaben in der Datengruppe »Personalmaßnahme« kann die aktuelle Maßnahme genauer spezifiziert werden. Im Feld »Maßnahmenart« geben Sie den zur Maßnahme gehörenden Schlüssel an, z.B. den Schlüssel »01« für eine Einstellung, »02« für einen organisatorischen Wechsel oder »10« für einen Austritt. Im Feld »Maßnahmengrund« geben Sie die Ursache für die Durchführung der jeweiligen Maßnahme an (vgl. Abb. 5.29). Zum Beispiel können finanzielle oder gesundheitliche Gründe für den Austritt eines Mitarbeiters aus dem Unternehmen eingegeben werden. In Deutschland müssen aufgrund der Bestimmungen der gesetzlichen Sozialversicherung (DEÜV) bestimmte Maßnahmengründe dokumentiert werden.

- »Referenzpersonalnummer«

    Falls ein Mitarbeiter mehr als ein Beschäftigungsverhältnis mit Ihrem Unternehmen eingeht, bekommt er für jedes Beschäftigungsverhältnis eine separate Personalnummer. Da es sich trotz unterschiedlicher Personalnummern um denselben Mitarbeiter handelt, sind die Daten zur Person und die Anschriften identisch. Durch Angabe einer Referenzpersonalnummer wird ein doppelter Pflegeaufwand für diesen Mitarbeiter vermieden. Änderungen unter einer der beiden Personalnummern wirken sich auf die Daten der referenzierten Personalnummern ebenfalls aus.

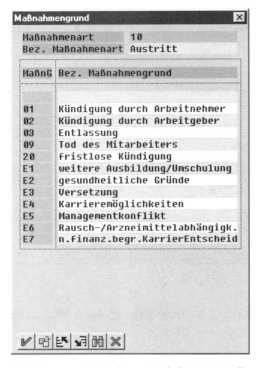

Abbildung 5.29 Maßnahmengründe für eine Einstellung (© SAP AG)

- Statuskennzeichen »kundenindividuell«, »Beschäftigung« und »Sonderzahlung«
  Diese drei Statuskennzeichen werden bei der Erzeugung eines neuen Infotypsatzes im Rahmen der Durchführung einer Personalmaßnahme automatisch gesetzt. Sie dienen überwiegend systeminternen Informationszwecken und Steuerungsmechanismen.

- »Planstelle«
  In diesem Feld weisen Sie Ihrem Mitarbeiter die durch ihn zu besetzende Planstelle zu. Durch die Verknüpfung mit dieser Planstelle wird der Mitarbeiter der Organisationsstruktur Ihres Unternehmens zugeordnet. Außerdem wird die zuvor als vakant gekennzeichnete Planstelle als besetzt deklariert.

- »Personalbereich«

  Um den Mitarbeiter in Ihre Unternehmensstruktur einzuordnen, geben Sie in diesem Feld den Personalbereich an, dem der Mitarbeiter angehören soll.

- »Mitarbeitergruppe« und »Mitarbeiterkreis«

  Durch die Eingabe der Mitarbeitergruppe ordnen Sie einen Mitarbeiter in die Personalstruktur Ihres Unternehmens ein. Durch die Zuordnung des Mitarbeiters zu einem Mitarbeiterkreis wird das Arbeitnehmer/Arbeitgeber-Verhältnis und damit die Einordnung in die Personalstruktur genauer spezifiziert.

Durch die Einordnung des Mitarbeiters in die organisatorischen Strukturen des Unternehmens werden bei dieser Maßnahme möglicherweise unterschiedliche Bildfolgen und Bilder vom System aktiviert. Die eigentliche organisatorische Zuordnung des Mitarbeiters erfolgt jedoch im Infotyp 0001 »Organisatorische Zuordnung«.

5.5.2 Infotyp 0001 »Organisatorische Zuordnung«

Im Infotyp 0001 »Organisatorische Zuordnung« erfolgt die detaillierte Verknüpfung des Mitarbeiters mit der Unternehmens-, Personal- und Organisationsstruktur Ihres Betriebs. Außerdem wird der Mitarbeiter seinen zuständigen Personalsachbearbeitern zugewiesen.

Die in diesem Infotyp erfaßten Daten sind grundlegend für zahlreiche weitere Funktionen des Systems. Über die organisatorische Zuordnung eines Mitarbeiters können z.B. die Zugriffsberechtigungen vergeben werden. Außerdem dienen diese Angaben im Rahmen des Reportings als wichtige Selektionskriterien.

Im Infotyp 0001 »Organisatorische Zuordnung» stehen folgende Datenfelder zur Verfügung (vgl. Abb. 5.30):

- Datengruppe »Unternehmensstruktur«

  Sie enthält die Felder »Buchungskreis«, »Personalbereich«, »Personalteilbereich«, »Kostenstelle« und »Geschäftsbereich«. Durch Eingaben in diesen Feldern ordnen Sie einen Mitarbeiter der Unternehmensstruktur zu.

- Datengruppe »Personalstruktur«

  Sie enthält die Felder »Mitarbeitergruppe«, »Mitarbeiterkreis«, »Abrechnungskreis« und »Anstellungsverhältnis«. Durch Eingaben in diesen Feldern ordnen Sie einen Mitarbeiter der Personalstruktur des Unternehmens zu.

- Datengruppe »Organisationsstruktur«

  Sie enthält die Felder »Planstelle«, »Besetzungsprozentsatz«, »Stelle«, »Organisationseinheit« und »Organisationsschlüssel«. Durch Eingaben in diesen Feldern verknüpfen Sie einen Mitarbeiter mit den hierarchischen Strukturen des Unternehmens.

5 Personalstammdatenverwaltung

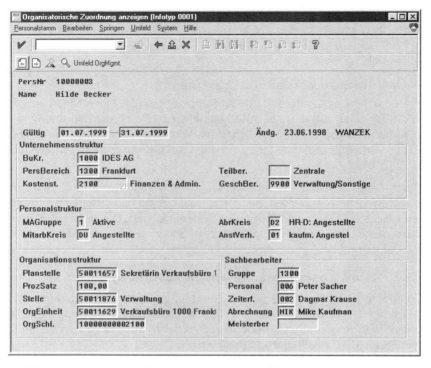

Abbildung 5.30 Organisatorische Zuordnung (Infotyp 0001) (© SAP AG)

- Datengruppe »Sachbearbeiter«
  Sie enthält die Felder »Sachbearbeitergruppe«, »Personal«, »Zeiterfassung«, »Abrechnung« und »Meisterbereich«. Durch Eingaben in diesen Feldern ordnen Sie einen Mitarbeiter den für ihn zuständigen Sachbearbeitern zu.

5.5.3 Infotyp 0002 »Daten zur Person«

Im Infotyp 0002 »Daten zur Person« werden alle personenbezogenen Daten eines Mitarbeiters eingegeben (vgl. Abb. 5.31).

Im Infotyp 0002 »Daten zur Person« stehen folgende Datenfelder zur Verfügung:

- »Anrede«
- »Titel«
  In diesem Feld geben Sie, falls vorhanden, den akademischen Titel eines Mitarbeiters ein, wie z. B. »Dipl. Ing.« oder »Dr. rer. nat.«
- »Nachname«, »Geburtsname«, »Vorname«, »Initialen für weitere Vornamen«

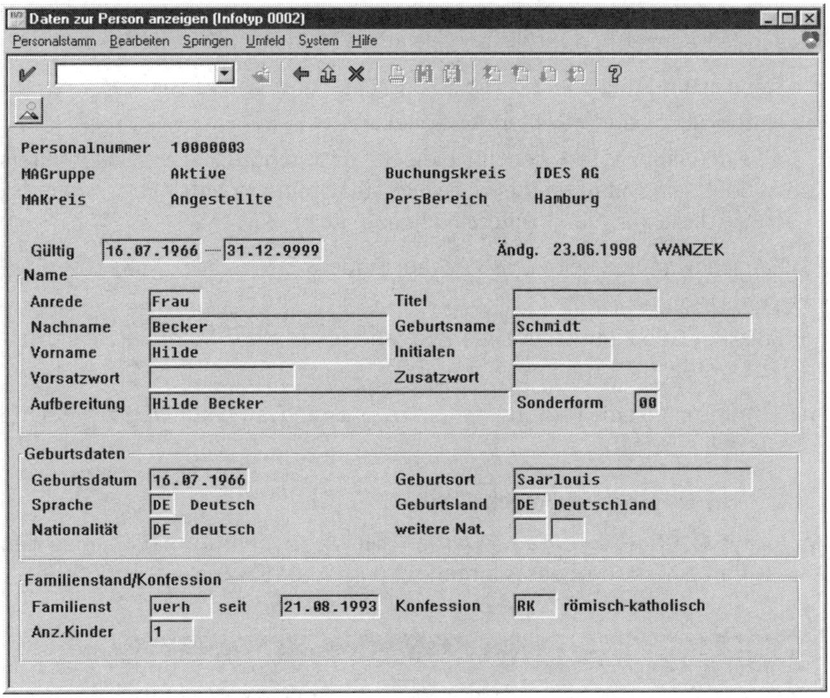

Personalstammdatenverwaltung

```
Daten zur Person anzeigen (Infotyp 0002)
Personalstamm  Bearbeiten  Springen  Umfeld  System  Hilfe

Personalnummer   10000003
MAGruppe         Aktive              Buchungskreis   IDES AG
MAKreis          Angestellte         PersBereich     Hamburg

Gültig   16.07.1966 — 31.12.9999              Ändg. 23.06.1998  WANZEK
Name
 Anrede       Frau              Titel
 Nachname     Becker            Geburtsname   Schmidt
 Vorname      Hilde             Initialen
 Vorsatzwort                    Zusatzwort
 Aufbereitung Hilde Becker                    Sonderform   00

Geburtsdaten
 Geburtsdatum  16.07.1966       Geburtsort    Saarlouis
 Sprache       DE  Deutsch      Geburtsland   DE  Deutschland
 Nationalität  DE  deutsch      weitere Nat.

Familienstand/Konfession
 Familienst   verh  seit  21.08.1993  Konfession  RK  römisch-katholisch
 Anz.Kinder   1
```

Abbildung 5.31 Daten zur Person (Infotyp 0002) (© SAP AG)

- »Vorsatzwort«

  Wenn der Mitarbeiter über ein Adelsprädikat verfügt, geben Sie dieses im Feld »Vorsatzwort« ein. Zu den Adelsprädikaten zählen z. B. Namenszusätze wie »von« und »zu« oder andere »Vorsatzwörter« wie »van der« oder »de la«.

- »Zusatzwort«

  Mögliche Adelstitel von Mitarbeitern hinterlegen Sie im Feld »Zusatzwort«. Hierzu zählen z. B. Titel wie Freiherr/-frau, Fürst(in) oder Großherzog(in) usw.

- »Aufbereitung«

  Der Inhalt dieses Feldes setzt sich aus Titel, Vornamen, Nachnamen, Vorsatzwort und Zusatzwort eines Mitarbeiters zusammen. Diese Abfolge bei der Namensaufbereitung wird im Customizing festgelegt und kann dort jederzeit geändert werden. Der hier aufbereitete Name kann z.B. im Schriftverkehr eingesetzt werden.

- »Sonderform«

  Falls von einem Mitarbeiter eine von der obigen Beschreibung abweichende Namensaufbereitung gewünscht wird – er möchte z.B. im Brief ohne Adelsprädikat angeredet werden –, geben Sie hier das entsprechende Kennzeichen für die abweichende Namensaufbereitung an.

- »Geburtsdatum«, »Geburtsort«, »Sprache« und »Geburtsland«
- »Nationalität« und »Weitere Nationalitäten«

  Im Feld »Nationalität« geben Sie die Staatsangehörigkeit des Mitarbeiters ein. Sollte ein Mitarbeiter eine zweite Staatsbürgerschaft haben, hinterlegen Sie diese im Feld »Weitere Nationalitäten«.

- »Familienstand«, »seit« und »Anzahl Kinder«
- »Konfession«

  In diesem Feld kann die Religionszugehörigkeit eines Mitarbeiters gespeichert werden.

Im Customizing ist die Prüfung der eingegebenen Daten auf DEÜV-gerechte Erfassung festgelegt.

5.5.4 Infotyp 0006 »Anschriften«

Im Infotyp 0006 »Anschriften« werden alle wichtigen Informationen zu den Anschriften eines Mitarbeiters hinterlegt (vgl. Abb. 5.32).

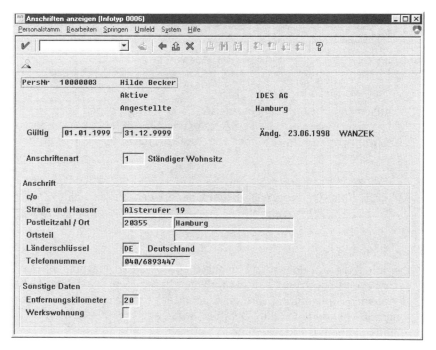

Abbildung 5.32 Infotyp 0006 »Anschriften« (© SAP AG)

Personalstammdatenverwaltung

Im Infotyp 0006 »Anschriften« stehen folgende Datenfelder zur Verfügung:

- »Anschriftenart«
  In diesem Feld spezifizieren Sie die Anschrift eines Mitarbeiters durch den entsprechenden Schlüssel. Schlüssel 1 steht im Standard für den ständigen Wohnsitz eines Mitarbeiters, Schlüssel 2 für den Zweitwohnsitz.
- »c/o«, »Straße«, »Hausnummer«, »Postleitzahl«, »Ort«, »Ortsteil«, »Länderschlüssel« sowie »Telefonnummer«
- »Entfernungskilometer«
  Falls Sie die Entfernung zwischen dem Wohnort eines Arbeitnehmers und dem Standort des Unternehmens dokumentieren wollen, können Sie im Feld »Entfernungskilometer« die einfache Entfernung zwischen diesen beiden Orten erfassen. Diese Angabe kann in der Entgeltabrechnung z. B. für die Berücksichtigung der privaten Nutzung eines Dienstwagens herangezogen werden.
- »Werkswohnung«
  Wenn die gespeicherte Anschrift die Adresse einer Werkswohnung ist, können Sie das im Feld »Werkswohnung« entsprechend kennzeichnen.

5.6 Auswahl von Infotypen

Um die Mitarbeiterdaten immer auf dem neuesten Stand zu halten, ist eine regelmäßige Pflege dieser Daten notwendig. Hierzu müssen Sie jeweils den Infotyp auswählen, der gepflegt werden soll. Sie haben drei Möglichkeiten, um auf den gewünschten Infotyp zuzugreifen:

- Sie wählen den Ihnen bekannten Infotyp direkt aus.
- Sie wählen den gewünschten Infotyp mit dem statischen Menü aus.
- Sie wählen den gewünschten Infotyp mit dem dynamischen Menü aus.

5.6.1 Auswahl von Infotypen über die direkte Eingabe

Wenn Sie den Namen oder den Nummernschlüssel des zu pflegenden Infotyps bereits kennen, können Sie diesen über die direkte Eingabe aufrufen.

Um im R/3-System einen Infotyp über die direkte Eingabe aufzurufen, gehen Sie wie folgt vor:

Ausgangspunkt Fenster »Personaladministration«

1. Rufen Sie die Menüfunktion PERSONALSTAMM | PFLEGEN auf oder klicken Sie auf die Drucktaste PERSONALSTAMMDATEN PFLEGEN.
   → Das Fenster »Personalstammdaten pflegen« wird angezeigt (vgl. Abb. 5.33).
2. Geben Sie in das Feld »Personalnummer« die Personalnummer des Mitarbeiters ein, für den Sie den gewünschten Infotyp pflegen wollen.

Personalstammdatenverwaltung

3. Geben Sie in das Feld »Informationstyp« den Namen des Infotyps oder dessen Schlüssel ein.

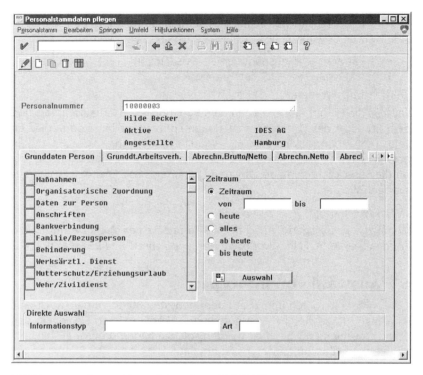

Abbildung 5.33 Personalstammdaten pflegen (© SAP AG)

5.6.2 Auswahl von Infotypen über statische Infotypmenüs

Eine weitere Möglichkeit, den von Ihnen gewünschten Infotyp aufzurufen, haben Sie durch die »statischen Menüs«. In einem statischen Menü sind verschiedene Infotypen zusammengefaßt, die bei personalwirtschaftlichen Administrationsprozessen häufig gemeinsam bearbeitet werden. Im R/3-Standard stehen die folgenden statischen Menüs zur Verfügung:

- *Grunddaten Person*

  Enthält z.B. die Infotypen »Maßnahmen«, »Organisatorische Zuordnung«, »Daten zur Person« und »Anschriften«.

- *Grunddaten Arbeitsverhältnis*

  Enthält z.B. die Infotypen »Vertragsbestandteile«, »Betriebsinterne Daten«, »Sollarbeitszeit« und »Urlaubsanspruch«.

- *Abrechnung Brutto/Netto*

Personalstammdatenverwaltung

Enthält z.B. die Infotypen »Basisbezüge«, »Vermögensbildung«, »Wiederkehrende Be-/Abzüge« und »Ergänzende Zahlungen«.

- *Planungsdaten*

    Enthält z.B. »Ausbildung«, »Andere/frühere Arbeitgeber« und »Qualifikationen«.

- *Zeitwirtschaft Bewegungsdaten*

    Enthält z.B. die Infotypen »An-/Abwesenheiten«, »Entgeltbelege« und »Mehrarbeiten«.

Um Infotypen über statische Menüs auszuwählen, gehen Sie wie folgt vor:

Ausgangspunkt Fenster »Personaladministration«

1. Rufen Sie die Menüfunktion PERSONALSTAMM | PFLEGEN auf, oder klicken Sie auf die Drucktaste PERSONALSTAMMDATEN PFLEGEN.
   → Das Fenster »Personalstammdaten pflegen« wird angezeigt.
2. Geben Sie in das Feld »Personalnummer« die Personalnummer des Mitarbeiters ein, für den Sie den gewünschten Infotyp pflegen wollen.
3. Klicken Sie auf das Register des gewünschten statischen Menüs.
   → Die dem statischen Menü zugeordneten Infotypen werden angezeigt.
4. Markieren Sie den gewünschten Infotyp.

Hinweis Ein Infotyp kann aufgrund seiner weiterreichenden Bedeutung in mehreren statischen Menüs vorhanden sein. Dies gilt z.B. für den Infotyp 0001 »Organisatorische Zuordnung«. Andererseits ist es auch möglich, daß ein Infotyp keinem statischen Menü zugeordnet ist, weil er nur in besonderen Fällen benötigt wird.

5.6.3 Auswahl von Infotypen über dynamische Infotypmenüs

Wenn Ihnen der vollständige Name und/oder der Schlüssel des Infotyps unbekannt sind oder Sie dessen Zuordnung zu einem statischen Menü vergessen haben, können Sie einen Infotyp über ein dynamisches Menü aufrufen. Durch die Eingabe eines Suchbegriffs werden Ihnen in einem Selektionsmenü alle Infotypen angezeigt, in deren Name dieser Suchbegriff enthalten ist.

Um im R/3-System Infotypen über dynamische Menüs auszuwählen, gehen Sie wie folgt vor:

Ausgangspunkt Fenster »Personaladministration«

1. Rufen Sie die Menüfunktion PERSONALSTAMM | PFLEGEN auf, oder klicken Sie auf die Drucktaste PERSONALSTAMMDATEN PFLEGEN.
   → Das Fenster »Personalstammdaten pflegen« wird angezeigt.
2. Geben Sie in das Feld »Personalnummer« die Personalnummer des Mitarbeiters ein, für den Sie den gewünschten Infotyp pflegen wollen.

5 Personalstammdatenverwaltung

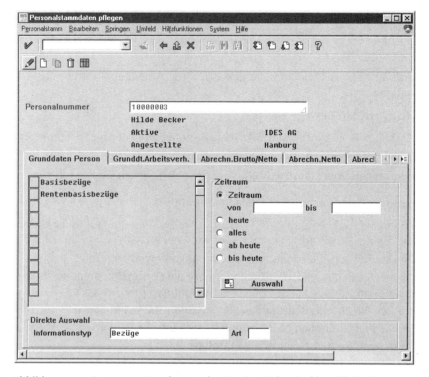

Abbildung 5.34 Erzeugung eines dynamischen Menüs mit dem Suchbegriff »Bezüge« (© SAP AG)

3. Geben Sie in das Feld »Informationstyp« einen Suchbegriff ein, der im Namen des Infotyps vorkommt.
    → Ein Menü mit Infotypen, deren Namen den eingegebenen Suchbegriff enthalten, wird angezeigt (vgl. Abb. 5.34).
4. Markieren Sie den gewünschten Infotyp.

5.6.4 Personalstammdaten im List- und im Einzelbild anzeigen

Neben der Pflege der Stammdaten können Sie sich Daten auch lediglich anzeigen lassen. Dies hat den Vorteil, daß im Anzeigemodus die Möglichkeit der Datenpflege durch einen anderen Benutzer bestehen bleibt. Im Pflegemodus werden dagegen die Daten der gewählten Personalnummer für alle anderen Benutzer gesperrt und können somit nicht bearbeitet werden. Darüber hinaus haben Sie durch diese Differenzierung die Möglichkeit, über Berechtigungen festzulegen, welcher Benutzer Daten lediglich anschauen und welcher diese pflegen darf.

Im Anzeigemodus können Sie zwischen der Einzel- und der Listbildausgabe wählen. Während bei der Einzelbildausgabe alle Datenfelder des jeweiligen Infotyps angezeigt werden, zeigt das Listbild nur die wichtigsten Felder die-

Personalstammdatenverwaltung

ses Infotyps an. Dafür bietet Ihnen die Listbildausgabe die Möglichkeit, alle Infotypsätze des jeweiligen Infotyps auf einen Blick zu sehen. Im Einzelbild müssen Sie dagegen zwischen den einzelnen Infotypsätzen blättern.

Beispiel Beurteilung
Eine Mitarbeiterin hat gekündigt. Sie möchten in der Abschlußbeurteilung alle Positionen aufzählen, die die Mitarbeiterin in Ihrem Unternehmen besetzte. Hierzu lassen Sie sich alle ihre Datensätze des Infotyps »Organisatorische Zuordnung« anzeigen.

Infotypsätze im Einzelbild anzeigen

Ausgangspunkt Fenster »Personaladministration«

1. Wählen Sie PERSONALSTAMM | ANZEIGEN oder klicken Sie auf die Drucktaste PERSONALSTAMM ANZEIGEN.
   → Es erscheint das Fenster »Personalstammdaten anzeigen« (vgl. Abb. 5.35).

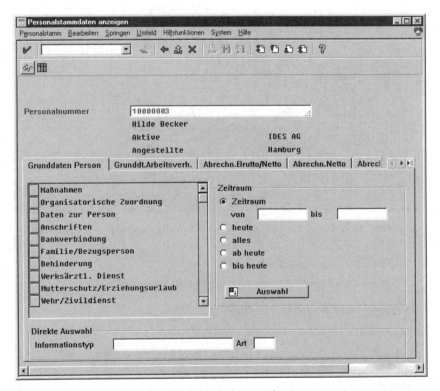

Abbildung 5.35 Personalstammdaten anzeigen (© SAP AG)

5 Personalstammdatenverwaltung

2. Geben Sie in das Feld »Personalnummer« die gewünschte Personalnummer ein, oder selektieren Sie diese mittels Matchcode.
3. Wählen Sie den anzuzeigenden Infotyp.
4. Klicken Sie auf das Symbol ANZEIGEN.
    → Es erscheint das Fenster »Organisatorische Zuordnung anzeigen (Infotyp 0001)« (vgl. Abb. 5.36).

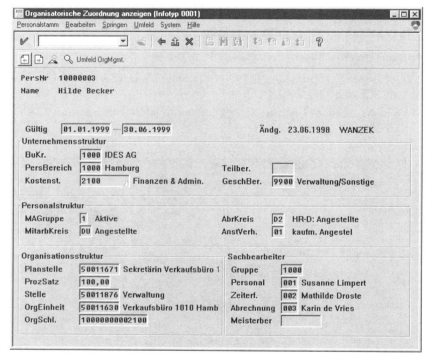

Abbildung 5.36 Einzelbild der organisatorischen Zuordnung eines Mitarbeiters (© SAP AG)

5. Klicken Sie auf das Symbol NÄCHSTER SATZ.
    → Sie gelangen, soweit vorhanden, zu weiteren Infotypsätzen.

Infotypsätze im Listbild anzeigen

Ausgangspunkt Fenster »Personaladministration«

1. Wählen Sie PERSONALSTAMM | ANZEIGEN, oder klicken Sie auf die Drucktaste PERSONALSTAMM ANZEIGEN.
    → Es erscheint das Fenster »Personalstammdaten anzeigen«.
2. Geben Sie in das Feld »Personalnummer« die gewünschte Personalnummer ein oder selektieren Sie diese mittels Matchcode.
3. Wählen Sie den anzuzeigenden Infotyp.

4. Klicken Sie auf das Symbol ▦ (LISTE).

→ Es erscheint das Fenster »Organisatorische Zuordnung Überblick (Infotyp 0001)« (vgl. Abb. 5.37).

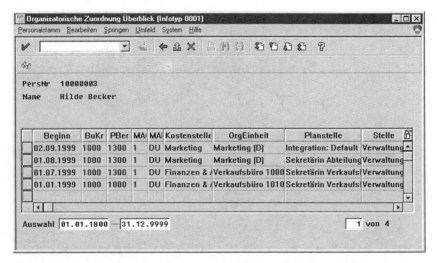

Abbildung 5.37 Listbild der organisatorischen Zuordnung eines Mitarbeiters (© SAP AG)

5.7 Personalstammdatenpflege

Zur Personalstammdatenpflege zählen das Anlegen, Ändern und Löschen von Mitarbeiterdaten. In den folgenden Abschnitten werden Ihnen diese Pflegefunktionen im einzelnen erläutert. Aufgrund der Historienfähigkeit des Systems sollten Sie zwischen einer Neuanlage und einer Änderung eines Datensatzes genau unterscheiden.

5.7.1 Das Anlegen von Personalstammdaten

Mit der Funktion ANLEGEN können Sie im System neue Infotypsätze für einen Mitarbeiter hinterlegen. Durch die Zuordnung von Gültigkeitszeiträumen kommt es zum Aufbau einer Infotyphistorie. Der neue Datensatz wird angelegt, der alte Datensatz bleibt erhalten.

Beispiel Umzug
Der Mitarbeiter Walter Fuchs teilt Ihnen mit, daß er ab 01.06.98 in der Neckarstraße 11 in Heidelberg wohnt.

5 Personalstammdatenverwaltung

Um im R/3-System einen neuen Infotypsatz zum Erfassen einer neuen Anschrift anzulegen, gehen Sie wie folgt vor:

Ausgangspunkt Fenster »Personaladministration«

1. Rufen Sie die Menüfunktion PERSONALSTAMM | PFLEGEN auf, oder klicken Sie auf die Drucktaste PERSONALSTAMMDATEN PFLEGEN.
   → Das Fenster »Personalstammdaten pflegen« wird angezeigt.
2. Geben Sie in das Feld »Personalnummer« die Personalnummer von Walter Fuchs ein.
3. Geben Sie in das Feld »Informationstyp« den Schlüssel 0006 für den Infotyp »Anschriften« ein.
4. Klicken Sie auf die Drucktaste ☐ (ANLEGEN).
   → Das Fenster »Anschriften anlegen (Infotyp 0006)« wird angezeigt (vgl. Abb. 5.38).
5. Geben Sie in das Feld »Gültig« das Datum ein, ab dem der neue Infotypsatz (Fuchs' neue Adresse) gültig sein soll. In unserem Beispiel ist das der 01.06.1998.

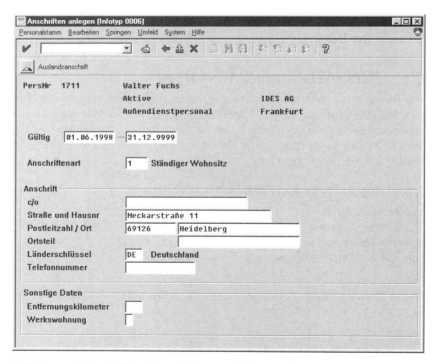

Abbildung 5.38 Anschriften anlegen (Infotyp 0006) (© SAP AG)

Personalstammdatenverwaltung 5

6. Geben Sie in das Feld »Anschriftenart« den Typ des Wohnsitzes ein. Gehen Sie davon aus, daß es sich um den ständigen Wohnsitz des Mitarbeiters Fuchs handelt.
7. Geben Sie in die Felder »Straße und Hausnummer« und »Postleitzahl und Ort« die Ihnen bekanntgegebenen Daten ein. Alle übrigen Felder können Sie bei Bedarf ausfüllen.
8. Klicken Sie auf die Drucktaste (SICHERN).
   → Es wird gefragt, ob der Vorgängersatz (gültig vom 01.01.1994 bis 31.12.9999) am Ende begrenzt werden soll.
   → Klicken Sie auf die Drucktaste JA.
9. Klicken Sie auf die Drucktaste (SICHERN).
   → Das Fenster »Personalstammdaten pflegen« wird angezeigt.

Hinweis Bitte beachten Sie, daß man im normalen Sprachgebrauch vom »Ändern der Adresse« spricht, wenn man umzieht. In der Personalstammdatenverwaltung von R/3 wird jedoch ein neuer Infotypsatz angelegt, da es sich um einen neuen Zeitraum (ab 01.06.98) handelt.

5.7.2 Ändern von Personalstammdaten

Mit der Funktion ÄNDERN können Sie im System bereits vorhandene Datensätze eines Mitarbeiters korrigieren. Im Gegensatz zum Anlegen wird beim Ändern kein neuer Infotypsatz erzeugt. Der alte Datensatz wird lediglich überschrieben. Der Gültigkeitszeitraum bleibt dadurch unverändert. Es wird deshalb auch keine Infotyphistorie aufgebaut.

Beispiel Korrekturen eingeben
Der Mitarbeiter Walter Fuchs teilt Ihnen mit, daß auf der Entgeltabrechnung seine Adresse falsch ausgedruckt wurde. Er wohne zwar in der Neckarstraße, jedoch nicht in Heidelberg, sondern in Mannheim.

Um im R/3-System einen Infotypsatz zu ändern, gehen Sie am Beispiel einer fehlerhaften Anschrift wie folgt vor:

Ausgangspunkt Fenster »Personaladministration«

1. Rufen Sie die Menüfunktion PERSONALSTAMM | PFLEGEN auf oder klicken Sie auf die Drucktaste PERSONALSTAMMDATEN PFLEGEN.
   → Das Fenster »Personalstammdaten pflegen« wird angezeigt.
2. Geben Sie in das Feld »Personalnummer« die entsprechende Personalnummer ein.
3. Geben Sie in das Feld »Informationstyp« den Schlüssel 0006 für den Infotyp »Anschriften« ein.
4. Klicken Sie auf die Drucktaste (ÄNDERN).
   → Das Fenster »Anschriften ändern (Infotyp 0006)« wird angezeigt (vgl. Abb. 5.39).

5 Personalstammdatenverwaltung

5. Geben Sie in das Feld »Postleitzahl und Ort« die richtigen Daten ein. Alle übrigen Felder bleiben unverändert.
6. Klicken Sie auf die Drucktaste (SICHERN).
   → Das Fenster »Personalstammdaten pflegen« wird angezeigt.

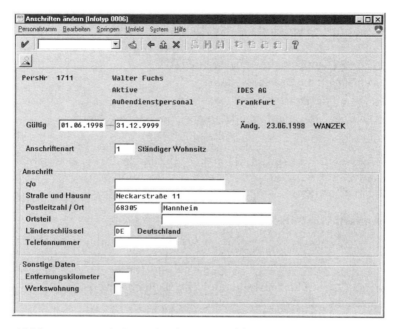

Abbildung 5.39 Anschriften ändern (Infotyp 0006) (© SAP AG)

5.7.3 Das Kopieren von Personalstammdaten

Mit der Funktion KOPIEREN können Sie ebenfalls neue Datensätze eines Mitarbeiters im System hinterlegen. Durch die Kopierfunktion werden die Daten aus dem alten Datensatz in einen neuen Infotypsatz übernommen. Das heißt, die Datenfelder des neuen Infotypsatzes sind bereits entsprechend ausgefüllt. Diese Datenfelder des neuen Infotypsatzes können beliebig überschrieben werden.

Durch die Zuordnung entsprechender Gültigkeitszeiträume wird eine Infotyphistorie erzeugt. Wie beim Anlegen bleibt beim Kopieren der alte Datensatz erhalten.

Beispiel Umzug
Der Mitarbeiter Walter Fuchs teilt Ihnen mit, daß er am 01.10.1998 erneut umziehen werde. Die Anschrift verändert sich allerdings nur in bezug auf die Hausnummer. Fuchs zieht nur ein paar Häuser weiter. Die Hausnummer ändert sich von 11 auf 19.

Personalstammdatenverwaltung 5

Um im R/3-System einen Infotypsatz mit der Kopierfunktion anzulegen, gehen Sie am Beispiel einer geringfügigen Adressenänderung wie folgt vor:

Ausgangspunkt Fenster »Personaladministration«

1. Rufen Sie die Menüfunktion PERSONALSTAMM | PFLEGEN auf oder klicken Sie auf die Drucktaste PERSONALSTAMMDATEN PFLEGEN.
   → Das Fenster »Personalstammdaten pflegen« wird angezeigt.
2. Geben Sie in das Feld »Personalnummer« die Personalnummer von Walter Fuchs ein.
3. Geben Sie in das Feld »Informationstyp« den Schlüssel 0006 für den Infotyp »Anschriften« ein.
4. Klicken Sie auf die Drucktaste 🗎 (KOPIEREN).
   → Das Fenster »Anschriften kopieren (Infotyp 0006)« wird angezeigt (vgl. Abb. 5.40).
5. Geben Sie in das Feld »Gültig« das Datum ein, ab dem der neue Infotypsatz gültig sein soll (in unserem Beispiel ist das der 01.10.1998).
6. Geben Sie in das Feld »Straße und Hausnummer« die Hausnummer »19« ein. Alle übrigen Felder bleiben unverändert.

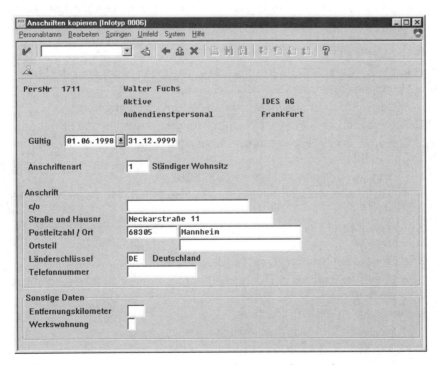

Abbildung 5.40 Anschriften anlegen über die Kopierfunktion (© SAP AG)

Personalstammdatenverwaltung

7. Klicken Sie auf die Drucktaste 🖫 (SICHERN).
   - → Es wird gefragt, ob der Vorgängersatz (gültig vom 01.06.1998 bis 31.12.9999) am Ende begrenzt werden soll.
8. Klicken Sie auf die Drucktaste JA.
9. Klicken Sie auf die Drucktaste 🖫 (SICHERN).
   - → Das Fenster »Personalstammdaten pflegen« wird angezeigt.

5.7.4 Das Löschen von Personalstammdaten

Mit der Funktion LÖSCHEN können Sie Datensätze eines Mitarbeiters aus dem System entfernen. Sobald ein Infotypsatz gelöscht wird, reagiert das System nach den bereits erwähnten Regeln der Zeitbindung. Der Vorgängersatz wird je nach Zeitbindung automatisch verlängert. Die Historie des Infotyps wird damit maschinell »korrigiert«.

Beispiel Adreßänderung widerrufen
Der Mitarbeiter Walter Fuchs teilt Ihnen mit, daß der in der Personalverwaltung bereits erfaßte Umzug an eine neue Adresse bis auf weiteres verschoben wird. Ein Zeitpunkt für den geplanten Umzug und eine neue Adresse seien derzeit noch nicht absehbar.

Um im R/3-System einen Infotypsatz zu löschen, gehen Sie am Beispiel einer nicht mehr aktuellen Adresse wie folgt vor:

Ausgangspunkt Fenster »Personaladministration«

1. Rufen Sie die Menüfunktion PERSONALSTAMM | PFLEGEN auf oder klicken Sie auf die Drucktaste PERSONALSTAMMDATEN PFLEGEN.
   - → Das Fenster »Personalstammdaten pflegen« wird angezeigt.
2. Geben Sie in das Feld »Personalnummer« die Personalnummer ein.
3. Geben Sie in das Feld »Informationstyp« den Schlüssel 0006 für den Infotyp »Anschriften« ein.
4. Klicken Sie auf die Drucktaste 🗑 (LÖSCHEN).
   - → Das Fenster »Anschriften löschen (Infotyp 0006)« wird angezeigt (vgl. Abb. 5.41).
5. Vergewissern Sie sich, daß der zum Löschen angebotene Infotypsatz der richtige ist.
6. Klicken Sie auf die Drucktaste 🗑 (LÖSCHEN).
   - → Es wird gefragt, ob der Vorgängersatz bis zum 31.12.9999 verlängert werden soll.
7. Klicken Sie auf die Drucktaste JA.
   - → Das Fenster »Anschriften löschen« wird angezeigt.
8. Klicken Sie auf die Drucktaste 🗑 (LÖSCHEN).
   - → Es wird die Meldung ausgegeben, daß der Datensatz gelöscht wurde.

Personalstammdatenverwaltung 5

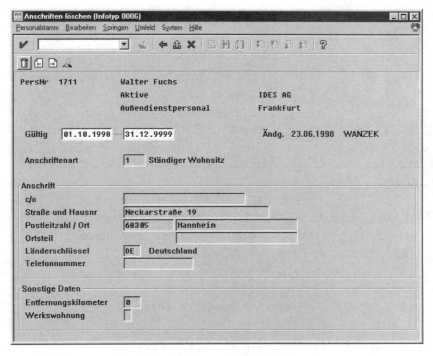

Abbildung 5.41 Anschriften löschen (Infotyp 0006) (© SAP AG)

5.8 Personalakte

Die Funktionalität einer Personalakte ermöglicht Ihnen eine Durchsicht sämtlicher Infotypsätze, die für einen Mitarbeiter im System hinterlegt sind. Sie können in diesen Sätzen wie in den Papieren einer traditionellen Personalakte »blättern«.

Die Abfolge bei der Anzeige der einzelnen Infotypen entspricht deren Nummernschlüsseln in aufsteigender Reihenfolge. Die Abfolge der zugehörigen Subtypen erfolgt analog. Wenn mehrere Datensätze zu einem Infotyp existieren, werden diese in der Reihenfolge vom jüngsten bis zum ältesten Gültigkeitszeitraum angezeigt.

Um im R/3-System eine Personalakte anzuzeigen, gehen Sie wie folgt vor:

Ausgangspunkt Fenster »Personaladministration«

1. Rufen Sie die Menüfunktion PERSONALSTAMM | PERSONALAKTE auf.
   → Das Fenster »Personalakte« wird angezeigt (vgl. Abb. 5.42).
2. Geben Sie in das Feld »Personalnummer« die Personalnummer des Mitarbeiters ein, dessen Personalakte Sie einsehen wollen.

5 Personalstammdatenverwaltung

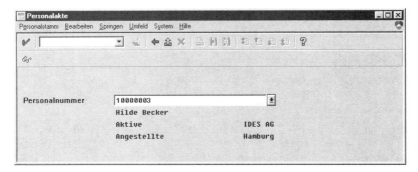

Abbildung 5.42 Personalakte (© SAP AG)

3. Klicken Sie auf die Drucktaste ⏿ (ANZEIGEN).
   → Das Fenster »Maßnahmen (0000) anzeigen« wird angezeigt.
4. Klicken Sie auf die Drucktaste ⏿ (NÄCHSTER SATZ).
   → Der nächste Infotyp oder Infotypsatz wird angezeigt.
5. Klicken Sie auf die Drucktaste ⏿ (VORIGER SATZ).
   → Der vorige Infotyp oder Infotypsatz wird angezeigt.

5.9 Schnellerfassung von Infotypen

In jedem Unternehmen kann es vorkommen, daß die Infotypsätze mehrerer Arbeitnehmer geändert werden müssen, z. B. bei ergänzenden Zahlungen. In solchen Fällen ist es effizienter, wenn Sie denselben Infotyp oder Subtyp für mehrere Mitarbeiter gleichzeitig pflegen. Dies ist im R/3-System mit der Infotyp-Schnellerfassung möglich.

Mit der Schnellerfassung können Sie auf einem Bildschirm die Daten für mehrere Mitarbeiter gleichzeitig pflegen.

Um im R/3-System zur Infotyp-Schnellerfassung zu wechseln, gehen Sie wie folgt vor:

Ausgangspunkt Fenster »Personaladministration«

1. Rufen Sie die Menüfunktion PERSONALSTAMM | SCHNELLERFASSUNG auf, oder klicken Sie auf die Drucktaste SCHNELLERFASSUNG.
   → Das Fenster »Schnellerfassung« wird angezeigt (vgl. Abb. 5.43).

Folgende vier Infotypen werden zur Schnellerfassung der Mitarbeiterdaten angeboten:

- »Wiederkehrende Be-/Abzüge (0014)«
- »Ergänzende Zahlungen (0015)«
- »Steuerdaten D (0012)«
- »Kindergeld D (0232)«

Personalstammdatenverwaltung 5

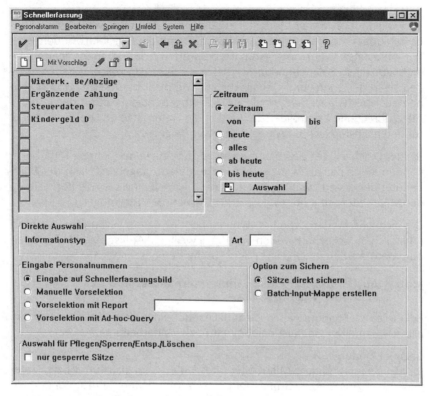

Abbildung 5.43 Schnellerfassung (© SAP AG)

Um eine rasche und effizientere Dateneingabe zu gewährleisten, werden nur die Mußfelder der jeweiligen Bildschirmmaske angezeigt.

Voraussetzung für eine gleichzeitige Bearbeitung ist jedoch die Auflistung der betroffenen Personalnummern.

Sie führen die gewünschten Personalnummern in einer Liste auf. Zur Auswahl haben Sie vier Möglichkeiten:

- außerhalb des Schnellerfassungsbilds
- innerhalb des Schnellerfassungsbilds
- mit einem Report über bestimmte Suchkriterien
- mit der Ad-hoc-Query

Die Infotypsätze können in der Schnellerfassung angelegt, geändert und gelöscht werden. Darüber hinaus können Sie in der Schnellerfassung einen Infotypsatz sperren (Symbol 🔒) bzw. entsperren (Symbol 🔓).

5.9 Schnellerfassung von Infotypen   **271**

5 Personalstammdatenverwaltung

Beispiel Zahlungen
Sie wollen für mehrere Mitarbeiter ergänzende Zahlungen wie Prämien, Sonderzahlungen oder ähnliches veranlassen. Damit die Eingaben vor dem echten Abrechnungslauf noch einmal überprüft werden können, sperren Sie diese zunächst. Solange die Infotypsätze ein Sperrkennzeichen haben, werden sie in der Lohn- und Gehaltsabrechnung nicht berücksichtigt und können auch nicht geändert werden. Nach eingehender Prüfung der Infotypsätze durch eine Kontrollperson werden die Datensätze entsperrt und somit für den nächsten, echten Abrechnungslauf freigegeben.

Bei der gleichzeitigen Bearbeitung von Infotypsätzen für mehrere Mitarbeiter können Sie maximal zwanzig Personalnummern eingeben. Nach der Bearbeitung der ersten zwanzig Datensätze ist jedoch eine weitere Bearbeitung der Mitarbeiterdaten über WEITERE PERSONALNUMMERN möglich.

Die Schnellerfassung von Infotypen und die damit verbundenen unterschiedlichen Vorgehensweisen bei der jeweiligen Auflistung der Personalnummern werden in den folgenden Abschnitten beschrieben.

5.9.1 Auflistung der Personalnummern außerhalb des Schnellerfassungsbilds

Bei dieser Maßnahme geben Sie zunächst auf einer leeren Erfassungsmaske alle zu bearbeitenden Personalnummern bzw. Mitarbeiternamen ein.

Beispiel Kindergeld
Im Monat Juli sind acht Mitarbeiter Ihres Unternehmens Mutter bzw. Vater geworden. Aus diesem Grund steht diesen Mitarbeitern künftig Kindergeld zu. Alle diese Mitarbeiter sind dem Personalsachbearbeiter namentlich bekannt.

Um im R/3-System Personalnummern außerhalb des Schnellerfassungsbilds aufzulisten, gehen Sie am Beispiel des Infotyps 0232 »Kindergeld D« wie folgt vor:

Ausgangspunkt Fenster »Schnellerfassung«

1. Kennzeichnen Sie in der Auswahlgruppe »Eingabe Personalnummern« das Feld »Manuelle Vorselektion«.
2. Markieren Sie den Infotyp 0232 »Kindergeld D«.
3. Klicken Sie auf die Drucktaste ▢ (ANLEGEN).
    → Das Fenster »Schnellerfassung« wird zur Selektion der gewünschten Personalnummern angezeigt (vgl. Abb. 5.44).
4. Geben Sie die betroffenen Personalnummern entweder direkt oder mittels Matchcode ein.
5. Klicken Sie auf die Drucktaste ▢ (ANLEGEN).
    → Das Fenster »Kindergeld D anlegen (Infotyp 0232)« wird angezeigt (vgl. Abb. 5.45).

Personalstammdatenverwaltung 5

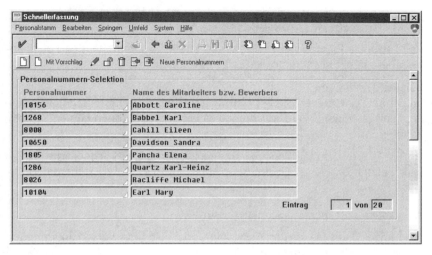

Abbildung 5.44 Selektion der Personalnummern außerhalb des Schnellerfassungsbilds
(© SAP AG)

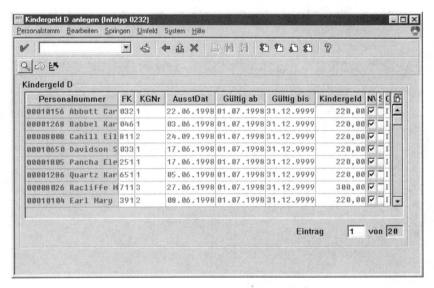

Abbildung 5.45 Infotypsätze Kindergeld D (0232) im Rahmen der Schnellerfassung anlegen
(© SAP AG)

6. Füllen Sie die angezeigten Felder mit den Ihnen vorliegenden Daten aus.
7. Klicken Sie auf die Drucktaste (SICHERN).
   → Es wird die Meldung »X Sätze wurden hinzugefügt« ausgegeben.

5.9.2 Auflistung der Personalnummern innerhalb des Schnellerfassungsbilds

Bei dieser Maßnahme geben Sie zunächst alle zu bearbeitenden Personalnummern direkt in das Schnellerfassungsbild ein.

Beispiel Freibeträge
Im Monat Juni müssen Sie bei fünf Mitarbeitern Ihres Unternehmens neue Freibeträge erfassen. Alle betroffenen Mitarbeiter sind Ihnen namentlich bekannt.

Um im R/3-System die Personalnummern innerhalb des Schnellerfassungsbilds aufzulisten, gehen Sie am Beispiel des Infotyps 0012 »Steuerdaten D« wie folgt vor:

Ausgangspunkt Fenster »Schnellerfassung«

1. Kennzeichnen Sie in der Auswahlgruppe »Eingabe Personalnummern« das Feld »Eingabe auf Schnellerfassungsbild«.
2. Markieren Sie den Infotyp 0012 »Steuerdaten D«.
3. Klicken Sie auf die Drucktaste ✏ (ÄNDERN).
   → Das Fenster »Steuerdaten D pflegen (Infotyp 0012)« wird angezeigt (vgl. Abb. 5.46).

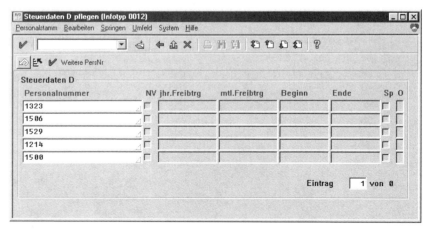

Abbildung 5.46 Infotypsätze Steuerdaten D (0012) im Rahmen der Schnellerfassung
(© SAP AG)

4. Geben Sie in das Feld »Personalnummer« die betroffenen Personalnummern ein, oder suchen Sie die Informationen mittels Matchcode.
5. Klicken Sie auf die Drucktaste ✔ (ENTER).

Personalstammdatenverwaltung

6. Geben Sie in das Feld »jährlichen Freibetrag« den Jahresfreibetrag und in das Feld »monatlichen Freibetrag« den Monatsfreibetrag des jeweiligen Mitarbeiters ein.
7. Klicken Sie auf die Drucktaste 🖫 (SICHERN).
   → Die Meldung »X Sätze wurden gepflegt« wird ausgegeben.

5.9.3 Auflistung der Personalnummern mit Hilfe eines Reports

Bei dieser Maßnahme wählen Sie zunächst mit einem Report alle zu bearbeitenden Personalnummern aus. Diese Art von Auflistung ist besonders dann sinnvoll, wenn sich die zu pflegenden Daten auf eine größere Anzahl von Mitarbeitern oder ganze Teile der Personalstruktur beziehen.

Beispiel Die Umsatzzahlen Ihres Unternehmens haben sich in Deutschland in den vergangenen Jahren rapide verschlechtert. Aus diesem Grund hat die Unternehmensleitung beschlossen, die bisher gewährte freiwillige Sonderzulage bis auf weiteres zu streichen. Von dieser Änderung sind jedoch lediglich die Mitarbeiter inländischer Unternehmenszweige betroffen.

Um im R/3-System die Personalnummern mit einem Report aufzulisten, gehen Sie am Beispiel des Infotyps 0014 »Wiederkehrende Be-/Abzüge« wie folgt vor:

Ausgangspunkt Fenster »Schnellerfassung«

1. Kennzeichnen Sie in der Auswahlgruppe »Eingabe Personalnummern« das Feld »Vorselektion mit Report«.
2. Markieren Sie den Infotyp 0014 »Wiederkehrende Be-/Abzüge«.
3. Klicken Sie auf die Drucktaste 🗑 (LÖSCHEN).
   → Das Fenster »Personalnummern-Selektion für Schnellerfassung« wird angezeigt (vgl. Abb. 5.47).
4. Geben Sie die gewünschten Selektionskriterien ein.
5. Klicken Sie auf die Drucktaste 🔎 (AUSFÜHREN).
   → Das Fenster »Schnellerfassung« wird mit den Personalnummern gemäß den angewandten Selektionskriterien angezeigt (vgl. Abb. 5.48).
6. Sie haben an dieser Stelle die Möglichkeit, die gewählten Personalnummern noch einmal zu überprüfen, eventuell zusätzliche Personalnummern hinzuzufügen oder andere zu löschen. Wählen Sie hierzu BEARBEITEN | PERSONALNR. EINFÜGEN bzw. BEARBEITEN | PERSONALNR. LÖSCHEN.
7. Klicken Sie auf die Drucktaste 🗑 (LÖSCHEN).
   → Das Fenster »Wiederkehrende Be-/Abzüge löschen (Infotyp 0014)« wird angezeigt (vgl. Abb. 5.49).
8. Geben Sie in das Feld »O« immer dann ein »D« ein, wenn Sie den jeweiligen Datensatz löschen wollen.

Personalstammdatenverwaltung

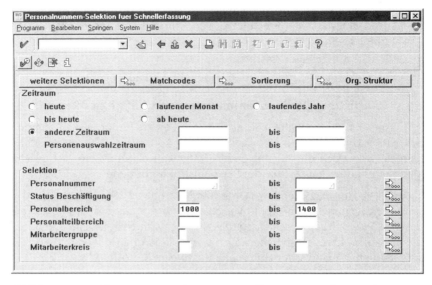

Abbildung 5.47 Selektion von Personalnummern mit Hilfe eines Reports (© SAP AG)

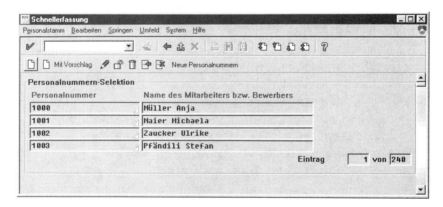

Abbildung 5.48 Schnellerfassung (© SAP AG)

9. Wenn alle angezeigten Datensätze gelöscht werden sollen, klicken Sie auf die Drucktaste MARKIEREN.
10. Klicken Sie auf die Drucktaste 🗑 (LÖSCHEN).
    → Die Meldung »X Sätze wurden gelöscht« wird ausgegeben.

Personalstammdatenverwaltung

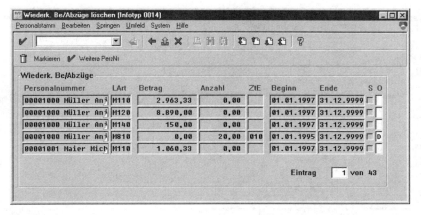

Abbildung 5.49 Infotypsätze Wiederkehrende Be-/Abzüge (0014) im Rahmen der Schnellerfassung löschen (© SAP AG)

5.9.4 Auflistung der Personalnummern mit Hilfe der Ad-hoc-Query

Bei dieser Maßnahme wählen Sie zunächst mit der Ad-hoc-Query alle betroffenen Personalnummern aus. Der Grund für die Selektion mit der Ad-hoc-Query ist, daß die im Selektionsreport zur Verfügung stehenden Selektionskriterien nicht ausreichen. Sie haben durch die Ad-hoc-Query die Möglichkeit, die Daten Ihrer Mitarbeiter mit einer Vielzahl weiterer Selektionskriterien aufzurufen und auszuwählen.

5.9.5 Erzeugen von Vorschlagswerten beim Anlegen von mehreren Infotypsätzen

Bei der Schnellerfassung von Infotypsätzen werden Sie von einer weiteren hilfreichen Funktion unterstützt, dem Anlegen mit Vorschlagswerten. Sie ermöglicht, daß Sie bei der Anlage von Infotypsätzen alle Daten nur einmal erfassen müssen. Die Daten werden dann automatisch in die einzelnen Infotypsätze der aufgeführten Mitarbeiter übernommen. Die vorgeschlagenen Werte können bei Bedarf in der Schnellerfassungsmaske überschrieben werden.

Um im R/3-System Infotypsätze für mehrere Mitarbeiter mit Vorschlagswerten anzulegen, gehen Sie am Beispiel des Infotyps 0015 »Ergänzende Zahlungen« wie folgt vor:

Ausgangspunkt Fenster »Schnellerfassung«

1. Kennzeichnen Sie in der Datengruppe »Eingabe Personalnummern« die gewünschte Selektionsart.
2. Markieren Sie den Infotyps 0015 »Ergänzende Zahlungen«.
3. Klicken Sie auf die Drucktaste ☐ (ANLEGEN MIT VORSCHLAG).
    → Das Fenster »Ergänzende Zahlungen (0015)« wird angezeigt (vgl. Abb. 5.50).

5 Personalstammdatenverwaltung

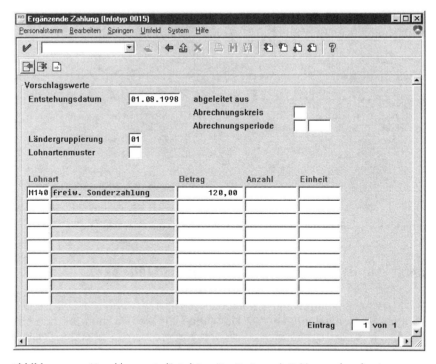

Abbildung 5.50 Vorschlagswerte für Infotypsätze Ergänzende Zahlungen (0015) anlegen (© SAP AG)

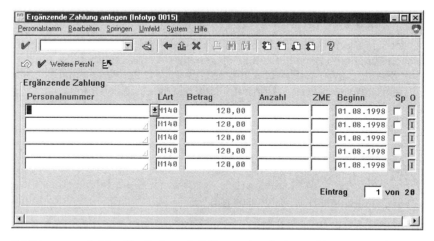

Abbildung 5.51 Infotypsätze Ergänzende Zahlungen (0015) mit Vorschlagswerten anlegen (© SAP AG)

4. Geben Sie die gewünschten Vorschlagswerte in die angebotenen Felder ein.
5. Klicken Sie auf die Drucktaste ⮕ (NÄCHSTES BILD).
    → Das Fenster »Ergänzende Zahlungen anlegen (Infotyp 0015)« wird angezeigt (vgl. Abb. 5.51).
6. Geben Sie die betroffenen Personalnummern entweder direkt oder mittels Matchcode in das Feld »Personalnummer« ein.
7. Überschreiben Sie, falls erforderlich, die Vorschlagswerte der übrigen Felder.
8. Klicken Sie auf die Drucktaste 🖫 (SICHERN).
    → Die Infotypsätze sind angelegt.

5.10 Auswertungen im Standard

Mitarbeiterdaten werden nicht nur erfaßt, um operative Komponenten wie z.B. die Entgeltabrechnung oder die Zeitwirtschaft mit Informationen zu versorgen, sondern auch, um diese Informationen einfach und effizient auszuwerten.

SAP R/3 bietet im Bereich der Auswertungen von Mitarbeiterstammdaten drei Ebenen von Auswertungsmöglichkeiten an:

- *Auswertungen mit festgelegtem Layout und vorgegebener Funktionalität*
  Es werden bestimmte Auswertungen des Personalwesens von SAP durch konkrete Programmierung ermöglicht. Das Erstellen einer Mitarbeiter- oder Geburtstagsliste kann als Beispiel gelten.

- *Auswertungen, bei denen Sie für spezifische Aufgabenstellungen Felder und/oder Layout bestimmen können*
  Hierzu liefert SAP ein Rahmenprogramm, mit dem Sie je nach aktueller Aufgabe z.B. Felder, deren Inhalt für die Auswertung benötigt werden, selbst definieren können.

  Ein Beispiel hierfür ist die Auswertung »Flexible Mitarbeiterdaten« zur Analyse wesentlicher organisatorischer Informationen pro Mitarbeiter oder die »zeitpunktbezogene statistische Auswertung«, bei der Sie nach den verschiedensten Kriterien eine Mitarbeiterstatistik erstellen können.

- *»Freie« Auswertungen: Query und Ad-hoc-Query*
  Mit dieser Option können Sie sämtliche Stammdaten, die Sie zu einem Mitarbeiter erfaßt haben, auswerten und auch verknüpfen.

Im folgenden werden die im Menüpunkt AUSWERTUNGEN (vgl. Abb. 5.52) enthaltenen Funktionen näher erläutert.

5 Personalstammdatenverwaltung

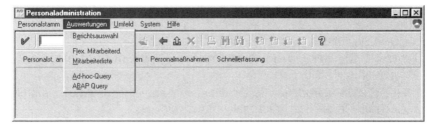

Abbildung 5.52 Die verschiedenen Auswahlmöglichkeiten des Menüpunkts AUSWERTUNGEN (© SAP AG)

Darüber hinaus stehen weitere Auswertungsmöglichkeiten zur Verfügung. Diese können wie folgt direkt aufgerufen werden:

Ausgangspunkt Fenster »Personaladministration«

1. Rufen Sie die Menüfunktion SYSTEM | DIENSTE | REPORTING auf.
   → Das Fenster »ABAP/4 Programmausführung« wird angezeigt (vgl. Abb. 5.53).

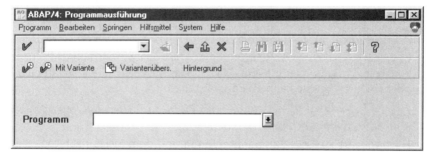

Abbildung 5.53 Direkter Aufruf von Reports (© SAP AG)

2. Geben Sie in das Feld »Programm« den Namen des Reports ein oder wählen Sie diesen mit der Werthilfetaste [F4] aus.
3. Klicken Sie auf die Drucktaste ✔ (AUSFÜHREN).
   → Das Fenster mit dem zugehörigen Reportselektionsbild wird angezeigt.

5.10.1 Der Berichtsbaum

Die in der Praxis am häufigsten benötigten Reports stehen Ihnen im R/3-System über einen sogenannten Reporting- oder Berichtsbaum zur Verfügung.

Während Ihres Einführungsprojekts sollten Sie den Berichtsbaum Ihren individuellen betrieblichen Erfordernissen anpassen.

Personalstammdatenverwaltung 5

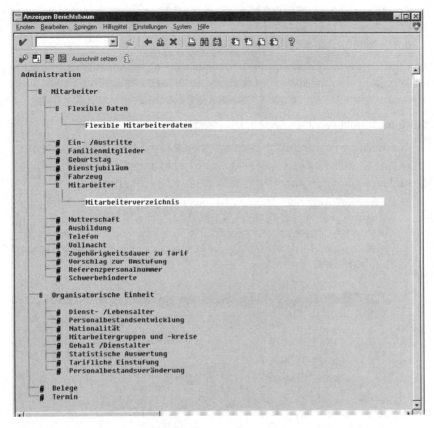

Abbildung 5.54 Anzeigen Berichtsbaum (© SAP AG)

Der Berichtsbaum ist wie folgt gegliedert (vgl. Abb. 5.54):

- Auf der obersten Ebene wird Ihnen jeweils die Komponente angezeigt, in der Sie sich gerade befinden. In unserem Fall ist das die Personaladministration.
- Von dieser Komponente aus können Sie in die einzelnen Arbeitsgebiete verzweigen. Innerhalb der Personalstammdatenverwaltung handelt es sich hierbei um die Bereiche Mitarbeiter, Organisatorische Einheit, Belege und Termine.
- Von den einzelnen Arbeitsgebieten aus verzweigen Sie weiter in einzelne Themengebiete. Zum Beispiel finden Sie im Arbeitsbereich Mitarbeiter unter anderem die Themengebiete Ein-/Austritt, Geburtstag oder Dienstjubiläum.
- Die unterste Ebene der Berichtsauswahl öffnen Sie durch erneutes Verzweigen innerhalb der Themengebiete. Es werden Ihnen nun die einzelnen Berichte angezeigt, die Sie vom Berichtsbaum aus aufrufen können.

5 Personalstammdatenverwaltung

Im Themengebiet Flexible Daten z.B. können Sie den Bericht »Flexible Mitarbeiterdaten« aufrufen oder im Themengebiet Mitarbeiter den Report »Mitarbeiterverzeichnis«.

Um im R/3-System den Stammdatenreport über den Berichtsbaum auszuführen, gehen am Beispiel der Erstellung einer Geburtstagsliste Sie wie folgt vor:

Ausgangspunkt Fenster »Personaladministration«

1. Rufen Sie die Menüfunktion AUSWERTUNGEN | ALLGEMEINE BERICHTE auf.
   → Das Fenster »Anzeigen Berichtsbaum« wird angezeigt (vgl. Abb. 5.54).
2. Klicken Sie auf den Knoten des Arbeitsbereichs »Mitarbeiter«.
   → Es werden folgende Themengebiete angezeigt: Flexible Daten, Ein-/Austritte, Familienmitglieder, Geburtstag, Dienstjubiläum, Fahrzeug, Mitarbeiter, Mutterschaft, Ausbildung, Telefon, Vollmacht, Zugehörigkeitsdauer zu, Tarif, Vorschlag zur Umstufung, Referenzpersonalnummer, Schwerbehinderte.

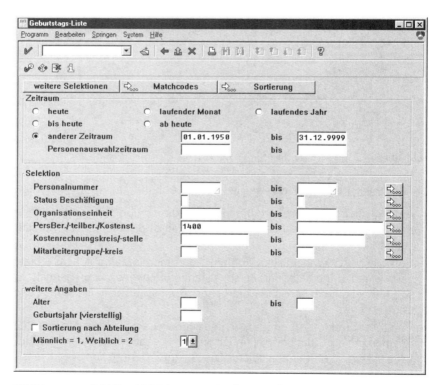

Abbildung 5.55 Selektionsbild Geburtstags-Liste (© SAP AG)

Personalstammdatenverwaltung

3. Klicken Sie auf den Knoten des Themengebiets »Geburtstag«.
   → Die zugeordnete Berichtsauswahl »Geburtstags-Liste« wird angezeigt.

   Hinweis Unter Umständen werden Ihnen an dieser Stelle viele Berichte angeboten.

4. Doppelklicken Sie auf das Berichtsangebot »Geburtstags-Liste«.
   → Das Selektionsbild »Geburtstags-Liste« wird angezeigt (vgl. Abb. 5.55).

5. Geben Sie die gewünschten Selektionskriterien und Gültigkeitszeiträume ein.

6. Klicken Sie auf die Drucktaste (AUSFÜHREN).
   → Der gewünschte Report wird ausgeführt. Die Geburtstagsliste wird auf dem Bildschirm ausgegeben (vgl. Abb. 5.56).

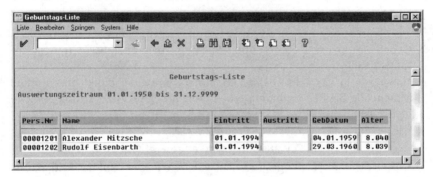

Abbildung 5.56 Ergebnis des »Reports Geburtstags-Liste« (© SAP AG)

5.10.2 Flexible Mitarbeiterdaten

Der Report »Flexible Mitarbeiterdaten« hat den Vorteil, daß Sie sich die Felder, die in der vorgesehenen Liste angezeigt werden sollen, selbst zusammenstellen können. Sie erreichen die vorstrukturierte Liste entweder direkt über den oben beschriebenen Berichtsbaum oder den entsprechenden Menüpunkt.

Um im R/3-System den Report »Flexible Mitarbeiterdaten« über das Menü auszuführen, gehen Sie wie folgt vor:

Ausgangspunkt Fenster »Personaladministration«

1. Rufen Sie die Menüfunktion AUSWERTUNGEN | FLEXIBLE MITARBEITERDATEN auf.
   → Das Fenster »Flexible Mitarbeiterdaten« wird angezeigt (vgl. Abb. 5.57).

5 Personalstammdatenverwaltung

Abbildung 5.57 Selektionsbild »Flexible Mitarbeiterdaten« (© SAP AG)

2. Geben Sie in der Datengruppe »Stichtag« den gewünschten Auswertungstag ein.
3. Geben Sie in das Feld »Personalnummer« entweder direkt oder mittels Matchcode die Personalnummern ein, die an dieser Auswertung teilnehmen sollen.
4. Klicken Sie auf die Drucktaste FELDAUSWAHL.
    → Das Fenster »HR Feldauswahl« wird angezeigt (vgl. Abb. 5.58).
5. Klicken Sie in der Datengruppe »Auswählbare Felder« auf das Feld, das in der Liste angezeigt werden soll.
6. Klicken Sie auf die Drucktaste ▶ (ZEILE AUSWÄHLEN).
    → Das gewählte Feld wird in der Datengruppe »Ausgewählte Felder« angezeigt.
7. Wiederholen Sie diesen Vorgang, bis alle Felder, die in der Mitarbeiterliste benötigt werden, in der Datengruppe »Ausgewählte Felder« angezeigt werden.
8. Klicken Sie auf die Drucktaste ✔ (WEITER).
    → Das Fenster »Flexible Mitarbeiterdaten« (Selektionsbild) wird angezeigt.
9. Klicken Sie auf die Drucktaste ↻ (AUSFÜHREN).
    → Das Fenster »Flexible Mitarbeiterdaten« (Liste) wird angezeigt (vgl. Abb. 5.59).

Personalstammdatenverwaltung 5

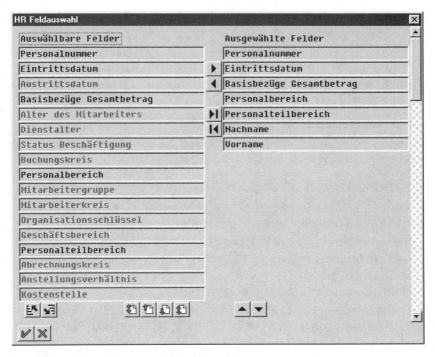

Abbildung 5.58 HR Feldauswahl (© SAP AG)

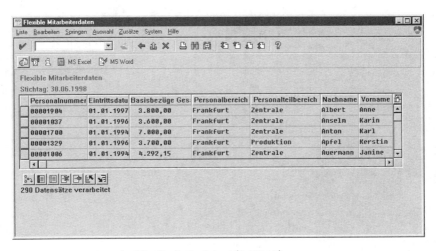

Abbildung 5.59 Liste »Flexible Mitarbeiterdaten« (© SAP AG)

Personalstammdatenverwaltung

5.10.3 Datenexport in Tabellenkalkulation oder Textverarbeitung

In vielen von SAP gelieferten Auswertungen der Personalstammdatenverwaltung haben Sie die Möglichkeit, die zusammengestellten Daten in eine MS Excel-Tabelle zu übertragen. Dadurch können Sie diese Daten mit sämtlichen Funktionen weiterbearbeiten, die Ihnen die Excel-Anwendung zur Verfügung stellt.

Datenexport nach Excel

Um im R/3-System Listdaten nach MS Excel zu übertragen, gehen Sie am Beispiel der flexiblen Mitarbeiterdaten wie folgt vor:

Ausgangspunkt Fenster »Liste Flexible Mitarbeiterdaten«

1. Klicken Sie auf die Drucktaste MS EXCEL, wenn Sie die aufgelisteten Daten in eine MS-Excel-Tabelle übertragen wollen.
   → Das Fenster »MS Excel Einstellungen« wird angezeigt (vgl. Abb. 5.60).
2. Nehmen Sie die gewünschten Einstellungen bezüglich der Excel-Tabellenart und der Paßwortvergabe vor.
3. Klicken Sie auf die Drucktaste ✔ (WEITER).
   → Das Fenster »sapdata.xls« wird angezeigt. Alle Daten der flexiblen Mitarbeiterliste werden in einer Excel-Tabelle angezeigt (vgl. Abb. 5.61).

   Hinweis Wenn Sie die Bearbeitung der Tabelle beendet haben, können Sie die Excel-Anwendung wie gewohnt schließen.

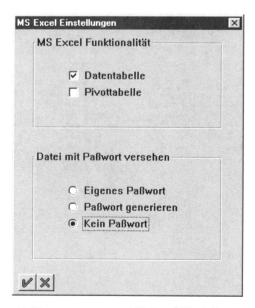

Abbildung 5.60 Fenster »MS Excel Einstellungen« (© SAP AG)

Personalstammdatenverwaltung 5

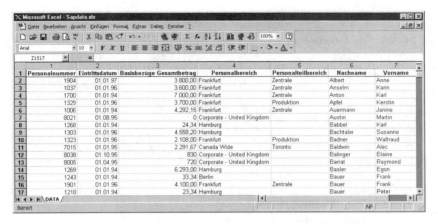

Abbildung 5.61 Daten der flexiblen Mitarbeiterliste in einer Excel-Tabelle (© SAP AG)

Datenexport nach Word

Sie haben außerdem die Möglichkeit, die zusammengestellten Mitarbeiterdaten in einem Serienbrief in MS Word zu verarbeiten.

Um im R/3-System Listdaten nach MS Word zu übertragen, gehen Sie am Beispiel der flexiblen Mitarbeiterdaten wie folgt vor:

Ausgangspunkt Fenster »Liste Flexible Mitarbeiterdaten«

1. Klicken Sie auf die Drucktaste MS WORD, wenn Sie die aufgelisteten Daten in ein MS-Word-Serienbriefdokument übertragen wollen.
    → Das Fenster »MS Word Einstellungen« wird angezeigt (vgl. Abb. 5.62).
2. Nehmen Sie die erforderlichen Einstellungen für das geplante Word-Dokument und für die Paßwortvergabe vor.
3. Klicken Sie auf die Drucktaste ✔ (WEITER).
    → Das Fenster »sapdata.txt« bzw. »Microsoft Word – Dokument1« wird angezeigt.
4. Klicken Sie auf die Drucktaste SERIENDRUCKFELD EINFÜGEN.
    → Alle Ausgabefelder der Liste »Flexible Mitarbeiterdaten« werden als Seriendruckfelder angezeigt.

Hinweis Wenn Sie die Bearbeitung des Serienbriefdokuments beendet haben, können Sie die Word-Anwendung wie gewohnt schließen.

5 Personalstammdatenverwaltung

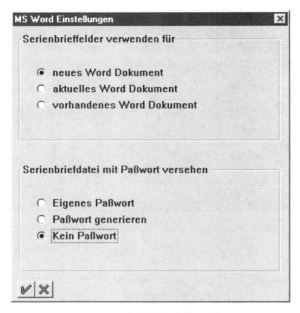

Abbildung 5.62 Fenster »MS Word Einstellungen« (© SAP AG)

5.10.4 ABAP/4®-Query und Ad-hoc-Query

Zusätzlich zu den Stammdatenreports stehen Ihnen im R/3-System zwei weitere Werkzeuge zur Auswertung von Mitarbeiterdaten zur Verfügung:

- die ABAP/4-Query
- die Ad-hoc-Query

Mit der ABAP/4-Query können Sie eigene Auswertungen erstellen, ohne daß Kenntnisse über die ABAP/4-Programmierung oder die im System vorhandenen Tabellen und Felder erforderlich sind.

Um eine ABAP/4-Query zu erstellen, müssen Sie vorher die Benutzer- und Sachgruppen anlegen. Die Sachgruppen basieren auf den von Ihnen ausgewählten Infotypen der Personaladministration. Auf dieser Grundlage können Sie anschließend die von Ihnen gewünschte Query und die zugehörigen Auswertungen vornehmen.

Eine noch schnellere und einfachere Methode zum Erzeugen von Listen haben Sie jedoch mit der sogenannten Ad-hoc-Query.

Beispiel Sie wollen für den Stichtag »heute« eine Liste aller verheirateten Mitarbeiter Ihres Unternehmens erstellen, die der Tarifgruppe AT angehören. In der Auswertung sollen neben der Organisationseinheit die Personalnummern, die Vor- und Nachnamen sowie die Geburts- und Eintrittsdaten dieser Mitarbeiter aufgeführt werden.

Personalstammdatenverwaltung 5

Beispiel Sie wollen eine Liste aller Mitarbeiter mit ständigem Wohnsitz in Heidelberg und einem Konto bei der Sparkasse Heidelberg erstellen.

Um im R/3-System Auswertungen mit der Ad-hoc-Query zu erstellen, gehen Sie wie folgt vor:

Ausgangspunkt Fenster »Personaladministration«

1. Rufen Sie die Menüfunktion AUSWERTUNGEN | AD-HOC-QUERY auf.
   → Das Fenster »Ad-hoc-Query« wird angezeigt (vgl. Abb. 5.63).

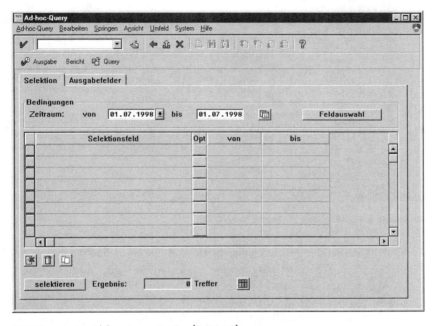

Abbildung 5.63 Ad-hoc-Query Einstieg (© SAP AG)

2. Geben Sie in das Feld »Zeitraum« den gewünschten Auswertungszeitraum oder Stichtag ein.

   Hinweis In der Regel handelt es sich bei Ad-hoc-Query-Auswertungen um stichtagsbezogene Auswertungen.

3. Klicken Sie auf die Drucktaste FELDAUSWAHL.
   → Das Fenster »Ad-hoc-Query« (Auswahlbild) wird angezeigt (vgl. Abb. 5.64).
   → Alle verfügbaren Sachgruppen sind gelb unterlegt. Die einzelnen Sachgruppen entsprechen den Infotypen der Personaladministration.

5.10 Auswertungen im Standard

5 Personalstammdatenverwaltung

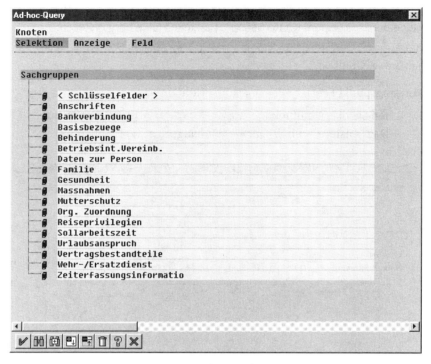

Abbildung 5.64 Ad-hoc-Query Auswahlbild (© SAP AG)

4. Klicken Sie auf den Knoten links von der gewünschten Sachgruppe.
   → Die zur Sachgruppe gehörenden Felder werden grün unterlegt (vgl. Abb. 5.65).
5. Wenn Sie ein Feld als Selektionsfeld für Ihre Auswertung deklarieren wollen, klicken Sie auf die rot unterlegte Fläche neben dem gewünschten Feld.
   → Das Symbol 🔍 wird angezeigt.
6. Wenn Sie ein Feld als Ausgabefeld in Ihrer Auswertung deklarieren wollen, klicken Sie auf die violett unterlegte Fläche links neben dem gewünschten Feld.
   → Die Drucktaste 📄 (ANZEIGEN) wird angezeigt.
7. Nachdem Sie alle Ihre Selektions- und Ausgabefelder gemäß Schritt 5 und 6 gewählt haben, klicken Sie auf die Drucktaste ✔ (WEITER).
   → Das Fenster »Ad-hoc-Query« wird mit den ausgewählten Selektions- und Ausgabefeldern angezeigt (vgl. Abb. 5.66 und 5.67).

Personalstammdatenverwaltung 5

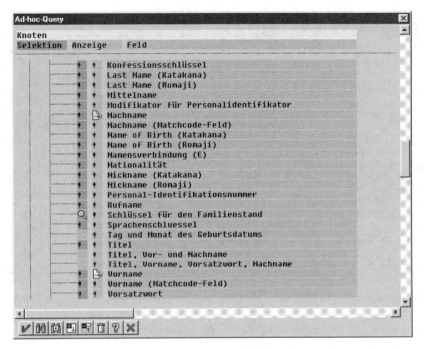

Abbildung 5.65 Auswahl von Selektions- und Auswahlfeldern (© SAP AG)

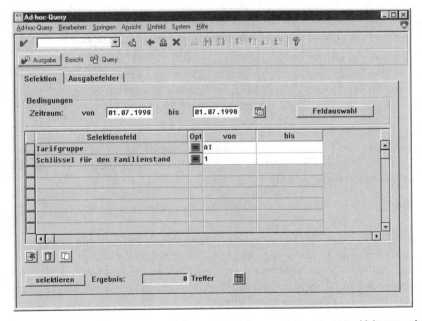

Abbildung 5.66 Anzeige der zuvor definierten Selektions- und Ausgabefelder (1) (© SAP AG)

5.10 Auswertungen im Standard

5 Personalstammdatenverwaltung

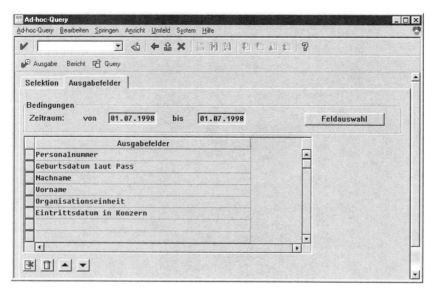

Abbildung 5.67 Anzeige der zuvor definierten Selektions- und Ausgabefelder (2) (© SAP AG)

8. Geben Sie in das Feld »Option« die gewünschten Selektionsoptionen ein.
9. Geben Sie in die Felder »von« und »bis« die gewünschten Einschränkungswerte ein.
10. Klicken Sie auf die Drucktaste SELEKTIEREN.
    → Im Feld »Ergebnis« wird die Anzahl der Treffer angezeigt.
11. Klicken Sie auf die Drucktaste ▦ (LISTE DER PERSONALNUMMERN).
    → Das Fenster »Liste der gefundenen Personen« wird angezeigt. In diesem Fenster sind alle Mitarbeiter, die die angegebenen Selektionskriterien erfüllen, mit Personalnummern, Vor- und Nachnamen aufgeführt.

Hinweis Sie können von Schritt 9 auch direkt zu Schritt 12 wechseln. Die Schritte 10 und 11 können ausgelassen werden. Klicken Sie auf die Drucktaste ♨ (AUSGABE).

→ Das Fenster mit der gewünschten Auswertung wird angezeigt (vgl. Abb. 5.68).

Die ABAP/4-Query und die Ad-hoc-Query stehen insofern miteinander in Zusammenhang, als daß in der ABAP/4-Query definierte Sachgruppen auch in der Ad-hoc-Query verwendet werden können. Auswertungen, die mit Hilfe der Ad-hoc-Query erstellt wurden, können ebenfalls im Rahmen der ABAP/4-Query weiterverarbeitet werden.

Personalstammdatenverwaltung 5

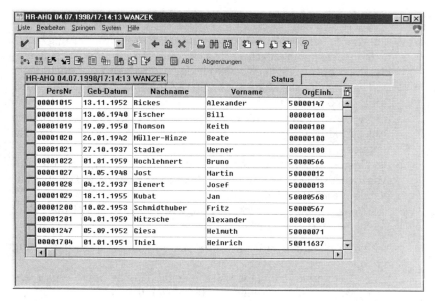

Abbildung 5.68 Auswertungsergebnis einer Ad-hoc-Query (© SAP AG)

Hinweis Sowohl die ABAP/4-Query als auch die Ad-hoc-Query eignen sich besonders gut, um im Rahmen des Einführungsprojekts wichtige Konsistenzprüfungen durchzuführen.

5.11 Aufgaben

1. Welche der folgenden Aussagen zu Informationstypen sind richtig?
   a) Datenfelder, die inhaltlich nach gleichen oder ähnlichen Themengebieten gruppiert und in einzelnen Bildschirmmasken zusammengefaßt sind, werden im SAP-Sprachgebrauch als Informationstypen oder kurz Infotypen bezeichnet.
   b) Infotypen werden ausschließlich durch einen 4-stelligen numerischen Schlüssel identifiziert und ermöglichen den Datenzugriff und die Datenpflege.
   c) Bei einigen Infotypen besteht die Möglichkeit, die zugehörigen Infotypsätze zusätzlich zu gruppieren. SAP bezeichnet diese Gruppierungen als Informationssubtypen.
   d) Die Deaktivierung der nicht benötigten Infotypen und Datenfelder geschieht im Rahmen des Customizing.

2. Welche der folgenden Aussagen zu Historienfähigkeit und Zeitbindung sind richtig?
   a) Unter Zeitbindung versteht SAP die zeitabhängige Speicherung von Infotypen, so daß auch ehemals gültige Daten abgefragt oder ausgewertet werden können.
   b) Für jeden neuen Infotypsatz erfassen Sie im System einen spezifischen Gültigkeitszeitraum. Deshalb können zu den Infotypen eines Mitarbeiters mehrere Infotypsätze mit unterschiedlichen Gültigkeitszeiträumen existieren. SAP spricht von der sogenannten Historienfähigkeit.
   c) Über die Zeitbindung wird festgelegt, wie mehrere Sätze eines Infotyps zeitlich aufeinander reagieren.
   d) Ziel des Grundsatzes der Historienfähigkeit und der Prinzipien der Zeitbindung ist die Gewährleistung eines konsistenten und plausiblen Datenbestandes für jeden einzelnen Mitarbeiter.

3. Welche der folgenden Aussagen zur Zeitbindung 1 sind richtig?
   a) Infotypen mit Zeitbindung 1 enthalten essentielle Informationen zu Mitarbeitern, so daß zu jedem Zeitpunkt der Zugehörigkeit des Arbeitnehmers zum Unternehmen genau ein gültiger Satz im System vorhanden sein kann.
   b) Infotypen mit Zeitbindung 1 enthalten essentielle Informationen zu Mitarbeitern, so daß zu jedem Zeitpunkt der Zugehörigkeit des Arbeitnehmers zum Unternehmen genau ein gültiger Satz im System vorhanden sein muß.
   c) Infotypen mit Zeitbindung 1 enthalten essentielle Informationen zu Mitarbeitern, so daß zu jedem Zeitpunkt der Zugehörigkeit des Arbeitnehmers zum Unternehmen mehrere, aber mindestens ein gültiger Satz im System vorhanden sein kann.
   d) Es sind keine Lücken zwischen den einzelnen Infotypsätzen mit Zeitbindung 1 erlaubt.

Personalstammdatenverwaltung

4. Welche der folgenden Aussagen zur Durchführung von Personalmaßnahmen sind richtig?
   a) Innerhalb einer Personalmaßnahme werden alle für den entsprechenden Personalvorgang zu bearbeitenden Infotypen zu Infotypgruppen zusammengefaßt.
   b) Zur Dokumentation der Personalmaßnahmen existiert innerhalb der Stammdatenverwaltung der gleichnamige Infotyp 0000 »Maßnahme«. Dieser Infotyp gibt Ihnen einen Überblick über die für einen Mitarbeiter durchgeführten Personalmaßnahmen.
   c) Liegen Ihnen nicht alle benötigten Daten zur Durchführung einer Maßnahme vor, haben Sie keine Möglichkeit, einzelne Infotypen von der Bearbeitung auszuschließen.
   d) Sie können abgebrochene Maßnahmen wieder aufzunehmen.

5. Welche der folgenden Aussagen zum Infotyp 0000 »Maßnahme« sind richtig?
   a) Im Infotyp 0000 »Maßnahme« erfolgt die detaillierte Verknüpfung des Mitarbeiters mit der Unternehmens-, Personal und Organisationsstruktur Ihres Betriebes. Darüber hinaus wird er seinen zuständigen Sachbearbeitern zugeordnet.
   b) Im Infotyp 0000 »Maßnahme« werden alle für einen Mitarbeiter durchgeführten Personalmaßnahmen wie Einstellung, Versetzung oder Kündigung in einzelnen Infotypsätzen hinterlegt.
   c) Bedingt durch die Einordnung des Mitarbeiters in die organisatorischen Strukturen des Unternehmens liefert R/3 im Rahmen der Maßnahmendurchführung gegebenenfalls unterschiedliche Bildfolgen und Abläufe.
   d) Nur über den Weg der Personalmaßnahme können Statusänderungen der Mitarbeiter wie Ein- und Austritte erfaßt werden.

6. Welche der folgenden Aussagen zur Schnellerfassung von Maßnahmen sind richtig?
   a) Die Maßnahmenschnellerfassung bietet Ihnen exakt die Infotypen nacheinander zur Pflege an, für die im Rahmen des jeweiligen Vorgangs Daten erfaßt oder geändert werden müssen.
   b) Ein Unterschied zur Maßnahmendurchführung ist, daß im Rahmen der Schnellerfassung ausschließlich die Mußfelder der einzelnen Infotypen einer Maßnahme zur Pflege angeboten werden.
   c) Die Schnellerfassung erlaubt für Massenvorgänge wie Einstellungen von Aushilfen die Erfassung der wesentlichen Daten auf einem Bild.

7. Welche der folgenden Aussagen zur Auswahl von Infotypen sind richtig?
   a) Man kann Infotypen nur direkt auswählen.
   b) Man kann Infotypen mit Hilfe von statischen und dynamischen Menüs auswählen.
   c) Das Auswählen von Infotypen ist nur möglich, wenn der Name oder Nummernschlüssel des zu pflegenden Infotyps bereits bekannt ist.

5 Personalstammdatenverwaltung

    d) In den Menüs werden nur die Infotypen angeboten, für die man auch berechtigt ist.

8. Ein Mitarbeiter teilt Ihnen mit, daß sich seine Adresse ab dem 1. Januar des folgenden Jahres ändert. Was tun Sie?
   a) Ich gehe mit der Pflegefunktion »Ändern« in den entsprechenden Datensatz und überschreibe die alte Anschrift.
   b) Ich gehe mit der Pflegefunktion »Ändern« in den entsprechenden Datensatz und überschreibe das Datum und die alte Anschrift.
   c) Ich kopiere den Infotyp Anschrift (Pflegefunktion »Kopieren«), ändere das Beginndatum auf den 01. Januar des folgenden Jahres und überschreibe die alte Anschrift mit den neuen Daten.
   d) Ich lege einen neuen Infotypsatz Anschrift mit Beginndatum 01. Januar des folgenden Jahres an (Pflegefunktion »Anlegen«) und gebe die neuen Anschriftsdaten ein.

9. Welche der folgenden Aussagen zur Stammdatenpflege sind richtig?
   a) Durch die Zuordnung entsprechender Gültigkeitszeiträume kommt es beim Anlegen eines Infotypsatzes zum Aufbau einer Infotyphistorie; der neue Datensatz wird angelegt, und der alte Datensatz bleibt erhalten.
   b) Im Gegensatz zum Anlegen wird beim Ändern kein neuer Infotypsatz erzeugt. Der alte Datensatz wird lediglich überschrieben. Der Gültigkeitszeitraum bleibt hierdurch ebenfalls erhalten, so daß kein Aufbau einer Infotyphistorie erfolgt.
   c) Bei der Kopierfunktion wird aus dem alten Datensatz ein neuer Infotypsatz erzeugt, so daß dessen Datenfelder entsprechend gefüllt sind. Diese können beliebig überschrieben werden. Durch die Zuordnung entsprechender Gültigkeitszeiträume, kommt es zum Aufbau einer Infotyphistorie, so daß auch hier, wie beim Anlegen, der alte Datensatz erhalten bleibt.
   d) Sobald ein Infotypsatz gelöscht wird, reagiert das System entsprechend der Zeitbindung des Infotyps. Gegebenenfalls wird der Vorgängersatz automatisch verlängert. Hierdurch wird die Historie des Infotyps automatisch korrigiert.

10. Welche der folgenden Aussagen zur Schnellerfassung von Infotypen sind richtig?
    a) Die Schnellerfassung von Infotypen ermöglicht Ihnen, Daten verschiedener Infotypen für einen Mitarbeiter auf einer Bildschirmmaske zu pflegen.
    b) Im Rahmen der Schnellerfassung von Infotypen werden ausschließlich die wichtigsten Felder des jeweiligen Infotyps angezeigt.
    c) Die Auflistung der zu bearbeitenden Personalnummern kann außerhalb des Schnellerfassungsbilds, im Schnellerfassungsbild selbst, mit Hilfe eines Reports auf der Basis bestimmter Suchkriterien sowie mit Hilfe der Ad-hoc-Query erfolgen.

d) Die Bearbeitungsmöglichkeiten der Infotypsätze umfaßt ausschließlich das Anlegen, das Ändern und das Löschen.

11. Welche Ebenen von Auswertungsmöglichkeiten existieren im Standard?
    a) Auswertungen mit festgelegtem Layout und vorgegebener Funktionalität wie die Mitarbeiterliste oder Geburtstagsliste
    b) Auswertungen, bei der Sie für spezifische Aufgabenstellungen Felder und bzw. oder Layout bestimmen können wie beispielsweise die Auswertung »Flexible Mitarbeiterdaten«
    c) »freie« Auswertungen: Query und Ad-hoc-Query.
    d) Auswertungen mit festgelegtem Layout und vorgegebener Funktionalität wie die Query und Ad-hoc-Query

12. Welche der folgenden Aussagen zur ABAP/4-Query und Ad-hoc-Query sind richtig?
    a) Die ABAP/4-Query bietet Ihnen die Möglichkeit eigene Auswertungen zu erstellen. Kenntnisse der ABAP/4-Programmierung sowie der im System vorhandenen Tabellen und Felder sind hierfür erforderlich.
    b) Um eine ABAP/4-Query zu erstellen sind zunächst Benutzer- und Sachgruppen zu definieren.
    c) Sowohl die ABAP/4-Query als auch die Ad-hoc-Query sind bestens geeignet, um im Rahmen des Einführungsprojektes Konsistenzprüfungen durchzuführen.
    d) Sowohl bei der ABAP/4-Query als auch bei der Ad-hoc-Query werden die gleichen Berechtigungen wie im normalen Reporting geprüft.

13. Für welche wird Erweiterungen im Bereich der Personalstammdaten die Entwicklungsumgebung hauptsächlich genutzt?
    a) Aufnahme zusätzlicher Felder und Infotypen
    b) Aufnahme zusätzlicher Personalmaßnahmen
    c) Erstellung eigener Auswertungen
    d) Eigene Dialogerweiterungen

5.12 Lösungen

1. Welche der folgenden Aussagen zu Informationstypen sind richtig?
   a) **Richtig** Datenfelder, die inhaltlich nach gleichen oder ähnlichen Themengebieten gruppiert und in einzelnen Bildschirmmasken zusammengefaßt sind, werden im SAP-Sprachgebrauch als Informationstypen oder kurz Infotypen bezeichnet.
   b) **Falsch** Infotypen werden ausschließlich durch einen vierstelligen numerischen Schlüssel identifiziert und ermöglichen den Datenzugriff und die Datenpflege.
   c) **Richtig** Bei einigen Infotypen besteht die Möglichkeit, die zugehörigen Infotypsätze zusätzlich zu gruppieren. SAP bezeichnet diese Gruppierungen als Informationssubtypen.
   d) **Richtig** Die Deaktivierung der nicht benötigten Infotypen und Datenfelder geschieht im Rahmen des Customizing.

2. Welche der folgenden Aussagen zu Historienfähigkeit und Zeitbindung sind richtig?
   a) **Falsch** Unter Zeitbindung versteht SAP die zeitabhängige Speicherung von Infotypen, so daß auch ehemals gültige Daten abgefragt oder ausgewertet werden können.
   b) **Richtig** Für jeden neuen Infotypsatz erfassen Sie im System einen spezifischen Gültigkeitszeitraum. Deshalb können zu den Infotypen eines Mitarbeiters mehrere Infotypsätze mit unterschiedlichen Gültigkeitszeiträumen existieren. SAP spricht von der sogenannten Historienfähigkeit.
   c) **Richtig** Über die Zeitbindung wird festgelegt, wie mehrere Sätze eines Infotyps zeitlich aufeinander reagieren.
   d) **Richtig** Ziel des Grundsatzes der Historienfähigkeit und der Prinzipien der Zeitbindung ist die Gewährleistung eines konsistenten und plausiblen Datenbestandes für jeden einzelnen Mitarbeiter.

3. Welche der folgenden Aussagen zur Zeitbindung 1 sind richtig?
   a) **Falsch** Infotypen mit Zeitbindung 1 enthalten essentielle Informationen zu Mitarbeitern, so daß zu jedem Zeitpunkt der Zugehörigkeit des Arbeitnehmers zum Unternehmen genau ein gültiger Satz im System vorhanden sein kann.
   b) **Richtig** Infotypen mit Zeitbindung 1 enthalten essentielle Informationen zu Mitarbeitern, so daß zu jedem Zeitpunkt der Zugehörigkeit des Arbeitnehmers zum Unternehmen genau ein gültiger Satz im System vorhanden sein muß.
   c) **Falsch** Infotypen mit Zeitbindung 1 enthalten essentielle Informationen zu Mitarbeitern, so daß zu jedem Zeitpunkt der Zugehörigkeit des Arbeitnehmers zum Unternehmen mehrere, aber mindestens ein gültiger Satz im System vorhanden sein kann.
   d) **Richtig** Es sind keine Lücken zwischen den einzelnen Infotypsätzen mit Zeitbindung 1 erlaubt.

Personalstammdatenverwaltung

4. Welche der folgenden Aussagen zur Durchführung von Personalmaßnahmen sind richtig?
   a) **Richtig** Innerhalb einer Personalmaßnahme werden alle für den entsprechenden Personalvorgang zu bearbeitenden Infotypen zu Infotypgruppen zusammengefaßt.
   b) **Richtig** Zur Dokumentation der Personalmaßnahmen existiert innerhalb der Stammdatenverwaltung der gleichnamige Infotyp 0000 »Maßnahme«. Dieser Infotyp gibt Ihnen einen Überblick über die für einen Mitarbeiter durchgeführten Personalmaßnahmen.
   c) **Falsch** Liegen Ihnen nicht alle benötigten Daten zur Durchführung einer Maßnahme vor, haben Sie keine Möglichkeit, einzelne Infotypen von der Bearbeitung auszuschließen.
   d) **Richtig** Sie können abgebrochene Maßnahmen wieder aufzunehmen.

5. Welche der folgenden Aussagen zum Infotyp 0000 »Maßnahmen« sind richtig?
   a) **Falsch** Im Infotyp 0000 »Maßnahmen« erfolgt die detaillierte Verknüpfung des Mitarbeiters mit der Unternehmens-, Personal und Organisationsstruktur Ihres Betriebes. Darüber hinaus wird er seinen zuständigen Sachbearbeitern zugeordnet.
   b) **Richtig** Im Infotyp 0000 »Maßnahmen« werden alle für einen Mitarbeiter durchgeführten Personalmaßnahmen wie Einstellung, Versetzung oder Kündigung in einzelnen Infotypsätzen hinterlegt.
   c) **Richtig** Bedingt durch die Einordnung des Mitarbeiters in die organisatorischen Strukturen des Unternehmens liefert R/3 im Rahmen der Maßnahmendurchführung gegebenenfalls unterschiedliche Bildfolgen und Abläufe.
   d) **Richtig** Nur über den Weg der Personalmaßnahme können Statusänderungen der Mitarbeiter wie Ein- und Austritte erfaßt werden.

6. Welche der folgenden Aussagen zur Schnellerfassung von Maßnahmen sind richtig?
   a) **Falsch** Die Maßnahmenschnellerfassung bietet Ihnen exakt die Infotypen nacheinander zur Pflege an, für die im Rahmen des jeweiligen Vorgangs Daten erfaßt oder geändert werden müssen.
   b) **Richtig** Ein Unterschied zur Maßnahmendurchführung ist, daß im Rahmen der Schnellerfassung ausschließlich die Mußfelder der einzelnen Infotypen einer Maßnahme zur Pflege angeboten werden.
   c) **Richtig** Die Schnellerfassung erlaubt für Massenvorgänge wie Einstellungen von Aushilfen die Erfassung der wesentlichen Daten auf einem Bild.

7. Welche der folgenden Aussagen zur Auswahl von Infotypen sind richtig?
   a) **Falsch** Man kann Infotypen nur direkt auswählen.
   b) **Richtig** Man kann Infotypen mit Hilfe von statischen und dynamischen Menüs auswählen.

5 Personalstammdatenverwaltung

    c) **Falsch** Das Auswählen von Infotypen ist nur möglich, wenn der Name oder Nummernschlüssel des zu pflegenden Infotyps bereits bekannt ist.

    d) **Falsch** In den Menüs werden nur die Infotypen angeboten, für die man auch berechtigt ist.

8. Ein Mitarbeiter teilt Ihnen mit, daß sich seine Adresse ab dem 1. Januar des folgenden Jahres ändert. Was tun Sie?

    a) **Falsch** Ich gehe mit der Pflegefunktion »Ändern« in den entsprechenden Datensatz und überschreibe die alte Anschrift.

    b) **Falsch** Ich gehe mit der Pflegefunktion »Ändern« in den entsprechenden Datensatz und überschreibe das Datum und die alte Anschrift.

    c) **Richtig** Ich kopiere den Infotyp Anschrift (Pflegefunktion »Kopieren«), ändere das Beginndatum auf den 01. Januar des folgenden Jahres und überschreibe die alte Anschrift mit den neuen Daten.

    d) **Richtig** Ich lege einen neuen Infotypsatz Anschrift mit Beginndatum 01. Januar des folgenden Jahres an (Pflegefunktion »Anlegen«) und gebe die neuen Anschriftsdaten ein.

9. Welche der folgenden Aussagen zur Stammdatenpflege sind richtig?

    a) **Richtig** Durch die Zuordnung entsprechender Gültigkeitszeiträume kommt es beim Anlegen eines Infotypsatzes zum Aufbau einer Infotyphistorie; der neue Datensatz wird angelegt, und der alte Datensatz bleibt erhalten.

    b) **Richtig** Im Gegensatz zum Anlegen wird beim Ändern kein neuer Infotypsatz erzeugt. Der alte Datensatz wird lediglich überschrieben. Der Gültigkeitszeitraum bleibt hierdurch ebenfalls erhalten, so daß kein Aufbau einer Infotyphistorie erfolgt.

    c) **Richtig** Bei der Kopierfunktion wird aus dem alten Datensatz ein neuer Infotypsatz erzeugt, so daß dessen Datenfelder entsprechend gefüllt sind. Diese können beliebig überschrieben werden. Durch die Zuordnung entsprechender Gültigkeitszeiträume, kommt es zum Aufbau einer Infotyphistorie, so daß auch hier, wie beim Anlegen, der alte Datensatz erhalten bleibt.

    d) **Richtig** Sobald ein Infotypsatz gelöscht wird, reagiert das System entsprechend der Zeitbindung des Infotyps. Gegebenenfalls wird der Vorgängersatz automatisch verlängert. Hierdurch wird die Historie des Infotyps automatisch korrigiert.

10. Welche der folgenden Aussagen zur Schnellerfassung von Infotypen sind richtig?

    a) **Falsch** Die Schnellerfassung von Infotypen ermöglicht Ihnen, Daten verschiedener Infotypen für einen Mitarbeiter auf einer Bildschirmmaske zu pflegen.

    b) **Richtig** Im Rahmen der Schnellerfassung von Infotypen werden ausschließlich die wichtigsten Felder des jeweiligen Infotyps angezeigt.

c) Richtig Die Auflistung der zu bearbeitenden Personalnummern kann außerhalb des Schnellerfassungsbilds, im Schnellerfassungsbild selbst, mit Hilfe eines Reports auf der Basis bestimmter Suchkriterien sowie mit Hilfe der Ad-hoc-Query erfolgen.

d) Falsch Die Bearbeitungsmöglichkeiten der Infotypsätze umfaßt ausschließlich das Anlegen, das Ändern und das Löschen.

11. Welche Ebenen von Auswertungsmöglichkeiten existieren im Standard?
    a) Richtig Auswertungen mit festgelegtem Layout und vorgegebener Funktionalität wie die Mitarbeiterliste oder Geburtstagsliste
    b) Richtig Auswertungen, bei der Sie für spezifische Aufgabenstellungen Felder und bzw. oder Layout bestimmen können wie beispielsweise die Auswertung »Flexible Mitarbeiterdaten«
    c) Richtig »freie« Auswertungen: Query und Ad-hoc-Query.
    d) Falsch Auswertungen mit festgelegtem Layout und vorgegebener Funktionalität wie die Query und Ad-hoc-Query

12. Welche der folgenden Aussagen zur ABAP/4-Query und Ad-hoc-Query sind richtig?
    a) Falsch Die ABAP/4-Query bietet Ihnen die Möglichkeit eigene Auswertungen zu erstellen. Kenntnisse der ABAP/4-Programmierung sowie der im System vorhandenen Tabellen und Felder sind hierfür erforderlich.
    b) Richtig Um eine ABAP/4-Query zu erstellen sind zunächst Benutzer- und Sachgruppen zu definieren.
    c) Richtig Sowohl die ABAP/4-Query als auch die Ad-hoc-Query sind bestens geeignet, um im Rahmen des Einführungsprojektes Konsistenzprüfungen durchzuführen.
    d) Richtig Sowohl bei der ABAP/4-Query als auch bei der Ad-hoc-Query werden die gleichen Berechtigungen wie im normalen Reporting geprüft.

13. Für welche wird Erweiterungen im Bereich der Personalstammdaten die Entwicklungsumgebung hauptsächlich genutzt?
    a) Richtig Aufnahme zusätzlicher Felder und Infotypen
    b) Falsch Aufnahme zusätzlicher Personalmaßnahmen
    c) Richtig Erstellung eigener Auswertungen
    d) Richtig Eigene Dialogerweiterungen

Kapitel 6
Zeitwirtschaft

6.1	**Arbeitszeitplan (Schichtplan)**	308
6.1.1	Feiertagskalender pflegen	308
6.1.2	Arbeitszeitpläne definieren	312
6.1.3	Tagesarbeitszeitplan	314
6.1.4	Arbeitspausenplan pflegen	314
6.1.5	Tagesarbeitszeitplan pflegen	315
6.1.6	Periodenarbeitszeitplan (Zeitmodell)	317
6.1.7	Arbeitszeitpläne pflegen	318
6.1.8	Tagestypen definieren	319
6.1.9	Monatsarbeitszeitplan pflegen	322
6.2	**Stammdaten der Zeitwirtschaft**	326
6.2.1	Urlaubsanspruch	327
6.2.2	Urlaubsabgeltung pflegen	331
6.2.3	Sollarbeitszeit	332
6.2.4	Zeiterfassungsinformation	335
6.3	**Bewegungsdaten der Zeitwirtschaft**	336
6.3.1	Ab- und Anwesenheiten	337
6.3.2	Vertretungen	352
6.3.3	Mehrarbeiten pflegen	356
6.3.4	Ab- und Anwesenheitskontingente	360
6.3.5	Entgeltbelege	361
6.3.6	Abweichende Bezahlung	363

6 Zeitwirtschaft

6.3.7	Zusatzdaten	366
6.3.8	Kollisionsprüfung	370
6.4	**Auswertungen zur Zeitwirtschaft**	**373**
6.4.1	Report »Persönlicher Arbeitszeitplan« ausführen	374
6.4.2	Report »Graphische Abwesenheitsübersicht« ausführen	375
6.5	**Positiverfassung**	**377**
6.5.1	Zeitereignisse	377
6.5.2	Arbeitsvorrat	379
6.5.3	Zeitumbuchungsvorgaben pflegen	390
6.6	**Internet und Intranet**	**391**
6.6.1	Employee Self Service	391
6.6.2	WEB-Reporting	393
6.6.3	BAPI	394
6.7	**Aus der Praxis**	**394**
6.8	**Aufgaben**	**396**
6.9	**Lösungen**	**397**

Zeitwirtschaft 6

Zeitwirtschaft

Die Zeitwirtschaft in SAP® R/3® ist in die vier Teile Einsatzplanung, Administration, Leistungslohn und Arbeitszeitblatt untergliedert.

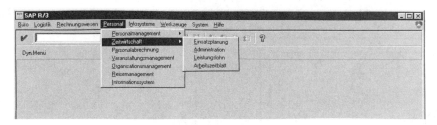

Abbildung 6.1   SAP-Zeitwirtschaftsmenü (© SAP AG)

- *Einsatzplanung*
  In der Einsatzplanung werden für die Mitarbeiter die Arbeitszeiten festgelegt.

- *Administration*
  Die Administration bildet den Kern der Zeitwirtschaft und wird entsprechend ausführlich in diesem Kapitel behandelt.

- *Leistungslohn*
  Durch die Erfassung von Lohnscheinen können sowohl Einzel- und Gruppenakkordstunden als auch Zeitlohnstunden bewertet und bezahlt werden.

- *Arbeitszeitblatt*
  Die Arbeitsstunden können mit Kontierungsinformationen wie Kostenstelle oder Auftrag integriert erfaßt werden.

6 Zeitwirtschaft

In der HR-Zeitwirtschaft zerfällt die Administration in die logischen Teile Stamm- und Bewegungsdaten (Negativerfassung) und Zeitauswertung (Positiverfassung).

- Die Negativerfassung umfaßt in groben Zügen den Arbeitszeitplan (Schichtplan) und die Zeitdatenpflege. Hier werden nur die Abweichungen von einem vordefinierten Arbeitszeitplan erfaßt.
- Mit der Positiverfassung werden die Arbeitszeiten (Kommt/Geht-Zeiten) nach den Vorgaben des Schichtplans erfaßt und bewertet sowie Zeitkonten ermittelt.

Unter *Bewertung* versteht man eine Gegenüberstellung von geplanten und tatsächlichen Arbeitszeiten und die daraus resultierende Errechnung von Abweichungen in Form von Mehrarbeiten bzw. Gleitzeitguthaben. Die Positiverfassung ergänzt die Negativerfassung um die Kommt/Geht-Zeiten.

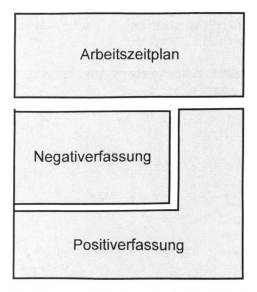

Abbildung 6.2 Die drei Bausteine der Zeitwirtschaft

Stammdaten der Zeitwirtschaft

In der Zeitwirtschaft gibt es folgende wichtige Stammdaten-Infotypen:

- *Urlaubsanspruch*
  Dieser Infotyp bezieht sich auf den tariflichen und außertariflichen Urlaubsanspruch eines Mitarbeiters für einen bestimmten Zeitraum, meist ein Kalenderjahr. Es werden die Urlaubsart (Tarifurlaub, Altersfreizeit) sowie die Anzahl der Urlaubstage pro Urlaubsart erfaßt.

- *Urlaubsabgeltung*

  In diesem Infotyp werden alle notwendigen Daten für den Fall erfaßt, daß sich ein Mitarbeiter einen Teil seines Urlaubsanspruchs auszahlen läßt. Eine Urlaubsabgeltung wird vorwiegend beim Ausscheiden eines Mitarbeiters vorgenommen.

- *Sollarbeitszeit*

  Eingaben in diesem Infotyp verknüpfen einen Mitarbeiter mit dem Arbeitszeitplan. Die Sollarbeitszeit enthält weitere Regelungen bezüglich der Arbeitszeit.

- *Zeiterfassungsinformation*

  Mit diesem Infotyp wird dem Mitarbeiter eine Zeitausweisnummer zugeordnet. Auch weitere Details wie Zugangsprofile oder eine Dienstgangsberechtigung werden hier hinterlegt.

- *Mutterschutz/Erziehungsurlaub*

  In diesem Infotyp werden Fristen und Datumsinformationen zum Thema Mutterschutz eingegeben.

- *Wehr-/Zivildienst*

  In diesem Infotyp werden die Dauer und Fristen von Wehrdienst oder Wehrübungen erfaßt.

Darüber hinaus sind weitere Infotypen verfügbar, in denen Sie Informationen beispielsweise über Behinderungen, Vertragsdaten, Basisbezüge oder Datumsarten hinterlegen.

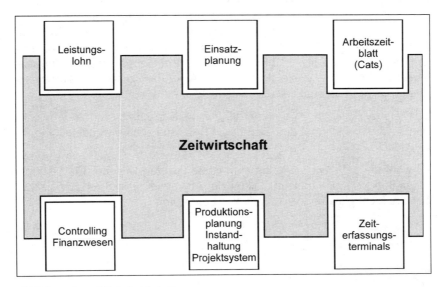

Abbildung 6.3 SAP-Zeitwirtschaft

6 Zeitwirtschaft

Die Zeitwirtschaft ist eng mit anderen R/3-Anwendungen verknüpft. In diesem Kapitel steht ihre Verknüpfung mit dem Rechnungswesen im Mittelpunkt; verzichtet wird hingegen auf eine Beschreibung des Leistungslohns, des Arbeitszeitblatts, der Verknüpfung mit den HR-Komponenten (wie z.B. »Veranstaltungsmanagement« oder »Reisekosten«), der Installation von Terminals zur Zeiterfassung oder der Serviceabwicklung in der Materialwirtschaft (MM).

6.1 Arbeitszeitplan (Schichtplan)

Die Programmdesigner von R/3 haben auch beim Modul HR Wert darauf gelegt, die Namensgebung für die Begriffe möglichst logisch zu gestalten. So heißt z.B. der traditionelle »Schichtplan« *Arbeitszeitplan*, das »Zeitmodell« *Periodenarbeitszeitplan* und das »Tagesprogramm« *Tagesarbeitszeitplan*. Leider sind manche der neuen SAP-Begriffe sehr lang geworden, z.B. die *Gruppierung der Mitarbeiterkreise für Arbeitszeitpläne*.

Der Arbeitszeitplan (Schichtplan) bildet das Kernstück der Zeitwirtschaft. In diesem Infotyp wird festgelegt, ob und wie viele Stunden ein Mitarbeiter an einem beliebigen Kalendertag arbeitet. Darüber hinaus kann auch definiert werden, wie ein Arbeitstag oder eine Arbeitsstunde für einen Mitarbeiter entgolten wird und wie im Falle von Abwesenheiten verfahren wird.

Ein Kalendertag kann im R/3-Zeitwirtschaftssystem als Feiertag oder Nichtfeiertag definiert werden. Dies soll im folgenden kurz erläutert werden.

6.1.1 Feiertagskalender pflegen

In dem von der SAP definierten Feiertagskalender sind – nach Datum geordnet – alle gesetzlichen Feiertage aufgeführt, die in mindestens einem geographischen Gebiet, in der Regel einem Bundesland, gelten. Man findet im Feiertagskalender z.B. die Feiertage »Tag der Deutschen Einheit«, »Ostersonntag« usw. Auf dieser Grundlage kann ein betriebsinterner Feiertagskalender für beliebige Jahre erstellt werden. Alle Arbeitszeitpläne basieren auf diesem betriebsinternen Feiertagskalender.

Der *Feiertags*kalender wird nur in der Personalwirtschaft genutzt. Verwechseln Sie diesen nicht mit dem in anderen R/3-Modulen verwendeten *Fabrik*kalender.

Obwohl die SAP sehr sorgfältig erarbeitete Feiertagskalender für die deutschen Bundesländer anbietet, sollte jeder Anwender diese Feiertagskalender auf ihre Richtigkeit und Vollständigkeit überprüfen.

Zeitwirtschaft 6

Feiertagskalender anzeigen

Um im R/3-System einen Feiertagskalender anzuzeigen, gehen Sie wie folgt vor:

Ausgangspunkt Fenster »SAP R/3-Hauptmenü«

1. Rufen Sie die Menüfunktion PERSONAL | ZEITWIRTSCHAFT | ADMINISTRATION auf.
   → Das Arbeitsgebiet »Zeitwirtschaft – Administration« wird angezeigt.
2. Rufen Sie die Menüfunktion ARBEITSZEITPLAN | FEIERTAGSKALENDER auf.
   → Das Fenster »Kalender: Einstieg« wird angezeigt.
3. Aktivieren Sie in der Feldgruppe »Teilobjekte« das Feld »Feiertagskalender«.
4. Klicken Sie auf das Symbol.
   → Ein Fenster mit den bereits definierten (regionalen) Feiertagskalendern wird angezeigt.

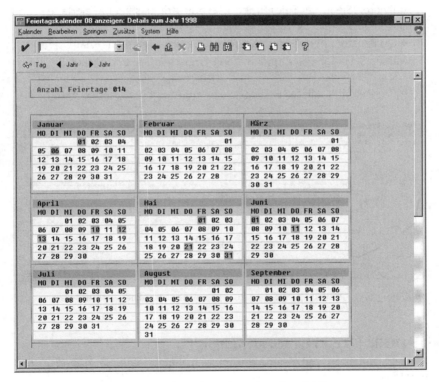

Abbildung 6.4 Feiertagskalender für Baden-Württemberg (© SAP AG)

6.1 Arbeitszeitplan (Schichtplan)

6 Zeitwirtschaft

5. Wählen Sie z.B. den Feiertagskalender »08« für Baden-Württemberg, und klicken Sie auf ⌘ (KALENDER).

   → Ein Fenster, in dem Sie das Jahr auswählen können, wird angezeigt.

6. Markieren Sie das gewünschte Jahr, und klicken Sie auf ⌘ (JAHR).

   → Der Feiertagskalender »08« Baden-Württemberg wird mit einer Liste der in diesem Bundesland gültigen Feiertage angezeigt (vgl. Abb. 6.5).

Definition von Feiertagen anzeigen

Die im System vorgegebenen Feiertage sind die Basis für den betriebsinternen Feiertagskalender. Einmal definierte Feiertage können in beliebig vielen Feiertagskalendern für andere geographische Gebiete verwendet werden.

Da SAP eine vollständige Feiertagsliste mitliefert, soll hier nur auf die Anzeige und Pflege der Feiertage eingegangen werden. Um im R/3-System die Definition eines Feiertags anzuzeigen, gehen Sie wie folgt vor:

Ausgangspunkt Fenster »Kalender Einstieg«

1. Aktivieren Sie in der Feldgruppe »Teilobjekte« das Feld »Feiertage«, und klicken Sie auf das Symbol .

   → Ein Fenster mit den vordefinierten Feiertagen wird angezeigt.

2. Wählen Sie einen Feiertag, z.B. den Pfingstmontag, und klicken Sie auf ⌘ (DEFINITION).

   → Die Definition dieses Feiertags wird angezeigt (vgl. Abb. 6.5).

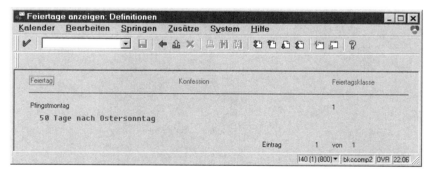

Abbildung 6.5 Detailbild für die Feiertagsdefinition am Beispiel des Pfingstmontags (© SAP AG)

Detailbild für die Feiertagsdefinition

Bei der Definition von Feiertagen müssen vorab folgende Fragen geklärt werden:

- Gilt der betreffende Tag in der geographischen Region des Unternehmens tatsächlich als Feiertag? (Fronleichnam ist z.B. im Bundesland Schleswig-Holstein kein Feiertag.)

Zeitwirtschaft

- Zu welcher Klasse gehört der Feiertag? Handelt es sich um einen hohen Feiertag, wie z. B. den 1. Weihnachtstag, oder nur um einen »halben« Feiertag, wie z. B. den 24. Dezember (Heiligabend)? Diese Details sind meistens im zuständigen Tarifvertrag geregelt.
- Ist der Feiertag konfessionsgebunden? (Diese Information wird nur in Österreich verwendet.)
- Wie wird der Feiertag in bezug auf die Mitarbeitervergütung behandelt?

Berechnung von Feiertagen

Die meisten Feiertage werden nach dem zeitlichen Abstand zum Ostersonntag definiert. Die Einheit wird in Tagen angegeben. Der Ostermontag ist somit z. B. der »1. Tag nach Ostersonntag«. Darüber hinaus gibt es auch feststehende Feiertage, die immer auf das gleiche Datum fallen, wie z. B. den 1. Mai.

Feiertagskalender ändern

Ein bestimmter Feiertag fällt im folgenden Jahr nicht notwendigerweise auf dasselbe Datum oder Wochenende. Aus diesem Grund müssen Sie die Feiertagskalender jährlich aktualisieren. Die folgende Verfahrensbeschreibung soll Ihnen bei dieser Arbeit helfen. Bitte beachten Sie, daß in Ihrem System Abweichungen vorkommen können. So wird vor allem die Gesamtzahl der Feiertage je nach Region bzw. Bundesland differieren.

Um im R/3-System einen Feiertagskalender zu aktualisieren, gehen Sie wie folgt vor:

Ausgangspunkt Fenster »Kalender: Einstieg«

1. Aktivieren Sie in der Feldgruppe »Teilobjekte« das Feld »Feiertagskalender«, und klicken Sie auf ✎.
    → Ein Fenster mit einer Auflistung aller bereits existierenden Feiertagskalender wird angezeigt.
2. Wählen Sie aus der Liste den zu ändernden Feiertagskalender, und klicken Sie auf das Symbol ✎.
    → Das Fenster »Feiertagskalender ändern: Details« wird angezeigt (vgl. Abb. 6.6).

    Hinweis Durch einen Klick auf die Drucktasten FTG.ZUORDNEN und ZUORDNUNG LÖSCHEN können Sie in dem in Schritt 2 gewählten Kalender Feiertage hinzufügen oder löschen.

3. Klicken Sie auf die Symbole 🖫 und ⬅.
    → Die Auswahlliste für die Feiertagskalender wird angezeigt.
4. Überprüfen Sie außerdem den Gültigkeits- und den Aktivierungszeitraum für die Kalender.

6 Zeitwirtschaft

Hinweis Als ungefähren Anhaltspunkt benötigen Sie außer dem aktuellen Jahr immer das Vor- und das Folgejahr.

Hinweis Bitte beachten Sie, daß manche Feiertage einen »Gültigkeitszeitraum« haben können. So wurde z.B. der »Tag der Deutschen Einheit« bis 1990 fast 30 Jahre lang am 17. Juni begangen und danach auf den 3. Oktober festgesetzt.

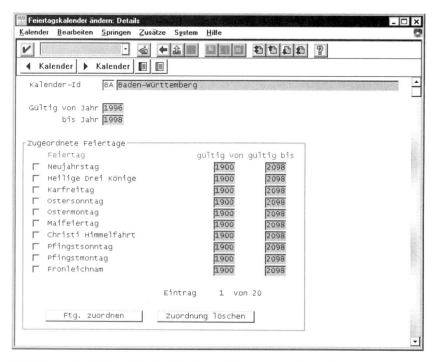

Abbildung 6.6 Feiertagskalender »BA« Baden-Württemberg (© SAP AG)

Ein Feiertagskalender kann auch in »Kalenderblattform« angezeigt werden oder Aufschluß darüber geben, wie sich die Feiertage auf Wochentage, Samstage oder Sonntage verteilen.

6.1.2 Arbeitszeitpläne definieren

Nach der Überprüfung, einer eventuellen Korrektur und der Vervollständigung der Feiertagskalender können Sie mit deren vorgegebener Struktur die Arbeitszeitpläne organisieren.

Der Arbeitszeitplan setzt sich wie folgt zusammen:

- Tagesarbeitszeitfestlegung (Tagesarbeitszeitplan)
- Abfolge der Arbeitstage (Periodenarbeitszeitplan, Zeitmodell)

Zeitwirtschaft 6

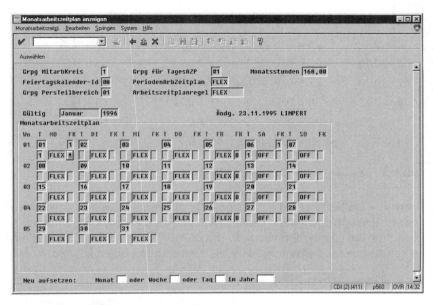

Abbildung 6.7 Aufbau Arbeitszeitplan (© SAP AG)

Industriestunden

Im R/3-System werden die Stunden generell in Industriestunden angegeben. Das heißt, 6 Minuten entsprechen 0,10 (Industrie-)Stunden (»dezimal« gesprochen: einer zehntel Stunde) oder 10 Industrieminuten, 12 Minuten 0,2 (Industrie-)Stunden usw. Dieser Umstand führt zu Rundungsproblemen, die sich jedoch mit der Zeit wieder aufheben. Tabelle 1.1 zeigt die Umrechnung von herkömmlichen Minuten in Industriestunden.

Minute = Industriestunden			
1 = 0,02	16 = 0,27	31 = 0,52	46 = 0,77
2 = 0,03	17 = 0,28	32 = 0,53	47 = 0,78
3 = 0,05	18 = 0,30	33 = 0,55	48 = 0,80
4 = 0,07	19 = 0,32	34 = 0,57	49 = 0,82
5 = 0,08	20 = 0,33	35 = 0,58	50 = 0,83
6 = 0,10	21 = 0,35	36 = 0,60	51 = 0,85
7 = 0,12	22 = 0,37	37 = 0,62	52 = 0,87
8 = 0,13	23 = 0,38	38 = 0,63	53 = 0,88
9 = 0,15	24 = 0,40	39 = 0,65	54 = 0,90

Tabelle 6.1 Herkömmliche Minuten in Industriestunden

6 Zeitwirtschaft

Minute = Industriestunden

10 = 0,17	25 = 0,42	40 = 0,67	55 = 0,92
11 = 0,18	26 = 0,43	41 = 0,68	56 = 0,93
12 = 0,20	27 = 0,45	42 = 0,70	57 = 0,95
13 = 0,22	28 = 0,47	43 = 0,72	58 = 0,97
14 = 0,23	29 = 0,48	44 = 0,73	59 = 0,98
15 = 0,25	30 = 0,50	45 = 0,75	60 = 1,00

Tabelle 6.1 Herkömmliche Minuten in Industriestunden

Hinweis Falls Sie Arbeiten im Customizing durchführen wollen, verwenden Sie bitte den Implementation Guide (IMG) und als Ergänzung die Online-Customizing-Dokumentation von SAP, da die Möglichkeiten des Customizings im Rahmen dieses Buchs nicht eingehend vorgestellt werden können.

6.1.3 Tagesarbeitszeitplan

Im Tagesarbeitszeitplan (Tagesprogramm) wird ein Arbeitstag definiert. Hier geben Sie Informationen ein oder finden Sie Informationen darüber, in welcher Zeitspanne an einem bestimmten Tag gearbeitet wird, welche Pausen zu berücksichtigen sind sowie weitere Detailinformationen.

6.1.4 Arbeitspausenplan pflegen

Im R/3-System können die Pausen unabhängig von den Tagesprogrammen festgelegt werden. So können Sie in einem Tagesprogramm bis zu 99 Pausen einbinden und die Arbeitspausenpläne (Pausenmodelle) mehrfach verwenden. Abbildung 6.9 zeigt ein Beispiel eines Pausenplans.

Es werden folgende Arten von Pausen unterschieden:

- *Fixe Pause*
  Eine Pausenzeit, die auf einen exakten Zeitpunkt und eine exakte Dauer terminiert ist, z. B. eine Pause von 0,5 (Industrie-)Stunden zwischen 09:00 und 09:30 Uhr.

- *Variable Pause*
  Eine variable Pause findet während eines bestimmten Zeitraums, beispielsweise zwischen 11:30 und 13:30 Uhr, statt und hat eine festgesetzte Länge (z. B. eine Pause von 0,75 Industriestunden).

- *Dynamische Pause*
  Nach einem festgelegten Zeitraum (beispielsweise nach spätestens vier Stunden) folgt eine Pause von bestimmter Länge. Der Zeitraum kann sich entweder auf den Beginn der Sollarbeitszeit oder den Beginn der Normalarbeitszeit beziehen. Völlig variabel ist die dynamische Pause, die aus der Kommt-Buchung eines Mitarbeiters abgeleitet wird.

Zeitwirtschaft

Darüber hinaus kann jede Pause als bezahlt oder unbezahlt oder z. B. als Wasch- oder Rüstpause charakterisiert werden.

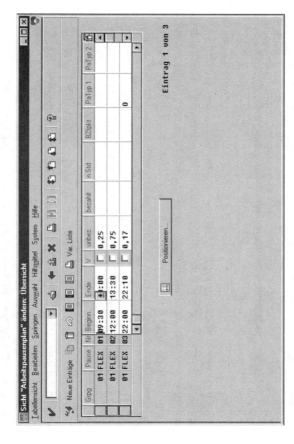

Abbildung 6.8 Pausenplan mit zwei variablen Pausen und einer Mehrarbeitspause (im Bild unter PaTyp1) (© SAP AG)

Im folgenden Beispiel wird das Tagesprogramm FLEX aus der R/3-Standardversion verwendet. Es gelten folgende Grundregeln:

- Zwischen 08:00 und 18:00 Uhr liegt eine Arbeitszeit von acht Stunden (bei zwei Stunden Pause).
- Zwischen 09:00 und 09:30 Uhr liegt eine frei wählbare Frühstückspause von 15 Minuten.
- Zwischen 12:00 und 13:30 Uhr liegt eine Mittagspause von 45 Minuten.

Insgesamt beträgt die Pausenzeit also eine Stunde. Außerdem soll im Falle einer Mehrarbeit eine sogenannte fixe Mehrarbeitspause von 22:00 bis 22:10 Uhr stattfinden.

6.1.5 Tagesarbeitszeitplan pflegen

Nach der Definition der Pausen kann mit der Strukturierung der eigentlichen Tagesarbeitszeit begonnen werden. Dazu stehen drei Arten von »Tagesprogrammen« zur Auswahl:

- *Fixes Tagesprogramm*

  Die Arbeitszeit wird aus Endezeit minus Beginnzeit abzüglich der Pausendauer errechnet.

6.1 Arbeitszeitplan (Schichtplan)

Zeitwirtschaft

- *Variables Tagesprogramm*

  Das variable Tagesprogramm ist die Grundlage der flexiblen Arbeitszeiten oder der Gleitzeitvereinbarungen. Die Mitarbeiter können ihre Tätigkeit innerhalb eines Zeitkorridors (ab ... bis) beginnen und beenden. Gleitzeitvereinbarungen lassen sich theoretisch täglich, wöchentlich, monatlich oder jährlich neu regeln oder durch eine feste Arbeitszeit ersetzen. Hierzu gehören auch mögliche Teilzeitregelungen.

- *Status frei oder off*

  Dieser Status in einem Tagesprogramm bedeuten, daß an diesem Tag nicht gearbeitet wird.

Um eine größere Flexibilität zu erreichen, können die Tagesprogramme in sogenannte *Tagesprogrammklassen* unterteilt werden. Die Ausprägung »0« ist ausschließlich für die Tage mit 0 Arbeitsstunden reserviert. Alle anderen Ausprägungen können – beispielsweise zur Zuschlagsgenerierung (die Errechnung von Sonntags-, Nacht-, Feiertags- oder Mehrarbeitszuschlägen) – verwendet werden.

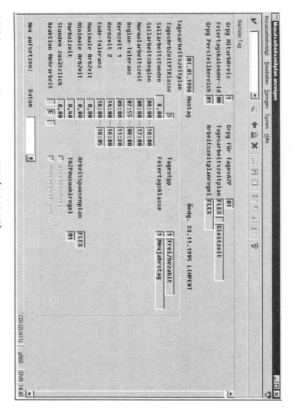

Abbildung 6.9 Tagesprogramm FLEX (© SAP AG)

In Abbildung 6.9 sehen Sie zwei Uhrzeit-Paare: Die Sollarbeitszeit gibt den Zeitkorridor an, in dem das System die Kommt- und Geht-Buchungen akzeptiert. In den beiden Feldern »von ... bis ... Uhr« wird angezeigt, wann die Mitarbeiter kommen und wann sie gehen können. Die Normalarbeitszeit wird herangezogen, wenn es keine gebuchten Arbeitszeiten gibt, z.B. bei Krankheit eines Mitarbeiters. Die Beginn- und Endetoleranzen sowie die Kernzeiten sind selbsterklärend.

Vorholzeit

Die Vorholzeit ist die Differenz zwischen der tatsächlich betrieblich geleisteten Tagesarbeitszeit und der tariflichen Tagesarbeitszeit. Diese geleisteten Arbeitsstunden werden pro Arbeitstag meistens automatisch auf ein Mitarbeiterkonto gutgeschrieben. Dies gilt nicht, wenn Sie die Vorholzeiten als Freischichten in Ihren Arbeitszeitplänen bereits berücksichtigt haben.

Tagesarbeitszeitplan-Varianten definieren

Im R/3-System besteht auch die Möglichkeit, verschiedene Tagesarbeitszeitplan-Varianten zu definieren; hierzu ein Beispiel:

Bei einer wöchentlichen tariflichen Arbeitszeit von 38 Stunden wird von Montag bis Donnerstag acht Stunden und am Freitag sechs Stunden gearbeitet. Bei bestimmten Abwesenheitsgründen werden aber nicht nach dem »Ausfallprinzip« (auch »Hätte-Prinzip« genannt) – wie in unserem Beispiel – acht Stunden bezahlt, sondern es werden die durchschnittlichen tariflichen Arbeitsstunden herangezogen, nämlich 7,6 Stunden. Diese Regel kann z. B. für Urlaubstage gelten.

Abbildung 6.10 Tagesprogrammvarianten

Dieses Beispiel verdeutlicht, welche Möglichkeiten Ihnen bei der Schichtplandefinition offenstehen. Die R/3-Zeitwirtschaft setzt für die optimale Nutzung dieser Anwendung eine möglichst genaue Arbeitszeitbeschreibung voraus. Erst auf dieser Grundlage können Sie die volle Funktionalität dieses Moduls nutzen. Darüber hinaus erleichtert und erspart es Ihnen viele Eingaben im laufenden Betrieb.

6.1.6 Periodenarbeitszeitplan (Zeitmodell)

Mit den bisherigen Eingaben haben Sie bereits etwa 75 Prozent der notwendigen Arbeiten erledigt. Im folgenden Schritt geht es nur noch darum, die definierten Tagesprogramme in eine Abfolge zu bringen. Diese Folgen von Tagen werden *Periodenarbeitszeitpläne* genannt.

6 Zeitwirtschaft

	Montag	Dienstag	Mittwoch	Donnerstag	Freitag	Samstag	Sonntag
Woche 1	Früh	Früh	Früh	Früh	Früh	Früh	Frei
Woche 2	Spät	Spät	Spät	Spät	Spät	Frei	Nacht
Woche 3	Nacht	Nacht	Nacht	Nacht	Nacht	Frei	Frei
Woche 4	Frei	Frei	Frei	Frei	Frei	Frei	Frei

Abbildung 6.11 Zeitmodell M3

Normalerweise umfassen Periodenarbeitszeitpläne eine oder mehrere Wochen. Wie die Tagesarbeitszeitpläne können auch die Periodenarbeitszeitpläne in Kategorien unterteilt werden, damit man bei der Lohnarten-Generierung oder Abwesenheitsauswertung darauf Bezug nehmen kann.

In der Abbildung 6.11 ist ein Vier-Wochen-Modell dargestellt, bei dem sich vier Schichten erkennen lassen. Ein Teil der Belegschaft arbeitet z.B. dienstags vormittags, ein anderer arbeitet in der Spät- oder Nachtschicht, manche haben eine Freischicht. Die Schichten sind wöchentlich versetzt. Ihre Aufgabe ist es, die Mitarbeiter zur Arbeit einzuteilen. Das System zeigt nicht an, welche der vier Schichten gerade in der Frühschicht steht.

6.1.7 Arbeitszeitpläne pflegen

Nach der Erläuterung von Tagesprogrammen und Zeitmodellen sollen nun die zur Schichtplan-Generierung notwendigen Eingaben vervollständigt werden.

Das Beispiel in Abbildung 6.11 verdeutlicht, daß Sie im letzten Schritt die Schichten M3-1 bis M3-4 festlegen müssen. Dazu sind folgende Überlegungen relevant:

- Welches Zeitmodell wird verwendet?
- Mit welchem Tag des Zeitmodells wird begonnen?
- Gibt es weitere Informationen?

Zeitwirtschaft 6

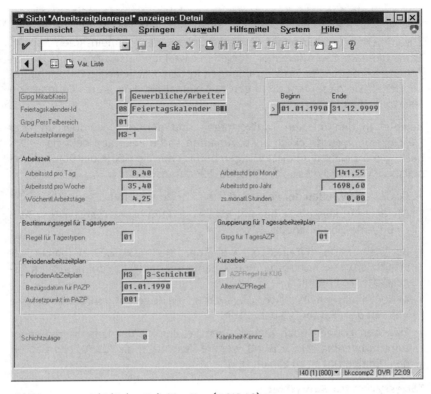

Abbildung 6.12 Schichtplan-Definition M3-1 (© SAP AG)

6.1.8 Tagestypen definieren

Der Tagestyp ist ein sehr leistungsfähiges Instrument der R/3-Zeitwirtschaft. Im Auslieferungszustand enthält das System folgende vordefinierte Tagestypen:

- » « (oder leer)– Arbeitstag
- »1«– keine Arbeit/bezahlt
- »2«– keine Arbeit/unbezahlt

Ob es sich bei einem bestimmten Tag um einen Arbeitstag handelt, wird in der Zeitwirtschaft und in der Abrechnung wie folgt errechnet:

- Wenn die Tagesprogrammklasse ungleich »0« und der Tagestyp gleich » « ist, dann ist der Tag ein Arbeitstag.
- Die Ausprägung »2« ist heute kaum noch gebräuchlich. Sie wurde früher für gewerblichen Lohn verwendet, bei dem nur die tatsächlich geleistete Arbeit bezahlt wurde.

6 Zeitwirtschaft

Um die Bedeutung der Tagestypen zu verstehen, ist es wichtig zu wissen, daß diese von den Feiertagsklassen abhängen. Eine Feiertagsklasse ist eine Zusammenfassung einzelner Feiertage unter einem gemeinsamen Aspekt. Ohne diese Klassen müßten Sie für jeden einzelnen Feiertag explizite Aussagen über Arbeitszeiten und Bezahlungen treffen. Mit Feiertagsklassen hingegen legen Sie diese Ausprägungen nur einmal für eine ganze Gruppe von Feiertagen fest.

Beispiel In den meisten Tarifverträgen sind der 24. Dezember und der 31. Dezember ausdrücklich als sogenannte *halbe* Feiertage deklariert. Das heißt, die Arbeitszeit an diesen Tagen beträgt nur die Hälfte der üblichen Arbeitszeit. Wie wird dies im SAP-Modul HR dargestellt?

- Beide Tage werden der Feiertagsklasse »2« zugeordnet.
  Die Feiertagsklasse »2« bewirkt, daß es sich um einen Tagestyp » « (also einen Arbeitstag) handelt.
- Bei Tagen mit dem Tagestyp » « und der Feiertagsklasse »2« (halber Feiertag) wird eine Tagesprogrammvariante mit der Hälfte der tariflichen Tagesarbeitszeit definiert.
- In der Abwesenheitsauswertung werden die Tage mit der Feiertagsklasse »2« mit dem Faktor 0,5 bemessen.
- Daneben können noch Steuerungen im Bereich der Lohnartengenerierung notwendig sein, z.B. für weitere Zuschläge, die für Arbeiten an einem »halben« Tag zu zahlen sind.

Tagestypen für Sondertage

Sie haben im R/3-System auch die Möglichkeit, bestimmte Kalendertage besonders zu kennzeichnen. Als Beispiel: Die Geschäfte eines süddeutschen Unternehmens laufen gut. Der Arbeitgeber beschließt deshalb, der Belegschaft einen freien Tag zu gewähren. Ein Blick in den Kalender von 1999 zeigt, daß sich dafür Freitag, der 4. Juni, anbietet, da am Tag zuvor Fronleichnam ist. Der 4. Juni soll also wie ein weiterer Feiertag behandelt werden. Wie werden diese Daten ins System eingegeben?

- In der Sondertagstabelle erhält der 04.06.1999 (wie ein Feiertag) die Tagestyp-Ausprägung »1« (keine Arbeit, bezahlt).
- Alle bereits bestehenden Schichtpläne für die Periode müssen danach neu generiert werden. Dafür steht Ihnen in HR ein Standardprogramm zur Verfügung.
- Beim Tagestyp »1« darf in der Abwesenheitsauszählung der 4. Juni nicht als Urlaubstag berechnet werden.
- Eventuell sind Anpassungen in der Lohnartengenerierung und in der Abrechnung notwendig.

Zeitwirtschaft

Exkurs: Gruppierungen

Möglicherweise haben Sie schon bemerkt, daß in Abbildung 6.9 z.B. vor dem Tagesprogramm der Wert »01« steht. Dies ist vor allem bei kleinen Firmen mit nur einem Standort in einem Bundesland und nur einem Tarif der Fall. Das heißt, es gibt keine Unterscheidungen bezüglich Arbeitszeit, Abwesenheitsauszählung und Lohnartengenerierung.

Das System HR wird häufig von größeren Unternehmen eingesetzt, die mehrere Produktionsstätten in ganz Deutschland, zum Teil auch in anderen Ländern besitzen. Diese Unternehmen können die HR-bezogenen Parameter aller ihrer Werke nur mit großem Aufwand pflegen. Für diese Firmen bietet sich die Verwendung von *Gruppierungen* (auch *Modifikatoren* genannt) an.

Ein Beispiel soll dies verdeutlichen: Die Maschinenbau-Gesellschaft Klever & Schnell produziert an drei Standorten in Baden-Württemberg, einem in Bayern und zwei Standorten in Hessen. Die Tarife in Baden-Württemberg und Bayern sind identisch, der in Hessen weicht erheblich davon ab. Hinzu kommen verschiedene Feiertage in diesen Bundesländern.

Bundesland	Standort	Tarifart	Gruppierung	Feiertagskalender
Baden-Württemberg	Standort 1	Tarif NW-NB	01	BW
Baden-Württemberg	Standort 2	Tarif NW-NB	01	BW
Baden-Württemberg	Standort 3	Tarif NW-NB	01	BW
Bayern	Standort 1	Tarif Bayern	01	BY
Hessen	Standort 1	Tarif Hessen	02	HS
Hessen	Standort 2	Tarif Hessen	02	HS

Tabelle 6.2 Beispiel für Gruppierungen

Aus Tabelle 6.2 ist ersichtlich, daß zwei verschiedene Arbeitszeitdefinitionen (Gruppierungen) und drei verschiedene Feiertagskalender verwendet werden.

Das Ergebnis wird in den Schichtplänen wie folgt abgebildet:

- Schichtplan A für 01 in Baden-Württemberg
- Schichtplan B für 01 in Bayern
- Schichtplan C für 02 in Hessen

Die Gruppierung ermöglicht es größeren Unternehmen, verschiedene Betriebe organisatorisch zusammenzufassen.

6 Zeitwirtschaft

Darüber hinaus hat die Verwendung einer Gruppierung einen weiteren Vorteil: Sie ordnet die Tagesprogramme oder Zeitmodelle übersichtlich. Auf diese Weise können Sie leicht ersehen, daß – im obigen Beispiel – die Tagesprogramme mit der Ausprägung »01« für Bayern und Baden-Württemberg, die mit »02« für Hessen gelten.

6.1.9 Monatsarbeitszeitplan pflegen

Die notwendigen Angaben bis zu diesem Punkt sind gemacht. Jetzt müssen Sie nur noch die bereits vorgenommenen Parametrisierungen in den Monatsarbeitszeitplan umsetzen.

Dies sind:

- Tagesarbeitszeitpläne
- Periodenarbeitszeitpläne
- generelle Vorgaben für Monatsarbeitszeitpläne

Hierfür wurde früher häufig der Begriff »Schichtplan« verwendet.

Ohne Anlage eines Monatsarbeitszeitplans oder auch eines Schichtplans sind Ihre Aktivitäten in diesem HR-Bereich sehr eingeschränkt: Das System kann keine Abwesenheitszeiten auswerten, kein Urlaubskonto führen und keine Mehrarbeit durch Vergleich mit der Sollvorgabe ermitteln. Auch die Lohn- und Gehaltsabrechnung ist auf den Schichtplan angewiesen, da z.B. die Eintritte von neuen Mitarbeitern innerhalb des Lohnabrechnungszeitraums berücksichtigt werden müssen, ebenso ein möglicher Wechsel der Kostenstellen während eines laufenden Monats. Das heißt, aufgewendete Stunden (und damit Kosten) müssen richtig verrechnet und aufgeteilt werden können. Dies ist ohne Verwendung eines Schichtplans nicht möglich.

Darüber hinaus kann in einem zusätzlichen Schichtplan eventuell anfallende Kurzarbeit dargestellt und abgerechnet werden: Die festgesetzten Kurzarbeitsstunden werden in einem neuen Schichtplan den von dieser Maßnahme betroffenen Mitarbeitern zugeordnet. Die Abrechnung erfolgt, indem lediglich der normale Schichtplan mit dem Schichtplan für Kurzarbeit verglichen wird.

Die den Arbeitszeitplänen (Schichten) zugeordneten Tage werden in einem letzten Schritt zu einem Monatsarbeitszeitplan zusammengefaßt und gespeichert. Das Erstellen von Monatsarbeitszeitplänen ist eine wiederkehrende Arbeit. Schichtpläne werden typischerweise am Ende eines Jahres für das nächste Jahr fortgeschrieben.

- Schichtpläne müssen auch dann (wieder) angelegt werden, wenn Änderungen in Tagesprogrammen unvermeidbar sind.
- Als Faustregel gilt, daß ein Schichtplan für die letzte Periode des Vorjahrs und die erste Periode des Folgejahrs existieren muß, anderenfalls können Sie keine Regeln abbilden, die steuern, wie das Programm beispielsweise auf einen Feiertag am Folgetag reagieren soll (Beispiel: Metalltarif Nord-Baden/Nord-Württemberg).

Zeitwirtschaft

- Falls Sie Schichtpläne ändern, müssen die Daten zur Erfassung von Abwesenheiten für die betroffenen Zeiträume neu bewertet werden. Dies können Sie vom System vornehmen lassen oder Satz für Satz selbst tun.
- Zum Anlegen von Schichtplänen stellt das HR-Modul auch Tools bereit, mit denen Sie alle Schichtpläne auf einmal erstellen können.
- Die Schichtpläne können manuell verändert werden. Davon wird jedoch dringend abgeraten, weil solche Änderungen nicht vor dem Überschreiben im Falle von späteren Generierungen geschützt werden können.

Schichtplan generieren

Mit der SAP R/3-Standardversion wird der »Schichtplan M3-1« geliefert. Um im R/3-System mit den Vorgaben des »Schichtplans M3-1« einen benutzerdefinierten Schichtplan anzulegen, gehen Sie wie folgt vor:

Ausgangspunkt SAP R/3-Hauptmenü

1. Rufen Sie die Menüfunktion PERSONAL | ZEITWIRTSCHAFT | ADMINISTRATION auf.
   → Das Arbeitsgebiet »Zeitwirtschaft – Administration« wird angezeigt.
2. Rufen Sie die Menüfunktion ARBEITSZEITPLAN | ANLEGEN auf.
   → Das Arbeitsgebiet »Monatsarbeitszeitplan anlegen« wird angezeigt.
3. Geben Sie in das Feld »Gruppierung der Mitarbeiterkreise« z.B. »1« ein, in das Feld »Feiertagskalender« »08«, in das Feld »Gruppierung der Personalteilbereiche« »01«, als »Arbeitszeitplanregel« »M3-1« und als Zeitraum den laufenden Monat sowie das Jahr im Format MMJJJJ.
4. Klicken Sie auf die Drucktaste ANLEGEN. Falls der Schichtplan bereits vorhanden ist, ignorieren Sie die Systemmeldung mit der Eingabetaste; Sie überschreiben damit den bestehenden Schichtplan.
   → Die Monatsanzeige des Schichtplans M3-1 wird angezeigt (vgl. Abb. 6.14).

In Schichtplänen navigieren

In der Schichtplananwendung werden auch die Arbeitszeitdaten angezeigt. Als Anwender können Sie im Schichtplan bis auf die Tagesebene verzweigen.

Die Monatsübersicht des Schichtplans sieht wie in Abbildung 6.14 dargestellt aus.

Um in die Wochenanzeige (vgl. Abb. 6.15) zu wechseln, doppelklicken Sie im Monatsarbeitszeitplan (vgl. Abb. 6.14) auf eine Wochennummerangabe.

Um vom Monatsbild (vgl. Abb. 6.14) oder Wochenbild (vgl. Abb. 6.15) direkt zu einem bestimmten Tag (vgl. Abb. 6.16) zu wechseln, doppelklicken Sie auf den entsprechenden Tag.

Sie können auch vom Tagesbild in die Anzeige des Pausenmodells wechseln. Hierzu rufen Sie die Menüfunktion SPRINGEN | ARBEITSPAUSENPLAN auf.

6 Zeitwirtschaft

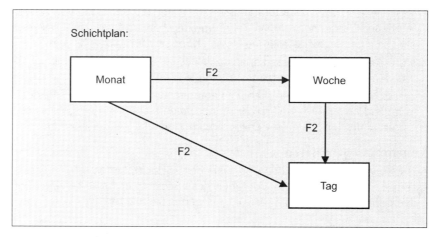

Abbildung 6.13 Elemente des Schichtplans

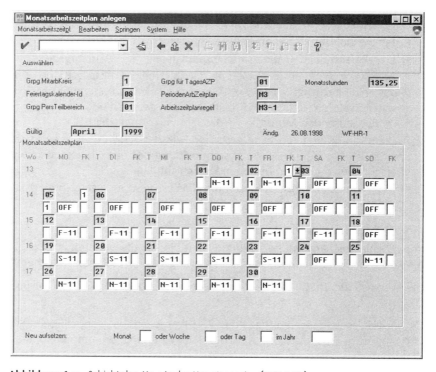

Abbildung 6.14 Schichtplan M3-1 in der Monatsanzeige (© SAP AG)

Zeitwirtschaft 6

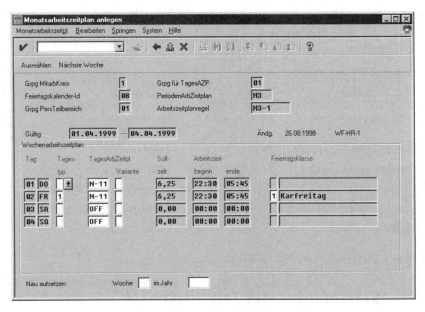

Abbildung 6.15 Schichtplan M3-1 in der Wochenanzeige (© SAP AG)

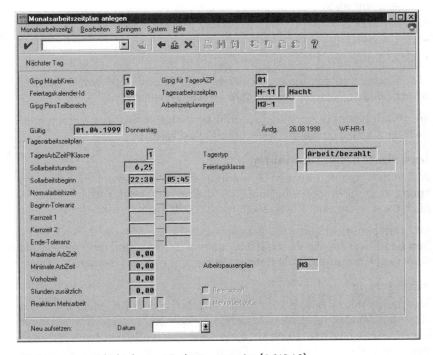

Abbildung 6.16 Schichtplan M3-1 in der Tagesanzeige (© SAP AG)

6.1 Arbeitszeitplan (Schichtplan) **325**

Gegenüberstellung von neuen und alten Begriffen

Tabelle 6.3 enthält eine vergleichende Erläuterung der neuen und alten Fachbegriffe zu diesem Themenkreis:

Neuer Begriff	Abkürzung	Alter Begriff
Monatsarbeitszeitplan	Monats-AZP	Schichtplan für einen bestimmten Zeitraum
Periodenarbeitszeitplan	PAZP	Zeitmodell
Arbeitszeitplanregel	AZP-Regel	Schichtplan, ganz generell
Tagesarbeitszeitplan	TagesAZP	Tagesprogramm oder Schicht
Tagesprogrammklasse	TagesAZPKlasse	Tagesarbeitszeitplanklasse
Arbeitspausenplan	–	Pausenmodell

Tabelle 6.3 Vergleich zwischen den neuen und alten Fachbegriffen

6.2 Stammdaten der Zeitwirtschaft

Im Mittelpunkt dieses Abschnitts stehen folgende Infotypen:

- Urlaubsanspruch
- Urlaubsabgeltung
- Soll-Arbeitszeit
- Zeiterfassung

Erläuterungen zu den Infotypen »Wehr- und Ersatzdienst« sowie »Mutterschutz« finden Sie unter dem Infotyp »Abwesenheiten«.

Einige Infotypen, die unmittelbar zum Leistungsumfang der Zeitwirtschaft beitragen, sollen an dieser Stelle kurz erläutert werden.

Organisatorische Zuordnung

Außer der organisatorischen Zuordnung eines Mitarbeiters zu einem Buchungskreis, einem Personalbereich und einer organisatorischen Einheit ist auch die Angabe einer Kostenstelle für den Mitarbeiter erforderlich.

Im Infotyp »Organisatorische Zuordnung« wird ein Mitarbeiter auch einem Sachbearbeiter für die Zeiterfassung (einem *Zeitbeauftragten*) zugeordnet. Damit kann das sogenannte Referentenkonzept realisiert werden.

Behinderung

Mitarbeiter mit einer Minderung der Erwerbsfähigkeit haben ab einem bestimmten Minderungsgrad Anspruch auf einen besonderen Behindertenurlaub. Dieser Urlaubsanspruch kann nur dann automatisch ausgewiesen werden, wenn die entsprechenden Daten über die jeweilige Behinderung im System hinterlegt wurden.

Basisbezüge

Im Infotyp »Arbeitszeit« werden außer dem Beschäftigungsprozentsatz eines Mitarbeiters auch der Bezahlungsprozentsatz und die pauschalen monatlichen Arbeitsstunden angegeben.

Ein Beispiel: Viele Frühpensionierungen unterliegen der Regelung »80 % Arbeit bei 90 % Bezahlung«. Die beiden Prozentsätze für die Beschäftigung und die Bezahlung müssen also nicht identisch sein.

Datumsangaben

Für eine Vielzahl von Themen sind Datumsangaben erforderlich. So sind z. B. für die Berechnung des Urlaubsanspruchs die »historischen« Daten wichtig. Die Anzahl der Urlaubstage wird in vielen Fällen oft im Verhältnis zur bisherigen Dauer der Betriebszugehörigkeit errechnet. Das Datum des ersten Arbeitstags jedes Mitarbeiters wird hier hinterlegt.

Vertragsdaten

Unter dieser Rubrik befinden sich unter anderem Angaben über die Dauer der Lohnfortzahlung und den Beginn der Zahlung des Krankengeldzuschusses.

6.2.1 Urlaubsanspruch

Das Thema Urlaubsanspruch ist wegen der zum Teil sehr unterschiedlichen Regelungen und Gepflogenheiten, die allein schon innerhalb Europas existieren, sehr komplex. Die Programmdesigner von R/3 haben deshalb bei der Entwicklung großen Wert darauf gelegt, die Anwendung möglichst flexibel und international einsetzbar zu gestalten. Die wichtigsten Details sind:

- Jede Urlaubsart, wie z. B. Tarifurlaub, Altersurlaub oder Behindertenurlaub, unterliegt eigenen Verfahrensregeln. Jede Urlaubsart hat außerdem einen eigenen Gültigkeitszeitraum. Am Beispiel Deutschlands: Während Sonderurlaub im laufenden Jahr genommen werden muß, kann Tarifurlaub bis Ende März des Folgejahrs genommen werden.

- Im System HR ist kein Verschieber am Jahresende erforderlich, um die Information »Urlaubsart – Anspruch Vorjahre« zu erzeugen. Der Anwender muß lediglich den Abtragungszeitraum verlängern.

- Der Urlaubsanspruch pro Mitarbeiter und pro Urlaubsart soll möglichst automatisch errechnet werden. Dafür steht dem Anwender die R/3-Merkmalspflege zur Verfügung. Ein Merkmal beschreibt in Form von Entscheidungsbäumen, ab welchem Alter z. B. Altersurlaub gewährt wird.

Für die Darstellung des Urlaubsanspruchs stehen im Infotyp 0005 folgende Felder zur Verfügung:

- »Urlaubsdaten«
- »Urlaubsanspruch«

Zeitwirtschaft

- »Urlaubsabtragung«
- »Resturlaubsanzeige«

Der Infotyp 0005 wird in Zukunft durch eine neue allgemeine Kontingentverwaltung ersetzt.

Urlaubsanspruch anlegen

Um im R/3-System einen Urlaubsanspruch anzulegen, gehen Sie wie folgt vor:

Ausgangspunkt Hauptmenü

1. Rufen Sie die Menüfunktion PERSONAL | ZEITWIRTSCHAFT | ADMINISTRATION auf.
    → Das Arbeitsgebiet »Zeitwirtschaft – Administration« wird angezeigt.
2. Klicken Sie auf die Drucktaste ✏ (ZEITDATEN PFLEGEN).
    → Das Fenster »Zeitdaten pflegen« wird angezeigt.
3. Wählen Sie, falls erforderlich, aus den vorhandenen Registern das Menü ZEITW.STAMMDATEN.
4. Aktivieren Sie das Feld »Urlaubsanspruch«, geben Sie im Feld »Art« die Jahreszahl (z. B. »1999«) ein, und klicken Sie auf das Symbol ☐.
    → Das Fenster »Urlaubsanspruch anlegen« wird angezeigt. Sie sehen das Einzelbild des Infotyps 0005 »Urlaubsanspruch« (vgl. Abb. 6.17).

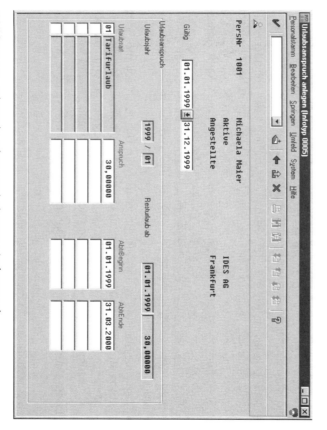

Abbildung 6.17 Anlegen des Infotyps »Urlaubsanspruch« (© SAP AG)

Zeitwirtschaft 6

Ein Subtyp des Infotyps »Urlaubsanspruch« ist das Urlaubsjahr. In Deutschland entspricht das Urlaubsjahr generell dem Kalenderjahr – oder beim Eintritt nach dem 1. Januar oder einem Ausscheiden vor dem 31. Dezember Teilen davon. In Österreich errechnet sich der Urlaubsanspruch immer aus den Jahren der Betriebszugehörigkeit. In Frankreich hat ein Arbeitnehmer nicht automatisch Urlaubsanspruch, sondern er erarbeitet sich diesen im Laufe seiner Zugehörigkeit zum Betrieb.

In Frankreich hat ein Mitarbeiter bereits am Ende eines abgerechneten Monats Anspruch auf 1/12 des jährlichen Urlaubs. Das heißt, bei dieser Regelung entsteht pro Jahr zwölfmal ein monatlicher Urlaubsanspruch. Aus diesem Grund ist der Infotyp »Urlaubsanspruch« einer der wenigen Infotypen, die einen Objekttyp als weitere Detaillierung des Subtyps verwenden. Ein Beispiel für einen ähnlich aufgebauten Infotyp ist der Infotyp »Familie« mit dem Subtyp »Kind«.

Hinweis Beachten Sie stets, daß das Urlaubsjahr in Deutschland nur den Objekttyp »01« hat.

In der Feldgruppe »Urlaubsanspruch« ist der Urlaubsanspruch in tabellarischer Form dargestellt (vgl. Abb. 6.17). Folgende Informationen werden im Bearbeitungsmodus »Anlegen und Kopieren« angezeigt:

- Urlaubsart und deren Beschreibung

  Hierzu gehören z. B. Tarifurlaub, Behinderten- oder Sonderurlaub

- Urlaubsanspruch in Tagen oder Stunden
- Urlaubsabtragungsintervall

  Das Urlaubsabtragungsintervall markiert Beginn und Ende des Zeitraums, bis zu dem der Urlaubsanspruch durch Abwesenheiten abgetragen werden kann.

Pflege des Urlaubsanspruchs
Abbildung 6.18 zeigt den Bildschirm für die Anzeige oder Pflege des Infotyps 0005, nicht jedoch den Bildschirm für den zuvor behandelten Anlegemodus.

Diese Darstellung enthält für jede Urlaubsart weitere Informationen über

- den beantragten Urlaub
- den bereits abgerechneten Urlaub bis zum Stichtag der letzten Abrechnung

Das Ende der letzten Lohn- und Gehaltsabrechnung ist oben rechts in der Bildschirmmaske angegeben.

Das Urlaubsjahr als Subtyp des Infotyps 0005 dient als Grundlage für die Berechnung des Urlaubsanspruchs. Für die Abtragung des Urlaubs wird das Urlaubsjahr nicht herangezogen.

Zeitwirtschaft

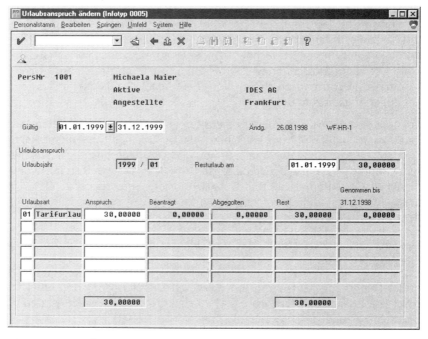

Abbildung 6.18 Pflegen des Urlaubsanspruchs (© SAP AG)

Berechnung des Urlaubsanspruchs

Im System HR können Sie die Höhe des Urlaubsanspruchs manuell vorgeben oder diesen mit Hilfe der sogenannten Merkmale automatisch ermitteln lassen. Die Merkmale enthalten alle Steuerungsinformationen, die zur automatischen Berechnung von Feldinhalten benötigt werden.

Folgende Faktoren des Infotyps »Urlaubsanspruch« werden mit der Merkmalspflege gesteuert:

- Urlaubsart, z. B. Urlaub aufgrund einer Behinderung
- Anspruchshöhe, z. B. aufgrund des Lebens- oder Dienstalters oder des Ein- oder Austrittsdatums
- Beginn und Ende des Abtragungszeitraums, auch aufgrund von Datumsangaben (z. B. Eintritt in den Betrieb)

Außerdem benötigen Sie Informationen darüber, wie der Urlaubsanspruch gerundet wird, wie hoch der Arbeitszeitanteil eines Mitarbeiters ist sowie weitere Angaben.

Nach dem Aufruf der Menüfunktion SPRINGEN | ABTRAGUNG erhalten Sie, auf den Tag genau, eine Übersicht über die kalendertägliche Abtragung des Urlaubsanspruchs durch Abwesenheiten.

Ein Behindertenurlaub kann nur dann vom System errechnet werden, wenn der Infotyp 0004 »Daten zur Behinderung« angelegt ist.

Hinweis Beachten Sie bitte, daß der Anwender mit Hilfe der Zeitauswertung ebenfalls in der Lage ist, den Urlaubsanspruch automatisch errechnen zu lassen und in den Infotyp 0005 einzugeben.

6.2.2 Urlaubsabgeltung pflegen

Der Infotyp »Urlaubsabgeltung« ist für den Fall vorgesehen, daß ein Mitarbeiter an einem beliebigen Stichtag über Resturlaub verfügt, der in Form einer Geldzahlung abgegolten werden soll. Dies ist meist bei einem Austritt eines Mitarbeiters während des laufenden Jahres oder bei der Auszahlung von nicht beanspruchtem Urlaub der Fall.

Um im R/3-System für einen Mitarbeiter die Urlaubsabgeltung zu pflegen, gehen Sie wie folgt vor:

Ausgangspunkt Menü ZEITDATEN PFLEGEN

1. Wählen Sie in der Feldgruppe »Direkte Auswahl« im Feld »Informationstyp« den Infotyp 0083 »Abgeltungen«, und klicken Sie auf das Symbol 🗋.

   → Das Einzelbild des Infotyps »Urlaubsabgeltung« wird angezeigt (vgl. Abb. 6.19).

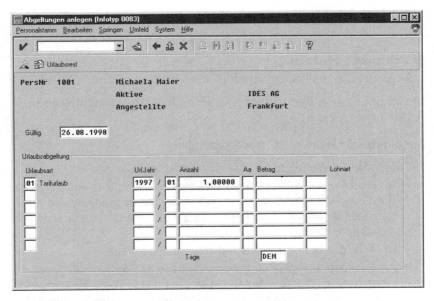

Abbildung 6.19 Infotyp 0083 »Urlaubsabgeltung« (© SAP AG)

6 Zeitwirtschaft

Sie können hier Art und Länge des Urlaubs angeben, der abgegolten werden soll. Darüber hinaus haben Sie die Option, außer der Länge des abzutragenden Urlaubs auch die Lohnart mit einzugeben. Durch Aufruf der Menüfunktion BEARBEITEN | URLAUBSREST wird der Resturlaub des jeweiligen Mitarbeiters angezeigt.

6.2.3 Sollarbeitszeit

Dieser Infotyp ordnet einem Mitarbeiter einen Schichtplan zu. Diese Zuordnung wird Sollarbeitszeit genannt. Darüber hinaus können Sie mit diesem Infotyp

- Daten der jährlichen, monatlichen, wöchentlichen und täglichen Arbeitszeiten aus der Schichtplan-Definition übernehmen (mit Änderungsmöglichkeit)
- Mitarbeiter der Zeiterfassung zuordnen
- Mitarbeiter als Teilzeitkräfte kennzeichnen

Infotyp »Sollarbeitszeit« aufrufen

Um im R/3-System den Infotyp »Sollarbeitszeit« aufzurufen, gehen Sie wie folgt vor:

Ausgangspunkt Menü ZEITDATEN PFLEGEN

1. Aktivieren Sie das Feld »Sollarbeitszeit«, und klicken Sie auf das Symbol .
   → Das Einzelbild des Infotyps »Sollarbeitszeit« wird angezeigt (vgl. Abb. 6.20).

Schichtplan zuordnen

Jeder Mitarbeiter muß einem Schichtplan zugeordnet werden.

Um im R/3-System alle für einen Mitarbeiter möglichen Schichtpläne anzuzeigen, gehen Sie wie folgt vor:

Ausgangspunkt Fenster »Sollarbeitszeit ändern«

1. Öffnen Sie die Werteliste für das Feld »Arbeitszeitplanregel«.
   → In dieser Werteliste werden nur diejenigen Schichtpläne angezeigt, die für diesen Mitarbeiter relevant sind. Auch Mitarbeiterkreis und Feiertagskalender müssen bei dieser Auswahl mit den Daten des Mitarbeiters übereinstimmen.
2. Wählen Sie den betreffenden Schichtplan aus, z.B. FLEX.
   → Als Reaktion auf diese Eingabe schlägt das R/3-System alle Stundenwerte für Tag, Woche, Monat und Jahr vor. Diese Werte können geändert werden. Sie müssen dabei lediglich einen der Werte ändern. Die restlichen Werte werden automatisch umgerechnet bzw. angepaßt.

Zeitwirtschaft

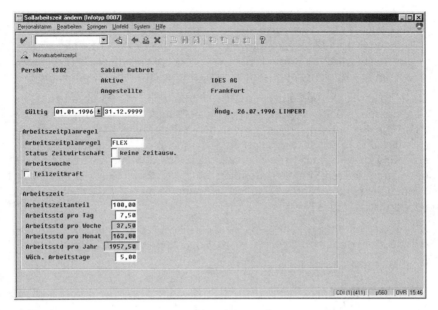

Abbildung 6.20 Infotyp 0007 »Sollarbeitszeit« (© SAP AG)

Sie haben auch die Möglichkeit, über die Drucktaste MONATSARBEITSZEITPL. in die Anzeige der Schichtpläne zu verzweigen.

Zeiterfassung festlegen

Als nächstes legen Sie fest, ob der Mitarbeiter an der Negativ- oder Positiverfassung teilnimmt.

Um im R/3-System für einen Mitarbeiter die Negativ- oder Positiverfassung festzulegen, gehen Sie wie folgt vor:

Ausgangspunkt Fenster »Sollarbeitszeit ändern«

1. Öffnen Sie die Werteliste für das Feld »Status Zeitwirtschaft«.
   → Eine Tabelle mit allen möglichen Mitarbeiterstatus wird angezeigt.
2. Wählen Sie einen Wert aus, z.B. »Zeitausw. IST«.

Teilzeitarbeit

Sie haben im System HR verschiedene Möglichkeiten, um Teilzeitarbeit abzubilden.

- Die meistverwendete Variante ist die, für jede Form der Teilzeitarbeit einen eigenen Schichtplan anzulegen. In diesem wird definiert, wie viele Stunden Arbeitszeit auf welche Tage entfallen. Auf diese Weise können Arbeitszeiten auch leichter ausgewertet und geplant werden.

6 Zeitwirtschaft

- Aufgrund des immer häufigeren Einsatzes der Zeiterfassung kann man aber auch lediglich eine generelle Arbeitszeit vorgeben, die zu einem beliebigen Zeitpunkt abgeleistet werden muß. Diese Arbeitsstunden können aus der bewerteten Kommt/Geht-Zeit errechnet werden. Die Arbeitszeit ist somit nicht planbar und kann erst nachträglich ausgewertet werden.

Ein Beispiel soll dies verdeutlichen: Die Mitarbeiterin Frau Schulz arbeitet laut Vereinbarung 20 Stunden pro Woche bei beliebiger Zeiteinteilung. Es ist also nicht von Bedeutung, ob sie an jedem Arbeitstag vier Stunden oder wöchentlich 2,5 Tage ganztags arbeitet. Aufgrund ihrer Teilnahme an der Zeiterfassung sind Sie immer über den aktuellen Stand ihrer Arbeitszeit und die noch zu leistenden Stunden informiert. Wie aus diesem Beispiel ersichtlich, können Teilzeit und Jahresarbeitszeit als Sonderformen der Gleitzeit betrachtet werden.

Die für die Teilzeit vordefinierten Eingaben sollen es dem Anwender ermöglichen, auf die Definition eigener Teilzeit-Schichtpläne zu verzichten.

Es stehen folgende Felder zur Verfügung:

- Prozentsatz der Arbeitszeit
- Angabe, ob für den Mitarbeiter ein sogenannter dynamischer Schichtplan erzeugt werden soll
- Angabe der Mindest- und Höchstarbeitsstunden pro Tag, Woche, Monat und Jahr
- Angabe, an welchen Wochentagen gearbeitet wird

Bei der Eingabe des Arbeitszeitanteils muß auch der Beschäftigungsprozentsatz im Infotyp 0008 »Basisbezüge« richtig geschlüsselt werden.

Dynamischer Schichtplan

Mit dem Aktivieren des dynamischen Schichtplans können für jeden Mitarbeiter die individuellen Höchst- und Mindestgrenzen der Arbeitszeit festgelegt werden. So kann man z.B. für einen Mitarbeiter, dessen Arbeitszeit 50 % der Regelarbeitszeit beträgt, festlegen, daß sich dessen Arbeitszeit auf mindestens 2 und höchstens 6 Stunden pro Tag belaufen soll. Der Anteil der Tagesarbeitszeit, der sechs Stunden überschreitet, wird in diesem Falle nicht dem Gleitzeitkonto, sondern dem Überzeitkonto gutgeschrieben.

Um die Gesamtübersicht zu verbessern, können Sie zusätzlich eingeben, an welchen Wochentagen ein Mitarbeiter arbeitet.

Die Zuordnung eines Mitarbeiters zu einem Schichtplan ist sehr strikt. Wir werden später sehen, daß Sie mit dem Infotyp 2003 »Vertretungen« die Möglichkeit haben, auf kurzzeitige Veränderungen der Arbeitszeit zu reagieren.

6.2.4 Zeiterfassungsinformation

Im Infotyp 0050 »Zeiterfassungsinformation« sammeln Sie alle Informationen, die für die generelle Steuerung der Mitarbeiter in der Zeiterfassung benötigt werden. Dieser Infotyp muß also nur für diejenigen Mitarbeiter gepflegt werden, für die Sie Kommt/Geht-Zeiten erfassen (Positiverfassung).

Um im R/3-System für einen Mitarbeiter die Positiverfassung festzulegen, gehen Sie wie folgt vor:

Ausgangspunkt Menü ZEITDATEN PFLEGEN

1. Aktivieren Sie den Infotyp »Zeiterfassungsinformation«, und klicken Sie auf das Symbol ▯.
   → Das Einzelbild des Infotyps »Zeiterfassung« wird angezeigt (vgl. Abb. 6.21).

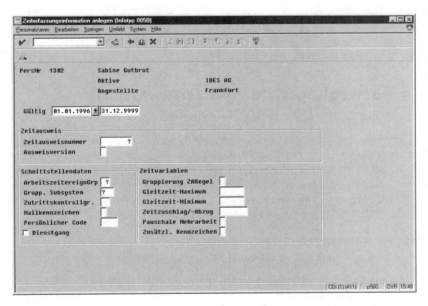

Abbildung 6.21 Infotyp 0050 »Zeiterfassung« (© SAP AG)

Zeitausweisnummer

Das wichtigste Feld ist die Nummer des Zeitausweises eines Mitarbeiters. Es besteht auch die Möglichkeit, eine Versionsnummer des Ausweises mitzupflegen. Im Falle eines Ausweisverlusts kann ein Mitarbeiter zwar seine frühere Ausweisnummer behalten, die Vorgängerversion muß jedoch gesperrt werden.

Es empfiehlt sich, einen R/3-Matchcode auf das Feld »Zeitausweisnummer« zu legen. Dieser Matchcode »Z« ist systemseitig vorbereitet.

Gruppierung Subsystem und Zutrittskontrollgruppe

Die Subsystemgruppe (BDE-Gruppe) und die Zutrittskontrollgruppe regeln die räumlichen bzw. zeitlichen Zutrittsmöglichkeiten der Mitarbeiter. Ein Beispiel: Herrn Müller ist es als Mitarbeiter gestattet, generell den Betrieb (Büro, Fertigung, Versand) zu betreten (Gruppe 01). Diese Berechtigung gilt aber nur an Werktagen (zeitliche Gruppe 02). Mit einer Zutrittsberechtigung können die Buchungsmöglichkeiten an bestimmten Terminals gesperrt oder zugelassen werden.

Weitere Steuerungsfelder

Darüber hinaus können Sie folgende weitere globale Festlegungen treffen. Sie können

- die untere und obere Gleitzeit-Grenze festlegen, wenn der Standard nicht gilt
- eine allgemeine Mehrarbeitsgenehmigung eingeben, ohne daß ein Kontingent vorhanden sein muß
- eine Dienstgangsberechtigung festlegen (diese darf nur am Terminal mit der Funktion »Dienstgang« erfaßt werden)

6.3 Bewegungsdaten der Zeitwirtschaft

Gegenstand dieses Abschnitts sind die echten Infotypen der Zeitwirtschaft.

Als Bewegungsdaten bezeichnet man Daten, die häufig erfaßt werden müssen, eine kürzere Gültigkeitsdauer haben und daher öfter reorganisiert werden. Deshalb stehen zur Pflege der Bewegungsdaten auch mehr Möglichkeiten Verfügung. Die Infotypen im HR werden – anders als in der Zeitwirtschaft – typischerweise in Einzelbildern gepflegt; das heißt, für jeden Infotyp steht zur Datenpflege ein eigenes Bild bereit.

Pflegeanwendungen in der Zeitwirtschaft

In der Zeitwirtschaft gibt es folgende Pflegemöglichkeiten:

- Personenbezogene Pflegeanwendungen in der Zeitwirtschaft:
  - Einzelbildpflege
  - Listerfassung
  - Jahreskalender für Ab- und Anwesenheiten
  - Monatskalender für Ab- und Anwesenheiten, Vertretungen
  - Wochenkalender für Ab- und Anwesenheiten sowie Entgeltbelege
- Personenübergreifende Pflegeanwendungen in der Zeitwirtschaft:
  - Schnellerfassung
  - Arbeitsvorrat

Mit Ausnahme der Kalenderpflege sind diese Pflegemöglichkeiten für alle Infotypen verfügbar.

Zeitwirtschaft 6

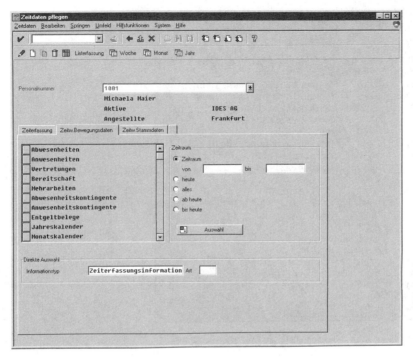

Abbildung 6.22 Pflege der Zeitdaten (© SAP AG)

In diesem Abschnitt wird zunächst die personenbezogene Datenpflege behandelt. Die Datenpflege wird im Zusammenhang mit den einzelnen Infotypen beschrieben. Auf der Grundlage dieser Beschreibungen können Sie die jeweiligen Arbeitsgänge sofort durchführen.

6.3.1 Ab- und Anwesenheiten

Die beiden Infotypen 2001 »Abwesenheiten« und 2002 »Anwesenheiten« weisen viele Ähnlichkeiten auf. Daher werden sie hier auch gemeinsam behandelt.

Abwesenheiten

Unter Abwesenheiten versteht man alle Fehlzeiten eines Mitarbeiters während seiner Arbeitszeit, die die vorgesehene Arbeitsverrichtung verhindern. Im Modul HR sind für die Abwesenheiten standardmäßig Abwesenheitsschlüssel vordefiniert (vgl. Abb. 6.23).

Anwesenheiten

Anwesenheiten sind Abwesenheiten in betrieblichem Auftrag, also Zeiten, zu denen ein Mitarbeiter nicht seiner üblichen Beschäftigung nachgeht. Anwesenheiten sind auch außerhalb der Arbeitszeit möglich (vgl. Abb. 6.24).

6 Zeitwirtschaft

Abbildung 6.23 Abwesenheitsarten (Auszug) (© SAP AG)

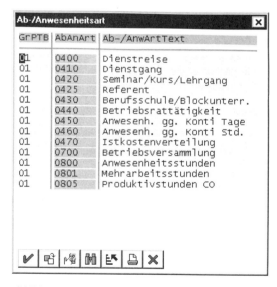

Abbildung 6.24 Anwesenheitsarten (© SAP AG)

Jahreskalender aufrufen

Beim Jahreskalender des Moduls HR handelt es sich um eine pflegbare Jahresfehlzeitenkarte. Viele Unternehmen führen ihre Abwesenheitslisten noch immer von Hand. Aus diesen sind z.B. Abwesenheiten wegen Urlaub oder Krankheit in der Vergangenheit ersichtlich. Gleichzeitig können beliebig viele zukünftige Abwesenheiten erfaßt werden.

Um im R/3-System den Jahreskalender aufzurufen, gehen Sie wie folgt vor:

Ausgangspunkt Arbeitsgebiet »Zeitwirtschaft – Administration«

1. Klicken Sie auf die Drucktaste ✐ (ZEITDATEN PFLEGEN).
   → Das Menü zur Pflege der Infotypen wird angezeigt.
2. Geben Sie in der Feldgruppe »Zeitraum« in das Feld »Zeitraum von« das Anfangsdatum ein, und klicken Sie auf die Drucktaste 📅 (JAHR).
   → Der Jahreskalender wird angezeigt (vgl. Abb. 6.25).

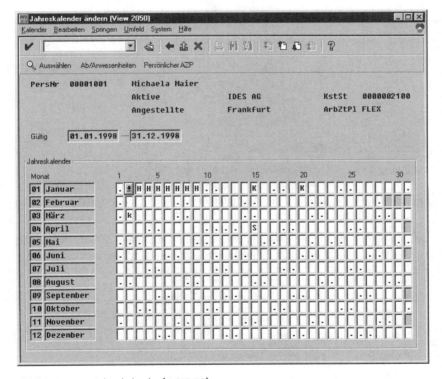

Abbildung 6.25 Jahreskalender (© SAP AG)

Der Jahreskalender besteht aus bis zu zwölf Zeilen mit den von Ihnen ausgewählten Monaten. Die Spalten entsprechen den Tagen.

6 Zeitwirtschaft

Ab- und Anwesenheiten auf dem Jahreskalender pflegen

Abbildung 6.26 Ab- und Anwesenheitskürzel (© SAP AG)

Im Jahreskalender können Sie Ab- und Anwesenheitszeiten mit minimalem Aufwand erfassen.

Um im R/3-System die Abwesenheit eines Mitarbeiters wegen Krankheit vom heutigen Stichtag an im Jahreskalender zu erfassen, gehen Sie wie folgt vor:

Ausgangspunkt Jahreskalender (vgl. Abb. 6.25)

1. Klicken Sie in das Feld mit dem heutigen Datum.
2. Öffnen Sie das tagesbezogene Listfeld.
   → Das Fenster »Ab- und Anwesenheitskürzel« wird angezeigt (vgl. Abb. 6.26).
3. Wählen Sie das R/3-Kürzel »K«.
   → Das Kürzel »K« wird in den Jahreskalender übernommen.

4. Klicken Sie auf das Symbol ⬚.
    → Das Fenster »Jahreskalender ändern« erscheint, und alle Abwesenheiten werden angezeigt, die mit dem Kürzel »K« gekennzeichnet wurden. Falls bislang nur eine Abwesenheit mit dem Kürzel »K« angefallen ist, entfällt dieser Schritt.
5. Doppelklicken Sie auf die Abwesenheitsart 0200, »Krankheit mit Attest«.
    → Der Abwesenheitssatz wird gesichert. Der Jahreskalender wird angezeigt.

Darüber hinaus besteht die Möglichkeit, mit einem Doppelklick in das Einzelbild der entsprechenden Ab- oder Anwesenheit zu verzweigen. Zusätzlich können Sie auch Ab- und Anwesenheiten in einer benutzerdefinierten Bildschirmmaske erfassen.

Ab- und Anwesenheitskürzel

Ab- und Anwesenheiten werden durch Abkürzungen (von einem Zeichen Länge) dargestellt.

- Kleinbuchstaben, z.B. »h« oder »k«, bezeichnen Ab- und Anwesenheiten von weniger als einem Arbeitstag.
- Ein Stern »*« steht für mehrere Ab- und Anwesenheiten an einem Tag.
- Jeder Punkt entspricht einem arbeitsfreien Tag laut Schichtplan.
- Inaktive Zeiten werden mit Sonderzeichen, beispielsweise mit »_«, gekennzeichnet. Die Felder werden als nicht eingabebereit abgeblendet.

Ab- und Anwesenheiten auf dem Monatskalender pflegen

Sie können den Monatskalender sowohl aus dem Infotypmenü als auch aus dem Jahreskalender heraus aufrufen.

Um im R/3-System den Monatskalender aus dem Jahreskalender heraus aufzurufen und im Monatskalender Ab- und Anwesenheiten zu pflegen, gehen Sie wie folgt vor:

Ausgangspunkt Fenster »Jahreskalender« (vgl. Abb. 6.25)

1. Doppelklicken Sie auf einen Monatsnamen.
    → Der Monatskalender wird angezeigt (vgl. Abb. 6.27).
2. Setzen Sie den Cursor in das Feld des jeweiligen Tages in der zweiten Wochenzeile, und öffnen Sie das Listfeld.
    → Das Fenster »Ab- und Anwesenheitskürzel« wird angezeigt.
3. Wählen Sie z.B. das Kürzel »K«.
    → Das Kürzel »K« wird in den Monatskalender übernommen.
4. Klicken Sie auf das Symbol ⬚.
    → Das Fenster »Ab- und Anwesenheiten« wird angezeigt. Alle Abwesenheiten, die mit dem Kürzel »K« gekennzeichnet sind, werden angezeigt.

6 Zeitwirtschaft

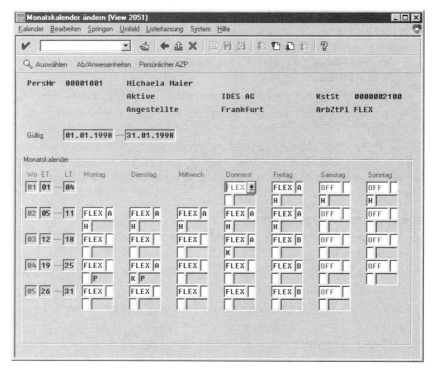

Abbildung 6.27 Monatskalender (© SAP AG)

Hinweis Falls nur eine Abwesenheit mit dem Kürzel »K« im Kalender existiert, entfällt dieser Schritt.

5. Doppelklicken Sie auf die Abwesenheitsart 0200 »Krankheit mit Attest«.
   → Der Abwesenheitssatz wird gesichert. Der »Monatskalender« wird angezeigt.
6. Um Ab- und Anwesenheiten oder andere Zeitdaten anzuzeigen, doppelklicken Sie auf das Abwesenheitskürzel.
   → Das Einzelbild wird angezeigt.

Im Monatskalender wird für jeden Tag des Monats der Tagesarbeitszeitplan eines Mitarbeiters angezeigt. Zusätzlich werden durch ein Kürzel eventuelle Ab- oder Anwesenheitsarten dargestellt. Als weitere Informationen enthält er Hinweise auf folgende weiteren Zeitdaten:

- »V« für Vertretungen
- »B« für Bereitschaften
- »M« für Mehrarbeiten
- »A« für Abwesenheitskontingent
- »P« für Anwesenheitskontingent

- »E« für Entgeltbelege
- »Z« für Zeitereignisse
- »S« für Saldokorrekturen

Wenn für einen Tag mehr als drei Zeitdatensätze eingetragen sind, wird dies mit einem Stern »*« gekennzeichnet.

Der Monatskalender ist eines der zentralen Instrumente der Zeitdatenpflege und enthält die wichtigsten Informationen aus der Zeitwirtschaft. Vor allem die Möglichkeit, Vertretungen zu erfassen, vergrößert die Funktionalität dieses Bildes.

Über das Menü LISTERFASSUNG können Sie zur weiteren Detaillierung in die Listpflegebilder aller Zeitinfotypen verzweigen.

Ab- und Anwesenheiten auf dem Listpflegebild pflegen

Im Listpflegebild können für mehrere Datensätze eines Infotyps gleichzeitig neue Sätze eingegeben, Veränderungen an bestehenden Sätzen vorgenommen oder auch einzelne Sätze gelöscht werden. Die Anzeige in den Feldern ist dabei durch die Spaltenanzahl begrenzt. Deshalb werden nicht immer alle Felder eines Infotyps angezeigt. Diese Form der Pflege hat den Vorteil, daß die Daten schnell und ohne Bildwechsel erfaßt werden können. Sind allerdings Felder ausgefüllt, die nicht in der Zeile enthalten sind, wird der Satz auf nicht eingabebereit gestellt.

Ein typisches Beispiel hierfür ist die Erfassung aller in einer Woche angefallenen Mehrarbeiten oder Zuschlagslohnarten. In der Praxis wird diese Erfassungsform häufig auch bei der Wochenerfassung, die im Abschnitt »Zusatzdaten« erläutert wird, angewendet.

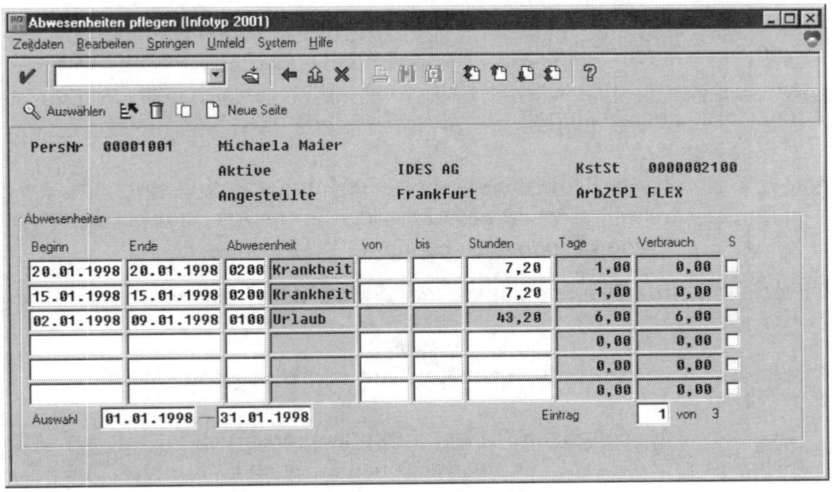

Abbildung 6.28 Listerfassung am Beispiel der Abwesenheiten (© SAP AG)

6 Zeitwirtschaft

Ab- und Anwesenheiten auf dem Einzelbild pflegen

Die Daten der Ab- und Anwesenheiten werden vorwiegend in den Einzelbildern erfaßt. Sie können wie folgt in die Einzelbilder verzweigen:

- aus dem Jahreskalender, indem Sie auf das Abwesenheitskürzel doppelklicken
- aus dem Monatskalender, indem Sie auf das Abwesenheitskürzel doppelklicken
- aus der Listerfassung, indem Sie auf den Abwesenheitssatz doppelklicken
- aus dem Menü ZEITDATEN PFLEGEN

Mit dem Infotyp 2001 »Abwesenheiten«, können Sie sowohl Krankheiten als auch Urlaub und sonstige Abwesenheiten erfassen, z.B. aufgrund von Unfällen oder Verspätung. Hierzu stehen verschiedene Erfassungsbilder bereit.

Um im R/3-System in das dafür erforderliche Erfassungsbild zu wechseln, gehen Sie wie folgt vor:

Ausgangspunkt Beliebiges Fenster

1. Rufen Sie die Menüfunktion SYSTEM | STATUS auf.
   → Das Fenster »Status« wird angezeigt, das verschiedene technische Informationen enthält, darunter auch die Nummer des Erfassungsbilds (Dynpronummer).

Folgende Erfassungsbilder werden für Ab- und Anwesenheiten verwendet:

- 2000 – in diesem Bild werden die allgemeinen Abwesenheiten erfaßt.
- 2001 – in diesem Bild werden Kontingente abgetragen, z.B. Urlaub oder Freizeitansprüche. Die hier ermittelten Stunden und Tage führen zu einer Belastung eines oder mehrerer Kontingente. Infotyp 0005 ist auch ein Kontingent.
- 2002 – in diesem Bild werden Abwesenheiten gepflegt, die durch Arbeitsunfähigkeit bedingt sind, in erster Linie Erkrankungen oder Kuren. Hier finden Sie auch Fristen für die Entgeltfortzahlung und Krankengeldbezuschussung.
- 2050 – In diesem Bild werden besondere Arten von Anwesenheiten, wie z.B. Dienstreisen, Seminarbesuche oder Betriebsversammlungen, gepflegt. Ergänzend können auch Lohnarten erfaßt werden.

Die beiden wichtigsten Erfassungsbilder sind die im folgenden beschriebenen Dynpros 2001 und 2002.

Pflege der Abwesenheiten zur Kontingentabtragung in einem Einzelbild

Das bekannteste Kontingent ist der Tarifurlaubsanspruch im Infotyp 0005 »Urlaubsanspruch«. Darüber hinaus können Sie auch im Infotyp 2006 »Abwesenheitskontingente« hinterlegte Ansprüche abtragen.

Zeitwirtschaft 6

Eine häufig genutzte Möglichkeit, Kontingente abzutragen, besteht darin, Teile von Mehrarbeiten in solche Kontingente zu übertragen und bei Bedarf »abzufeiern«. In Hessen kennt man zudem noch einen gesetzlichen Anspruch auf einen fünftägigen Fortbildungsurlaub pro Jahr.

Der Infotyp »Urlaubsanspruch« ist in Abbildung 6.29 schematisch dargestellt.

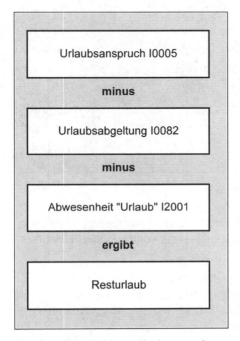

Abbildung 6.29 Infotyp »Urlaubsanspruch«

Um im R/3-System die Kontingentabtragung für die Abwesenheitsart »Urlaub« zu pflegen, gehen Sie wie folgt vor:

Ausgangspunkt Arbeitsgebiet »Zeitwirtschaft – Administration«

1. Klicken Sie auf die Drucktaste ZEITDATEN PFLEGEN.
2. Markieren Sie den Infotyp »Abwesenheiten«; aktivieren Sie in der Feldgruppe »Zeitraum« »heute« und eine Bearbeitungsart, z.B. »Anlegen« durch einen Klick auf das Symbol 🗋.
   → Eine Tabelle mit allen vorhandenen Subtypen dieses Infotyps wird angezeigt.
3. Doppelklicken Sie z.B. auf die Abwesenheitsart 0100 »Urlaub«.
   → Das Einzelbild zur Erfassung des Urlaubs wird angezeigt (vgl. Abb. 6.30).

6.3 Bewegungsdaten der Zeitwirtschaft   **345**

6 Zeitwirtschaft

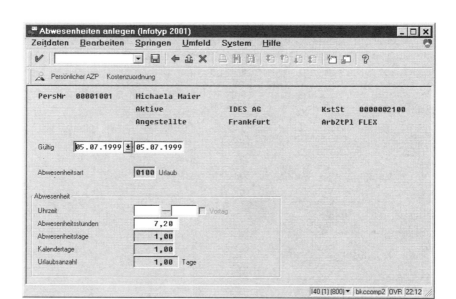

Abbildung 6.30 Abwesenheitsart Urlaub (© SAP AG)

Dieses Bild enthält einige Daten, die nicht nur zur Abtragung des Kontingents herangezogen werden, sondern auch in der Lohn- und Gehaltsabrechnung Verwendung finden.

- Die Kalendertage entsprechen der Gleichung: Ende minus Beginn +1.
- Die Abwesenheitstage und -stunden werden auf Basis der Informationen im Schichtplan errechnet. Arbeitsfreie Tage und Stunden werden bei dieser Berechnung nicht berücksichtigt.
- Die Abrechnungstage, in diesem Bild als Urlaubsanzahl gekennzeichnet, stellen eine weitergehende Information über Abwesenheitstage und -stunden dar. Zum Beispiel: Der 24. Dezember ist in der Firma Schlau ein halber Arbeitstag. In der Regel wird einem Mitarbeiter, der an diesem Tag freinimmt, deshalb auch nur ein halber Urlaubstag abgezogen. Doch auch der Fall, daß ein ganzer Urlaubstag abgezogen wird, muß in der Zeitwirtschaft darstellbar sein.

Hinweis Bitte beachten Sie, daß die vorgenannten Felder in der Abrechnung verwendet werden können.

Informationen über abgetragenen Urlaub finden Sie auch im Infotyp »Urlaubsanspruch«.

Zeitwirtschaft   6

Erfassungshilfe: nur Stunden oder nur eine Uhrzeit

Bei der Erfassungshilfe werden die erfaßten Uhrzeiten immer gegen das gültige Tagesprogramm verprobt und diesem angepaßt. Auch die Pausen werden berücksichtigt. Wenn Sie z.B. eine Abwesenheit von vier Stunden, beginnend um 10 Uhr, eingeben, errechnet das System anhand der Schichtplandefinitionen das Ende der Abwesenheit – in diesem Fall 15 Uhr, da zwischen 12 und 13 Uhr eine Stunde unbezahlter Pause liegt.

Abwesenheiten wegen Arbeitsunfähigkeit im Einzelbild erfassen

In diesem Bild werden die Fristen für die Lohnfortzahlung und den Krankengeldzuschuß erfaßt. Darüber hinaus haben Sie die Möglichkeit, mehrere Erkrankungen als zusammengehörig zu kennzeichnen.

Um im R/3-System die Daten einer Arbeitsunfähigkeit zu erfassen, gehen Sie wie folgt vor:

Ausgangspunkt Arbeitsgebiet »Zeitwirtschaft – Administration«

1. Klicken Sie auf die Drucktaste ZEITDATEN PFLEGEN.
2. Markieren Sie den Infotyp »Abwesenheiten«.

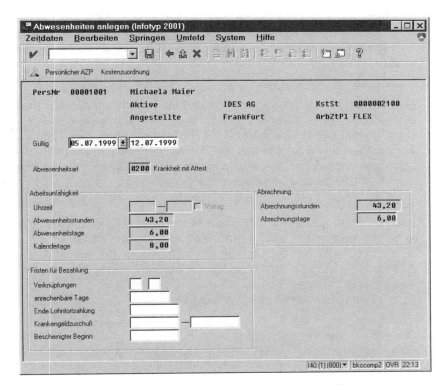

Abbildung 6.31 Abwesenheitsart 0200 »Krankheit mit Attest« (© SAP AG)

6.3 Bewegungsdaten der Zeitwirtschaft

Zeitwirtschaft

3. Geben Sie in der Feldgruppe »Direkte Auswahl« im Feld »Art« die Abwesenheitsart 0200 »Krankheit mit Attest«, ein. Aktivieren Sie in der Feldgruppe »Zeitraum« »heute«, und wählen Sie eine Bearbeitungsart, z.B. das Symbol ⬜.

→ Das Einzelbild zur Erfassung von Arbeitsunfähigkeiten wird angezeigt (vgl. Abb. 6.31).

Außer den fünf Feldern »Kalendertage«, »Abwesenheitstage«, »Abwesenheitsstunden«, »Abrechnungstage« und »Abrechnungsstunden« stehen zur Zeiterfassung folgende weitere Felder zur Verfügung:

- »Ende Lohnfortzahlung«

  Der Zeitpunkt des Endes der Lohnfortzahlung wird aus der Anzahl der Tage der Lohnfortzahlung ermittelt, die im Infotyp 0016 »Vertragsbestandteile« hinterlegt ist. Dieses Datum kann überschrieben werden, es kann sich aber auch aufgrund einer Verknüpfung mit anderen Erkrankungen ändern.

- Auch Eingaben im Feld »Anrechenbare Tage« haben eine unmittelbare Auswirkung auf die Informationen zur Lohnfortzahlung.

- »Krankengeldzuschuß«

  Der Zeitraum für den Krankengeldzuschuß wird ebenfalls aus dem Infotyp 0016 »Vertragsbestandteile« ermittelt. Er beginnt nach dem Ende einer Lohnfortzahlung und kann durch Eingaben im Feld »Attestierter Beginn Krankheit« verändert werden.

- »Attestierter Beginn Krankheit«

  Falls das Datum des Attests nicht mit dem Anfangsdatum der Krankheit übereinstimmt, verschiebt sich der Zuschuß zum Krankengeld entsprechend. Dabei kann es passieren, daß ein Mitarbeiter für einige Tage gar keine Bezüge bekommt, nämlich in dem Fall, wenn die Frist der Lohnfortzahlung bereits abgelaufen ist und die Krankengeldzahlung (und damit der Arbeitgeberzuschuß) noch nicht eingesetzt hat.

- »Zeiger Vorerkrankungen«

  Informationen über Vorerkrankungen können mit Hilfe eines zweistelligen Zeigers verknüpft werden. Informationen, welche Krankheiten zusammengehören, erhalten Sie von der zuständigen Krankenkasse. Ein zweiter Zeiger dient zur Verknüpfung von sogenannten Mehrfacherkrankungen eines Mitarbeiters. Um sich einen Überblick über Vorerkrankungen zu verschaffen, verzweigen Sie in das entsprechende Überblicksbild.

Vorerkrankungen

Um im R/3-System die Erkrankungen eines Mitarbeiters innerhalb eines Jahres anzuzeigen, gehen Sie wie folgt vor:

Ausgangspunkt Fenster »Infotyp 2001 Abwesenheiten pflegen«

1. Rufen Sie die Menüfunktion BEARBEITEN | ARBEITSUNFÄHIGKEITEN auf.
   → Ein Bild mit allen Erkrankungen eines Mitarbeiters innerhalb eines Jahres wird angezeigt. Zusätzlich können Sie hier eine aktuell bestehende Krankheit mit einem Zeiger versehen, der diese mit einer anderen Krankheit verknüpft (vgl. Abb. 6.32).

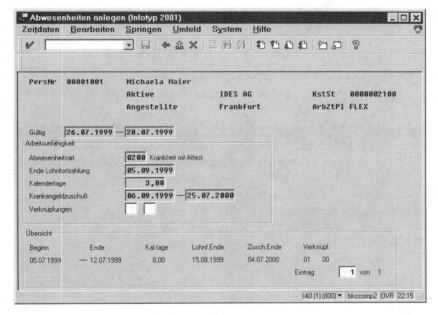

Abbildung 6.32 Vorerkrankungen (© SAP AG)

Aufgrund nationaler Regelungen im Krankheitsfall können z.B. in Deutschland:

- nach Ablauf der Lohnfortzahlung Bezüge gekürzt werden
- nach Ablauf der Lohnfortzahlung ein Zuschuß zum Krankengeld gewährt werden
- eine DUEVO-Unterbrechungsmeldung erstellt werden
- auf der Lohnsteuerkarte ein »U« für Unterbrechung vermerkt werden

Dieses Beispiel verdeutlicht nochmals, wie eng im System HR Zeitwirtschaft und Abrechnung miteinander verflochten sind.

6 Zeitwirtschaft

Daten zum Mutterschutz pflegen

Die Pflege der Daten zum Mutterschutz gliedert sich im Modul HR in zwei Teile:

- Im Infotyp 0080 »Mutterschutz« werden die Verwaltungsinformationen gepflegt.
- Im Infotyp 2001 »Abwesenheiten« werden die eigentlichen Abwesenheiten erfaßt.

Die Eigenschaften der zum Bereich Mutterschutz gehörenden Abwesenheitsdaten und anderer Steuerungen werden in nationalen Parametern festgelegt.

Um im R/3-System die Daten zum Mutterschutz bzw. Erziehungsurlaub festzulegen, gehen Sie wie folgt vor:

Ausgangspunkt Arbeitsgebiet »Zeitwirtschaft – Administration«

1. Klicken Sie auf die Drucktaste ✐ (ZEITDATEN PFLEGEN).
2. Wählen Sie das Menü ZEITW.STAMMDATEN.

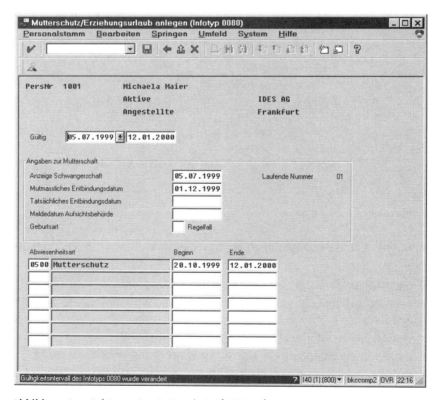

Abbildung 6.33 Infotyp 0080 »Mutterschutz« (© SAP AG)

3. Aktivieren Sie den Infotyp 0080 »Mutterschutz/Erziehungsurlaub«, und wählen Sie eine Bearbeitungsart, z.B. »Anlegen«, durch einen Klick auf das Symbol ▢.

→ Das Einzelbild des Infotyps »Mutterschutz« wird angezeigt (vgl. Abb. 6.33).

Im oberen Teil des Bildes erfassen Sie allgemeine Informationen, wie den voraussichtlichen Termin der Geburt. Im unteren Teil schlägt das System automatisch Daten für die entsprechenden Abwesenheitsarten vor, die jedoch überschrieben werden können.

Es empfiehlt sich, diese Daten getrennt zu speichern, denn nur durch eine Auswertung der ausgewiesenen Abwesenheiten können verläßliche Informationen über den voraussichtlichen Ab-/Anwesenheitsstand der Mitarbeiter ermittelt werden.

Daten zum Wehrdienst und Zivildienst pflegen

Der Infotyp 0081 »Wehr-/Zivildienst« entspricht in seinem Aufbau dem Infotyp »Mutterschutz«. Auch bei diesem Infotyp untergliedert sich das Bild in die Teile »Steuerungsdaten« und »Abwesenheiten«.

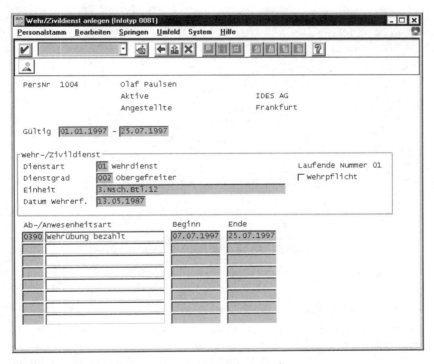

Abbildung 6.34 Infotyp 0081 »Wehr-/Zivildienst« (© SAP AG)

6 Zeitwirtschaft

Um im R/3-System Daten zum Wehr- und Zivildienst zu erfassen, gehen Sie wie folgt vor:

Ausgangspunkt Arbeitsgebiet »Zeitwirtschaft – Administration«

1. Klicken Sie auf die Drucktaste ✐ (ZEITDATEN PFLEGEN).
2. Wählen Sie das Menü ZEITW.STAMMDATEN.
3. Aktivieren Sie den Infotyp 0081 »Wehr/Zivildienst«, und wählen Sie eine Bearbeitungsart, z. B. »Anlegen«, durch einen Klick auf das Symbol ☐.
   → Das Einzelbild des Infotyps »Wehr/Zivildienst« wird angezeigt (vgl. Abb. 6.34).

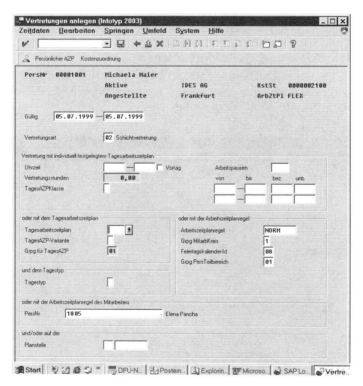

Abbildung 6.35 Infotyp 2003 »Vertretungen« im Einzelbild (© SAP AG)

6.3.2 Vertretungen

Vertretungen spielen im System HR eine besondere Rolle, da sie den gültigen Schichtplan während eines beliebigen Zeitraums ändern. Zur Erinnerung: Die Verknüpfung einer Person mit der für sie geplanten Arbeitszeit erfolgt im Infotyp 0007 »Sollarbeitszeit«.

Im Infotyp 2003 »Vertretungen« stehen Ihnen darüber hinaus folgende Möglichkeiten zur Verfügung:

- Zuordnung eines Mitarbeiters zum Schichtplan
- Zuordnung eines Mitarbeiters zum Tagesprogramm
- Zuordnung eines Mitarbeiters zu einer frei definierbaren Arbeitszeit
- Zuordnung eines Mitarbeiters zum Schichtplan durch Eingabe der Personalnummer

Folgende Felder stehen in diesem Infotyp zur Verfügung:

- Pausenmodell
- Feiertagsklasse
- Tagestyp

Beachten Sie bitte, daß Vertretungen während ihrer Gültigkeit die Informationen aus dem Infotyp 0007 »Sollarbeitszeit« vollständig ersetzen. Sie können dies überprüfen, wenn Sie zuerst eine Vertretung für einen Tag eingeben, z. B. eine Uhrzeitvertretung von wenigen Stunden, und danach eine Abwesenheit für den gleichen Tag erfassen. In diesem Falle gilt nur die Vertretung. Die Informationen im Infotyp 0007 beschreiben die übliche und für einen längeren Zeitraum gültige Sollarbeitszeit, während mit dem Infotyp 2003 die Ist-Arbeitszeit erfaßt wird.

Im Infotyp »Vertretungen« stehen außerdem folgende Funktionen zur Verfügung:

- *Nachteilsausgleich*
  Falls ein Mitarbeiter aus betrieblichen Gründen aus einer Schicht wechselt, in der höhere Zuschläge gewährt werden als in der neuen Schicht, können die dem Mitarbeiter zustehenden Zuschläge in der Lohn- und Gehaltsabrechnung trotzdem gewährt werden. Diese Zuschläge sind allerdings in vollem Umfang steuerpflichtig.

- *Kurzarbeit*
  Bei Kurzarbeit erfassen Sie im System HR einen KUG-Schichtplan und ordnen diesen entweder mit der Schichtplan-Definition den betroffenen Mitarbeitern zu, oder Sie weisen den Mitarbeitern eine KUG-Vertretung zu. Bei der Lohn- und Gehaltsabrechnung werden diese beiden Schichtpläne miteinander verglichen. Sie haben also die Option, verschiedene Vertretungsarten zu definieren.

- *Einsatzplanung*
  Die in dieser Teilkomponente erfaßten Dienste werden im System als Vertretungen abgelegt.

Bisher wurde nur die zeitliche Vertretung erläutert. Im R/3-System besteht aber auch die Möglichkeit, eine entgeltliche Vertretung einzugeben. Ein Beispiel: Ein Mitarbeiter behält zwar seine geplante Arbeitszeit bei, arbeitet aber

6 Zeitwirtschaft

in einer anderen Funktion. Beide Vertretungsarten, die zeitliche und die entgeltliche, können auch gemischt werden, z.B. wenn ein Mitarbeiter ausnahmsweise in einer anderen Schicht und zudem in einer anderen Funktion tätig ist. Der entgeltliche Aspekt wird im HR als abweichende Bezahlung bezeichnet und im folgenden ausführlich erläutert.

Vertretungen auf dem Monatskalender pflegen

Da Vertretungen in der Praxis sehr oft vorkommen, können Sie Vertretungen auch im Monatskalender erfassen.

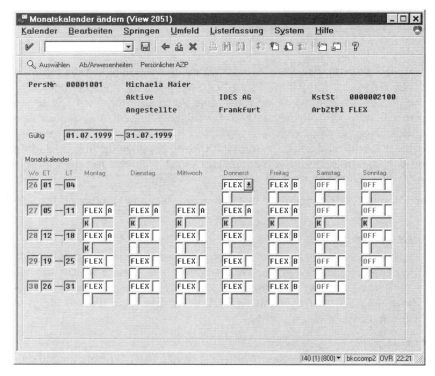

Abbildung 6.36 Monatskalender mit Vertretungen (© SAP AG)

Die häufigste Art der Vertretung ist die Tagesprogramm-Vertretung.

Um im R/3-System eine Tagesprogramm-Vertretung zu erfassen, gehen Sie wie folgt vor:

Ausgangspunkt Arbeitsgebiet »Zeitwirtschaft – Administration«

1. Klicken Sie auf die Drucktaste ✏ (ZEITDATEN PFLEGEN).
2. Klicken Sie auf die Drucktaste ✏ (MONAT).
   → Das Fenster »Monatskalender ändern« wird angezeigt (vgl. Abb. 6.36).

Zeitwirtschaft

3. Setzen Sie den Cursor auf einen Tag mit dem Schlüssel für das Tagesprogramm, und drücken Sie die Taste `F4`.
   → Die Liste mit allen definierten Tagesprogrammen wird angezeigt.
4. Wählen Sie aus dieser Liste mit einem Doppelklick ein beliebiges Tagesprogramm aus.
   → Das gewählte Tagesprogramm wird in den Monatskalender übernommen.
5. Klicken Sie auf 💾, um die Änderung zu speichern.
   → Der Monatskalender wird mit der erfaßten Vertretung angezeigt.

Eine mit dem Modul HR geplante Vertretung erkennen Sie daran, daß in der Infoleiste des Monatskalenders ein »V« angezeigt wird und die Hintergrundfarbe des Tagesprogramms abgedunkelt ist. Im Falle einer Uhrzeitvertretung oder Schichtvertretung erscheinen in der Tagesprogrammanzeige vier Sterne »****«.

Automatisches Erzeugen von Vertretungen

Das automatische Erzeugen von Vertretungen ist eine Funktion der Positiverfassung. Sie wird auch in diesem Kontext erklärt.

Die dynamische Vertretung wird anhand der Kommt-Buchung eines Mitarbeiters und anderer Parameter automatisch erzeugt. Zum Beispiel können Sie das System HR so konfigurieren, daß ein Wechselschichtler, dessen Kommt-Buchung zwischen 5:50 und 06:10 Uhr erfolgt, automatisch der Frühschicht zugeordnet wird. Diese Vertretungsform ist die einfachste Weise, die Arbeitszeit eines Mitarbeiters zu bestimmen.

Bereitschaften pflegen

Mit dem Infotyp 2004 »Bereitschaft« können Sie Rufbereitschaften oder Wochenendbereitschaften im System definieren. Diese Information ist überwiegend für die Lohn- und Gehaltsabrechnung von Bedeutung, wenn beispielsweise für jede Bereitschaftsstunde ein zusätzlicher Betrag auszuzahlen ist. Der Modus »Bereitschaft« ist der Vertretung sehr ähnlich. Es gibt:

- Schichtbereitschaft
- Tagesprogramm-Bereitschaft
- Uhrzeit-Bereitschaft

Typischerweise werden die Daten der Bereitschaft durch die Daten für eine abweichende Zahlung ergänzt.

Um im R/3-System eine Bereitschaft zu pflegen, gehen Sie wie folgt vor:

Ausgangspunkt Arbeitsgebiet »Zeitwirtschaft – Administration«

1. Klicken Sie auf die Drucktaste ✏ (ZEITDATEN PFLEGEN).
2. Wählen Sie das Menü ZEITW.BEWEGUNGSDATEN.

6 Zeitwirtschaft

3. Aktivieren Sie den Infotyp 2004 »Bereitschaft« und eine Bearbeitungsart, z. B. »Anlegen« durch Klick auf das Symbol ☐.
   → Das Einzelbild des Infotyps »Bereitschaft« wird angezeigt (vgl. Abb. 6.37).

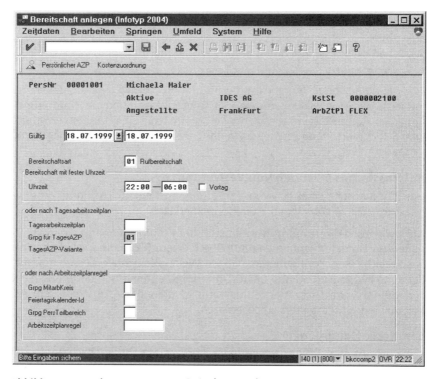

Abbildung 6.37 Infotyp 2004 »Bereitschaft« (© SAP AG)

6.3.3 Mehrarbeiten pflegen

Der Infotyp 2005 enthält Informationen über Mehrarbeiten der Mitarbeiter. »Mehrarbeit« bedeutet in diesem Zusammenhang, daß ein Mitarbeiter für diese Tätigkeit keine Genehmigung braucht. Daher wird dieser Infotyp ausschließlich bei der Negativerfassung verwendet.

In der Positiverfassung verwendet man den Infotyp 2007 »Anwesenheitsgenehmigung« im Zusammenhang mit den Kommt/Geht-Buchungen des Mitarbeiters. Dieser Infotyp ist jedoch in mancher Hinsicht redundant, da Mehrarbeiten auch mit dem Infotyp 2002 »Anwesenheiten« erfaßt werden können.

Zeitwirtschaft

Erfassung mit Uhrzeiten und Lohnarten

Der Infotyp »Mehrarbeit« wird in der Regel zusammen mit einer Lohnart erfaßt. Im folgenden werden die dabei geltenden Besonderheiten erläutert: Für die Zeitwirtschaft im System HR ist es charakteristisch, daß möglichst nur Zeiträume erfaßt werden. Dabei werden nur die Primärdaten berücksichtigt. Aus diesen ermittelt das System die Lohnarten, die auch als *Sekundärdaten* bezeichnet werden. Um eine konsequente Trennung zwischen Zeitwirtschaft und Lohn- und Gehaltsabrechnung zu gewährleisten, sollten deshalb im Rahmen der Zeitwirtschaft nur Primärdaten erfaßt werden. Ein weiterer Grund, über den Sinn einer Lohnartenerfassung nachzudenken, ist die Zeitbindung.

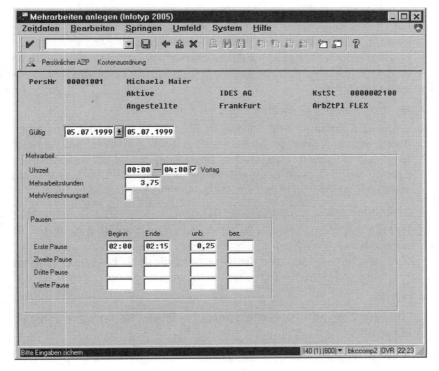

Abbildung 6.38 Infotyp 2005 »Mehrarbeiten« (© SAP AG)

Um im R/3-System Mehrarbeiten zu pflegen, gehen Sie wie folgt vor:

Ausgangspunkt Arbeitsgebiet »Zeitwirtschaft – Administration«

1. Klicken Sie auf die Drucktaste (ZEITDATEN PFLEGEN).
   → Wählen Sie das Menü ZEITW.BEWEGUNGSDATEN.

2. Aktivieren Sie den Infotyp 2005 »Mehrarbeiten«, und wählen Sie eine Bearbeitungsart, z.B. ☐.
   → Das Einzelbild des Infotyps »Mehrarbeiten« wird angezeigt (vgl. Abb. 6.38).

Daten im Infotyp 2005

Im Infotyp 2005 werden folgende Daten erfaßt:

- *Mehrarbeitsbeginn und -ende*
  Aus diesen Daten werden die Mehrarbeitsstunden ermittelt.

- *Mehrarbeitsstunden*
  Anhand des gültigen Tagesprogramms werden die Zeiten automatisch ermittelt und abgegrenzt. Ist eine fixe Arbeitszeit definiert, kann während dieser Zeit keine Mehrarbeit geleistet werden. Die Eingabe von Mehrarbeit während der festgelegten Arbeitszeit wird vom System abgelehnt, da es davon ausgeht, daß die Mehrarbeit im Anschluß an das Tagesprogramm geleistet wird.

- *Ein- und mehrtägige Mehrarbeiten*
  Wenn das Anfangs- und Enddatum für den Zeitraum der Mehrarbeit übereinstimmen, wird dieser Zeitraum als *ein* Tag interpretiert. Wenn es sich um eine Sequenz von Daten (Tagen) – beginnend mit dem Anfangsdatum – handelt, wird dem System dadurch mitgeteilt, daß es sich um mehrere Tage bzw. eine längere Zeitspanne mit Mehrarbeit handelt.

- *Mehrarbeit mit Stunden und Lohnart*
  Im Falle von Mehrarbeit mit Stunden und Lohnart ermittelt nicht das System die richtigen Mehrarbeitszuschläge, sondern der Anwender gibt diese vor. Diese Information dient in erster Linie der Lohn- und Gehaltsabrechnung und nicht der Zeitwirtschaft im engeren Sinne.

- *Pausen*
  Für jeden Mehrarbeitszeitraum können bis zu vier Pausenpaare vorgegeben werden.

- *Abweichende Bezahlung*
  Unter »abweichender Bezahlung« werden Mehrarbeitsprämien oder Antrittsgelder verstanden, die in einem Zusatzbild erfaßt werden.

- *Vortageszuordnung*
  Im HR-Modul muß es auch möglich sein, Mehrarbeitszeiten nach einer Nachtschicht oder Mehrarbeit nach 0 Uhr darzustellen, wobei letztere abrechnungstechnisch dem Vortag zugerechnet werden soll. Dies können Sie in HR mit Hilfe des Vortageskennzeichens steuern. Das entsprechende Ankreuzfeld finden Sie auf vielen Masken direkt hinter dem Uhrzeitpaar.

Zeitwirtschaft

In folgenden Situationen erkennt das System automatisch die Zugehörigkeit einer (Mehr-)Arbeit zum Vortag:

- *Bei Abwesenheiten*
  Da Abwesenheiten immer innerhalb der gültigen Schicht liegen müssen, wird das Vortageskennzeichen vom System automatisch gesetzt. Als Beispiel: Eine Nachtschicht dauert von 22 bis 06 Uhr, die Abwesenheit von 02 bis 06 Uhr.

- *Bei Mehrarbeiten*
  Wenn sich die Mehrarbeitszeit zumindest teilweise mit dem gültigen Tagesprogramm überschneidet, wird das Vortageskennzeichen automatisch gesetzt.

In allen anderen Fällen müssen Sie als Anwender die Zuordnung zum jeweiligen Vortag selbst vornehmen:

- Anwesenheiten – Anwesenheiten können auch außerhalb des Tagesprogramms liegen.
- Vertretungen – Beginnt z.B. eine Nachtschicht erst um Mitternacht, muß das Vortageskennzeichen gesetzt werden, um die geplante Schicht des Vortags außer Kraft zu setzen.
- Bereitschaften – Bereitschaften müssen in jedem Falle vom Anwender dem Vortag zugeordnet werden.
- Mehrarbeiten – Wenn die Mehrarbeit im Anschluß an die Sollarbeitszeit stattfindet, müssen Sie dies manuell eingeben.

Uhrzeitendarstellung

Im System HR können Sie mit den üblichen Zeitangaben arbeiten. Zum Beispiel wird die mitternachtsübergreifende Abwesenheit von 22 bis 02 Uhr im System korrekt interpretiert.

Wenn alle zu erfassenden Arbeitszeiten nach Mitternacht liegen, z.B. von 02 bis 04 Uhr, müssen Sie unter Umständen das Vortageskennzeichen setzen. Sie werden eine Darstellungsweise wie »26:00« bis »28:00« auch in Auswertungen und Formularen finden. Die SAP AG hat sich für die Verwendung dieser »künstlichen« Zeiten entschieden, da sie technisch leichter zu interpretieren und zu bearbeiten sind als die Darstellung mit dem Vortageskennzeichen.

Verrechnungsschlüssel

In den Masken zu den Infotypen 2005 »Mehrarbeit«, 2007 »Anwesenheitskontingent« und bei einer Reihe weiterer Infotypen kann ein Verrechnungsschlüssel eingegeben werden. Dieser steuert, wie die Mehrarbeit verrechnet wird. Im R/3-Standard kann dieser Schlüssel folgende Ausprägungen haben:

- »1« – Grundvergütung und Mehrarbeitszuschlag werden voll bezahlt.

- »2« – Die Grundvergütung wird einem Kontingent zum Abfeiern zugeschrieben, und nur der Zuschlag wird bezahlt.
- »3« – Beide Vergütungen fließen voll in ein Kontingent ein.

Beispiel Es wurde vier Stunden Mehrarbeit mit einem 25prozentigen Bezahlungszuschlag geleistet. Jede Arbeitsstunde wird mit 25 DM vergütet. Bei Anwendung der oben genannten Schlüssel ergeben sich folgende Varianten:

- »1« – Der Mitarbeiter erhält eine Bezahlung von 125 DM (vier Stunden Grundvergütung plus 4 mal 25 Prozent – 4 x 6,25 DM – Zuschlag).
- »2« – Der Mitarbeiter erhält eine Bezahlung von 125 DM plus einen Freizeitanspruch von einer Stunde.
- »3« – Der Mitarbeiter erhöht sein Freizeitkontingent um fünf Stunden und wird für die Mehrarbeit nicht bezahlt.

Darüber hinaus können weitere Verrechnungsschlüssel definiert werden.

6.3.4 Ab- und Anwesenheitskontingente

Ab- und Anwesenheitskontingente bieten die Möglichkeit, ein Anspruchs-»Konto« auf Bezahlung oder Freizeit für einen Mitarbeiter im System anzulegen, von dem automatisch abgetragen wird. Die häufigste Form, der Urlaubsanspruch, wurde bereits behandelt. Die nachstehend erläuterten Kontingente weisen zwar nicht alle die gleichen Merkmale wie der Urlaubsanspruch auf, sind jedoch mit diesem vergleichbar.

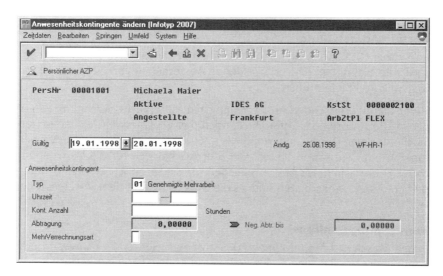

Abbildung 6.39 Anwesenheitsgenehmigung (© SAP AG)

Zeitwirtschaft

- Abwesenheitskontingente begründen in der Regel einen Anspruch auf Freizeit, der entweder durch entsprechende Abwesenheiten abgetragen oder im Rahmen der Zeitbewertung »verarbeitet« wird. Aufgebaut wird ein solches Kontingent vorwiegend durch Mehrarbeiten, aber beispielsweise auch durch einen vereinbarten oder tariflichen Anspruch auf Fort- oder Weiterbildungsurlaub, der bisher nicht genutzt wurde.
- Anwesenheitskontingente kommen dagegen nur in der Positiverfassung vor, da sie generell an eine Mehrarbeitserlaubnis gebunden sind. Wenn das System anhand eines Vergleichs der Kommt/Geht-Zeiten mit den im Tagesprogramm enthaltenen tatsächlich geleisteten Arbeitszeiten eine Überzeit feststellt, wird diese nur dann als Mehrarbeit gewertet, wenn eine Mehrarbeitsgenehmigung vorliegt. Einem Mitarbeiter kann eine generelle Mehrarbeitsgenehmigung im Infotyp 0050 »Zeiterfassungsinformation« oder durch entsprechende Zusatzfunktionen zugewiesen werden. In der Zeitbewertung wird auf die Führung von Kontingenten verzichtet.

Um im R/3-System den Infotyp »Anwesenheitsgenehmigung« anzuzeigen, gehen Sie wie folgt vor:

Ausgangspunkt Arbeitsgebiet »Zeitwirtschaft«

1. Klicken Sie auf die Drucktaste ✎ (ZEITDATEN PFLEGEN).
2. Wählen Sie das Menü ZEITW.BEWEGUNGSDATEN.
3. Aktivieren Sie den Infotyp »Anwesenheitsgenehmigung«, und wählen Sie eine Bearbeitungsart, z. B. ▯.
    → Das Einzelbild des Infotyps »Anwesenheitsgenehmigung« wird angezeigt (vgl. Abb. 6.39)

Ein bereits abgetragener Anspruch wird im Feld »Verbrauch« gespeichert. Dies erleichtert Auswertungen bezüglich der Inanspruchnahme von Kontingenten wesentlich.

6.3.5 Entgeltbelege

Der Infotyp 2010 »Entgeltbelege«, gehört strenggenommen nicht zur Zeitwirtschaft. Er konkurriert mit den Infotypen 0014 »Wiederkehrende Be- und Abzüge« und 0015 »Einmalzahlungen«. Da in diesen Infotypen generell Lohnarten, also Sekundärdaten, erfaßt werden, steht bei ihnen die Lohn- und Gehaltsabrechnung im Mittelpunkt. Dennoch ist es in der Praxis immer wieder erforderlich, einzelne Lohnarten wie Mehrarbeitszuschläge, Erschwerniszuschläge oder andere Entlohnungsformen aufzunehmen. In diesen Fällen verwenden Sie den Infotyp »Entgeltbelege«.

6 Zeitwirtschaft

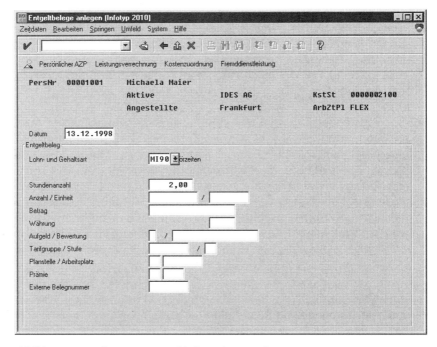

Abbildung 6.40 Infotyp 2010 »Entgeltbelege« (© SAP AG)

Um im R/3-System den Infotyp »Entgeltbelege« anzuzeigen, gehen Sie wie folgt vor:

Ausgangspunkt Arbeitsgebiet »Zeitwirtschaft«

1. Klicken Sie auf die Drucktaste ✎ (ZEITDATEN PFLEGEN).
2. Wählen Sie das Menü ZEITW.BEWEGUNGSDATEN.
3. Aktivieren Sie den Infotyp »Entgeltbelege«, und wählen Sie eine Bearbeitungsart, z.B. »Anlegen«, durch einen Klick auf das Symbol ☐.
   → Das Einzelbild des Infotyps »Entgeltbelege« wird angezeigt (vgl. Abb. 6.40).

Die Maske des Infotyps »Entgeltbelege« weist sehr flexible Eingabemöglichkeiten auf. Die Lohnart ist ein Subtyp dieses Infotyps und der wichtigste Steuerungsparameter für die Lohn- und Gehaltsabrechnung. Danach geben Sie eine Dimension ein.

Mögliche Dimensionen sind:

- Anzahl der Stunden (z.B. vier Stunden)
- Anzahl und Einheit (z.B. fünf Tage oder vier Stunden)
- Betrag (z.B. 125 DM)

Diese Dimensionen können auch kombiniert werden, z.B. Anzahl der Stunden und Betrag. Ein Fall, in dem alle Eingabemöglichkeiten genutzt werden, ist der folgende: Ein Mitarbeiter hat fünf Stunden gearbeitet, 200 Werkstücke eines bestimmten Typs gefertigt und erhält dafür 215 DM.

Darüber hinaus wird der Infotyp »Entgeltbelege« ähnlich wie der Infotyp »Anwesenheiten« häufig dazu verwendet, um Stunden auf Kostenträger zu verteilen.

6.3.6 Abweichende Bezahlung

Nahezu alle Infotypen in der Zeitwirtschaft bieten die Option, in einer eigenen Maske eine abweichende Bezahlung einzugeben. »Abweichend« bedeutet, daß entweder Zuschläge zur aktuellen Entlohnung gezahlt werden oder der gesamte Stundensatz durch den abweichenden Betrag ersetzt wird.

Sie können dabei

- eine abweichende Bezahlung (Zuschlag) anlegen
- einen abweichenden Stundensatz (Ersatzentlohnung) definieren

Abweichende Bezahlung anlegen

Alle abweichenden Bezahlungen werden nach dem gleichen Verfahren angelegt.

Um im R/3-System eine abweichende Bezahlung anzulegen, gehen Sie wie folgt vor:

Ausgangspunkt Arbeitsgebiet »Zeitwirtschaft – Administration«

1. Klicken Sie auf die Drucktaste ✎ (ZEITDATEN PFLEGEN).
   → Wählen Sie das Menü ZEITW.BEWEGUNGSDATEN.
2. Aktivieren Sie den Infotyp »Entgeltbelege«, und klicken Sie auf das Symbol ☐.
   → Das Fenster »Entgeltbelege anlegen« wird angezeigt.
3. Geben Sie die Lohn- und Gehaltsart sowie davon abhängige weitere Vorgaben ein.
4. Rufen Sie die Menüfunktion SPRINGEN | ABWEICHENDE BEZAHL auf.
   → Das betreffende Zusatzfenster wird angezeigt (vgl. Abb. 6.41 bis 6.45)

Folgende Felder stehen zur Verfügung:

- »Prämiennummer« und »Prämienkennzeichen«
  Eine Prämie ist ein Betrag, der einem Mitarbeiter zusätzlich zur Bezahlung pro Stunde, Stück oder pro definiertem Zeitabschnitt gewährt werden kann. Prämien werden im Customizing definiert.

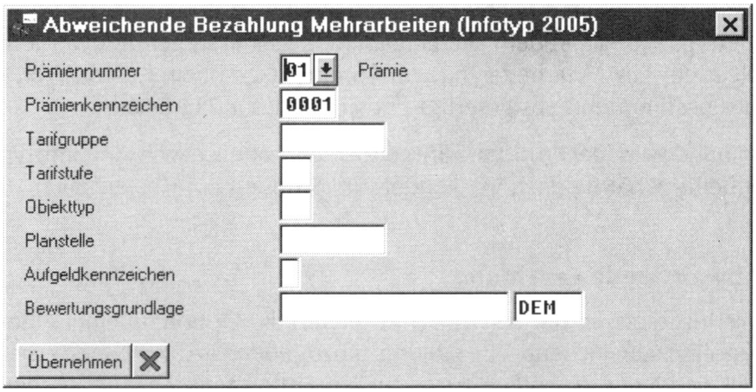

6 Zeitwirtschaft

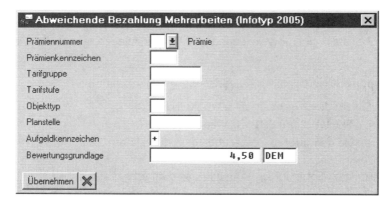

Abbildung 6.41 Prämien (© SAP AG)

- »Aufgeld« oder »Abgeld« und »Bewertungsgrundlage«
  Wenn Sie vor einer Bewertungsgrundlage ein »+« oder »-« eingeben, wird der Betrag im Feld »Bewertungsgrundlage« als Aufgeld oder Abgeld interpretiert.

Abbildung 6.42 Auf- oder Abgeld (© SAP AG)

Abweichenden Stundensatz definieren

Ein abweichender Stundensatz kann auf drei verschiedene Arten definiert werden:

- »Bewertungsgrundlage«
  Ohne ein »+« oder »-« im Feld »Aufgeldkennzeichen« gibt die Bewertungsgrundlage den gültigen Stundensatz für die im Infotyp eingegebene Lohnart bzw. für den im Infotyp genannten Subtyp an. Beispiel: Drei Stunden bei der Lohnart MM10 mit 45,50 DM Bewertungsgrundlage.

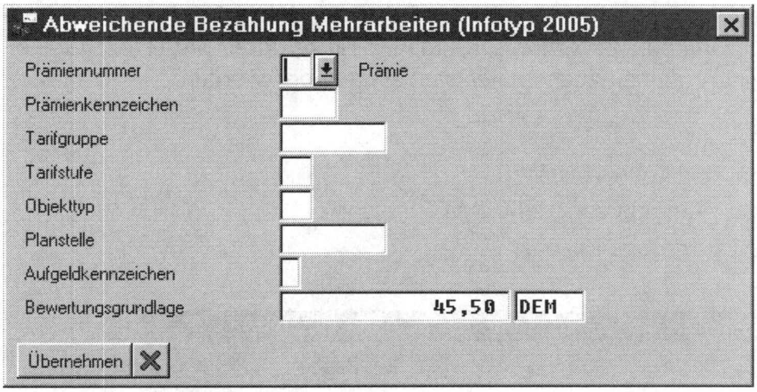

Zeitwirtschaft 6

Abbildung 6.43 Abweichende Bewertungsgrundlage (© SAP AG)

- »Tarifgruppe und -stufe«
  Die in dieses Feld eingegebene tarifliche Zuordnung ersetzt die tarifliche Einstufung aus dem Infotyp 0008 »Basisbezüge«. Aus diesen Vorgaben ermittelt das System das Tarifland sowie das Tarifkennzeichen. Beispiel: Drei Stunden Lohnart MM10 mit Tarifgruppe K5, Stufe 4.

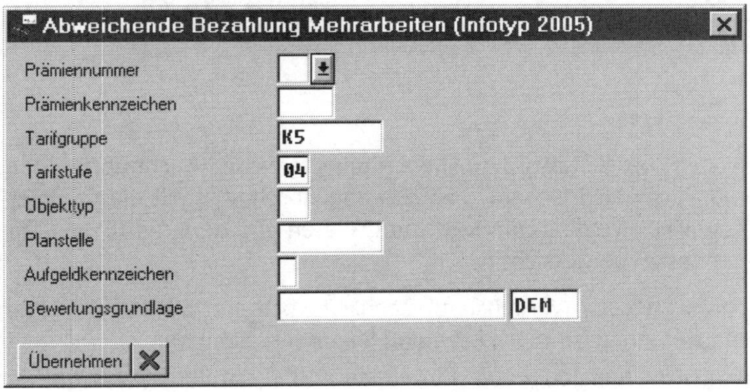

Abbildung 6.44 Abweichende Tarifgruppe und -stufe (© SAP AG)

- »Objekttyp« und »Planstelle«
  Die Entlohnung, entweder ein DM-Satz pro Stunde oder eine Tarifgruppe/-stufe, kann auch indirekt über eine Planstelle oder einen Arbeitsplatz ermittelt werden. Beispiel: Drei Stunden Lohnart MM10 mit einem Meister als Planstellenvertretung. Für die Planstelle ist z.B. die Tarifgruppe K5 hinterlegt.

6.3 Bewegungsdaten der Zeitwirtschaft

6 Zeitwirtschaft

Die ergänzenden Informationen über Prämie und Auf-/Abgeld, die abweichende Bezahlung, Bewertungsgrundlage, Tarifgruppe/-stufe und Objekttyp/Objektart können auch gemeinsam eingegeben werden.

Beispiel:

- Drei Stunden Lohnart MM10
- mit einem Aufgeld von 12,50 DM
- auf die Tarifgruppe K5/04

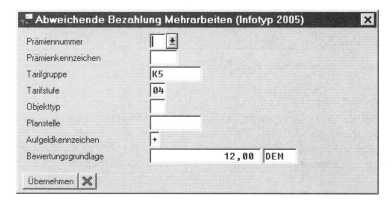

Abbildung 6.45 Kombinierte abweichende Bezahlung (© SAP AG)

6.3.7 Zusatzdaten

Das R/3-System besteht aus den Anwendungsbereichen Rechnungswesen, Logistik und Personalwirtschaft. Der folgende Abschnitt stellt die Querverbindungen des HR-Moduls zum Rechnungswesen und der Logistik vor. Dabei ist folgendes zu berücksichtigen:

- Im Rechnungswesen werden hauptsächlich Kosten erfaßt. Sie fallen im Rechnungswesen als Primärkosten und Sekundärkosten an.
- In der Logistik sind Mengen von Interesse. In diesem Bereich kann es erforderlich sein, Informationen über geleistete Arbeitsstunden in Form von Rückmeldungen oder -fragen an das HR oder aus dem HR zu erfassen.

Vorgaben für das Rechnungswesen

Im HR werden als Kosten bewertete und erfaßte Stunden in das Rechnungswesen gebucht. Dies ist ein typisches Merkmal der sogenannten Stammkostenstelle aus dem Infotyp 0001 »Organisatorische Zuordnung«. Darüber hinaus können davon abweichende Informationen im Infotyp 0027 »Kostenverteilung« eingegeben werden. Die Erfassungsmöglichkeiten in der HR-Zeitwirtschaft eignen sich vor allem für kurzfristige Änderungen von Kostenstellenzuordnungen.

Versorgen des Rechnungswesens mit Primärkosten

Die Versorgung des Rechnungswesens mit Primärkosten bezieht sich grundsätzlich auf das Finanzwesen. Dabei werden zur Berechnung des Stundensatzes oder Betrags immer die Lohn- oder Gehaltsabrechnungen benötigt. Wenn also in diesem Bereich Primärkosten gebucht werden, fallen Ist-Stunden zu Ist-Preisen an. Diese Ist-Preise werden in der Lohn- und Gehaltsabrechnung ermittelt.

Bei der Versorgung des Rechnungswesens mit Primärkosten werden die Lohnarten in Kostenarten umgewandelt.

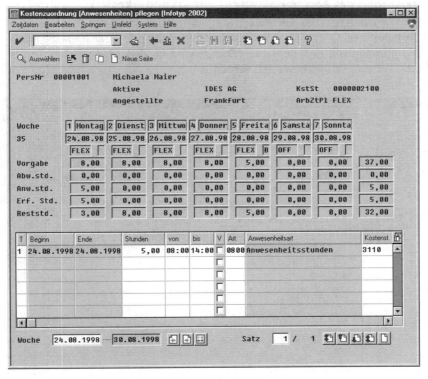

Abbildung 6.46 Primärkostenverteilung (© SAP AG)

Die notwendigen Angaben für die Primärkostenrechnung geben Sie in einem Zusatzbild ein. Dazu gehen Sie wie folgt vor:

Ausgangspunkt Arbeitsgebiet »Zeitwirtschaft – Administration«

1. Klicken Sie auf die Drucktaste ✎ (ZEITDATEN PFLEGEN).
2. Rufen Sie die Menüfunktion ZEITDATEN | ZUSATZDATEN PFLEGEN auf.

Zeitwirtschaft

3. Aktivieren Sie den Eintrag »Kostenzuordnung (Anwesenheiten)«, und wählen Sie LISTERFASSUNG.

   → Die Listerfassung wird angezeigt.

4. Wechseln Sie in die erste Zeile, und geben Sie für Tag 1 z.B. 5 Stunden ein. Wählen Sie die Anwesenheitsart 0800 und eine Kostenstelle, z.B. 3110. Bestätigen Sie den Satz durch einen Klick auf ✔.

   → Die Eingaben werden überprüft. Die Uhrzeiten werden ergänzt.

5. Sichern Sie den Satz durch einen Klick auf 💾.

   → Das Menü wird angezeigt.

Versorgen des Rechnungswesens mit Sekundärkosten

Für die Übergabe der Sekundärkosteninformationen an das Controlling ist die Lohn- und Gehaltsabrechnung nicht zwingend erforderlich, da die erfaßten Stunden mit den geplanten Stundensätzen, den sogenannten Tarifen oder Leistungsarten, bewertet werden.

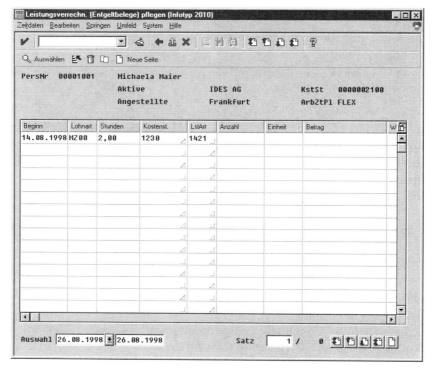

Abbildung 6.47 Sekundärkostenverteilung (© SAP AG)

Zeitwirtschaft **6**

- Die Leistungen werden zwischen der leistenden Kostenstelle (meist der Stammkostenstelle) und dem empfangenden Controlling-Objekt (meist Kostenstelle, Auftrag oder Projekt) verrechnet. Diese Informationen können über die Lohn- und Gehaltsabrechnung oder einen besonderen Report in das Rechnungswesen gebucht werden. Wenn Sekundärkosten gebucht werden, fallen die Ist-Stunden zu Plan-Preisen an, wobei die Plan-Preise im Controlling geplant werden.

Die notwendigen Angaben für die Sekundärkostenrechnung erfassen Sie in einem Zusatzbild. Dazu gehen Sie wie folgt vor:

Ausgangspunkt Arbeitsgebiet »Zeitwirtschaft – Administration«

1. Klicken Sie auf die Drucktaste ✎ (ZEITDATEN PFLEGEN).
2. Rufen Sie die Menüfunktion ZEITDATEN | ZUSATZDATEN PFLEGEN auf.
3. Aktivieren Sie den Eintrag »Leistungsverrechn. (Entgeltbelege)«, und wählen Sie LISTERFASSUNG.
    → Die Listerfassung »Entgeltbelege« wird angezeigt.
4. Erfassen Sie unter »Beginn« das Datum des jeweiligen Tages, Lohnart MZ00, 2 Stunden, Kostenstelle 1230 und Leistungsart 1421.
5. Überprüfen Sie die Eingaben durch einen Klick auf ✓.
    → Die Eingaben werden überprüft. Eventuell werden Fehlermeldungen ausgegeben.
6. Klicken Sie auf 💾.
    → Der Satz wird gesichert.

Vorgaben für die Logistik

Die Logistik befaßt sich hauptsächlich mit Mengen, weniger mit Kosten. Verbindungen zwischen den Anwendungsbereichen Personalwirtschaft und Logistik bestehen insbesondere in folgenden Bereichen:

- *Fremddienstleistung*
    Mit dieser Funktion können auch betriebsfremde Personen in der Zeitwirtschaft erfaßt werden. Dabei wird die Information, welcher Betrag pro Stunde bezahlt wird, aus dem Leistungsverzeichnis der Materialwirtschaft entnommen. Die meist in der Zeitbewertung errechneten Stunden, also Arbeitskosten, werden pro Lieferant gesammelt und können fakturiert werden. Vereinfacht heißt dies: Sie stellen sich für einen solchen Fall selbst eine Rechnung, wobei Sie die Kontrolle über die bezahlten Stunden haben.

- *Rückmeldungen*
    Mit Hilfe vordefinierter Rückmeldemasken geben Sie ein, wie viele Stücke pro Einheit und gegebenenfalls pro Mitarbeiter gefertigt wurden. Diese Informationen werden im Modul HR im Bereich Leistungslohn benötigt. Im Leistungslohn werden Akkord- oder Prämienstunden ermittelt, die die gefertigten Stückzahlen ins Verhältnis zu den Vorgaben setzen. Das Modul HR unterstützt sowohl Einzel- als auch Gruppenakkord.

6.3.8 Kollisionsprüfung

Alle Infotypen sind, wie bereits ausgeführt, zeitgebunden. Bei den Infotypen der Stammdaten verwendet man die Zeitbindung aber nur, um für den Infotyp festzulegen, wie sich dieser beim Auftreten von Lücken oder Mehrfachbelegungen verhält. Bei den hier behandelten Infotypen wird nur beim Infotyp 2010 »Entgeltbelege« die Zeitbindung angewendet.

Zu Ihrer Erinnerung finden Sie nachfolgend noch einmal die Eigenschaften der verschiedenen Zeitbindungen:

- »1« – Diese Form der Zeitbindung ist die strengste. Es muß genau ein Satz zu jedem Zeitpunkt des aktiven Beschäftigungsverhältnisses vorhanden sein.
- »2« – Diese abgeschwächte Form der Zeitbindung erlaubt zeitliche Lücken, läßt aber auch nur eine Information pro Zeitpunkt zu.
- »3« – Die schwächste Form der Zeitbindung erlaubt Lücken und Mehrfachbelegungen. In der Zeitwirtschaft ist diese eingeschränkte Form der Plausibilitätsprüfung nicht ausreichend. Sie verhindert nämlich nicht, daß während eines bestehenden »Krankheitssatzes« Kommt/Geht-Zeiten oder Mehrarbeiten erfaßt werden. Das heißt, daß die Zeitbindung in der Zeitwirtschaft auch das Verhalten bei Kollisionen verschiedener Zeitinfotypen steuert.
- »Z« – Das Systemverhalten bei Kollisionen wird durch die Zeitbindung der Zeitwirtschaft geregelt.

Reaktionsmöglichkeiten auf Kollisionen

Bei Kollisionen der Zeitbindung »Z« gibt es vier Arten von Fehlermeldungen bzw. Warnungen:

- »E« – Das System meldet einen Fehler (Error). Der aktuelle Satz kann nur gesichert werden, wenn die Fehlerursache behoben ist. Befindet sich z.B. ein Krankheitssatz im System, bevor ein Urlaubssatz hinzukommt, deutet dieser Sachverhalt auf fehlerhafte Informationen hin. Falls gewünscht, wird der Krankheitssatz gelöscht, um einen gültigen Urlaubssatz eintragen zu können. Eine Kollision wird im HR durch einen gesonderten Bildschirm angezeigt (vgl. Abb. 6.49).
- »W« – Das System gibt eine Warnmeldung aus. Der Anwender muß im Gegensatz zur Meldung »E« selbst entscheiden, ob er sichern oder abbrechen will. Beispiel: Ein Mitarbeiter hat eine Mehrarbeitsgenehmigung, zugleich wird eine Vertretung erfaßt. In diesem Fall muß entschieden werden, ob die Mehrarbeitsgenehmigung noch gültig ist oder ob gegebenenfalls der Zeitraum geändert werden muß.
- »N« oder » « – Eine Kollision wird ausdrücklich geduldet.

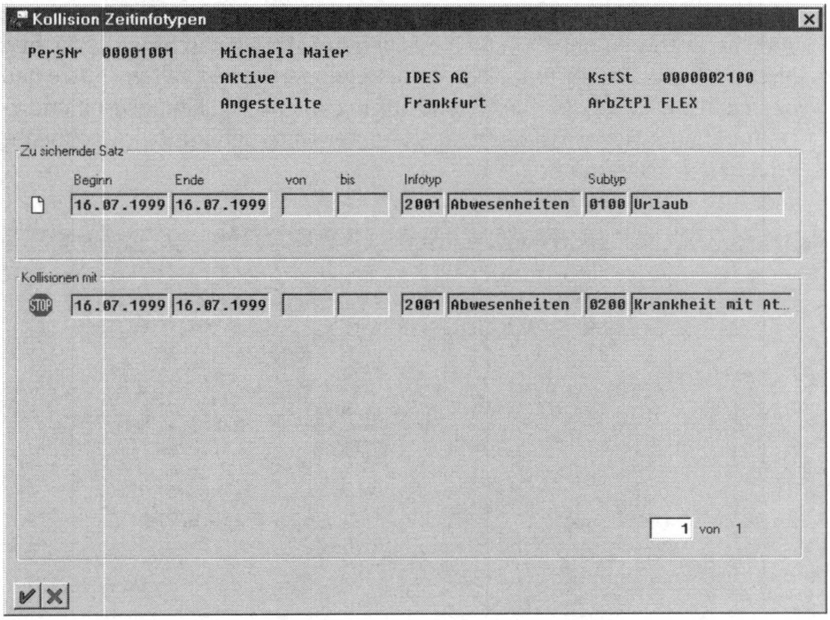

Zeitwirtschaft 6

Abbildung 6.48 Kollision mit Reaktion Fehler (© SAP AG)

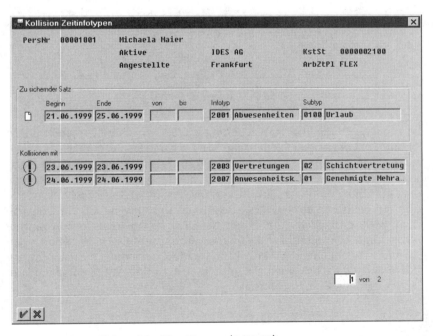

Abbildung 6.49 Kollision mit Reaktion Warnung (© SAP AG)

6.3 Bewegungsdaten der Zeitwirtschaft

6 Zeitwirtschaft

- »A« – Abgrenzen oder Ausschneiden. Reaktion »A« erzwingt, daß der alte Satz während der Gültigkeit des neuen Satzes gelöscht wird. Wichtig hierbei ist, daß das System die hier entstehenden neuen »alten« Sätze neu berechnet, was bei der Kontingentführung wichtig ist. Ein Beispiel: Im System befindet sich ein Urlaubssatz, und der Mitarbeiter meldet sich während des Urlaubs krank.

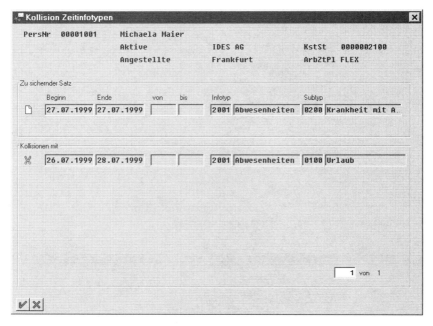

Abbildung 6.50 Kollision mit Reaktion Abgrenzen (© SAP AG)

Sie können sich die Reaktionssteuerung wie ein Schachbrett vorstellen: Der Schnittpunkt der beiden Ebenen, also von Zeile und Spalte, enthält das Reaktionszeichen. Natürlich ist eine Zeitbindung auf reiner Infotypebene zu grob, deshalb findet die Reaktionsprüfung auf der Subtypebene statt. Außerdem kann die Zeitbindung der Zeitwirtschaft nicht nur auf Tagesebene, sondern auch auf Zeitebene erfolgen. Es ist daher bei der Anwendung der Zeitwirtschaft wichtig, in jedem Satz, in dem der Gültigkeitszeitraum keinen ganzen Tag beträgt, Uhrzeiten bzw. Zeiträume einzugeben. Die Information »vier Stunden mit der Lohnart MM10« kann von der Zeitbindung nicht ausgewertet werden. Deshalb werden alle Infotypsätze, die Lohnarten enthalten, auf die Reaktion »W« umgeschlüsselt.

6.4 Auswertungen zur Zeitwirtschaft

Folgende Auswertungsmöglichkeiten stehen zur Verfügung:

- Beispielreports der SAP-Standardauslieferung
- Benutzerdefinierte ABAP/4®-Reports
- Queries
- Executive Information Systems (EIS)
- WEB-Reporting via Internet
- Reporting via Microsoft-Excel

Reportübersicht im Infosystem anzeigen

Im folgenden Abschnitt wird die Arbeit mit verschiedenen »Reports« erläutert, die im HR-System zur Verfügung stehen.

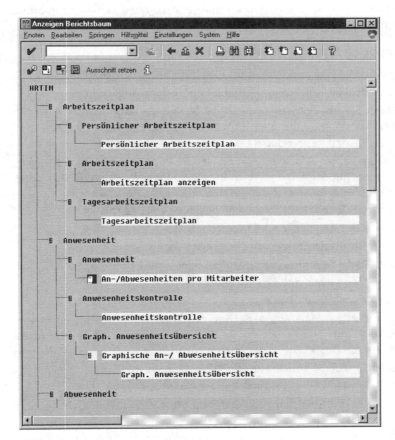

Abbildung 6.51 Berichtsbaum der Zeitwirtschaft (© SAP AG)

6 Zeitwirtschaft

Um im R/3-System eine Reportübersicht im Infosystem anzuzeigen, gehen Sie wie folgt vor:

Ausgangspunkt Arbeitsgebiet »Zeitwirtschaft – Administration«

1. Rufen Sie die Menüfunktion INFOSYSTEM | BERICHTSAUSWAHL auf.
    → Der Berichtsbaum mit dem Teilbaum »HRTIM Zeitwirtschaft« wird angezeigt (vgl. Abb. 6.52).
2. Klicken Sie in die oberste Zeile, und rufen Sie die Menüfunktion BEARBEITEN | TEILBAUM EXPANDIEREN auf.
    → Alle verfügbaren Reports zur Zeitwirtschaft werden angezeigt.

Zwei dieser Reports sollen im folgenden ausführlicher besprochen werden.

6.4.1 Report »Persönlicher Arbeitszeitplan« ausführen

Um im R/3-System den Report »Persönlicher Arbeitszeitplan« auszuführen, gehen Sie wie folgt vor:

Ausgangspunkt Arbeitsgebiet »Anzeigen Berichtsbaum«

1. Doppelklicken Sie auf den Report »Persönlicher Arbeitszeitplan«.
    → Das Selektionsbild des gewählten Reports wird angezeigt.
2. Wählen Sie als Zeitraum »laufender Monat«, und geben Sie im Feld »Personalnummer« die entsprechende Nummer ein, z. B. »1001«.
3. Starten Sie den Report durch einen Klick auf das Symbol.
    → Die geplanten Arbeitszeiten und weitere Informationen über den Mitarbeiter mit der eingegebenen Personalnummer werden für den aktuellen Monat angezeigt (vgl. Abb. 6.53).
4. Markieren Sie mit dem Cursor eine beliebige Zeile ganz links.
    → Die betreffende Zeile wird invers dargestellt.
5. Klicken Sie auf die Drucktaste TAGESAZP.
    → Die Sicht »Tagesarbeitszeitplan anzeigen« wird angezeigt.
6. Klicken Sie zweimal auf die Drucktaste.
    → Die Grundliste wird angezeigt.
7. Heben Sie die Markierung der invers dargestellten Spalte mit einem Mausklick auf, und markieren Sie danach die ganze Seite durch einen Klick auf die Drucktaste in der oberen linken Ecke.
8. Klicken Sie auf die Drucktaste (MS EXCEL).
    → Das Fenster »MS Excel Einstellungen« wird angezeigt.
9. Wählen Sie die Einstellungen »Datentabelle« und »Kein Paßwort«, und klicken Sie auf.
    → Die Microsoft-Anwendung Excel wird gestartet. Die in R/3 gekennzeichneten Daten werden übernommen.

10. Rufen Sie in Excel die Menüfunktion DATEI | BEENDEN auf.
    → Die Grundliste wird angezeigt.

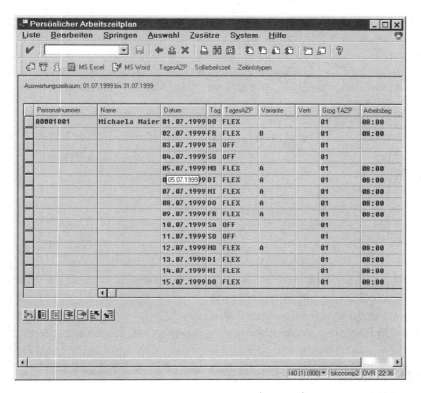

Abbildung 6.52 Report »Persönlicher Arbeitszeitplan« (© SAP AG)

Darüber hinaus können Sie aus diesem Report in den Infotyp 0007 »Sollarbeitszeit« verzweigen und zum Briefeschreiben MS Word für Windows aufrufen.

6.4.2 Report »Graphische Abwesenheitsübersicht« ausführen

Der Report »Graphische Abwesenheitsübersicht« demonstriert die Graphikmöglichkeiten der R/3-Software und bezieht auch deren E-Mail-Funktionalität mit ein.

Um im R/3-System die graphische Abwesenheitsübersicht zu aktivieren, gehen Sie wie folgt vor:

Ausgangspunkt Arbeitsgebiet »Anzeigen Berichtsbaum«

1. Doppelklicken Sie auf den Report »Graph. Abwesenheitsübersicht«.
   → Das Selektionsbild des gewählten Reports wird angezeigt.

Zeitwirtschaft

2. Wählen Sie als Zeitraum »laufendes Jahr«, und geben Sie im Feld »Personalnummer« z.B. »1001« ein.
3. Starten Sie den Report durch einen Klick auf das Symbol .
   → Ein Gantt-Diagramm wird angezeigt, das die Abwesenheiten der Personen darstellt, deren Personalnummern Sie eingegeben haben (vgl. Abb. 6.54).
4. Positionieren Sie den Cursor auf eine beliebige Abwesenheitsangabe.
   → Informationen über Art und Dauer der Abwesenheit werden angezeigt.
5. Klicken Sie auf die Drucktaste .
   → Ein Popup-Menü wird angezeigt.
6. Wählen Sie die Option »Mail«, und testen Sie diese Option, indem Sie als Empfänger Ihre eigene E-Mail-User-ID eingeben.
7. Wählen Sie SENDEN.
   → Die Information wird als E-Mail gesendet.
   → Das Auswahlbild des Reports wird angezeigt.
8. Um den Sendevorgang zu überprüfen, klicken Sie zweimal auf .
   → Das R/3-Hauptmenü wird angezeigt.
9. Rufen Sie die Menüfunktion BÜRO | EINGANG auf.
   → Der Eingangskorb wird angezeigt.
10. Klicken Sie auf die Drucktaste TOTAL.
    → Ihr Office-Eingang mit den eingegangenen E-Mails wird angezeigt.

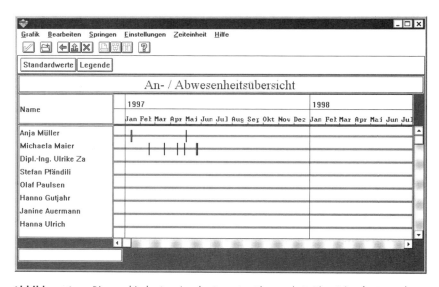

Abbildung 6.53 Die graphische Anzeige des Reports »Abwesenheitsübersicht« (© SAP AG)

11. Doppelklicken Sie auf die Mitteilung »Graph. Abwesenheitsübersicht«.
    → Sie sehen die graphische Anzeige der Abwesenheiten, die Sie sich selbst geschickt haben.

6.5 Positiverfassung

In diesem Abschnitt werden die folgenden Infotypen behandelt:

- 2011 »Zeitereignisse«
- 2012 »Saldokorrekturen«

6.5.1 Zeitereignisse

Die Buchungen von Zeitpunkten, an denen z.B. Mitarbeiter ihr Kommen registrieren, werden als *Zeitereignisse* bezeichnet. Folgende Zeitereignisse werden unterschieden:

- Kommen
- Gehen
- Kommen oder Gehen
- Dienstgang
- Pause

Weitere Zeitereignisse, wie der Beginn der Arbeit, der Rüstbeginn oder Unterbrechungen sind dem Bereich Logistik zugeordnet. Merken sollten Sie sich nur, daß die Positiverfassung (Personalzeiterfassung oder PZE) im R/3-System eine Untermenge der Betriebsdatenerfassung (BDE) darstellt.

Der Kommunikationskanal KK1

Die gebuchten Zeitereignisse der Mitarbeiter werden über den Kommunikationskanal KK1 in das R/3-Modul HR weitergeleitet. Für diesen Kommunikationskanal ist genau definiert, wie die Buchungen in das R/3-System gelangen und welche Technik und Datensatzstruktur dabei anzuwenden sind. Die meisten Hersteller von Terminals unterstützen mittlerweile die SAP-Schnittstellen.

Abbildung 6.54 Beispiel eines Zeiterfassungsterminals

Ein über die Standardschnittstelle angeschlossenes Terminalsystem verwaltet nur die Buchungen und übergibt sie unbewertet in Form einer Übergabetabelle an das R/3-System, wo sie im Infotyp 2011 »Zeitereignisse« bereitgestellt werden.

6 Zeitwirtschaft

Verbuchung und Verarbeitung der Zeitereignisse

Die im Infotyp 2011 vorhandenen Zeitereignisse können geändert oder gelöscht werden. Auch neue Zeitereignisse können hinzugefügt werden.

Um im R/3-System die im Infotyp 2011 »Zeitereignisse« gebuchten Zeitereignisse bearbeiten zu können, gehen Sie wie folgt vor:

Ausgangspunkt Arbeitsgebiet »Zeitwirtschaft – Administration«

1. Klicken Sie auf die Drucktaste ✏ (ZEITDATEN PFLEGEN).
2. Wählen Sie das Menü ZEITERFASSUNG.
3. Aktivieren Sie den Infotyp »Zeitereignisse« und in der Feldgruppe »Zeitraum« »alles«, und wählen Sie durch Anklicken der entsprechenden Drucktaste eine Bearbeitungsart, z.B. LISTERFASSUNG.
   → Das Listpflegebild des Infotyps »Zeitereignisse« wird angezeigt (vgl. Abb. 6.56).

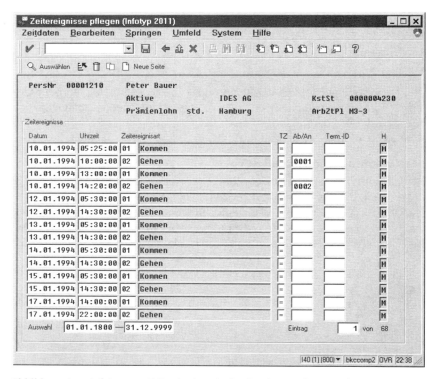

Abbildung 6.55 Infotyp 2011 »Zeitereignisse« in der Listerfassung (© SAP AG)

Zeitwirtschaft

Jede Zeile des Bildes enthält eine Buchung. Außer dem Datum, der Uhrzeit und der Zeitereignisart werden unter Umständen auch die Terminalkennung und eine Ab- bzw. Anwesenheitsart angezeigt. Darüber hinaus können Sie der rechten Spalte entnehmen, ob die Buchung von einem Subsystem kommt oder manuell hinzugefügt wurde.

Zeitbewertung

Die Zeitereignisse bilden die Grundlage der Zeitbewertung, bei der die Daten der Zeitereignisse (Ist-Arbeitszeit) mit den Daten der Sollarbeitszeit verglichen werden. Die aus diesem Vergleich resultierenden Zeitsalden werden wieder an das Terminal zurückgegeben.

6.5.2 Arbeitsvorrat

Der Arbeitsvorrat ist die zentrale Anwendung der Positiverfassung. Da man aus dieser Anwendung heraus alle Funktionen aufrufen kann, gehen wir im folgenden immer von dieser Anwendung aus.

Um im R/3-System in den Arbeitsvorrat zu wechseln, gehen Sie wie folgt vor:

Ausgangspunkt Arbeitsgebiet »Zeitwirtschaft – Administration«

1. Klicken Sie auf die Drucktaste 🗄 (ARBEITSVORRAT).

→ Die Startmaske für den Arbeitsvorrat wird angezeigt (vgl. Abb. 6.57).

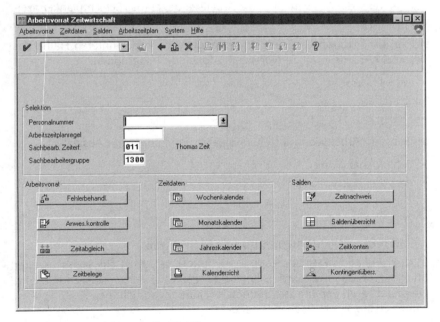

Abbildung 6.56 Arbeitsvorrat (© SAP AG)

6.5 Positiverfassung

6 Zeitwirtschaft

Im Arbeitsvorrat wird vorausgesetzt, daß diese Anwendung von Zeitbeauftragten bedient wird. Zeitbeauftragte sind für die Pflege der Zeitdaten bestimmter Mitarbeiter verantwortlich. Der Zeitbeauftragte wird mit den ihm zugeordneten Personalnummern im Infotyp 0001 »Organisatorische Zuordnung« verknüpft (vgl. Abb. 6.58).

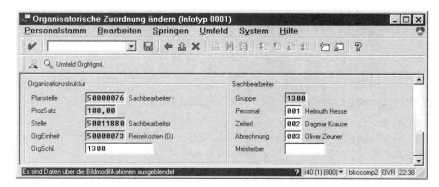

Abbildung 6.57 Zuordnung von Mitarbeitern zu Personalsachbearbeitern (© SAP AG)

Fenster »Arbeitsvorrat Zeitwirtschaft«

Bei der Selektion der Personalnummern müssen Sie die Mitarbeiter mit Hilfe dieser Zuordnung auswählen. Sie können eine Personalnummer auch gezielt pflegen oder die Auswahl über die Arbeitszeitregel (das Schichtplankennzeichen) eingrenzen (vgl. Abb. 6.57).

Außer der Feldgruppe »Selektion« befinden sich in der unteren Hälfte des Fensters »Arbeitsvorrat Zeitwirtschaft« folgende Feldgruppen:

- Arbeitsvorrat
- Zeitdaten
- Salden

Im Fenster »Arbeitsvorrat« stehen folgende Funktionen zur Auswahl:

- Fehlerbehandlung
- Anwesenheitskontrolle
- Zeitabgleich
- Zeitbelege

Arbeitsvorrat: Fehlerbehandlung durchführen

Mit der Funktion FEHLERBEHANDLUNG DURCHFÜHREN ist ein Sachbearbeiter öfter befaßt, da er mit ihrer Hilfe Meldungen über Fehler oder andere Hinweise bezüglich der ihm zugeordneten Mitarbeiter erhält. Bei diesen Fehlern kann es sich z.B. um folgendes handeln:

- fehlende Buchungen
- Unterschreiten von Mindestarbeitszeiten
- unerlaubte Überzeiten usw.

Diese Anwendung erleichtert die Administrationsarbeit des Zeitbeauftragten.

Fehler anzeigen

Um im R/3-System einen Fehler anzuzeigen, gehen Sie wie folgt vor:

Ausgangspunkt Arbeitsgebiet »Arbeitsvorrat Zeitwirtschaft«

1. Lassen Sie die Felder »Personalnummer« und »Arbeitszeitplanregel« frei, und klicken Sie auf die Drucktaste (FEHLERBEHANDLUNG).
   → Ein Fenster erscheint, in dem Sie den Zeitpunkt definieren müssen, ab dem die Hinweise angezeigt werden sollen.
2. Geben Sie den Zeitpunkt ein, und klicken Sie auf die Drucktaste WEITER.
   → Die Liste »BDE: Fehlerbehandlung Übersicht« wird mit Angabe aller Personalnummern, für die fehlerhafte Zeitbuchungen vorliegen, und etwaigen anderen Hinweisen angezeigt (vgl. Abb. 6.59).

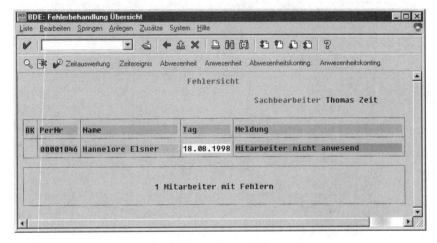

Abbildung 6.58 Fehlerliste des Arbeitsvorrats (© SAP AG)

- Rot hinterlegte Meldungen sind Fehler, die in der Regel zu einem Abbruch der Verarbeitung führen.
- Weiß hinterlegte Meldungen sind lediglich Hinweise.

Die Farbgestaltung können Sie über den Menüpfad LISTE | FARBEN DER MELDUNGEN individuell beeinflussen.

6 Zeitwirtschaft

Menüüberblick

Über das Menü SPRINGEN können Sie in der Regel alle Funktionen der Zeitwirtschaft aufrufen:

- Infotyppflege über den Menüpunkt ZEITDATEN
- Leistungslohn
- Arbeitszeitplan
- An-/Abwesenheiten
- Auswertungsergebnisse

Schon im Menü ANLEGEN haben Sie zumeist die Möglichkeit, spezifische Infotypen wie Abwesenheiten oder Saldokorrekturen anzulegen. Schließlich sollten Sie noch das Menü BEARBEITEN auf ausführbare Funktionen überprüfen.

Belegsicht für einen Mitarbeiter anzeigen

Wenn Sie die Belegsicht für einen Mitarbeiter anzeigen wollen, müssen Sie zunächst den Cursor auf eine Zeile positionieren, bevor Sie einzelne Menüfunktionen aufrufen oder mit Drucktasten Aktionen auslösen können.

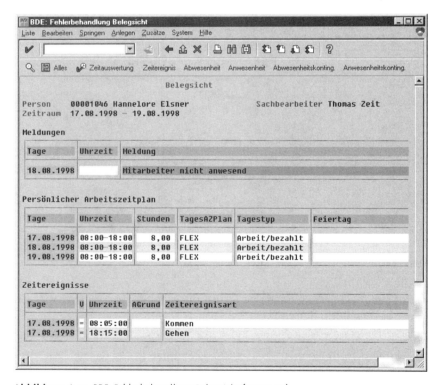

Abbildung 6.59 BDE: Fehlerbehandlung Belegsicht (© SAP AG)

Um im R/3-System eine Belegsicht für einen Mitarbeiter anzuzeigen, gehen Sie wie folgt vor:

Ausgangspunkt Arbeitsgebiet »BDE: Fehlerbehandlung Übersicht«

1. Doppelklicken Sie auf eine Personalnummer.
    → Die Belegsicht für einen Mitarbeiter wird angezeigt.

In dieser Liste finden Sie detaillierte Informationen über den Mitarbeiter mit der ausgewählten Personalnummer. Dabei handelt es sich in erster Linie um Meldungen, aber auch der für diesen Mitarbeiter gültige Monatsarbeitszeitplan ist aus der Liste ersichtlich. Überdies können Fenster wie »Zeitereignisse« oder »Abwesenheiten« geöffnet werden, das heißt, alle Informationen aus der Zeitwirtschaft, die den ausgewählten Mitarbeiter betreffen – inklusive des Leistungslohns – sind für einen bestimmten Zeitraum abrufbar.

Im Menü LISTE finden Sie z.B. den Eintrag ALLES ANZEIGEN, der den Umfang der unten angefügten Informationen noch vergrößert.

In der variablen Drucktastenzeile finden Sie unter anderem auch die Blätterfunktionen, mit deren Hilfe Sie von Mitarbeiter zu Mitarbeiter blättern können.

Beispiel Tag manuell nachpflegen
Sie erhalten die Meldung: »18.08.1998 Mitarbeiter nicht anwesend«. Aus dem unteren Fenster entnehmen Sie, daß der Mitarbeiter zwischen 08:00 und 18:00 Uhr hätte arbeiten sollen. Vermutlich hat der Mitarbeiter vergessen, die Kontrolluhr zu stechen. Diese Angabe pflegen Sie wie folgt manuell nach:

Ausgangspunkt Arbeitsgebiet »BDE: Fehlerbehandlung Belegsicht«

1. Klicken Sie im unteren Fensterteil »Persönlicher Arbeitszeitplan« auf die Zeile »18.08.1998«, und klicken Sie auf die Drucktaste ZEITEREIGNIS.
    → Die Listpflege des Infotyps 2011 »Zeitereignisse« wird angezeigt (vgl. Abb. 6.61).
2. Geben Sie das Datum (es genügt die Angabe des Tages) »18«, die Uhrzeit »08« und die Zeitereignisart »01« (für Kommen) ein.
3. Drücken Sie ⏎.
    → Der Infotypsatz wird geprüft.
4. Setzen Sie den Cursor auf diesen neuen Satz, und klicken Sie zum Kopieren auf das Symbol 🗐.
    → Der Satz wird kopiert.
5. Überschreiben Sie die Uhrzeit des kopierten Satzes mit »17:30« und die Zeitereignisart mit »02« für Gehen.
6. Klicken Sie auf die Datenfreigabetaste.
    → Der Satz wird geprüft.

6 Zeitwirtschaft

7. Sichern Sie die Eingaben durch einen Klick auf ![].
   → Zwei neue Infotypsätze werden gesichert. Die Belegsicht wird angezeigt.

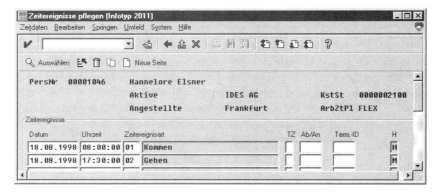

Abbildung 6.60 Zwei neue Sätze vom Typ Zeitereignis (© SAP AG)

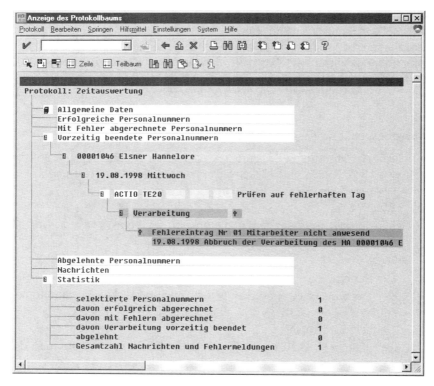

Abbildung 6.61 Protokollbaum (© SAP AG)

Zeitauswertung starten

Sie haben dieses Ereignis manuell nachgepflegt. Jetzt sollen die Auswirkungen überprüft werden, indem Sie eine Zeitauswertung für den Mitarbeiter erstellen. Dazu gehen Sie wie folgt vor:

Ausgangspunkt Arbeitsgebiet »BDE: Fehlerbehandlung Belegsicht«

1. Klicken Sie auf die Drucktaste (ZEITAUSWERTUNG).
    → Die Zeitauswertung für den Mitarbeiter wird gestartet. Bei weiteren Fehlern wird sofort der Protokollbaum angezeigt, ansonsten erscheint die Zeitnachweisliste (vgl. Abb. 6.62 - 6.64)

Die Zeitnachweisliste ist das Pendant des Gehaltsformulars und zeigt für einen Monat

- die Kommt- und Geht-Zeiten eines Mitarbeiters
- eine Auswahl von Salden pro Tag
- sowohl in Summe ausgewählte Monatssalden als auch generierte Lohn- und Gehaltsarten

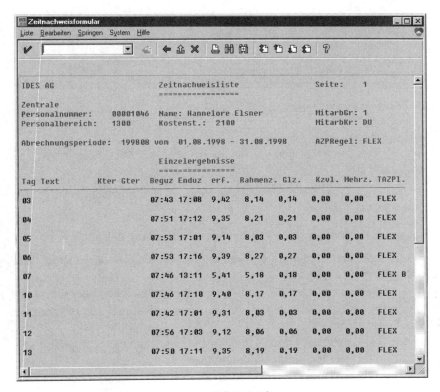

Abbildung 6.62 Zeitnachweisliste (erster Teil) (© SAP AG)

6 Zeitwirtschaft

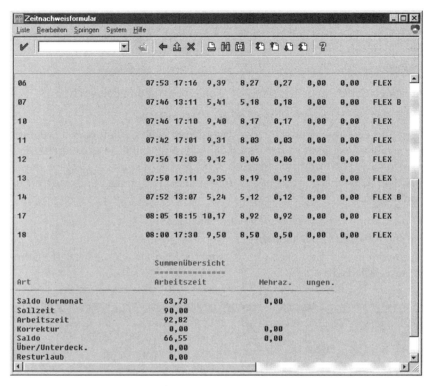

Abbildung 6.63 Zeitnachweisliste (zweiter Teil) (© SAP AG)

Beispiel Krankheitstag eintragen
Im nächsten Beispiel gehen wir davon aus, daß ein Mitarbeiter einen Tag lang krank ist.

Um im R/3-System für einen Mitarbeiter einen Krankheitstag einzugeben, gehen Sie wie folgt vor:

Ausgangspunkt Arbeitsgebiet »BDE: Fehlerbehandlung Belegsicht«

1. Setzen Sie den Cursor auf ein Datum, und klicken Sie auf die Drucktaste ABWESENHEIT.
   → Ein Fenster mit allen Ab- und Anwesenheitsarten wird angezeigt.
2. Wählen Sie z. B. den Schlüssel 0200 »Krank mit Attest«, und klicken Sie auf das Symbol ✓.
   → Das Einzelbild des Infotyps 2001 »Abwesenheiten« wird angezeigt. Die Datumsangaben werden übernommen.
3. Sichern Sie den Krankheitssatz durch einen Klick auf 💾.
   → Der Satz wird gespeichert. Die Belegsicht wird angezeigt.

4. Klicken Sie auf die Drucktaste ZEITAUSWERTUNG oder auf das Symbol.
   → Die Zeitauswertung für den Mitarbeiter wird gestartet. Das Protokoll oder die Zeitnachweisliste wird angezeigt.

Arbeitsvorrat: Anwesenheitskontrolle durchführen

Im R/3-System kann zu jedem Zeitpunkt überprüft werden, welche Mitarbeiter anwesend sind. Die Anwesenheitskontrolle kann sowohl den Infotyp 2011 »Zeitereignisse« als auch die noch nicht verbuchten Zeitereignisse berücksichtigen und diese gegen den Schichtplan verproben.

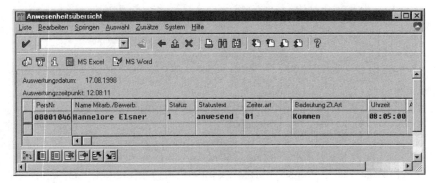

Abbildung 6.64 Anwesenheitskontrolle (© SAP AG)

Arbeitsvorrat: Zeitabgleich durchführen

Der Zeitabgleich gehört funktional zum Leistungslohn. Beim Zeitabgleich werden die produktiven Anwesenheitsstunden mit den Lohnscheinen des Leistungslohns verglichen, und zwar bei der Negativerfassung aus dem Schichtplan und bei der Positiverfassung aus den Salden. Über mehrere Stufen hinweg können Sie diese Informationen immer detaillierter darstellen.

Arbeitsvorrat: Zeitbelege auswerten

Die Auswertung der Zeitbelege gibt Ihnen nochmals die Möglichkeit, alle Informationen aus dem Umfeld der Zeitwirtschaft zu überprüfen. Sie können diese Auswertung sowohl für eine Gruppe als auch für nur einen einzigen Mitarbeiter starten.

Um im R/3-System Zeitbelege auszuwerten, gehen Sie wie folgt vor:

Ausgangspunkt Arbeitsgebiet »Arbeitsvorrat Zeitwirtschaft«

1. Geben Sie die gewünschte Personalnummer ein.
2. Klicken Sie auf die Drucktaste ZEITBELEGE.
   → Ein Fenster erscheint, in dem Sie den gewünschten Zeitraum eingeben können.

6 Zeitwirtschaft

3. Geben Sie das gewünschte Beginndatum ein, und drücken Sie ⏎.
   → Die Grundliste »Zeiterfassungs-Übersichtsliste« wird angezeigt (vgl. Abb. 6.66).

Abbildung 6.65 Auswertung Zeitbelege (© SAP AG)

Durch einen Klick auf die Drucktaste ALLES wird der Schichtplan angezeigt. Durch einen Klick auf das Symbol 🔍 können Sie noch stärker detaillieren.

Auswertungsergebnisse anzeigen

Die Ergebnisse der Zeitauswertung werden ähnlich wie die Lohn- und Gehaltsabrechnung in einer Ergebnisdatenbank hinterlegt.

Um im R/3-System die Auswertungsergebnisse anzuzeigen, gehen Sie wie folgt vor:

Ausgangspunkt Arbeitsgebiet »Zeiterfassungs-Übersichtsliste«

1. Rufen Sie die Menüfunktion SPRINGEN | AUSWERTUNGSERGEBNIS auf.
   → Die Liste »Anzeige DB PCL2 Cluster B2« wird angezeigt.
2. Doppelklicken Sie auf den gewünschten Eintrag, oder klicken Sie auf 🔍.
   → Die Detailliste »Anzeige DB PCL2 Cluster B2« erscheint.
3. Um z.B. die Tabelle »Saldo« mit den kumulierten Zeitsalden anzuzeigen, doppelklicken Sie auf die betreffende Zeile.
   → Die Tabelle »Saldo« wird mit den kumulierten Zeitsalden des Monats angezeigt.

Arbeitsvorrat: Zeitdaten

Im mittleren Fenster des Arbeitsvorrats können Sie in die verschiedenen Überblicksbilder der Zeitwirtschaft verzweigen.

Zeitwirtschaft

Arbeitsvorrat: Saldenübersicht und Zeitnachweis starten

Im rechten Fenster des Arbeitsvorrats werden die Ergebnisse der Zeitauswertung angezeigt.

Um im R/3-System eine Saldenübersicht und einen Zeitnachweis zu starten, gehen Sie wie folgt vor:

Ausgangspunkt Arbeitsgebiet »Arbeitsvorrat Zeitwirtschaft«

1. Löschen Sie die Felder »Personalnummer« und »Arbeitszeitplanregel«.
2. Klicken Sie auf die Drucktaste SALDENÜBERSICHT.
   → Ein Fenster wird angezeigt, in dem Sie den gewünschten Zeitraum eingeben.
3. Klicken Sie nach dieser Eingabe auf die Drucktaste WEITER.
   → Die Übersicht über die Salden des jeweiligen Monats wird angezeigt (vgl. Abb. 6.67).

Abbildung 6.66 Saldenübersicht (© SAP AG)

Zur Anzeige der Detailinformationen können Sie auf den Namen oder die Personalnummer der jeweiligen Mitarbeiter doppelklicken. Als Ergebnis erscheint die Zeitnachweisliste. Aus dieser Liste können Sie durch Doppelklikken bis in die jeweilige Tagesbuchung verzweigen.

Arbeitsvorrat: Zeitkonten starten

Die Funktion ZEITKONTEN STARTEN zeigt die aktuellen Salden an; sie werden per Download an das Terminal gemeldet und können vom dortigen Mitarbeiter an seinem eigenen Bildschirm eingesehen werden.

6.5.3 Zeitumbuchungsvorgaben pflegen

Im vorhergehenden Abschnitt wurde erläutert, daß die Ergebnisse der Zeitwirtschaft in Form von Salden gespeichert werden. Hin und wieder benötigt man aber auch die Funktion SALDEN AUSGLEICHEN, beispielsweise in folgendem Falle: Ein Mitarbeiter mit negativem Gleitzeitsaldo wünscht, daß das Gleitzeitkonto aus seinem Mehrarbeitskonto ausgeglichen wird. In diesem Fall werden die Stunden im Mehrarbeitssaldo negativ, im Gleitzeitsaldo positiv gebucht.

Um im R/3-System die Salden eines Mitarbeiters auszugleichen, gehen Sie wie folgt vor:

Ausgangspunkt Arbeitsgebiet »Arbeitsvorrat Zeitwirtschaft«

1. Löschen Sie die Felder »Personalnummer« und »Schichtplan«, und klicken Sie auf die Drucktaste FEHLERBEHANDLUNG.
   → Das Fenster zur Eingabe des gewünschten Zeitraums wird angezeigt.
2. Geben Sie den Zeitraum ein, und klicken Sie auf die Drucktaste WEITER.
   → Die Liste »BDE: Fehlerbehandlung Übersicht« wird angezeigt.
3. Doppelklicken Sie auf die gewünschte Personalnummer.
   → Die Liste »BDE: Fehlerbehandlung Belegsicht« wird angezeigt.
4. Setzen Sie den Cursor auf einen bereits abgerechneten Tag, und rufen Sie die Menüfunktion ANLEGEN | ZEITUMBUCHUNGSVORG auf.
   → Das Fenster mit den möglichen Zeitumbuchungsvorgaben wird angezeigt.
5. Wählen Sie z. B. die Umbuchungsart 0005 »Korrektur: GLZ-Saldo«.
   → Das Einzelbild des Infotyps 2012 wird angezeigt.

Abbildung 6.67 Zeitumbuchungsvorgabe (© SAP AG)

6. Geben Sie in das Feld »Anzahl Stunden« einen Wert ein, z. B. »1«.
7. Sichern Sie die Eingaben durch einen Klick auf 🖫.
    → Der Satz wird gesichert. Die Belegsicht wird angezeigt.
8. Klicken Sie auf die Drucktaste ZEITAUSWERTUNG.
    → Die Daten des Mitarbeiters werden abgerechnet.
9. Überprüfen Sie abschließend die Auswirkungen der Saldokorrektur auch in der Zeitnachweisliste.

6.6 Internet und Intranet

Seit dem R/3-Release 3.1 hat die SAP AG die ersten Funktionen für Internet und Intranet in die Software integriert. Besonders im HR-Modul stehen viele praktische Anwendungen zur Auswahl:

- Generell verfügbar ist bereits das ESS (Employee Self Service; – übersetzt etwa: »Mitarbeiter-Selbstbedienung«) verfügbar. Mit Hilfe dieser Applikation kann ein Mitarbeiter Informationen über seine Urlaubs- oder Krankheitsabwesenheiten sowie über seinen Gleitzeitstand selbst eingeben, anzeigen und ausdrucken.
- Jedes ABAP/4-Programm kann aus einer Webseite gestartet werden. Mit dem Web-Reporting sorgt SAP auch dafür, daß die ABAP/4-Listen automatisch in HTML umgewandelt werden.
- Die Verfügbarkeit der ersten BAPIs (Business Application Programming Interfaces) in der Zeitwirtschaft gibt den Anwendern auch die Möglichkeit, eigene Webseiten aufzubauen und interaktiv mit der SAP-Funktionalität im Hintergrund attraktive Internet- und Intranet-Dialoge zu erstellen.

6.6.1 Employee Self Service

Das ESS stellt dem SAP-Anwender eine ablauffähige Internet-Applikation zur Verfügung. Es umfaßt folgende Teilanwendungen:

- »Who is Who« – ein Mitarbeiter-Telefonbuch
- Anzeige und Pflege der Adreßdaten der Mitarbeiter
- Anzeige und Pflege von Ab- und Anwesenheiten
- Anzeige des letzten Entgeltnachweises
- Erzeugen von Arbeitsbescheinigungen inklusive deren Übermittlung per Fax
- Erzeugen eines Formulars zur Reisekostenvorerfassung auf der Basis von Microsoft Excel samt Übermittlung der entsprechenden Informationen in die Reisekostenabrechnungsstelle
- Anzeigen des Gleitzeitsaldos und weiterer Salden

6 Zeitwirtschaft

Abbildung 6.68 Employee Self Service (© SAP AG)

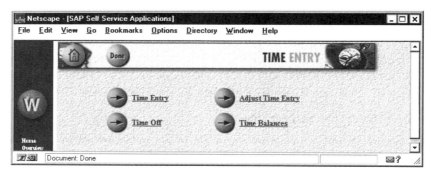

Abbildung 6.69 Erfassen von Zeitinformationen (© SAP AG)

Um im R/3-System mit dem ESS Urlaubs-Abwesenheiten zu pflegen, gehen Sie wie folgt vor:

Ausgangspunkt Employee Self Service (vgl. Abb. 6.69)

1. Klicken Sie auf TIME ENTRY.
    → Ein neuer Bildschirm wird angezeigt (vgl. Abb. 6.70).
2. Klicken Sie auf TIME OFF.
    → Ein neues Bild zur Erfassung der Ab- und Anwesenheiten wird angezeigt (vgl. Abb. 6.71).
3. Wählen Sie aus dem Rollbalken eine Abwesenheitsart, z. B. »Paid Leave«.

Zeitwirtschaft 6

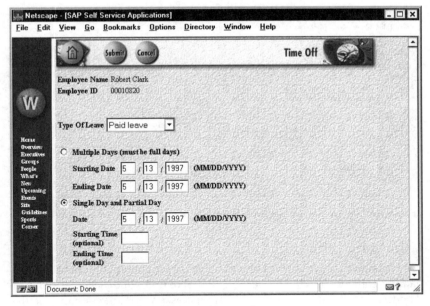

Abbildung 6.70 Erfassen einer Abwesenheit (© SAP AG)

4. Setzen Sie ein Datum fest. Beachten Sie das hier verwendete amerikanische Datumsformat (MM/TT/JJ = Monat, Tag, Jahr).
5. Klicken Sie auf SUBMIT für Anlegen.
   → Der Satz wird im R/3-System gesichert, und es wird eine Meldung über die erfolgreiche Durchführung ausgegeben.
6. Klicken Sie im Browser auf HOME.
   → Die Startseite von ESS erscheint.

6.6.2 WEB-Reporting

Das ESS ist auch zur Darstellung des Web-Reportings geeignet.

Um im R/3-System beispielsweise ein Gleitzeitkonto mit dem ESS anzuzeigen, gehen Sie wie folgt vor:

Ausgangspunkt ESS (vgl. Abb. 6.70)

1. Klicken Sie auf TIME BALANCES.
   → Die Anzeige der Zeitsalden, die mit Hilfe eines ABAP/4-Programms auf einem bestimmten Formular generiert wurden, erscheint im HTML-Format (vgl. Abb. 6.72).
2. Klicken Sie im Browser auf HOME.
   → Die Startseite von ESS erscheint.

6 Zeitwirtschaft

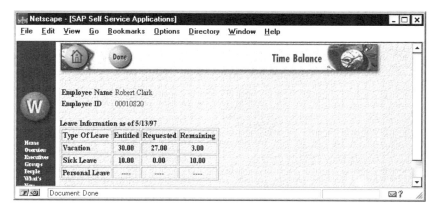

Abbildung 6.71 ESS: Anzeige bestimmter Salden (WEB-Reporting) (© SAP AG)

6.6.3 BAPI

Die sogenannten BAPIs (Business Application Programming Interfaces) enthalten definierte Funktionen der R/3-Software und ermöglichen es dem Anwender, diese Funktionen in Bildschirmmasken zu integrieren – mithin eigene Dialoge zu entwerfen. Diese Dialoge können in Webseiten eingebunden werden; aber auch Visual-C, Visual-Basic, Delphi, Hathside oder weitere Entwicklungswerkzeuge können diese Funktionen nutzen. Wichtige Teile der Anwendungen sind objektorientiert programmiert.

Hinweis Wenn Sie sich intensiver mit dem Thema Zeitwirtschaft beschäftigen wollen, rufen Sie die »Online-Information« zu diesem Thema auf. Sie können sich jedoch beispielsweise auch mit Hilfe der Online-Dokumentation tiefer in diese Materie einarbeiten.

6.7 Aus der Praxis

Die Ermittlung des Bruttolohns erforderte bei einem großen Unternehmen der Möbelindustrie mit dezentralen Standorten bisher großen Aufwand. Seit vielen Jahren füllten die Mitarbeiter oder deren Vorgesetzte die Schichtzettel von Hand aus, auf denen lediglich die Beginn- und Endearbeitszeit des Tages aller Mitarbeiter festgehalten wurden. Abwesenheiten oder dienstliche Verhinderungen wurden miterfaßt. Diese Zettel wurden an die zentrale Personalabteilung weitergeleitet.

Dort war es die Aufgabe der Sachbearbeiter,

- aus diesen Stunden die Pausen herauszurechnen
- nach dem Erreichen der täglichen Sollarbeitszeit Mehrarbeiten zu ermitteln
- vor allem aber auch die Sonntags-, Nacht- und Feiertagszuschläge zu bestimmen

Jeder Sachbearbeiter kannte folglich alle Bruttolohnarten auswendig. Krankheitsbedingte Ausfälle in diesem Personenkreis konnten dazu führen, daß die Mitarbeiter auf Teile ihres Arbeitsentgelts warten mußten.

Als noch größeres Problem stellten sich neue Tarifabschlüsse und darüber hinausgehende Betriebsvereinbarungen heraus, denen zufolge im ersten Schritt eine wöchentliche, im zweiten Schritt sogar eine sechsmonatige Mehrarbeitsbetrachtung erforderlich wurde. Dies bedeutete, daß zusätzlich für jeden Mitarbeiter diese Konten manuell geführt werden mußten! Das »Knock-out-Kriterium« für diese althergebrachte Arbeitsweise war schließlich der Umstand, daß innerhalb einer Woche die Überstunden gegen die Fehlzeiten aufgerechnet werden mußten. Die Entscheidung für eine Softwarelösung fiel recht eindeutig aus.

Nur in den Zweigwerken wurde eine Kommt/Geht-Zeiterfassung vor Jahren erprobt und nach kurzer Zeit wieder eingestellt. Dies führte zu einer starken Sensibilisierung nicht nur der Belegschaft, sondern auch des mitbestimmungsberechtigten Betriebsrats.

Die Entscheidung für R/3 fiel trotzdem mit folgenden Lösungsansätzen:

- Überall dort, wo es möglich ist, wird eine Kommt/Geht-Zeiterfassung eingeführt. Ist dies nicht möglich, werden die Zeiten manuell als Anwesenheiten in SAP-HR eingetragen. Dabei sollte zusätzlich geprüft werden, ob die Schichtzettel nicht mit Hilfe einer Schrifterkennung schneller verarbeitet werden könnten.
- Für beide Personenkreise wird die Zeitbewertung täglich durchgeführt.

In der Tabelle T510S werden alle tariflichen, außertariflichen und betrieblichen Regeln für folgende Punkte abgelegt:

- Sollarbeitsberechnung, allerdings nur für Stundenlöhne
- Abwesenheitsberechnung, jedoch nur für Abwesenheiten, die nach dem Ausfallprinzip bezahlt werden (also keine Stundenlöhne)
- Mehrarbeitsberechnung, oft nur mit temporärem Charakter, da längere Betrachtungszeiträume gelten. Dabei stellte es sich als vorteilhaft heraus, daß es das Modul HR ermöglichte, beliebige Zeiträume zu betrachten.
- Sonntags-, Nacht- und Feiertagszuschläge
- Schichtzuschläge
- Sonderregeln für Heiligabend und Sylvester

Fazit

Nach der Einführung von SAP HR haben die Sachbearbeiter kaum noch die Aufgabe, Lohnarten aufzugeben. Jetzt werden nur noch die Zeiten im System erfaßt. Dadurch sind auch die Probleme mit rückwirkenden Korrekturen gelöst, da das System durch die automatische Rückrechnungserkennung alles wieder richtet, also die Bezahlung und die Zeitkonten. Zudem kann als weiterer Vorteil früher abgerechnet werden. Darüber hinaus ist jetzt das Berichtswesen auch aussagekräftig.

6.8 Aufgaben

1. Welches sind die beiden Bestandteile der »klassischen« Zeitwirtschaft?
2. Was ist der Unterschied zwischen Negativ- und Positiverfassung?
3. Aus welchen Bestandteilen besteht der Schichtplan?
4. Wann ist ein Tag arbeitsfrei?
5. An welchem Zeitraum orientiert sich die Urlaubsabtragung im Infotyp 0005?
6. Welche Arbeitszeitformen unterstützt der Infotyp 0007 »Sollarbeitszeit"?
7. Mit welchen Masken können Abwesenheiten erfaßt werden?
8. Was ist der Unterschied zwischen Ab- und Anwesenheiten?
9. Welche Möglichkeiten hat man, um eine vom Sollschichtplan abweichende Arbeitszeit anzugeben?
10. Wie kann man in der SAP-Zeitwirtschaft Kommt/Geht-Zeiten erfassen?
11. Wie erfaßt man Mehrarbeiten in der Negativ- und der Positiverfassung?
12. Wie unterscheidet sich die Zeitbindung in der Zeitwirtschaft von der der Stammdaten?

6.9 Lösungen

1. Welches sind die beiden Bestandteile der »klassischen« Zeitwirtschaft?
   Negativerfassung (Schichtplan, Abwesenheiten und weitere »Schichtplanabweichungen«) und Positiverfassung

2. Was ist der Unterschied zwischen Negativ- und Positiverfassung?
   Die Positiverfassung ergänzt die Negativerfassung im wesentlichen um die Kommt/Geht-Zeiten und die automatische Generierung von Salden und Mehrarbeiten.

3. Aus welchen Bestandteilen besteht der Schichtplan?
   Pausen liegen in Tagesprogrammen, diese werden zu Zeitmodellen geordnet, und daraus entstehen Schichtpläne.

4. Wann ist ein Tag arbeitsfrei?
   Ein Tag ist als arbeitsfrei gekennzeichnet, wenn entweder der Tagestyp ungleich blank oder bzw. und das Tagesprogramm »0« ist.

5. An welchem Zeitraum orientiert sich die Urlaubsabtragung im Infotyp 0005?
   Die Urlaubsabtragung orientiert sich einzig am Abtragungsintervall, nicht am eigentlichen Gültigkeitsintervall.

6. Welche Arbeitszeitformen unterstützt der Infotyp 0007 »Sollarbeitszeit"?
   Normale, also feste Arbeitszeit sowie Gleit-, Teil- und Jahresarbeitszeit.

7. Mit welchen Masken können Abwesenheiten erfaßt werden?
   Abwesenheiten können im Jahres- und Monatskalender, mit der Schnellerfassung, der Listerfassung und natürlich im Einzelbild erfaßt werden.

8. Was ist der Unterschied zwischen Ab- und Anwesenheiten?
   Anwesenheiten sind Abwesenheiten in betrieblichem Auftrag, also Dienstreisen oder Seminare. Außerdem dient der Infotyp 2002 zur Verteilung (Kontierung) von Anwesenheitsstunden.

9. Welche Möglichkeiten hat man, um eine vom Sollschichtplan abweichende Arbeitszeit aufzugeben?
   Erfassen kann man den Infotyp 2003 im Monatskalender, in der Schnellerfassung, der Listerfassung und im Einzelbild. Vertretungen können als Tagesprogramm-, Schicht- oder Personalnummervertretung erfaßt werden, aber auch einen frei definierbaren Zeitraum umfassen.

10. Wie kann man in der SAP-Zeitwirtschaft Kommt/Geht-Zeiten erfassen?
    Kommt/Geht-Zeiten werden üblicherweise an Terminals erfaßt, können aber auch manuell eingegeben werden.

Zeitwirtschaft

11. Wie erfaßt man Mehrarbeiten in der Negativ- und der Positiverfassung?
    Der Infotyp 2005 wird eigentlich nur in der Negativerfassung verwendet. In der Positiverfassung resultieren Mehrarbeiten aus der automatischen Bewertung von Arbeitszeitsalden unter Zuhilfenahme von Anwesenheitskontingenten.

12. Wie unterscheidet sich die Zeitbindung in der Zeitwirtschaft von der der Stammdaten?
    Die Zeitbindung der Zeitwirtschaft ist im Unterschied zu der der Stammdaten auch infotypübergreifend.

Kapitel 7
Personalabrechnung

7.1	**Grundlagen der Personalabrechnung**	**401**
7.1.1	Ermittlung der Bruttobezüge	402
7.1.2	Ermittlung der Nettobezüge	402
7.1.3	Ermittlung der persönlichen Be- und Abzüge	403
7.1.4	Ermittlung des Auszahlungsbetrags	403
7.1.5	Überweisungen	403
7.1.6	Zusammenfassung	404
7.2	**Abrechnungsrelevante Daten für die Personalabrechnung**	**404**
7.2.1	Übersicht über abrechnungsrelevante Infotypen	405
7.3	**Übersicht der Infotypen zur Personalabrechnung**	**405**
7.3.1	Bedeutung der Personalstammdaten in der Verarbeitung	406
7.3.2	Bedeutung der Zeitdaten in der Verarbeitung	422
7.3.3	Bedeutung der Bewegungsdaten in der Verarbeitung	423
7.3.4	Änderungen in vorangegangenen Abrechnungszeiträumen	427
7.4	**Bestandteile der Personalabrechnung**	**427**
7.4.1	Lohnarten als Steuerungsfaktoren	427
7.4.2	Funktionen der Lohnarten	427
7.4.3	Lohnartenstruktur	429
7.4.4	Dateien	429
7.5	**Personalabrechnung**	**430**
7.5.1	Voraussetzungen für die Durchführung	430
7.5.2	Durchführung der Personalabrechnung	433

7 Personalabrechnung

7.6	**Bearbeitungsschritte nach Durchführung der Personalabrechnung**	**441**
7.6.1	Ausdruck der Entgeltnachweise	442
7.6.2	Überweisungen	445
7.6.3	Beitragsnachweis	447
7.6.4	Lohnkonto	448
7.7	**Aufgaben**	**451**
7.8	**Lösungen**	**452**

Personalabrechnung

In den vorangegangenen Kapiteln haben Sie den Aufbau der Unternehmens- und Personalstruktur in SAP® R/3® kennengelernt und einen Überblick über die Verwaltung der Personalstammdaten und die Zeitwirtschaft bekommen.

In den nachfolgenden Kapiteln erhalten Sie einen Überblick über die Grundlagen der Personalabrechnung. Dazu müssen Sie die Infotypen der Personalstamm- und Bewegungsdaten sowie die Zeitdaten der Mitarbeiter kennen.

7.1 Grundlagen der Personalabrechnung

Mit der R/3-Komponente »Personalabrechnung« können die gesetzlichen und unternehmensspezifischen Bearbeitungsschritte für Brutto- und Nettoberechnungen von Löhnen und Gehältern, persönlichen Be- und Abzügen sowie die Auszahlung des Nettoentgelts dargestellt werden.

Unter »gesetzlichen Bearbeitungsschritten« versteht man beispielsweise:

- Berechnung, Einbehaltung und Abführung der Lohn- und Kirchensteuer und des zur Zeit noch zu zahlenden Solidaritätszuschlags,
- die Berechnung der Arbeitgeber- und Arbeitnehmeranteile für Kranken-, Pflege-, Renten- und Arbeitslosenversicherungen sowie
- die Berechnung der Pauschalversteuerung usw.

Zu den »unternehmensspezifischen Bearbeitungsschritten« zählen eine automatische Berechnung von Provisionen, die Berechnung von Prämienlohn usw., also sämtliche tarifvertraglichen Regelungen, Betriebsvereinbarungen und einzelvertragliche Vereinbarungen, die es zwischen einem Unternehmen und allen oder einzelnen Mitarbeitern gibt.

7 Personalabrechnung

7.1.1 Ermittlung der Bruttobezüge

Zur Ermittlung der Bruttobezüge werden die Personalstammdaten, Bewegungsdaten, Zeitdaten der Mitarbeiter und das vorherige Abrechnungsergebnis eingelesen bzw. ausgewertet.

Personalstammdaten sind alle persönlichen Daten über einen Mitarbeiter und sein Beschäftigungsverhältnis, wie z.B. Name, Anschrift, Bankverbindung, vereinbarte monatliche Bezüge, Einsatzort, Kostenstelle usw.

Bewegungsdaten sind alle Daten, die durch das Beschäftigungsverhältnis entstehen können, z.B. ein monatlicher Fahrgeldzuschuß, eine jährliche Weihnachtsgratifikation, ein Urlaubsentgelt oder auch zusätzliches Urlaubsgeld, Mehrarbeitsvergütung usw.

Zeitdaten beziehen sich auf die An- und Abwesenheiten eines Mitarbeiters, wie z.B. Urlaub, Krankheit, Sonderurlaub, Freistellung, unbezahlte Zeiten, Mehrarbeit, Vertretung oder Bereitschaft. Sie sind alle für die Personalabrechnung relevant, da sie bei der Bezahlung eines Mitarbeiters berücksichtigt werden müssen.

Da während der Berechnung der Bruttobezüge möglicherweise auf vorherige Abrechnungsergebnisse zurückgegriffen wird (mindestens zur Fortschreibung, siehe unten), kann man davon ausgehen, daß die Daten und Ergebnisse der vorangegangenen Abrechnungsperiode im System vorhanden und zur Einsicht und Auswertung verfügbar sind.

Beispiel Die Vergütung einer bezahlten Abwesenheit basiert auf der Kalkulation der Durchschnittsbezüge der letzten drei Monate. Damit eine Durchschnittsberechnung durchgeführt werden kann, muß man auf früher errechnete und festgehaltene Durchschnittswerte zugreifen können. Dies geschieht durch »Einlesen« des vorherigen Abrechnungsergebnisses.

Für die Berechnung der Bruttobezüge ist außerdem von Bedeutung, ob ein Mitarbeiter während der aktuellen Abrechnungsperiode neu eingestellt wurde oder ob er das Unternehmen verlassen hat, damit z.B. das monatliche Entgelt automatisch anteilig berechnet werden kann. In R/3 nennt man diese Ermittlung der »Teilmonatsfaktoren« auch *Aliquotierung*.

7.1.2 Ermittlung der Nettobezüge

Bei der Ermittlung der Nettobezüge geht es um die Berechnung

- der Lohn- und Kirchensteuer
- des Solidaritätszuschlags
- um eventuelle Pauschalsteuern, die vom Mitarbeiter zu tragen sind
- der Sozialversicherungsbeiträge wie der Kranken-, Pflege-, Renten- und Arbeitslosenversicherung.

Berechnung

Das Nettoentgelt (gesetzliches Netto) des Mitarbeiters für den Abrechnungsmonat errechnet sich aus folgender Formel:

Bruttoentgelt des Mitarbeiters für den Abrechnungsmonat minus Steuer minus Sozialversicherung

7.1.3 Ermittlung der persönlichen Be- und Abzüge

Ein persönlicher Bezug bei der Ermittlung des Nettobezugs ist z. B.:

- Zuschuß zum Kindergarten (netto)

Persönliche Abzüge eines Mitarbeiters bei der Ermittlung des Nettobezugs sind z. B.:

- Abzug eines pfändbaren und gepfändeten Betrags
- Abzug von Telefongeld
- Abzug von Essensgeld
- Abzug von abzuführenden Vermögensbildungszahlungen
- Abzug einer Prämie für eine Direktversicherung
- Abzug eines Vorschusses
- Abzug einer Abschlagszahlung

7.1.4 Ermittlung des Auszahlungsbetrags

Nach der Nettoberechnung und Ermittlung der persönlichen Be- und Abzüge erhält man den Betrag, der tatsächlich auf das Konto des Mitarbeiters überwiesen wird.

Der Auszahlungsbetrag wird wie folgt berechnet:

Nettoentgelt des Mitarbeiters im Abrechnungsmonat minus persönliche Be- und Abzüge

7.1.5 Überweisungen

Nach der Ermittlung des Auszahlungsbetrags und der persönlichen Be- und Abzüge stehen die Nettobeträge der Überweisungen für den Mitarbeiter fest.

Aus der Praxis kennen Sie folgende Überweisungen für Mitarbeiter:

- Überweisung des Auszahlungsbetrags
- Überweisung für die Vermögensbildung
- Überweisung der Direktversicherungsprämie
- Überweisung eines pfändbaren und gepfändeten Betrags

7 Personalabrechnung

7.1.6 Zusammenfassung

Zur Durchführung der Personalabrechnung werden alle abrechnungsrelevanten Daten bereitgestellt. Dies sind Daten aus dem Personalstamm eines Mitarbeiters, den Bewegungsdaten, die aus dem Beschäftigungsverhältnis entstehen (z. B. Fahrgeldzuschuß) und aus der Zeitwirtschaft sowie aus dem vorherigen Abrechnungsergebnis.

Zur Ermittlung der Bruttobezüge für einen Abrechnungszeitraum werden folgende Informationen benötigt:

- Personalstammdaten
- vorheriges Abrechnungsergebnis
- Zeitdaten
- etwaiger zeitlicher Anteil an einem Monat (bei Eintritt oder Ausscheiden eines Mitarbeiters während des Abrechnungszeitraums)
- Bewegungsdaten

Nach der Ermittlung der Bruttobezüge beginnt die Berechnung der gesetzlichen Abgaben, wie z. B. der Lohnsteuer und der Sozialversicherungsbeiträge. Es werden also die Nettobezüge berechnet.

In der SAP R/3-Personalwirtschaft sind alle gesetzlichen Regelungen für die Berechnung von Lohnsteuer und Sozialversicherungsbeiträgen im System bereits vorgegeben. Das bedeutet, daß Sie im Customizing nicht selbst die gesetzlichen Parameter einstellen müssen.

Nach der Ermittlung der gesetzlichen Abzüge für einen Mitarbeiter werden die persönlichen Be- und Abzüge für diesen Mitarbeiter vom bisher ermittelten Nettobetrag abgezogen bzw. zu diesem addiert, um so den eigentlichen Auszahlungsbetrag für die aktuelle Abrechnungsperiode zu erhalten.

7.2 Abrechnungsrelevante Daten für die Personalabrechnung

In der SAP R/3-Personalwirtschaft werden zwei Arten von Daten unterschieden:

- Daten, die zur Personalabrechnung herangezogen werden
- Daten, die zu Informations-, Auswertungs- oder statistischen Zwecken dienen

Die Daten, die für die Personalabrechnung benötigt werden, nennt man abrechnungsrelevante Daten. Das sind bestimmte Infotypen der Personalstammdaten, Bewegungsdaten und aus der Zeitwirtschaft, die für die Brutto- und Nettoberechnung der Bezüge eines Mitarbeiters herangezogen werden.

7.2.1 Übersicht über abrechnungsrelevante Infotypen

Folgende Infotypen enthalten abrechnungsrelevante Informationen:

- Infotyp 0001 »Organisatorische Zuordnung«
- Infotyp 0002 »Daten zur Person«
- Infotyp 0005 »Urlaubsanspruch«
- Infotyp 0006 »Anschriften«
- Infotyp 0007 »Arbeitszeit«
- Infotyp 0008 »Basisbezüge«
- Infotyp 0009 »Bankverbindung«
- Infotyp 0010 »Vermögensbildung«
- Infotyp 0011 »Externe Überweisung«
- Infotyp 0012 »Steuerdaten D«
- Infotyp 0013 »Sozialversicherung D«
- Infotyp 0014 »Wiederkehrende Be- und Abzüge«
- Infotyp 0015 »Ergänzende Zahlung«
- Infotyp 0020 »DUEVO-Daten«
- Infotyp 0026 »Direktversicherung«
- Infotyp 0027 »Kostenverteilung«
- Infotyp 0032 »Betriebsinterne Daten«
- Infotyp 0045 »Darlehen«
- Infotyp 0049 »Kurzarbeit«
- Infotyp 0078 »Darlehenszahlungen«
- Infotyp 0079 »Sozialversicherung Zusatz«
- Infotyp 0083 »Urlaubsabgeltung«
- Infotyp 0111 bis 0117 »Arbeitsgebiet Pfändungen«
- Infotyp 0232 »Kindergeld D«
- Infotyp 2010 »Entgeltbelege«

Das bedeutet nicht, daß alle aufgelisteten Infotypen für jeden Mitarbeiter im System vorhanden sein müssen – so z.B. der Infotyp 0232 »Kindergeld D«. Dieser Infotyp wird nur dann für einen Mitarbeiter angelegt, wenn dieser auch tatsächlich Anspruch auf Kindergeld hat.

7.3 Übersicht der Infotypen zur Personalabrechnung

Im folgenden werden die Personalstammdaten, die bei der Verarbeitung der Personalabrechnung zuerst eingelesen und zur Auswertung herangezogen werden, aufgelistet und kurz besprochen.

7 Personalabrechnung

Folgende Infotypen sollten in der Personalstammdatenverwaltung für jeden Mitarbeiter angelegt und bei der Verarbeitung gültig sein:

- Infotyp 0002 »Daten zur Person«
- Infotyp 0006 »Anschriften«
- Infotyp 0001 »Organisatorische Zuordnung«
- Infotyp 0008 »Basisbezüge«
- Infotyp 0012 »Steuerdaten D«
- Infotyp 0013 »Sozialversicherung D«
- Infotyp 0079 »Sozialversicherung Zusatz«
- Infotyp 0020 »DUEVO-Daten«
- Infotyp 0007 »Sollarbeitszeit«
- Infotyp 0027 »Kostenverteilung«

Jeder dieser Infotypen enthält Informationen, die für die Abrechnung benötigt werden.

Für die Berechnung der Bruttobezüge eines Mitarbeiters müssen für jeden Mitarbeiter mindestens die Infotypen »Daten zur Person", »Organisatorische Zuordnung«, »Basisbezüge« und »Sollarbeitszeit« vorhanden sein.

Zur Berechnung der Nettobezüge eines Mitarbeiters müssen für die deutsche Personalabrechnung die Infotypen »Steuerdaten D« und »Sozialversicherung D« gepflegt und gültig sein, da ohne diese Infotypen die Steuern und Sozialversicherungsbeiträge nicht errechnet werden können.

7.3.1 Bedeutung der Personalstammdaten in der Verarbeitung

In diesem Abschnitt erhalten Sie einen Überblick über die Infotypen der Personalstammdaten, die für die Personalabrechnung von Bedeutung sind.

Um im R/3-System in die Komponente Personaladministration zu wechseln, gehen Sie wie folgt vor:

Ausgangspunkt SAP R/3-Hauptmenü

1. Rufen Sie die Menüfunktion PERSONAL | PERSONALMANAGEMENT | PERSONALADMINISTRATION auf.
   → Das Fenster »Personaladministration« wird angezeigt.
2. Klicken Sie auf die Schaltfläche PERSONALST. ANZEIGEN.
   → Das Fenster »Personalstammdaten anzeigen« wird angezeigt (vgl. Abb. 7.1).

Infotyp 0002 »Daten zur Person«

Im Infotyp 0002 »Daten zur Person« hinterlegen Sie die personenbezogenen Daten eines Mitarbeiters, wie den Namen, Vornamen, Geburtsnamen, Titel, das Geburtsdatum, den Geburtsort, das Geburtsland usw.

Personalabrechnung 7

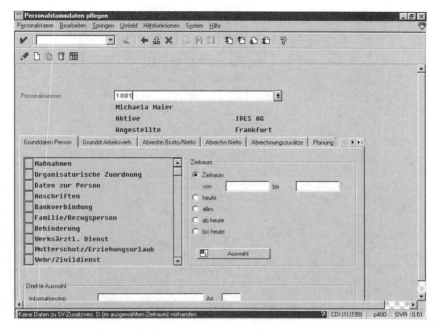

Abbildung 7.1 Infotyp 0002 »Daten zur Person« (© SAP AG)

Dieser Infotyp wird in der Verarbeitung der Personalabrechnung eingelesen, um den Mitarbeiter über die Personalnummer eindeutig zu identifizieren.

Wenn der Infotyp 0002 »Daten zur Person« für die Verarbeitung der Personalabrechnung fehlt, kann keine Abrechnung für die zugehörige Personalnummer vorgenommen werden.

Die Gültigkeit dieses Infotyps beginnt gemäß System jeweils mit dem Geburtsdatum eines Mitarbeiters.

Infotyp 0006 »Anschriften«

Auf den Infotyp »Anschriften« (vgl. Abb. 7.2) wird beim Aufbereiten und Ausdrucken des Entgeltformulars zugegriffen.

Sie können neben der Hauptanschrift eines Mitarbeiters weitere Anschriften hinterlegen, wie z. B. einen Nebenwohnsitz oder die Postanschrift eines Mitarbeiters innerhalb des Unternehmens.

Unter »Anschriften« können Sie außerdem die Entfernungskilometer zwischen dem Wohnort und der Arbeitsstätte dieses Mitarbeiters eingeben. Auf diese Information wird bei der Berechnung der Entfernungskilometer für die Bürotage und die Benutzung eines Firmenfahrzeugs zugegriffen.

Auch wenn dieser Infotyp bei der Verarbeitung der Personalabrechnung fehlt, kann die Abrechnung für den Mitarbeiter vorgenommen werden.

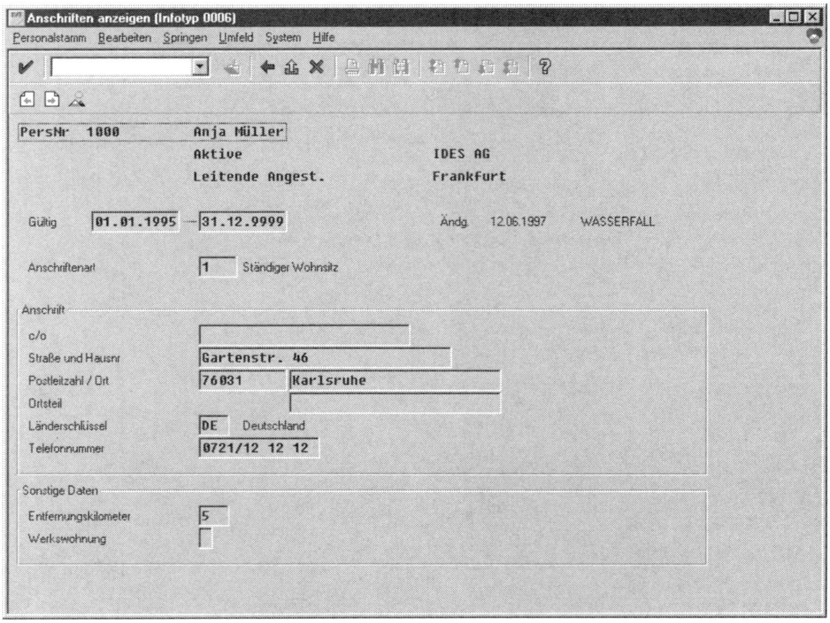

7 Personalabrechnung

Abbildung 7.2 Infotyp 0006 »Anschriften« (© SAP AG)

Infotyp 0001 »Organisatorische Zuordnung« und Infotyp 0008 »Basisbezüge«

Der Mitarbeiter, für den die Abrechnung erstellt wird, muß eindeutig der Unternehmensstruktur, der Personalstruktur und einer Kostenstelle oder Planstelle zugeordnet sein. Es kann bei der Personalabrechnung auch geprüft werden, ob der Mitarbeiter überhaupt zur Zeit im Unternehmen beschäftigt ist. Dies geschieht über die Funktion STATUS DES MITARBEITERS.

Damit die Personalabrechnung für den richtigen Kreis von Mitarbeitern durchgeführt wird, werden die Mitarbeiter einem sogenannten *Abrechnungskreis* zugeordnet.

Mit einer Zuordnung zu einem Abrechnungskreis bestimmen Sie, für welche Mitarbeiter des Unternehmens zu welchem Zeitpunkt die Abrechnung durchgeführt werden soll.

Die arbeitsplatzbezogenen Personalstammdaten aus dem Infotyp 0001 »Organisatorische Zuordnung« (vgl. Abb. 7.3) und der Infotyp 0008 »Basisbezüge« (vgl. Abb. 7.4) gehören zusammen. Im Infotyp »Basisbezüge« hinterlegen Sie für jeden Mitarbeiter das Gehalt oder den Monatslohn, Stundenlohn, Provisionen, vereinbarte Zuschläge (wie z.B. eine Schichtführerpauschale), monatliche Zulagen, Mehrarbeitszulagen und ähnliches, also alle Informationen, die sich direkt aus dem Arbeitsverhältnis und dem Arbeitsplatz ergeben.

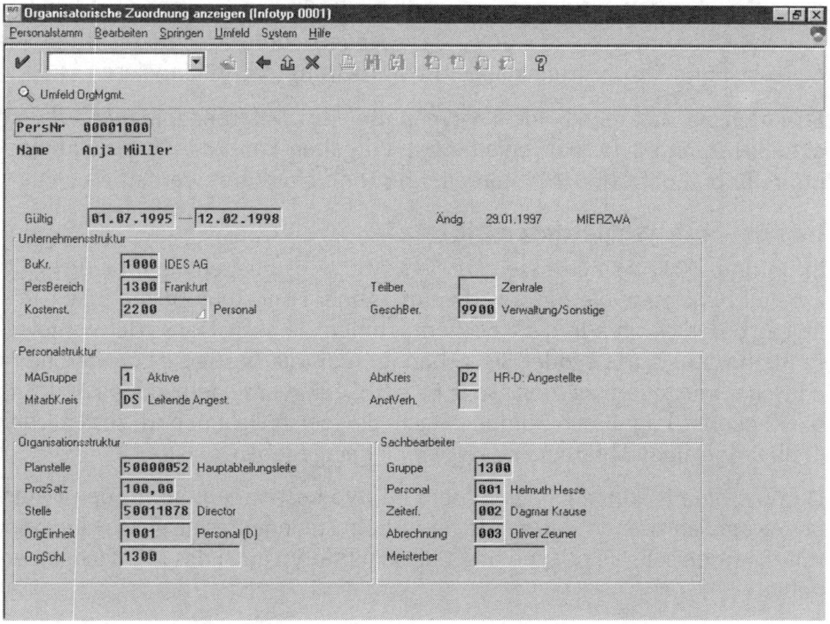

Personalabrechnung 7

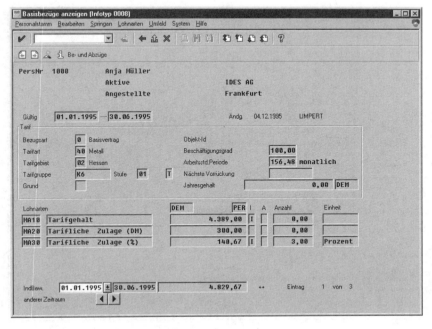

Abbildung 7.3 Infotyp 0001 »Organisatorische Zuordnung« (© SAP AG)

Abbildung 7.4 Infotyp 0008 »Basisbezüge« (© SAP AG)

7.3 Übersicht der Infotypen zur Personalabrechnung

7 Personalabrechnung

Bei der Personalabrechnung werden die beiden Infotypen 0001 »Organisatorische Zuordnung« und 0008 »Basisbezüge« unter der Betrachtung Arbeitsplatz und Basisbezüge in einem Verarbeitungsschritt eingelesen.

Beachten Sie bitte, daß beide Infotypen für jeden Mitarbeiter immer auf dem aktuellen Stand sind. Bei fehlerhaften Vorgaben kann die Personalabrechnung für den betroffenen Mitarbeiter nicht durchgeführt werden.

Infotyp 0012 »Steuerdaten D«

Im Infotyp 0012 »Steuerdaten D« (vgl. Abb. 7.5) pflegen Sie für jeden Mitarbeiter die Daten, die für die Erfassung seiner Lohnsteuerpflicht bzw. -freiheit erforderlich sind. In der Regel entnehmen Sie diese Daten der vorgelegten Lohnsteuerkarte – oder Sie geben an, daß die Bezüge des Mitarbeiters pauschal versteuert werden, so z.B. bei Geringverdienern oder kurzfristig bzw. geringfügig Beschäftigten. Auch die persönlichen und zusätzlichen Freibeträge eines Mitarbeiters werden hier eingegeben.

Darüber hinaus können Sie in diesem Infotyp bestimmen, ob für den Mitarbeiter am Jahresende automatisch ein Lohnsteuerjahresausgleich durchgeführt werden soll. Sie pflegen unter diesem Infotyp auch das »Kirchensteuergebiet«.

Falls Ihnen die Lohnsteuerkarte eines Mitarbeiters nicht vorliegt, können Sie unter »Vorlage« die entsprechenden Daten eingeben.

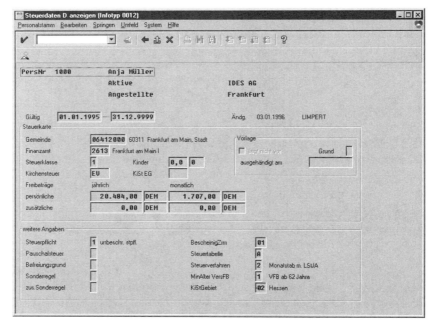

Abbildung 7.5 Infotyp 0012 »Steuerdaten D« (© SAP AG)

Personalabrechnung 7

Wenn Sie den Infotyp 0012 »Steuerdaten D« für einen Mitarbeiter nicht erfaßt haben, kann für diesen Mitarbeiter keine Personalabrechnung durchgeführt werden. Die Verarbeitung wird vom System abgebrochen. Die Personalnummer wird als fehlerhaft eingestuft.

Darüber hinaus wird der Infotyp 0012 »Steuerdaten D« verwendet bei

- der Lohnsteuerbescheinigung für Mitarbeiter
- dem Lohnkonto

Infotyp 0013 »Sozialversicherung«

Im Infotyp 0013 »Sozialversicherung« (vgl. Abb. 7.6 und 7.7) pflegen Sie die Daten für die gesetzlichen Sozialversicherungen der Mitarbeiter, für Kranken-, Renten-, Arbeitslosen- und Pflegeversicherungen. Über die Kennzeichen wird der sogenannte Sozialversicherungsschlüssel gebildet, der für die Datenübertragungsverordnung, kurz DUEVO, wichtig ist.

Sie geben in diesem Infotyp auch an, in welcher Krankenkasse der Mitarbeiter versichert ist. Diese Informationen werden bei der Ermittlung der Nettobezüge zur anteiligen Beitragsberechnung für Arbeitgeber und Arbeitnehmer benötigt.

Die Daten des Infotyps 0013 »Sozialversicherung« sind außer bei der Personalabrechnung noch für die Beitragsabführung an Krankenkassen und die DUEVO wichtig.

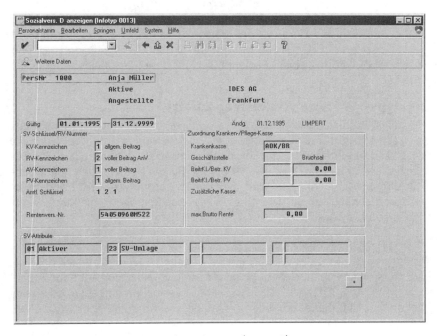

Abbildung 7.6 Infotyp 0013 »Sozialversicherung« (© SAP AG)

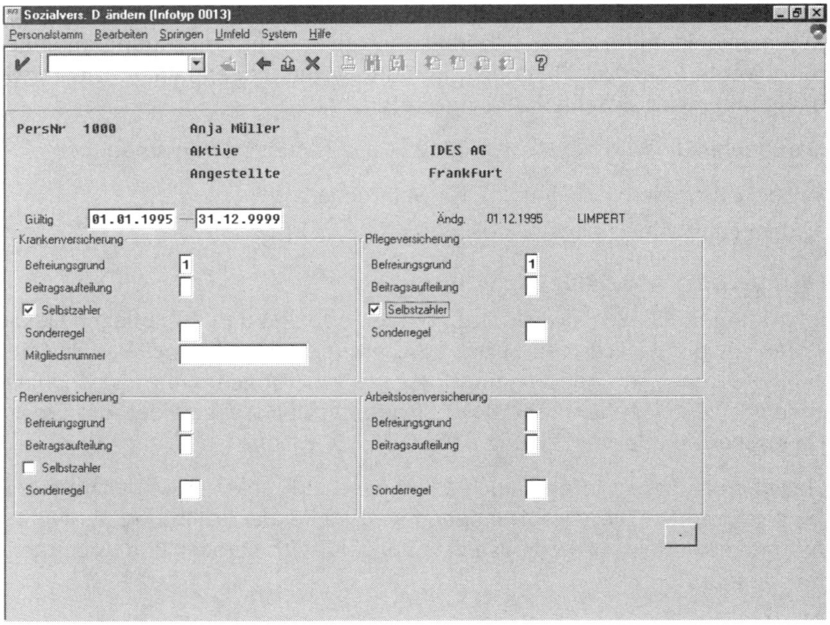

7 Personalabrechnung

Abbildung 7.7 Infotyp 0013 »Sozialversicherung« – weitere Daten (© SAP AG)

Unter »SVÜ-Attribute« nehmen Sie eine Gruppierung Ihrer Mitarbeiter vor, z.B. weisen Sie bestimmte Mitarbeiter als »aktiv« aus. Wenn der Infotyp 0013 »Sozialversicherung« in den Personalstammdaten eines Mitarbeiters fehlt, kann keine Personalabrechnung für diesen Mitarbeiter durchgeführt werden. Sie wird mit einem Fehlerhinweis für diese Personalnummer abgebrochen.

Infotyp 0079 »Sozialversicherung Zusatz«

Für die Mitarbeiter, die ihre Kranken-, Pflege- oder Rentenversicherungsbeiträge selbst an Krankenkassen oder Versicherungen abführen, legen Sie zusätzlich zum Infotyp 0013 »Sozialversicherung D« den Infotyp 0079 »Sozialversicherung Zusatz« an (vgl. Abb. 7.8). Bei der betrieblichen Beitragsabführung an Krankenkassen wird dies vom System ausgewertet, indem im entsprechenden Sozialversicherungszweig keine Beiträge an die Krankenkassen abgeführt werden.

Infotyp 0020 »DUEVO«

Im Infotyp 0020 »DUEVO« machen Sie Angaben über die Tätigkeit des Mitarbeiters, seine Funktion, Position oder Ausbildung in bezug auf seine Arbeit. Unter »Weitere Angaben« können Sie die Information eingeben, ob es sich bei diesem Mitarbeiter um einen Mehrfachbeschäftigten handelt (vgl. Abb. 7.9).

Personalabrechnung 7

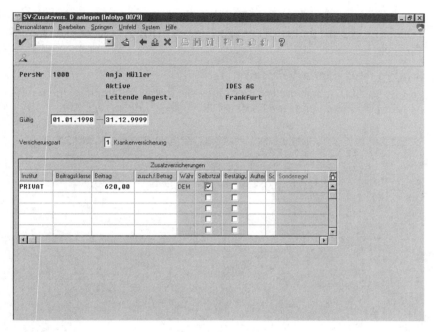

Abbildung 7.8 Infotyp 0079 »Sozialversicherung Zusatz« (© SAP AG)

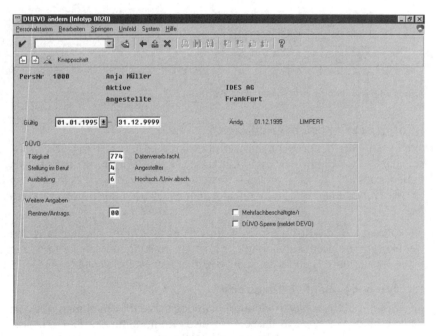

Abbildung 7.9 Infotyp 0020 »DUEVO-Daten« (© SAP AG)

7 Personalabrechnung

Die DUEVO-Daten werden in Verbindung mit dem Infotyp 0013 »Sozialversicherung« geprüft und auch zur Erstellung der DUEVO-Meldungen herangezogen.

Infotyp 0007 »Sollarbeitszeit«

Im Infotyp 0007 »Sollarbeitszeit« ordnen Sie jedem Mitarbeiter einen gültigen Arbeitszeitplan und eine Form der Zeitauswertung zu (vgl. Abb. 7.10).

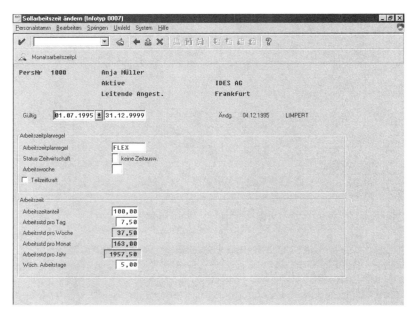

Abbildung 7.10 Infotyp 0007 »Sollarbeitszeit« (© SAP AG)

Infotyp 0027 »Kostenverteilung«

Wenn ein Mitarbeiter nicht nur auf der Stammkostenstelle erfaßt werden soll, die Sie ihm im Infotyp 0001 »Organisatorische Zuordnung« zugewiesen haben, sondern auch auf anderen Kostenstellen, stellen Sie dies im Infotyp »Kostenverteilung« mit dem entsprechenden Verteilungsprozentsatz ein (vgl. Abb. 7.11).

Sie können z.B. die Kosten sowohl aus den Basisbezügen als auch aus den Reisekosten verteilen. Für eine solche Kostenverteilung müssen Sie eindeutig einen Buchungskreis und eine zu belastende Kostenstelle zuweisen.

Infotyp 0009 »Bankverbindung«

Im Infotyp 0009 »Bankverbindung« hinterlegen Sie Informationen über die Bankverbindung eines Mitarbeiters, also Kontonummer, Bankschlüssel (Bankleitzahl), Bankland, Zahlweg und Währung für die Überweisung des Auszahlungsbetrags (vgl. Abb. 7.12).

Personalabrechnung

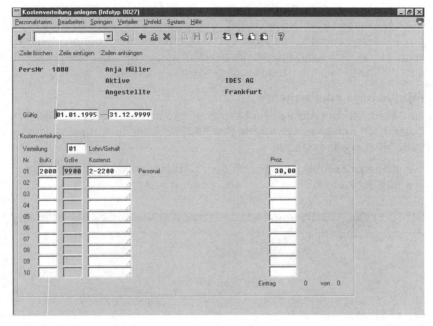

Abbildung 7.11 Infotyp 0027 »Kostenverteilung« (© SAP AG)

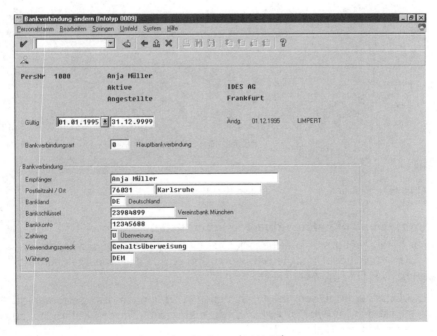

Abbildung 7.12 Infotyp 0009 »Bankverbindung« (© SAP AG)

7 Personalabrechnung

Im Falle einer Aufteilung des Überweisungsbetrags auf zwei oder mehrere Konten können Sie entweder im Feld »Vorgabe-Wert« einen konkreten Betrag eingeben oder im Feld »Vorgabe-Prozentsatz« einen bestimmten Prozentsatz. Bei der »Bankverbindungsart« wird angegeben, um welches Konto des Mitarbeiters es sich handelt, z. B. um seine Hauptbankverbindung.

Infotyp 0232 »Kindergeld«

Für Mitarbeiter mit Anspruch auf Kindergeld können Sie die diesbezüglichen Daten nach Maßgabe der vorgelegten Kindergeldbescheinigung im Infotyp 0232 »Kindergeld« erfassen.

Der Kindergeldbetrag wird gemäß dem Gültigkeitszeitraum mit der Überweisung der Personalabrechnung ausgezahlt (vgl. Abb. 7.13).

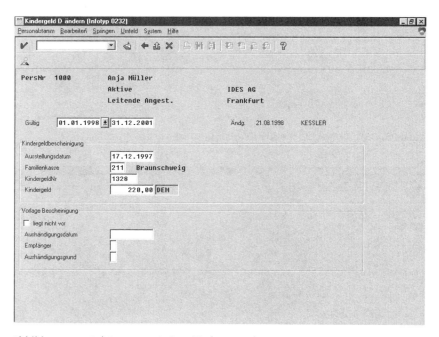

Abbildung 7.13 Infotyp 0232 »Kindergeld« (© SAP AG)

Infotyp 0118 »Kindergeldberechtigung OeD D«

Für Mitarbeiter des öffentlichen Dienstes hinterlegen Sie eventuelle Informationen über Kinder und Berechtigte im Infotyp 0118 »Kindergeldberechtigung OeD D« (vgl. Abb. 7.14).

Um Eingaben in diesem Infotyp hinterlegen zu können, ist es erforderlich, zunächst den Infotyp 0021 »Familie/Bezugsperson« für den Mitarbeiter zu vervollständigen (vgl. Abb. 7.15).

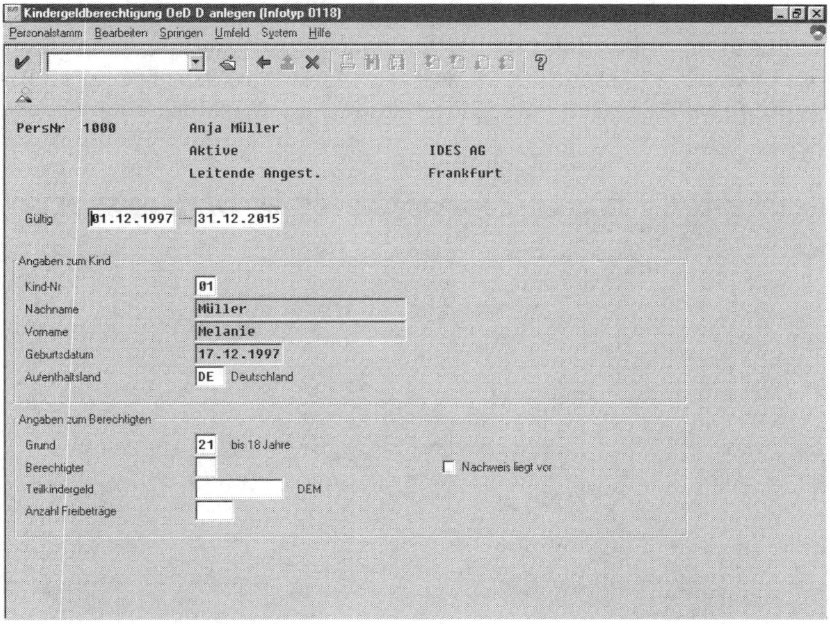

Personalabrechnung 7

Abbildung 7.14 Infotyp 0118 »Kindergeldberechtigung OeD D 2« (© SAP AG)

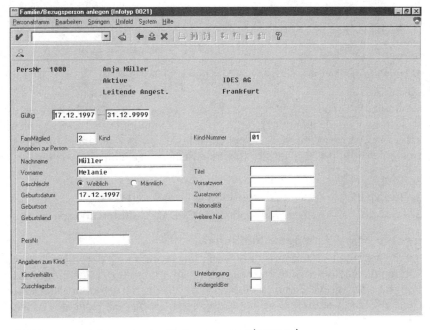

Abbildung 7.15 Infotyp 0021 »Familie/Bezugsperson« (© SAP AG)

Infotyp 0119 »Festsetzung Kindergeld OeD D«

In diesem Infotyp wird das Datum der Kindergeld-Festsetzung eingegeben, also ab wann der Anspruch auf Kindergeld besteht. Gleichzeitig wird auf Basis der Anzahl der Kinder die Kindergeldsumme automatisch ermittelt (vgl. Abb. 7.16).

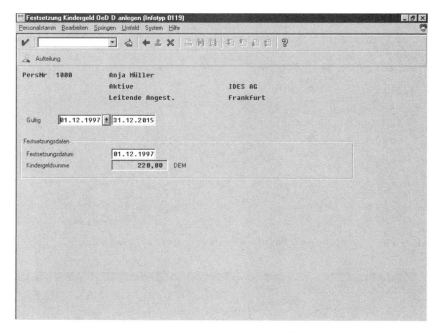

Abbildung 7.16 Infotyp 0119 »Festsetzung Kindergeld OeD D« (© SAP AG)

Wenn der Infotyp 0118 »Kindergeldberechtigung OeD D« noch nicht angelegt ist, können Sie den Infotyp 0119 »Festsetzung Kindergeld OeD D« nicht erfassen. Das bedeutet, daß Sie bei der Erfassung von Kindergeld für Angestellte des öffentlichen Dienstes folgende Reihenfolge einhalten sollten:

1. Infotyp 0021 »Familie anlegen«
2. Infotyp 0118 »Kindergeldberechtigung OeD D« erfassen
3. Infotyp 0119 »Festsetzung Kindergeld OeD D« aufrufen und speichern

Infotyp 0010 »Vermögensbildung«

Wenn Mitarbeiter Verträge über vermögenswirksame Leistungen haben, können die entsprechenden Vertragsdaten im Infotyp 0010 »Vermögensbildung« hinterlegt werden (vgl. Abb. 7.17). Falls der Betrieb dem Mitarbeiter einen Arbeitgeberzuschuß gewährt, definieren Sie hier die Höhe des Arbeitgeberzuschusses.

Personalabrechnung

Durch das Ankreuzen der Felder »Überweisen« und »Weiterbezahlen« bestimmen Sie, ob eine Überweisung für die Vermögensbildung auch dann (weiter) erfolgt, wenn der Mitarbeiter zu einem bestimmten Termin keine oder zu geringe Bezüge aufweist. Das heißt, daß der Überweisungsbetrag der vermögenswirksamen Leistungen zu einem bestimmten Zeitpunkt durch den Auszahlungsbetrag der Nettobezüge für diesen Mitarbeiter nicht abgedeckt ist.

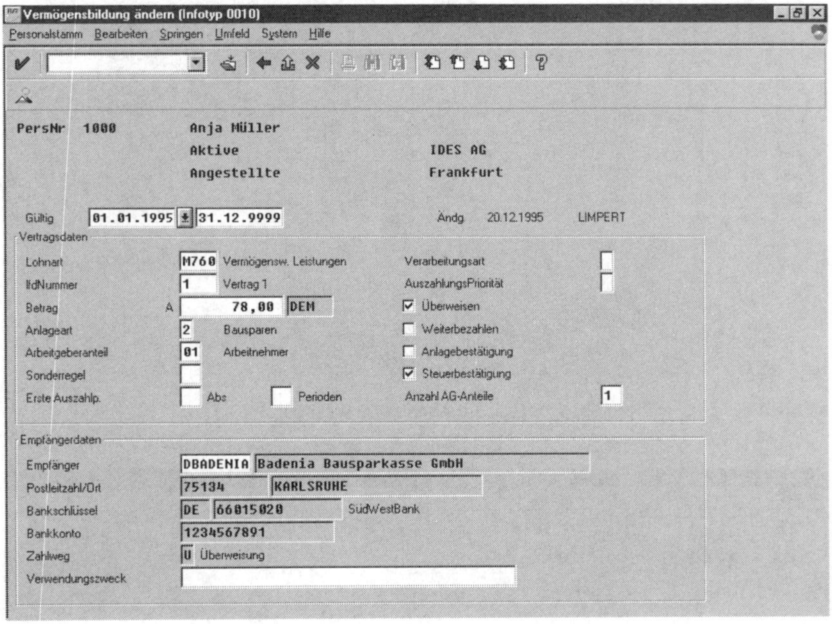

Abbildung 7.17 Infotyp 0010 »Vermögensbildung« (© SAP AG)

Infotyp 0093 »Vorarbeitgeber D«

Für Mitarbeiter, die während eines Kalenderjahrs in ein Unternehmen eintreten, bekommt und pflegt man im allgemeinen die Daten des vorherigen Arbeitgebers, um die Steuerberechnung für Einmalbezüge und möglicherweise einen Lohnsteuerjahresausgleich für diesen Mitarbeiter korrekt durchführen zu können.

Diese Informationen können Sie im Infotyp 0093 »Vorarbeitgeber D« hinterlegen (vgl. Abb. 7.18). Sie werden für die Berechnung von Einmalbezügen nach steuerrechtlichen Regelungen herangezogen.

Infotyp 0045 »Darlehen«

Für die Erfassung von möglichen Darlehen an Ihre Mitarbeiter steht der Infotyp 0045 »Darlehen« zur Verfügung (vgl. Abb. 7.19).

Personalabrechnung

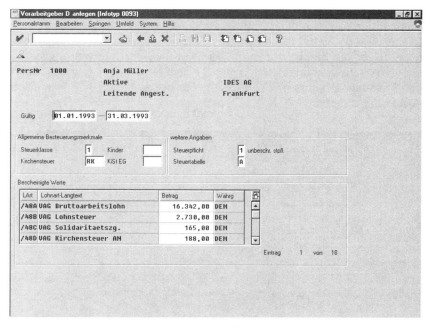

Abbildung 7.18 Infotyp 0093 »Vorarbeitgeber D« (© SAP AG)

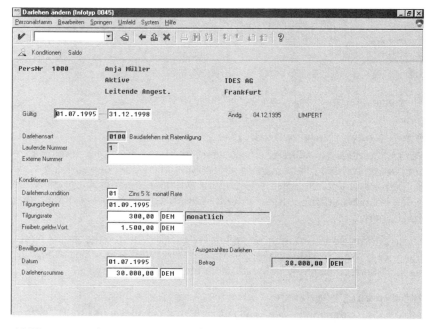

Abbildung 7.19 Infotyp 0045 »Darlehen« (© SAP AG)

Personalabrechnung

Beim Anlegen dieses Infotyps werden Sie aufgefordert, eine Darlehensart auszuwählen. Im R/3-Standard stehen Ihnen folgende Darlehensarten zur Auswahl:

- Baudarlehen mit Ratentilgung
- Kraftfahrzeug-Darlehen mit Ratentilgung
- Anschaffungsdarlehen mit Ratentilgung
- Dauervorschuß
- Baudarlehen mit Annuitätentilgung
- Kraftfahrzeug-Darlehen mit Annuitätentilgung
- Anschaffungsdarlehen mit Annuitätentilgung

Sie bestimmen, zu welchen Konditionen das Darlehen verzinst wird, wann die Tilgung des Darlehens beginnt, wie hoch die Tilgungsrate ist und gegebenenfalls einen Freibetrag bei Zinsvorteil.

Außerdem geben Sie die Höhe der Darlehenssumme und das Datum der Darlehensbewilligung ein.

Infotyp 0078 »Darlehenszahlungen«

Mit dem Infotyp 0078 »Darlehensauszahlung« können Sie die Auszahlung eines bewilligten Darlehens dokumentieren und veranlassen.

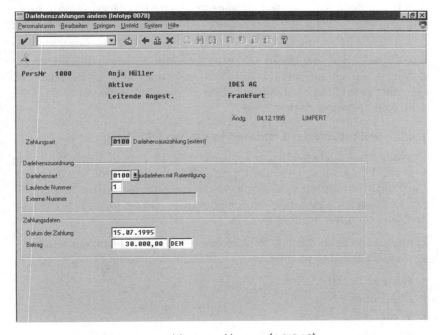

Abbildung 7.20 Infotyp 0078 »Darlehensauszahlungen« (© SAP AG)

Personalabrechnung

Im Infotyp 0078 »Darlehensauszahlungen« bestimmen Sie, welche Art von Darlehen wann und in welcher Höhe zur Auszahlung kommen soll (vgl. Abb. 7.20). Sie können aber auch die Modalitäten der Darlehensrückzahlung darstellen, nach denen ein Mitarbeiter dem Unternehmen das geliehene Geld zurückbezahlt. Dies bezieht sich nicht auf die vorgegebene vereinbarte monatliche Ratenzahlung, sondern auf Sondertilgungen, z.B. in Monaten, in denen der Mitarbeiter eine Sonderzahlung erhält und daher eine Sondertilgung leisten will.

Sie können im R/3-Standard unter folgenden Auszahlungsarten wählen:

- Darlehensauszahlung als externe Zahlung
- Darlehensauszahlung über die Personalabrechnung
- Sondertilgung als externe Zahlung
- Sondertilgung über die Personalabrechnung
- Übernahme Darlehenssaldo

Zusammenfassung

Bei der Personalabrechnung wird geprüft, ob für alle Mitarbeiter die entsprechenden Infotypen aus den Personalstammdaten vorhanden sind.

Die Informationen, die in einem Infotyp mit gültigem Zeitraum innerhalb der Abrechnungsperiode enthalten sind, werden für die Verarbeitung eingelesen. Damit der Infotyp in die Personalabrechnung eingelesen werden kann, muß diesem im Customizing das Kennzeichen »abrechnungsrelevant« zugeteilt werden.

Nach dem Einlesen der Daten wird in einem weiteren Schritt geprüft, ob die Daten zur Abrechnungsperiode noch gültig sind oder ob durch irgendwelche Ereignisse eine Lücke entstanden ist. Dies geschieht über die Verifikation des Gültigkeitszeitraums der Infotypen.

7.3.2 Bedeutung der Zeitdaten in der Verarbeitung

Um für jeden Mitarbeiter dessen monatliche Arbeitstage und -stunden sowie freie bezahlte Arbeitstage eindeutig ausweisen zu können, müssen Sie jedem Mitarbeiter im Infotyp 0007 »Sollarbeitszeit« einen Arbeitszeitplan zuweisen. Der Arbeitszeitplan zeigt die Sollarbeitstage und die freien bezahlten Arbeitstage eines Mitarbeiters an.

Zur negativen Zeiterfassung brauchen Sie alle Daten, die von der festgelegten Sollarbeitszeit abweichen, so z.B. sämtliche Informationen über:

- Abwesenheiten
- Überstunden
- Vertretung
- Bereitschaft

Diese Infotypen werden von R/3 eingelesen. Die Zeitdaten werden in der Personalabrechnung bewertet.

Bei der positiven Zeiterfassung stellen Sie in Form von Zeitbuchungen zusätzlich die Anwesenheitszeiten zur Verfügung. Diese Zeitbuchungen werden vor der Personalabrechnung von der Zeitauswertung im Abrechnungstreiber RPTIME00 ausgewertet. Dabei können eventuelle Zuschläge automatisch ermittelt werden, wie z.B. Nachtarbeitszuschläge, Sonn- oder Feiertagszuschläge oder auch Wechselschichtzuschläge. Die automatisch ermittelten Zuschläge werden dann vom System in die Personalabrechnung übernommen.

Auch die Zeitwirtschaftsdaten über Abwesenheiten eines Mitarbeiters können bei der Personalabrechnung berücksichtigt werden, da jede Form von Abwesenheit sich auf die Bruttovergütung eines Mitarbeiters auswirken kann.

Beispiel Eine Mitarbeiterin nimmt sich wegen einer Erkrankung ihres Kindes frei. Die Abwesenheit ist unbezahlt, da die zuständige Krankenkasse diese Zeit der Mitarbeiterin vergütet. Die Abwesenheit wirkt sich auf die betriebliche Vergütung der Mitarbeiterin lohn- bzw. gehaltskürzend aus.

Damit Sie die monatlichen Bezüge nicht manuell abändern müssen, wird die Abwesenheitsinformation »unbezahlt« vom System eingetragen. Das hat bei der Personalabrechnung automatisch eine entsprechende Kürzung der monatlichen Bezüge zur Folge.

Die hier mehrfach erwähnte Rubrik »Abwesenheiten« enthält außerdem Informationen für die kalkulatorische Steuerung der Sozialversicherungstage, der Steuertage und den Meldetatbestand zur DUEVO (zukünftig DEÜV). Diese Kriterien hinterlegen Sie im Customizing.

Abwesenheiten können auch einer anderen Bezahlungsregelung unterliegen, wie z.B. einer Berechnung von Durchschnittsbezügen für die vergangenen 13 Wochen oder ähnliches.

Auch diese Informationen werden im Customizing bei den An- und Abwesenheiten hinterlegt, damit diese in der Personalabrechnung berücksichtigt werden können.

7.3.3 Bedeutung der Bewegungsdaten in der Verarbeitung

Infotyp 0014 »Wiederkehrende Be- und Abzüge«

Bewegungsdaten, die für eine befristete oder unbefristete Zeitdauer gültig sind, können Sie mit dem Infotyp 0014 »Wiederkehrende Be- und Abzüge« erfassen (vgl. Abb. 7.21), z.B.:

- Mietabzug
- Mietzuschuß
- Fahrgeldzuschuß

Personalabrechnung

- Essensgeldzuschuß
- monatliche Zulage

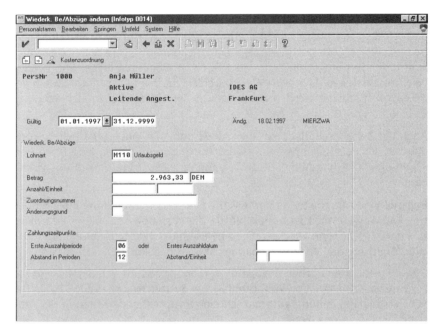

Abbildung 7.21 Infotyp 0014 »Wiederkehrende Be- und Abzüge« (© SAP AG)

In diesem Infotyp können Sie die wiederkehrenden Be- und Abzüge pro Lohnart hinterlegen, und zwar als

- Betrag (50,00 DM)
- Betrag mit Anzahl und Einheit

Sie haben die Möglichkeit, die erste Auszahlungsperiode oder den ersten Auszahlungstermin zu erfassen, falls diese sich nicht automatisch aus dem Beginn des Gültigkeitszeitraums errechnen lassen. Ein Beispiel hierfür ist die Auszahlung eines Mietzuschusses an einen Mitarbeiter drei Monate nach Aufnahme der Beschäftigung. Darüber hinaus können Sie bestimmen, ob Be- oder Abzüge nur in bestimmten Abrechnungsperioden berücksichtigt werden sollen.

Der oben erwähnte Mietzuschuß soll z.B. nur alle zwei Monate bezahlt werden. Dazu geben Sie im Feld »Abstand/Einheit« ein Intervall von zwei Monaten ein.

Infotyp 0015 »Einmalzahlungen«

Für einmalig zu zahlende Entgelte können Sie den Infotyp 0015 »Einmalzahlungen« verwenden (vgl. Abb. 7.22). Einmalzahlungen sind z. B.:

- Weihnachtsgratifikationen
- Tantiemen
- Prämien
- zusätzliches Urlaubsgeld
- Zuschuß zum Umzug

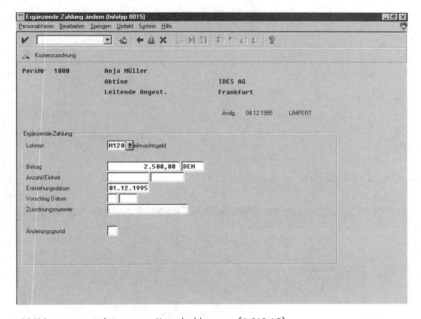

Abbildung 7.22 Infotyp 0015 »Einmalzahlungen« (© SAP AG)

Mit der Definition eines »Entstehungsdatums« geben Sie an, in welcher Abrechnungsperiode die Einmalzahlung erfolgen soll.

Wenn die Kostenzuordnung der wiederkehrenden Be- und Abzüge und die Einmalzahlungen nicht über die Stammkostenstelle des betroffenen Mitarbeiters erfolgen soll, können Sie diese Leistungen durch einen Klick auf das Symbol KOSTENZUORDNUNG einer anderen Kostenstelle zuweisen.

Infotyp 2010 »Entgeltbelege«

Im Infotyp 2010 »Entgeltbelege« können Sie das genaue Datum von Zuschlagszahlungen bzw. Prämien erfassen, die aufgrund einer Tarifgruppe bzw. -stufe oder der Steuerungsdaten für eine Planstelle oder einen Arbeitsplatz oder eine Bewertung gezahlt werden sollen (vgl. Abb. 7.23).

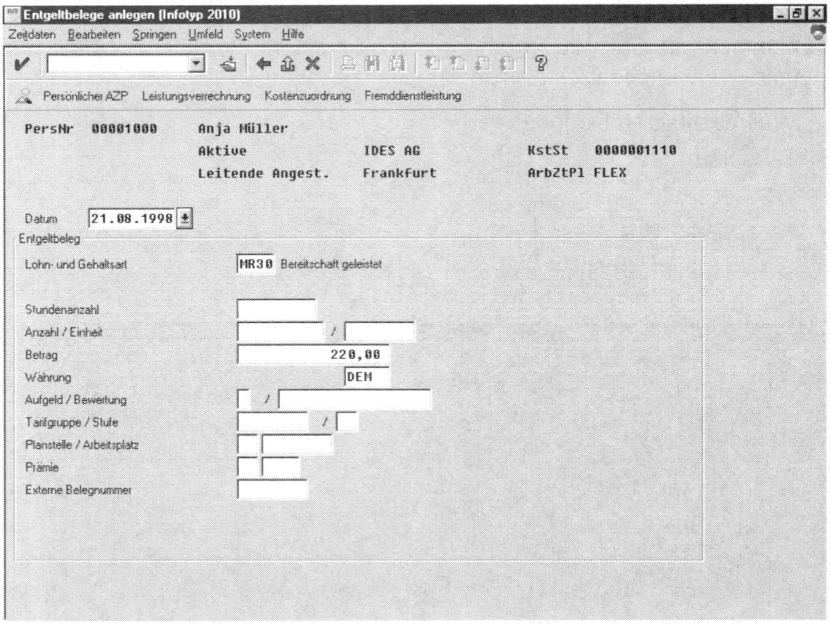

7 Personalabrechnung

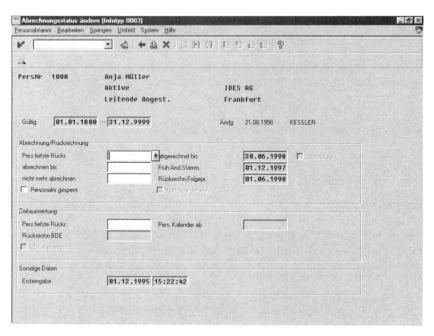

Abbildung 7.23 Infotyp 2010 »Entgeltbelege« (© SAP AG)

Abbildung 7.24 Infotyp 0003 »Abrechnungsstatus« (© SAP AG)

Beachten Sie bitte, daß der Infotyp 2010 »Entgeltbelege« nur Auswirkungen auf die Personalabrechnung hat, nicht aber auf die Zeitwirtschaft.

7.3.4 Änderungen in vorangegangenen Abrechnungszeiträumen

Personalstamm-, Zeit- und Bewegungsdaten werden für die Personalabrechnung zwar eingelesen, aber nicht verändert.

So werden z. B. die Informationen des Infotyps 0008 »Basisbezüge« für jeden neuen Abrechnungszeitraum für die Personalabrechnung bereitgestellt und eingelesen. Dabei bleiben die Informationen wie das Basisgehalt und die Zulagen unverändert.

Wenn Basisbezüge eines Mitarbeiters im Abrechnungszeitraum rückwirkend in vorangegangenen Abrechnungszeiträumen geändert werden sollen, muß ein Hinweis erfolgen, daß diese Daten auch für vergangene Abrechnungsperioden in Form einer Rückrechnung verändert und die Brutto- und Nettobezüge neu berechnet werden sollen.

Das entsprechende Kennzeichen wird automatisch über den Infotyp 0003 »Abrechnungsstatus« gesetzt (vgl. Abb. 7.24).

7.4 Bestandteile der Personalabrechnung

Um die aus den Personalstammdaten und den Bewegungsdaten der Zeitwirtschaft eingelesenen Informationen korrekt verarbeiten zu können (wie z. B. zur Ermittlung und zum Abstellen des Gesamtbruttobetrags, der steuerpflichtigen und sozialversicherungspflichtigen Bruttobezüge, des pfändbaren Betrages usw.), benötigen Sie Steuerungsfaktoren.

7.4.1 Lohnarten als Steuerungsfaktoren

Wie Sie den Ausführungen über die Infotypen 0008 »Basisbezüge«, 0014 »Wiederkehrende Be- und Abzüge« oder 0015 »Einmalzahlungen« entnommen haben, muß für die Verarbeitung jeglicher Be- oder Abzüge die zugehörige Lohnart definiert werden.

Jede Lohnart, die in einem Infotyp eingegeben wird, enthält alle notwendigen Informationen, die in der Personalabrechnung zu bewerten, zu verarbeiten und aufzubewahren sind.

7.4.2 Funktionen der Lohnarten

Im allgemeinen haben die Lohnarten folgende Funktionen:

- Man kann damit beliebige Mengen (Anzahl) und Einheiten erfassen, wie z. B. Stunden und Beträge. Ein Betrag kann hier eine Summe in einer bestimmten Währung sein oder auch eine Kombination aus Menge, Einheit und Betrag.

7 Personalabrechnung

- Lohnarten werden in der Personalabrechnung in sogenannten Verarbeitungsklassen verarbeitet (vgl. Abb. 7.25). Durch eine entsprechende Kennzeichnung ist ersichtlich, ob es sich um eine steuerpflichtige Lohnart handelt und wie sie bei der Personalabrechnung verarbeitet werden soll. Man kann z.B. über den Infotyp 0015 »Einmalzahlung« eine Prämie auszahlen, die unter Berücksichtigung der Prüfung auf die 300-DM-Regelung als Einmalbezug in der Lohnsteuer und der Sozialversicherung berechnet werden soll.
- Lohnarten werden über Kumulationslohnarten addiert (vgl. Abb. 7.25) und z.B. im Lohnkonto aufbewahrt.
- Lohnarten ermöglichen das Auswerten nach festgelegten Kriterien, wie z.B. für das Bescheinigungswesen oder die Überleitung von Daten in die Finanzbuchhaltung.
- Lohnarten werden aus vorangegangenen Personalabrechnungszeiträumen in Durchschnittslohnarten zu einer Summe aufaddiert, z.B. für die Berechnung von Durchschnittslöhnen.
- Mit den Lohnarten kann gesteuert werden, für welche Mitarbeiterkreise und Personalteilbereiche sie gültig sein sollen.
- Ihre Gültigkeitsdauer wird durch die Eingabe eines entsprechenden Zeitraums eingegrenzt.

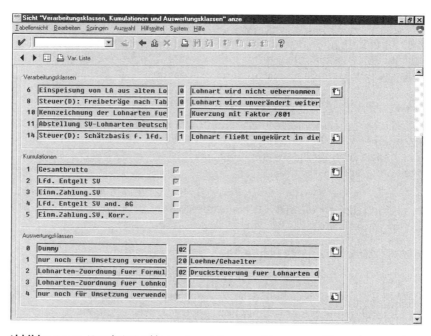

Abbildung 7.25 Verarbeitungsklassen Kumulationen und Auswertungsklassen (© SAP AG)

- Lohnarten werden einer Länderversion zugeordnet, um eine länderspezifische Verarbeitung zu gewährleisten. So ist z.B. eine Lohnart mit ihren länderspezifischen Kriterien nur in Deutschland gültig, eine andere dagegen aufgrund ihrer Kriterien nur in den Niederlanden usw.

7.4.3 Lohnartenstruktur

Bevor im Customizing die Steuerungsmerkmale von jeder Lohnart hinterlegt werden, ist es erforderlich, alle Lohnarten zu bestimmen, die in einem Unternehmen benötigt werden (vgl. Abb. 7.26).

Hierfür stehen Ihnen standardmäßig im R/3-Personalwirtschaftssystem Muster zur Verfügung, die Sie kopieren oder modifizieren können.

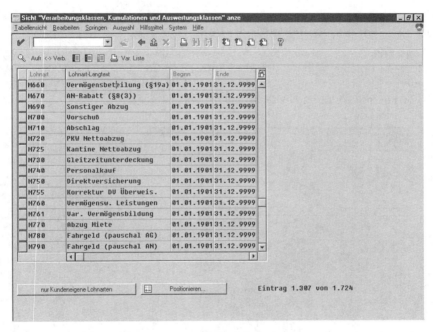

Abbildung 7.26 Musterlohnarten von SAP (© SAP AG)

7.4.4 Dateien

Informationen aus Stammdaten, Bewegungsdaten, Zeitwirtschaft und auch Abrechnungsergebnisse werden in dafür vorgesehenen Dateien gespeichert.

Die Daten aus sämtlichen Infotypen der Personaladministration und der Zeitwirtschaft werden in der Datei PCL1 abgelegt.

Abrechnungsergebnisse vorangegangener Abrechnungszeiträume und die Zeitpaare aus der Zeitwirtschaft (sofern Sie die positive Zeitwirtschaft nutzen), befinden sich in der Datei PCL2.

7 Personalabrechnung

Die Dateien PCL1 und PCL2 bilden die Basis für die Personalabrechnung. Zu Beginn der Personalabrechnung sind diese Dateien Eingabedateien. Die in diesen Dateien gespeicherten Informationen werden für die Verarbeitung eingelesen und mitverarbeitet. Nach der Verarbeitung werden die Ergebnisse bzw. die Informationen der Infotypen wieder in die jeweilige Datei zurückgeschrieben.

7.5 Personalabrechnung

Um eine zeitbezogene Abrechnung durchführen zu können, muß zuvor ein sogenannter Abrechnungskalender definiert werden. Auf die Abrechnung folgen verschiedene zusätzliche Bearbeitungsschritte, wie z.B. der Ausdruck der Lohnsteuervoranmeldungen oder der Entgeltnachweise.

7.5.1 Voraussetzungen für die Durchführung

Damit die Personalabrechnung im SAP-Personalwirtschaftssystem zeitraumbezogen durchgeführt werden kann, müssen im Customizing zuerst die Perioden definiert werden, für die abgerechnet werden soll. Zu diesem Zweck wird ein Abrechnungskalender angelegt (vgl. Abb. 7.27).

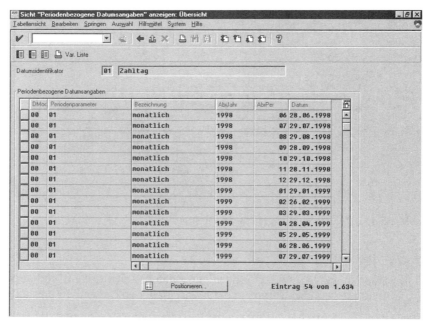

Abbildung 7.27 Beispiel Abrechnungskalender (© SAP AG)

Personalabrechnung 7

In vielen Unternehmen wird die Personalabrechnung in einem vierwöchigen oder monatlichen Turnus durchgeführt. Der Zeitpunkt der verschiedenen Überweisungen kann bei den unterschiedlichen Mitarbeitergruppen und -kreisen differieren.

Deshalb ist es erforderlich, für den Abrechnungskreis die Zeiträume der Personalabrechnungen und die Zeitpunkte der Überweisungen festzulegen.

Zeiträume verwalten

Um mit dem richtigen Zeitpunkt für die Personalabrechnung zu beginnen, werden die Zeiträume der Personalabrechnung im sogenannten »Verwaltungssatz« definiert (vgl. Abb. 7.28).

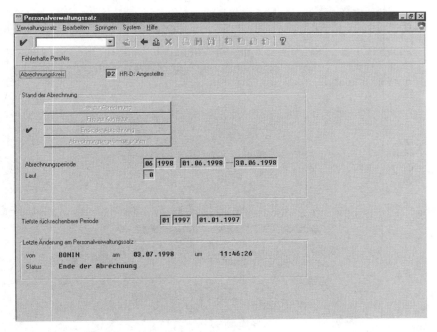

Abbildung 7.28 Verwaltungssatz (© SAP AG)

Mit dem Produktivstart Ihres SAP-Personalwirtschaftssystems wird dieser Verwaltungssatz automatisch fortgeschrieben, sobald Sie die Personalabrechnung starten.

Um die Personalabrechnung für einen bestimmten Monat zu starten, gehen Sie wie folgt vor:

Ausgangspunkt SAP R/3-Hauptmenü

1. Rufen Sie die Menüfunktion PERSONAL | PERSONALABRECHNUNG auf.
   → Sie werden aufgefordert, eine Länderversion einzugeben.

7.5 Personalabrechnung **431**

Personalabrechnung

2. Wenn Sie die Personalabrechnung für Deutschland starten wollen, wählen Sie »01«.
   → Sie werden aufgefordert, den Abrechnungskreis einzugeben, für den Sie die Personalabrechnung beginnen wollen.
3. Bestimmen Sie den Abrechnungskreis, z. B. »D2«.
   → Das Arbeitsgebiet »Personalabrechnung« wird angezeigt.
4. Rufen Sie die Menüfunktion PERSONALABRECHNUNG | PERSONALABRECHNUNG FREIGEBEN auf.
   → Sie werden gefragt, ob Sie wirklich die Personalabrechnung für den bestimmten Monat durchführen wollen (vgl. Abb. 7.29).
5. Bestätigen Sie dies mit einem Klick auf die Drucktaste JA.

Hinweis Der Monat ist als aktuelle Abrechnungsperiode definiert.

Hinweis Danach können Sie die Menüfunktion ABRECHNUNG | PERSONALABRECHNUNG STARTEN aufrufen (vgl. Abb. 7.30) und die Verarbeitung der Personalabrechnung durchführen.

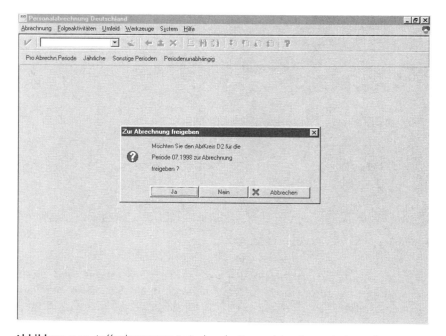

Abbildung 7.29 Aufforderung zum Freigeben der Personalabrechnung (© SAP AG)

Personalabrechnung 7

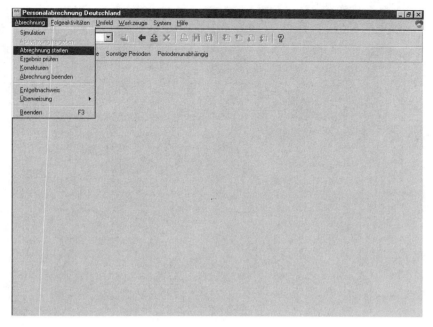

Abbildung 7.30 Menü zum Start der Abrechnung (© SAP AG)

7.5.2 Durchführung der Personalabrechnung

Vom Start der Personalabrechnung an werden vom Abrechnungsprogramm RPCALCxx für alle Arbeitsgänge der Personalabrechnung verschiedene aufeinander abgestimmte Rechenregeln, Funktionen und Operationen durchgeführt (vgl. Abb. 7.31 und 7.32).

Um auf diese Regeln und Verarbeitungsschritte zu verweisen, wird ein »Abrechnungsschema« gewählt (vgl. Abb. 7.33 und 7.34).

Im Teil der Bruttoberechnung sind Anweisungen an das System enthalten, welche Infotypen eingelesen werden sollen.

Im Teil der Nettoberechnung sind alle Regeln oder Formeln zur Berechnung der gesetzlichen Lohnsteuer, Sozialversicherungsbeiträge, PKW-Gestellung, Direktversicherungsprämien usw. hinterlegt.

Mit diesen Daten und Einstellungen können Sie die Personalabrechnung durchführen. Die Abrechnungsergebnisse, die jeweils das aktuelle Ergebnis des abgerechneten Zeitraums enthalten, werden am Bildschirm ausgegeben (vgl. Abb. 7.35 bis 7.40). Zusätzlich erstellt das System bei einer neuen Abrechnung auch eine Aufaddition, die sogenannte *Kumulation*. Dies bedeutet eine Fortschreibung der vorherigen Abrechnungsergebnisse mit den Ergebnissen der gerade vorgenommenen Abrechnung für den aktuellen Zeitraum.

Personalabrechnung

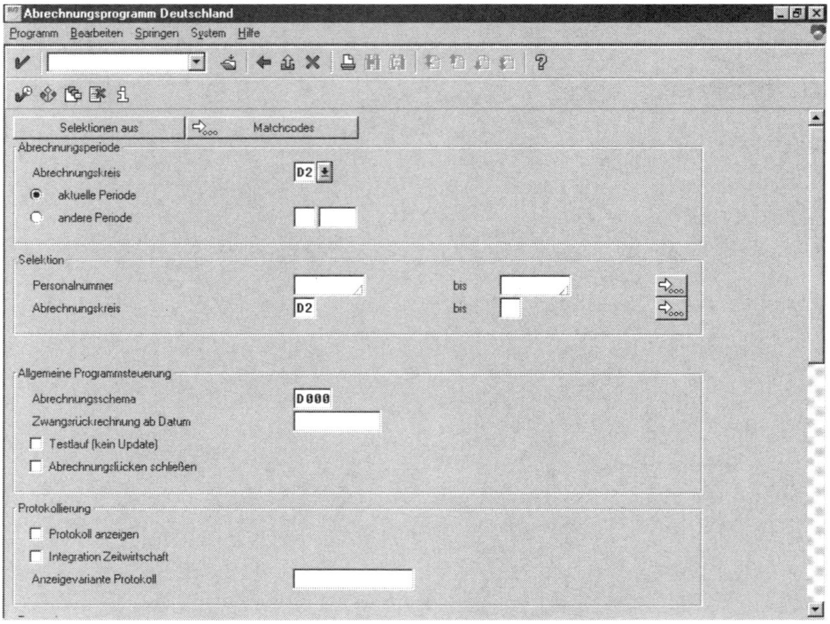

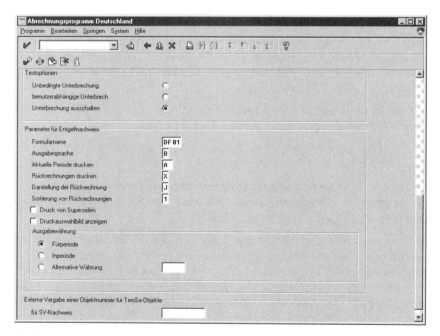

Abbildung 7.31 Abrechnungsprogramm RPCALCxx (1) (© SAP AG)

Abbildung 7.32 Abrechnungsprogramm RPCALCxx (2) (© SAP AG)

Personalabrechnung

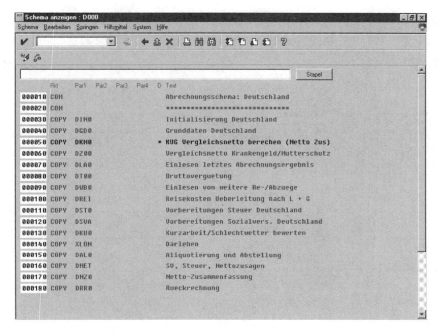

Abbildung 7.33 Schema D000 (1) (© SAP AG)

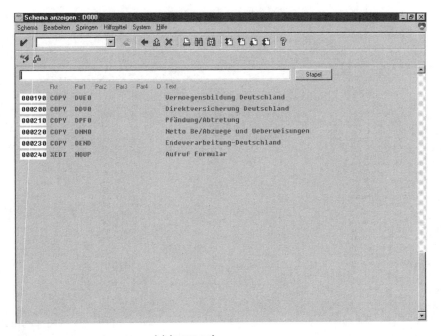

Abbildung 7.34 Schema D000 (2) (© SAP AG)

7 Personalabrechnung

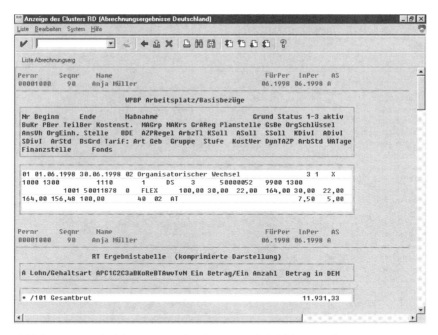

Abbildung 7.35 Beispiel Auszug aus Abrechnungsergebnis (1) (© SAP AG)

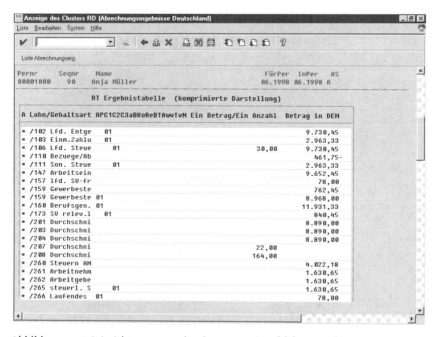

Abbildung 7.36 Beispiel Auszug aus Abrechnungsergebnis (2) (© SAP AG)

Personalabrechnung

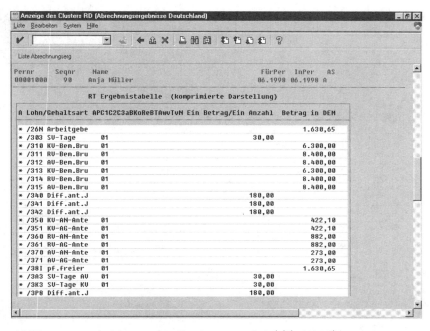

Abbildung 7.37 Beispiel Auszug aus Abrechnungsergebnis (3) (© SAP AG)

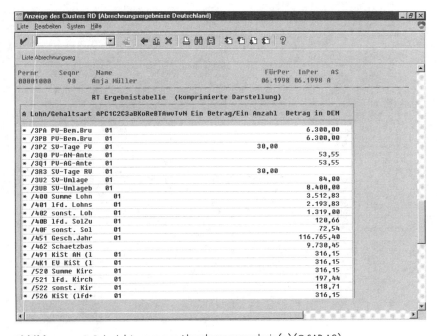

Abbildung 7.38 Beispiel Auszug aus Abrechnungsergebnis (4) (© SAP AG)

7 Personalabrechnung

```
Anzeige des Clusters RD (Abrechnungsergebnisse Deutschland)
Liste  Bearbeiten  System  Hilfe

Liste Abrechnungserg

Pernr        Seqnr     Name                              FürPer    InPer   AS
00001000      90       Anja Müller                       06.1998  06.1998  A

             RT Ergebnistabelle   (komprimierte Darstellung)

A Lohn/Gehaltsart APC1C2C3aBKoReBTAwvTvN Ein Betrag/Ein Anzahl  Betrag in DEM

* /52G BMG lfd. K    01                                                2.193,83
* /550 Gesetzlich                                                      6.278,50
* /559 Ueberweisu              02                                      5.816,75
* /560 Auszahlung                                                      5.816,75
* /58B VB Bauspar                                                         78,00-
* /59U VB Ueberwe    01                      78,00      1,00              78,00-
* /700 L/G plus A                                                     13.561,98
* /840 Diff lfd z 01                                     7,52           427,23
* /844 bezahlte F 01                                    16,00           867,32
* /845 Sum. bezah 01                                    16,00
* /LBM Zinsvortei         L 01                                           16,75
* /LFC kumulierte         L 01                                          104,25
* /LFM Zinsfreibe         L 01                                           16,75
* /LID Fällige Zi         L 01                                           83,75
* /LIM Zinsen akt         L 01                                           83,75
* /LLB Darlehenss         L 01                                       19.800,00
* /LRP Reguläre T         L 01                                          300,00
3 /001 Bewertungs 01                         56,81
3 /003 Bewertungs 01                        409,05
3 /170 KuG Kurzlo 01                                                  8.968,00
3 /171 WAG Kurzlo 01                                                  8.968,00
```

Abbildung 7.39 Beispiel Auszug aus Abrechnungsergebnis (5) (© SAP AG)

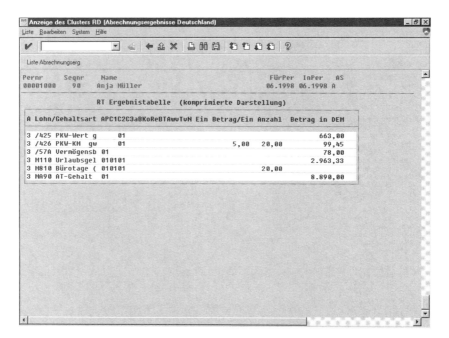

Abbildung 7.40 Beispiel Auszug aus Abrechnungsergebnis (6) (© SAP AG)

Neben den Abrechnungsergebnissen können Sie sich auch für jeden Mitarbeiter ein Protokoll des abgerechneten Zeitraums ausgeben lassen (vgl. Abb. 7.41 bis 7.44). Es gibt Aufschluß darüber, wie das Abrechnungsschema in jedem Verarbeitungsschritt mit den Informationen verfahren ist.

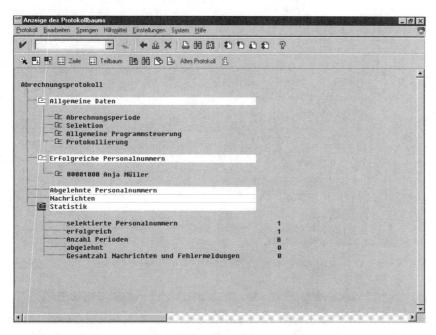

Abbildung 7.41 Übersicht – Protokoll der Personalabrechnung (© SAP AG)

Falls bei einer Abrechnung für einen Mitarbeiter Fehler auftreten, wird die Verarbeitung abgebrochen. Die Personalnummer, bei der Verarbeitungsfehler aufgetreten sind, wird vom System im Matchcode »W« registriert. Dies vereinfacht die Folgebearbeitung. Das hat den Vorteil, daß Sie nicht mehr für alle Personalnummern die Abrechnung erneut starten müssen, sondern nur noch für die, bei deren Bearbeitung Fehler aufgetreten sind. Wenn Sie Korrekturen an der fehlerhaften Verarbeitung vornehmen, wird das Datum im Infotyp 0003 »Abrechnungsstatus« gepflegt und im Matchcode »W« vermerkt. Beim erneuten Start der Personalabrechnung rufen Sie über die Funktion MATCHCODE automatisch nur noch die Personalnummern zur Bearbeitung auf, bei denen sich in der ersten Runde Fehler ergaben. Diese Personalnummern müssen Sie also nicht selbst aufrufen. Sie können bei fehlerhaften Personalabrechnungen die Korrekturvorgänge (erneute Abrechnungen) beliebig oft neu starten. Hierfür wählen Sie in der Anwendung den Menüpunkt KORREKTUREN.

7 Personalabrechnung

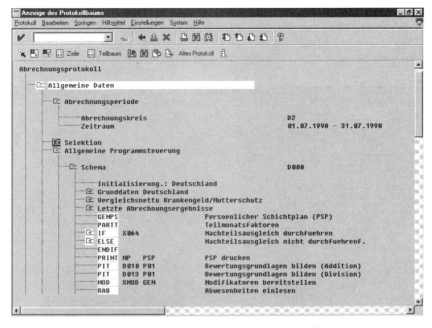

Abbildung 7.42 Auszug aus dem Protokoll der Personalabrechnung () (© SAP AG)

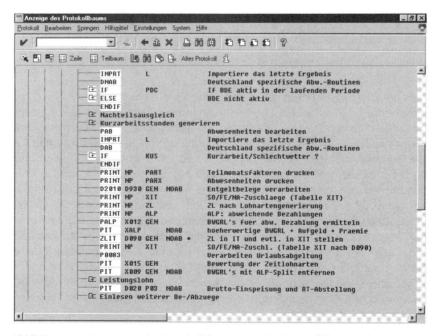

Abbildung 7.43 Auszug aus dem Protokoll der Personalabrechnung () (© SAP AG)

Personalabrechnung 7

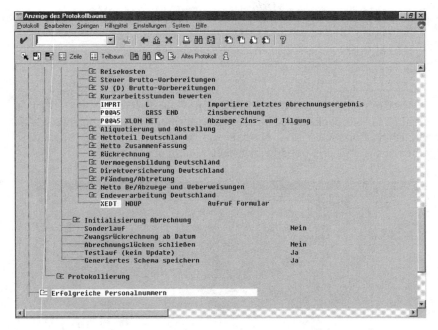

Abbildung 7.44 Auszug aus dem Protokoll der Personalabrechnung () (© SAP AG)

Wenn für alle Mitarbeiter eines Abrechnungskreises die Abrechnungen erfolgreich und fehlerlos durchgeführt wurden, können Sie die Verarbeitung der Personalabrechnungen beenden, indem Sie die Menüfunktion personalabrechnung beenden aufrufen.

Damit teilen Sie R/3 mit, daß die Personalabrechnungen für den angegebenen Abrechnungszeitraum abgeschlossen sind. Das System wechselt nun automatisch in den nächsten Abrechnungszeitraum.

7.6 Bearbeitungsschritte nach Durchführung der Personalabrechnung

Auf der Programmoberfläche des SAP-Personalwirtschaftssystems werden Ihnen alle Bearbeitungsschritte angeboten, die Sie nach der Personalabrechnung noch zu erledigen haben.

Die wesentlichen Schritte, die Sie bzw. das System nach dem Abschluß der Personalabrechnung für die aktuelle Periode durchzuführen haben, sind:

- Buchungsbeleg für die Finanzbuchhaltung erstellen
- Daten zur Finanzbuchhaltung überleiten
- Lohnsteuervoranmeldung ausdrucken
- Datenträger für die Überweisungen der Nettobezüge erstellen

7 Personalabrechnung

- Entgeltnachweise ausdrucken
- Beitragsnachweise ausdrucken
- Datenträger für die Sozialversicherungsbeiträge erstellen
- Lohnjournal ausdrucken

Alle notwendigen Aktivitäten sind im Arbeitsgebiet »Abrechnung« unter dem Menüpunkt FOLGEAKTIVITÄTEN zusammengestellt (vgl. Abb. 7.45). Hier bestimmen Sie, welche Bearbeitungsschritte monatlich, vierteljährlich oder jährlich vorzunehmen sind. Nach Beendigung jedes Schrittes wird jeweils eine neue Menüleiste mit den jeweiligen Funktionen angezeigt.

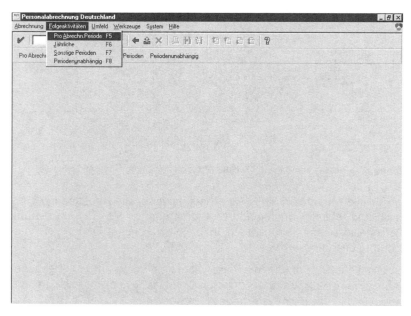

Abbildung 7.45 Folgeaktivitäten (© SAP AG)

7.6.1 Ausdruck der Entgeltnachweise

Zum Drucken der Entgeltnachweise steht Ihnen das Standardformular »DF01« zur Verfügung. Dieses Standardformular können Sie im Customizing Ihren Wünschen oder Erfordernissen entsprechend anpassen.

Um Entgeltnachweise auszudrucken, gehen Sie wie folgt vor:

Ausgangspunkt SAP R/3-Hauptmenü

1. Rufen Sie die Menüfunktion PERSONAL | PERSONALABRECHNUNG auf.
2. Rufen Sie die Menüfunktion ABRECHNUNG | ENTGELTNACHWEIS auf.
    → Das Einstiegsbild zum Starten der Entgeltnachweise wird angezeigt (vgl. Abb. 7.46).

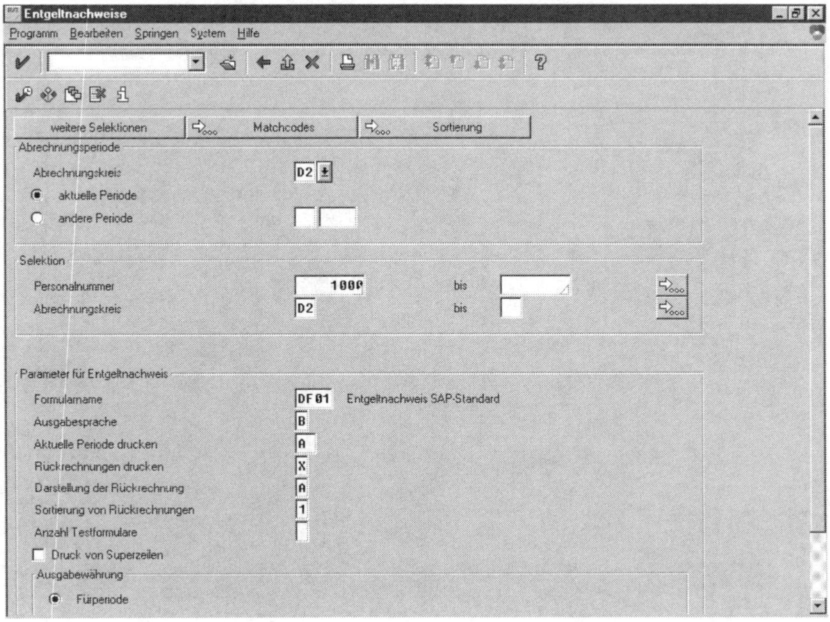

Personalabrechnung 7

Abbildung 7.46 Einstiegsbild »Entgeltnachweis« (© SAP AG)

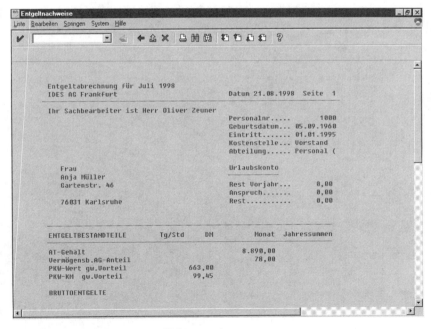

Abbildung 7.47 Entgeltnachweis (1) (© SAP AG)

7.6 Bearbeitungsschritte nach Durchführung der Personalabrechnung

7 Personalabrechnung

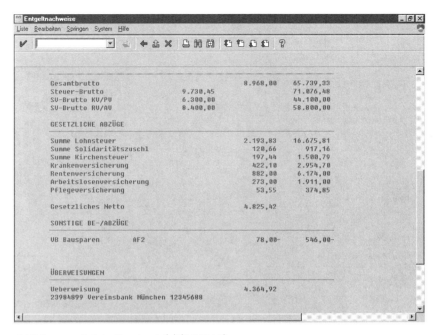

Abbildung 7.48 Entgeltnachweis (2) (© SAP AG)

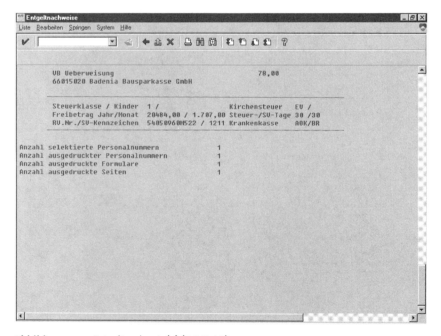

Abbildung 7.49 Entgeltnachweis (2) (© SAP AG)

3. Geben Sie den aktuellen Abrechnungskreis und den Formularnamen des Entgeltnachweises ein, und rufen Sie die Funktion AUSFÜHREN auf.
   → Die ausdruckbaren Entgeltnachweise werden angezeigt (vgl. Abb. 7.47 bis 7.49).

7.6.2 Überweisungen

Zur Ausführung der monatlichen Überweisungen von Nettobezügen, vermögenswirksamen Leistungen, Prämien für Direktversicherungen usw. erstellen Sie über das »Vorprogramm Datenträgeraustausch (DTA)« für den Abrechnungszeitraum eine Liste der Überweisungen. Danach können Sie die Daten auf einen Datenträger übertragen, z.B. auf eine Diskette, die Sie Ihrer Hausbank zur Durchführung der Überweisungen übergeben können.

Liste der Überweisungen über das Vorprogramm erstellen

Um eine Liste der Überweisungen über das Vorprogramm zu erstellen, gehen Sie wie folgt vor:

Ausgangspunkt SAP R/3-Hauptmenü

1. Rufen Sie die Menüfunktion PERSONAL | PERSONALABRECHNUNG auf.
2. Rufen Sie die Menüfunktion ABRECHNUNG | ÜBERWEISUNG auf.
   → Weitere Optionen werden angeboten.
3. Rufen Sie die Menüfunktion ÜBERWEISUNG | VORPROGRAMM DTA auf.
   → Das Einstiegsbild für das »Vorprogramm Datenträgeraustausch mehrere Zahlungsläufe« wird angezeigt (vgl. Abb. 7.50).

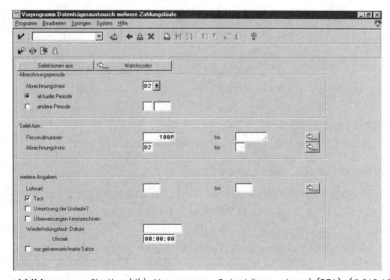

Abbildung 7.50 Einstiegsbild »Vorprogramm Datenträgeraustausch (DTA)« (© SAP AG)

Personalabrechnung

4. Geben Sie den aktuellen Abrechnungskreis ein. Im SAP-Standard ist für den Zahlungslauf das Feld »Test« angekreuzt. Dies bedeutet, daß Sie überprüfen können, ob alle Details bei den Überweisungen fehlerfrei sind.
5. Wenn alles in Ordnung ist, wiederholen Sie den Vorgang, indem Sie das Feld »Test« deaktivieren und durch Anklicken das Feld »Überweisungen kennzeichnen« markieren.
   → Alle Überweisungen werden mit dem Tagesdatum der Ausführung versehen und Sie können ablesen, wann die Überweisungen ausgeführt wurden.
   → Die Überweisungsliste für diesen Zahlungslauf wird angezeigt. Sie kann bei Bedarf ausgedruckt werden (vgl. Abb. 7.51).

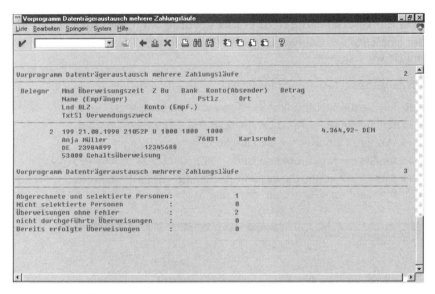

Abbildung 7.51 Überweisungsliste (© SAP AG)

Zahlungsträger erstellen

Um den Zahlungsträger zu erstellen, gehen Sie wie folgt vor:

Ausgangspunkt SAP R/3-Hauptmenü

1. Rufen Sie die Menüfunktion PERSONAL | PERSONALABRECHNUNG auf.
2. Rufen Sie die Menüfunktion ABRECHNUNG | ÜBERWEISUNG auf.
   → Weitere Optionen stehen zur Verfügung.
3. Rufen Sie die Menüfunktion ÜBERWEISUNG | ERSTELLEN DTA INLAND auf.
   → Das Einstiegsbild für »Zahlungsträger Deutschland – Überweisungen/Bankabbuchung, -einzug/DTA Inland« wird angezeigt (vgl. Abb. 7.52).

Personalabrechnung

4. Geben Sie im Feld »Programmablaufdatum« das Datum ein, an dem das Programm gestartet werden soll.

Hinweis Im Abschnitt »Drucksteuerung« können Sie angeben, ob Sie die Informationen dieses Programms ausdrucken wollen, und wenn ja, auf welchem Drucker.

Hinweis Wenn Sie die Daten des Datenträgeraustauschs nach dem Ausführen auf einem PC speichern wollen, müssen Sie im Feld »Filename« den Pfad angeben, unter dem diese Informationen gespeichert werden sollen.

→ Diese Datei können Sie nach der Ausführung auf eine Diskette speichern und Ihrer Bank übergeben.

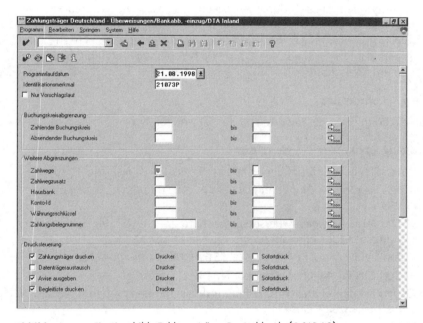

Abbildung 7.52 Einstiegsbild »Zahlungsträger Deutschland« (© SAP AG)

7.6.3 Beitragsnachweis

Für die Erstellung der Beitragsnachweise steht Ihnen in der R/3-Personalabrechnung eine vordefinierte Auswertungsmöglichkeit zur Verfügung.

Um einen Beitragsnachweis zu erstellen, gehen Sie wie folgt vor:

Ausgangspunkt SAP R/3-Hauptmenü

1. Rufen Sie die Menüfunktion PERSONAL | PERSONALABRECHNUNG auf.

2. Rufen Sie die Menüfunktion FOLGEAKTIVITÄTEN | PRO ABRECHNUNGSPERIODE auf.
    → Der Arbeitsbereich »Personalabrechnung – Aktivitäten pro Abrechnungsperiode« wird angezeigt.
3. Rufen Sie die Menüfunktion AUSWERTUNG | SOZIALVERSICHERUNG | BEITRAGSNACHWEIS auf.
    → Das Einstiegsbild »SV-Beitragsnachweis für Pflichtbeiträge« wird angezeigt.
4. Mit der Personalabrechnung wurde ein sogenannter Datenvorrat gebildet, in dem die Informationen über den Beitragsnachweis enthalten sind. Dieser Datenvorrat wird vom System mit einer Nummer, einem sogenannten *TemSe-Objekt*, gekennzeichnet. Diese Identifikationsnummer wird im Feld »Auswertungsdaten enthalten in« eingetragen. Dies geschieht, indem Sie sich durch Anklicken das Feld »Objektnummern« anzeigen lassen und dann eine Objektnummer bestimmen.
    → Die interne Nummer des TemSe-Objekts wird in der Regel nach 30 Tagen nicht mehr angezeigt. Damit bleiben die angezeigten Objektnummern überschaubar.

7.6.4 Lohnkonto

Um ein Lohnkonto auszuwerten, gehen Sie wie folgt vor:

Ausgangspunkt SAP R/3-Hauptmenü

1. Rufen Sie die Menüfunktion PERSONAL | PERSONALABRECHNUNG auf.
2. Rufen Sie die Menüfunktion FOLGEAKTIVITÄTEN | PRO ABRECHNUNGSPERIODE auf.
    → Der Arbeitsbereich »Personalabrechnung – Aktivitäten pro Abrechnungsperiode« wird angezeigt.
3. Rufen Sie die Menüfunktion LISTEN/STATISTIK | LOHNKONTO auf.
    → Das Einstiegsbild der »Lohnkonten« wird angezeigt.
4. Geben Sie den aktuellen Abrechnungskreis und den Zeitraum für die gewünschte Anzeige ein.
5. Wählen Sie das Formular für das anzuzeigende Lohnkonto.
    → Wenn Sie ein eigenes Lohnkonto gestaltet haben, geben Sie den Namen des selbstentworfenen Formulars ein.
6. Wählen Sie das Formular des Entgeltnachweises.
    → Wenn Sie ein eigenes Formular für den Entgeltnachweis verwenden, geben Sie den Namen des Formulars ein.
7. Führen Sie die Auswertung aus.
    → Sie erhalten das Arbeitsergebnis wie dargestellt (vgl. Abb. 7.53 bis 7.55).

Personalabrechnung 7

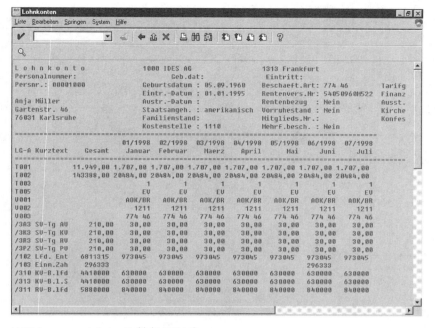

Abbildung 7.53 Lohnkonto (1) (© SAP AG)

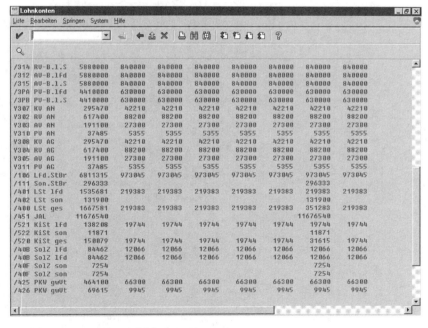

Abbildung 7.54 Lohnkonto (2) (© SAP AG)

7.6 Bearbeitungsschritte nach Durchführung der Personalabrechnung

7 Personalabrechnung

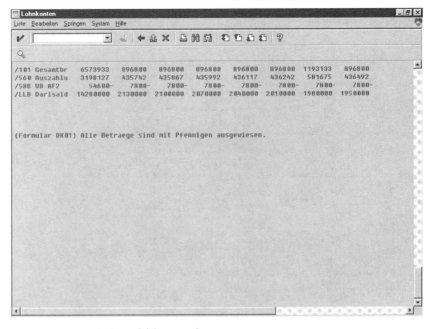

Abbildung 7.55 Lohnkonto (3) (© SAP AG)

7.7 Aufgaben

1. Welche Infotypen sind abrechnungsrelevant?
   a) Infotyp 0001 »Organisatorische Zuordnung«
   b) Infotyp 0022 »Ausbildung«
   c) Infotyp 0006 »Anschriften«
   d) Infotyp 0028 »Werksärztlicher Dienst«

2. Welche Informationen enthält der Infotyp 0001 »Organisatorische Zuordnung«, die für die Verarbeitung der Personalabrechnung von Bedeutung sind?
   a) Unternehmensstruktur
   b) Personalstruktur
   c) Tarifstruktur
   d) Organisationsstruktur

3. In welchem Infotyp setzt das SAP-Personalwirtschaftssystem das Kennzeichen für eine Rückrechnung in bereits erfolgte Abrechnungszeiträume?
   a) Infotyp 0001 »Organisatorische Zuordnung«
   b) Infotyp 0003 »Abrechnungsstatus«
   c) Infotyp 0008 »Basisbezüge«
   d) Infotyp 0007 »Arbeitszeit«

4. Wie reagiert SAP R/3, wenn Fehler bei der Abrechnung eines Mitarbeiters auftreten?
   a) Die Verarbeitung für die Personalnummer bricht ab. Der Mitarbeiter wird nicht abgerechnet.
   b) Die Verarbeitung für die Personalnummer bricht nicht ab. Es wird trotz eines Fehlers eine Personalabrechnung erzeugt.
   c) Die Verarbeitung für die Personalnummer wird ohne Hinweis durchgeführt.
   d) Die Verarbeitung wird mit einem Hinweis durchgeführt.

5. Wann wechselt R/3 in den nächsten Abrechnungszeitraum?
   a) Mit der Auswahl von »Korrekturen«
   b) Bei Ende der Abrechnungsperiode
   c) Mit »Abrechnung starten«
   d) Mit »Abrechnung beenden«

7 Personalabrechnung

7.8 Lösungen

1. Welche Infotypen sind abrechnungsrelevant?
   a) **Richtig** Infotyp 0001 »Organisatorische Zuordnung«
   b) **Falsch** Infotyp 0022 »Ausbildung«
   c) **Richtig** Infotyp 0006 »Anschriften«
   d) **Falsch** Infotyp 0028 »Werksärztlicher Dienst«

2. Welche Informationen enthält der Infotyp 0001 »Organisatorische Zuordnung«, die für die Verarbeitung der Personalabrechnung von Bedeutung sind?
   a) **Richtig** Unternehmensstruktur
   b) **Richtig** Personalstruktur
   c) **Falsch** Tarifstruktur
   d) **Richtig** Organisationsstruktur

3. In welchem Infotyp setzt das SAP-Personalwirtschaftssystem das Kennzeichen für eine Rückrechnung in bereits erfolgte Abrechnungszeiträume?
   a) **Falsch** Infotyp 0001 »Organisatorische Zuordnung«
   b) **Richtig** Infotyp 0003 »Abrechnungsstatus«
   c) **Falsch** Infotyp 0008 »Basisbezüge«
   d) **Falsch** Infotyp 0007 »Arbeitszeit«

4. Wie reagiert SAP R/3, wenn Fehler bei der Abrechnung eines Mitarbeiters auftreten?
   a) **Richtig** Die Verarbeitung für die Personalnummer bricht ab. Der Mitarbeiter wird nicht abgerechnet.
   b) **Falsch** Die Verarbeitung für die Personalnummer bricht nicht ab. Es wird trotz eines Fehlers eine Personalabrechnung erzeugt.
   c) **Falsch** Die Verarbeitung für die Personalnummer wird ohne Hinweis durchgeführt.
   d) **Falsch** Die Verarbeitung wird mit einem Hinweis durchgeführt.

5. Wann wechselt R/3 in den nächsten Abrechnungszeitraum?
   a) **Falsch** Mit Auswahl von »Korrekturen«
   b) **Richtig** Bei Ende der ABRECHNUNGSPERIODE
   c) **RICHTIG** MIT »ABRECHNUNG STARTEN«
   d) **FALSCH** MIT »ABRECHNung beenden«

Kapitel 8

Personalplanung und -entwicklung

8.1	**Organisationsstruktur und -management**	**457**
8.1.1	Aufbauorganisation	458
8.2	**Kostenplanung**	**467**
8.2.1	Planungsgrundlagen und Varianten der Personalkostenplanung	468
8.2.2	Kostenplanung erstellen	473
8.2.3	Kostenplanung vergleichen	477
8.2.4	Übergabe der Kostendaten an das SAP Controlling	480
8.3	**Personalentwicklung**	**481**
8.3.1	Qualifikationen und Anforderungen	482
8.3.2	Qualifikations- und Anforderungskatalog	483
8.3.3	Anforderungsprofile	493
8.3.4	Qualifikationsprofile	497
8.3.5	Profilvergleich	501
8.3.6	Suche nach Personen	504
8.3.7	Weiterbildungsbedarf	506
8.4	**Veranstaltungsmanagement**	**508**
8.4.1	Veranstaltungsumfeld	510
8.4.2	Veranstaltungsangebot	525
8.4.3	Teilnehmeradministration und Tagesgeschäft	530

8 Personalplanung und -entwicklung

8.5	**Aus der Praxis**	**539**
8.5.1	Ausgangssituation	539
8.5.2	Projektablauf	542
8.5.3	Ergebnisse und Implementierungsstand	545
8.5.4	Auswirkungen auf die Personalarbeit	547
8.6	**Aufgaben**	**548**
8.7	**Lösungen**	**550**

Personalplanung und -entwicklung

Die Notwendigkeit, personelle Ressourcen zu planen, ist heute unbestritten zu einem strategischen Erfolgsfaktor für jedes Unternehmen geworden. Planung ist die Projektion beabsichtigter Aktivitäten in die Zukunft. Planung verfolgt aber auch das Ziel, potentielle Unsicherheiten zu verringern, z.B. bestimmte Entwicklungen vorauszusehen und Risiken, wenn möglich, auszuschalten oder zu minimieren. Planung soll also helfen, die Sicherheit und Stabilität in einem bestimmten Bereich zu verbessern. Dabei ist es erforderlich, alle Faktoren, die für das Erreichen der gesetzten Ziele von Bedeutung sind, in die Planung mit einzubeziehen.

Teilbereiche der Personalplanung

Um das Erreichen der unternehmenspolitischen Ziele optimal zu planen, gibt es im R/3-System für die unterschiedlichsten Industriebereiche verschiedene Teilpläne, so z.B. für die Planung von Absatz, Produktion, Investition oder Kosten, die zusammen mit den anderen Unternehmensplanungen zu einer Gesamtplanung zusammengefaßt werden. Da sich die Planung der personellen Ressourcen auf jeden Unternehmensbereich bezieht, steht sie in enger Verbindung mit allen übrigen Teilbereichen der Unternehmensplanung. Deshalb sollte die Personalplanung als gleichberechtigter Bestandteil in jede Art von Unternehmensplanung integriert sein.

Die Personalplanung eines Unternehmens gliedert sich in folgende Teilbereiche:

- Personalbedarfsplanung
- Personalbeschaffungs- und -abbauplanung
- Personaleinsatzplanung
- Personalentwicklungsplanung
- Personalkostenplanung

8 Personalplanung und -entwicklung

Die Aufgaben der einzelnen Teilbereiche werden von den in Tabelle 8.1 aufgelisteten Fragen bestimmt:

Teilbereiche der Personalplanung	Fragen
Personalbedarfsplanung	Wie viele Mitarbeiter mit welchen Qualifikationen werden zu welchem Zeitpunkt an welchem Ort benötigt?
Positiver Personalbedarf: Personalbeschaffungsplanung	Wie können die benötigten Mitarbeiter beschafft werden?
Negativer Personalbedarf: Personalabbauplanung	Wie können Personalüberhänge mit möglichst geringen Härten abgebaut werden?
Personaleinsatzplanung	Wie können in einem Unternehmen vorhandene Mitarbeiter entsprechend ihren Qualifikationen und Fähigkeiten optimal eingesetzt werden?
Personalentwicklungsplanung	Wie können Mitarbeiter für andere, qualifiziertere Aufgaben und Tätigkeiten systematisch gefördert werden? Wie werden interne und externe Bildungsmaßnahmen geplant?
Personalkostenplanung	Wie hoch sind die aktuellen Personalkosten – insgesamt und nach Bereichen aufgeteilt? Welche zusätzlichen Kosten ergeben sich aus den geplanten Maßnahmen?

Tabelle 8.1 Teilbereiche der Personalplanung und ihre Aufgaben

In vielen Unternehmen erfolgte die Personalplanung bisher mit manuellen Aufzeichnungen und Vorjahresvergleichen. Dabei wurde es häufig dann problematisch, wenn die Planung sich nicht mehr nur auf eine kleine Gruppe von Mitarbeitern beschränkte, sondern in die allgemeine Unternehmensplanung einfließen sollte.

Integration der Personalplanung und -entwicklung

Im R/3-System ist die Personalplanung und -entwicklung sowohl in das Personalwesen als auch in das betriebswirtschaftliche Umfeld eingebunden.

Ein Beispiel hierfür ist die Personalkostenplanung. Bei der Personalkostenplanung werden die Abrechnungsergebnisse der Mitarbeiter sowie die organisatorischen Änderungen in der Planung berücksichtigt. Nach Abschluß der Planung werden die entsprechenden Daten an das SAP-Modul Controlling (CO) übergeben. Somit können die Informationen der Personalkostenplanung problemlos in die Unternehmensplanung einfließen.

Personalplanung und -entwicklung 8

Außer bei der Kostenplanung werden Sie vom R/3-System auch bei folgenden Funktionen und Prozessen der Personalplanung und -entwicklung unterstützt:

- bei der Definition der Unternehmensstruktur durch die Darstellung von Stellenbeschreibungen
- bei der Planung des Personalbedarfs
- bei der systematischen Entwicklung der Mitarbeiter durch die Definition von Qualifikationsprofilen und Weiterbildungsmaßnahmen

Durch die Querverbindungen zu den anderen betriebswirtschaftlichen Modulen des R/3-Systems, speziell zur »Personaladministration«, können Sie jederzeit auf die aktuellen Informationen aus den verschiedensten Teilbereichen zugreifen.

Komponenten

Eine kurze Einführung in die Funktionen und Geschäftsprozesse der Personalplanung und -entwicklung erhielten Sie bereits in Kapitel 2, »Überblick«.

In diesem Kapitel werden folgende Themen behandelt:

- Grundlagen des Organisationsmanagements
- Möglichkeiten der Personalbedarfsplanung
- Varianten der Kostenplanung und -vorschau
- Funktionen der Komponente »Qualifikationen und Anforderungen«
- Funktionen der Komponente »Veranstaltungsmanagement«

8.1 Organisationsstruktur und -management

Innerhalb des R/3-Personalwirtschaftssystems spielt das Organisationsmanagement eine wichtige Rolle. Denn die hier dargestellte Organisationsstruktur eines Unternehmens dient sowohl im Personalmanagement als auch in der Personalplanung und -entwicklung als Basis für weitere Berechnungen und Auswertungen.

Mit der Komponente »Organisationsmanagement« können Sie eine frühere, die gegenwärtige und eine zukünftige Unternehmensstruktur abbilden, da alle Daten mit einem Zeitbezug (Beginn- und Endedatum) im R/3-System hinterlegt werden. Das heißt konkret, daß Sie also nicht nur die aktuelle Organisation darstellen und auswerten, sondern auch die Historie abfragen und Veränderungen für die Zukunft planen können. Mit dieser Komponente sind Sie bestens gerüstet, um sich optimal auf zukünftige Personalanforderungen und -veränderungen einstellen zu können, z.B. bei der Durchführung von Umstrukturierungen und Reorganisationen.

8 Personalplanung und -entwicklung

8.1.1 Aufbauorganisation

Zur Anlage, Modellierung und Pflege der Unternehmensstruktur stehen im R/3-System unter anderem folgende Planungsobjekte zur Verfügung:

- »Organisationseinheiten«
  Zur Darstellung der Abteilungen und Bereiche eines Unternehmens.

- »Planstellen«
  Zur Abbildung der jeweiligen Positionen.

Bei der Anlage einer Unternehmensstruktur werden nicht nur die Organisationseinheiten und Planstellen beschrieben, sondern auch die Beziehungen der Planungsobjekte untereinander in Form von Verknüpfungen im R/3-System hinterlegt.

In der Tabelle 8.2 erhalten Sie einen Überblick über die Basisobjekte des Organisationsmanagements und deren Bedeutung sowie konkrete Anwendungsbeispiele.

Objekt	Bedeutung	Beispiele
Organisationseinheit	Betriebswirtschaftliche Einheit im Unternehmen: Konzern, Bereich, Abteilung oder Team	Vorstand, Vertrieb, Einkauf, Personalabteilung, Personalabrechnung
Stelle	Zusammenfassung von Aufgaben, Funktionen, Tätigkeits- oder Berufsbezeichnung. Eine Stelle ist je Funktion einmalig im Unternehmen.	Vorstand, Vertriebsbeauftragte/r, Sekretär/in, Personalreferent/in
Planstelle	Quantitative Erfassung und Konkretisierung von Stellen. Die Planstelle wird durch die Stelle beschrieben. Eine Planstelle kann durch eine oder mehrere Personen besetzt werden (mehrere Teilzeit-Mitarbeiter besetzen z.B. eine Planstelle).	Fünf Planstellen Vertriebsbeauftragte/r-Süd; zwei Planstellen Sekretär/in Personal
Arbeitsplatz	Arbeitsplatz mit dem konkreten Standort; kann z.B. im Schichtbetrieb durch mehrere Planstellen gefüllt werden.	CNC-Maschine in der Produktion; Einkaufssekretariat
Aufgabe	Beschreibt die einzelnen Tätigkeiten einer Stelle und somit indirekt auch die Planstelle.	Erledigung der Korrespondenz, Führen von Mitarbeitergesprächen

Tabelle 8.2 Basisobjekte des Organisationsmanagements

Personalplanung und -entwicklung

Für jedes dieser Objekte (Organisationseinheit, Stelle, Planstelle, Arbeitsplatz oder Aufgabe) wird der Infotyp 1000 »Objekt« mit einem beliebigen Kürzel (zwölfstellig) und einer Langtextbeschreibung (40 Stellen) im R/3-System verwendet (vgl. Abb. 8.1). Ohne diesen »Grund-Infotyp« kann kein Planungsobjekt im R/3-System angelegt werden.

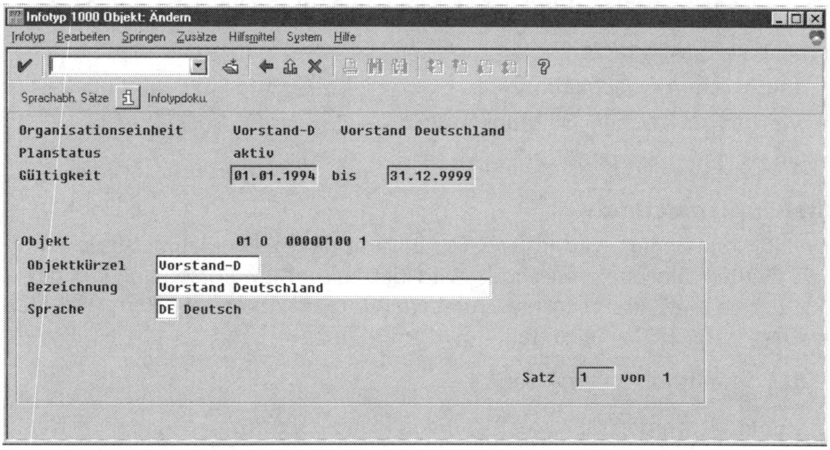

Abbildung 8.1 Infotyp 1000 »Objekt« für eine Organisationseinheit (© SAP AG)

Für die Anlage und Pflege der Aufbauorganisation haben Sie im R/3-System mehrere Möglichkeiten. Wie Sie eine Aufbauorganisation im R/3-System anlegen, ist in Kapitel 3, »Unternehmens-, Personal- und Organisationsstruktur« beschrieben.

Hinweis Normalerweise wird im SAP-Umfeld der Begriff »Organisationseinheit« für Elemente wie z.B. »Buchungskreis«, »Kostenrechnungskreis« oder »Werk« verwendet. Im Organisationsmanagement müssen Sie sich von dieser Interpretation lösen, da die Organisationseinheiten in diesem Modul zur Darstellung der Unternehmensstruktur und somit auch als Grundlage für den Workflow definiert werden.

Zusatzinformationen zu Objekten

Nachdem Sie die Aufbauorganisation mit den Grundinformationen ins R/3-System eingegeben haben, können Sie bei Bedarf die Planungsobjekte mit zusätzlichen Informationen näher beschreiben. Hierzu steht Ihnen im R/3-System eine Reihe von Zusatz-Infotypen zur Verfügung. Die in der Praxis vorwiegend genutzten Infotypen wurden bereits in Kapitel 2, »Überblick«, durch ein Anwendungsbeispiel kurz beschrieben.

8 Personalplanung und -entwicklung

Im folgenden sollen deshalb nur die Infotypen »Vakanz« und »Obsolet« zur Planung des Personalbedarfs behandelt werden sowie der Infotyp »Arbeitszeit«, da die Soll-Stundenzahl, die auf den verschiedenen Positionen und Arbeitsplätzen erbracht wird, ebenfalls ein relevanter Planungsfaktor ist.

Personalbedarfsplanung

Die Personalbedarfsplanung beschäftigt sich hauptsächlich mit der Frage:

- Wie viele Mitarbeiter ...
- mit welchen Qualifikationen ...
- werden zu welchem Zeitpunkt ...
- an welchem Ort benötigt?

Stellenplanmethode

Der Personalbedarf wird im R/3-System mit der Stellenplanmethode ermittelt. Bei der Stellenplanmethode wird der zukünftige Personalbedarf direkt aus den in die Zukunft fortgeschriebenen Organisations-, Stellen- und Stellenbesetzungsplänen ermittelt.

Dabei besteht folgender Ablauf:

1. Zunächst werden die aktuell gültigen Pläne überprüft.
2. Danach werden alle organisatorischen und personellen Veränderungen ergänzt und in einem Soll-Plan zusammengefaßt.
3. Nach der Genehmigung durch die Geschäftsleitung ist durch den festgestellten Soll-Stellenplan der Rahmen vorgegeben, in dem sich sämtliche künftigen Personalanforderungen bewegen müssen.

Durch den Aufbau und die Pflege der Organisationsstruktur im R/3-System können Sie sich jederzeit einen Überblick über die aktuellen Organisations-, Stellen- und Stellenbesetzungspläne verschaffen und zukünftige Veränderungen planen.

Infotypen für die Personalbedarfsplanung

Zur Planung des zukünftigen, quantitativen Personalbedarfs stehen außer den in Kapitel 2, »Überblick«, beschriebenen Infotypen zusätzlich folgende Infotypen zur Verfügung:

- »Vakanz«
  Zur Kennzeichnung von Planstellen, die besetzt werden sollen.

- »Obsolet«
  Zur Kennzeichnung von Planstellen, die gestrichen werden sollen.

- »Arbeitszeit«
  Zur Hinterlegung der Soll-Arbeitszeiten für die Planstellen.

Infotyp »Vakanz«

Die Planung einer qualitativen und quantitativen Veränderung des Personalbedarfs erfolgt im R/3-System über die Art und Anzahl der Vakanzen. Eine Vakanz stellt den Personalbedarf bezogen auf eine Planstelle (Position) dar, z.B. auf eine Planstelle »Personalreferent/in mit einer Regelarbeitszeit von 38 Stunden pro Woche« (vgl. auch Kapitel 4, »Personalbeschaffung«).

Eine Planstelle wird im Arbeitsgebiet »Organisationsmanagement« als vakant deklariert. Diese Deklaration ist der Auslöser für den Personalbeschaffungsprozeß. Die Planstelle kann sofort oder in der Zukunft besetzt werden.

Vakanzen entstehen z.B.:

- durch Versetzung oder Kündigung von Mitarbeitern
- durch Genehmigung und Einrichtung neuer Planstellen
- durch Mitarbeiter, die aufgrund der Altersgrenze aus dem Unternehmen ausscheiden

Um eine Planstelle als vakant zu deklarieren, wird in der Komponente »Organisationsmanagement« der Infotyp »Vakanz« verwendet.

Doppelbesetzung einer Planstelle

Grundsätzlich ist es unbedeutend, ob ein Mitarbeiter die Planstelle zum Zeitpunkt der »Vakanzierung« noch besetzt oder ob die Planstelle unbesetzt ist. Auch eine »Doppelbesetzung« kann sinnvoll sein, z.B. wenn ein neuer Mitarbeiter eingearbeitet werden soll.

Abbildung 8.2 zeigt die Vakanz einer Planstelle am Beispiel einer Mitarbeiterin, die ab dem 15. April des Jahres in Mutterschutz geht.

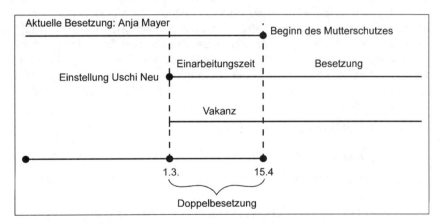

Abbildung 8.2 Doppelbesetzung einer Planstelle

Die Vakanz wurde bewußt zum 1. März angelegt, um die Einarbeitung einer neuen Mitarbeiterin auf dieser Planstelle zu gewährleisten.

Personalplanung und -entwicklung

Nutzung des Infotyps »Vakanz«

Die Anlage des Infotyps »Vakanz« ist wichtig, da die Daten nicht nur zur Planung des Personalbedarfs in der Komponente »Organisationsmanagement« verwendet werden, sondern auch in den Komponenten »Personalbeschaffung«, »Personalkostenplanung« und »Laufbahn- und Nachfolgeplanung«. Dies geschieht auf folgende Weise:

- Beim Einsatz der Komponente »Personalbeschaffung« sind die in der Komponente »Organisationsmanagement« angelegten Informationen der Auslöser für die Personalbeschaffungsaktivitäten.
- Beim Einsatz der Komponente »Personalkostenplanung« werden die Vakanzen bei der Erstellung der Kostenplanung und Kostenvorschau berücksichtigt.
- Beim Einsatz der Komponente »Laufbahn- und Nachfolgeplanung« kann die Selektion der Positionen, die bei der Laufbahnplanung als Karriereziel für Mitarbeiter berücksichtigt werden sollen, auf »nur vakante Planstellen« beschränkt werden.

Infotyp »Vakanz« anlegen

Eine Vakanz kann im R/3-System auf verschiedene Arten angelegt werden. Welche Art Sie wählen, hängt davon ab, in welcher Komponente Sie sich gerade befinden und zu welchem Zeitpunkt Sie die Vakanz anlegen. Zum Beispiel werden Sie durch die Querverbindungen zu dem Modul »Personaladministration« bei der Pflege eines Austritts oder einer Versetzung automatisch nach der Vakanz der Position (Planstelle) gefragt (vgl. Kapitel 5, »Personalstammdatenverwaltung«).

Wenn in einem Unternehmen alle unbesetzten Planstellen als vakant angesehen werden sollen, können Sie im R/3-Customizing mit »Infotyp Vakanz aktivieren/deaktivieren« den entsprechenden Schalter setzen. Damit entfällt die Pflege des Infotyps »Vakanz«. Zu dieser Customizing-Einstellung und ihrer Dokumentation wechseln Sie über die Strukturanzeige des R/3-Customizing-Einführungsleitfadens mit der Menüfolge PERSONALMANAGEMENT | ORGANISATIONSMANAGEMENT | FUNKTIONEN | INFOTYP VAKANZ AKTIVIEREN/DEAKTIVIEREN.

Um im R/3-System eine Vakanz anzulegen, gehen Sie wie folgt vor:

Ausgangspunkt SAP R/3-Hauptmenü

1. Rufen Sie die Menüfunktion PERSONAL | ORGANISATIONSMANAGEMENT auf.
    → Das Fenster »Organisationsmanagement« wird angezeigt.
2. Klicken Sie auf die Drucktaste EIGENSCHAFTEN ÄNDERN.
    → Das Fenster »Eigenschaften von Organisationseinheiten und Planstellen ändern« wird angezeigt.

Personalplanung und -entwicklung

3. Geben Sie in das Feld »Organisationseinheit« die Organisationseinheit ein, zu der die Planstelle gehört, oder suchen Sie die Organisationseinheit über Matchcode, und klicken Sie auf das Symbol.
4. Klicken Sie auf die Planstelle.
   → Die Planstelle ist ausgewählt.
5. Klicken Sie auf die Drucktaste (EIGENSCHAFTEN).
   → Das Fenster »Eigenschaften Planstelle – aktuelle Einstellungen« wird angezeigt.
6. Geben Sie in das Feld »ab« das Beginn- und, falls erforderlich, in das Feld »bis« das Endedatum der Vakanz ein, und markieren Sie das Feld »Vakant«.
   → Standardmäßig wird die Option »offen« vorgeschlagen (vgl. Abb. 8.3).

Hinweis Bei Bedarf können Sie durch Klick auf die Drucktaste ZUSATZDATEN Zusatzinformationen zum Personalreferenten, Fachverantwortlichen sowie zum Genehmigungs-, Reservierungs- und Besetzungsprozentsatz für die vakante Planstelle pflegen.

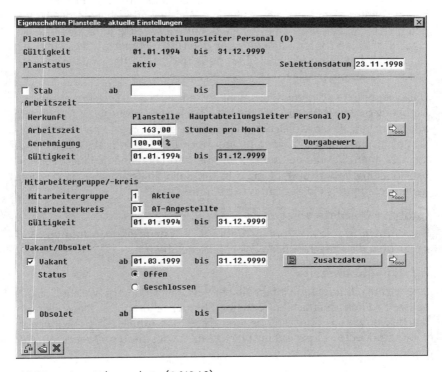

Abbildung 8.3 Vakanz anlegen (© SAP AG)

Personalplanung und -entwicklung

Hinweis Die Zusatzinformationen zur Vakanz und ihre Bedeutung sind ausführlich in Kapitel 4, »Personalbeschaffung«, im Abschnitt »Personalbedarf« beschrieben.

7. Klicken Sie auf das Symbol ⬚.
   → Das Fenster »Eigenschaften von Organisationseinheiten und Planstellen ändern« wird angezeigt. Die Meldung »Satz wurde hinzugefügt« wird ausgegeben.

Infotyp »Obsolet«

Die Planung quantitativer und qualitativer Veränderungen des Personalbedarfs in »negativer« Hinsicht erfolgt im R/3-System über die Art und Anzahl der obsoleten Planstellen. Wie bei der Vakanz bezieht sich die Kennzeichnung »obsolet« auf eine Planstelle (Position) des Unternehmens.

Verursacht werden Personalabbaumaßnahmen in der Regel durch Reorganisationen, bei denen häufig ganze Unternehmensbereiche umstrukturiert werden.

Der Personalabbau, der den Unternehmen zu einer größeren Effizienz verhelfen soll und damit in vielen Fällen die Wettbewerbsfähigkeit des Unternehmens sichert, fordert eine systematische Personalplanung. Denn derjenige, der genaue Informationen über die Unternehmensstruktur und die Mitarbeiter hat, kann rechtzeitig auf neue und zukünftige Situationen reagieren und, sofern möglich, Härtefälle vermeiden.

Die Komponente »Organisationsmanagement« des R/3-Systems unterstützt Sie bei dieser schwierigen Aufgabe mit dem Infotyp »Obsolet«. Mit diesem Infotyp haben Sie die Möglichkeit, Planstellen, die im Zuge einer Reorganisation nicht mehr benötigt werden, aber noch besetzt sind, als »obsolet« zu kennzeichnen. Das hat den Vorteil, daß Sie sofort erkennen können, ob akuter Handlungsbedarf besteht, ob z.B. für einen Stelleninhaber nach einem neuen Betätigungsfeld gesucht werden muß.

Infotyp »Obsolet« anlegen

Den Infotyp »Obsolet« können Sie im R/3-System wie den Infotyp »Vakanz« über die einfache Pflege anlegen (siehe oben).

Infotyp »Arbeitszeit«

Eine wichtige Information innerhalb der Personalplanung ist, welche Soll-Arbeitszeit (durchschnittlich zu leistende Stundenzahl) an den Planstellen erbracht werden soll. Zur Hinterlegung dieser Soll-Arbeitszeit steht Ihnen in der Komponente »Organisationsmanagement« der Infotyp »Arbeitszeit« zur Verfügung.

Die Arbeitszeit kann definiert werden für:

- besondere Organisationseinheiten
- Planstellen

Personalplanung und -entwicklung

- Arbeitsplätze
- Arbeitszeitgruppen, die wiederum auf Mitarbeitergruppen basieren

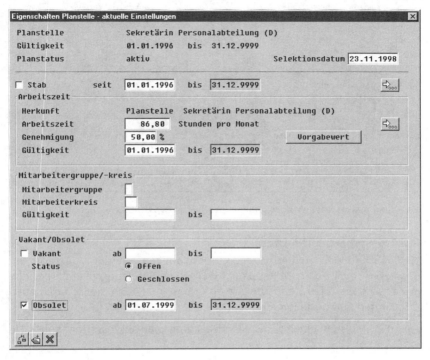

Abbildung 8.4 Infotyp »Obsolet« anlegen (© SAP AG)

Wenn für alle Planstellen einer Organisationseinheit die gleiche Arbeitszeit gilt, entfällt die Definition der Arbeitszeit für Planstellen, Arbeitsplätze oder Arbeitszeitgruppen.

Die Arbeitszeiten der Personalplanung haben lediglich Referenzcharakter und werden z.B. bei der Auswertung des Stellenbesetzungsplans berücksichtigt. Eine Verwendung der Information in den Bereichen der Mitarbeiterstammdaten, der Zeitwirtschaft oder der Lohn- und Gehaltsabrechnung erfolgt nicht.

Infotyp »Arbeitszeit« anlegen

Auch der Infotyp »Arbeitszeit« wird im R/3-System über die einfache Pflege angelegt. Je nach Bedarf können Sie die Arbeitszeit über die Organisationseinheit oder die Planstelle ändern.

8 Personalplanung und -entwicklung

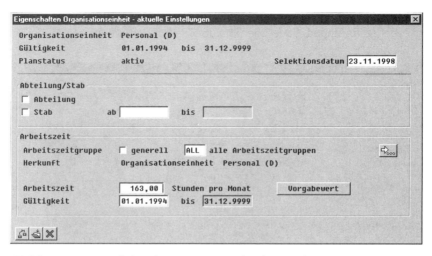

Abbildung 8.5 Eigenschaften der Organisationseinheit (© SAP AG)

Besetzungsplan auswerten

Die Informationen zu den Organisationseinheiten mit den zugeordneten Planstellen sowie zu deren Besetzung werden im Besetzungsplan dargestellt. Hier finden Sie außer den Arbeitszeitinformationen auch die Informationen zu vakanten und obsoleten Planstellen.

Um im R/3-System einen Planstellenbesetzungsplan auszuwerten, gehen Sie wie folgt vor:

Ausgangspunkt Arbeitsgebiet »Organisationsmanagement«

1. Rufen Sie die Menüfunktion AUSWERTUNGEN | PLANSTELLE | BESETZUNGS-PLAN auf.
   → Das Fenster »Besetzungsplan« wird angezeigt.
2. Geben Sie in das Feld »Suchbegriff« die Organisationseinheit ein.
3. Klicken Sie auf das Symbol .
   → Das Fenster »Besetzungsplan Überblick« wird mit der Darstellung der Organisationseinheit und globalen Zusatzinformationen angezeigt (vgl. Abb. 8.6).
4. Markieren Sie eine Organisationseinheit, und klicken Sie auf die Drucktaste AUSWÄHLEN.
   → Das Fenster »Besetzungsplan – Details« wird mit den Zusatzinformationen zur Besetzung sowie zu vakanten und obsoleten Planstellen angezeigt (vgl. Abb. 8.7). Die Arbeitszeit wird in der Spalte »Soll-Stunden« ausgegeben.

Personalplanung und -entwicklung 8

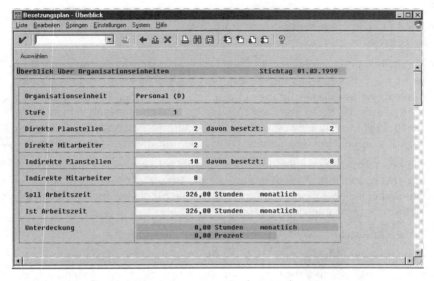

Abbildung 8.6 Überblick über den Besetzungsplan (© SAP AG)

Hinweis Mit einem Doppelklick können Sie sowohl die Zusatzinformationen zur Planstelle (Planstellenbeschreibung) als auch zur betroffenen Person anzeigen.

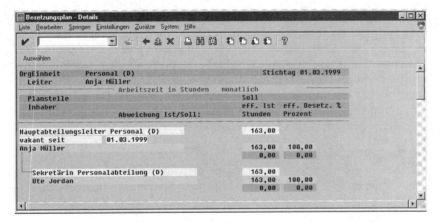

Abbildung 8.7 Details eines Besetzungsplans (© SAP AG)

8.2 Kostenplanung

Die Personalkostenplanung ist im R/3-System in das Modul »Personalplanung und -entwicklung« eingebunden. Die Komponente basiert auf der Organisationsstruktur (Aufbauorganisation) des Unternehmens und ermöglicht

Personalplanung und -entwicklung

eine kurz-, mittel- und langfristige Planung der Personalkosten für einzelne oder alle Unternehmensbereiche (Organisationseinheiten) bzw. für die jeweils betroffenen Kostenstellen.

Mit Hilfe der Organisationsstruktur können Sie auch organisatorische Veränderungen, z. B. Personalabbau oder Personalaufstockung, in Ihre Planung mit einbeziehen. Das heißt, in der Kostenplanung werden sowohl die besetzten als auch die vakanten Planstellen berücksichtigt. Unbesetzte Planstellen, die zur Zeit »auf Eis liegen«, können Sie bei der Hochrechnung ausschließen. Dies ist vor allem bei Neu- und Umstrukturierungsmaßnahmen nützlich.

Mit der Personalkostenplanung haben Sie die Möglichkeit, verschiedene Alternativen und ihre Auswirkungen auf die Personalkosten abzubilden. Sie haben damit eine wirksame Entscheidungshilfe für die künftige Personalpolitik Ihres Unternehmens an der Hand.

In diesem Abschnitt werden folgende Themen behandelt:

- Planungsgrundlagen und Varianten der Personalkostenplanung
- Erstellung und Bearbeitung einer Planungsversion mit Anbindung der SAP-Präsentationsgrafik und der Microsoft-Tabellenkalkulation Excel
- Übergabe der Planungsdaten an das Controlling (CO)

8.2.1 Planungsgrundlagen und Varianten der Personalkostenplanung

Die Gesamtpersonalkosten eines Unternehmens setzen sich aus verschiedenen Kostenarten zusammen, z.B. Löhnen, Gehältern und Personalnebenkosten. Diese Kostenarten werden in der Komponente »Personalkostenplanung« des R/3-Systems als »Kostenbestandteile« bezeichnet. Als Kostenbestandteile können Sie die Lohnbestandteile aus dem Organisationsmanagement bzw. aus der Kostenplanung oder die Lohnarten aus der Personaladministration und -abrechnung heranziehen. Welche Daten Sie als Planungsgrundlage für die Kostenplanung verwenden, hängt von den unternehmensspezifischen Planungsgrundsätzen und -zielen ab.

Planungsgrundlagen

Um den unterschiedlichen Bedürfnissen der Unternehmen gerecht zu werden, stehen im R/3-System die drei folgenden Planungsgrundlagen zur Verfügung:

- *Soll-Bezüge*
  Auf der Basis von Lohnbestandteilen der Organisationsstruktur.

- *Basisbezüge*
  Auf der Basis von Lohnarten der Mitarbeiterstammdaten.

- *Abrechnungsergebnisse*
  Auf der Basis von Lohnarten der Lohn- und Gehaltsabrechnung der Mitarbeiter.

Personalplanung und -entwicklung

Varianten

Das Ziel der Komponente »Personalkostenplanung« ist es, umfassend über aktuelle und zukünftige Personalkosten eines Unternehmens zu informieren.

Diese Komponente enthält folgende Funktionen:

- Ermittlung der aktuellen Ist-Personalkosten
- Vorschau auf die zukünftigen Personalkosten
- Planung von zukünftig zu erwartenden Personalkosten

Diese unterschiedlichen Funktionen werden auch als *Varianten der Kostenplanung* bezeichnet. Die Varianten der Kostenplanung des R/3-Systems sind mit ihren möglichen Planungsgrundlagen in Tabelle 8.3 dargestellt:

Variante Kosten	Variante Kostenvorschau	Variante Kostenplanung
Abrechnungsergebnisse	Abrechnungsergebnisse	Abrechnungsergebnisse
Basisbezüge	Basisbezüge	Basisbezüge
		Soll-Bezüge

Tabelle 8.3 Varianten der Kostenplanung und mögliche Planungsgrundlagen

Soll-Bezüge als Planungsgrundlage

Eine der drei Planungsgrundlagen für die Personalkostenplanung sind die Soll-Bezüge auf der Basis von Lohnbestandteilen. Die Lohnbestandteile können dabei beliebig definiert werden. Sie können somit unabhängig von der Personaladministration und -abrechnung jede Art von Personalkosten abbilden sowie auch pauschale Kosten für Aus- und Weiterbildungsmaßnahmen für Mitarbeiter oder Betriebsratsmitglieder eines Unternehmens.

Damit die Soll-Bezüge (Kostenbestandteile) in die Personalkostenplanung einfließen können, müssen sie den entsprechenden Kostenobjekten zugeordnet werden. Für die Kostenbestandteile der Soll-Bezüge sind die Kostenobjekte die Planungsobjekte des Organisationsmanagements.

Folgende Planungsobjekte können ein »Entstehungsort« für Kosten (Kostenobjekt) sein und mit verschiedenen Kostenbestandteilen verknüpft werden:

- Organisationseinheiten
- Stellen
- Planstellen
- Arbeitsplätze

Die Zuordnung von Soll-Kostenbestandteilen zu Planungsobjekten nehmen Sie mit dem Infotyp 1015 »Kostenplanung« vor (vgl. Abb. 8.8).

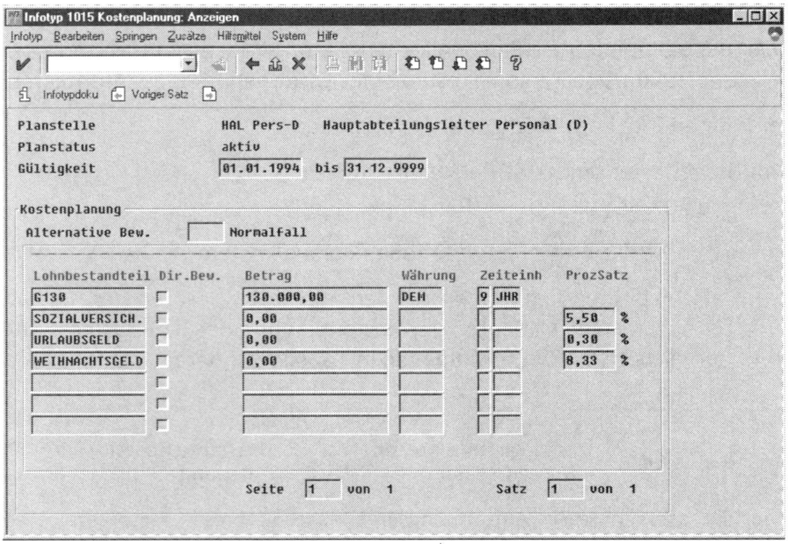

8 Personalplanung und -entwicklung

Abbildung 8.8 Infotyp Kostenplanung (© SAP AG)

Abrechnungsergebnisse als Planungsgrundlage

Unter Abrechnungsergebnissen versteht man die Abrechnungsdaten, die auf der Basis von Lohn- und Gehaltsarten bei der Lohn- und Gehaltsabrechnung für einen Mitarbeiter ermittelt werden. Bei den Abrechnungsergebnissen handelt es sich um die detaillierteste Planungsgrundlage, da außer den Lohn- und Gehaltsarten der Basisbezüge weitere für die Abrechnung relevante Lohnarten, wie z.B. die Vergütung für Mehrarbeit, in die Berechnung mit einfließen. Bei aktivem Einsatz der Personalkostenplanung und der Personaladministration und -abrechnung werden die ermittelten Abrechnungsergebnisse automatisch in eine speziell für die Personalkostenplanung vorgesehene Datenbank geschrieben (vgl. Abb. 8.9).

Damit sind die einzelnen Mitarbeiter die »Entstehungsorte« für die Abrechnungsergebnisse.

Wenn Sie keine historischen Abrechnungsergebnisse verwenden wollen, können Sie die Abrechnungen auch vorausschauend ermitteln lassen.

Basisbezüge als Planungsgrundlage

Basisbezüge sind die Lohnarten, die einem Mitarbeiter im Infotyp 0008 »Basisbezüge« zugeordnet (vgl. Abb. 8.10) und in der Regel monatlich gezahlt werden, z.B. das Tarifgehalt plus übertarifliche Zulagen oder ein außertarifliches Gehalt. Die Basisbezüge als Planungsgrundlage sind nicht so detailliert wie die Abrechnungsergebnisse, da die variablen Kosten nicht in die Berechnung mit einbezogen werden. Variable Kosten sind unter anderem nicht wiederkehrende Be- und Abzüge für Mehrarbeit.

Personalplanung und -entwicklung 8

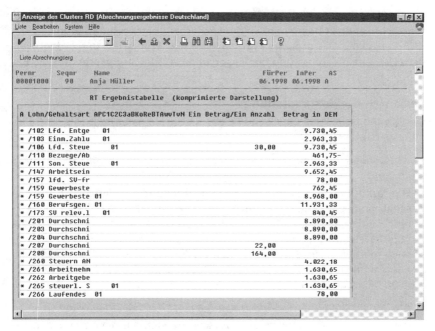

Abbildung 8.9 Abrechnungsergebnisse (© SAP AG) ((Abbildung fehlt!!!! 34hro88))

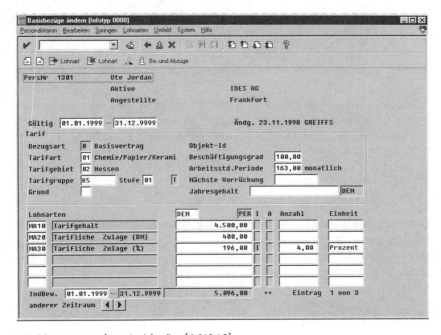

Abbildung 8.10 Infotyp Basisbezüge (© SAP AG)

8.2 Kostenplanung

8 Personalplanung und -entwicklung

Damit die Basisbezüge in die Ermittlung der Ist-Kosten und die Kostenvorschau einfließen können, müssen dem Mitarbeiter im Personalstammsatz der SAP-Personaladministration die entsprechenden Lohnarten zugeordnet werden. Dementsprechend sind die Personen die »Entstehungsorte« für die Basisbezüge.

Varianten der Kostenplanung

Die Komponente »Personalkosten« des R/3-Systems enthält folgende Planungsvarianten:

- *Ist-Kosten-Ermittlung mit der aktuellen Berechnung der Ist-Personalkosten*

  Die Ermittlung der Ist-Kosten ist eine Vorstufe der Personalkostenvorschau und -planung. Denn bevor Sie die Personalkosten planen, berechnen Sie den aktuellen Stand der Personalkosten. Aber auch unabhängig von der eigentlichen Planung können Sie die SAP-Funktionen zur Ist-Kostenermittlung verwenden, z.B. zu monatlichen Soll-/Ist-Vergleichen. Zur Berechnung der Ist-Kosten werden in der Regel die Abrechnungsergebnisse oder Basisbezüge herangezogen.

- *Kostenvorschau mit der Vorschau auf zukünftige Personalkosten*

  Bei der Verwendung der Kostenvorschau gehen Sie davon aus, daß die Organisationsstruktur im Planungszeitraum nicht geändert wird und die Anzahl der Mitarbeiter konstant bleibt. Im Anschluß an die Berechnung der Ist-Personalkosten werden diese Kostendaten für die Zukunft berechnet. Zur Kostenvorschau werden in der Regel die Abrechnungsergebnisse oder die Basisbezüge herangezogen.

- *Kostenplanung mit der Planung von zukünftig zu erwartenden Personalkosten*

  Bei der Kostenplanung des R/3-Systems können Sie die Personalkosten eines Unternehmens umfassend planen. Es werden sowohl alle vakanten Planstellen als auch darüber hinausgehende organisatorische Änderungen in der Personalkostenplanung berücksichtigt, wie z.B. Veränderungen bei den Organisationseinheiten, Stellen und Planstellen. Zur Kostenplanung werden in der Regel die Soll-Bezüge oder Abrechnungsergebnisse herangezogen. Es können aber auch die Basisbezüge verwendet werden.

Faktoren für die Auswahl der Planungsgrundlagen und -varianten

Welche der im R/3-System zur Verfügung stehenden Planungsgrundlagen und -varianten der Personalkostenplanung Sie wählen, hängt von unterschiedlichen Faktoren ab, z.B.

- von der benötigten Genauigkeit der Planungsdaten (denn mit den Abrechnungsergebnissen haben Sie eine detailliertere Planungsgrundlage als mit den Basisbezügen)

Personalplanung und -entwicklung

- von dem zur Verfügung stehenden Zeitraum (denn aufgrund des Detaillierungsgrads und der Datenmenge der Abrechnungsergebnisse können die Planungsprozesse sehr zeitaufwendig werden)
- von den eingesetzten Komponenten des SAP-Personalwirtschaftssystems

In Tabelle 8.4 erhalten Sie eine Übersicht über einige SAP-Komponenten und deren mögliche Planungsgrundlagen und -varianten.

Sie nutzen folgende Komponenten	Sie verwenden folgende Planungsgrundlagen und -varianten
Organisations- und Veranstaltungsmanagement und eingeschränkte Personaladministration (Mini-Personalstammdaten)	Kostenplanung mit Soll-Bezügen
Organisationsmanagement, Personalbeschaffung und Personaladministration	Kostenplanung mit Soll-Bezügen oder Kostenvorschau mit Basisbezügen
Organisationsmanagement, Personaladministration, Reisekosten, Zeitwirtschaft und Abrechnung	Kostenplanung mit Soll-Bezügen oder Kostenvorschau mit Basisbezügen und Abrechnungsergebnissen

Tabelle 8.4 SAP-Komponenten und mögliche Planungsgrundlagen und -varianten

Nachdem Sie sich für eine oder mehrere Planungsgrundlagen entschieden haben und die Kostendaten in die Personalkostenplanung weitergeleitet wurden, wird vom System nicht mehr zwischen den verschiedenen Planungsgrundlagen unterschieden. Die im folgenden beschriebenen Bearbeitungsschritte zur Erstellung und Bearbeitung der Planungsversionen sowie die Behandlung der Daten sind für alle Planungsgrundlagen gleich.

8.2.2 Kostenplanung erstellen

Die Kostenplanung wird über die Erstellung und den Vergleich verschiedener Planungsversionen durchgeführt.

Die Planungsversion »Personalwesen 1/1999« enthält z.B. die Berechnung der Personalkosten:

- für das Jahr 1999
- für den Bereich Personalwesen
- auf Basis der Abrechnungsergebnisse des Jahres 1998

Nach dem Erstellen einer Planungsversion haben Sie die Möglichkeit, die darin enthaltenen Kostendaten zu bearbeiten, um weitere Kostenszenarien zu entwerfen.

Personalplanung und -entwicklung

Dabei können die für eine weitere Planungsversion erforderlichen Änderungen bei den Planungsgrundlagen zeitgerecht berücksichtigt werden. Hierzu einige Beispiele:

- Die Bewertung der Lohnbestandteile – z.B. die AT-Gruppe »1« – wird ab 1. Januar des Planungsjahrs um 2,5 % erhöht.
- Die Zuordnung der Lohnbestandteile zu den einzelnen Stellen, Planstellen, Arbeitsplätzen und Organisationseinheiten wird geändert: Die Planstelle Sekretärin im Vertrieb erhält z.B. ab dem 1. Juli des Planungsjahrs eine übertarifliche Zulage von 200 DM pro Monat.
- Die Anzahl der benötigten Planstellen pro Organisationseinheit in einem bestimmten Zeitraum wird angepaßt: Es erhöht sich z.B. die Anzahl der Planstellen für Sachbearbeiter im Personalwesen von zwei auf drei vom 1. April bis zum 31. Dezember des Planungsjahrs.
- Die Arbeitsverteilung innerhalb einer Organisationseinheit wird umstrukturiert, so daß sich z.B. die Anzahl der Planstellen im Einkauf ab dem 1. Januar des Planungsjahrs von zehn auf acht Mitarbeiter reduziert.

Die im Rahmen der Planung eingegebenen Änderungen führen sofort zu einer neuen Berechnung der Personalkosten.

Im folgenden Beispiel wird eine Planungsversion auf der Planungsgrundlage »Soll-Bezüge« im R/3-System angelegt und bearbeitet.

In einem zweiten Schritt wird diese mit einer anderen Planungsversion verglichen: Anschließend werden die grafische Aufbereitung sowie die Tabellenkalkulation Excel verwendet.

Personalkostenplanung anlegen und bearbeiten

Um im R/3-System eine Kostenplanung anzulegen, gehen Sie wie folgt vor:

Ausgangspunkt SAP R/3-Hauptmenü

1. Rufen Sie die Menüfunktion PERSONAL | PERSONALMANAGEMENT | PERSONALKOSTEN auf.
   → Das Arbeitsgebiet »Personalkostenplanung« wird angezeigt.
2. Rufen Sie die Menüfunktion PLANUNG | ANLEGEN | SOLLBEZÜGE auf.
   → Das Fenster »Planungsgrundlage Sollbezüge« wird angezeigt.
3. Geben Sie in das Feld »Planvariante« die aktuelle Planvariante und in das Feld »Organisationseinheit« die Organisationseinheiten ein, die Sie in der Personalkostenplanung berücksichtigen wollen.
4. Geben Sie bei »Planungsdaten« die Vorgaben zu »Zeitraum«, »Währung« und bei Bedarf »Alternative Bewertung« ein. Bei der »Aufbereitung« wählen Sie, ob nur die Objektkürzel oder auch der Langtext angezeigt werden sollen.

Personalplanung und -entwicklung

5. Klicken Sie auf das Symbol .

   → Das Fenster »Personalkosten pro Organisationseinheit« mit der Übersicht über die ermittelten Personalkosten wird auf Basis der Soll-Bezüge angezeigt (vgl. Abb. 8.11).

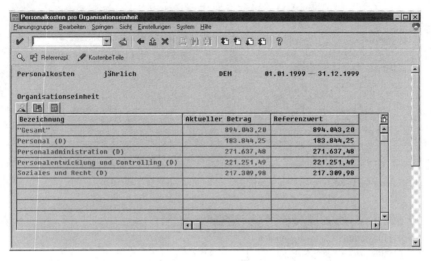

Abbildung 8.11 Soll-Bezüge als Planungsgrundlage (© SAP AG)

Möglichkeiten im Fenster »Personalkosten pro Organisationseinheit«

Sie haben auch die Möglichkeit, die Kostenplanung zu bearbeiten. Sie können z. B.

- mit einem Doppelklick auf eine Organisationseinheit die Anzahl der Planstellen ändern (vgl. Abb. 8.12)
- mit einem Klick auf die Drucktaste (KOSTENBETEILE) einzelne Kostenbestandteile über Matchcode suchen und mit Beginndatum und Prozentsatz der Erhöhung ändern (vgl. Abb. 8.13)
- mit einem Klick auf die Drucktaste (KOSTENBETEILE) und der Eingabe »*« im Feld »Kostenbestandteil« alle Kostenbestandteile mit Beginndatum und Prozentsatz der Erhöhung ändern

Planungsversion sichern

Damit die Daten der aktuellen Kostenplanung jederzeit zur Verfügung stehen und diese zu einem späteren Zeitpunkt weiterbearbeitet und detailliert werden können, besteht im R/3-System die Möglichkeit, die Kostenplanungsdaten als Planungsversion zu sichern. Zum Schutz der Kostendaten können Sie beim Sichern einer Planungsversion für diese ein Paßwort vergeben (vgl. Abb. 8.14).

8 Personalplanung und -entwicklung

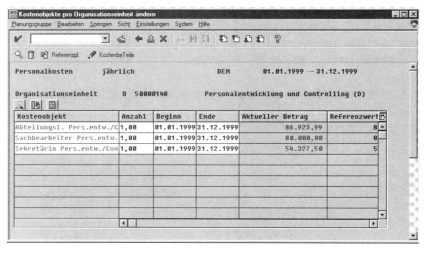

Abbildung 8.12 Kostenplanung bearbeiten – Kostenobjekte (© SAP AG)

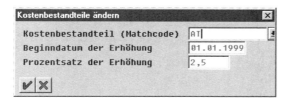

Abbildung 8.13 Kostenplanung bearbeiten – Kostenbestandteile (© SAP AG)

Abbildung 8.14 Kostenplanung sichern (© SAP AG)

Nach dem Anlegen, Bearbeiten und Sichern der Kostenplanung sind folgende Informationen zeitgerecht aufbereitet abrufbar:

- Personalkosten pro Organisationseinheit Kostenstelle
- Personalkosten pro Kostenobjekt (Stelle/Planstelle/Person)
- Personalkosten und Kostenobjekte pro Organisationseinheit/Kostenstelle

Personalplanung und -entwicklung

- Bewertung der Lohnbestandteile
- Anzahl und akkumulierte Kosten pro Stelle bzw. Planstelle je Organisationseinheit bzw. Kostenstelle
- akkumulierte Kosten pro Lohnbestandteil und Organisationseinheit bzw. Kostenstelle
- Lohnbestandteil pro Stelle, Planstelle sowie deren Kosten

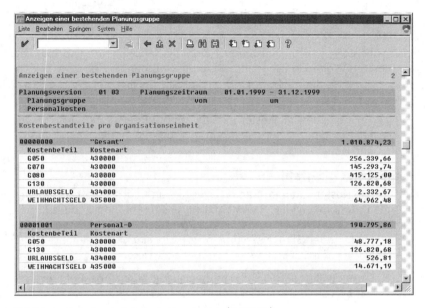

Abbildung 8.15 Ergebnisse der Kostenplanung (© SAP AG)

8.2.3 Kostenplanung vergleichen

Für die Planung der Personalkosten sind Referenzwerte und -vergleiche wichtig, da sie die Basis für die Berechnung prozentualer Abweichungen bilden.

Im Rahmen der Personalkostenplanung haben Sie im R/3-System zur Referenzbildung die beiden folgenden Möglichkeiten:

- *Aktueller Betrag als Referenzwert*
  Die beim Einstieg in die Personalkostenplanung ermittelten aktuellen Berechnungen werden automatisch in die Spalte »Referenzwert« übernommen. Damit können Sie bereits während der Planung (Simulation) alle Auswirkungen auf die Personalkosten direkt verfolgen.

- *Frühere Planungen als Referenzwert*
  Bei der Personalkostenplanung kann jederzeit eine andere, bereits gespeicherte Planung zu Vergleichszwecken herangezogen werden, z. B. zu Soll-Ist-Vergleichen.

8 Personalplanung und -entwicklung

Planungsversionen vergleichen

Um im R/3-System eine Planungsversion mit einer Referenzversion zu vergleichen, gehen Sie wie folgt vor:

Ausgangspunkt Arbeitsgebiet »Personalkosten pro Organisationseinheit«

1. Rufen Sie die Menüfunktion PLANUNGSGRUPPE | REFERENZPL. LADEN auf.
   → Das Fenster »Auswahl einer Referenzplanung« wird angezeigt.
2. Markieren Sie eine Referenzplanung, und klicken Sie auf die Drucktaste LADEN.
   → Das Fenster »Personalkosten pro Organisationseinheit« wird mit veränderten Werten in der Spalte »Referenzwert« angezeigt.
3. Rufen Sie die Menüfunktion EINSTELLUNGEN | REFERENZWERTE | PROZENTUAL auf.
   → Das Fenster »Personalkosten pro Organisationseinheit« wird mit der Darstellung der prozentualen Veränderungen in der Spalte »proz. Ref.wert« angezeigt.

SAP-Präsentationsgrafik erstellen

Damit Sie die Kostendaten im Rahmen der Planung auch grafisch aufbereiten können, steht Ihnen im R/3-System die SAP-Präsentationsgrafik zur Verfügung. Mit dieser Grafik können Sie die jeweiligen Planungsdaten in verschiedenen 2D- oder 3D-Darstellungen, z.B. in einem dreidimensionalen Balkendiagramm, darstellen, vergleichen und analysieren.

Um im R/3-System eine aktuelle Planungsversion grafisch aufzubereiten, gehen Sie wie folgt vor:

Ausgangspunkt Fenster »Personalkosten pro Organisationseinheit«

1. Klicken Sie auf das Symbol ▨.
   → Das Fenster »SAP Präsentationsgrafik« und eine 2D- sowie 3D-Darstellung der Personalkosten wird angezeigt (vgl. Abb. 8.16).
2. Klicken Sie auf die Drucktaste 3D DARSTELLUNG.
   → Die Grafik »Personalkosten jährlich« wird aufgebaut.
3. Klicken Sie auf die Drucktaste ÜBERSICHT.
   → Sie wechseln zum Übersichtsbild.
4. Rufen Sie die Menüfunktion EINSTELLUNGEN | 2D EINSTELLUNGEN | TORTEN | WEITER auf.
   → Das Fenster »SAP Präsentationsgrafik« wird mit einer 2D-Tortengrafik angezeigt.
5. Klicken Sie auf das Symbol ⬅.
   → Das Fenster »Personalkosten pro Organisationseinheit« wird angezeigt.

Personalplanung und -entwicklung

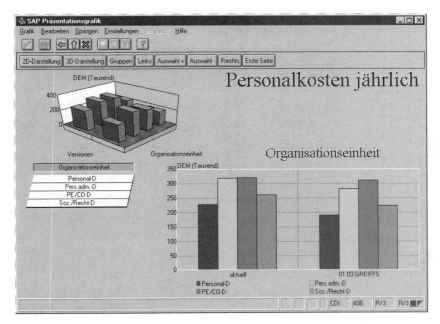

Abbildung 8.16 Grafische Aufbereitung der Personalkostenplanung (© SAP AG)

Planungsdaten in Excel übertragen

Sie haben im R/3-System die Möglichkeit, die Kostendaten einer bearbeiteten Planungsversion via Download in das Tabellenkalkulationsprogramm Excel zu übertragen. Die übernommenen Planungsdaten können Sie dort beliebig bearbeiten und ändern.

Um im R/3-System die Kostendaten aus einer Planungsversion in Excel zu übertragen und zu bearbeiten, gehen Sie wie folgt vor:

Ausgangspunkt Fenster »Personalkosten pro Organisationseinheit«

1. Klicken Sie bei der Liste der Kostenobjekte auf das Symbol ▦.
   → Excel wird gestartet. Die Daten werden in einem Arbeitsblatt angezeigt (vgl. Abb. 8.17).
2. Bearbeiten Sie die Kostendaten.
3. Rufen Sie in Excel die Menüfunktion DATEI | BEENDEN auf.
   → Sie wechseln zum Planungsbild des R/3-Systems.

Der Download und die Bearbeitung der Kostendaten in Excel ist mit einer Einbahnstraße vergleichbar, da die in Excel vorgenommenen Änderungen nicht in der Personalkostenplanung des R/3-Systems berücksichtigt werden.

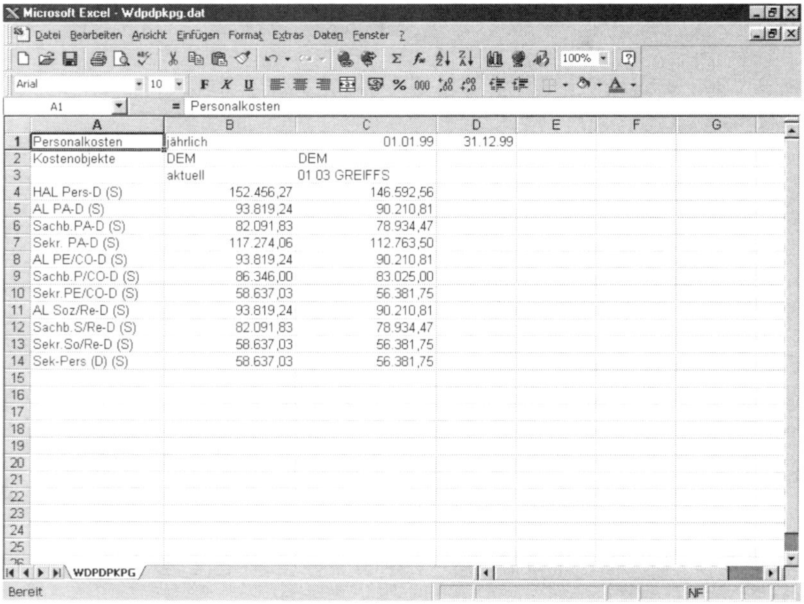

8 Personalplanung und -entwicklung

Abbildung 8.17 Übernahme der Kostendaten in Excel (© SAP AG)

8.2.4 Übergabe der Kostendaten an das SAP Controlling

Nach Abschluß einer Planung können Sie die Planungsdaten an das Modul Controlling (CO) übergeben, um sie in die Gesamtbudgetplanung des Unternehmens einfließen zu lassen. Dabei ist es unbedeutend, ob es sich um eine Kostenplanung auf der Basis von Sollbezügen oder um eine Kostenvorschau auf der Basis von Basisbezügen oder Abrechnungsergebnissen handelt.

Folgende Voraussetzungen müssen für eine Übergabe der Kostendaten an das Modul Controlling erfüllt sein:

- aktive Querverbindung zur Kostenstellenrechnung im Modul »Controlling«, damit die Sachkonten und Kostenarten auf ihre Existenz in der Kostenrechnung verprobt werden können
- Verknüpfung der Aufbauorganisation (Organisationseinheiten und ggf. Planstellen) mit den entsprechenden Kostenstellen

Die Übergabe der Planungsversionen an das SAP-Controlling erfolgt im R/3-System in zwei Stufen:

Stufe 1: Freigabe der Planungsversion in der Personalkostenplanung

Die entsprechende Planungsversion muß in der Personalkostenplanung freigegeben werden. Dabei werden unter anderem die Kostenstellen und die entsprechenden Sachkonten vom R/3-System überprüft, und die Planungsversion erhält das Kennzeichen »freigegeben«.

Die Freigabe einer Planungsversion ist nur im integrierten Betrieb mit dem Controlling-Modul möglich.

Stufe 2: Übernahme der Planungsversion durch die Kostenstellenrechnung

Nach Freigabe der Planungsversion in der Personalkostenplanung können die Planungsdaten in die Kostenstellenrechnung übernommen werden.

Die Übernahme wird durch das Controlling (CO) ausgelöst.

Um im R/3-System die Planungsdaten in die Kostenstellenrechnung zu übernehmen, gehen Sie wie folgt vor:

Ausgangspunkt SAP R/3-Hauptmenü

1. Rufen Sie die Menüfunktion RECHNUNGSWESEN | CONTROLLING | KOSTENSTELLEN auf.
    → Das Fenster »Kostenstellenrechnung« wird angezeigt.
2. Rufen Sie die Menüfunktion PLANUNG | PLANUNGSHILFEN | ÜBERNAHMEN | PERSONALKOSTEN HR auf.

Organisatorische Richtlinien

Im Rahmen der Projektarbeit »Einführung HR-Kostenplanung« sollten Sie die Vorgehensweise von der Ermittlung der Ist-Kosten über die Kostenplanung bis zur Freigabe und Übergabe der Planungsversion in Form von organisatorischen Richtlinien beschreiben.

Außerdem sollten Sie folgendes festlegen:

- die Kriterien für die Freigabe einer Planungsversion
- den Zeitpunkt für die Übernahme der Planungsdaten in das SAP-Controlling

Dies ist für den reibungslosen Ablauf einer dezentralen Planung der Personalkosten wichtig.

8.3 Personalentwicklung

Unter »Personalentwicklung« (Management Development) wurde ursprünglich die systematische und gezielte Förderung des Führungskräftenachwuchses verstanden. Jedoch ist die Bedeutung des planmäßigen Ausbaus der Qualifikationen in den letzten Jahrzehnten nicht nur für das Management, sondern für alle Mitarbeiter erheblich gestiegen.

Einige Gründe hierfür sind:

- rasche Innovationen bei Produkten und betrieblichen Produktionsprozessen
- Anpassung an wechselnde externe Bedingungen
- fehlende Spezialqualifikationen auf dem externen Arbeitsmarkt

8 Personalplanung und -entwicklung

Daher faßt man heute den Begriff »Personalentwicklung« weiter. Man versteht darunter außer der generellen Berufsausbildung auch die laufbahnorientierte sowie die aufgabenorientierte Entwicklung der Mitarbeiter eines Unternehmens ganz allgemein.

Die Personalentwicklung umfaßt:

- den planmäßigen, zielorientierten Aufbau von Qualifikationen sowie das Erkennen und Fördern von nützlichem Qualifikationspotential für den Betrieb im Rahmen einer systematischen Fortbildungsstrategie (Aufstiegsfortbildung)
- das Schließen von Qualifikationsdefiziten (Anpassungsfortbildung)
- Maßnahmen im Bereich der beruflichen Umschulung

Seit einigen Jahren ist in vielen Unternehmen das Interesse an der Qualifizierung der Mitarbeiter sowie am Erhalt der vorhandenen Qualifikationen gewachsen. Insbesondere mit der Etablierung der ISO Norm 9004, in der die Personalentwicklung unter dem Blickwinkel der Qualitätssicherung betrachtet wird, sehen sich die Unternehmen veranlaßt, die Qualifizierung zunehmend nachvollziehbar abzuwickeln und zu dokumentieren.

Mit der R/3-Personalentwicklung haben Sie folgende Möglichkeiten:

- Mit der Komponente »Qualifikationen und Anforderungen« können Sie die Anforderungs- und Qualifikationsprofile im R/3-System hinterlegen und vergleichen sowie nach Personen mit bestimmten Qualifikationen suchen.
- Mit der Komponente »Laufbahn- und Nachfolgeplanung« können Sie Laufbahnen abbilden und die Laufbahnplanung für Mitarbeiter sowie die Nachfolgeplanung für Positionen durchführen.
- Mit der Komponente »Veranstaltungsmanagement« können Sie betriebsinterne Bildungsveranstaltungen planen sowie die Teilnahme an externen Bildungsveranstaltungen verwalten. Außerdem können Sie alle für eine Veranstaltung benötigten Ressourcen verwalten und planen. Besuchte Kurse und Seminare können sowohl als Seminar wie auch als Qualifikation in die Ausbildungshistorie eines Mitarbeiters einfließen.

Im folgenden werden die Komponenten »Qualifikationen und Anforderungen« und »Veranstaltungsmanagement« vorgestellt. Die Komponente »Laufbahn- und Nachfolgeplanung« wurde mit ihren Hauptfunktionen bereits in Kapitel 2, »Überblick«, beschrieben.

8.3.1 Qualifikationen und Anforderungen

Bevor man für einen Mitarbeiter Personalentwicklungsmaßnahmen planen und realisieren kann, muß zuerst der Personalentwicklungsbedarf ermittelt werden. Der Personalentwicklungsbedarf wird bestimmt durch

- die Anforderungen der jeweiligen Position
- die Qualifikationen des Mitarbeiters

Personalplanung und -entwicklung

- den Entwicklungsbedarf des Unternehmens
- den Entwicklungsbedarf des Mitarbeiters

Man benötigt also zuerst Informationen über

- die betrieblichen Anforderungen, die auf den Positionen (Planstellen, Arbeitsplätzen) gefordert werden
- den aktuellen Qualifikationsstand der Mitarbeiter

Funktionen der Komponente »Qualifikationen und Anforderungen«

Die Komponente »Qualifikationen und Anforderungen« des R/3-Systems unterstützt Sie hierbei mit folgenden Funktionen:

- Erstellung eines unternehmensspezifischen Qualifikations- und Anforderungskatalogs
- Abbildung von Anforderungsprofilen
- Abbildung von Qualifikationsprofilen
- Abbildung von Potential, Interessen und Abneigungen der Mitarbeiter
- Vergleich von Anforderungs- und Qualifikationsprofilen
- Ermittlung von Qualifikationsdefiziten
- Suche nach Personen mit bestimmten Qualifikationen

Mit Hilfe der Abbildung der Qualifikationen und Anforderungen können Sie für jeden Mitarbeiter die Position (Planstelle) ermitteln, die seinen Fähigkeiten und Entwicklungsmöglichkeiten am ehesten entspricht. Außerdem kann aus Sicht der Position die aktuelle oder zukünftige Besetzung überprüft oder geplant werden.

8.3.2 Qualifikations- und Anforderungskatalog

Die Grundlage dieser Anwendung ist der Qualifikations- und Anforderungskatalog, der alle Merkmale enthält, die Sie als Anforderungen und Qualifikationen im Unternehmen benötigen.

- Unter Anforderungen sind die Kenntnisse und Fertigkeiten zu verstehen, die beim Mitarbeiter für die Erledigung seiner Tätigkeit (Planstelle) vorausgesetzt werden.
- Als Qualifikationen werden die Kenntnisse und Fertigkeiten bezeichnet, die von der Person (Mitarbeiter oder Bewerber) erfüllt werden.
- Der Qualifikations- und Anforderungskatalog besteht aus Qualifikationen (Objekttyp »Q«) und Qualifikationsgruppen (Objekttyp »QK«).

Qualifikationen

Um den Qualifikations- und Anforderungskatalog im R/3-System aufzubauen, wurde das Datenmodell um den Objekttyp »Q« erweitert, der sowohl zur Beschreibung der Qualifikationen als auch zur Beschreibung der Anforderungen verwendet wird.

Das hat den Vorteil, daß Sie die Merkmale nicht doppelt (einmal als Qualifikationen und einmal als Anforderungen) anlegen und pflegen müssen. Außerdem ist diese Art der »Speicherung« von Informationen die Grundvoraussetzung dafür, daß die Qualifikationen und Anforderungen vom System miteinander verglichen werden können.

Qualifikationsgruppen

Damit der Katalog auch bei einer Vielzahl von Qualifikationen und Anforderungen überschaubar bleibt, werden die Qualifikationen zu übergeordneten Qualifikationsgruppen zusammengefaßt. Dadurch können Sie beliebige Qualifikationsgruppen definieren und im Katalog sowohl nach Qualifikationen als auch nach Qualifikationsgruppen suchen. Eine Zuordnung von Qualifikationsgruppen zu Personen ist nicht möglich und auch nicht sinnvoll.

Beispielhafte Struktur

Ein Auszug aus einem Qualifikations- und Anforderungskatalog kann bei der Qualifikationsgruppe »Sprachkenntnisse« z.B. wie in Abbildung 8.18 dargestellt aussehen:

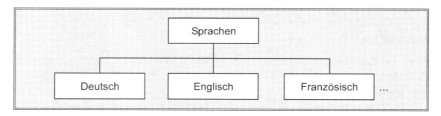

Abbildung 8.18 Qualifikationen und Anforderungen

Wenn Sie darüber hinaus eine feinere Untergliederung benötigen, können Sie einige oder alle Sprachkenntnisse noch weiter detaillieren, z.B. Englisch in kaufmännische und technische Englischkenntnisse aufteilen. Der Qualifikations- und Anforderungskatalog kann jederzeit um weitere Qualifikationen und Qualifikationsgruppen erweitert werden. Das Ergebnis kann die in Abbildung 8.19 dargestellte Struktur haben.

Hinweis Sie haben im Qualifikations- und Anforderungskatalog des R/3-Systems die Möglichkeit, alle für das Unternehmen spezifischen Kenntnisse und Fertigkeiten zu berücksichtigen. Dabei bestimmen Sie selbst, wie detailliert Sie die einzelnen Qualifikationsgruppen und Qualifikationen strukturieren. Je detaillierter Sie die Anforderungs- und Qualifikationsprofile gestalten wollen, desto feiner sollte das Qualifikationsnetz strukturiert sein. Jedoch sollten Sie bei der Definition auch an die Aktualisierung und Pflege der Profile denken und eine übertriebene Genauigkeit zugunsten einer praktischen Handhabung vermeiden.

Personalplanung und -entwicklung

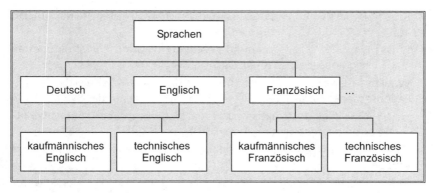

Abbildung 8.19 Qualifikationen und Anforderungen

Qualifikations- und Anforderungskatalog anzeigen

Um im R/3-System den Qualifikations- und Anforderungskatalog anzuzeigen, gehen Sie wie folgt vor:

Ausgangspunkt SAP R/3-Hauptmenü

1. Rufen Sie die Menüfunktion PERSONAL | PERSONALMANAGEMENT | PERSONALENTWICKLUNG auf.

   → Das Arbeitsgebiet »Personalentwicklung« wird angezeigt.

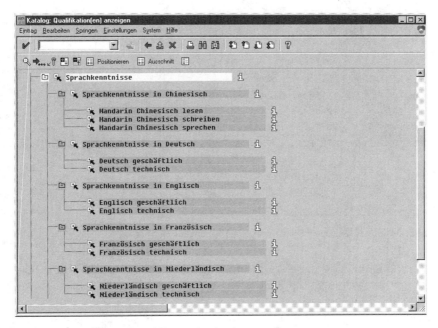

Abbildung 8.20 Übersicht Qualifikationskatalog (© SAP AG)

Personalplanung und -entwicklung

2. Rufen Sie die Menüfunktion AUSWERTUNGEN | QUALIFIKATIONSKATALOG auf.
   → Das Fenster »Qualifikation(en) anzeigen« wird mit den strukturierten Qualifikationsgruppen angezeigt.
3. Wählen Sie eine Qualifikationsgruppe aus (in unserem Beispiel die Qualifikationsgruppe »Sprachkenntnisse«), und klicken Sie auf das Symbol.
   → Die Qualifikationsstruktur zur Qualifikationsgruppe »Sprachkenntnisse« wird angezeigt (vgl. Abb. 8.20).
4. Klicken Sie auf das Symbol neben der betreffenden Qualifikationsgruppe.
   → Das Fenster »Qualifikationsgruppe anzeigen« wird mit der entsprechenden Zusatzinformation angezeigt (vgl. Abb. 8.21).
5. Klicken Sie auf das Symbol neben der betreffenden Qualifikation.
   → Das Fenster »Qualifikation anzeigen« wird mit der zu der Qualifikation gepflegten Zusatzinformation angezeigt (vgl. Abb. 8.22).
6. Klicken Sie auf das Symbol, um in die Übersicht des Qualifikationskatalogs zu wechseln.
7. Klicken Sie auf das Symbol.
   → Das Fenster »Personalentwicklung« wird angezeigt.

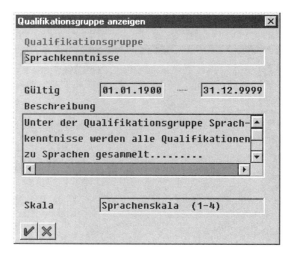

Abbildung 8.21 Zusatzinformation zur Qualifikationsgruppe anzeigen

Welche Bedeutung diese Zusatzinformationen haben und wie Sie die relevanten Informationen im R/3-System anlegen, wird in den folgenden Abschnitten behandelt.

Personalplanung und -entwicklung

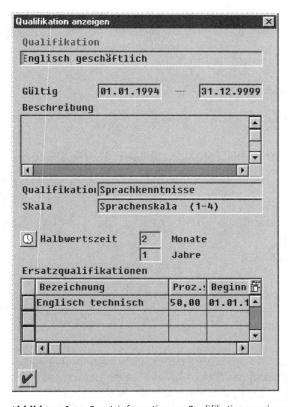

Abbildung 8.22 Zusatzinformation zur Qualifikation anzeigen

Zusatzinformationen zu Qualifikationsgruppen/Qualifikationen

Qualifikationsgruppen und Qualifikationen können mit folgenden Zusatzinformationen versehen werden:

- Ausprägungsskala
- Ersatzqualifikation
- Halbwertzeit

Ausprägungsskala

Die Ausprägung gibt an, in welcher Qualität eine Anforderung für die Aufgabenerfüllung beherrscht werden sollte bzw. in welcher Qualität die Person über Kenntnisse oder Fertigkeiten verfügt bzw. die Qualifikationen beherrscht. Um diese Ausprägungen adäquat erfassen zu können, können Sie im R/3-System beliebige Qualitätsskalen definieren. Eine Skala für Sprachkenntnisse kann z.B. wie in Tabelle 8.5 aussehen.

Personalplanung und -entwicklung

1	Grundkenntnisse
2	Mittelmäßig
3	Fließend
4	Muttersprachler/in

Tabelle 8.5 Mögliche Ausprägungsskala für Sprachkenntnisse

Eine Skala zur Bewertung der SAP-Fachkenntnisse wie in Tabelle 8.6 aussehen.

1	Mangelhaft
2	Ausreichend
3	Durchschnittlich
4	Gut
5	sehr gut

Tabelle 8.6 Mögliche Ausprägungsskala für SAP-Kenntnisse

Eine so definierte Qualitätsskala ordnen Sie der entsprechenden Qualifikationsgruppe zu. Diese Information wird anschließend an die untergeordneten Qualifikationen vererbt. Das heißt, alle Sprachen, die in der Qualifikationsgruppe »Sprachkenntnisse« zusammengefaßt sind, haben automatisch die gleiche Ausprägungsskala (Qualitätsskala). Das hat den Vorteil, daß die Qualifikationen einer Gruppe miteinander vergleichbar sind. Darüber hinaus müssen Sie nicht bei jeder einzelnen Qualifikation diese Zusatzinformationen pflegen.

Ersatzqualifikationen

Außer der Definition einzelner Qualifikationen und ihrer Ausprägung (Qualität) haben Sie im R/3-System die Möglichkeit, sogenannte Ersatzqualifikationen bzw. Ersatzanforderungen zu definieren. Als Ersatzqualifikationen bezeichnet man Qualifikationen, die als gleichwertiger oder annähernd gleichwertiger Ersatz für eine geforderte Qualifikation angesehen werden. Man geht davon aus, daß sich jeder Qualifikation eine oder mehrere Ersatzqualifikationen direkt zuordnen lassen. Mit der Vergabe eines Prozentsatzes können Sie definieren, zu wieviel Prozent eine bestimmte Qualifikation eine andere ersetzt.

Zum Beispiel können Kenntnisse unterschiedlicher Textverarbeitungs- und Tabellenkalkulationssysteme als nahezu gleichwertige (Ersatz-)Kenntnisse definiert werden.

Personalplanung und -entwicklung

Hinweis Im Rahmen der für einen Benutzer spezifischen Einstellungen kann jeder Anwender bestimmen, ob in seinem Fall die Ersatzqualifikationen beachtet werden sollen oder nicht.

Halbwertzeit

Die Qualität einer bestimmten Qualifikation kann einem zeitlichen »Verfallsprozeß« unterworfen sein, wenn bestimmte Kenntnisse bei einer ausgeübten Tätigkeit nicht benötigt werden. Ein typisches Beispiel hierfür sind die Englischkenntnisse der Deutschen. Wird am Arbeitsplatz kein Englisch benötigt und die Sprache nicht gepflegt, »verfallen« die in der Schule erworbenen Kenntnisse in dieser Sprache allmählich.

Im R/3-System wird dieser Verfallsprozeß durch die Vergabe einer Halbwertzeit für Qualifikationen berücksichtigt. Das heißt, es kann für jede Qualifikation angegeben werden, wann ihre Qualität nach eigener Einschätzung um die Hälfte gemindert ist.

Die Aktualisierung der Halbwertzeit erfolgt zur Laufzeit. Das heißt, sie wird ständig neu berechnet und kann vom Anwender immer aktuell abgefragt werden.

Hinweis Im Rahmen der für den Benutzer spezifischen Einstellungen kann jeder Anwender bestimmen, ob in seinem Fall die Halbwertzeit beachtet werden soll oder nicht.

Qualifikationsgruppe anlegen

Um im R/3-System einen Qualifikationskatalog anzulegen und zu bearbeiten, gehen Sie wie folgt vor:

Ausgangspunkt SAP R/3-Hauptmenü

1. Rufen Sie die Menüfunktion PERSONAL | PERSONALMANAGEMENT | PERSONALENTWICKLUNG auf.
   → Das Arbeitsgebiet »Personalentwicklung« wird angezeigt.
2. Rufen Sie die Menüfunktion UMFELD | LFD. EINSTELLUNGEN auf.
   → Das Arbeitsgebiet »Laufende Einstellungen: Personalentwicklung« wird angezeigt.
3. Klicken Sie bei »Qualifikationskatalog bearbeiten« auf das Symbol.
   → Das Fenster »Katalog Qualifikation(en) ändern« wird angezeigt.
4. Um eine neue übergeordnete Qualifikationsgruppe anzulegen, markieren Sie die Überschriftszeile »Katalog« und klicken Sie auf das Symbol.
   → Das Fenster »Qualifikationsgruppe anlegen« wird angezeigt.
5. Geben Sie in das Feld »Qualifikationsgruppe« die Bezeichnung der neuen Gruppe ein.

   Hinweis Wenn Sie die Qualifikationsgruppe beschreiben wollen, können Sie diese Infomation im Feld »Beschreibung« hinterlegen.

Personalplanung und -entwicklung

Abbildung 8.23 Qualifikationsgruppe anlegen (© SAP AG)

6. Wählen Sie über die im Feld »Skala« hinterlegte Auswahlliste eine entsprechende Skala aus (vgl. Abb. 8.24).

   Hinweis Übernehmen Sie den vom R/3-System vorgegebenen fiktiven Gültigkeitszeitraum (01.01.1900 bis 31.12.9999), da er Ihnen später die Arbeit erleichtert.

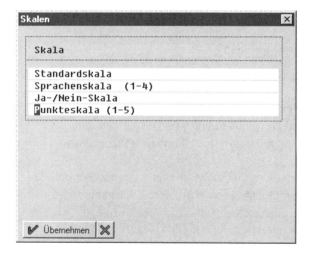

Abbildung 8.24 Qualifikationsgruppe anlegen – Skala zuordnen (© SAP AG)

7. Klicken Sie auf das Symbol 🖫, um die Eingaben zu sichern.
   → Die Meldung »Ihre Daten wurden gesichert« wird ausgegeben.

Personalplanung und -entwicklung

8. Klicken Sie auf das Symbol ✔.
   → Das Arbeitsgebiet »Katalog: Qualifikation(en) ändern« wird angezeigt.

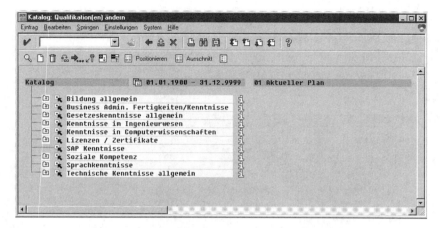

Abbildung 8.25 Übersicht Qualifikationskatalog mit der neu angelegten Qualifikationsgruppe (© SAP AG)

Qualifikationen anlegen

Nach der Pflege der Qualifikationsgruppen werden normalerweise weitere Qualifikationen angelegt und gepflegt.

Um im R/3-System weitere Qualifikationen anzulegen und zu pflegen, gehen Sie wie folgt vor:

Ausgangspunkt Arbeitsgebiet »Katalog: Qualifikation(en) ändern«

1. Markieren Sie die entsprechende Qualifikationsgruppe, und klicken Sie auf das Symbol 🗋.
   → Das Popup-Fenster »Anlegen« wird mit der Auswahlmöglichkeit »Qualifikation« oder »Qualifikationsgruppe« angezeigt.
2. Markieren Sie die Bezeichnung »Qualifikation«, und klicken Sie auf die Drucktaste ✔ (ÜBERNEHMEN).
   → Das Fenster »Qualifikation anlegen« wird angezeigt.
3. Geben Sie in das Feld »Qualifikation« die Bezeichnung der Qualifikation ein.
4. Geben Sie in das Feld »Beschreibung« die Beschreibung der Qualifikation ein.
5. Unter »Halbwertzeit« können Sie im Feld »Monate« den Monatsanteil und im Feld »Jahre« den Jahresanteil der Halbwertzeit definieren.
6. Unter »Ersatzqualifikationen« können Sie über das Symbol 🗋 die Qualifikationen aus dem Qualifikationskatalog auswählen, die Sie als Ersatz definieren wollen.

8 Personalplanung und -entwicklung

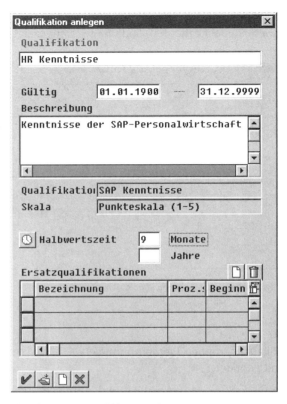

Abbildung 8.26 Qualifikation anlegen

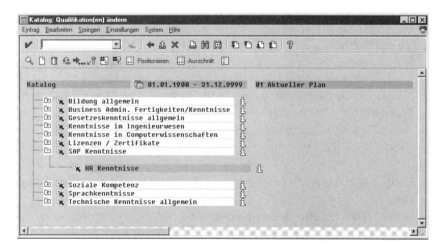

Abbildung 8.27 Neuer Qualifikationskatalog

7. Im Feld »Skala« sehen Sie die der Qualifikationsgruppe zugeordnete Skala. Eine Änderung der Zuordnung ist jedoch nicht möglich.
8. Klicken Sie auf das Symbol ⛴, um die Eingaben zur Qualifikation zu sichern.

→ Die Meldung »Ihre Daten wurden gesichert« wird ausgegeben.

9. Wenn Sie weitere Qualifikationen anlegen wollen, klicken Sie auf das Symbol ▯. Wenn Sie die Pflege des Qualifikationskatalogs abschließen wollen, klicken Sie auf das Symbol ✔.

8.3.3 Anforderungsprofile

Nachdem der Qualifikations- und Anforderungskatalog definiert und im R/3-System angelegt wurde, werden die Anforderungsprofile erstellt. Im Anforderungsprofil wird das »Soll-Fähigkeitsprofil«, das eine Person zur Erfüllung ihrer Aufgaben haben sollte, durch Qualifikationsmerkmale beschrieben.

Hinweis Die Anforderungsprofile sind häufig in den Stellenbeschreibungen der Positionen enthalten oder können daraus abgeleitet werden. Ist eine solche Ableitung nicht oder nur in geringem Umfang möglich, sollten Sie die Anforderungsprofile in Zusammenarbeit mit dem zuständigen Vorgesetzten erstellen.

Zuordnung der Qualifikationen

Ein Anforderungsprofil wird im R/3-System durch die Zuordnung der Qualifikationen mit der Verknüpfung »wird benötigt von ...« erstellt.

In Abbildung 8.28 erhalten Sie einen Überblick über die generellen Verknüpfungsmöglichkeiten.

Bei der Zuordnung der Qualifikationen sollten Sie zunächst entscheiden, mit welcher Organisationseinheit die Qualifikationen grundsätzlich und mit welcher sie in Ausnahmefällen verknüpft werden sollen.

Im folgenden beschränken wir uns auf die Verknüpfung mit Stellen und Planstellen, da sie in der Praxis am häufigsten vorkommen.

Hinweis Um den Aufbau- und Änderungsaufwand so gering wie möglich zu halten, empfiehlt es sich, die wesentlichen Anforderungen mit der übergeordneten Stelle zu verknüpfen und die zusätzlich benötigten Anforderungen mit den entsprechenden Planstellen, da die Anforderungen einer Stelle auf die Planstellen »vererbt« werden.

Zusatzinformationen zu Anforderungsprofilen

In vielen Fällen reicht eine bloße Aufzählung der erwünschten Kenntnisse oder Fertigkeiten nicht aus, da diese z.B. in einer bestimmten Ausprägung (Qualität) vorliegen müssen, absolutes Muß sind oder weil eine bestimmte Berufserfahrung seit Erwerb der Qualifikation benötigt wird.

8 Personalplanung und -entwicklung

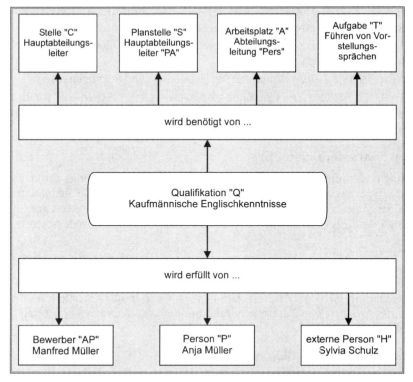

Abbildung 8.28 Zuordnung von Qualifikationen

Deshalb können Sie im R/3-System die Anforderungen mit folgenden Zusatzinformationen ausstatten:

- *Ausprägung*
  Hier bestimmen Sie, in welcher Qualität eine Anforderung für die Aufgabenerfüllung beherrscht werden sollte. Das heißt, die Anforderungsmerkmale können an der Qualitätsskala, die für die Qualifikationsgruppe festgelegt wurde, gemessen bzw. bewertet werden.

- *Muß*
  Bei Markierung dieses Feldes gelten die geforderten Kenntnisse (die Qualifikation) als »Muß«-Anforderungen und sind somit für die Aufgabenerfüllung unabdingbar. Wenn diese Kennzeichnung nicht vorliegt, handelt es sich um »Kann«-Anforderungen, die nur wünschenswert, aber nicht obligatorisch für die Aufgabenerfüllung sind.

- *Gültigkeit*
  Durch Eingabe eines Beginn- und eventuell eines Endedatums geben Sie an, ob und seit wann die geforderte Qualifikation gültig sein soll, also wieviel Erfahrung gefordert wird.

Personalplanung und -entwicklung

Anforderungsprofil anlegen

Um im R/3-System ein Anforderungsprofil für eine Stelle anzulegen, gehen Sie wie folgt vor:

Ausgangspunkt Arbeitsgebiet »Personalentwicklung«

1. Rufen Sie die Menüfunktion PROFIL | ÄNDERN auf.
   → Das Fenster »Profil ändern« wird angezeigt.
2. Klicken Sie auf das Symbol 🗗.
   → Das Popup-Fenster »Auswahl eines Objekttyps« wird angezeigt.
3. Markieren Sie den Eintrag »Stelle«, und klicken Sie auf die Drucktaste ✔ (ÜBERNEHMEN).
   → Das Fenster »Profil ändern« wird angezeigt.
4. Geben Sie in das Selektionsfeld die entsprechende Stelle ein, oder suchen Sie die Stelle über einen Matchcode.
5. Klicken Sie auf das Symbol 🔍.
   → Das Fenster »Stelle: Profil ändern« wird angezeigt.
6. Klicken Sie auf das Symbol 🗋, um das Anforderungsprofil zu pflegen.
   → Das Fenster »Qualifikation auswählen« wird mit dem vollständigen Qualifikationskatalog angezeigt.

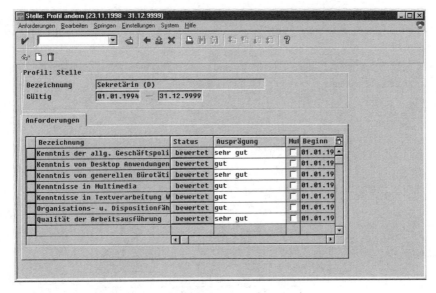

Abbildung 8.29 Fenster »Anforderungsprofil ändern« (© SAP AG)

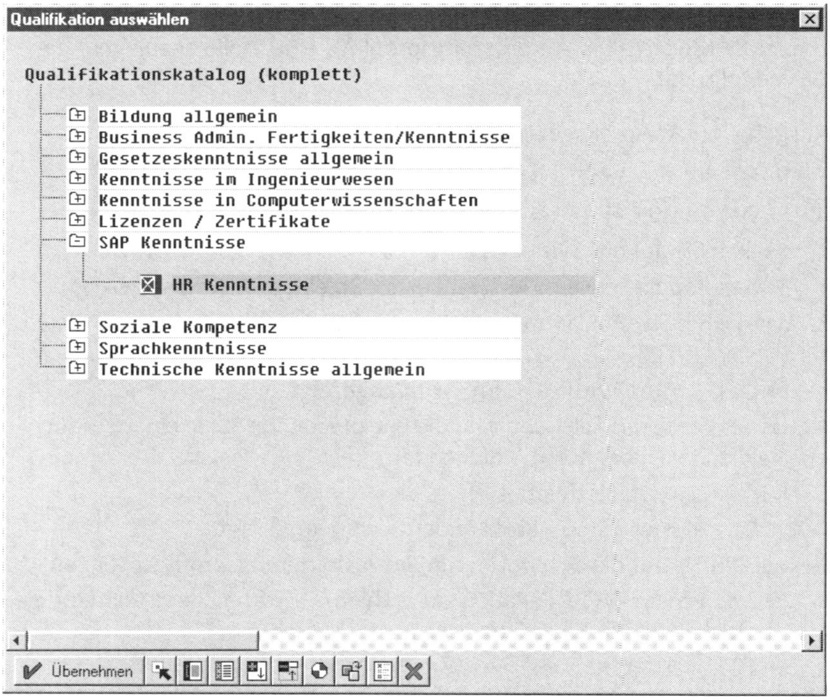

8 Personalplanung und -entwicklung

```
Qualifikation auswählen

Qualifikationskatalog (komplett)
    Bildung allgemein
    Business Admin. Fertigkeiten/Kenntnisse
    Gesetzeskenntnisse allgemein
    Kenntnisse im Ingenieurwesen
    Kenntnisse in Computerwissenschaften
    Lizenzen / Zertifikate
    SAP Kenntnisse
        ☒ HR Kenntnisse
    Soziale Kompetenz
    Sprachkenntnisse
    Technische Kenntnisse allgemein
```

Abbildung 8.30 Anforderung auswählen

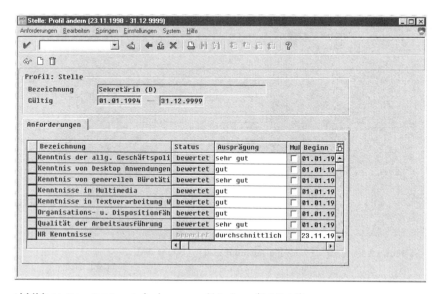

Abbildung 8.31 Fenster »Anforderungsprofil ändern« (© SAP AG)

496

Personalplanung und -entwicklung 8

7. Selektieren Sie eine Qualifikationsgruppe, und klicken Sie auf das Symbol ▣, um die Teilstruktur zu erweitern.

    → Die zugeordneten Qualifikationen werden angezeigt.

8. Selektieren Sie die gewünschten Anforderungen, indem Sie das leere Kästchen neben der Qualifikation anklicken.

    Hinweis Sie können so eine beliebige Anzahl von Anforderungen selektieren.

9. Klicken Sie auf die Drucktaste ✔ (ÜBERNEHMEN).

    → Das Fenster »Stelle: Profil ändern« wird angezeigt.

10. Ordnen Sie über die vorgegebene Auswahlliste den einzelnen Anforderungen des Profils eine Ausprägung zu.

    Hinweis Bei Bedarf können Sie einige Anforderungen als »Muß-Anforderungen« kennzeichnen oder auch die Gültigkeit (Vorschlagswert = Tagesdatum) überschreiben.

11. Klicken Sie auf das Symbol ▣.

    → Die Meldung »Ihre Daten wurden gesichert« wird ausgegeben.

12. Klicken Sie auf das Symbol ◀, um die Profilpflege zu beenden.

    → Das Selektionsbild zu »Profil ändern« wird angezeigt.

8.3.4 Qualifikationsprofile

Im nächsten Schritt werden die Qualifikationsprofile definiert und erstellt. In einem Qualifikationsprofil wird das »Ist-Fähigkeitsprofil« einer Person durch Qualifikationsmerkmale beschrieben. Qualifikationsprofile sind in der Praxis oft unvollständig oder nur für einen bestimmten Mitarbeiterkreis vorhanden und müssen im Rahmen des Einführungsprojekts erstmalig definiert und erstellt werden.

Ermittlung von Qualifikationsprofilen

Die erstmalige Ermittlung der Qualifikationsprofile von Mitarbeitern erfolgte bisher normalerweise nach der Durchsicht und Analyse der Personalakten und Mitarbeiterbeurteilungen. In der Praxis hat sich jedoch auch die Durchführung einer Fragebogenaktion als äußerst hilfreich erwiesen. Denn sie hat den Vorteil, daß die benötigten Daten aktuell und richtig sind, die Personalabteilung nicht die Personalakten durchsehen und analysieren muß und die betroffenen Mitarbeiter wissen, welche persönlichen Daten im R/3-System über sie gespeichert werden. Sollen die Vorgesetzten in diese Aktion mit einbezogen werden, können Sie die Fragebogenaktion mit einem persönlichen Gespräch zwischen Vorgesetzten und Mitarbeitern verknüpfen.

Personalplanung und -entwicklung

Zuordnung der Qualifikationsmerkmale
Ein Qualifikationsprofil wird im R/3-System durch die Zuordnung der Qualifikationsmerkmale mit der Verknüpfung »wird erfüllt von ...« erstellt.

Zusatzinformationen zu Qualifikationsprofilen
Was für die oben beschriebene Erstellung von Anforderungsprofilen zutrifft, gilt in gleicher Weise für die Erstellung von Qualifikationsprofilen. Denn um qualifizierte Aussagen zu Qualifikationsprofilen machen zu können, reicht eine bloße Aufzählung von Kenntnissen und Fertigkeiten in der Regel nicht aus.

Deshalb können Sie im R/3-System auch die Qualifikationen mit folgenden Zusatzinformationen ausstatten:

- *Ausprägung*
  Sie bestimmen, in welcher Qualität die gewünschten Kenntnisse und Fertigkeiten bei einer Person vorhanden sind. Das heißt, die Qualifikationen können – analog zu den Anforderungsprofilen – an der Qualitätsskala, die für die Qualifikationsgruppe festgelegt wurde, gemessen bzw. bewertet werden

- *Gültigkeit*
  In diesem Feld können Sie angeben, wann die Qualifikation erworben wurde, also seit wann sie gültig ist. Ein Beispiel hierfür ist die Fahrerlaubnis für einen Lastkraftwagen, die erst durch das Bestehen der entsprechenden Führerscheinprüfung einen Nutzen für den Betrieb hat. Außerdem kann durch eine Eingabe in diesem Feld bei jeder Qualifikationsabfrage der aktuelle Erfahrungswert automatisch berücksichtigt werden.

Qualifikationsprofil anlegen
Um im R/3-System ein Qualifikationsprofil anzulegen, gehen Sie wie folgt vor:

Ausgangspunkt Arbeitsgebiet »Personalentwicklung«

1. Rufen Sie die Menüfunktion PROFIL | ÄNDERN auf.
   → Das Fenster »Profil ändern« wird angezeigt.
2. Klicken Sie auf das Symbol 🗗.
   → Das Popup-Fenster »Auswahl eines Objekttyps« wird angezeigt.
3. Markieren Sie den Eintrag »Person«, und klicken Sie auf die Drucktaste ✔ (ÜBERNEHMEN).
   → Das Fenster »Profil ändern« wird angezeigt.
4. Geben Sie in das Selektionsfeld die Personalnummer ein, oder suchen Sie die Person über einen Matchcode.
5. Klicken Sie auf das Symbol 🔍.
   → Das Fenster »Person: Profil ändern« wird angezeigt.

Personalplanung und -entwicklung

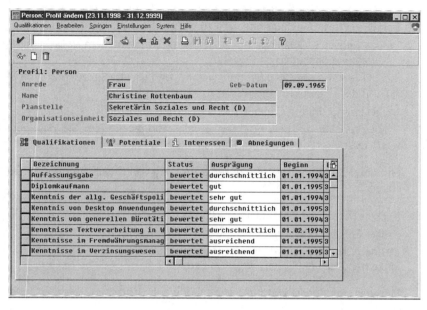

Abbildung 8.32 Qualifikationsprofil ändern (© SAP AG)

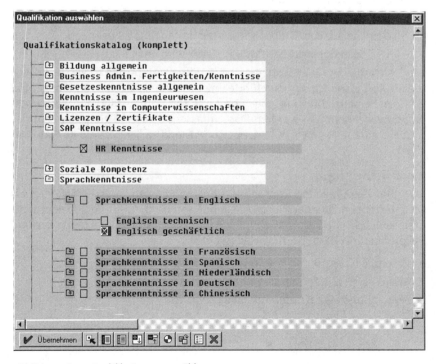

Abbildung 8.33 Qualifikationen auswählen

Personalplanung und -entwicklung

6. Markieren Sie den Bereich Qualifikationen, und klicken Sie auf das Symbol 🗋, um das Qualifikationsprofil zu pflegen.
   → Das Fenster »Qualifikation auswählen« wird mit dem vollständigen Qualifikationskatalog angezeigt.
7. Selektieren Sie eine Qualifikationsgruppe, und klicken Sie auf das Symbol 🔽, um die Teilstruktur zu erweitern.
   → Die zugeordneten Qualifikationen werden angezeigt.
8. Selektieren Sie die gewünschten Qualifikationen, indem Sie das leere Kästchen neben der jeweiligen Qualifikation anklicken.

   Hinweis Sie können so eine beliebige Anzahl von Qualifikationen selektieren.

9. Klicken Sie auf die Drucktaste ✔ (ÜBERNEHMEN).
   → Das Fenster »Person: Profil ändern« wird angezeigt.
10. Ordnen Sie über die vorgegebene Auswahlliste die Ausprägung für die einzelnen Qualifikationen des Profils zu.

    Hinweis Bei Bedarf können Sie die Gültigkeit (Vorschlagswert = Tagesdatum) überschreiben.

11. Klicken Sie auf das Symbol 💾.
    → Die Meldung »Ihre Daten wurden gesichert« wird ausgegeben.
12. Klicken Sie auf das Symbol ⬅, um die Profilpflege zu beenden.
    → Das Selektionsbild zu »Profil ändern« wird angezeigt.

Die Erstellung der Qualifikations- und Anforderungsprofile sowie die im Anschluß kontinuierlich durchgeführte Pflege können je nach Bedarf zentral von der Personalabteilung oder dezentral von den zuständigen Fachabteilungen vorgenommen werden. Das umfassende Berechtigungskonzept des R/3-Systems stellt den Schutz der personen- und stellenbezogenen Daten sicher.

Zusätzliche Profile

Die oben beschriebene Zuordnung von Kenntnissen oder Fertigkeiten als Qualifikationen zu einer Person stellt im Rahmen der SAP-Personalentwicklung lediglich ein Teilprofil dar. Im R/3-System können folgende weitere Teilprofile für Mitarbeiter hinterlegt werden:

- Potential – z.B. für die Position »Hauptabteilungsleiter Personal«
- Interessen – z.B. für die Übernahme von strategischen Aufgaben
- Abneigungen – z.B. internationale Mobilität

Diese Profile werden wie die Qualifikationsprofile angelegt und gepflegt.

Personalplanung und -entwicklung

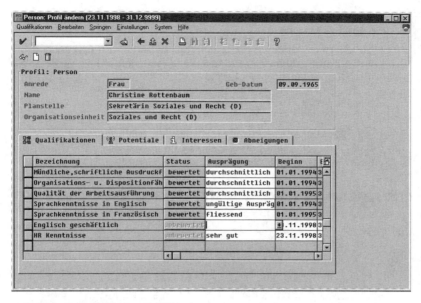

Abbildung 8.34 Qualifikationsprofil ändern

8.3.5 Profilvergleich

Nach der Erstellung der Anforderungs- und Qualifikationsprofile, die beide auf demselben Datenbestand basieren, können Sie diese miteinander vergleichen. Aus dem Vergleich zwischen den Anforderungs- und Qualifikationsprofilen – auch *Eignungsprofil* genannt – können Sie eine Reihe von unternehmensrelevanten Erkenntnissen ableiten. Bei der Gegenüberstellung beider Profile werden die Anforderungen der Planstelle in der geforderten Ausprägung und Erfahrung mit den Qualifikationen einer Person verglichen.

Der Profilvergleich der Qualifikationen einer Person mit den gewünschten Anforderungen einer Planstelle kann jederzeit durchgeführt werden. Pro Qualifikation wird eine Über- oder Unterdeckung angezeigt. Über die im Einstiegsbild angebotenen Aufbereitungsoptionen können Sie definieren, ob Sie alle Qualifikationen und Anforderungen miteinander vergleichen wollen oder nur die Qualifikationsdefizite ermitteln möchten. Außerdem können Sie vom R/3-System Weiterbildungsvorschläge generieren lassen.

Profilvergleich durchführen

Um im R/3-System die Anforderungen einer bestimmten Planstelle mit den Qualifikationen einer Person zu vergleichen, gehen Sie wie folgt vor:

Ausgangspunkt Arbeitsgebiet »Personalentwicklung«

1. Rufen Sie die Menüfunktion AUSWERTUNGEN | PROFILVERGLEICH auf.
   → Das Fenster »Profilvergleich« wird angezeigt.

Personalplanung und -entwicklung

2. Geben Sie in das Feld »Person« die Personalnummer ein, oder suchen Sie die Person über Matchcode.
3. Wenn Sie mehrere Personen – z. B. einen Mitarbeiter und einen Bewerber – mit den Anforderungen einer Planstelle vergleichen wollen, können Sie in dieses Feld weitere Namen oder Personal- oder Bewerbernummern eingeben.
4. Geben Sie in das Feld »Planstelle« die Position (Planstelle) ein.
5. Wenn Sie mehrere Planstellen – z. B. die aktuelle und eine zukünftige Position (Stelle und Planstelle) – mit einer Person vergleichen wollen, können Sie in dieses Feld weitere Stellenbezeichnungen eingeben (vgl. Abb. 8.35).

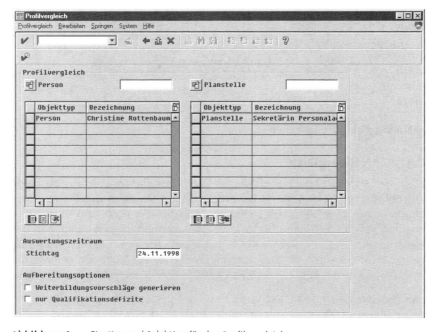

Abbildung 8.35 Einstieg und Selektion für den Profilvergleich

6. Klicken Sie auf das Symbol.
7. Das Fenster »Profilvergleich« wird mit dem Vergleich von Anforderungen und vorhandenen Qualifikationen angezeigt (vgl. Abb. 8.36).
8. Zur besseren Übersicht können alle Qualifikationen und Anforderungen in einer Grafik direkt miteinander verglichen werden. Klicken Sie hierzu auf das Symbol.
   → Das Fenster »SAP Präsentationsgrafik« wird mit dem Vergleich der gesamten Qualifikationen und Anforderungen angezeigt (vgl. Abb. 8.36).
9. Klicken Sie auf eine beliebige Qualifikation, und sehen Sie sich das Ergebnis des Detailvergleichs in der Grafik an.

Personalplanung und -entwicklung 8

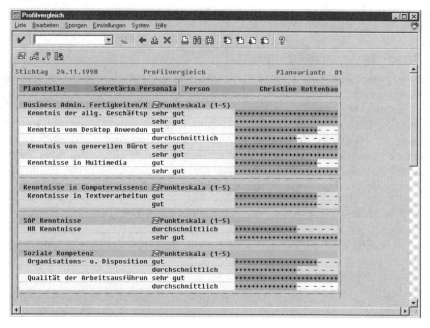

Abbildung 8.36 Profilvergleich (© SAP AG)

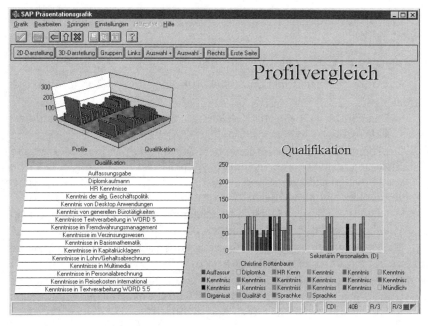

Abbildung 8.37 Grafischer Profilvergleich von ausgewählten Qualifikationen

8.3 Personalentwicklung **503**

8 Personalplanung und -entwicklung

Hinweis Über den Menüpunkt »Einstellungen« können Sie die 2D- und 3D-Einstellungen ändern.

8.3.6 Suche nach Personen

Eine weitere Funktion der R/3-Personalentwicklung ist die »Suche nach Personen«. Mit dieser Funktion können Sie systematisch nach geeigneten Mitarbeitern und Bewerbern, z. B. für die Ausführung einer bestimmten Tätigkeit oder die Besetzung einer Position, suchen. Dabei können Sie die gewünschten Qualifikationen anhand des Qualifikations- und Anforderungskatalogs beliebig auswählen oder bereits vorhandene Anforderungsprofile einer Stelle oder Planstelle verwenden. Eine Suche nach Personen, die zu einer bestimmten Qualifikationsgruppe gehören, ist nicht möglich.

Personen mit vorgegebenen Kenntnissen suchen

Sie benötigen für die Übersetzung einer »technischen Beschreibung« eine/n geeignete/n Mitarbeiter/in. Die Assistentin des technischen Vorstands, die solche Aufgaben normalerweise übernimmt, ist erkrankt. Die Übersetzung wird jedoch dringend benötigt.

Die gesuchte Person sollte mindestens über die folgenden Kenntnisse verfügen:

- sehr gute technische Englischkenntnisse
- Textverarbeitungskenntnisse in MS-Word

Um im R/3-System gezielt nach solchen Kenntnissen zu suchen, gehen Sie wie folgt vor:

Ausgangspunkt Arbeitsgebiet »Personalentwicklung«

1. Rufen Sie die Menüfunktion AUSWERTUNGEN | SUCHE | ZU QUALIFIKATIONEN auf.
   → Das Fenster »Qualifikationen auswählen« wird mit dem vollständigen Qualifikationskatalog angezeigt.
2. Selektieren Sie aus den vorhandenen Qualifikationsgruppen die entsprechenden Qualifikationen mit einem Doppelklick. Öffnen Sie hierzu die bestehende Qualifikationsstruktur durch einen Klick auf das »+«-Zeichen vor der betreffenden Qualifikationsgruppe.
   → Die unter der ausgewählten Qualifikation zusammengefaßten Qualifikationsmerkmale werden angezeigt.
3. Nachdem Sie alle benötigten Qualifikationen ausgewählt haben, klicken Sie auf die Drucktaste ✔ (ÜBERNEHMEN) (vgl. Abb. 8.38).
   → Das Fenster »Suche zu Qualifikationen/Anforderungen« wird mit einer Liste von Personen angezeigt, die alle oder einen Teil der gewünschten Qualifikationen erfüllen (vgl. Abb. 8.39).

Personalplanung und -entwicklung

4. Doppelklicken Sie auf eine Person.
   → Das Fenster »Suche zu Qualifikationen/Anforderungen« wird mit der Detailinformation zur ausgewählten Person angezeigt (vgl. Abb. 8.40).

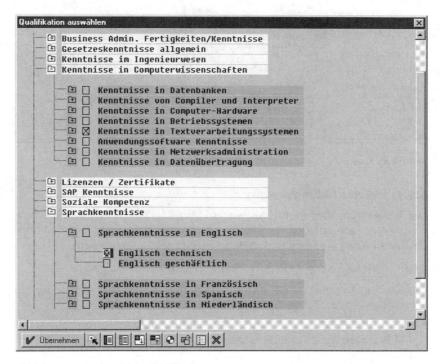

Abbildung 8.38 Auswahl der Qualifikationen

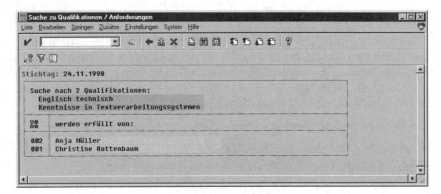

Abbildung 8.39 Ergebnis der Suche nach Personen mit vorgegebenen Qualifikationen (© SAP AG)

8.3 Personalentwicklung

8 Personalplanung und -entwicklung

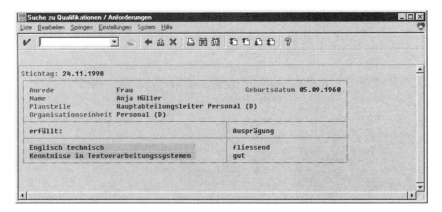

Abbildung 8.40 Detailinformationen zur Person

8.3.7 Weiterbildungsbedarf

Der Entwicklungsbedarf für einzelne Mitarbeiter aus Sicht des Unternehmens ergibt sich aus den Anforderungen der Position, den Qualifikationen des Mitarbeiters und dem Entwicklungsbedarf des Unternehmens.

Darüber hinaus entsteht ein Entwicklungsbedarf auch in folgenden Fällen:

- wenn ein Mitarbeiter die Anforderungen seiner Position nicht oder nur teilweise erfüllt
- wenn infolge von technischen Veränderungen oder organisatorischen Maßnahmen neue Anforderungen an eine aktuelle Position gestellt werden müssen
- wenn ein Mitarbeiter auf einer anderen Position arbeiten möchte
- wenn ein Mitarbeiter aufgrund einer Umstrukturierungsmaßnahme eine andere Position einnehmen soll

Der Entwicklungsbedarf für einzelne Mitarbeiter kann im R/3-System jederzeit durch den Vergleich von Qualifikationen und Anforderungen ermittelt werden. Dabei ist es unerheblich, ob die Qualifikationen einer Person mit einer Planstelle verglichen werden, die mit dieser Person besetzt ist, oder ob der Vergleich mit einer anderen Planstelle durchgeführt wird.

Durch einen solchen Vergleich können Sie sofort feststellen,

- ob einem Mitarbeiter die Qualifikation generell fehlt
- ob die Qualität der Qualifikation verbessert werden muß
- ob eine Ersatzqualifikation vorhanden ist, die nur an die aktuellen Anforderungen »angepaßt« werden muß

Personalplanung und -entwicklung

Weiterbildungsbedarf ermitteln

Um im R/3-System den Weiterbildungsbedarf einer Person zu ermitteln, gehen Sie wie folgt vor:

Ausgangspunkt Arbeitsgebiet »Personalentwicklung«

1. Rufen Sie die Menüfunktion AUSWERTUNGEN | PROFILVERGLEICH auf.
    → Das Fenster »Profilvergleich« wird angezeigt.
2. Geben Sie in das Feld »Person« die Personalnummer ein, oder suchen Sie die Person über einen Matchcode.
3. Geben Sie in das Feld »Planstelle« die Stellenbezeichnung ein.
4. Markieren Sie die beiden Aufbereitungsoptionen »Weiterbildungsvorschläge generieren« und »nur Qualifikationsdefizite«.
5. Klicken Sie auf das Symbol 🔍.
    → Das Fenster »Profilvergleich mit« wird mit der Darstellung der Qualifikationsdefizite der ausgewählten Person im Vergleich zu den Anforderungen der Planstelle angezeigt (vgl. Abb. 8.41).

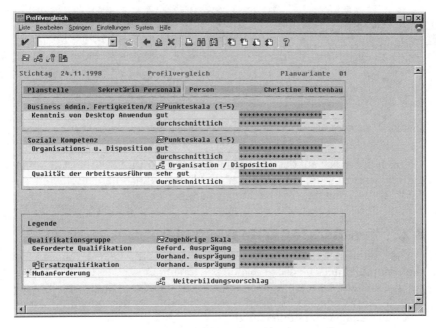

Abbildung 8.41 Profilvergleich mit Weiterbildungsvorschlag (© SAP AG)

Hinweis Durch einen Klick auf das Symbol 🔍 (WEITERBILDUNGSVORSCHLAG) wird die Veranstaltung angezeigt, die dazu geeignet ist, das vorhandene Defizit der Person auszugleichen.

8 Personalplanung und -entwicklung

Hinweis Wenn Sie den entsprechenden Weiterbildungsvorschlag durch Anklicken markieren und auf das Symbol ⌀ klicken, wechseln Sie zur Funktion »Teilnahme buchen« des Veranstaltungsmanagements. Dort können Sie die Person für die ausgewählte Veranstaltung buchen oder vormerken (vgl. Abb. 8.42).

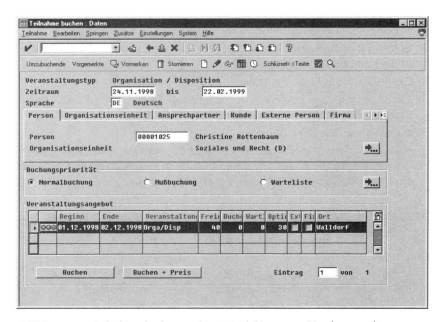

Abbildung 8.42 Teilnehmer buchen aus dem Weiterbildungsvorschlag (© SAP AG)

Die nach dem Klick auf das Symbol ⌀ (WEITERBILDUNGSVORSCHLAG) aufgeführten Veranstaltungen bzw. Weiterbildungsmaßnahmen resultieren aus der R/3-Komponente »Veranstaltungsmanagement«.

8.4 Veranstaltungsmanagement

Der im Rahmen der Personalentwicklung ermittelte Weiterbildungsbedarf kann durch unterschiedliche Bildungsmaßnahmen gedeckt werden, z.B. durch Seminare, Lehrgänge oder Schulungen. Bei der Planung und Verwaltung dieser Bildungsmaßnahmen werden Sie von der Komponente »Veranstaltungsmanagement« unterstützt.

Dabei ist es unbedeutend,

- ob es sich um Seminare und Veranstaltungen Ihres Unternehmens (interne Veranstaltungen) handelt oder
- ob die Seminare ganz oder teilweise bei externen Seminaranbietern »eingekauft« werden (externe Veranstaltungen).

Personalplanung und -entwicklung

Wenn Sie Ihr Veranstaltungsangebot veröffentlichen wollen, können Sie vom R/3-System eine Veranstaltungsbroschüre mit einer Übersicht über die Termine und Veranstaltungsorte generieren lassen und diese über das Intranet oder Internet veröffentlichen.

Außer bei der Planung werden Sie vom Veranstaltungsmanagement auch bei folgenden administrativen Tätigkeiten der Durchführung und Abwicklung von Bildungsveranstaltungen unterstützt:

- beim Buchen, Umbuchen und Stornieren von Teilnehmern
- bei der Abwicklung des zugehörigen Schriftverkehrs

Darüber hinaus können die benötigten Ressourcen wie Räume, Trainer und Unterlagen verwaltet und geplant werden. Die Auslastung dieser Ressourcen können Sie in einer Grafik darstellen.

Die Nachbereitung der Veranstaltungen umfaßt z. B.:

- die Übertragung der Teilnehmerqualifikationen (dies kann mit einer R/3-Funktion durchgeführt werden)
- die Durchführung und Analyse der Teilnehmerbeurteilungen
- die Abrechnung der anfallenden Teilnehmergebühren

Die notwendige Ab- und Verrechnung der Gebühren kann im R/3-System sowohl für interne Mitarbeiter als auch für externe Personen (Kunden, Geschäftspartner) durchgeführt werden. Dabei werden die internen Leistungen über die Leistungsverrechnung mit dem SAP-Modul Controlling (CO) von Kostenstelle zu Kostenstelle verrechnet, die externen Leistungen über das SAP-Modul Vertrieb (SD) mit einer Rechnung fakturiert.

Das in das Veranstaltungsmanagement integrierte umfangreiche Auskunftssystem kann Sie laufend mit den aktuell benötigten Informationen versorgen und erspart Ihnen so eine zeitraubende manuelle Bearbeitung, z. B. zur Überprüfung der Verfügbarkeit von Referenten und Räumen.

Teilbereiche des Veranstaltungsmanagements

Das Veranstaltungsmanagement des R/3-Systems ist in folgende Teilbereiche untergliedert:

- Veranstaltungen vorbereiten mit der Einrichtung des Veranstaltungsumfelds
- Veranstaltungsangebot einrichten mit dem Anlegen und Planen der Veranstaltungstermine
- Veranstaltungen verwalten mit der Abwicklung des Tagesgeschäfts, inklusive der Bearbeitung des Teilnehmerschriftverkehrs
- wiederkehrende Arbeiten ausführen mit dem Bearbeiten und Nachbereiten der Veranstaltungen, der Verrechnung und Fakturierung der Teilnehmergebühren sowie der anschließenden Durchführung von Beurteilungen
- Auswertungen durchführen mit dem integrierten Auskunftssystem zu Veranstaltungen, Teilnehmern und Ressourcen

8 Personalplanung und -entwicklung

Für diese Tätigkeiten stehen Ihnen die dynamischen Menüs für Veranstaltungen, Teilnehmer und Auskünfte zur Verfügung, für umfangreichere Planungsaktivitäten das Planungsmenü. Die generellen Systemeinstellungen werden während des Customizings im Einführungsleitfaden vorgenommen. Die »wiederkehrenden Arbeiten« zur Systemeinstellung können über die »laufenden Einstellungen« bearbeitet werden.

In den nächsten Abschnitten werden folgende Themen behandelt:

- Aufbau des Veranstaltungsumfelds
- Planen und Anlegen der Veranstaltungen
- Arten der Teilnehmer und ihre Buchungen
- Auskunftsmenü mit Beispielen für Auswertungen, Veranstaltungen, Teilnehmer und Ressourcen

8.4.1 Veranstaltungsumfeld

Das Veranstaltungsumfeld umfaßt die zur Durchführung einer Veranstaltung grundlegenden Daten wie Ablaufmuster, Adresse und Kostenbestandteile.

Veranstaltungsobjekte

Darüber hinaus gehören zum Veranstaltungsumfeld folgende Veranstaltungsobjekte:

- Veranstaltungsort (Geschäftsstellen, Niederlassungen usw.)
- interne Veranstalter (für Seminare und Veranstaltungen verantwortliche Bereiche, Abteilungen oder Firmen) und externe Veranstalter
- Ressourcentyp (Raum, Referent, Overhead-Projektor und Schulungsunterlagen)
- Ressourcen (Schulungsräume, Beamer oder Overhead-Projektoren)

Aufbau des Veranstaltungsumfelds

Die Planung und Durchführung der Veranstaltungen im R/3-System setzen die Vorbereitung und den Aufbau des Veranstaltungsumfelds voraus.

Der Aufbau des Veranstaltungsumfelds umfaßt folgende Aufgaben:

- Ablaufmuster, Gebäudeadressen und Kostenbestandteile definieren und anlegen
- Veranstaltungsobjekte, wie Veranstaltungsorte, Veranstalter, Ressourcentypen und Ressourcen sowie Veranstaltungstypen, definieren und anlegen

Alle benötigten Funktionen sowie eine ausführliche Dokumentation finden Sie in den »laufenden Einstellungen« des Veranstaltungsmanagements.

Die Daten zu Ablaufmustern, Gebäudeadressen und Kostenbestandteilen sind Informationen, die den Veranstaltungsobjekten zugeordnet werden können.

Personalplanung und -entwicklung

Abbildung 8.43 gibt einen Überblick über die im R/3-System vorhandenen Veranstaltungsobjekte sowie über deren Beziehungen (Verknüpfungen) zueinander.

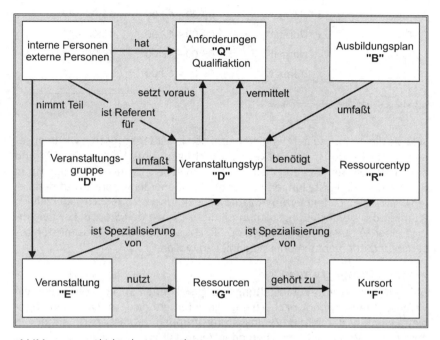

Abbildung 8.43 Objekte des Veranstaltungsmanagements

Ablaufmuster

Mit den Ablaufmustern können Sie den zeitlichen Rahmen von Veranstaltungen auf die Minute genau festlegen. Dies ist unter anderem notwendig, um eine exakte Belegung der Ressourcen vorzunehmen. Zum Beispiel ermöglicht eine Raumbelegung von 10:00 bis 17:00 Uhr für ein Seminar »Führung 1« eine zusätzliche Nutzung desselben Raums vor 10:00 und nach 17:00 Uhr.

Außerdem können Sie die Uhrzeiten im Schriftverkehr verwenden, z. B.: »... Ihr Seminar beginnt am Montag um 11:00 Uhr und endet am Freitag um 15:30 Uhr ...«. Dadurch haben die Teilnehmer die Möglichkeit, ihre Reise und sonstige Termine exakt zu planen.

Die Definition der Ablaufmuster erfolgt in der Zusammenfassung von Tagesmustern, die nochmals in Zeitblöcke unterteilt werden können. Ein typisches Beispiel ist das Ablaufmuster »Woche« (vgl. Tabelle 8.7).

8 Personalplanung und -entwicklung

Tage	Zeitblöcke	Zeiten	Zeiten
Tag 1	"Spät"	10:00 – 13:00	14:00 – 17:00
Tag 2	"Normal"	09:00 – 12:00	13:00 – 17:00
Tag 3	"Normal"	09:00 – 12:00	13:00 – 17:00
Tag 4	"Normal"	09:00 – 12:00	13:00 – 17:00
Tag 5	"Vormitt"	09:00 – 12:00	

Tabelle 8.7 Ablaufmuster »Woche«

Wie Sie die Ablaufmuster definieren und ob Sie Mittagspausen – wie in unserem Beispiel – durch Zeitblöcke berücksichtigen, entscheiden Sie aufgrund Ihrer betrieblichen Gegebenheiten. Die generellen Einträge nehmen Sie in den »laufenden Einstellungen« unter der Position »Zeitlichen Ablauf definieren« vor. Die so definierten Ablaufmuster können Sie jedoch jederzeit im Rahmen der Veranstaltungsplanung ändern. So werden Sie z.B. bei der Anlage einer Veranstaltung gefragt, ob Sie das vorhandene Ablaufmuster kopieren und übernehmen oder neu anlegen wollen.

Veranstaltungsgruppen

Mit dem Objekttyp »Veranstaltungsgruppe« können Sie im R/3-System ein Veranstaltungsangebot nach Themengebieten aufgliedern. Die Themengebiete werden durch die Veranstaltungsgruppen repräsentiert, zu denen gleichartige Veranstaltungstypen oder Veranstaltungen zusammengefaßt werden, z.B. die Englisch-, Französisch-, Italienisch- und Spanischkurse zu der Veranstaltungsgruppe Sprachkurse. Sie bauen somit eine Veranstaltungshierarchie nach Themengebieten oder Veranstaltungsarten auf. Diese Strukturierung der Seminar- und Schulungsthemen erleichtert Ihnen den Überblick über das Veranstaltungsangebot. Außerdem können Sie die Veranstaltungsgruppen als Selektionskriterium für Auswertungen heranziehen, z.B. die Veranstaltungsgruppe Sprachkurse für die Erstellung einer Veranstaltungsbroschüre »Sprachkurse«.

Die Struktur eines Veranstaltungsangebots kann z.B. wie folgt aussehen:

Veranstaltungen GESAMT
    Managementschulungen
    Sprachkurse
        Englischkurse
        Italienischkurse
    DV-Seminare

Personalplanung und -entwicklung

Veranstaltungen GESAMT
- PC-Schulungen
- SAP-Schulungen
- HR-Schulungen

Die Veranstaltungsgruppen können mit den Informationen aus Tabelle 8.8 beschrieben werden:

Infotyp	Bedeutung/Verwendung
Objekt	Kürzel und Langtextbezeichnung der Veranstaltungsgruppe
Verknüpfung »gehört zu Veranstaltungsgruppe«	Mit der Verknüpfung »gehört zu Veranstaltungsgruppe« legen Sie eine Hierarchie der Veranstaltungsgruppen an
Verbale Beschreibung	Beliebiger Text zur zusätzlichen Beschreibung der Veranstaltungsgruppe

Tabelle 8.8 Infotypen einer Veranstaltungsgruppe und deren Bedeutung

Im R/3-System finden Sie diese Struktur bei den dynamischen Menüs für Veranstaltungen, Teilnehmer und Auskünfte wieder.

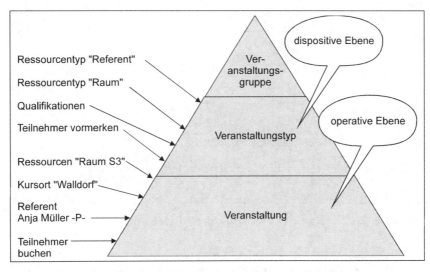

Abbildung 8.44 Übersicht zu Veranstaltungsgruppen

8 Personalplanung und -entwicklung

Veranstaltungsgruppe anlegen

Um im R/3-System eine Veranstaltungsgruppe anzulegen, gehen Sie wie folgt vor:

Ausgangspunkt SAP R/3-Hauptmenü

1. Rufen Sie die Menüfunktion PERSONAL | VERANSTALTUNGSMANAGEMENT auf.
   → Das Fenster »Veranstaltungsmanagement« wird angezeigt.
2. Klicken Sie auf die Drucktaste LAUFENDE EINSTELLUNGEN.
   → Das Fenster »Laufende Einstellungen: Veranstaltungsmanagement« wird angezeigt.
3. Wählen Sie »Veranstaltungsgruppe anlegen«, und klicken Sie auf das Symbol ✏.
   → Das Fenster »Veranstaltungsgruppe: Einstieg« wird angezeigt.
4. Geben Sie in das Feld »Gültigkeit« das Beginndatum ein, und klicken Sie auf das Symbol ▯.
   → Das Fenster »Veranstaltungsgruppen anlegen: Datenbild« wird angezeigt (vgl. Abb. 8.45).

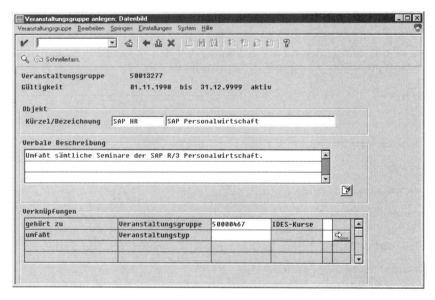

Abbildung 8.45 Anlegen von Veranstaltungsgruppen (© SAP AG)

5. Geben Sie in das Feld »Kürzel« die Kurzbezeichnung und in das Feld »Bezeichnung« den Langtext für die Beschreibung der Veranstaltungsgruppe ein.

Personalplanung und -entwicklung

Hinweis Unter »Verbale Beschreibung« können Sie zusätzlich benötigte Texte für eine Veranstaltungsgruppe erfassen.

Hinweis Unter »Verknüpfung – gehört zu Veranstaltungsgruppe« können Sie die erfaßte Veranstaltungsgruppe mit einer übergeordneten Struktur verknüpfen.

6. Klicken Sie auf das Symbol .
   → Das Fenster »Veranstaltungsgruppe: Einstieg« wird angezeigt.

Veranstaltungsorte

Zur Realisierung einer ortsgebundenen Veranstaltungsplanung verfügt das Veranstaltungsmanagement über die »Veranstaltungsorte«. Unter einem Veranstaltungsort versteht man sowohl im SAP- als auch im allgemeinen Sprachgebrauch einen Ort, an dem Schulungen, Seminare und Veranstaltungen stattfinden, wie z.B. »Seminarzentrum München« oder »Geschäftsstelle Berlin«.

Veranstaltungsorte können mit Informationen gemäß Tabelle 8.9 beschrieben werden:

Infotyp	Bedeutung/Verwendung
Objekt	Kürzel und Langtextbezeichnung des Ortes
ortsabhängige Zusatzinformationen	Informationen zu Kalender, Währung und Sprache
Adresse	Angabe einer Adresse sowie Telefon- und Faxnummer

Tabelle 8.9 Infotypen der Veranstaltungsorte und deren Bedeutung

Darüber hinaus können Sie den Veranstaltungsorten bei Bedarf ortsgebundene Ressourcen zuordnen, z.B. Schulungsräume, Beamer und Overhead-Projektoren.

Die Veranstaltungsorte müssen nicht im R/3-System eingerichtet werden, insbesondere dann nicht, wenn für die Veranstaltungsplanung generell nur ein Veranstaltungsort in Frage kommt. Ob Sie im R/3-System mit Veranstaltungsorten arbeiten oder nicht, können Sie beim Customizing des Veranstaltungsmanagements bestimmen.

Veranstaltungsort anlegen

Wenn Sie die Veranstaltungsorte im Veranstaltungsmanagement verwenden wollen, wählen Sie unter »Laufende Einstellungen« die Funktion »Ort anlegen« (vgl. Abb. 8.46).

8 Personalplanung und -entwicklung

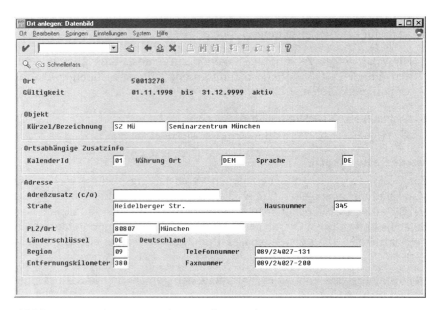

Abbildung 8.46 Anlegen Veranstaltungsort (© SAP AG)

Veranstalter

Unter »Veranstalter« werden im R/3-System Bereiche, Abteilungen oder Firmen verstanden, die für die Planung, Organisation und Durchführung der Seminare, Schulungen und Veranstaltungen zuständig und verantwortlich sind. Sie können im R/3-System mit internen und externen Veranstaltern arbeiten.

Zur Darstellung der internen Veranstalter werden im R/3-System die in der Komponente »Organisationsmanagement« angelegten Organisationseinheiten verwendet.

Die Darstellung der externen Veranstalter erfolgt über die Anlage und Pflege von externen Firmen. Externe Veranstalterfirmen können Veranstaltungstypen und Veranstaltungen zugeordnet werden. Sie können aber auch als Firmenzuordnung für externe Referenten und externe Teilnehmer genutzt werden.

Externe Firmen können mit den Informationen aus Tabelle 8.10 beschrieben werden.

Infotyp	Bedeutung/Verwendung
Objekt	Kürzel und Langtextbezeichnung der externen Firma

Tabelle 8.10 Infotypen für externe Firmen und ihre Bedeutung

Personalplanung und -entwicklung

Infotyp	Bedeutung/Verwendung
Adresse	Angabe der Adresse sowie der Telefon- und Faxnummer
Mail-Adresse	Angabe der E-Mail-Adresse mit Systemkennung und Benutzername
Verknüpfung »umfaßt externe Person«	Mit dieser Verknüpfung können Sie eine externe Person als firmenzugehörig zuordnen

Tabelle 8.10 Infotypen für externe Firmen und ihre Bedeutung

Externen Veranstalter anlegen

Wenn Sie im Veranstaltungsmanagement externe Firmen verwenden wollen, wählen Sie unter »Laufende Einstellungen« die Funktion »Firma anlegen« (vgl. Abb. 8.47).

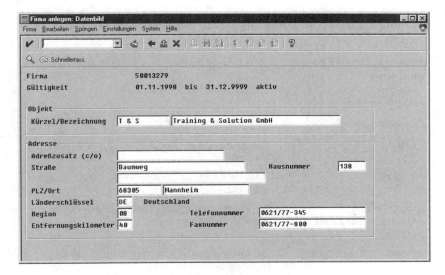

Abbildung 8.47 Anlegen externe Firma (© SAP AG)

Ressourcentypen

Gleichartige Hilfsmittel, die zur Durchführung von Seminaren und Veranstaltungen benötigt werden, können Sie im R/3-System mit dem Objekttyp »Ressourcentyp« zusammenfassen. Häufig benötigte Ressourcentypen sind z.B. »Raum, Referent, Overhead-Projektor« oder »Schulungsunterlagen«.

Die konkrete Ausprägung eines Ressourcentyps, z.B. einzelne Schulungsräume und Referenten, werden im R/3-System als Ressource abgelegt.

Personalplanung und -entwicklung

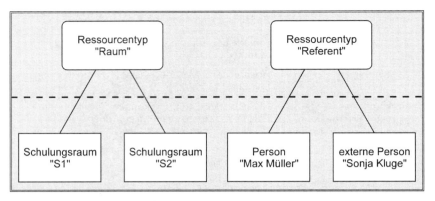

Abbildung 8.48 Ressourcen und Ressourcentypen

Diese Form der Strukturierung vom Abstrakten (Ressourcentypen) zum Konkreten (Ressourcen) gilt im Veranstaltungsmanagement nicht nur für die Ressourcendarstellung, sondern auch für die Darstellung des Veranstaltungsangebots mit Veranstaltungstypen (abstrakt) und Veranstaltungen (konkret).

Ressourcentypen können mit den Informationen aus Tabelle 8.11 beschrieben werden.

Infotyp	Bedeutung/Verwendung
Objekt	Kürzel und Langtextbezeichnung des Ressourcentyps
Kapazität	Angabe der minimalen, optimalen und maximalen Kapazität, z. B. für Räume
Verknüpfung »Kostenstellenzuordnung«	Mögliche Verknüpfung der Ressourcentypen mit Kostenstellen
Dispositionsmerkmale	Die Informationen bestimmen, ob es sich bei den zugeordneten Ressourcen um Räume, Referenten, Material oder sonstige Ressourcen handelt und ob der Ressourcentyp bei der Planung von Veranstaltungen berücksichtigt werden muß, z. B. ob ein Ressourcentyp ortsabhängig ist oder mehrfach belegt werden kann.
Kosten	Die Kosten des Ressourcentyps können in Form von Kostenbestandteilen abgelegt und zur Ermittlung eines Preisvorschlags für eine Veranstaltung herangezogen werden.

Tabelle 8.11 Infotypen der Ressourcentypen und ihre Bedeutung

Personalplanung und -entwicklung

Die beim abstrakten Ressourcentyp abgelegten Daten können durch abweichende Informationen bei den verknüpften konkreten Ressourcen überschrieben werden. Zum Beispiel überschreibt die Kapazität des Schulungsraums »S3« die generelle Kapazität des Ressourcentyps »Raum«.

Ressourcentyp anlegen

Wenn Sie im Veranstaltungsmanagement mit Ressourcentypen arbeiten wollen, wählen Sie unter »Laufende Einstellungen« die Funktion »Ressourcentyp anlegen« (vgl. Abb. 8.49).

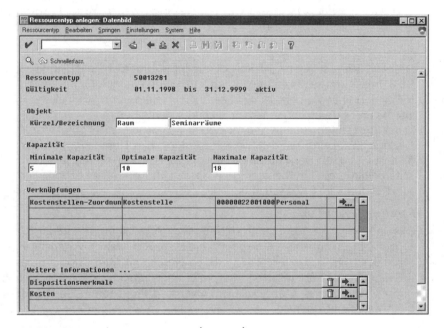

Abbildung 8.49 Anlegen Ressourcentyp (© SAP AG)

Ressourcen

Unter einer Ressource wird im SAP-Sprachgebrauch die konkrete Ausprägung eines Ressourcentyps verstanden, also eine Person oder Sache, die zur Durchführung von Veranstaltungen genutzt werden kann. Der Referent »Klaus Schmidt« ist beispielsweise eine konkrete Ressource, die zum Ressourcentyp »Referent« gehört.

Im Gegensatz zu den Ressourcentypen existieren die Ressourcen tatsächlich und sind unter Umständen in einem Inventar verzeichnet. So kann der Ressourcentyp »Overhead-Projektor« folgende drei konkrete Ausprägungen (Ressourcen) haben: »Overhead-Projektor – Nr. 4713«, »Overhead-Projektor – Nr. 4714« und »Overhead-Projektor – Nr. 4715«.

Personalplanung und -entwicklung

Aufgrund ihrer unterschiedlichen Eigenschaften werden die Ressourcen in folgende Gruppen (Ressourcentypen) unterteilt:

- *Räume*

  Dies sind alle Seminar- und Veranstaltungsräume, die im Rahmen des Veranstaltungsmanagements genutzt werden können. Falls Sie die Räume über das Veranstaltungsmanagement hinaus auch für interne Besprechungen und Konferenzen nutzen wollen, können Sie diese für die integrierte Anwendung der Raumbelegungsplanung freigeben. Die notwendigen Einträge nehmen Sie im Customizing mit der Funktionsfolge BASIS I BASISSERVICES I RAUMBELEGUNGSPLANUNG I INTEGRATION I PLANVARIANTE FÜR DIE RAUMBELEGUNG FESTLEGEN vor.

- *Referenten*

  Das sind alle Personen, die im Umfeld Ihres Unternehmens Seminare, Schulungen und Veranstaltungen moderieren und durchführen. Referenten und Trainer werden bei der Ressourcenplanung und -verwaltung in interne und externe Referenten gegliedert. Interne Referenten sind Mitarbeiter Ihres Unternehmens und müssen im R/3-System nicht zusätzlich als Ressourcen angelegt werden. Sie werden durch den Zugriff auf die Mitarbeiterstammdaten verwaltet und geplant. Externe Referenten sind keine Mitarbeiter Ihres Unternehmens und werden als Ressource »externe Person/Referent« im R/3-System hinterlegt.

- *Sonstige Ressourcen*

  Das sind alle Ressourcen, die als Hilfsmittel zur Abwicklung von Veranstaltungen eingeplant und verwendet werden, jedoch kein »Material« im Sinne der Logistik darstellen. Materialien werden im Materialstamm des R/3-Logistik-Moduls »Materialwirtschaft« angelegt. Sonstige Ressourcen sind z.B. Flip-Charts, Video-Anlagen, Overhead-Projektoren, Pin-Wände oder Metaplan-Koffer.

Welche Ressourcentypen und Ressourcen Sie im Rahmen des Veranstaltungsmanagements einsetzen, bestimmen die betrieblichen Erfordernisse. Die generellen Festlegungen erfolgen im Rahmen des SAP-Projekts bei der Konzeption und Einführung des Veranstaltungsmanagements. Bei Bedarf können Sie diese Auswahl jedoch jederzeit ergänzen oder einschränken.

Die Ressourcen können mit den Informationen aus Tabelle 8.12 beschrieben werden.

Personalplanung und -entwicklung

Infotyp	Bedeutung/Verwendung
Objekt	Kürzel und Langtextbezeichnung der Ressourcen bzw. Vor- und Nachnamen für externe Referenten
Verknüpfung »gehört zu Ort«	Ortsgebundene Ressourcen werden hier mit einem Veranstaltungsort verknüpft.
Verknüpfung »gehört zu Firma«	Für externe Referenten können Sie hier die Firmenzugehörigkeit in Form der Verknüpfung »gehört zu« ablegen.
Verknüpfung »Kostenstellenzuordnung«	Bei Bedarf können Sie die Ressourcen mit Kostenstellen verknüpfen.
Verknüpfung »ist Spezialisierung von Ressourcentyp«	Zuordnung der Ressourcen zu dem entsprechenden Ressourcentyp. Diese Verknüpfung wird bei der Ressourcenfindung im Rahmen der Veranstaltungsplanung benötigt.
Verknüpfung »ist ausgestattet mit Ressourcentyp«	Bei Bedarf können Sie die Ressourcen zusätzlich mit weiteren Ressourcentypen ausstatten, z. B. den Schulungsraum »S3« mit den Ressourcentypen »Overhead-Projektor« und »Flip-Chart«.
Kapazität	Angabe der minimalen, optimalen und maximalen Kapazität, z. B. für einen Raum. Die bei der Ressource abgelegte Kapazitätsinformation überschreibt die Daten des übergeordneten Ressourcentyps, z. B. überschreibt die Kapazität des Schulungsraums »S3« die generelle Kapazität des Ressourcentyps »Raum«.
Adresse	Angabe der Adresse und bei Bedarf der Raum-, Telefon- und Faxnummer.
Mail-Adresse	Angabe der E-Mail-Adresse mit Systemkennung und Benutzername
Namensaufbereitung	Angaben zu Anrede, Sprache, Nationalität und ggf. Titel für externe Referenten. Die Informationen dienen zur Steuerung des Schriftverkehrs mit einem externen Referenten.
Kosten	Die Kosten der Ressourcentypen können in Form von Kostenbestandteilen abgelegt und zur Ermittlung eines Preisvorschlags für eine Veranstaltung herangezogen werden.

Tabelle 8.12 Infotypen der Ressourcen und ihre Bedeutung

Ressource anlegen

Wenn Sie Ressourcen im Veranstaltungsmanagement verwenden wollen, wählen Sie unter »Laufende Einstellungen« die Funktion »Sonstige Ressourcen anlegen« (vgl. Abb. 8.50).

8 Personalplanung und -entwicklung

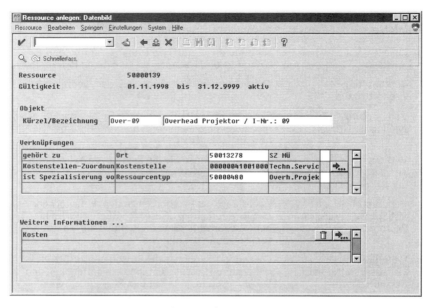

Abbildung 8.50 Anlegen Ressource (© SAP AG)

Veranstaltungstyp

Unter Veranstaltungstypen versteht man im SAP-Sprachgebrauch eine Beschreibung von nicht termingebundenen Veranstaltungen. Sie enthalten umfassende Informationen über Inhalt, Ablauf und benötigte Ressourcen der Veranstaltungen mit Ausnahme der Angabe eines exakten Termins.

Die zeitliche Festlegung einer Veranstaltung wird während der Planung vorgenommen. Hierbei werden die für den Veranstaltungstyp angelegten Daten als Vorschlagswerte verwendet, die bei Bedarf überschrieben werden können.

Aus dieser Strukturierung lassen sich die beiden Ebenen des Veranstaltungsmanagements erkennen:

- dispositive Ebene mit Veranstaltungstypen und Ressourcentypen
- operative Ebene mit Veranstaltungen und Ressourcen

In Tabelle 8.13 erhalten Sie eine Übersicht über die Informationen, die zu den Veranstaltungstypen im R/3-System hinterlegt werden können. Einige Informationen sind zur weiteren Abwicklung unbedingt erforderlich. Sie sind in der Spalte »Charakter« durch ein »Muß« gekennzeichnet, die anderen, freiwilligen Informationen mit »Kann«.

Personalplanung und -entwicklung

Infotyp	Bedeutung/Verwendung	Charakter
Objekt	Kurz- und Langtextbezeichnung des Veranstaltungstyps	»Muß«
Verbale Beschreibung - Erweit. Veranst.text - Inhalte - Hinweise	Themen/Inhalt der Veranstaltung bzw. des Seminars Der erweiterte Veranstaltungstext, der Inhalt der Veranstaltung sowie Hinweise werden als Informationen in der Veranstaltungsbroschüre angezeigt.	»Kann«
Dispositiver Ablauf	Der Ablauf der Veranstaltung wird in Form von Tagesmustern definiert. Die Abläufe werden zur Planung der Veranstaltung sowie zur Ressourcenbelegung benötigt. Auch die Steuerung des Schriftverkehrs wird über die Abläufe vorgenommen, z.B. im Einladungsschreiben: »... Ihr Seminar beginnt am Montag um 10:00 Uhr ...«.	»Muß«
Verknüpfung mit »Ressourcentypen«	Ressourcentypen, die für die Veranstaltung benötigt werden, z.B. Raum, Referent und Flip Chart. Die Ressourcen werden zur Planung der Veranstaltung benötigt.	»Muß« für interne Veranstaltungen
Verknüpfung mit »Qualifikationen«	Qualifikationen, die durch die Veranstaltung vermittelt werden, z.B. das Seminar »Englisch I« vermittelt die Qualifikation »Englisch-Grundkenntnisse«.	»Kann«
Verknüpfung mit »Veranstaltungsgruppe«	Einordnung des Veranstaltungstyps in das entsprechende Themengebiet der Veranstaltungsgruppe. Im Rahmen des dynamischen Menüs wird der Veranstaltungstyp unter der zugehörigen Veranstaltungsgruppe angezeigt.	»Muß«
Preis	Definition einer »internen Teilnehmergebühr« für Mitarbeiter und einer »externen Teilnehmergebühr« für Kunden und externe Firmen. Die Gebühren können im Rahmen der Leistungsverrechnung bzw. der Fakturierung weiterberechnet werden.	»Kann«
Halbwertzeit	Mit der Information zur Halbwertzeit können Sie die Zeit (Jahre/Monate) zwischen absolvierter Veranstaltung und evtl. erforderlicher Auffrischung definieren, z.B. für einen Erste-Hilfe-Kurs.	»Kann«
Kapazität	Angabe der minimalen, optimalen und maximalen Teilnehmerkapazität.	»Muß«

Tabelle 8.13 Infotypen zu Veranstaltungstypen und ihre Bedeutung

Personalplanung und -entwicklung

Infotyp	Bedeutung/Verwendung	Charakter
Info Veranstaltungstyp	Zu den zusätzlichen Informationen zum Veranstaltungstyp gehören die Informationen, ob ein Veranstaltungstyp in die Veranstaltungsbroschüre aufgenommen werden soll, ob es sich bei dem Veranstaltungstyp um einen Kongreß bzw. mehrteilige Veranstaltungen handelt und welche Beurteilungsart für den Veranstaltungstyp verwendet wird.	»Kann«
Verfahren	Sie geben Prüfverfahren im Zusammenhang mit Teilnehmerbuchungen und Vormerkungen vor, z.B. die Prüfung der Qualifikationen des Teilnehmers, die für die Teilnahme an einer Veranstaltung vorausgesetzt werden. Wenn Sie die Prüfungen für die einzelnen Veranstaltungstypen nicht differenzieren wollen, können Sie die Einstellungen zu den Verfahren grundlegend im Customizing vornehmen.	»Kann«
Kosten	Die Kosten des Veranstaltungstyps können in Form von Kostenbestandteilen abgelegt und zur Ermittlung eines Preisvorschlags für eine Veranstaltung herangezogen werden.	»Kann«
Bedarf	Definition des Veranstaltungsbedarfs pro Periode (z.B. Quartal), Veranstaltungsort und Sprache.	»Kann«
Info Faktura/ Verrechnung	Die hier hinterlegten Informationen werden bei der Verrechnung der Teilnehmergebühren mit Faktura bzw. interner Leistungsverrechnung benötigt.	»Kann«

Tabelle 8.13 Infotypen zu Veranstaltungstypen und ihre Bedeutung

Veranstaltungstyp anlegen

Um im R/3-System einen Veranstaltungstyp anzulegen, gehen Sie wie folgt vor:

Ausgangspunkt Arbeitsgebiet »Veranstaltungsmanagement«

1. Klicken Sie auf die Drucktaste LAUFENDE EINSTELLUNGEN.
   → Das Fenster »Laufende Einstellungen: Veranstaltungsmanagement« wird angezeigt.
2. Klicken Sie auf die Drucktaste 🖉 (VERANSTALTUNGSTYP ANLEGEN).
   → Das Fenster »Veranstaltungstyp Einstieg« wird angezeigt.

Personalplanung und -entwicklung

3. Geben Sie in das Feld »Gültigkeit« das Gültigkeitsdatum ein, und klicken Sie auf das Symbol ☐.
   → Das Fenster »Veranstaltungstyp anlegen: Datenbild« wird angezeigt (vgl. Abb. 8.51).
4. Geben Sie in die Felder »Kürzel« und »Bezeichnung« den Kurz- und den Langtext des Veranstaltungstyps ein.
5. Anschließend können Sie die Informationen über den Veranstaltungstyp ergänzen, z.B. um Angaben über Preise, Kapazität, Bedarf, Ablauf und Kosten. Mit den Verknüpfungen nehmen Sie die notwendigen Zuordnungen zu den Objekten des Veranstaltungsmanagements vor.
6. Klicken Sie auf das Symbol ▄.
   → Das Fenster »Veranstaltungstyp: Einstieg« wird angezeigt. Die Meldung »Veranstaltungstyp wurde angelegt« wird ausgegeben.

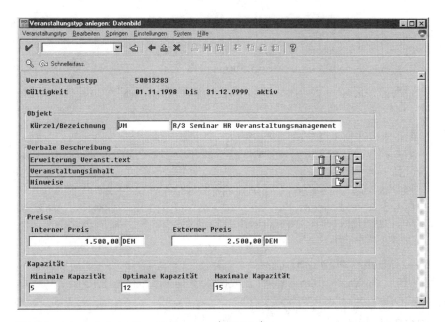

Abbildung 8.51 Anlegen Veranstaltungstyp (© SAP AG)

8.4.2 Veranstaltungsangebot

Nachdem Sie das vollständige Veranstaltungsumfeld aufgebaut haben, können Sie das Veranstaltungsangebot in Form von Einzelveranstaltungen im R/3-System hinterlegen. Dabei haben Sie die Möglichkeit, die Veranstaltungstermine anzulegen oder zu planen.

Der entscheidende Unterschied zwischen dem Anlegen und Planen von Veranstaltungsterminen besteht darin, daß Sie beim Anlegen keine Ressourcenbelegung für die Veranstaltungen vornehmen und das Beginndatum nicht konkret festlegen müssen. Beim Planen der Veranstaltungen geben Sie das Beginndatum der Veranstaltung direkt ein. Das Endedatum wird je nach zugeordnetem Ablauf automatisch errechnet. Darüber hinaus werden zum geplanten Veranstaltungstermin alle benötigten Ressourcen auf Verfügbarkeit geprüft und durch die Ressourcenbelegung reserviert.

In beiden Fällen greift das R/3-System bei der Generierung der Einzelveranstaltungen auf die generellen Informationen des Veranstaltungstyps zu. Bei Bedarf können Sie die Vorschlagswerte überschreiben, z.B. für einen bestimmten Veranstaltungstermin eine abweichende Teilnehmergebühr oder einen anderen Veranstaltungsablauf eingeben.

Veranstaltungen planen, anlegen, ändern und anzeigen

Sie haben folgende Möglichkeiten, ein Veranstaltungsangebot zu bearbeiten:

- über das Hauptmenü
- über das dynamische Planungsmenü
- über das dynamische Veranstaltungsmenü

Um im R/3-System ein Veranstaltungsangebot über das Hauptmenü zu bearbeiten, gehen Sie wie folgt vor:

Ausgangspunkt SAP R/3-Hauptmenü

1. Rufen Sie die Menüfunktion PERSONAL | VERANSTALTUNGSMANAGEMENT auf.
   → Das Fenster »Veranstaltungsmanagement« wird angezeigt.
2. Rufen Sie die Menüfunktionen VERANSTALTUNGEN | TERMINE | ANLEGEN MIT RESSOURCEN PLANEN oder | ANLEGEN OHNE RESSOURCEN oder | ÄNDERN oder | ANZEIGEN auf.

Dynamisches Planungsmenü

Das dynamische Planungsmenü unterstützt Sie bei der Planung von Veranstaltungen mit folgenden Funktionen:

- Bedarfsermittlung
- orts- bzw. sprachbezogene Planung
- Terminvorschlag unter Berücksichtigung von arbeitsfreien Tagen
- Belegungsplanung

Die Veranstaltungsplanung unterstützt Sie bei der Planung einer beliebigen Anzahl von Veranstaltungen in einem vorgegebenen Zeitraum. Dabei werden Veranstaltungsvorgaben wie Ort und Sprache genauso berücksichtigt wie vorhandene Einschränkungen zu arbeitsfreien Tagen. Der Veranstaltungsbedarf kann aus vorhandenen Vormerkungen ermittelt werden oder sich aus einer Fortschreibung der Vorjahreszahlen ergeben. Wenn diese Vor-

Personalplanung und -entwicklung

gaben nicht vorliegen, kann der Veranstaltungsbedarf auch manuell eingegeben werden. Anschließend werden unter Berücksichtigung einer optimalen Ausnutzung der verfügbaren Ressourcen automatisch Terminvorschläge generiert. Eine Übersicht über die belegten Ressourcen gibt der Belegungsplan. Der nicht gedeckte Ressourcenbedarf kann nachträglich durch manuelle Eingaben reduziert werden.

Das dynamische Planungsmenü wird verwendet, um eine größere Anzahl von Veranstaltungen unter Berücksichtigung aller Randbedingungen zu planen. Da sich jedoch die meisten Anwender mit dem Planen und Anlegen einzelner Veranstaltungen beschäftigen, wird im folgenden das dynamische Planungsmenü außer acht gelassen und statt dessen das dynamische Veranstaltungsmenü vorgestellt.

Dynamisches Veranstaltungsmenü

Mit dem dynamischen Veranstaltungsmenü haben Sie die Möglichkeit, Veranstaltungen in einfacher und übersichtlicher Form zu bearbeiten.

Mit einem Klick auf die Drucktaste (VERANSTALTUNGSMENÜ) werden die Veranstaltungen in einer Baumstruktur (vgl. Abb. 8.52) mit folgenden Funktionen angezeigt:

- Veranstaltungstermine planen, anlegen, ändern und anzeigen
- Ansicht bzw. Selektion des Veranstaltungsangebots dynamisch verändern, z.B. mit einer Selektion von Veranstaltungszeiträumen und -sprachen oder ausgewählten Themengebieten (Veranstaltungsgruppen)
- Detailinformationen anzeigen oder pflegen, z.B. den operativen Ablauf von Veranstaltungen oder bestimmte Infotypen

Um im R/3-System ein Veranstaltungsangebot über das dynamische Veranstaltungsmenü zu bearbeiten, gehen Sie wie folgt vor:

Ausgangspunkt SAP R/3-Hauptmenü

1. Rufen Sie die Menüfunktion PERSONAL | VERANSTALTUNGSMANAGEMENT auf.
    → Das Fenster »Veranstaltungsmanagement« wird angezeigt.
2. Klicken Sie auf die Drucktaste (VERANSTALTUNGSMENÜ).
    → Das Fenster »Dynamisches Veranstaltungsmenü« wird mit einer Übersicht über die Veranstaltungsgruppen angezeigt (vgl. Abb. 8.52).
3. Wenn Sie eine bestehende Veranstaltungsstruktur öffnen wollen, klicken Sie auf das »+«-Symbol der betreffenden Veranstaltungsgruppe.
    → Die unter dieser Gruppe zusammengefaßten Veranstaltungsgruppen oder Veranstaltungstypen werden angezeigt.
4. Selektieren Sie die gewünschte Anwendungsfunktion (Planen, Anlegen, Ändern oder Anzeigen) über die entsprechenden Symbole oder Drucktasten.

8 Personalplanung und -entwicklung

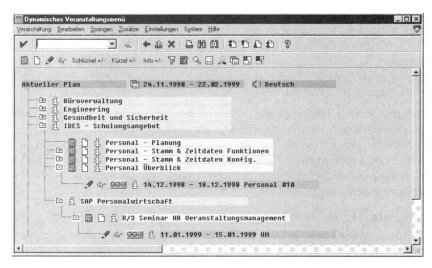

Abbildung 8.52 Fenster »Dynamisches Veranstaltungsmenü« (© SAP AG)

Veranstaltungen planen

Eine Veranstaltung bedarf der besonderen Planung, wenn der Veranstalter für die Ressourcenplanung und Ressourcenausstattung verantwortlich ist. Mit der Funktion PLANEN können Sie im R/3-System den Veranstaltungstermin ermitteln lassen, zu dem alle erforderlichen Ressourcen auch tatsächlich zur Verfügung stehen.

Dabei kann z. B. sichergestellt werden, daß

- der vorgesehene qualifizierte Referent zur Veranstaltungszeit nicht im Urlaub ist
- der benötigte Raum frei ist
- der Overhead-Projektor verfügbar ist

Die Terminvorschläge werden automatisch angezeigt. In der Regel handelt es sich um interne Veranstaltungen eines Unternehmens, wenn die Verfügbarkeit der Ressourcen mit geplant werden muß.

Um im R/3-System eine Veranstaltung über das dynamische Menü zu planen, gehen Sie wie folgt vor:

Ausgangspunkt Fenster »Dynamisches Veranstaltungsmenü«

1. Klicken Sie ein- oder mehrmals Male auf das »+«-Symbol für die betreffende Veranstaltungsgruppe, bis der gewünschte Veranstaltungstyp angezeigt wird.
2. Klicken Sie bei diesem Veranstaltungstyp auf das Symbol ▦.
    → Das Fenster »Veranstaltungen planen: Einstieg« wird angezeigt.

Personalplanung und -entwicklung

3. Geben Sie in das Feld »Planungszeitraum« die entsprechenden Daten ein.
4. Klicken Sie auf die Drucktaste DATENBILD.
   → Das Fenster »Veranstaltung mit Ressourcen anlegen: Datenbild« (vgl. Abb. 8.53) wird angezeigt.
5. Ergänzen Sie die Veranstaltung mindestens um die folgenden Eingaben:
6. Selektieren Sie über einen Matchcode den Veranstaltungsort.
7. Kopieren Sie den beim Veranstaltungstyp angelegten Ablauf.
8. Klicken Sie auf die Drucktaste RESSOURCENAUSWAHL.
   → Das Fenster »Ressourcenauswahl: Übersicht« wird angezeigt (vgl. Abb. 8.54).

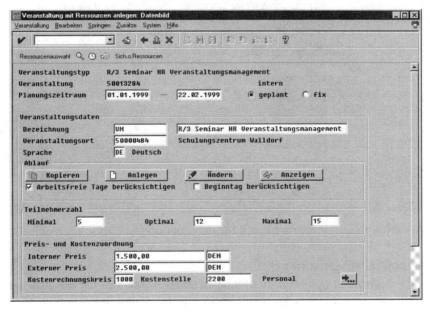

Abbildung 8.53 Veranstaltung planen (© SAP AG)

9. Klicken Sie auf das Symbol 🔍, wenn Sie eine bestimmte Ressource auswählen wollen, oder klicken Sie auf die Drucktaste AUTOM.RESS.ZUTEILUNG, wenn die Ressourcenauswahl vom System vorgenommen werden soll.

   Hinweis Falls Sie zu dem Termin nicht alle Ressourcen zur Verfügung haben, können Sie den Termin mit den Symbolen ◀ und ▶ verschieben.

Personalplanung und -entwicklung

10. Klicken Sie auf das Symbol ✔.
    → Das Fenster »Veranstaltung mit Ressourcen anlegen: Datenbild« wird angezeigt.
11. Klicken Sie auf das Symbol 🖫.
    → Das Fenster »Dynamisches Veranstaltungsmenü« wird angezeigt. Die Meldung »Veranstaltung – Titel – wurde vom .. bis .. geplant« wird ausgegeben.
12. Klicken Sie auf das »+«-Symbol des betreffenden Veranstaltungstyps.
    → Die angelegte Veranstaltung wird mit Datum und Bezeichnung angezeigt (vgl. Abb. 8.55).

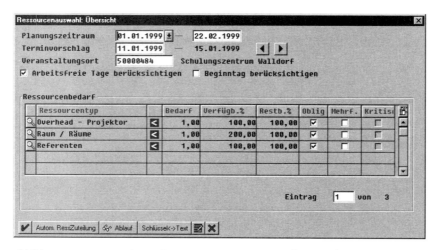

Abbildung 8.54 Veranstaltung planen mit Ressourcenauswahl (© SAP AG)

Veranstaltungen anlegen

Eine Veranstaltung wird in der Regel angelegt, wenn sich der Veranstalter nicht um die Terminierung, die Ressourcenplanung und Ressourcenausstattung kümmern muß, da mit der Funktion ANLEGEN der Veranstaltungstermin direkt im R/3-System angelegt wird, ohne daß geprüft wird, ob die erforderlichen Ressourcen zum Veranstaltungstermin tatsächlich verfügbar sind. Meistens ist dies bei externen Veranstaltungen eines Unternehmens der Fall.

Um eine Veranstaltung im R/3-System anzulegen, klicken Sie bei dem entsprechenden Veranstaltungstyp auf das Symbol ▫. Das in Abbildung 8.55 dargestellte Fenster wird angezeigt.

8.4.3 Teilnehmeradministration und Tagesgeschäft

Nachdem Sie das Veranstaltungsangebot hinterlegt haben, können Sie im Rahmen der Abwicklung des Tagesgeschäfts folgende Funktionen im R/3-System einsetzen:

Personalplanung und -entwicklung

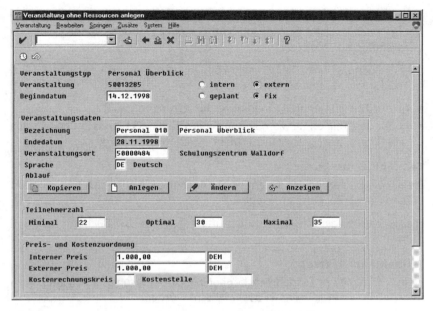

Abbildung 8.55 Veranstaltung ohne Ressourcen anlegen (© SAP AG)

Teilnehmer anlegen und verwalten

Je nach Nutzungsgrad des Veranstaltungsmanagements werden die Teilnehmer an folgenden Stellen im R/3-System angelegt und gepflegt (siehe weiter unten im Abschnitt »Teilnehmerarten«):

- in der Personalbeschaffung (bei Bewerbern)
- in der Personaladministration und -abrechnung als Personalstammdaten (bei internen Mitarbeitern)
- im Modul Vertrieb (SD) als Kundenstammdaten (bei Kunden)
- im Veranstaltungsmanagement als »Objekte«

Teilnahmen vormerken

Die Vormerkung wird häufig gewählt, wenn noch kein konkreter Veranstaltungstermin feststeht. Mit dem Vormerken von Teilnehmern für eine Veranstaltung stellen Sie eine Art »Bedarf« für die Veranstaltung fest. Die Vormerkungen werden meist zentral von der Weiterbildungsabteilung vorgenommen.

Die Teilnehmer können aber auch dezentral von den verschiedenen Bereichen und Abteilungen aus vorgemerkt werden. Allerdings erfolgt die Buchung der Teilnehmer nur zentral, z. B. durch die Abteilung »Weiterbildung«.

8 Personalplanung und -entwicklung

Teilnahmen buchen

Mit der Buchung wird eine Person oder Personengruppe verbindlich zu einer Veranstaltung angemeldet.

Bei der Buchung eines Teilnehmers können Sie bei Bedarf verschiedene Zusatzprüfungen veranlassen, z.B.:

- ob der Teilnehmer die Teilnahmevoraussetzungen erfüllt
- ob für den Teilnehmer zum Zeitpunkt des Seminars bereits in der Zeitwirtschaft eine Abwesenheitsart »Urlaub« eingetragen wurde

Teilnahmen umbuchen

Bei der Umbuchung wird die angelegte Buchung eines Teilnehmers storniert und eine neue Buchung angelegt.

Hierbei werden die gleichen Zusatzprüfungen wie bei der Buchung durchgeführt.

Teilnahmen ersetzen

Beim Ersetzen eines Teilnehmers können Sie Einzelpersonen durch andere ersetzen, z.B. wenn Teilnehmer ausgetauscht wurden.

Darüber hinaus können Sie mit der Funktion TEILNEHMER ERSETZEN N.N-Buchungen einer externen Firma oder internen Organisationseinheit bearbeiten.

Teilnahmen stornieren

Auch das Stornieren von Teilnehmern gehört zu den täglichen Aufgaben der Administration von Veranstaltungen. Hierbei entscheiden Sie, ob Sie Teilnehmerstornierungen im R/3-System historisieren und berechnen wollen. Dabei kann festgelegt werden, daß bei der Stornierung einer Veranstaltung z.B. 30 % der Teilnehmergebühr als Stornogebühr berechnet werden. Die notwendigen Einträge nehmen Sie im Rahmen des Customizings unter »Steuerungsparameter für Stornierungen einstellen« vor.

Bei der Stornierung eines Teilnehmers werden auch die entsprechenden Einträge (Anwesenheitssätze) in der Zeitwirtschaft storniert.

Teilnehmer-Schriftverkehr ausführen

Sie können auch die Korrespondenz mit den Teilnehmern und Referenten über das R/3-System abwickeln.

Hierzu gehören z.B.:

- Einladungen zu internen Seminaren
- Anmeldungen zu externen Seminaren
- Umbuchungsmitteilungen
- Referentenmitteilungen
- Teilnahmebestätigungen

Personalplanung und -entwicklung

Für die Ausgabe der Mitteilungen stehen im R/3-System verschiedene Medien zur Verfügung, z.B. MS-Word, Mail, Telefax, Telex oder zu Kontrollzwecken die Bildschirmausgabe innerhalb von R/3.

Teilnehmerbeurteilungen zu Veranstaltungen erfassen und auswerten

Nach Abschluß der Veranstaltungen können Sie Teilnehmerbeurteilungen im R/3-System hinterlegen. Die anschließende Auswertung der Beurteilungen ermöglicht Ihnen ein Feedback über den Erfolg einer Veranstaltung.

Im Rahmen des Customizings können Sie über die »Steuerungsparameter für die Beurteilungen« folgende Voreinstellungen vornehmen:

- Beurteilungsarten, z.B. Beurteilung durch den Teilnehmer oder durch den Referenten
- Beurteilungskriterien wie »Vortragsstil«, »Praxisbezug« oder »Verwendbarkeit der Seminarunterlage«
- Beurteilungswerte, z.B. Noten von 1 bis 6

Teilnehmerarten

Je nach Entscheidung, ob Sie ein Veranstaltungsangebot nur internen Personen oder auch externen Personen anbieten wollen, sind verschiedene Teilnehmerarten anzulegen.

In Tabelle 8.14 erhalten Sie einen Überblick über die im R/3-System möglichen Teilnehmerarten und ihre Bedeutung. In der Spalte SAP-Applikation wird aufgelistet, wo und mit welchem Kürzel der Stammsatz der Person bzw. Firma im R/3-System abgelegt wird.

Teilnehmer	Bedeutung/Merkmale	SAP-Applikation
Person	Person, die Mitarbeiter Ihres Unternehmens ist	»P« – Personalstammsatz in der HR-Stammdatenverwaltung
Organisationseinheit	Abteilungen, Bereiche Ihres Unternehmens	»O« – Objekt »Organisationseinheit« im HR-Organisationsmanagement
Kunde	Firma, die Geschäftspartner Ihres Unternehmens ist	»KU« – Debitorenstammsatz im Modul »Vertrieb« (SD)
Ansprechpartner	Mitarbeiter eines Geschäftspartners Ihres Unternehmens	»PT« – Ansprechpartnerstammsatz im Modul »Vertrieb« (SD)
Externe Firma	Unternehmen, die Teilnehmer auf Ihre Veranstaltungen entsenden	»U« – Objekt »Externe Firma« im HR-Veranstaltungsmanagement

Tabelle 8.14 Teilnehmerarten, Bedeutung und Speicherort

Personalplanung und -entwicklung

Teilnehmer	Bedeutung/Merkmale	SAP-Applikation
Externe Person	Mitarbeiter eines anderen Unternehmens, der an Ihren Veranstaltungen teilnimmt	»H« – Objekt »Externe Person« im HR-Veranstaltungsmanagement
Bewerber	Externe Person, die sich um eine Position in Ihrem Unternehmen bewirbt	»AP« – Bewerberstammsatz in der HR-Personalbeschaffung
Benutzer	Person, die das R/3-System verwendet	»US« – Benutzerstammsatz im R/3-System

Tabelle 8.14 Teilnehmerarten, Bedeutung und Speicherort

Wie aus der Tabelle ersichtlich ist, können Sie unterschiedliche Teilnehmerarten aus den verschiedenen SAP-Applikationen für Ihre Seminare und Veranstaltungen buchen, umbuchen und stornieren. Wer die Teilnehmerdaten in den verschiedenen SAP-Applikationen anlegen und pflegen darf, entscheiden Sie durch das Konzept und die Vergabe der Berechtigungen.

Funktionen zur Teilnehmeradministration aufrufen

Auch für die Abwicklung der Teilnehmeradministration stehen im R/3-System verschiedene Funktionen zur Verfügung, z. B. über das Hauptmenü.

Um die Teilnehmeradministration über das Hauptmenü abzuwickeln, gehen Sie wie folgt vor:

Ausgangspunkt SAP R/3-Hauptmenü

1. Rufen Sie die Menüfunktion PERSONAL | VERANSTALTUNGSMANAGEMENT auf.
   → Das Fenster »Veranstaltungsmanagement« wird angezeigt.
2. Rufen Sie die Menüfunktion TEILNAHMEN | BUCHEN oder | VORMERKEN oder | ERSETZEN oder | UMBUCHEN oder | BEURTEILUNGEN oder | SCHRIFTVERKEHR auf.

Dynamisches Teilnehmermenü

Analog zum Veranstaltungsmenü steht im R/3-System für die Funktionen des Tagesgeschäfts ein dynamisches Teilnehmermenü zur Verfügung. Sie können aus dem dynamischen Teilnehmermenü die Teilnehmer vormerken, buchen, umbuchen, ersetzen oder stornieren. Neben Einzelbuchungen können Sie auch in einer Art »Schnellerfassung« eine Liste von Teilnehmern in einem Arbeitsschritt buchen. Ob es bei einer Veranstaltung noch genügend freie Plätze gibt, wird durch ein Ampel-Symbol mit folgender Bedeutung angezeigt:

- ⬤⬤⬤ Es gibt noch freie Plätze.
- ⬤⬤⬤ Die optimale Teilnehmerzahl ist bereits erreicht.
- ⬤⬤⬤ Die maximale Teilnehmerzahl ist erreicht. Es sind nur noch »Muß«-Buchungen oder »Warteliste«-Buchungen möglich.

Personalplanung und -entwicklung

Sie können über das dynamische Menü auch den Schriftverkehr mit den Teilnehmern abwickeln und Beurteilungen für eine Veranstaltung eingeben.

Zwischen den dynamischen Menüs kann jederzeit gewechselt werden, z.B. nach der Planung einer Veranstaltung im dynamischen Veranstaltungsmenü zur Buchung in das dynamische Teilnehmermenü.

Zwischen den dynamischen Menüs wechseln

Um im R/3-System z.B. vom dynamischen Veranstaltungsmenü in das dynamische Teilnehmermenü zu wechseln, gehen Sie wie folgt vor:

Ausgangspunkt »Dynamisches Veranstaltungsmenü«

1. Rufen Sie die Menüfunktion SPRINGEN | TEILNAHMEMENÜ auf.

   → Das Fenster »Dynamisches Teilnahmemenü« wird angezeigt.

   Hinweis Durch den Wechsel in das Teilnahmemenü ändert sich lediglich die Drucktastenleiste von PLANEN, ANLEGEN usw. in BUCHEN, LISTE, VORMERKEN. Die Baumstruktur mit dem Veranstaltungsangebot bleibt unverändert.

2. Wenn Sie über SPRINGEN wieder in das Veranstaltungs- oder in das Auskunftsmenü wechseln, beschränken sich die Änderungen ebenso auf die Drucktastenleiste.

Buchung von Teilnehmern

Die häufigste Form der Teilnahmebearbeitung ist das Buchen eines Teilnehmers oder einer Teilnehmergruppe (Organisationseinheiten oder Firmen) für eine Veranstaltung. Im R/3-System können Sie einer Buchung auch eine Priorität zuweisen. Das heißt, Sie legen fest, wie wichtig die Buchung eines bestimmten Teilnehmers für die Veranstaltung ist.

Folgende Buchungsprioritäten stehen im R/3-System zur Verfügung:

- *Normal-Buchungen*
  Die Teilnehmer bzw. Teilnehmergruppen werden nach Buchungseingang (Buchungsdatum) berücksichtigt.

- *Muß-Buchungen*
  Mit der Muß-Buchung können Sie Teilnehmer an den Anfang der Teilnehmerliste stellen und somit Teilnehmer mit einer Normal-Buchung nach hinten setzen.

- *Warteliste-Buchung*
  Wenn die maximale Teilnehmerkapazität einer Veranstaltung erreicht ist, werden die »überbuchten Personen« automatisch auf die Warteliste der Veranstaltung gesetzt. Sie können jedoch einen Teilnehmer auch direkt mit der Buchungspriorität »Warteliste« buchen.

Personalplanung und -entwicklung

Prüfungen bei der Buchung

Bei der Buchung eines Teilnehmers können vom System folgende Prüfungen vorgenommen werden:

- *Prüfung auf Voraussetzungen*

  Bei der Buchung der Person wird geprüft, ob sie die Voraussetzungen erfüllt, die zum Besuch der geplanten Veranstaltung berechtigen. Dabei kann es sich sowohl um geforderte Qualifikationen als auch um Voraussetzungskurse handeln. Als Beispiel der Besuch der Veranstaltung »Englisch II – Fortgeschrittene«. Sie können hier sowohl die Qualifikation »Englisch – Grundkenntnisse« als auch die Veranstaltung »Englisch I – Anfänger« als Voraussetzung für den Besuch der Veranstaltung »Englisch II« bestimmen.

- *Prüfung auf Abwesenheiten*

  Bei der Buchung der Person wird geprüft, ob für die Person in der Zeitwirtschaft ein Vermerk zu einer An- oder Abwesenheitsart gesetzt wurde, die den Besuch der Veranstaltung unmöglich macht, z.B. Urlaub, Kur, Referententätigkeit oder ein anderes Seminar. Die Definition dieser »Unverträglichkeiten« sowie die Integration mit der Zeitwirtschaft nehmen Sie im Customizing vor.

Teilnehmer buchen

Um im R/3-System eine Person für eine Veranstaltung zu buchen, gehen Sie wie folgt vor:

Ausgangspunkt Fenster »Dynamisches Teilnahmemenü«

1. Markieren Sie zuerst die angelegte Veranstaltung, und klicken Sie auf das Symbol 🎛 neben der Veranstaltung, oder klicken Sie auf die Drucktaste 🎛 (BUCHEN).

   → Das Fenster »Teilnahme buchen: Daten« wird angezeigt.

2. Klicken Sie unter »Teilnehmerdaten« auf »Person«, und geben Sie in das Feld »Teilnehmernamen« die Personalnummer des Mitarbeiters ein, oder suchen Sie den Mitarbeiter über Matchcode.

3. Markieren Sie eine Buchungspriorität, und klicken Sie auf die Drucktaste 🎛 (BUCHEN).

   → Die Meldung »Teilnahme gebucht« wird ausgegeben.

4. Klicken Sie auf das Symbol ⊞.

   → Das Fenster »Teilnehmerliste« wird angezeigt.

5. Klicken Sie auf das Symbol ⊠.

   → Das Fenster »Teilnahme buchen: Daten« wird angezeigt.

6. Klicken Sie auf das Symbol ⬅.

   → Das Fenster »Dynamisches Teilnahmemenü« wird angezeigt.

Personalplanung und -entwicklung

7. Klicken Sie auf das »+«-Symbol vor der Veranstaltung.
   → Die aktuelle Teilnehmerliste wird angezeigt (vgl. Abb. 8.57).

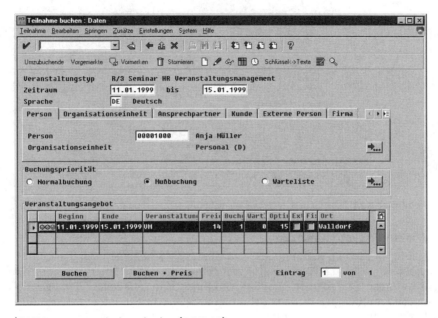

Abbildung 8.56 Teilnehmer buchen (© SAP AG)

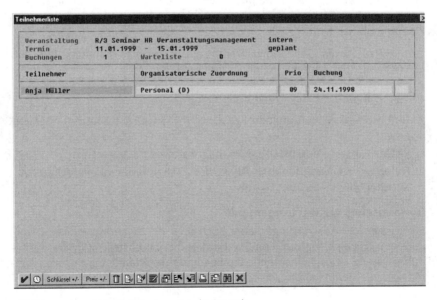

Abbildung 8.57 Aktuelle Teilnehmerliste (© SAP AG)

Personalplanung und -entwicklung

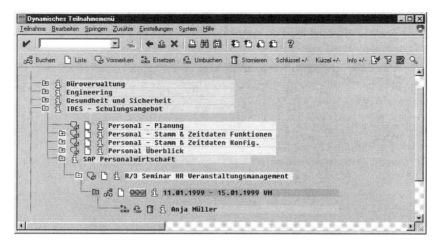

Abbildung 8.58 Dynamisches Teilnehmermenü (© SAP AG)

Auskunftssystem nutzen

Häufig werden im Rahmen des Veranstaltungsmanagements aktuelle Informationen über das Veranstaltungsangebot, den Teilnehmerkreis oder die Ressourcenverfügbarkeit benötigt. Um Ihnen eine sehr zeitaufwendige manuelle Ermittlung zu ersparen, steht im R/3-System ein umfangreiches Auskunftssystem zur Verfügung.

Für die Auswertung von Teilnehmern, Veranstaltungen und Ressourcen können Sie im R/3-System verschiedene Funktionen verwenden, z.B. über das Hauptmenü.

Um im R/3-System Teilnehmer, Veranstaltungen und Ressourcen über das Hauptmenü auszuwerten, gehen Sie wie folgt vor:

Ausgangspunkt SAP R/3-Hauptmenü

1. Rufen Sie die Menüfunktion PERSONAL | VERANSTALTUNGSMANAGEMENT auf.
   → Das Fenster »Veranstaltungsmanagement« wird angezeigt.
2. Rufen Sie die Menüfunktion AUSKUNFT | TEILNAHMEN oder | VERANSTALTUNGEN oder | RESSOURCEN auf.

Dynamisches Auswertungsmenü

Sie können die Auswertungen aber auch über ein dynamisches Menü vornehmen, das eine Vielzahl von Standardreports bereitstellt, z.B. die Ausbildungshistorie eines Teilnehmers, die Belegung der Räume im nächsten Monat oder die Veranstaltungsbroschüre für das nächste Jahr.

Personalplanung und -entwicklung

Den Einstieg nehmen Sie ebenfalls über die Veranstaltungsstruktur vor. Sie markieren das gewünschte Veranstaltungsobjekt, selektieren aus einer Liste die entsprechende Auswertung und erhalten sofort die gewünschte Auswertung. Die Eingabe der erforderlichen Selektionskriterien entfällt.

Zur besseren Übersicht sind die Auswertungen in die Themenbereiche »Teilnehmer«, »Veranstaltungen« und »Ressourcen« untergliedert. Als Beispiele folgen einige Auswertungen zu den entsprechenden Themenbereichen:

Teilnehmer-Auswertungsmenü
- Teilnehmerliste
- Buchungen eines Teilnehmers
- Ausbildungshistorie eines Mitarbeiters
- Qualifikationen eines Teilnehmers
- Teilnahmestatistik

Veranstaltungs-Auswertungsmenü
- Veranstaltungsbroschüre
- Veranstaltungsbeurteilung
- Ressourcenstückliste pro Veranstaltung
- Veranstaltungspreise
- Veranstaltungsbeurteilungen

Ressourcen-Auswertungsmenü
- grafische Ressourcenbelegung
- Ressourcenausstattung
- freie/belegte Ressourcen

8.5 Aus der Praxis

Das Design der Firma Braun ist weltbekannt. Elektro-Kleingeräte »made by Braun« erhielten zahlreiche Design- und Innovationspreise im In- und Ausland. Es gibt wohl kaum einen deutschen Haushalt, in dem man nicht wenigstens ein Gerät von Braun vorfindet, ob Elektrorasierer, Kaffee- oder Küchenmaschine, Haar- oder Mundpflegeprodukt, Wecker oder Armbanduhr. Produziert werden die Elektro-Kleingeräte in drei deutschen Werken sowie in Irland, Frankreich, Spanien, den USA, Mexiko und China. Täglich werden etwa 150.000 Produkte hergestellt, die das Markenzeichen des seit 1967 zur Bostoner Gillette Company gehörenden Unternehmens tragen.

8.5.1 Ausgangssituation

Bei der Braun GmbH war die Ausgangssituation durch viele Insellösungen gekennzeichnet, zu denen neben dem Standardsoftwaresystem für die Abrechnung auch selbstentwickelte Systeme – z.B. zur Unterstützung der Personaladministration – gehörten. Ergänzt wurden diese Systeme durch die vielfach noch manuelle Bearbeitung der personalwirtschaftlichen Aufgaben, z. B. im Bereich der Personalbedarfsplanung und dem Headcount-Reporting.

Die Ausgangssituation der Braun GmbH ist typisch, denn sehr viele Unternehmen setzen im Personalbereich diverse Insellösungen ein. Einzeln betrachtet decken diese Systeme meistens die unternehmensspezifischen Anforderungen ab, jedoch bedeutet dies in der Praxis:

- keine gemeinsame Datenbasis
- redundante Datenhaltung und Datenpflege
- Schnittstellenproblematik
- häufig nicht aktuelle Daten
- Soft- und Hardware-Mix
- keine Querverbindungen zu personalwirtschaftlichen Anwendungen
- keine Querverbindungen zu betriebswirtschaftlichen Anwendungen
- keine anwendungsübergreifenden Workflow-Funktionen
- unterschiedliche Programmoberflächen
- erhöhter Schulungsbedarf
- Abhängigkeit von Spezialisten

Mit dem Ziel, die verschiedenen Insellösungen im gesamten Unternehmen durch eine zukunftsorientierte Software abzulösen, entwickelte die Geschäftsleitung der Braun GmbH gemeinsam mit einem Consulting-Unternehmen einen Fragenkatalog mit 500 Sachfragen, der an ausgewählte Software-Anbieter gesandt wurde. Die anschließende Analyse fiel zugunsten von SAP R/3 aus.

Ausschlaggebend waren:

- höchste Bedarfsabdeckung
- ein verläßliches Unternehmensprofil
- die Internationalität der Software im Bereich Personal

Auswahl und Priorisierung der Anwendungen

Der modulare Aufbau des SAP-Personalwirtschaftssystems ermöglichte eine bedarfsorientierte, stufenweise Einführung und Anwendung.

Vor Projektbeginn mußten die einzelnen Anwendungen zunächst ausgewählt und priorisiert werden. Um dieses Ziel zu erreichen, wurden im Hause Braun verschiedene Workshops abgehalten. So wurden von den Anwendern aus dem Personalbereich (Direktor, Manager, Referenten) und den IT-Mitarbeitern die einzelnen Funktionen anhand der Ist-Situation analysiert. Im Brainstorming wurden die Anforderungen an das zukünftige Personalsystem gesammelt, zu Zielen gebündelt und nach Prioritäten geordnet.

Personalplanung und -entwicklung

Nach Beendigung der Workshops war erkennbar, daß das größte Potential im Bereich der Personalplanung und -entwicklung lag. Das Resultat waren die folgenden Aufgabenbereiche sowie die unten aufgeführte Reihenfolge im Projektablauf:

1. Organisationsstruktur
2. Stellenplanung
3. Personalstamm
4. Zuordnung von Personen zu Planstellen
5. Stellenbeschreibungen
6. Qualifikationen und Anforderungen
7. Laufbahn- und Nachfolgeplanung
8. Aus- und Weiterbildung
9. Kostenplanung

Einbeziehung des Betriebsrats

Wenn bei der Personalplanung EDV-Programme oder -Systeme eingesetzt werden sollen, ist der Betriebsrat des Unternehmens im Rahmen seiner Unterrichtungs- und Beratungsrechte nach § 92 BetrVG (deutsches Betriebsverfassungsgesetz) mit einzubeziehen. Dies gilt unabhängig davon, ob weitergehende Mitbestimmungsrechte gegeben sind, z.B. im Hinblick auf die Erfassung, Speicherung, Verknüpfung und Auswertung von Arbeitnehmerdaten durch die EDV und die damit verbundenen Möglichkeiten einer technisierten Verhaltens- und Leistungskontrolle (§ 87 Abs. 1 Ziff. 6. BetrVG).

Nicht nur, um den Vorschriften des deutschen Betriebsverfassungsgesetzes Rechnung zu tragen, sollte man den Betriebsrat rechtzeitig und umfassend informieren. Auch für die angestrebte Wahrung des *inneren Friedens* ist die Informierung des Betriebsrats im Rahmen des Projektmanagements zu empfehlen.

Diese Auffassung wurde auch von den Projektverantwortlichen der Braun GmbH geteilt. Der Betriebsrat wurde frühzeitig in das Projekt mit einbezogen. Nach einer ersten Information folgte eine Präsentation der Pläne in einer Gesamtbetriebsratssitzung.

Im Rahmen des Projekts wurde die vertrauensvolle Zusammenarbeit zwischen Personalbereich und Betriebsrat durch die sogenannten »Freitagsmeetings« weiter ausgebaut. Damit wurde für die Projektmitglieder und den Betriebsrat ein regelmäßiges Forum etabliert, in dem der Projektstatus dargelegt und die jeweils aktuellen Themen diskutiert werden konnten.

Information der Organisation

Ein wichtiger Faktor, um den geplanten Projektablauf reibungslos zu gestalten, war auch die Information der Mitarbeiter innerhalb der weltweiten Braun-Organisation.

Personalplanung und -entwicklung

Dabei ergab sich folgende Unterscheidung:

- Eine generelle Information aller Unternehmensbereiche, um den Stand der bevorstehenden Einführung des HR-Moduls »Personalplanung und -entwicklung« mitzuteilen
- Eine spezielle Information für Personalmanager – insbesondere im internationalen Bereich –, um diese über die obige Information hinaus über die bevorstehende Einführung des HR-Projekts zu unterrichten. Außerdem wurden sie zu gegebener Zeit um Mithilfe, z.B. bei der Informationsbeschaffung, gebeten.

Projektstruktur und Bildung von Projektteams

Das gesamte Projektteam berichtete an das übergeordnete Steuerungskomitee. Dieses bestand aus:

- dem Auftraggeber, dem Vorstand Finanzen und Informationstechnologie
- dem Vorstand Personal
- dem Director Corporate Information Technologies (IT)
- einem Mitglied des Betriebsrats

Die Gesamt- und Fachprojektleitung lag in den Händen des »Director Corporate Personnel System and Services«, der neben dem Projektmanagement über die Statusreports auch die Ablaufkontrolle zu seinen Aufgaben zählte.

Für die Koordination der IT-Projektmitglieder und -aufgaben wurde aus dem Kreis der IT-Mitarbeiter ein IT-Projektleiter bestimmt.

Um die nachfolgende Projektarbeit effektiv gestalten zu können, wurden gemeinsam die folgenden drei Projektteams gebildet:

- Personalplanung
- Personalentwicklung
- IT-Projektteam

Dabei konnten die Mitarbeiter aus dem Personalbereich nach eigenen Wünschen und Tätigkeitsschwerpunkten bestimmen, ob sie ihre Aufgaben im Team »Personalplanung« oder »Personalentwicklung« wahrnehmen wollten.

Das »IT-Projektteam« befaßte sich sowohl mit der Infrastruktur und den damit verbundenen Schnittstellen als auch mit dem Thema »Berechtigungskonzept« im Test- und Produktivsystem.

8.5.2 Projektablauf

Nachdem am 31. März 1995 das Kick-off-Meeting stattfand, konnte bereits am 1. Oktober 1995 die erste produktive Erfolgsmeldung verzeichnet werden. Dazwischen lagen sechs Monate Projektarbeit, unter anderem die folgenden Teilschritte:

Personalplanung und -entwicklung

Soll-Konzeption

Bei der Einführung der SAP-Software im Teilbereich Personalplanung und -entwicklung bildet das Soll-Konzept jeweils das Fundament. Denn in solchen Projekten bestimmen nicht die Datenmengen, sondern die Soll-Konzeption die Laufzeit. Im Projektablauf muß deshalb zuerst die Frage beantwortet werden, wie die zukünftige Personalplanung und -entwicklung im Unternehmen gestaltet werden soll. Diese Definition der Soll-Konzeption sollte in kleinen Teams, die sich in Diskussionen innerhalb ihres Bereichs abstimmen, durchgeführt werden.

Bei der Braun GmbH wurden bereits im April 1995 die ersten Konzeptions-Workshops durchgeführt. Hier wurden in den Teams »Personalplanung« und »Personalentwicklung« die Fachanforderungen definiert.

Dabei beschäftigte sich das Personalplanungsteam vorrangig mit der Definition der Unternehmensstruktur. Hierbei gab es unterschiedlichen Abstimmungs- und Handlungsbedarf. Zum Beispiel wurden die Organisationseinheiten (Bereich, Abteilung, Gruppe) analog zu den bisherigen Organigrammen definiert. Das heißt, jedes »Kästchen« galt als eine Organisationseinheit. Mehr Klärungsbedarf gab es z.B. im Bereich der Stellenstrukturen. Diese waren an den verschiedenen Standorten unterschiedlich definiert und sollten vereinheitlicht werden, um eine zukünftige Vergleichbarkeit zu gewährleisten.

Die einheitliche Stellenstruktur war nicht zuletzt die Voraussetzung für die Definition der Anforderungsprofile im Personalentwicklungsteam. Deshalb mußten die Kommunikation und die Abstimmung zwischen den Teams sichergestellt werden. Dieser Aspekt wurde bereits bei der Bildung der Projektteams berücksichtigt, indem ausgewählte Personen zur Ausübung von »Doppelfunktionen« bestimmt wurden.

Alle Workshops und Meetings wurden protokolliert, die Aufgaben und Verantwortlichkeiten zeitlich abgegrenzt und ebenfalls im Protokoll vermerkt. Der administrative Aufwand lohnte sich, denn er verhinderte eventuelle spätere Unklarheiten oder »Mißverständnisse« über getroffene Entscheidungen oder nicht eingehaltene Termine.

Phasenplan

Im Teilprojekt »Personalplanung« wurde der Einführung ein Phasenplan mit zwei Stufen zugrundegelegt. Nicht die einzelnen personalwirtschaftlichen Prozesse und Funktionen bestimmten dabei die Phasen, sondern die ausgewählten Unternehmensbereiche.

Die Stufen wurden wie folgt definiert:

- Stufe 1 – Abbildung der Organisationsstruktur für drei ausgewählte Unternehmensbereiche
- Stufe 2 – Abbildung der vollständigen nationalen Organisationsstruktur und international bis zur dritten Ebene.

Personalplanung und -entwicklung

Diese Phasen wurden gewählt, um den Anwendern die Möglichkeit zu geben, die unternehmensspezifischen Organisationsstrukturen zeitnah im R/3-System abzubilden und auszuwerten. Dadurch konnte das Projektteam in den ersten drei Monaten (01.04.1995 bis 30.06.1995) alle Strukturen und Abläufe anhand des Pilotmodells der »Stufe 1« testen und die weitere Projektarbeit entsprechend abstimmen.

Anschließend wurden die übrigen Bereiche der Unternehmensstruktur – entsprechend der Stufe 2 – von den jeweils zuständigen Mitarbeitern der Personalabteilung bis zum 30.09.1995 im R/3-System abgebildet.

Eine Voraussetzung für den Beginn der Echt-Dateneingabe war die Definition und der Aufbau eines umfassenden Sicherheits- und Berechtigungskonzepts. Diese Aufgabe wurde in der Regel von der Braun-internen Basisgruppe wahrgenommen. Aufgrund der Vertraulichkeit der Personaldaten wurde dieses Team vom IT-Projektteam in Abstimmung und Zusammenarbeit mit dem Personalbereich unterstützt.

Schulungen SAP-HR

Den Workshops folgten die Schulungen des Projektteams. Hier bestand der Wunsch, alle Schulungen im Betrieb durch die IT-Mitarbeiter durchzuführen. Zu diesem Zweck besuchten zwei IT-Mitarbeiter die offenen Schulungen im internationalen Schulungszentrum der SAP in Walldorf, um im Anschluß daran ihr gewonnenes Wissen an die Braun-Mitarbeiter weiterzugeben.

Zum Beispiel wurde im Rahmen eines zweitägigen Kurses das Projektteam in den Grundlagen der Personalplanung im R/3-System geschult. Abgerundet wurde die Einführung durch die intensive IT-Unterstützung direkt am eigenen Arbeitsplatz im Personalbereich. So wurden im Rahmen von Kurzterminen sowohl »die ersten Schritte« als auch das »Training on the Job« im neuen SAP-HR-System individuell unterstützt.

Zu einem späteren Zeitpunkt wurden auch die nicht in das Projektteam mit einbezogenen Mitarbeiter – je nach Anforderung und Funktion – inhouse geschult.

Stärken und Schwächen

Jedes Projekt ist durch Stärken und Schwächen gekennzeichnet. So gab es beim Braun-Projekt folgende Stärken:

- Das Projekt hatte den Charakter eines Gesamtprojekts und nicht den eines einzelnen IT-Projekts. Es wurde von den Anwendern mitgetragen und hatte seine Eigendynamik. Der hohe Motivationsgrad der Teammitglieder sowie die Kommunikation und Abstimmung im Team waren ein entscheidender Erfolgsfaktor. Zu jeder Zeit während des Projekts arbeiteten Anwender und IT-Mitarbeiter teamorientiert Hand in Hand.

Personalplanung und -entwicklung

- Die Durchführung der praxisbezogenen Inhouse-Workshops und Inhouse-Schulungen der Anwender trugen zu einer hohen Akzeptanz des Systems bei.
- Von den Anwendern der Personalabteilung wurde auch die umfassende interne Unterstützung durch den IT-Bereich positiv beurteilt. Dieser ermöglichte unter anderem eine schnelle und reibungslose Installation von SAP-HR.
- Die Motivation der Beteiligten, die umfassende Teamarbeit, der IT-Support, all das ermöglichte eine schnelle und reibungslose Implementierung der SAP-HR-Anwendungen auf einer neuen, leistungsfähigen Hardware-Plattform.

Aber auch die folgenden Schwächen wurden bei dem Projekt festgestellt:

- Die Teammitglieder waren in der Regel nicht für das Projekt freigestellt. Die benötigte Arbeitsleistung konnte nur durch die Bereitschaft, über das Tagesgeschäft hinaus tätig zu sein, erbracht werden. Die Mehrarbeit wurde von den Projektmitgliedern akzeptiert, weil sie damit die Chance, ihr eigenes Personalwirtschaftssystem zu gestalten, verwirklichen konnten.
- Im nachhinein wurde der zeitliche Ablauf der Schulungen als nicht optimal bewertet. Die Gründe hierfür lagen in der Überlegung, die Projektmitglieder und Anwender sehr kurzfristig vor dem Arbeiten mit dem System zu schulen, damit die gewonnenen Kenntnisse aktuell umgesetzt werden konnten. Die Praxis hat jedoch gezeigt, daß Schulungen zu einem früheren Zeitpunkt sinnvoller sind, da die Projektmitglieder dadurch mehr für das Business-Process-Reengineering sensibilisiert werden können.

Aufwand

Während der Projektlaufzeit von sechs Monaten wurden von den Braun-Mitarbeitern 100 Arbeitstage in das Projekt »investiert«. Die Unterstützung durch die Beraterfirma betrug insgesamt 25 Tage. Dabei entfielen 23 Berater-Tage auf die Konzeption und Durchführung von internen Workshops sowie auf die Teilnahme an Abstimmungs- und Statusmeetings. Nur 2 Berater-Tage entfielen auf das Customizing und Berechtigungskonzept.

8.5.3 Ergebnisse und Implementierungsstand

Die folgenden Anwendungen konnten wie geplant zum 1. Oktober 1995 von den Mitarbeitern der Braun GmbH produktiv im HR-System genutzt werden:

- Personalplanung
- Organisationsmanagement
- Stellenbildung
- Stellenverwaltung

8 Personalplanung und -entwicklung

- Stellenbesetzung
- Headcount-Reporting

Um diese Ergebnisse zu erzielen, wurden im Rahmen der Projektarbeit umfangreiche Datenbestände in das SAP-HR-System transferiert und in diesem hinterlegt. Das Mengengerüst stellte sich wie folgt dar:

- ca. 1.000 Organisationseinheiten
- ca. 5.600 Personen
- ca. 1.000 Stellen und daraus resultierend
- ca. 5.200 Planstellen

Für die Anwendungen der Personalentwicklung wurde die schrittweise Einführung als Variante gewählt. Das heißt, nachdem im Projekt die Aufgaben und der Qualifikations- und Anforderungskatalog definiert worden waren, wurden die Positionen zu aktuellen Anlässen (z.B. Einstellung, Versetzung, Vakanzierung oder Umstrukturierung) mit den Informationen zu Aufgaben und Tätigkeiten (Stellenbeschreibung) sowie Anforderungen (Anforderungsprofile) aktuell im R/3-System hinterlegt.

So wurde das System stufenlos ergänzt, und die Eingaben konnten im Rahmen des Tagesgeschäfts erledigt werden. Sukzessive sollte auch die Anwendung »Laufbahn- und Nachfolgeplanung« im Hause Braun produktiv genutzt werden.

Für die Unterstützung der Braun-Mitarbeiterförderung wurde das Veranstaltungsmanagement in zwei Stufen eingeführt:

- 1. Stufe zum 01.04.1996 – Die Verwaltung aller externen Aus- und Weiterbildungsveranstaltungen im HR-System
- 2. Stufe zum 01.10.1996 – Ergänzend die Planung und Verwaltung aller internen Aus- und Weiterbildungsveranstaltungen inklusive Ressourcenbelegung

Die stufenweise Einführung wurde aufgrund der internen Planungszeiträume für die Braun-Mitarbeiterförderung (jeweils vom 01.10. bis 30.09. des nächsten Jahres) optimal gewählt.

Bereits im Oktober 1995 startete das Projekt »Personaladministration«, in dem das bestehende Personalabrechnungssystem abgelöst wurde. Außerdem wurden im Rahmen dieses Projekts weitere HR-Anwendungen, wie Bewerberverwaltung und Budgetierung, implementiert. Die Anwendungen der Personaladministration und -abrechnung sind seit dem 1. Januar 1997 produktiv.

8.5.4 Auswirkungen auf die Personalarbeit

Nach der Einführung des HR-Systems bei der Braun GmbH sind die Auswirkungen auf die tägliche Personalarbeit ein weiterer Erfolgsfaktor für das Unternehmen.

Die SAP HR-Software hat alle Vorgänge im der Bereich der Personalplanung und -entwicklung sehr viel transparenter und damit auch effizienter gemacht. Die Anwender waren alle positiv überrascht von der einheitlichen benutzerfreundlichen Oberfläche des Systems. Darüber hinaus ermöglicht das HR-System die vielfältigsten Standardauswertungen und ist dabei einfach zu bedienen. Die gemeinsame Datenbasis bildet die Grundlage für die Vereinfachung der administrativen Abläufe, die höhere Transparenz und die Verbesserung der Serviceleistungen. Die Unterstützung des Managements ist durch die SAP-Software besser und schneller geworden. Außerdem können Umstrukturierungen in alternative Planungen im System eingegeben und ausgewertet werden.

8.6 Aufgaben

1. Bei welchem der nachfolgenden Objekte handelt es sich um Basisobjekte (Planungsobjekte) der Aufbauorganisation im Organisationsmanagement?
   a) Organisationseinheit
   b) Stelle
   c) Planstelle
   d) Qualifikation

2. Welche der folgenden Aussagen sind richtig?
   a) Eine Stelle bedeutet eine Zusammenfassung von Aufgaben, Funktion, Tätigkeits- oder Berufsbezeichnung, wie z.B. »Sekretärin«, und ist je Funktion einmalig im Unternehmen.
   b) Durch die Planstellen erfolgt die quantitative Erfassung und Konkretisierung der Stellen, wie z.B. »zwei Planstellen Sekretärin Personal«.
   c) Eine Organisationseinheit ist eine betriebswirtschaftliche Einheit des Unternehmens, z.B. ein Bereich, eine Abteilung oder ein Team.
   d) Über die Verknüpfung der Qualifikationen mit Planstellen und Personen können im R/3-System sowohl Anforderungs- als auch Qualifikationsprofile definiert werden.

3. Welche Infotypen werden zur Planung des zukünftigen, quantitativen Personalbedarfs genutzt?
   a) Der Infotyp »Vakanz« für die Kennzeichnung von Planstellen, die besetzt werden sollen.
   b) Der Infotyp »Obsolet« für Planstellen, die z.B. durch einen Personalabbau gestrichen werden sollen.
   c) Der Infotyp »Arbeitszeit« zur Hinterlegung der Soll-Arbeitszeiten für Planstellen.
   d) Der Infotyp »Ablauf« zur Definition des zeitlichen Ablaufs.

4. Welche Planungsgrundlagen können Sie im Rahmen der Kostenplanung des R/3-Systems verwenden?
   a) Die Planung auf der Basis von Soll-Bezügen.
   b) Die Planung auf der Basis der wiederkehrenden Be- und Abzüge.
   c) Die Planung auf der Basis der Basisbezüge.
   d) Die Planung mit Abrechnungsergebnissen.

5. Nennen Sie die drei Varianten der Personalkostenplanung:
   a) Ist-Kostenermittlung mit der aktuellen Berechnung der Ist-Personalkosten
   b) Kostenvorschau auf zukünftige Personalkosten, ohne Berücksichtigung der Veränderung der Organisationsstruktur und der Anzahl der Mitarbeiter
   c) Planung von zukünftig zu erwartenden Personalkosten mit Berücksichtigung vakanter Planstellen und organisatorischer Änderungen
   d) Abrechnung der Löhne und Gehälter der Mitarbeiter

Personalplanung und -entwicklung

6. Mit welchen Eigenschaften können Anforderungen im Anforderungsprofil beschrieben werden?
   a) Sie können definieren, wie wichtig eine bestimmte Anforderung für die Aufgabenerfüllung ist; das heißt, ob es sich um eine Muß-Anforderung handelt.
   b) Sie können über einen Gültigkeitszeitraum definieren, ob die Anforderungen zu der vorgegebenen Zeit relevant sind.
   c) Sie können die persönlichen Qualifikationen eines Mitarbeiters definieren.
   d) Sie können mit einer Ausprägung definieren, in welcher Qualität die Kenntnisse benötigt werden.

7. Nennen Sie typische Einsatzgebiete der Komponente »Veranstaltungsmanagement«:
   a) Planung von internen Veranstaltungen
   b) Verwaltung von externen Veranstaltungen
   c) Administration von Seminaren
   d) Abwicklung des Teilnehmer-Schriftverkehrs

8.7 Lösungen

1. Bei welchem der nachfolgenden Objekte handelt es sich um Basisobjekte (Planungsobjekte) der Aufbauorganisation im Organisationsmanagement?
    a) **Richtig** Organisationseinheit
    b) **Richtig** Stelle
    c) **Richtig** Planstelle
    d) **Falsch** Qualifikation

2. Welche der folgenden Aussagen sind richtig?
    a) **Richtig** Eine Stelle bedeutet eine Zusammenfassung von Aufgaben, Funktion, Tätigkeits- oder Berufsbezeichnung, wie z.B. »Sekretärin«, und ist je Funktion einmalig im Unternehmen.
    b) **Richtig** Durch die Planstellen erfolgt die quantitative Erfassung und Konkretisierung der Stellen, wie z.B. »zwei Planstellen Sekretärin Personal«.
    c) **Richtig** Eine Organisationseinheit ist eine betriebswirtschaftliche Einheit des Unternehmens, z.B. ein Bereich, eine Abteilung oder ein Team.
    d) **Richtig** Über die Verknüpfung der Qualifikationen mit Planstellen und Personen können im R/3-System sowohl Anforderungs- als auch Qualifikationsprofile definiert werden.

3. Welche Infotypen werden zur Planung des zukünftigen, quantitativen Personalbedarfs genutzt?
    a) **Richtig** Der Infotyp »Vakanz« für die Kennzeichnung von Planstellen, die besetzt werden sollen.
    b) **Richtig** Der Infotyp »Obsolet« für Planstellen, die z.B. durch einen Personalabbau gestrichen werden sollen.
    c) **Richtig** Der Infotyp »Arbeitszeit« zur Hinterlegung der Soll-Arbeitszeiten für Planstellen.
    d) **Falsch** Der Infotyp »Ablauf« zur Definition des zeitlichen Ablaufs.

4. Welche Planungsgrundlagen können Sie im Rahmen der Kostenplanung des R/3-Systems verwenden?
    a) **Richtig** Die Planung auf der Basis von Soll-Bezügen.
    b) **Falsch** Die Planung auf der Basis der wiederkehrenden Be- und Abzüge.
    c) **Richtig** Die Planung auf der Basis der Basisbezüge.
    d) **Richtig** Die Planung mit Abrechnungsergebnissen.

5. Nennen Sie die drei Varianten der Personalkostenplanung:
    a) **Richtig** Ist-Kostenermittlung mit der aktuellen Berechnung der Ist-Personalkosten
    b) **Richtig** Kostenvorschau auf zukünftige Personalkosten, ohne Berücksichtigung der Veränderung der Organisationsstruktur und der Anzahl der Mitarbeiter

Personalplanung und -entwicklung

    c) **Richtig** Planung von zukünftig zu erwartenden Personalkosten mit Berücksichtigung vakanter Planstellen und organisatorischer Änderungen
    d) **Falsch** Abrechnung der Löhne und Gehälter der Mitarbeiter

6. Mit welchen Eigenschaften können Anforderungen im Anforderungsprofil beschrieben werden?
    a) **Richtig** Sie können definieren, wie wichtig eine bestimmte Anforderung für die Aufgabenerfüllung ist; das heißt, ob es sich um eine Muß-Anforderung handelt.
    b) **Richtig** Sie können über einen Gültigkeitszeitraum definieren, ob die Anforderungen zu der vorgegebenen Zeit relevant sind.
    c) **Falsch** Sie können die persönlichen Qualifikationen eines Mitarbeiters definieren.
    d) **Richtig** Sie können mit einer Ausprägung definieren, in welcher Qualität die Kenntnisse benötigt werden.

7. Nennen Sie typische Einsatzgebiete der Komponente »Veranstaltungsmanagement«:
    a) **Richtig** Planung von internen Veranstaltungen
    b) **Richtig** Verwaltung von externen Veranstaltungen
    c) **Richtig** Administration von Seminaren
    d) **Richtig** Abwicklung des Teilnehmer-Schriftverkehrs

Anhang A

Komponenten der Personalwirtschaft

A.1	PA – Personalmanagement	555
A.2	PE – Veranstaltungsmanagement	556
A.3	PE – Personalzeitwirtschaft	557
A.4	PY – Personalabrechnung	558

Komponenten der Personalwirtschaft

Auf den folgenden Seiten erhalten Sie einen Überblick über die Komponenten von SAP® R/3®-HR, der dem R/3 Business Navigator entnommen wurde. Diese Zusammenstellung dokumentiert die umfassende Funktionalität von SAP R/3.

Die nachfolgenden Tabellen enthalten auch die Abkürzungen, die in der Praxis sehr häufig gebraucht werden.

A.1 PA – Personalmanagement

PA	Personalmanagement (engl.: Personnel Management)
PA-BN	Arbeitgeberleistungen (engl.: Benefits)
PA-BN-AD	Verwaltung (engl.: Administration)
PA-BN-CO	COBRA (engl.: COBRA)
PA-BN-PL	Pläne (engl.: Plans)
PA-CM	Vergütungsmanagement (engl.: Compensation Management)
PA-CM-AD	Verwaltung (engl.: Administration)
PA-CM-CP	Personalkostenplanung (engl.: Personnel Cost Planning)
PA-CM-PL	Pläne (engl.: Compensation Plans)
PA-IS	Personalinformationssysteme (engl.: HR Information Systems)
PA-OS	Aufbauorganisation (engl.: Organizational Structure)
PA-OS-BS	Grundlagen (engl.: Bases)
PA-OS-ST	Besetzung (engl.: Staffing)

A Komponenten der Personalwirtschaft

PA-PA	Personaladministration (engl.: Personnel Administration)
PA-PA-AT	Österreich (engl.: Austria)
PA-PA-CH	Schweiz (engl.: Switzerland)
PA-PA-DE	Deutschland (engl.: Germany)
PA-PA-XX	Allgemeine Teile (engl.: General)
PA-PD	Personalentwicklung (engl.: Personnel Development)
PA-PD-QR	Qualifikationen / Anforderungen (engl.: Qualifications and Requirements)
PA-PD-SP	Laufbahn- und Nachfolgeplanung (engl.: Career and Succession Planning)
PA-RC	Personalbeschaffung (engl.: Recruitment)
PA-RC-AA	Verwaltung der Bewerber (engl.: Applicant Administration)
PA-RC-AS	Auswahl der Bewerber (engl.: Applicant Selection)
PA-RC-WA	Personalbedarf und Personalwerbung (engl.: Workforce Requirements and Advertising)
PA-TV	Reisemanagment (siehe Finanzwesen (engl.: Travel Management (see Financial Accounting))

A.2 PE – Veranstaltungsmanagement

PE	Veranstaltungsmanagement (engl.: Training and Event Management)
PE-CB	Anbindung an die Fakturierung (engl.: Connection to Billing)
PE-CC	Anbindung an die Kostenrechnung (engl.: Connection to Cost Accounting)
PE-CM	Anbindung an die Materialwirtschaft (engl.: Connection to Materials Management)
PE-CP	Schriftverkehr (engl.: Correspondence)
PE-CT	Anbindung an die Zeitwirtschaft (engl.: Connection to Time Management)
PE-RM	Ressourcenverwaltung (engl.: Resource Management)

A.3 PE – Personalzeitwirtschaft

PT	Personalzeitwirtschaft (engl.: Personnel Time Management)
PT-EV	Zeitauswertung (engl.: Time Evaluation)
PT-EV-FO	Zeitnachweisformular (engl.: Time Statement Form)
PT-EV-MP	Arbeitsvorrat (engl.: Time Management Pool)
PT-EV-OC	Zeitabrechnung stundenbasiert (engl.: Time Evaluation Without Clock Times)
PT-EV-PY	Integration in die Lohn- und Gehaltsabrechnung (engl.: Integration in Payroll Accounting)
PT-EV-WC	Zeitabrechnung uhrzeitbasiert (engl.: Time Evaluation with Clock Times)
PT-IN	Integration mit anderen Applikationen (engl.: Integration with Other Applications)
PT-IN-AA	Leistungsverrechnung (engl.: Activity Allocation)
PT-IN-CA	Kostenzuordnung (engl.: Cost Assignment)
PT-IN-CF	Übernahme Rückmeldungen aus Logistik (engl.: Transfer of Confirmations from Logistics)
PT-IN-ES	Externe Dienstleistungen (engl.: External Services)
PT-IN-TS	Arbeitszeitblatt (engl.: Time Sheet)
PT-IN-WC	Arbeitsplatzintegration Logistik (engl.: Work Center Integration with Logistics)
PT-IS	Informationssystem (engl.: Information System)
PT-RC	Zeitdatenerfassung und -verwaltung (engl.: Time Data Recording and Management)
PT-RC-AA	An-/Abwesenheiten (engl.: Attendances/Absences)
PT-RC-IW	Lohnscheine (engl.: Time Tickets)
PT-RC-PC	Betriebsdatenerfassung (engl.: Plant Data Collection)
PT-RC-QT	Kontingente (engl.: Quotas)
PT-RC-TE	Personalzeitereignisse (engl.: Personnel Time Events)
PT-SP	Personaleinsatzplanung (engl.: Shift Planning)
PT-TL	Werkzeuge (engl.: Tools)
PT-WS	Arbeitszeitplan (engl.: Work Schedule)

Komponenten der Personalwirtschaft

A.4 PY – Personalabrechnung

PY	Personalabrechnung (engl.: Payroll Accounting)
PY-AT	Österreich (engl.: Austria)
PY-AT-DD	Abzüge/Festlegung Überweisungsbetrag (engl.: Deductions / Determining the Bank Transfer Amount)
PY-AT-FP	Folgeaktivitäten (engl.: Final Payroll Processing)
PY-AT-FR	Weitere Auswertungen (engl.: Further Reporting)
PY-AT-GR	Brutto (engl.: Gross)
PY-AT-NT	Netto (engl.: Net)
PY-AT-RP	Berichtswesen (engl.: Reporting)
PY-CH	Schweiz (engl.: Switzerland)
PY-CH-DD	Abzüge/Festlegung Überweisungsbetrag (engl.: Deductions / Determining the Bank Transfer Amount)
PY-CH-FP	Folgeaktivitäten (engl.: Final Payroll Processing)
PY-CH-GR	Brutto (engl.: Gross)
PY-CH-NT	Netto (engl.: Net)
PY-CH-PA	Lohnkonto (engl.: Payroll Account)
PY-CH-RP	Berichtswesen (engl.: Reporting)
PY-DE	Deutschland (engl.: Germany)
PY-DE-CI	Bauwirtschaft (engl.: Construction Industry)
PY-DE-DD	Abzüge/Festlegung Überweisungsbertrag (engl.: Deductions / Determining the Bank Transfer Amount)
PY-DE-FP	Folgeaktivitäten (engl.: Final Payroll Processing)
PY-DE-GR	Brutto (engl.: Gross)
PY-DE-NT	Netto (engl.: Net)
PY-DE-PS	Öffentlicher Dienst (engl.: Public Sector)
PY-DE-RP	Berichtswesen (engl.: Reporting)
PY-XX	Allgemeine Teile (engl.: General)
PY-XX-BS	Grundlagen (engl.: Bases)
PY-XX-DT	Überleitung (engl.: Data Transfer)
PY-XX-FO	Formularwesen (engl.: Forms)
PY-XX-TL	Werkzeuge (engl.: Tools)

Anhang B
Symbole in R/3®

Symbole in R/3®

Die Bedienung von R/3 erfolgt nach einer gewissen Zeit weitgehend intuitiv. Ermöglicht wird dies durch eine Vielzahl von Symbolen, mit denen Sie sich jedoch zunächst vertraut machen müssen. Die nachfolgende Auflistung soll Ihnen dabei eine Hilfestellung sein.

Symbol	Bezeichnung
	Abbrechen
	Ablaufsteuerung
	Adresse
	Aktivieren
	Aktivität
	Alarm
	Alle Markierungen löschen
	Alle markieren
	Alles expandieren
	Alles komprimieren

B Symbole in R/3®

Symbol	Bezeichnung
	Anderes Objekt
	Ändern
	Anlegen
	Anzeigen
	Anzeigen ↔ Ändern
	Applikation
	Arbeitsaufgabe
	Attribut
	Auffrischen
	Aufzeichnung beenden
	Ausrichten
	Ausschneiden
	Auszeichnen
	Balkenplangrafik; Plantafel
	Bedingung
	Beenden
	Benutzereinstellungen
	Benutzerentscheidung
	Benutzerfavoriten

Symbole in R/3® B

Symbol	Bezeichnung
	Benutzermenü
	Bericht
	Berichtsaufruf
	Bewegungsdaten, aktiv
	Bewegungsdaten, inaktiv
	Beziehung aufheben
	Beziehung einfügen
	Beziehungen
	Bis Schleife
	Block markieren
	Business-Objekte
	Container Operation
	Datenmodell
	Datum
	Debugger ausführen
	Debugger Einzelschritt
	Debugger weiter
	Debugger zurück
	Detail auswählen; Detail
	Detailsicht
	Drucken

B Symbole in R/3®

Symbol	Bezeichnung
	Eingabemöglichkeiten
	Einsetzen
	Endedatum; Termine
	Entitätstyp
	Ereignis
	Ereigniserzeuger
	Ersetzen
	Erste Seite
	Erweiterte Hilfe
	Expandieren; Vergrößern
	Exportieren
	Externe Ereignisse
	Faxnummer
	Fehlernachricht
	Fehlgeschlagen
	Filtern
	Formel
	Fortschreibungsregeln, aktiv
	Fortschreibungsregeln, inaktiv
	Fragetext
	Frei; Entsperren

Symbole in R/3®

Symbol	Bezeichnung
)≡(	Freie Abgrenzungen
	Freigeben
	Fremdschlüssel
	Ganz nach links; Erste(r)
	Ganz nach rechts; Letzte(r)
●●●	Gelbe Ampel; Neutral
	Generieren
	Gesperrt; Sperren
=	Gleich
	Go
	Grafik
	Grenzpunkt, Zollstation
>	Größer
≥	Größer gleich
●●●	Grüne Ampel; Positiv
STOP	Haltepunkt
	Hervorheben
	Hierarchie
	Hierarchien, aktiv
	Hierarchien, inaktiv
?	Hilfe

B Symbole in R/3®

Symbol	Bezeichnung
	Iconliste; Legende
	Importieren
	Info Area
	Info Cube
	Info Object
	Info Source
	Infoflußdiagramm
	Infokatalog
	Information
	Informationsnachricht
	Instanzattribut
	Instanzmethode
	Interface
	Interface-Impl./Komposition
	Interne Ereignisse
	Intervall ausschließen
	Intervall einschließen
	ISO-Code
	Kalkulation
	Kennzahl, aktiv

Symbole in R/3® B

Symbol	Bezeichnung
	Kennzahl, inaktiv
	Klasse
	Klassenattribut
	Klassenmethode
	Kleiner
	Kleiner gleich
	Kommunikationsdiagramm
	Komprimieren; Verkleinern
	Konstante
	Kopf; Grunddaten
	Kopieren
	Kurznachricht
	Letzte Seite
	Liste
	Lokaler Markiermodus
	Löschen
	Markiermodus; Markieren
	Mehrfachbedingungen
	Merkmal, aktiv
	Merkmal, inaktiv

B Symbole in R/3®

Symbol	Bezeichnung
	Methode
	Mitarbeiter
	Modifizieren; Erweitern
	Modus erzeugen
	Modus löschen
	Monitor
	Muster ausschließen
	Muster einschließen
	Nachricht senden; Mail
	Nächste Hierarchiestufe
	Nächste Seite
	Nächster Knoten
	Nächster Wert; Voriger Eintrag
	Nächstes Bild
	Negativ
	Netzplangrafik
	Neutral
	Nicht selektieren: Gleich
	Nicht selektieren: Größer
	Nicht selektieren: Größer gleich
	Nicht selektieren: Intervall ausschließen

Symbole in R/3®

Symbol	Bezeichnung
	Nicht selektieren: Intervall einschließen
	Nicht selektieren: Kleiner
	Nicht selektieren: Kleiner gleich
	Nicht selektieren: Muster ausschließen
	Nicht selektieren: Muster einschließen
	Nicht selektieren: Ungleich
	Notiz anlegen
	Notiz anzeigen
	Notiz; Notiz ändern; Anmerkung
	Objekt ausführen
	Objekt kopieren
	Objekte vergrößern
	Objekte verkleinern
	Okay; Weiter; Wert auswählen
	Paralleler Abschnitt
	Parameter
	Parameter ändern
	Parameter Ergebnis
	Parameter Export
	Parameter Import
	Periodenbild; Zeitaufriß

B Symbole in R/3®

Symbol	Bezeichnung
	Persönliche Hilfe
	Platzhaltericon
	Positionieren; Anderer Eintrag
	Positiv
	Pro Share
	Prozeß
	Prozeß vorhanden
	Prozeßauswahlmatrix
	Prüfen
	Quellsystem Datei
	Quellsystem R/3
	Quellsystem, allgemein
	Quellsystem, fremd
	Reportview (=Workbook)
	Rote Ampel; Negativ
	Rückgängig
	SAP®-Menü
	Scheduler
	Schließen
	Schnittstelle

Symbole in R/3®   B

Symbol	Bezeichnung
◀◀	Seite links
▶▶	Seite rechts
🗐	Seitenansicht
=	Selektieren: Gleich
>	Selektieren: Größer
≥	Selektieren: Größer gleich
⫮	Selektieren: Intervall ausschließen
⫯	Selektieren: Intervall einschließen
<	Selektieren: Kleiner
≤	Selektieren: Kleiner gleich
⋈	Selektieren: Muster ausschließen
⋈	Selektieren: Muster einschließen
≠	Selektieren: Ungleich
◆	Selektion; Auswahl
▦	Session Manager
💾	Sichern
⬆	Sortieren aufsteigend
⬇	Sortieren absteigend
◀	Spalte links; Vorige(r)

Symbole in R/3®

Symbol	Bezeichnung
	Spalte rechts; Nächste(r)
	Spalten fixieren
	Spaltenfixierung aufheben
	Sprachausgabe
	Spracheingabe
	Stammdaten, aktiv
	Stammdaten, inaktiv
	Standardvorgang
	Stapel
	Status setzen
	Stop
	Suchen
	Summieren
	Systemorganigramm
	Szenario
	Telefonnummer
	Testen
	Text anlegen
	Text anzeigen
	Text; Text ändern; Langtext

Symbole in R/3®

Symbol	Bezeichnung
	Texte, aktiv
	Texte, inaktiv
	Transport, Bahn
	Transport, Flugzeug
	Transport, LKW
	Transport, Post
	Transport, Schiff
	Transportieren
	Übersicht; Überblick; Listbild
	Überspringen
	Uhrzeit
	Umbenennen
	Umfeldermittlung
	Umrechnen
	Unbestimmter Schritt
	Ungleich
	Unternehmensmenü
	Variable
	Varianten
	Vererbung/Spezialisierung
	Vergleichen

B Symbole in R/3®

Symbol	Bezeichnung
	Verrichtungen
	Verschieben
	Verwendungsnachweis
	Video
	Viewer optisches Archiv
	Vorgang
	Vorige Hierarchiestufe
	Vorige Seite
	Voriger Knoten
	Voriger Wert; Nächster Eintrag
	Voriges Bild
	Vorlagestruktur
	Während Schleife
	Warenumschlag
	Warnung
	Warten auf Ereignisse
	Weiter suchen
	Weitere anlegen
	Weitere anzeigen/ändern
	Werkzeuge

Symbole in R/3®

Symbol	Bezeichnung
	Wertschöpfungskette
	Wiederholen
	Zeile einfügen
	Zeile löschen
	Zeitzone
	Zurück
	Zurückholen
	Zwischensumme

Anhang C
Infotypen

Infotypen C

Infotypen

Nachfolgend finden Sie eine Übersicht über die Infotypen, die standardmäßig im IDES-System. ausgeliefert werden, mit ihren jeweiligen Originalbezeichnungen.

0	Maßnahmen
1	Organisatorische Zuordnung
2	Daten zur Person
3	Abrechnungsstatus
4	Behinderung
5	Urlaubsanspruch
6	Anschriften
7	Sollarbeitszeit
8	Basisbezüge
9	Bankverbindung
10	Vermögensbildung
11	ext. Überweisungen
12	Steuerdaten D
13	Sozialvers. D
14	Wiederk. Be/Abzüge
15	Ergänzende Zahlung
16	Vertragsbestandteile
17	Reiseprivilegien
19	Terminverfolgung

C Infotypen

20	DUEVO
21	Familie/Bezugsperson
22	Ausbildung
23	Andere/frühere Arbeitgeber
24	Qualifikationen
25	Beurteilungen
26	Direktversicherung
27	Kostenverteilung
28	Werksärztl. Dienst
29	Berufsgenossenschaft
30	Vollmachten
31	Referenzpersonalnr.
32	Betriebsint. Daten
33	Statistik
34	betriebl. Funktion
35	Belehrungen
36	Sozialvers. CH
37	Versicherungen
38	Steuerdaten CH
39	Zusatz Org.Zuord.CH
40	Leihgaben
41	Datumsangaben
42	Steuerdaten A
43	Familienbeihilfe A
44	Sozialversicherung A
45	Darlehen
46	Berufliche Vorsorge
48	Aufenthaltsstatus
49	Kurzarbeit/Winterausfall
50	Zeiterfassungsinformation
51	VBL/ZVE-Daten
52	Verdienstsicherung
53	Betriebsrenten
54	Betriebsräte
55	Vorarbeitgeber A
56	Krankenscheine A

Infotypen

57	Mitgliedschaften
58	Pendlerpauschale A
59	Sozialvers. NL
60	Steuerdaten NL
61	Sozialvers. E
62	Steuerdaten E
63	Sozialfonds NL
64	Sozialvers. F
65	Steuerdaten GB
69	Sozialvers. GB
70	Pfändung GB
71	Pensionskassen GB
72	Steuerdaten DK
73	Pensionsordnungen DK
74	Urlaubshandhabung DK
75	ATP-Pension DK
76	Arbeitsunfaelle NA
77	Zus.Daten zur Person
78	Darlehenszahlungen
79	SV-Zusatzvers. D
80	Mutterschutz/Erziehungsurlaub
81	Wehr/Zivildienst
82	Erg.Abwes.daten
83	Abgeltungen
84	SSP Control GB
85	SSP SSP(1)L Form Data GB
86	SSP/SMP Exclusions GB
88	SMP Record GB
90	Zusatzeinkommen E
92	Dienstalter E
93	Vorarbeitgeber D
94	Aufenthaltsstatus NA
95	Steuerdaten KAN
98	Gewinnbeteiligung FR
100	Sozialvers. B
101	Steuerdaten B

C Infotypen

102	Grievances NA	
103	Schuldverschrei.Kauf	
104	Schuldverschreib.Art	
105	Kommunikation	
106	Familie/Bezugspers B	
107	Arbeitszeit B	
108	Daten zur Person B	
109	Vertragsbest.teile B	
110	Pensionen NL	
111	Pf.D Pfändung/Abtret	
112	Pf.D Forderung	
113	Pf.D Zinsangaben	
114	Pf.D Pfänd. Betrag	
115	Pf.D Lohnanteile	
116	Pf.D Überweisung	
117	Pf. Ausgleich D	
118	Kindergeldberechtigung OeD D	
119	Festsetzung Kindergeld OeD D	
120	Beweg berufl Vors CH	
121	RefPernr Priorität	
122	KG-Zuschlag	
125	Pfändung Belgien	
126	Zusatzversorgung D	
127	Pendlerverkehr (NL)	
128	Mitteilungen	
130	Prüfverfahren	
131	Pf.A Pfändung/Abtret	
132	Pf.A Forderung	
133	Pf.A Zinsangaben	
134	Pf.A Pfändb. Betrag	
135	Pf.A Sonderbedingung	
136	Pf.A Überweisung	
137	Pf. Ausgleich A	
138	Familie/Bezugsp. B	
139	Bewerbernr des MA	
140	SI Basic Data JP	

Infotypen

141	SI Premium Data	JP
142	Residence tax	JP
143	Life ins. deduc.	JP
144	Propertyaccum.sav.JP	
145	Personnel Tax Sta.	JP
146	Y.E.A. data	JP
147	Pers. Appraisals	JP
148	Family	JP
149	Taxes (SA)	
150	Social Insurance(SA)	
151	External Insur.(SA)	
161	IRS Limits USA	
162	Ins. Y.E.T.A.data JP	
167	Gesundheitspläne	
168	Versicherungspläne	
169	Vermögensbildung	
170	Sparkonten	
171	AG Leistungsdaten	
172	Sparkontenauszahlungen	
177	WBEAA (NL)	
179	Tax Singapore	
181	Addtional funds SG	
182	Alternat. Names Asia	
183	Awards	
184	Resume Texte	
185	ID Data	
186	CPF	
188	Steuer Australien	
189	Bauwirtschaft Sozialkassenverfahren	
190	Bauwirtschaft Vorarbeitgeber	
191	Bauwirtschaft Aufwendungen	
192	Bauwirtschaft Zuordnung	
194	Garnishment Document	
195	Garnishment Order	
196	Mitarbeiterunterstützungskasse	

C Infotypen

197	Arbeitnehmersozialversicherung
198	planmäßig abgezogene Steuer
199	zusätzlicher Steuerabzug
200	Pfändungen Dänemark
201	Rentenbasisbezüge
204	DA-DS Statistik Dänemark
207	Residence Tax Area
208	Work Tax Area
209	Unemployment State
210	Withholding information W4/W5 USA
211	COBRA
212	COBRA Gesundheitspläne
213	zusätzliche Familieninformation
215	Bauwirtschaft Bewegungsdaten
216	Garnish. Adjustment
217	Code INSEE F
218	Rentenkassennr. F
219	Ext. Organisationen
220	Pensionierung Aust.
221	Manual Check
222	Firmenwagen GB
224	kanadische Besteuerung
225	Firmen Pkw Unverf.GB
227	TFN Australien
230	Zusatz zu P0008 PSG
231	Zusatz zu P0001 PSG
232	Kindergeld D
233	Bilan Social
234	Add. Withholding information USA
235	Other taxes USA
236	Kreditpläne
237	Zusatz zu P0052 PSG
264	Familie NL
265	Sonderregelungen
266	Zusatz zu P0027 PSG
267	One time payments off-cycle

Infotypen

268	Firmendarlehen JP
269	ADP File Number
270	COBRA Zahlungen
272	Pfändung F
280	Contractual Elements
281	Beneficial Loans
283	Archivierte Objekte
288	Familie Schweiz
302	Ergänzende Maßnahmen
303	Prämiennachlaß NL
304	Zusatz. Basisbezug
309	IRD Nbr Neuseeland
310	Pensionierung NZ
313	Steuer Neuseeland
315	Vorschlagswerte Arbeitszeitblatt
317	Spez. Regelungen NL
341	DÜVO-Start
367	SV-Meldungszusätze A
369	Datos IMSS
370	Crédito INFONAVIT
371	Other Employment Wages
375	HCE Informationen
376	mediz. AG Leistungsdaten
377	Sonstige Pläne
378	Ereignis Erlaubnisse
380	Vergütungsprotokoll
381	Vergütung Mitarbeiterzulässigkeit
382	Vergütungsaktienplan
402	Abrechnungsinfotyp
405	Abwesenheitsereignis
467	SV-Meldungszusätze Werkverträge A
900	Vertriebsdaten
901	Einkaufsdaten
1000	Objekt
1001	Verknüpfungen
1002	verbale Beschreibung

C Infotypen

1003	Abteilung/Stab
1004	Charakter
1005	Sollbezahlung
1006	Einschränkungen
1007	Vakanz
1008	Kontierungsmerkmale
1009	Gesundheitsvorsorge
1010	Kompetenzen/Hilfsmittel
1011	Arbeitszeit
1013	Mitarbeitergruppe/-kreis
1014	Obsolet
1015	Kostenplanung
1016	Standard-Profile
1017	PD-Profile
1020	Bedarf
1021	Preise
1022	Ablauf
1023	Dispositionsmerkmale
1024	Kapazität
1025	Halbwertszeit
1026	Info Veranstaltung
1027	Ortsabhängige Zusatzinfo
1028	Adresse
1029	Info Veranstaltungstyp
1030	Verfahren
1031	Info Raumbelegung
1032	Mail-Adresse
1033	Skala
1034	Namensaufbereitung
1035	Operativer Ablauf
1036	Kosten
1037	Info Faktura/Verrechnung
1038	Externer Schlüssel
1039	Einsatzgruppe
1041	Veranstaltungsblöcke
1042	Dispositiver Ablauf

Infotypen

1043	Info Beurteilungsmuster
1044	Beurteilungsskala
1045	Bewertung
1046	Bedarfsattribute
1050	Ergebnis Arbeitsbewertung
1051	Umfrageergebnisse
1060	Veranstaltungsbedarf
1201	WF Objektmethode
1205	WF Workflowdefinition
1206	WF Workitem-Text
1207	Kundenaufgabe, ersetzt TS
1208	SAP Organisationsobjekte
1209	Kostendaten
1210	WF Containerdefinition
1211	WF Containertexte
1212	WF Ereignisdatenfluß
1213	WF Rollendatenfluß
1214	WF Sonstige Datenflüsse
1216	Zugeord. Funktionsbereich
1217	Klassifikation/Sperrkennz
1218	WF Def. Zuständigkeiten
1220	Tätigkeitsprofile
1221	Exkludierte Tätigkeiten
1240	Existenziel. Abhängigkeit
1250	Profilgen: Berechtigungen
1251	Profilgen: Ausprägungen
1252	Profilgen: Orgebenen
1253	Profilgen: Varianten
1254	Benutzervariablen/AktGrp
1500	PMG Budgetverwaltung
1520	PMG Budgetansatz
1600	Veranstalter-Id (F)
1601	Gesetzliche Vorgaben (F)
2001	Abwesenheiten
2002	Anwesenheiten
2003	Vertretungen

C Infotypen

2004	Bereitschaft
2005	Mehrarbeiten
2006	Abwesenheitskontingente
2007	Anwesenheitskontingente
2010	Entgeltbelege
2011	Zeitereignisse
2012	Zeitumbuchungsvorgaben
2013	Kontingentkorrekturen
2050	Jahreskalender
2051	Monatskalender
2052	Wochenerfassung
3000	PPS Grunddaten
3001	PPS Hierarchieeinordnung
3003	Materialwirtschaft
3003	PPS Vorschlagswerte
3005	PPS Terminierungsdaten
3006	PPS Kapazitätszuordnung
3007	PPS Technologiedaten
4000	Bewerbermaßnahmen
4001	Bewerbungen
4002	Vakanzzuordnung
4003	Bewerbervorgänge
4004	Status Bewerbervorgang
4005	PersNr des Bewerbers
5100	Veranstalter-Id (F)
5101	Gesetzliche Anforderungen

Stichwortverzeichnis

/n 55

ABAP/4-Query 288
ABAP-Query 209
Abgeld 364
Ablaufmuster 511
Abmeldung 31
Abrechnungsergebnisse 468, 470
Abrechnungskalender 430
Abrechnungsregeln 148
Abrechnungsstatus 427
Abrechnungszeitraum 427
Abteilung 155
Abwesenheiten 337
Abwesenheitskontingente 361
Abwesenheitsschlüssel 337
Abwesenheitsübersicht 375
Abzüge 423
Adelsprädikat 255
Ad-hoc-Query 206, 288
Ändern von Personalstammdaten 265
Änderung der Bezüge 234
Änderungsanwendung 50
ÄNDERUNGSBELEGE 63
Aktionsmenü 35
Alternativmodi 47
Altersurlaub 327
Anforderungen 121, 158, 482
Anforderungskatalog 483
Anforderungsprofil 493
Anforderungsprofil auswerten 496
Anlegen von Personalstammdaten 263
Anrede 254

Anschaffungsdarlehen 421
Anschrift 182
Anschriften 233, 256, 407
Anwendung 50, 58
  im Einstiegsbild beenden 54
  in der Baumstruktur anzeigen 57
  mit dynamischem Menü starten 58
  suchen 59
Anwesenheiten 337
Anwesenheitskontingente 361
Anwesenheitskontrolle 387
Anwesenheitskürzel 341
Anzeigeanwendung 51
Anzeigefeld 43
ANZEIGEN->ÄNDERN 65
Arbeitsbereich 35
Arbeitsgebiete 51
Arbeitsgebietsebene 39
Arbeitspausenplan 314
Arbeitsplatz 458
Arbeitsunfähigkeit 347
Arbeitsvorrat 379
Arbeitszeit 464
Arbeitszeitplan 308, 312, 374
AS/400 28
Aufbauorganisation 113, 458
Aufbereitung 255
Aufgabe 458
Aufgaben 158
Aufgeld 364
Aufruf einer Anwendung 52
Ausbildung 182
Ausbildungshistorie 539
Ausgabeformat 88
Ausgabegerät 87

Ausgang Einladung Interview 199
Auskunftssystem 538
Ausschreibung 178, 183
Austritt 234
Auswahlprozeß 194
Auswertungen 279
Auszahlungsbetrag 403

Bankverbindung 182, 414
BAPI 391, 394
Basisbezüge 233, 327, 408, 468, 470
Baudarlehen 421
Baumstruktur 85
BDE 377
BDE: Fehlerbehandlung 381
BDE-Gruppe 336
BEARBEITEN 65
Bearbeitung von Formulardaten 65
Bedienoberfläche 23, 28
Begriffslexikon 89
Behindertenurlaub 327
Behinderung 326
Beitragsabführung 411
Beitragsnachweis 447
Benutzer 29
Benutzername 29
Benutzerparameter 67
  anwenden 69
  festlegen 68
Bereitschaft 355
Berichtauswahl 205
Berichtsauswahl 85, 86
Berichtsbaum 280
Beschaffungsinstrumente 179
Besetzungsplan 466
Besetzungsprozentsatz 177, 253

Stichwortverzeichnis

Besetzungsstatus 177
Betriebsdatenerfassung 377
Betriebssystem 27
Beurteilungskriterien 144, 150, 533
Bewerber einstellen 197
Bewerbergruppe 184
Bewerberinfotypen pflegen 192
Bewerberklasse 184
Bewerberkorrespondenz 201
Bewerberkreis 184
Bewerbermaßnahme 183
Bewerberstammsatz 181
Bewerberstammsatz anlegen 186
Bewerberstatus 195
Bewerbungsvorgänge 198
Bewertung 105, 306
Bildlaufzeile 36
BILDSCHIRMEINSTELLUNGEN 69
Bildschirmfarben 69
Bildschirmformular 52
Blätterleiste 36
Branchenneutralität 23
Bruttobezüge 402
Buchungskreis 103, 139
Business Aplication Programming Interfaces 391
Business Workflow 116

CD-ROM 89
CO 480
Controlling 164, 480
Cursor 41

Darlehen 419
Darlehenszahlungen 421
Daten zur Person 182, 254, 406
Datenbank 28
Datenträgeraustausch 445
Dauervorschuß 421
DB2/400 28
Deckblatt 88
Dialogfenster 36
Dienstgangsberechtigung 336
Dienstplanung 111
Dispositionsmerkmal 518
Doppelbesetzung 461
Drucktastenleiste 35
DUEVO 412
dynamische Infotypmenüs 259
dynamische Pause 314
dynamischer Schichtplan 334

Dynamisches Auswertungsmenü 538
dynamisches Menü 57
Dynamisches Teilnehmermenü 534
Dynamisches Veranstaltungsmenü 526, 527
Dynpro 52

Eingabeanwendung 50
Eingangsbestätigung 196
Einladung zum Interview 200, 203
Einmalzahlungen 425
Einsatzplanung 105, 353
Einstellung 234, 248
Einstiegsbild 52
Einstiegsmenü 51
Elektronische Bewerbung 214
Employee Self Service 391
Entfernungskilometer 257, 407
Entgeltbelege 361, 425
Entgeltnachweise 442
Erkrankungen 347
Ersatzanforderung 488
Ersatzqualifikation 488
Erstanmeldung 30
ESS 391
Essensgeldzuschuß 424
Excel 479
Externer Bewerber 184

Fahrgeldzuschuß 423
Faktura 524
Familienstand 256
Farbpalette 69
Feedback Interview 197
Fehlerbehandlung 381
Feiertage 310
Feiertagskalender 143, 308
Feiertagsklasse 320
FELDÄNDERUNGEN 63
Feldarten 43
Feldhilfe 44
Fenster 35
Fensterbestandteile 35
Fensterrahmen 35
Fensterrand 35
Festwerte definieren 67
Festwerte zurücknehmen 67
fixe Pause 314
fixes Tagesprogramm 315
Flexible Mitarbeiterdaten 283
Folgevorgänge 199
Formularanwendung 50, 60
durchführen 61
Formulardaten sichern 64

Fremddienstleistung 369
F-Tasten 42
Funktionalität 23
Funktionstasten 42

Geburtsdatum 256
Geburtsort 256
Gehaltsbudgets 119
Genehmigungsprozentsatz 177
generische Suche 79
Geschäftsbereich 136
Glossar 89, 91
Grunddaten Arbeitsverhältnis 258
Grunddaten Person 258
Gültigkeitszeitraum 226

Halbwertzeit 489, 523
HALTEN DATEN 66, 68
Hardware 27
Hardwareplattformen 27
Hauptabteilung 155
Hauptmenü 51
Hausnummer 257
Historienfähigkeit 104, 226
Historienliste 55
Human Ressources 101

IDES 136
Industriestunden 313
Industry Solutions 23
Informationssubtypen 233
Informationssystem 204
Informix 28
Infosystem 373
aufrufen 85
Menü 85
Infotypen 104, 224
Infotypen zur Personalabrechnung 405
Infotypmenüs 258
Integration 24, 125
Internationalität 22
Interner Bewerber 184
Internet 391
Intranet 391
Ist-Kosten-Ermittlung 472
Ist-Kostenermittlung 548, 550

Jahresfehlzeitenkarte 339
Jahreskalender 339
Joker 79, 81

Kalender 310
Kannfeld 43
Kennwort 29

Stichwortverzeichnis

Kennwort ändern 34
Kinder 256
Kindergeld 416
Kindergeldberechtigung 416
Kirchensteuergebiet 410
KK1 377
Kollisionsprüfung 370
Kommunikationskanal 377
Komponenten 26
Konfession 256
Kontingentabtragung 344
Kontonummer 414
Kopieren von Personalstammdaten 266
Kostenplanung 118, 467
Kostenrechnungskreis 136
Kostenstellen 164
Kostenstellenrechnung 480
Kostenstellenzuordnung 518, 521
Kostenverteilung 366, 414
Kostenvorschau 472, 548, 550
Kraftfahrzeug-Darlehen 421
Krankengeldzuschuß 348
Krankenkasse 411
Krankheit mit Attest 348
Krankheitstag 386
Kurzarbeit 322, 353

Länderschlüssel 257
Leistungslohn 369
Leistungsmerkmale 22
Listanwendung 51
Liste 82
LÖSCHEN DATEN 67
Löschen von Personalstammdaten 268
Logistik 20, 366, 369
Lohnarten 427
Lohnartenstruktur 429
Lohnfortzahlung 327, 348
Lohnkonto 448
Lohnsteuerbescheinigung 411

management development 481
Mandant 28, 103, 138
Maßnahme 234
Maßnahmen 250
Matchcode 70, 72, 75
 über Maske suchen 76
Matchcode-Aufbau 80
Mauszeiger 41
Medien 179
Mehrarbeiten 356
Mehrarbeitsgenehmigung 336

Mehrfachbewerber 188
Mehrfacherkrankungen 348
Menü 38
Menü schließen 39
Menüleiste 36
Menüleiste durchsuchen 38
Menüstruktur 39
Mietabzug 423
Mietzuschuß 423
Mitarbeitergruppe 103, 145, 253
Mitarbeiterkreis 103, 146, 253
Modi wechseln 49
Modifikatoren 321
Modul 25
Modus 47
monatliche Zulage 424
Monatsarbeitszeitplan 322
Monatskalender 341
Monatslohn 408
MOTIF 28
Muß-Buchungen 535
Mußfeld 43
Mutterschutz 350

Namensaufbereitung 256
Namenszusätze 255
Nationalität 256
Navigationssymbole 62
Negativerfassung 105, 306
Nettobezüge 402
Nettoentgelt 403
Normalarbeitszeit 316
Normal-Buchungen 535
Normalmodus 47

Objekttyp 483
Obsolet 460, 464, 548, 550
OK-Zeile 35
Oracle 28
Organisationseinheit 253, 458
Organisationseinheit anlegen 156
Organisationseinheiten 102, 155
Organisationsmanagement 110, 113, 457
Organisationsschlüssel 150, 253
Organisationsstruktur 134, 151, 457
Organisatorische Zuordnung 253, 326, 408
Organisatorischer Wechsel 234, 248
Ort 257

Papiergröße 88
Paßwort 29
Pausen 314
Pausenmodelle 314
PCL1 430
Pensionierung 234
Periodenarbeitszeitpläne 317
Periodenarbeitszeitplan 312
Personalabbauplanung 456
Personalabrechnung 108, 401
Personaladministration 104, 223
Personalakte 269
Personalbedarfsplanung 176, 456, 460
Personalbereich 140, 184, 253
Personalbeschaffung 175
Personalbeschaffungsplanung 456
Personaleinsatzplanung 105, 111, 456
Personalentwicklung 109, 110, 120, 481
Personalentwicklungsplanung 456
Personalkapazitätsplanung 106, 111
Personalkostenplanung 118, 456, 467
Personalmaßnahmen 234
Personalplanung 109, 453, 455
Personalstammdatenpflege 263
Personalstammdatenverwaltung 221
Personalstruktur 133, 145
Personalteilbereich 142
Personalwerbung 175
Personalwirtschaft 20, 99
Personalzeiterfassung 377
Personen verknüpfen 162
Planstelle 160, 252, 253, 458
Planstelle anlegen 161
Planstellenbesetzungsplan 466
Planungsversion 475
Positiverfassung 105, 306
Postleitzahl 257
Prämie 363
Prämien 144, 425
Präsentationsgrafik 478
Präsentationssoftware 28
Primärkosten 367
Primärlohnarten 144, 149
Profilvergleich 501

Stichwortverzeichnis

Profilvergleich durchführen 501
PZE 377

Qualifikation 182
Qualifikationen 121, 482
Qualifikationsgebiete 484
Qualifikationskatalog 483
Qualifikationsmerkmal 498
Qualifikationsprofil 497
Qualifikationsprofil auswerten 500
Query 288

R/2 21
R/3 21
Raumbelegungsplanung 110, 123, 125
realtime 21
Rechnungswesen 20, 366
Referentenkonzept 326
Referentenmitteilungen 532
Referenzpersonalnummer 251
Referenzwert 477
Release-Infos 91
Report 82
   in der Berichtsauswahl starten 87
Report ausführen 83
Reportaufruf
   im Arbeitsgebiet 83
Reservierungsprozentsatz 177
Ressource 510, 519
Ressource anlegen 521
Ressourcenausstattung 539
Ressourcenbelegung 539
Ressourcentyp 510, 517
Ressourcentyp anlegen 519
RPCALCxx 433
RPTIME00 423

Sachbearbeiter 254
Saldenübersicht 389
SAP AG 20
SAP-Ebene 39, 51
Schichtführerpauschale 408
Schichtplan 312, 322
Schichtplan generieren 323
Schnellerfassung 248
Schnellerfassung von Infotypen 270
Seitenumbruch 88
Sekundärdaten 357
Sekundärkosten 368
Selektionskriterien 82
Selektionsoptionen 80
SETZEN DATEN 66, 68

Skalierbarkeit 27
Soll-Arbeitszeit 460, 548, 550
Sollarbeitszeit 307, 316, 332, 414
Sollbezüge 468, 469
Sonderform 255
Sondertilgungen 422
Sozialversicherung 143, 411
Sozialversicherung Zusatz 412
Sozialversicherungsschlüssel 411
Spontanbewerber 185
Spontanbewerbergruppe 183
Sprache 29, 256
Sprachgepflogenheiten 26
SPRINGEN 63
SQL Server 28
Staatsbürgerschaft 256
Stammdaten der Zeitwirtschaft 326
statische Infotypmenüs 258
Status Bewerbervorgang 183
Statusanzeige 56
Statusleiste 35, 47
Statusmerkmale 113
Stelle 158, 458
Stelle anlegen 159
Stellenbewertung 120
Stellenplanmethode 460
Steuerdaten D 410
Stornogebühr 532
Straße 257
Stundenlohn 408
Subsystem-Gruppe 336
Subtypen 233
Suchmaske 77
Suchverfahren 77
SV-Beitragsnachweis 448
SVÜ-Attribute 412
Symbole 41
Symbolleiste 35, 40
System => Status 56
System R/2 21
System R/3 21
Systemanwendung 51

Tätigkeitsbeschreibung 158
Tagesarbeitszeitfestlegung 312
Tagesarbeitszeitplan 312, 314, 315
Tagesarbeitszeitplan-Varianten definieren 317
Tagesmuster 523
Tagesprogramm 314
Tagestyp 319
Tagestypen für Sondertage 320

Tantiemen 425
Tarifarten 144
Tarifgebiete 144
Tarifurlaub 327
Tastatur 41
Tastenbezeichnungen 41
Teilbereich 184
Teilkomponenten 26
Teilnahmebestätigungen 532
Teilnahmen buchen 532
Teilnahmen ersetzen 532
Teilnahmen stornieren 532
Teilnahmen umbuchen 532
Teilnahmen vormerken 531
Teilnahmestatistik 539
Teilnehmer anlegen 531
Teilnehmer buchen 536
Teilnehmeradministration 530, 534
Teilnehmerarten 533
Teilnehmer-Auswertungsmenü 539
Teilnehmer-Beurteilung 533
Teilnehmergebühr 523
Teilnehmerliste 539
Teilnehmermenü 534
Teilzeitarbeit 333
Teilzeitkraft 332
Telefonnummer 257
Termin Interview 199
Titel 254
Titelleiste 35
Transaktionscode 51, 54
Transaktionscode der aktuellen Anwendung ermitteln 56
Transaktionscodes 51

Überweisungen 445
Uhrzeitendarstellung 359
Umbuchungsmitteilungen 532
UMFELD 63
Unternehmensstruktur 133, 136, 253
Urlaubsabgeltung 307, 331
Urlaubsabtragungsintervall 329
Urlaubsanspruch 306, 327
Urlaubsanspruch anlegen 328
Urlaubsart 327
Urlaubsarten 144
Urlaubsgeld 425

Vakanz 176, 460, 548, 550
Vakanzzuordnung 183
Variable Bewerberliste 206
variable Pause 314

Stichwortverzeichnis

variables Tagesprogramm 316
Veranstalter 516
Veranstalter anlegen 517
Veranstaltung anlegen 530
Veranstaltung planen 528
Veranstaltungsangebot 525
Veranstaltungsbeurteilung 539
Veranstaltungsbeurteilungen 539
Veranstaltungsbroschüre 539
Veranstaltungsgruppe 512
Veranstaltungsgruppe anlegen 514
Veranstaltungsmanagement 110, 123, 508
Veranstaltungsmenü 526, 527
Veranstaltungsobjekt 510
Veranstaltungsort 515
Veranstaltungsort anlegen 515
Veranstaltungspreise 539
Veranstaltungstyp 522
Veranstaltungstyp anlegen 524
Veranstaltungsumfeld 510
Verfallsprozeß 489
Vergütungsmanagement 119
Verknüpfungen 153
Vermögensbildung 418
Verrechnungsschlüssel 359
Vertragsdaten 327
VERWALTUNGSDATEN 63
Verwaltungssatz 431
Vorarbeitgeber 419
Vordrucken 88
Vorerkrankungen 348, 349
Vorgänge pflegen 199
Vorholzeit 317
Vorruhestand 234
Vorsatzwort 255
Vorschlagswert 67
Vorschlagswerte definieren 67
Vortageszuordnung 358

Warteliste-Buchung 535
WEB-Reporting 393
Wehrdienst 351
Weihnachtsgratifikationen 425
Weiterbildungsbedarf 506
Weiterbildungsbedarf ermitteln 507
Werkswohnung 257
Werteliste 72, 73
  drucken 74
  durchsuchen 75
  sortieren 74
Wertelisten 43, 72
Who is Who 391
Wiederaufnahme 247
Wiedereintritt 234
Wiederkehrende Be- und Abzüge 423
Windows_NT 28
Workflow 116

Zahlweg 414
Zeitabgleich 387
Zeitausweisnummer 335
Zeitauswertung 385
Zeitbewertung 379
Zeitbindung 226
Zeitdatenerfassung 105
Zeitereignisse 377
Zeiterfassung 335
Zeiterfassung festlegen 333
Zeitkonten 389
Zeitkontingenttypen 150
Zeitmodell 312
Zeitnachweis 389
Zeitnachweisliste 385
Zeitwirtschaft 105
Zivildienst 351
ZUSÄTZE 63
Zusätzlichen Modus 48
Zusatzinfotypen 113
Zusatzwort 255
Zuschuß zum Umzug 425
Zutrittskontrollgruppe 336
Zwei-Stufen-Konzept 186
Zweitwohnsitz 257

THE SIGN OF EXCELLENCE

Die Technologie des SAP-Systems R/3

Basis für betriebswirtschaftliche Anwendungssysteme

Rüdiger Buck-Emden

SAP R/3 basiert auf einer Client-Server-Technologie, die die Forderungen nach Skalierbarkeit, Portierbarkeit, Offenheit und hoher Leistung optimal erfüllen kann. Die Grundlagen dieser Technologie und deren Umsetzung im System R/3 werden in diesem Buch dargestellt.
Mit der Entwicklung des R/3-Systems ist auch dieses Buch gewachsen. Alle technologischen Neuerungen, die die aktuelle Version 4.0 bietet, werden mit der nötigen Ausführlichkeit vorgestellt und auf ihren Nutzen hin befragt. Dazu gehört die Unterstützung von Geschäftsprozessen durch das Internet, objektorientierte Softwareentwicklung mit ABAP-Objects oder neue Ansätze zur Einführung von R/3 in Unternehmen. Ein besonderes Augenmerk gilt der Umgestaltung von R/3 zu einem komponentenorientierten System mit dem Business Framework.

**360 S., 4., aktual. und erw. Aufl., geb.
DEM 79,90, ATS 583,00, CHF 73,00
ISBN 3-8273-1379-1**

THE SIGN OF EXCELLENCE

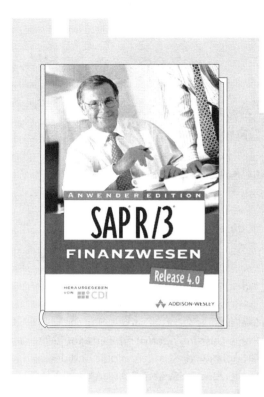

SAP R/3 Finanzwesen

CDI (Hrsg.)

Das Buch führt in die Anwendung der R/3-Komponente FI ein (Release 4.0), es bietet:
- Anleitung zur Nutzung der R/3-Oberfläche und der wichtigsten R/3-Grundfunktionen.
- Ausführlichen Überblick über die R/3-Finanzbuchhaltung: Kreditoren-, Debitoren-, Anlagen-, Hauptbuchhaltung.
- Umfangreiche Beschreibung der R/3-Nebenbuchhaltung.
- Umfangreiche Beschreibung der R/3-Hauptbuchhaltung.
- Fallbeispiele, Praxistips, Übungen, Übersichten über Prozeßketten und Arbeitsabläufe.

456 S., 1. Auflage 1999, geb., 1 CD-ROM
DEM 79,90, ATS 583,00, CHF 73,00
ISBN 3-8273-1465-8

THE SIGN OF EXCELLENCE

SAP R/3 – Materialwirtschaft

CDI

Das Buch führt in die Anwendung der R/3-Komponente MM ein. Aus dem Inhalt:
- Nutzung der R/3-Oberfläche und der wichtigsten R/3-Grundfunktionen.
- Die Kernprozesse der Materialwirtschaft.
- Praxisnahe Beschreibung der Hauptfunktionen von MM: Stammdaten, Materialdisposition, Einkaufsabwicklung, Bestandsführung, Rechnungsprüfung.
- Customizing- und Fallbeispiele, Übersichten über Prozeßketten und Arbeitsabläufe.

450 S., 1. Auflage 1999, geb., 1 CD-ROM
DEM 79,90, ATS 583,00, CHF 73,00
ISBN 3-8273-1466-6

THE SIGN OF EXCELLENCE

SAP R/3 Gemeinkosten- controlling

CDI (Hrsg.)

Das Buch führt in die Anwendung der R/3-Komponente CO-OM ein.
Aus dem Inhalt:
- Nutzung der R/3-Oberfläche und der wichtigsten R/3-Grundfunktionen.
- Die R/3-Funktionen zur Kostenarten- und Kostenstellenrechnung (von der Kostenplanung bis zur Kostenauswertung).
- Das Instrument „Gemeinkostenaufträge" für auftrags- und projektbezogenes Controlling.
- Fallbeispiele, Praxistips, Übungen, Übersichten über Prozeßketten und Arbeitsabläufe.

ca. 450 S., 1. Auflage geb., 1 CD-ROM
DEM 79,90, ATS 583,00, CHF 73,00
ISBN 3-8273-1464-X

THE SIGN OF EXCELLENCE

SAP R/3 prozeßorientiert anwenden

Iteratives Prozeß-Prototyping mit ereignisgesteuerten Prozeßketten und Knowledge Maps

Gerhard Keller & Partner

Das Buch vermittelt die betriebswirtschaftlichen Ansprüche mit den Möglichkeiten des R/3-Systems. Es entwickelt hierfür eine Methode – das Iterative Prozeß-Prototyping –, die sich am Geschäftsprozeß orientiert und nicht an den einzelnen Funktionen bzw. Abteilungen in einem Unternehmen. Die Neuausgabe wurde um Knowledge Maps erweitert, die die wesentlichen Merkmale der behandelten Prozesse in einfachen Übersichtsbildern aufzeigen und mit Fragen aus der Beratungspraxis ergänzt sind. Zudem wird in Grundzügen die neue SAP-Einführungsmethode AcceleratedSAP (ASAP) vorgestellt und aufgezeigt, wie die R/3-Referenzprozesse in der Blueprint-Phase genutzt werden können. Hierzu werden die ereignisgesteuerten Prozeßketten mit Knowledge-Maps und der ASAP-Fragetechnik in Verbindung gebracht.

**1032 S., 3. Auflage 1999, geb., 1 CD-ROM
DEM 119,90, ATS 875,00, CHF 108,00
ISBN 3-8273-1496-8**

THE SIGN OF EXCELLENCE

SAP R/3- Programmierung mit Delphi/Connect for SAP

RAD, Objektorientierung, BAPIs

Frank Eckardt
Jörg Rensmann

Das Buch bietet eine grundlegende Einführung in die R/3-Programmierung mit dem R/3-Entwicklungstool Delphi/Connect. Alles, was der Programmierer über die Funktionalität und die Arbeitsweise von Delphi/Connect sowie über den Aufbau und die Schnittstellen eines R/3-Systems wissen muß, wird genau erläutert. Zwei ausführliche Programmierbeispiele (Verbindung von R/3 mit externer Datenbank, Web-Publishing mit R/3) führen den praktischen Einsatz vor. Eine Referenz von Delphi- und R/3-Komponenten mit Tips und Tricks unterstützt den Programmierer bei seiner Arbeit.

400 S., 1. Auflage 1998, geb., 1 CD-ROM
DEM 119,90, ATS 875,00, CHF 108,00
ISBN 3-8273-1425-7